Floride

2024-2025

Cofondateurs : Philippe GLOAGUEN et Michel DUVAL

Directeur de collection et auteur
Philippe GLOAGUEN

Secrétaire général
Gavin's CLEMENTE-RUIZ

Rédacteurs en chef
Amanda KERAVEL (France)
Benoît LUCCHINI (Étranger)

Directrice administrative
Bénédicte GLOAGUEN

Conseiller à la rédaction
Pierre JOSSE

Responsable voyages
Carole BORDES

Direction éditoriale
Élise ERNEST

Rédaction
Isabelle AL SUBAIHI
Emmanuelle BAUQUIS
Mathilde de BOISGROLLIER
Marie BURIN des ROZIERS
Camille CAMPET
Véronique de CHARDON
Laura CHARLIER
Florence CHARMETANT
Fiona DEBRABANDER
Anaëlle HASCOËT
Géraldine LEMAUF-BEAUVOIS
Anne POINSOT
Alexia POULAIN

hachette

TABLE DES MATIÈRES

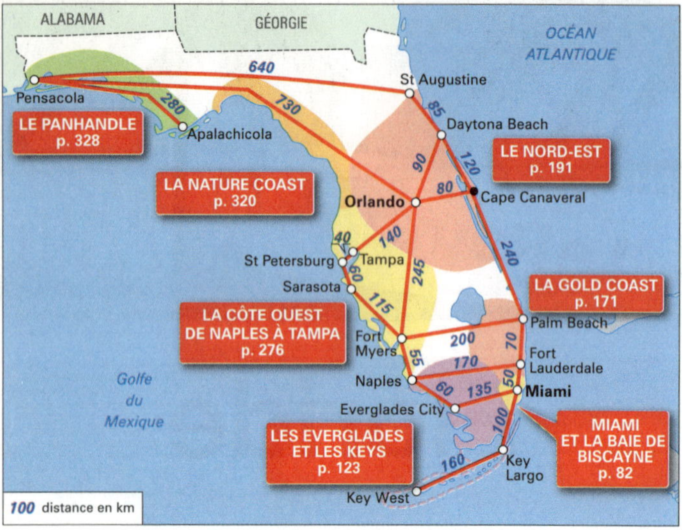

PRÉAMBULE

COMMENT Y ALLER ? 36

FLORIDE UTILE 44

Pictogrammes du Routard

Établissements

- Hôtel, auberge, chambre d'hôtes
- Camping
- Restaurant
- Terrasse
- Pizzeria
- Spécial burger
- Brunch
- Tapas
- Boulangerie, sandwicherie
- Pâtisserie
- Glacier
- Café, salon de thé
- Café, bar
- Bar musical
- Club, boîte de nuit
- Salle de spectacle
- Boutique, magasin, marché

Infos pratiques

- Office de tourisme
- Poste
- Accès Internet
- Hôpital, urgences
- Adapté aux personnes handicapées

Sites

- Présente un intérêt touristique
- Point de vue
- Plage
- Spot de surf
- Site de plongée
- Recommandé pour les enfants
- Inscrit au Patrimoine mondial de l'Unesco
- Pas de côté

Transports

- Aéroport
- Gare ferroviaire
- Gare routière, arrêt de bus
- Station de métro
- Station de tramway
- Parking
- Taxi
- Taxi collectif
- Bateau
- Bateau fluvial
- Piste cyclable, parcours à vélo

« OSEZ LE PAS DE CÔTÉ »

Le surtourisme ? Tous concernés. Pour éviter les queues interminables à l'entrée de site et les musées saturés, voyagez si possible en dehors des ponts et vacances scolaires. C'est aussi mieux pour le budget ! Et sinon, visitez les sites les plus touristiques aux heures creuses : à l'ouverture, pendant la pause déjeuner ou avant la fermeture.

Et puis, à l'écart des grands flux touristiques, il existe des pépites méconnues, souvent oubliées des circuits classiques, trop encombrés. Ici un site ignoré ; là un quartier secret ; plus loin un village caché au charme discret avec un troquet d'une autre époque. Autrement dit, une infinité de lieux tranquilles que l'on met en avant avec ce pictogramme. Un vagabondage au calme, loin de la foule. Vive le *slow trip* !

#osonslepasdecote

Important : dernière minute

Entre deux parutions du *Routard,* des événements fortuits (conditions sanitaires, catastrophes naturelles mais aussi formalités, taux de change, conditions d'accès aux sites, fermetures inopinées, etc.) peuvent modifier vos projets de voyage. Pour éviter les déconvenues, nous vous recommandons de consulter la rubrique « Guide » par pays de notre site • routard.com • et plus particulièrement les dernières ***Actus voyageurs.***

Lake City
St Augustine
NORD
Baie Apalachee
Gainesville
LA NATURE COAST p. 320
LE NORD-EST p. 191
Ocala National Forest
Ocala
Daytona Beach
Cedar Key
Crystal River
Titusville
Kennedy Space Center
Cape Canaveral
Homosassa Springs
ORLANDO
Universal Studios
Disney World
SeaWorld
Merritt Island
Cocoa Beach
OCÉAN ATLANTIQUE
Clearwater
Lakeland
Tampa
Florida's Turnpike
St Petersburg
St Petersburg Beach
Sarasota
LA CÔTE OUEST DE NAPLES À TAMPA p. 276
Lake Okeechobee
LA GOLD COAST p. 171
Palm Beach
Fort Myers
Fort Myers Beach
Golfe du Mexique
Captiva Island
Sanibel Island
Belle Glade
Pompano Beach
MIAMI ET LA BAIE DE BISCAYNE p. 82
Fort Lauderdale
Hollywood Beach
Naples
Miami
Miami Beach
Everglades City
Everglades Nat. Park
LES EVERGLADES ET LES KEYS p. 123
Florida City
Flamingo
Key Largo
Marathon
Islamorada
Long Key
Florida Keys
Key West
Big Pine
LE PANHANDLE p. 328
Fort Walton Beach
Pensacola
Apalachicola National Forest
Seaside
Panama City
Apalachicola
Site inscrit au Patrimoine mondial de l'Unesco
Pas de côté

LA FLORIDE

LA RÉDACTION DU ROUTARD

© R. Delalande et E. Dessons

La saga du *Routard* : en 1971, 2 étudiants, Philippe et Michel, avaient une furieuse envie de découvrir le monde. De retour du Népal germe l'idée d'un guide différent qui regrouperait tuyaux malins et itinéraires sympas, destiné aux jeunes fauchés en quête de liberté. 1973. Après 19 refus d'éditeurs et la faillite de leur 1re maison d'édition, l'aventure commence vraiment avec Hachette. Aujourd'hui, le *Routard*, c'est plus d'une cinquantaine d'enquêteurs impliqués et sincères. Ils parcourent le monde toute l'année dans l'anonymat et s'acharnent à restituer leurs coups de cœur en toute indépendance.

Merci à tous les Routards qui sont solidaires de nos convictions : liberté et indépendance d'esprit ; découverte et partage ; sincérité, tolérance et respect des autres.

NOS SPÉCIALISTES FLORIDE

Fiona Debrabander : franco-britannique, passionnée d'histoire, de musique et de cinéma, elle apprécie autant prendre le thé après un trek qu'un café au comptoir, les bains de foule sur les marchés que les bains de minuit en bord de mer. Avide de rencontres et de nature, au coin de la rue ou au bout du monde, elle sillonne la planète avec l'envie de partager ses découvertes.

Emmanuelle Bauquis : les yeux ouverts, les papilles en émoi, elle trace sa route à la semelle de ses souliers, rencontre l'aventure au coin de la rue comme au bout du tarmac. Elle trouve l'ailleurs dans l'écriture comme dans la géographie. À son programme : raconter la beauté des paysages et les épopées qui les ont façonnés.

Guillaume Garnier : à 23 ans, ce Parisien pur jus s'envole pour un long périple vers l'Asie. Il revient atteint d'une sévère fièvre du voyage, le sac désormais greffé sur le dos ! Amoureux des mots et des langues écrites, orales ou chantées, il a trouvé au *Routard* la maison (de fous) idéale pour ne jamais guérir de ce virus. Pire, il s'efforce de le transmettre !

Benoît Lucchini : corse, élevé au grain du 9-3, il a commencé avec une carte Interrail à 17 ans. Il arpente les terres chaudes (l'Afrique) avec passion deux ans plus tard puis les mers froides d'Alaska comme pêcheur (illégal) de saumon sur un chalutier américain, avant un grand tour du monde. Son credo depuis plus de 35 ans au *Routard* : multiplier les rencontres, s'émerveiller et écrire pour partager ses émotions avec les voyageurs.

UN GRAND MERCI À NOS AMI(E)S SUR PLACE

Pour cette nouvelle édition, nous remercions particulièrement :

- **Paula Ramirez,** à *Visit Orlando* ;
- **Charles B. Stovall** et **Hannah Herzog,** à *Walt Disney World* ;
- **Jeannette Conrado,** à *SeaWorld* ;
- **Ray Eme** et **Nick Gatta,** au *Lightner Museum* ;
- **Ana Levine,** au *Kennedy Space Center* ;
- **Ambre Laffiché,** la « fille de l'air » qui indique le sens du vent ;
- **François,** pilote émérite, sachant éviter les sections à péage avec talent ;
- Et **Antoine Sibelle,** pour son aide efficace et sa réactivité.

NOS ENQUÊTEURS-FURETEURS

Nous tenons à remercier tout particulièrement Fabrice Argelas, Gabriel Bertrand, Loup-Maëlle Besançon, Thierry Bessou, Grégory Dalex, Fabrice Doumergue, Cédric Fischer, Carole Fouque, Guillaume Garnier, Nicolas George, Michelle Georget, Claude Hervé-Bazin, Emmanuel Juste, Fabrice de Lestang, Éric Milet, Pierre Mitrano, Alain Pallier, André Poncelet, Thomas Rivallain et Jean Tiffon pour leur collaboration régulière.

Aurélia Andriamampianina, Pauline Bezzina, Jean-Jacques Bordier-Chêne, Philippe Coupy, Zoé Danner, Agnès Debiage, Jérôme Denoix, Tovi et Ahmet Diler, Clélie Dudon, Alain Fisch, Adrien et Clément Gloaguen, Anaëlle Hascoët, Émilie Lambert, Marie Maurel, Chantal N'Guyen, Martine Partrat, Odile Paugam et Didier Jehanno, Lucie Royer, Prakit Saiporn, Antoine Sibelle et Maureen Sorgnard.

L'ÉDITEUR HACHETTE LIVRE

Direction : Sidonie Chollet

Direction éditoriale : Élise Ernest

Édition : Tony De Sousa et **Théa Lourdin**

Cartographie : Frédéric Clémençon et **Aurélie Huot**

Fabrication : Nathalie Lautout, Liza Sacco et **Aude Cauchet**

Relations presse : COM'PROD, **Fred Papet** et **Laëtitia de Cerval.** ☎ 01-70-69-04-69. • info@comprod.fr • **Martine Levens** (Belgique) ☎ +32-47-568-35-76.

Contact Partenariats : Jérôme Denoix • jeromedenoix@gmail.com •

Contact Partenariats et régie pub : Florence Brunel-Jars • fbrunel@hachette-livre.fr •

Silhouette du Routard : Clément Gloaguen (d'après Solé) ; **couverture : le-bureau-des-affaires-graphiques.com** ; **logo des « 50 ans » (couverture) : So BAM** ; **maquette intérieure : le-bureau-des-affaires-graphiques.com, Thibault Reumaux** et **npeg.fr**

Les Keys

© Susanne Kremer-Sime/Photononstop

« Là où le soleil passe l'hiver. »

Dicton local

Couverte de marécages, infestée de moustiques, de serpents et d'alligators, la Floride n'a guère attiré les 1ers colonisateurs. Ponce de León y aurait cherché la fontaine de Jouvence, dit-on... Mais il n'y avait là que beaucoup d'eaux saumâtres ! Parenthèse refermée, il fallut attendre le XIXe s pour que débarquent du Nord les 1ers aventuriers en quête de bonne fortune. Les plus riches d'entre eux, dans l'opulence de leur pouvoir quasi absolu, virent loin, virent grand : cette terre de misère serait leur **eldorado** grâce à son unique ressource (gratuite) : le soleil ! Et voilà, grâce au chemin de fer, le « Sunshine State » sur les rails du tourisme, gavé de capitaux et orné de villes nouvelles gagnées sur les marais asséchés. *Exit* les *gators,* bonjour les canaux et les villas de rêve.

Un siècle plus tard, la Floride est l'héritière de cette folie et de cette démesure. Les parenthèses enchantées des **stations balnéaires huppées** et tape-à-l'œil y côtoient **de beaux pans de nature préservée** (les Everglades aux 1res loges). **Porte d'entrée naturelle à l'Amérique latine et aux Caraïbes, Miami** est à ce titre une ville hors du commun, prélude à l'Amérique de demain, sans doute : 70 % de la population y parle l'espagnol avant l'anglais.

Et les visiteurs dans tout ça ? Ils sont avant tout Étasuniens. Ils affluent plus que jamais chaque hiver, tels des oiseaux migrateurs délaissant les frimas nordiques pour le **climat subtropical.** Pour les occuper, la Floride additionne les golfs (1 300 recensés !), les **plages** de sable (parfois incroyablement) blanc et les **chapelets d'îles** littorales, voguant sur les eaux tièdes... Tout au bout de la route, tout au bout de la croisière, l'emblématique **Key West,** aux maisons en bois centenaires et aux jardins foisonnant de végétation, marque son point méridional... sous le soleil. Exactement.

Lieu de retraite assumé, la Floride reste toutefois une destination **familiale, mais très chère,** alignant tout ce que l'Amérique a su inventer de fun, surtout du côté d'**Orlando** – avec 4 parcs **Disney** et 2 parcs **Universal.** Toboggans, grands huit délirants, manèges innovants, la région s'est faite une religion du toujours plus haut, toujours plus grand, toujours plus vite. Et pour couronner l'odyssée, **Cape Canaveral,** est une porte d'entrée sur la fabuleuse histoire de l'**aventure spatiale.**

Islamorada

NOS COUPS DE CŒUR

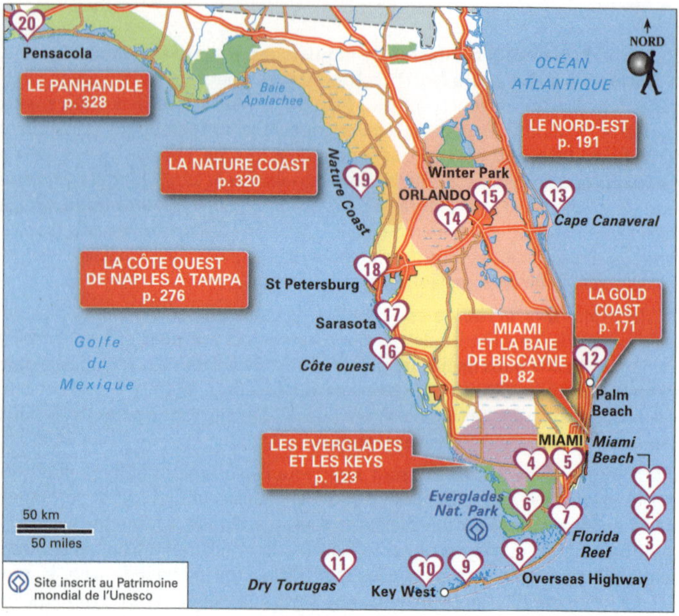

1 Admirer les façades couleur pastel des immeubles Art déco de South Beach.

Miami Beach, c'est la carte postale de Miami : une station balnéaire construite au début des années 1930 pour un tourisme haut de gamme, le long d'une immense plage s'étirant à l'infini vers le nord. Sa grande richesse : une architecture Art déco unique au monde, combinant éléments géométriques et motifs floraux spécifiques à la Floride. Plus de 800 édifices de ce style ont été recensés ! *p. 100*

Bon à savoir : *des visites guidées de l'Art Deco District sont proposées par des architectes ou historiens de la* Miami Design Preservation League • *mdpl.org* •

© robertharding/Alamy/Hemis

2 **Flâner le long de la plage de Miami Beach, si emblématique avec ses célèbres postes de secours en bois, colorés et rétro.**

Le regard embrasse l'océan d'un côté et de l'autre l'arrière des hôtels de luxe, avec piscines de rêve et jardins tropicaux luxuriants. Une chouette balade consiste à arpenter la *beachwalk*, la promenade, tantôt en brique, tantôt en bois, qui longe la plage (même si on ne la voit pas tout le temps !) sur des kilomètres depuis la pointe sud de South Beach jusqu'au grand hôtel-resort *Fontainebleau*. *p. 100*

© Nikreates/Alamy/Hemis

3 **Faire la fête à South Beach, notamment sur Ocean Drive.**
Déambuler le soir venu au milieu des limousines fait partie des clichés floridiens ! Les enseignes lumineuses des façades Art déco étincellent de mille accents rétro dans une ambiance bling-bling qui plaira ou pas... mais quel spectacle ! Autres options pour de folles nuits miamiesques : siroter un cocktail sur un *rooftop* au coucher du soleil, se prendre pour une star au bar d'un hôtel design ou danser jusqu'au bout de la nuit, dans les clubs où les DJs de renommée mondiale officient régulièrement. *p. 101, 102*

Bon à savoir : *les parties communes des grands hôtels design de Miami Beach sont souvent accessibles, même sans y résider. N'hésitez pas à y entrer pour vous faire une petite idée du luxe démesuré qui y règne !*

4 Passer de l'autre côté du mur à Wynwood, quartier branché devenu la Mecque du *street art*.

Entrepôts et usines désaffectées ont été investis par les galeristes et les artistes, qui en ont fait un véritable musée à ciel ouvert. La marque de fabrique de Wynwood, ce sont ses *murals* (murs peints), à découvrir le nez en l'air, en profitant aussi des bonnes petites adresses de bars et restos à l'image d'une Miami *arty*. p. 106

Bon à savoir : dans la foulée, faites un tour dans le Design District, à quelques blocs au nord.

5 À Coconut Grove (Miami), visiter la fastueuse villa Vizcaya. Elle fut construite en 1914, dans un style Renaissance italienne, par un riche industriel passionné d'art. Malgré son « jeune âge », on a l'impression d'entrer dans une maison vieille de plus de 4 siècles ! En sortant, aller voir l'impressionnant ***galion de pierre*** à moitié immergé dans les eaux, face à la terrasse de la villa. Flâner ensuite dans le quartier résidentiel et verdoyant de ***Coral Gables,*** aux larges avenues bordées de villas luxueuses cachées sous les banians, piquer une tête dans la ***Venetian Pool,*** une étonnante piscine datant des années 1920, creusée dans une ancienne carrière ! Et terminer la journée par un *long drink* au bar du dément et historique ***Biltmore Hotel.*** *p. 118*

© POMPE Ingolf/hemis.fr

6 **Filer vers l'ouest pour une journée dans les hautes herbes des Everglades à observer (sans mal) les alligators et les myriades d'échassiers.**

Couvrant tout le sud de la Floride, le parc national des Everglades (classé réserve de biosphère par l'Unesco) est un immense marécage subtropical, où la flore et la faune règnent encore en maîtresses, notamment les alligators. Randonnées à pied, à vélo ou en canoë, tour en *air boat*... les possibilités sont variées pour explorer le territoire. Souvenirs inoubliables assurés ! *p. 125*

7 **Plonger sur le Florida Reef, la 3e plus grande barrière de corail au monde.**

Les Keys abritent un véritable paradis sous-marin, avec près de 500 épaves qui émaillent la barrière de corail. Certains gros navires ont été coulés volontairement au large des côtes pour créer des récifs artificiels, un must pour les plongeurs de bon niveau. Mais même avec un simple masque et un tuba, les amateurs de snorkelling auront des myriades de poissons colorés à observer, parfois aussi des conques et des langoustes ! *p. 168*

Bon à savoir : *nombreuses activités sous-marines, dont un festival de musique sous-marin tous les ans à Big Pine Key (mi-juillet).*

8 **Rouler sur l'Overseas Highway, « l'autoroute au-dessus de la mer », entre golfe du Mexique et mer des Caraïbes...**

Situés à l'extrême sud des États-Unis, les Keys forment un archipel d'îlots coralliens, que l'on parcourt en voiture sur une route panoramique étonnante conduisant de Key Largo à Key West, sur 175 km et 42 ponts ! Le plus long survole sur 11 km le bleu profond du golfe du Mexique. Impressionnant ! *p. 151*

Bon à savoir : *compter au moins 3h de route entre Miami et Key West.*

9 **Humer l'ambiance caraïbe de Key West et faire la tournée des vieux rades hantés par Hemingway.**

Avec ses charmantes maisons victoriennes en bois noyées dans des jardins tropicaux (les constructions neuves sont interdites !), la légendaire Key West entretient le souvenir d'Hemingway dans un climat chaud toute l'année. Il faut y flâner 2-3 jours, se balader à vélo et prendre du bon temps le soir, dans les vieux bars historiques (et touristiques...) où la *live music* pulse toute la journée et jusque tard dans la nuit en pleine saison. *p. 151, 160*

Bon à savoir : *la vie à Key West est très chère, surtout le week-end et en saison, de Noël à Pâques.*

10 **Rejouer *Le Vieil Homme et la Mer* au large de Key West lors d'une sortie de pêche en mer.**

Une expérience sportive inoubliable, d'autant que les eaux des Keys abritent les poissons les plus recherchés : tarpon, daurade coryphène, *bonefish,* sans parler des grosses pointures comme le marlin... Si les formules en bateau privé sont absolument hors de prix, celles en bateau collectif *(party boats)* sont bien plus abordables. Dans la plupart des cas, c'est du *catch & release* : une fois les mensurations relevées et la photo prise, on relâche la bestiole ! *p. 167*

© roberthardin g/Alamy/Hemis

11 **Sauter dans un hydravion ou un bateau et rejoindre les Dry Tortugas, un archipel de rêve baigné par des eaux turquoise.**

Ce petit chapelet d'îlots paradisiaques, situé à une centaine de kilomètres à l'ouest de Key West et dominé par l'énorme fort Jefferson (pénitencier perdu au milieu de la mer), est classé parc national. On peut même planter la tente en surface, face à une superbe plage de sable blanc, avant de s'offrir une séance de snorkelling. *p. 169*

Bon à savoir : *1er arrivé, 1er servi (une dizaine d'emplacements seulement, à bon entendeur) !*

© Richard Cummins/Alamy/Hemis

12 **À Palm Beach, découvrir les riches collections du Norton Museum of Art et lécher les luxueuses vitrines de Worth Avenue.**

L'incontournable Norton est le plus grand musée d'art de Floride : art européen du XVe au XXe s, œuvres chinoises, peintures américaines... Une visite incontournable ! On déambule ensuite sur Worth Avenue, la rue des milliardaires, entre boutiques de grand luxe et galeries d'art prestigieuses. Eh oui, ces Picasso et ces Fernand Léger en vitrine sont bien des originaux à vendre ! Enfin, offrez-vous un verre au bar du *Breakers*, l'hôtel emblématique de l'opulence de Palm Beach. *p. 190*

Bon à savoir : *entrée au Norton gratuite les vendredi et samedi.*

(13) **Découvrir toutes les facettes de la conquête spatiale américaine au légendaire Kennedy Space Center, à Cape Canaveral.**

Cape Canaveral, c'est d'abord pour le public un vaste complexe d'initiation à l'espace, à la fois ludique et pédagogique. Entre d'authentiques fusées et simulations d'explorations spatiales, moult parcours plus épiques que techniques, voici une fabuleuse invitation au voyage interstellaire ! Mais c'est aussi un centre scientifique où la NASA poursuit ses recherches spatiales. Depuis ses pas de tir, elle fait décoller une vingtaine d'engins par an : à ne pas manquer si vous êtes dans le coin à ce moment-là ! *p. 248*

***Bon à savoir :** dates de lancement disponibles sur • kennedyspacecenter.com •*

© Moirenc Camille/hemis.fr

14 **Retrouver son âme d'enfant dans les parcs d'attractions d'Orlando.** Avec un peu de temps et pas mal d'argent (!), on peut s'offrir une overdose de sensations dans les décors les plus fous. Une compétition débridée est engagée entre Disney World et Universal Studios pour vous propulser toujours plus haut, toujours plus fort, toujours plus loin, et vous en mettre plein les mirettes ! Embarquez dans un taxi-brousse pour un safari à Animal Kingdom chez Disney, grimpez à bord du *Poudlard Express* et baladez-vous dans le Chemin de Traverse à Universal Studios. Et avalez sans compter des kilomètres de montagnes russes ! *p. 207-238*

Bon à savoir : *prévoir au moins 3 jours rien que pour les parcs Disney ; 2 j. de plus avec Universal.*

15 Dans les environs d'Orlando, musarder à Winter Park pour découvrir, au Morse Museum, la plus belle collection Tiffany au monde.

Winterpark, c'est une charmante ville de la banlieue nord d'Orlando, un écrin de verdure ponctué de maisons en briques dignes de la côte nord-est des États-Unis, adapté à l'environnement floridien… Un savoureux et agréable télescopage d'univers. C'est aussi une concentration de bons restaurants et de musées comme celui, remarquable, consacré à l'artiste Art nouveau Louis Comfort Tiffany, maître absolu du vitrail. *p. 206*

16 Étaler sa serviette sur les plages de sable blanc de la côte ouest.
Quand on dit blanc, c'est blanc. Un blanc de gypse et d'albâtre, souvent poudreux et farineux, qui s'envole par endroits à chaque pas. Telle est la côte ouest de la Floride et telles sont les merveilleuses plages de Siesta Key, Longboat Key et Lido Key – notamment. *p. 288, 299, 319*

17 S'asseoir au pied du *David* de Michel-Ange et admirer le palais à l'italienne de Ringling à Sarasota.

Qui aurait cru que le cirque pouvait enrichir un homme à ce point ? Roi de la piste dans les années 1900 à 1920, John Ringling s'est fait bâtir à Sarasota un palais rose à colonnades de style Renaissance et une résidence vénitienne néo-mauresco-gothico-Renaissance en bord de mer, où il a accumulé les chefs-d'œuvre de l'art européen. Et le musée du Cirque donne l'occasion d'admirer une maquette incroyable du plus grand cirque du monde. De quoi retrouver vos yeux de mômes ! *p. 298*

18 **Plonger dans l'univers surréaliste du Dalí Museum à St Petersburg.** On ne s'attend vraiment pas à le trouver ici. Et pourtant. Enfant chéri d'un couple de riches industriels tombés amoureux de l'œuvre déjantée du roi des surréalistes, le Dalí Museum de St Petersburg expose certaines des plus grandes toiles du maître catalan, dans un vaste édifice moderniste conçu à l'image de son œuvre novatrice – dont sa *Découverte de l'Amérique par Christophe Colomb.* C'est la plus importante collection privée au monde de Dalí. *p. 317*

Bon à savoir : *n'oubliez pas de demander l'audioguide en français !*

© imageBroker/hemis.fr

19 **Nager avec les lamantins de la Nature Coast.**
Grâce à une intelligente politique de protection, les lamantins, ces grosses « vaches des mers », ont fait un *comeback* remarquable. L'hiver, on peut parfois en voir des dizaines se regrouper dans les sources aux eaux tièdes de la Nature Coast, du côté de Crystal River et d'Homosassa Springs. Mieux encore : les approcher en kayak ou carrément dans l'eau, masque sur le nez. Inoubliable... *p. 323, 324*
Bon à savoir : *c'est lorsque le thermomètre chute sous les 10 °C en journée et frôle le gel la nuit que les lamantins se regroupent en plus grand nombre (décembre-février). Ils n'aiment que l'eau chaude !*

20 **Sur la côte nord-ouest, découvrir les immenses plages désertes du Panhandle, parmi les plus sauvages de Floride.**

Pour explorer la Floride la plus méconnue, direction le nord-ouest. Le coin est réputé pour les somptueuses plages de ses très longues îles-barrières, dont le sable, composé presque entièrement de quartz, est blanc comme neige ! L'idéal est de longer la côte depuis Tallahassee jusqu'à Pensacola, où vous ne manquerez pas la visite du National Naval Aviation Museum. Une collection d'avions et autres machines volantes qui retrace l'histoire grandeur nature de l'aéronautique navale américaine ! *p. 341*

ITINÉRAIRES CONSEILLÉS

Comme partout aux États-Unis, les distances sont considérables. Une semaine, honnêtement, c'est trop court, vous resterez sur votre faim, à moins bien sûr de vous concentrer sur une région spécifique. Une dizaine de jours, c'est le minimum pour avoir un aperçu de la Floride, l'idéal étant au moins 15 jours.

En une semaine

Plusieurs combinaisons envisageables, avec le moins de route possible entre les étapes, pour optimiser le temps sur place.

Miami et le sud de la Floride

Miami (**1** ; 3 j.) la cosmopolite, sa plage, son architecture Art déco et ses quartiers *arty* ; nature et faune sauvage dans les **Everglades** (**2** ; 1 j.) ; atmosphère tropicale et activités nautiques à **Key West** et dans les **Keys** (**3** ; 3 j.) puis retour à Miami.

Miami et la côte ouest de la Floride

Miami (**1** ; 3 j.) puis cap sur le **golfe du Mexique à Naples** (**2** ; 1 j.), pour sa somptueuse baie et poursuivre vers **Sarasota** (**3** ; 2 j.).

Les parcs d'attractions d'Orlando

5 jours intensifs à **Orlando (1)** la capitale mondiale des parcs de loisirs, mais aussi ville intéressante et agréable du côté de Winter Park, 1 journée au **Kennedy Space Center (2)** et la dernière à explorer la réserve sauvage de **Merritt Island (3)** ou les belles plages de **Cocoa Beach (3),** histoire de renouer avec la nature !

En 10-13 jours

Là encore, plusieurs circuits thématiques.

Floride mythique

Orlando (**1** ; 3 j.), puis la **côte ouest de St Petersburg à Naples** (**2** ; 3 j.), **Miami** (**3** ; 2 j.), **les Everglades** (**4** ; 1 j.), **Key West** et les **Keys** (**5** ; 3 j.). Vol retour par Miami.

Floride nature

Au départ de **Miami** (**1** ; 1 j.), un petit tour aux jardins botaniques de Coconut Grove avant de mettre le cap sur les **Everglades** (**2** ; 1 j.), immense étendue de prairie humide, de lacs, de cours d'eau et d'îles, où vivent des centaines de milliers d'alligators et plusieurs centaines d'espèces d'oiseaux. Enchaînez avec les **Keys** (**3** ; 2 j.) et la barrière corallienne du **Florida Reef,** où abondent poissons et tortues. On remonte ensuite toute la côte ouest (côté golfe du Mexique), avec étape à **Sanibel Island** (**4** ; 1 j.), puis **Sarasota** (**5** ; 2 j.) pour ses kilomètres de plages de sable blanc et l'exubérance tropicale du **Myakka River State Park** tout proche. De là, extension possible jusqu'à l'extrémité ouest du Panhandle, la portion de littoral la plus sauvage de Floride, via la **Nature Coast** (**6** ; 2 j.) pour y observer les lamantins, les plages de sable blanc et fin de **St George Island** (**7** ; 1 j.), puis celles du superbe **Gulf Islands National Seashore** (**8** ; 1 j.), aux portes de la ville historique de **Pensacola** (**9** ; 1 j.).

Floride en famille

Orlando (**1** ; 5 j.), **Cape Canaveral** (**2** ; 2 j.), **Miami** (**3** ; 3 j.), les **Everglades** (**4** ; 1 j.) et la dernière journée à **Key Largo (5)** pour goûter aux joies du snorkelling et observer coraux et poissons multicolores.

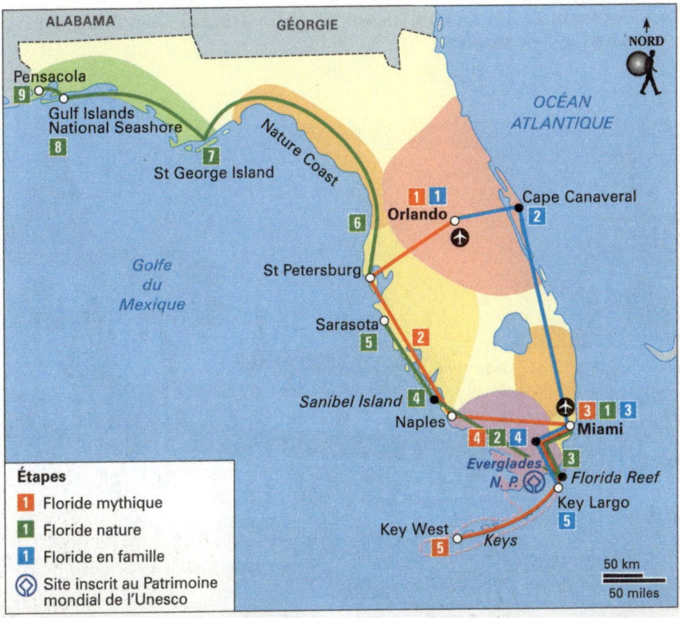

En 2 bonnes semaines

La totale ! **Miami** (**1** ; 2 j.), **Orlando** (**2** ; 3 j. ; mix de parcs d'attractions et de musées), **Cape Canaveral** (**3** ; 1 j.), **St Augustine** (**4** ; 1 j.), **Crystal River** (**5** ; 1 j.), **St Petersburg, Sarasota** (**6** ; 2 j.), **Sanibel Island** (**7** ; 2 j.), **Naples** (**8** ; 1 j.), les **Everglades** (**9** ; 1 j.), **Key West** et les **Keys** (**10** ; 3 j.).

Flagler College à St Augustine

À NE PAS RATER SI VOUS ÊTES...

En amoureux : Miami et les Keys ! À **Miami,** offrez-vous au moins un cocktail dans un sublime hôtel design de l'**Art Deco District,** puis louez une décapotable pour descendre dans les Keys. Un peu osé mais rien de choquant, allez jeter un œil au **musée de l'Érotisme.** Là, sortez le vélo, pour flirter dans les rues de **Key West** bordées de maisons victoriennes en bois donnant sur de petits jardins tropicaux. Programmez quelques **activités nautiques :** sortie en mer au coucher du soleil, *snorkelling, paddle*... Et le soir, faites la tournée des **bars historiques** avant de regagner votre ***guesthouse* de charme.** Si vous êtes en fonds, cassez le petit cochon et envolez-vous en hydravion vers les **îlots déserts des Dry Tortugas.**

Avec des enfants et des ados, prêts à s'éclater : cap au nord ! C'est dans les gigantesques et turbulents **parcs à thème d'Orlando** que se concentrent toutes les attractions. Une compétition débridée est engagée entre **Disney World et Universal Studios** pour vous propulser toujours plus haut, toujours plus fort, toujours plus loin, et vous en mettre plein les mirettes ! Mais attention, pensez à mettre votre carte de paiement au frigo le soir en rentrant à l'hôtel, car ça va chauffer ! C'est également la région où l'on trouve les **parcs aquatiques** les plus délirants de la planète. En option complémentaire : **Busch Gardens,** à Tampa.

Branché art et culture : à Miami, l'incontournable **quartier Art déco,** le **Wolfsonian Museum** (design Art déco), **Wynwood et ses *murals*** et la **villa Vizcaya.** À Palm Beach, le **Norton Museum of Art.** Proche d'Orlando, la petite ville de **Winter Park,** avec plusieurs intéressants musées d'art, et en particulier une fabuleuse collection Tiffany au **Morse Museum.** Sur la côte ouest, le **musée Dalí** de St Petersburg et le sublime palais néo-Renaissance du **Ringling Museum** de Sarasota.

Tendance nature : le plus grand jardin botanique des États-Unis est au sud de Miami. Mais qu'est-ce là, comparé aux **Everglades** qui débutent à 3 pas ? À découvrir à pied, en voiture, en barque, à vélo ou même en ***air boat*** (hydroglisseur), cette immense étendue de prairie humide, de lacs, de cours d'eau et d'îles occupe toute l'extrémité sud de la Floride. **Des centaines de milliers d'alligators** y côtoient 350 espèces d'oiseaux, parmi lesquelles d'innombrables échassiers venus hiverner. Côté baie de Floride, les naturalistes passionnés iront en quête du rare crocodile, qui vit aussi ici... Et ceux qui n'ont pas peur de se mouiller chausseront palmes, masque et tuba pour explorer la **barrière corallienne du Florida Reef,** où abondent poissons et tortues ; certains ont même parfois la chance d'y voir des lamantins – sinon, on les rencontre à coup sûr, l'hiver, dans les sources de la **Nature Coast,** au nord de Tampa. Le petit cerf des Keys se laisse facilement voir à **Big Pine Key** à l'aube et au couchant. Le **Cape Canaveral** possède aussi un grand parc naturel de toute beauté. Sans oublier les **îles du golfe du Mexique,** paradisiaques : si Sanibel est assez développée, d'autres, plus petites et vierges, s'amarrent au large du littoral, comme **Cayo Costa** et **Shell Key.** Et si vous voulez découvrir la Floride la plus *wild,* direction le **Panhandle,** au nord-ouest, réputé pour ses réserves naturelles, ses forêts de pins et ses îles-barrières constituées de longues plages de sable blanc. Très blanc.

Fresque dans Wynwood, Miami

Interview #experienceroutard

Par la rédaction du *Routard*

En quoi cette destination est-elle unique ?

La Floride est une destination où chacun peut trouver son compte : villes au patrimoine architectural affirmé, parcs d'attractions les plus délirants qu'on connaisse, musées d'art et de sciences, espaces naturels préservés, sans parler des plages... À moins de 7h de vol de l'Europe, le Sunshine State est une destination où l'on peut trouver du soleil et une mer baignable toute l'année !

Une rencontre sensationnelle ?

Alors que nous étions en train de pique-niquer dans le grand parc naturel qui jouxte la base de la NASA à Cape Canaveral, voilà que nous ressentons une présence derrière nous. Tadam ! Un alligator... Nous sortions tout juste des studios Universal, où une attraction mettant en scène un *gator* géant dans un film en 4D nous avait particulièrement impressionnés. Du virtuel, ce pays nous projetait tout à coup vers le réel le plus concret qui puisse exister !

Une activité à faire absolument ?

Amateurs de culture urbaine, il faut sans hésiter partir pour une balade dans le quartier de Wynwood à Miami. On y mesure toute l'énergie créatrice de la Floride. Véritable musée à ciel ouvert, les plus grands noms du *street art* s'y expriment dans un festival de thèmes et de couleurs absolument unique ! Déambuler à vélo à la découverte de toutes ces œuvres est un ravissement et fait prendre la mesure de toute l'énergie créatrice de la Floride.

Un souvenir de voyage mémorable ?

Nous nous sommes fait embarquer dans une drôle d'aventure à Orlando. L'attraction promettait de nous emmener au pôle Nord : soit à pied, soit en hélico. Comme la veille nous avions crapahuté non-stop (dur métier !), nous avons choisi sur le papier le moyen le plus rapide. C'était sans compter sur le fait que nous étions dans un parc d'attractions : il s'agissait en réalité d'une simulation de crash en hélico ! Total : 5 mn d'enfer pour débarquer au pôle Nord, aussi pâles que la banquise...

Une anecdote ?

En avril 1982, l'archipel des Keys a tenté une « sécession » très publicitaire pour s'opposer aux barrages routiers mis en place par le gouvernement fédéral dans sa lutte contre le trafic de drogue, qui décourageaient les touristes de venir. Arguant du fait que les îles étaient traitées comme une nation étrangère, le maire de Key West proclama l'indépendance du comté sous le nom de *Conch Republic* – une allusion au surnom des insulaires... Depuis, on célèbre la fête de l'indépendance chaque 23 avril !

LES QUESTIONS QU'ON SE POSE AVANT LE DÉPART

➢ Quels sont les papiers nécessaires ?

Passeport biométrique ou électronique valide (enfants compris), billet aller-retour ou de continuation et ***autorisation de voyage ESTA*** à demander sur Internet (21 $), valable 2 ans. Visa nécessaire pour un séjour de plus de 3 mois.

D'une façon générale, ***les conditions d'entrée aux États-Unis peuvent être modifiées au cours de l'année.*** Pensez à vérifier sur ● *fr.usembassy.gov/fr* ● et ● *interieur.gouv.fr* ● (rubrique « Conseils aux voyageurs ») la nature des mesures mises en place.

➢ Quelle est la meilleure saison ?

La ***haute saison*** s'étend ***de décembre à avril,*** avec un pic en février-mars. Le climat est doux et sec, mais les prix sont alors vraiment très élevés. ***L'été est très chaud et humide,*** mais le soleil brille aussi généreusement et ***les tarifs des hôtels chutent presque de moitié !*** Le nord-ouest de la Floride est à part, les meilleures périodes s'étendant d'avril-mai à octobre.

➢ Quel budget prévoir ?

Copieux, surtout concernant l'hébergement et les repas. Prévoir aussi un bon gros ***budget loisirs*** si vous programmez des ***activités nautiques*** et quelques ***parcs d'attractions :*** comptez minimum 100 $ par jour et par adulte dans les gros parcs comme Disney et Universal ; toute petite réduc enfants. Aux prix affichés, ***ajouter les taxes*** (entre 5 et 15 %) ***et le pourboire*** dans les restos (18 à 25 % !).

➢ Comment se déplacer ?

En ***voiture.*** Le carburant et les voitures de location sont bien meilleur marché que chez nous. Un ***GPS*** ou une bonne ***appli de navigation*** sur smartphone vous seront utiles. Prévoir aussi un budget pour les parkings en ville (et parfois à l'hôtel), ainsi que pour les péages sur les autoroutes, même s'il est possible de les éviter.

➢ Y a-t-il des problèmes de sécurité ?

Certains quartiers de Miami sont à éviter une fois la nuit tombée. Mais il suffit de respecter quelques règles de bon sens, valables partout.

➢ Quel est le décalage horaire ?

6h de moins par rapport à l'heure française ; 7h pour la région de Pensacola. Quand il est 12h à Paris ou Bruxelles, il est 6h du matin à Miami.

➢ Quel est le temps de vol ?

Depuis Paris, compter environ ***9h30*** pour Miami à l'aller, 45 mn de moins au retour.

➢ Côté santé, quelles précautions prendre ?

Être à jour de ses ***vaccinations universelles.*** De nombreux médicaments sont délivrés sans ordonnance dans les drugstores-pharmacies.

➢ Peut-on y aller avec des enfants ?

Parcs d'attractions à gogo, ***plages immenses, activités nautiques, faune abondante...*** La Floride est une destination familiale par excellence, même s'il faut prévoir un budget important.

➢ Quel est le taux de change ? Comment payer sur place ?

1 $ = 0,90 € au printemps 2023. Le plus pratique est de ***payer avec une carte de paiement.*** Elles sont acceptées presque partout, même pour de petites sommes. Distributeurs automatiques de billets partout aussi.

➢ Quelle langue parle-t-on ?

L'***anglais,*** mais aussi beaucoup l'***espagnol*** à Miami et dans la région.

➢ Combien de jours faut-il prévoir sur place ?

Une semaine est le minimum, idéalement 2.

➢ Peut-on vraiment voir des alligators en liberté ?

Bien sûr ! Des ***sentiers aménagés dans les Everglades*** permettent d'observer en toute sécurité de sacrées bestioles. Il n'est pas rare non plus d'apercevoir des ***dauphins*** et des ***oiseaux par milliers,*** surtout en hiver.

COMMENT Y ALLER ?

LES COMPAGNIES AÉRIENNES

Compagnies régulières

▲ **AIR FRANCE**
Infos et résas : ☎ 09-69-39-36-54 (tlj ; appel non surtaxé), sur • airfrance.fr • et dans les agences de voyages.
➢ Air France dessert ***Miami*** avec 1 vol direct/j. au départ de Paris-Roissy-Charles-de-Gaulle.

▲ **AMERICAN AIRLINES**
☎ 0821-980-999 (0,12 €/mn ; service en français tlj 7h-18h, en anglais 24h/24). • americanairlines.fr •
➢ American Airlines propose, au départ de Paris-CDG, 1 vol/j. pour ***Miami.***

▲ **DELTA AIRLINES**
☎ 09-69-39-17-79. • fr.delta.com •
➢ Delta Airlines dessert la Floride en partenariat avec Air France, avec 1 vol direct/j. Paris-***Miami,*** ainsi qu'une douzaine d'autres villes en Floride (dont ***Orlando, Fort Lauderdale, Key West, West Palm Beach*** et ***Tampa***) avec escale.

▲ **NORSE ATLANTIC AIRWAYS**
• flynorse.com •
Nouvelle compagnie aérienne opérant des vols low-cost, longs courriers entre l'Europe et les États-Unis principalement. Au départ de Paris-CDG, Norse assure une liaison avec ***Miami.***

▲ **UNITED AIRLINES**
☎ 01-71-23-03-35 (tlj 8h-20h). • united.com •
➢ Au départ de Paris-CDG, la compagnie et ses partenaires desservent tlj ***Miami, Orlando, Fort Lauderdale, Tampa, Jacksonville, West Palm Beach*** et d'autres villes en vols non directs.

LES ORGANISMES DE VOYAGES

En France

▲ **CERCLE DES VOYAGES**
– Paris : 4, rue Gomboust (angle 31, av. de l'Opéra), 75001. ☎ 01-40-15-15-05. • cercledesvacances.com • Lun-ven 9h-20h, sam 10h-18h30.
Le vrai voyage sur mesure, à destination des États-Unis (le Sud et la Floride, l'Est et New York, l'Ouest et la Californie).
Cercle des Voyages propose un large choix de voyages adaptés à chaque client : séjours *city break,* randonnées et séjours ski, voyages au volant d'une voiture de location, croisières, circuits en petits groupes, combinés, voyages de noces... Les experts Cercle des Voyages partagent leurs conseils et leurs petits secrets pour faire de chaque voyage une expérience inoubliable. Cercle des Voyages offre également un service liste de mariage gratuit. Les petits plus qui font la différence : une excursion à motoneige ou en traîneau à chiens, une balade à cheval au petit matin dans le désert de l'Ouest, un survol du Grand Canyon en hélicoptère, ou encore un parc d'attractions avec un grand huit spectaculaire en Floride.

▲ **COMPTOIR DES VOYAGES**
• comptoirdesvoyages.fr • Lun-sam 9h30-18h30.
– Paris : 2-18, rue Saint-Victor, 75005. ☎ 01-53-10-30-15.
– Bordeaux : 26, cours du Chapeau-Rouge, 33800. ☎ 05-35-54-31-40.
– Lille : 76, rue Nationale, 59160. ☎ 03-28-04-68-20.
– Lyon : 10, quai Tilsitt, 69002. ☎ 04-72-44-13-40.

– Marseille : 12, rue Breteuil, 13001. ☎ 04-84-25-21-80.
– Nice : 62, rue Giofreddo, 06000. ☎ 04-97-03-64-80.
– Toulouse : 43, rue Peyrolières, 31000. ☎ 05-62-30-15-00.
En plus de 30 ans, Comptoir des Voyages s'est imposé comme la référence incontournable du voyage sur mesure en immersion, avec plus de 90 destinations sur les 5 continents. Ses conseillers-spécialistes construisent des voyages uniques en s'adaptant à votre budget, vos goûts et vos envies. Pour favoriser les rencontres et l'immersion dans la vie locale, ils privilégient des hébergements typiques et des expériences authentiques. Sur place, des *Welcome Hosts* francophones partagent avec vous conseils et bonnes adresses le temps d'un café. Sur votre smartphone, l'application mobile *Luciole* vous informe sur le déroulé de votre voyage et vous guide grâce à un GPS hors connexion.
Comptoir des Voyages est membre d'Agir pour un tourisme responsable depuis 2009, labellisation ATR renouvelée par Écocert Environnement en 2023.

▲ DIRECTOURS

• directours.com •
– Paris : 27, bd des Italiens, 75002. ☎ 01-45-62-62-62.
– Lyon : 7, rue de la République, 69001. ☎ 04-78-30-36-80.
Directours, c'est une savante combinaison entre la confection de séjours sur mesure et le savoir-faire du voyage de luxe. Ce sont plus de 25 conseillers et spécialistes qui, répartis par zones géographiques sur près de 80 destinations, connaissent leurs destinations sur le bout des doigts et sauront vous proposer l'hôtel, la destination ou le circuit qui correspond à vos attentes. De plus, les équipes Directours séjournent régulièrement sur place pour constater la qualité des établissements et renouveler leur catalogue.
Orfèvres du fait maison, ils négocient les meilleurs tarifs pour vous garantir des prestations 100 % luxe. Une qualité d'adaptation dont le voyageur bénéficie avant, pendant et après son séjour grâce à un suivi attentif et à l'envie constante de l'aider à réaliser le projet qui lui tient à cœur.

▲ LA ROUTE DES VOYAGES

• laroutedesvoyages.com • Agences ouv lun-jeu 9h-19h, ven jusqu'à 18h. Rdv conseillé.
– Paris : 10, rue Choron, 75009. ☎ 01-55-31-98-80.
– Angers : 6, rue Corneille, 49000. ☎ 02-41-43-26-65.
– Annecy : 4 bis, av. d'Aléry, 74000. ☎ 04-50-45-60-20.
– Bordeaux : 19, rue des Frères-Bonie, 33000. ☎ 05-56-90-11-20.
– Lorient : 42, av. de la Perrière, 56100. 📱 06-15-48-82-69. Sur rdv lun-mer.
– Lyon : 59, rue Franklin, 69002. ☎ 04-78-42-53-58.
– Toulouse : 27, rue Perchepinte, 31000. ☎ 05-62-27-00-68.
25 ans d'expérience de voyage sur mesure sur les 5 continents ! 15 pays en Europe complètent à présent leur offre. Cette équipe de voyageurs passionnés a développé un vrai savoir-faire du voyage personnalisé : écoute, conseils, voyages de repérage réguliers et correspondants sur place soigneusement sélectionnés avec qui ils travaillent en direct. Son engagement à promouvoir un tourisme responsable se traduit par des possibilités de séjours solidaires à insérer dans les itinéraires de découverte individuelle. Elle a aussi créé un programme de compensation solidaire qui permet de financer des projets de développement locaux.

▲ TERRE VOYAGES

– Paris : 28, bd de la Bastille, 75012. ☎ 01-44-32-12-80. • terre-voyages.com • Lun-ven 8h-18h30, sam 10h-18h.
Les créateurs de voyages de Terre Voyages sont de fins connaisseurs, des experts des pays proposés, car tous natifs ou passionnés de leur destination. Ils sauront écouter vos attentes pour créer une offre de voyages sur mesure qui réponde à vos envies de découverte, et ils vous proposeront une approche authentique des cultures et des peuples dans le respect de leur environnement naturel et au juste prix. Seul, à 2 ou en famille, laissez-vous

séduire par le soleil de la Floride, les Everglades et les parcs à thème qui raviront petits et grands. Pour tous les voyageurs qui attendent d'une échappée lointaine plus qu'une simple visite, mais aussi une véritable connaissance et un apprentissage responsable des différentes cultures des États-Unis, Terre Voyages est le spécialiste qu'il leur faut.

▲ TERRES LOINTAINES

• terres-lointaines.com • En agence sur rdv uniquement, lun-ven 9h-19h, sam 10h-18h.

– Paris : 2, rue Maurice-Hartmann, 92130 Issy-les-Moulineaux. ☎ 01-75-60-63-50.

– Bordeaux : rue Esprit-des-Lois, 33000. ☎ 05-33-09-09-10.

– Lille : rue Jean-Roisin, 59800. ☎ 03-59-61-59-40.

– Lyon : ☎ 04-65-07-02-70.

– Nantes : 39, rue de la République, 69002. ☎ 02-52-59-48-00.

Terres Lointaines affiche clairement son ambition : démocratiser le voyage sur mesure au prix le plus juste. Convaincu qu'un voyage réussi est un voyage qui dépasse les attentes du client, c'est en visant l'excellence que Terres Lointaines met le monde à votre portée, en individuel ou en petit groupe allant jusqu'à 12 personnes. Afrique, Amériques, Asie, Europe, Océanie... La palette de destinations proposée est vaste, avec des conseillers à l'écoute de vos envies. Grâce à leur expertise et à des partenaires locaux de confiance, Terres Lointaines crée des voyages de qualité pour vous offrir des découvertes exceptionnelles et de merveilleux souvenirs.

▲ USA CONSEIL

Devis et brochures sur demande, réception sur rdv, agence à Paris 16e. ☎ 01-45-46-51-75. • usaconseil.com •

Spécialiste des voyages en Amérique du Nord, USA Conseil s'adresse particulièrement aux familles ainsi qu'à toutes les personnes désireuses de visiter et de découvrir les États-Unis et le Canada en maintenant un bon rapport qualité-prix. USA Conseil propose une gamme complète de prestations adaptées à chaque demande et en rapport avec le budget de chacun : vols, voitures, hôtels, motels, bungalows, circuits individuels et accompagnés, itinéraires adaptés aux familles, excursions, *motor homes,* motos, bureau d'assistance téléphonique francophone tout l'été avec nº Vert USA et Canada. Sur demande, devis gratuit et détaillé pour tout projet de voyage.

▲ USA EN LIBERTÉ

• usa-en-liberte.com •

USA en Liberté est une agence locale de confiance pour organiser votre voyage sur mesure aux États-Unis. Ses conseillers, connaisseurs du terrain, vous accompagnent dans la préparation de votre voyage, en couple, en famille ou en groupe d'amis. Vous avez ainsi accès à un service personnalisé en bénéficiant d'un prix accessible. Membre de *bynativ,* la communauté des agences de voyages locales, USA en Liberté vous propose le maximum de garanties et de services : règlement de votre voyage en ligne, possibilité de souscrire une assurance de voyage et de bénéficier de garanties solides en cas d'imprévu. De quoi voyager de façon authentique et en toute tranquillité !

▲ VOYAGEURS DU MONDE

• voyageursdumonde.fr •

*– **Voyageurs aux États-Unis,** au Canada et aux Bahamas : ☎ 01-42-86-17-30.*

– Paris : La Cité des Voyageurs, 55, rue Sainte-Anne, 75002. ☎ 01-42-86-16-00. Lun-sam 9h30-19h. Avec une librairie spécialisée sur les voyages.

– Également des agences à Bordeaux, Grenoble, Lille, Lyon, Marseille, Montpellier, Nantes, Nice, Rennes, Rouen, Strasbourg et Toulouse.

Parce que chaque voyageur est différent, que chacun a ses rêves et ses idées pour les réaliser, Voyageurs du Monde conçoit, depuis plus de 30 ans, des projets sur mesure. Les séjours proposés sur 120 destinations sont élaborés par leurs 180 conseillers voyageurs. Spécialistes par pays et même par régions, ils vous aideront à personnaliser les voyages présentés à travers une trentaine de brochures d'un

nouveau type et sur le site internet, où vous pourrez également découvrir les hébergements exclusifs et consulter votre espace personnalisé. Au cours de votre séjour, vous bénéficiez des services personnalisés Voyageurs du Monde, dont la possibilité de modifier à tout moment votre voyage, l'assistance d'un concierge local, la mise en place de rencontres et de visites privées, et l'accès à votre carnet de voyage via une application iPhone et Android. Voyageurs du Monde est membre de l'association ATR (Agir pour un tourisme responsable) et a obtenu sa certification Tourisme responsable Afaq Afnor.

Voir aussi au sein de chaque ville les agences locales que nous avons sélectionnées.

Comment aller à Roissy et à Orly ?

Toutes les infos sur notre site • *routard.com* • et à l'adresse suivante : • *parisaeroport.fr* •, *rubrique « Accès ».*

En Belgique

▲ CONNECTIONS

☎ 070-233-313. • *connections.be* •
Fort d'une expérience de plus de 20 ans dans le domaine du voyage, Connections dispose d'un réseau de 32 *travel shops,* dont un à Brussels Airport. Connections propose des vols dans le monde entier à des tarifs avantageux et des voyages destinés à des personnes désireuses de découvrir la planète de façon autonome. Connections propose une gamme complète de produits : vols, hébergements, location de voitures, autotours, vacances sportives, excursions, etc.

▲ CONTINENTS INSOLITES

- Bruxelles : rue César-Franck, 44 A, 1050. ☎ 02-880-55-41. • *continents-insolites.com* • *Lun-ven 10h-18h, sam 10h-16h30 sur rdv.*
Continents Insolites, organisateur de voyages lointains sans intermédiaire, propose une gamme étendue de formules de voyage détaillées sur son site internet.
- *Voyages découverte sur mesure :* à partir de 2 personnes. Un grand choix d'hébergements soigneusement sélectionnés : du petit hôtel simple à l'établissement luxueux et de charme.
- *Circuits découverte en minigroupes :* de la grande expédition au circuit accessible à tous. Des circuits à dates fixes dans plus de 60 pays en petits groupes francophones de 7 à 12 personnes. Avant chaque départ, une réunion est organisée. Voyages encadrés par des guides francophones, spécialistes des régions visitées.

▲ MPACT

• *mpact.be* •
- Bruxelles : 7, rue Thérésienne, 1000. ☎ 02-227-93-01.
- Gand : 65B, Maria Hendrikaplein, 9000. ☎ 09-242-32-10.
- Gembloux : 1B, rue Buisson Saint-Guibert, 5030. ☎ 08-162-50-98.
Mpact propose un système de covoiturage, ainsi que d'autres services comme l'échange de maisons ou le gardiennage.

▲ TERRES LOINTAINES

• *terres-lointaines.com* •
- Genève : ☎ 022-510-15-90.
- Zurich : ☎ 044-512-25-90.
Voir le texte dans la partie « En France ».

▲ VOYAGEURS DU MONDE

• *voyageursdumonde.com* •
- Bruxelles : chaussée de Charleroi, 23, 1060. ☎ 02-543-95-50.
Le spécialiste du voyage individuel sur mesure. Voir le texte dans la partie « En France ».

En Suisse

▲ LA ROUTE DES VOYAGES

☎ 078-400-83-94. • *laroutedesvoyages.com* •
25 ans d'expérience de voyage sur mesure sur les 5 continents. Voir le texte dans la partie « En France ».

▲ VOYAGEURS DU MONDE

• *voyageursdumonde.com* •
- Genève : rue de la Rôtisserie, 19, 1204. ☎ 022-519-12-10. Lun-ven 9h30-19h, sam 9h30-18h30.
- Lausanne : rue du Bourg, 6, 1003. ☎ 021-519-10-65. Lun-ven 9h-18h30, sam sur rdv.
Voir le texte dans la partie « En France ».

Au Canada

▲ CLUB AVENTURE VOYAGES

- Montréal : 3173, rue Hochelaga, QC H1W-1G4. ☎ 514-527-0999. • clubaventure.com •

Depuis 1975, Club Aventure développe une façon de voyager qui lui est propre : petits groupes, contact avec les populations, utilisation des ressources humaines locales, visite des grands monuments, mais aussi et surtout ouverture de routes parallèles. Ces circuits ont reçu la griffe du temps et de l'expérience ; ils sont devenus les « circuits griffés » du Club Aventure.

▲ TOURS CHANTECLERC

• tourschanteclerc.com •

Tours Chanteclerc est un tour-opérateur qui publie différentes brochures de voyages : Europe, Amérique du Nord, Amérique du Sud, Asie et Pacifique sud, Afrique et le Bassin méditerranéen en circuits ou en séjours. Il s'adresse aux voyageurs indépendants qui réservent un billet d'avion, un hébergement (dans toute l'Europe), des excursions ou une location de voitures. Également spécialiste de Paris, le tour-opérateur offre une vaste sélection d'hôtels et d'appartements dans la capitale française.

▲ VOYAGEURS DU MONDE

• voyageursdumonde.com •

- Montréal : 555, bd René-Lévesque O., H2Z-1B1. ☎ (514) 722-0909. Lun-ven 9h-17h30. Fermé le w-e.

- Québec : 540, rue Champlain, G1K-4J3. ☎ 418-651-9191. Lun-ven 9h-16h30. Fermé le w-e.

Le spécialiste du voyage en individuel sur mesure. Voir le texte dans la partie « En France ».

FLORIDE UTILE

ABC de la Floride

- ***Surnom :*** The Sunshine State.
- ***Superficie :*** 170 km² (dont 30 500 km² d'eau).
- ***Population :*** 22,5 millions d'habitants en 2023 (340 millions pour les États-Unis).
- ***Densité :*** 145 hab./km² (moyenne des États-Unis : 34,6).
- ***Taux de chômage :*** 2,6 % en avril 2023 (États-Unis : 3,5 %).
- ***Capitale :*** Tallahassee.
- ***Villes principales :*** Miami, Jacksonville, Tampa-St Petersburg, Orlando, Hialeah, Fort Lauderdale, Tallahassee.
- ***Gouverneur :*** Ron DeSantis, Parti républicain, depuis 2019.

AVANT LE DÉPART

Adresses et infos utiles

En France

Office de tourisme des États-Unis *(c/o Visit USA Committee)* ***:*** *☎ 08-99-70-24-70 (3 € l'appel + 0,34 €/mn ; non surtaxé depuis un mobile). • office-tourisme-usa.com • Infos seulement par tél ou sur le site internet.* Bureau d'information privé, donnant accès à de nombreuses infos sur la plupart des États, les conditions d'entrée aux États-Unis et l'ESTA (autorisation de voyage), ainsi que des dossiers thématiques...

Ambassade des États-Unis, section consulaire : *2, av. Gabriel, 75008 Paris. ☎ 01-43-12-22-22. Rens sur les formalités d'entrée dans le pays : • fr.usembassy.gov/fr •, puis cliquer sur « Visas ». Ⓜ Concorde.*

En Belgique

Ambassade des États-Unis : *bd du Régent, 27, Bruxelles 1000. ☎ 32-2-811-4000. • be.usembassy.gov •*

En Suisse

Ambassade des États-Unis : *19, Sulgeneckstrasse, 3007 Berne. ☎ 031-357-70-11. • ch.usembassy.gov •*

Au Canada

Ambassade des États-Unis : *490, chemin Sussex, Ottawa (Ontario). ☎ 613-238-5335. • ca.usembassy.gov •*

Consulat général des États-Unis : *1134, rue Sainte-Catherine Ouest, Montréal (Québec). ☎ 514-398-9695. • ca.usembassy.gov •*

Consulat général des États-Unis : *2, rue de la Terrasse-Dufferin, Québec (Québec). ☎ 418-692-2095. • ca.usembassy.gov •*

Ariane

Vous voyagez à l'étranger ? Ayez les bons réflexes sur le site du ministère de l'Europe et des affaires étrangères :

– Consultez les Conseils aux voyageurs pour préparer votre voyage (risques liés à la sécurité, formalités de séjour, obligations sanitaires, législation locale, etc.) sur *• diplomatie.gouv.fr •* ou via l'application mobile « Conseils aux Voyageurs »

– Inscrivez-vous sur Fil d'Ariane : en quelques clics, créez votre compte sur ● *diplomatie.gouv.fr* ● pour recevoir par e-mail ou SMS des alertes et des consignes de sécurité, en cas d'événement où vous vous trouvez.

Formalités d'entrée

ATTENTION : les mesures de sécurité concernant les formalités d'entrée sur le sol américain ne cessent de se renforcer depuis le 11 septembre 2001. ***Avant d'entreprendre votre voyage, consultez impérativement le site de l'ambassade des États-Unis,*** très détaillé et constamment mis à jour, pour vous tenir au courant des toutes dernières mesures : ● *fr.usembassy.gov/fr* ●, rubrique « Visas ». Voir aussi – pour les Français – le site du ministère des Affaires étrangères, rubrique « Conseils aux voyageurs » par pays : ● *diplomatie.gouv.fr/fr/conseils-aux-voyageurs/conseils-par-pays-destination/etats-unis/* ●

– ***Passeport biométrique ou électronique obligatoire.*** Les ***enfants*** de tous âges doivent impérativement posséder leur propre passeport (bébés inclus). S'ils ne sont pas accompagnés par un de leurs parents, les ***mineurs*** doivent être munis d'une ***autorisation de sortie du territoire.*** Formulaire téléchargeable (complété et signé par un des parents) à remettre au mineur voyageant seul, avec la photocopie de la pièce d'identité du parent signataire. *Rens :* ● *service-public.fr* ●

– **IMPORTANT :** les voyageurs (enfants compris) doivent aussi être en possession d'une ***autorisation électronique de voyage ESTA,*** à demander obligatoirement en ligne et ***exclusivement sur le site internet officiel*** *(● https://esta.cbp.dhs.gov/esta ●).* ***Coût : 21 $ pour une validité de 2 ans (sauf si le passeport expire avant). Méfiez-vous des sites commerciaux d'ESTA*** (sur lesquels on tombe malheureusement très facilement en « googlisant » le mot « ESTA »), qui sont, eux, beaucoup plus chers.

La demande ESTA doit être faite ***au moins 72h avant le départ,*** le plus tôt étant le mieux. La réponse est généralement immédiate. En cas de mise en attente d'une demande, il faut aller consulter son dossier sur le site officiel (on ne reçoit rien par e-mail). Lors de la saisie en ligne, c'est le numéro officiel du passeport à 9 caractères qui doit être inscrit.

– ***Attention, en cas de refus d'ESTA, aucun recours n'est possible.*** Il faut passer par une procédure d'obtention de visa, coûteuse et parfois longue. Ce refus est quasi automatique, entre autres, si vous avez visité un pays classé « à risque » par les autorités américaines (Afghanistan, Iran, Irak, Libye, Somalie, Soudan, Syrie, Yémen). Vérifiez avant !

– Obligation de présenter un ***billet d'avion aller-retour*** ou un billet attestant l'intention de quitter les États-Unis. Lors du passage de l'immigration, on prendra vos empreintes digitales et une photo.

– Le ***visa*** n'est pas nécessaire pour les ***Français*** qui se rendent aux États-Unis pour tourisme. Cependant, le séjour ne doit pas dépasser 90 jours et n'est pas prolongeable.

Attention : le visa reste indispensable pour les diplomates, les stagiaires, les jeunes filles/garçons au pair, les journalistes en mission, et ceux dont l'ESTA aura été refusée. La procédure nécessite un entretien personnel du demandeur à l'ambassade des États-Unis à Paris (avis aux provinciaux !).

– Les conditions d'admission pour les ***Belges*** et les ***Suisses*** sont similaires à celles des Français. Quant aux ***Canadiens,*** ils doivent être munis d'un passeport valide, mais pas d'ESTA.

– Depuis mai 2023, il n'est ***pas nécessaire d'être vacciné contre la Covid-19*** pour se rendre sur le territoire. D'une façon générale, pas de ***vaccination*** obligatoire (lire la rubrique « Santé » plus loin).

– Pour conduire sur le sol américain : le ***permis de conduire national*** suffit.

– ***Interdiction d'apporter des denrées périssables non stérilisées*** (charcuterie, fromage, biscuits…) ***et des végétaux*** (même une malheureuse pomme emportée

pour le voyage... – mangez-la avant de débarquer). Seules les conserves sont tolérées, à condition de les déclarer à l'entrée : faites-le, au risque, sinon, d'une forte amende si vous êtes contrôlé. Les adultes de plus de 21 ans peuvent importer 1 l d'alcool par personne, en soute.
– Pensez à ***recharger vos appareils électriques*** (smartphones, tablettes, ordinateurs portables...) avant de prendre l'avion, car, sur tous les vols allant ou passant par les États-Unis et Londres, les agents de contrôle sont susceptibles de vous demander de les allumer. Par précaution, gardez votre chargeur à portée de main. Si votre appareil est déchargé ou défectueux, il sera confisqué.
– ***Les bagages enregistrés en soute sont souvent inspectés*** par les services de sécurité (surtout s'il y a des liquides). Mieux vaut donc avoir une valise avec système de fermeture intégré et agréé *TSA,* ce qui permet à la *Transportation Security Administration* de les ouvrir sans les endommager, ou tout simplement un cadenas *TSA-approved*.

Pensez à ***scanner*** passeport, carte de paiement, billet d'avion et *vouchers* d'hôtel. Ensuite, adressez-les-vous par e-mail, en pièce jointe. En cas de perte ou de vol, rien de plus facile pour les récupérer. Les démarches administratives en seront bien plus rapides.

Assurances voyage

■ ***Routard Assurance par AVI International :*** *Le Colisée Gardens, 10, av. de l'Arche, CS 70126, 92419 Courbevoie Cedex. ☎ 01-44-63-51-00. • routard@avi-international.com • avi-international.com • Ⓜ La Défense.* Enrichie au fil des années par les retours des lecteurs, *Routard Assurance* reste l'assurance voyage référence des globe-trotters. Tout y est inclus, même la **Covid :** frais médicaux, assistance rapatriement, bagages, responsabilité civile... Avant votre départ, contactez *AVI* pour un conseil personnalisé. À la recherche d'une attestation Covid ? Vous la recevrez automatiquement après chaque souscription. Besoin d'un avis médical, d'une prise en charge dans un hôpital ? Le plateau d'Assistance *AVI* dispose d'un vaste réseau médical à travers le monde disponible 24h/24 pour une réponse en temps réel. De simples frais de santé en voyage ? Téléchargez vos factures depuis *l'espace assuré AVI,* ils vous remboursent sous une semaine.

■ ***AVA – Assurance Voyages et Assistance :*** *25, rue de Maubeuge, 75009 Paris. ☎ 01-53-20-44-20. • ava.fr •* Un autre courtier fiable pour ceux qui souhaitent s'assurer en cas de décès-invalidité-accident lors d'un voyage à l'étranger, mais surtout pour bénéficier d'une assistance rapatriement, perte de bagages et annulation. Attention, franchises pour leurs contrats d'assurance voyage.

■ ***Pixel Assur :*** *10, rue du Maréchal-Gallieni, BP 35, 78601 Maisons-Laffitte. ☎ 01-39-62-28-63. • pixel-assur.com •* Assurance de matériel photo et vidéo tous risques (casse, vol, immersion) dans le monde entier. Devis en ligne basé sur le prix d'achat de votre matériel. Avantage : garantie à l'année.

ARGENT, BANQUES, CHANGE

La monnaie américaine

Au printemps 2023, le dollar ($) valait environ 0,90 €.
– ***Les pièces :*** 1 cent *(penny),* 5 cents *(nickel),* 10 cents (*dime,* plus petite que la pièce de 5 cents), 25 cents *(quarter)* et 1 dollar (moins courante que le billet équivalent). Avis aux numismates, les *quarters* font l'objet de séries spéciales.

– ***Les billets :*** sur chaque billet, le visage d'une figure politique. 1 $: Washington ; 5 $: Lincoln ; 10 $: Hamilton, secrétaire du Trésor et non président ; 20 $: Andrew Jackson, qui devait être remplacé par l'abolitionniste et ancienne esclave Harriet Tubman, mais le projet est repoussé ; 50 $: Grant ; 100 $: Franklin.
Pour l'anecdote, ***en argot, un dollar se dit « a buck ».*** L'origine de ce mot remonte au temps des trappeurs, lorsqu'ils échangeaient leurs peaux de daims *(bucks)* contre des dollars. C'est en 1957 qu'apparut la mention obligatoire *In God we trust* (*Others pay cash,* ironisent certains commerçants).

UN BILLET PLUS VERT QUE VERT

Nul besoin de décimer des forêts pour fabriquer les dollars. Contrairement aux apparences, le célèbre billet vert n'est pas fabriqué à base de papier, mais à base de tissu : 75 % de coton et 25 % de lin. Avant la Première Guerre mondiale, des fibres de soie entraient même dans sa composition. Et, depuis 1991, un fil de polyester le renforce.

Argent liquide et change

Avertissement

Si vous comptez effectuer des retraits d'argent aux distributeurs, il est très vivement conseillé d'***avertir votre banque avant votre départ*** (pays visités et dates). En effet, ***votre carte peut être bloquée dès le 1er retrait*** pour suspicion de fraude. Vous pouvez aussi leur demander de ***relever le plafond*** de retrait aux distributeurs et pour les paiements par carte, quitte à le faire rebaisser à votre retour. Utile surtout pour les cautions des locations de voitures.

Pour un retrait, utilisez de préférence les ***distributeurs attenants à une agence bancaire.*** En cas de pépin avec votre carte (carte avalée, erreur de code secret...), vous aurez un interlocuteur dans l'agence, pendant les heures ouvrables.

– Le plus simple est de ***régler ses achats par carte de paiement*** et de ***retirer sur place du liquide.*** On trouve des ***distributeurs automatiques de billets*** partout (appelés *ATM* pour *Automated Teller Machine* ou *cash machine*), jusque dans certaines petites épiceries ! Cela dit, évitez de retirer de petites sommes à tout bout de champ, car une commission fixe (3-7 $) est prélevée à chaque transaction en plus de celle appliquée par votre banque.
– En dernier ressort, si vous devez quand même ***changer de l'argent,*** adressez-vous aux ***petits bureaux de change en ville.*** Évitez ceux des aéroports, qui appliquent une commission encore plus élevée et des taux carrément défavorables...

Les cartes de paiement

Aux États-Unis, on parle de « *plastic money* », ou « *plastic* » tout court. ***C'est le moyen le plus simple et a priori le plus économique de payer.*** Les paiements par carte sont acceptés quasi partout, souvent ***sans montant minimal*** (gardez juste en tête les commissions fixes de votre propre banque...). ***Gardez toujours votre passeport*** (*ID* en anglais, prononcer « aïdi ») sur vous, il est parfois demandé lors des achats. Les cartes les plus répandues sont la *MasterCard*, la *Visa* et, bien sûr, l'*American Express*, qui applique les commissions les plus faibles.

Afin d'éviter les frais lors de chaque paiement ou retrait en dehors de la zone euro, ***certaines banques offrent la gratuité des retraits*** dans leurs propres distributeurs *(DAB)* dans le monde entier (comme *HSBC*) ou dans les banques avec lesquelles elles ont un accord selon les pays (se renseigner avant le départ). Les banques en ligne, comme *Revolut, N26* ou *Boursorama,* proposent des cartes gratuites qui ne facturent aucune commission pour les paiements et retraits.

Aux États-Unis, ***une carte de paiement est un outil indispensable, pour ne pas dire obligatoire,*** ne serait-ce que pour louer une voiture ou réserver une chambre d'hôtel. Même si vous avez tout réglé avant le départ par l'intermédiaire d'une agence, on prendra systématiquement l'empreinte de votre carte, au cas où vous auriez l'idée saugrenue de partir sans payer les prestations supplémentaires *(incidentals),* genre parking, petit déj, téléphone, minibar...

Dans certains drugstores ou supermarchés, dès que vous présenterez une carte de paiement, on vous demandera généralement : « ***debit or credit ?*** ». Si vous n'avez pas de compte aux États-Unis, la réponse est « *credit* ».

Les ***cartes à puce*** (« *chip cards* ») sont enfin entrées en vigueur aux États-Unis ; on compose donc le code pour chaque transaction au lieu de signer comme dans le temps. De plus en plus, les additions se font sur ***iPad,*** avec facture envoyée par e-mail sur demande (insistez si vous voulez un reçu imprimé).

En cas de perte ou de vol

Avant de partir, notez bien le ***numéro d'opposition propre à votre banque*** (il figure souvent au dos des tickets de retrait, sur votre contrat ou à côté des distributeurs de billets), ainsi que le numéro à 16 chiffres de votre carte. Bien entendu, conservez ces informations en lieu sûr et séparément de votre carte.

N'oubliez pas non plus de vérifier la date d'expiration de votre carte bancaire avant votre départ !

En cas de perte, de vol ou de fraude, quelle que soit la carte que vous possédez, chaque banque gère elle-même le processus d'opposition et le numéro de téléphone correspondant. Le plus simple est de faire opposition en ligne via le site de votre agence bancaire ou leur application mobile, ou en les appelant directement. Sinon, voici les numéros des centres d'assistance des différentes cartes.

- ***Carte Visa :*** *numéro d'urgence depuis les États-Unis,* ☎ *+ 1-800-847-2911.* • *visa.fr* •
- ***Carte MasterCard :*** *numéro d'urgence depuis les États-Unis,* ☎ *+ 1-800-307-7309.* • *mastercardfrance.com* •
- ***Carte American Express :*** *numéro d'urgence,* ☎ *(00-33) 1-47-77-72-00.* • *americanexpress.fr* •
- Il existe aussi un ***serveur interbancaire d'opposition*** qui, en cas de perte ou de vol, vous met en contact avec le centre d'opposition de votre banque : *depuis la France,* ☎ *0892-705-705 (prix d'un appel + 0,35 €/mn) ; depuis l'étranger,* ☎ *+ 33-442-605-303.*

Besoin urgent d'argent liquide

Vous pouvez être dépanné en quelques minutes grâce au système ***Western Union Money Transfer*** présent dans les supérettes *7-Eleven* et les bureaux de change

Forex. L'argent vous est transféré en moins de 1h. La commission, assez élevée, est payée par l'expéditeur. Possibilité d'effectuer un transfert auprès d'un des bureaux *Western Union* ou, plus rapide, en ligne, 24h/24, par carte de paiement (*Visa* ou *MasterCard*).
Même principe avec d'autres organismes de transfert d'argent liquide, comme ***MoneyGram*** ou ***PayTop.*** Transfert en ligne sécurisé en moins de 1h.
Dans tous les cas, ***se munir d'une pièce d'identité.*** Toutefois, en cas de perte/vol de papiers, certains organismes permettent de convenir d'une question/réponse-type pour pouvoir récupérer votre argent. Chacun de ces organismes possède aussi des applications disponibles sur téléphone portable. Consulter les sites internet pour connaître les pays concernés, les conditions tarifaires (frais, commission) et trouver le correspondant local le plus proche : ● *westernunion.com* ● *moneygram.fr* ● *paytop.com* ●

ACHATS

ATTENTION : ***les prix affichés sont toujours hors taxes (ajouter 4 à 7 % selon le type d'achat et le comté).*** Certains achats restent intéressants aux États-Unis, même si le taux de change est moins favorable depuis quelques années. Voici donc quelques idées d'articles à rapporter dans vos bagages.
– ***Les maillots de bain, tenues de plage et lunettes de soleil :*** choix énorme et très bon rapport qualité-prix dans ce style bling-bling paillettes *so Florida.* Pensez aussi aux ***vêtements de surf et de skateboard.***
– Les ***jeans,*** bien sûr. Les ***Levi's*** coûtent bien moins cher qu'en France (jusqu'à moitié prix hors soldes), même si vous les achetez dans un *Levi's Store* officiel. On trouve encore ici des jeans *unwashed* (pas prélavés), en matière brute, bien plus résistants. Ils sont bon marché et rarement exportés.
– Le ***prêt-à-porter décontracté,*** particulièrement les T-shirts, sweats à capuche *(hoodies)* et baskets (on dit *sneakers*). Voici quelques ***marques*** que l'on retrouve à peu près dans tous les *malls* : pour les jeunes, *Urban Outfitters* (*streetwear* branché tendance hipster rock) et *American Eagle Outfitters.* Dans un style très américain tendance néo-Far West, *Lucky Brand.* Et aussi *Anthropologie,* dans le genre bohème chic (pour femmes seulement), avec de superbes boutiques au décor arty.

> **HAMILTON *FOR EVER***
>
> *Les montres Hamilton sont mythiques aux États-Unis. Créée en 1892, la marque cessa la vente aux particuliers pendant la Seconde Guerre mondiale, et ne produisit plus que pour les soldats. La légende était née. Depuis, elle apparaît au poignet de la plupart des acteurs américains, dans plus de 300 films. Le jour de son assassinat, Kennedy portait le modèle* Linwood Viewmatic.

– ***Les produits dérivés :*** vous noterez bien vite cette pratique typiquement américaine. Pas une auberge de jeunesse qui ne vende un T-shirt ou un mug à son effigie, pas un resto, un *coffee shop* ou un bar qui n'en fasse de même.
– Les ***chaussures et vêtements de sport et de loisirs*** (yoga et pilates, mais aussi *outdoor*).
– Les ***smartphones, appareils photo, ordinateurs...*** On ne conseille ce type d'achat que si vous êtes un spécialiste. De retour en France, en cas de problème, les garanties sont très difficiles à faire appliquer, autant le savoir. Si vous achetez un appareil électronique, assurez-vous qu'il peut fonctionner en France. Pour les ordis, là encore on déconseille : les claviers ne sont pas les mêmes. Aucun problème en revanche pour les ***iPhone*** et ***iPad.*** Mais méfiez-vous des boutiques des quartiers touristiques, en particulier dans le Downtown de Miami, car derrière l'affaire en or se cache souvent une arnaque en béton armé !

Acheter moins cher

Au moment des ***soldes*** *(sales),* notamment en janvier et l'été, les réductions peuvent atteindre des sommets. Le ***Black Friday,*** lendemain de Thanksgiving (4e vendredi de novembre), est aussi une journée de discounts particulièrement exceptionnels, les Américains en profitant pour faire leurs courses de Noël.
Les ***factory outlets*** sont d'énormes centres commerciaux situés généralement à la périphérie des villes, accessibles depuis les autoroutes. Très nombreux en Floride, ils regroupent les ***magasins d'usine de grandes marques*** de vêtements et chaussures. Les articles sont souvent écoulés toute l'année à des prix défiant toute concurrence (parfois jusqu'à 75 % de réduction en période de soldes). Ils présentent parfois des défauts mineurs (mention *irregular* sur l'étiquette).

Les tailles américaines

Les tailles américaines, que ce soit pour les vêtements, les chaussures et même la lingerie, n'ont rien à voir avec nos références. Voici page suivante un petit ***tableau d'équivalences*** pour vous aider à vous y retrouver.

BUDGET

La Floride est l'un des États les plus chers des États-Unis. C'est la Côte d'Azur des Américains. Si certains postes, comme l'essence, sont moins onéreux, l'hébergement atteint ici des sommets en saison... Ne vous attendez pas à des vacances bon marché !
Très important : ***les prix affichés (dans les restos, hôtels, boutiques...) s'entendent toujours SANS LA TAXE,*** qui varie de 8 à 14,5 % dans l'hôtellerie et parfois jusqu'à 10 % dans les autres secteurs (restauration, magasins...). Il en va de même pour les parcs d'attractions. Seuls les musées échappent à cette règle. Dans les hôtels, il faudra ajouter la ***taxe de séjour*** et parfois le ***resort fee*** (de 10 à... 50 $ par nuit !), et dans les restos le *tip,* c'est-à-dire le pourboire (voir la rubrique « Taxes et pourboires » plus loin). Bref, gardez en tête qu'à la caisse ce sera toujours bien plus cher que le prix marqué.

La voiture de location et les parkings

Si vous prévoyez de bouger un tant soit peu en Floride, ***la voiture reste le moyen de transport le plus pratique,*** et certainement le plus rentable (même à 2) en considérant le temps gagné.
– ***Essence :*** plutôt bon marché, autour de 3,50 à 3,80 $ le *gallon* (3,8 l) d'essence sans plomb *(unleaded)* au printemps 2023.
– ***Stationnement :*** dans le Sud et sur la côte ouest, les ***parcmètres*** poussent comme les cocotiers, il y en a partout ! Souvent limités à 2h, ils coûtent entre 1 et 5 $/h. La plupart acceptent les cartes de paiement. Attention, dans certaines villes, comme Miami Beach, on paie jusqu'à 3h du mat et parfois même 24h/24 ! Vérifiez bien ce qui est indiqué sur le parcmètre. Si vous restez une journée au même endroit, utilisez de préférence les ***parkings publics,*** à l'heure (environ 1-3 $) ou à la journée (environ 10-25 $). Assurez-vous que, pour le prix, vous aurez le droit de ressortir et de revenir *(in-and-out privileges),* sinon il vous faudra repayer à chaque fois ! Les parkings privés sont encore plus chers. Les emplacements gratuits sont rares (sauf à Naples).
Dans la plupart des ***hôtels urbains,*** surtout les grands établissements, le parking coûte dans les 20-30 $ les 24h (voire 45 $ et plus à Miami Beach), selon que l'on gare soi-même sa voiture *(self-parking)* ou qu'un portier s'en charge *(valet only).* De même, les parkings des administrations sont parfois payants (y compris ceux des postes et des *Visitor Centers* !) et généralement limités à quelques dizaines de minutes. Ne vous amusez pas à vous y garer après la fermeture de ces établissements, votre véhicule partirait automatiquement à la fourrière et il vous en coûterait

FEMME

Pantalon/Jupe/Robe

France	USA	
34	2	XS
36	4	S
38	6	
40	8	M
42	10	
43	11	
44	12	L
46	14	
48	16	XL

Chemisier/Top

France	USA	
34	2	XS
36	4	S
38	6	M
40	8	L
42	10	XL
44	12	XXL
46	14	
48	16	

Chaussures

France	USA	France	USA
35	4	39	7,5
35,5	4,5	39,5	7,5
36	5	40	8
36,5	5,5	40,5	8,5
37	5,5	41	9
37,5	6	41,5	9,5
38	6,5	42	9,5
38,5	7		

Soutien-gorge

France	USA	France	USA
85A	32A	95B	36B
85B	32B	95C	36C
85C	32C	95D	36D
85D	32D	95E	36DD
90A	34A	95F	36E
90B	34B	100A	38A
90C	34C	100B	38B
90D	34D	100C	38C
90E	34DD	100D	38D
90F	34E	100E	38DD
95A	36A	100F	38E

HOMME

Pantalon

France	USA	
34	24	XS
36	26	
37	27	S
38	28	
40	30	M
42	32	
43	33	L
44	34	
46	36	XL
48	38	
49	39	XXL

Chemise

France	USA	
36	26	XS
38	28	
40	30	S
42	32	
44	34	
46	36	M
48	38	
50	40	L
52	42	
54	44	XL
56	46	XXL

Chaussures

France	USA
39	6
39,5	6,5
40	7
40,5	7,5
41	8
41,5	8,5
42	9
42,5	9
43	9,5
43,5	9,5
44	10
45	10,5
46	11
47	12
48	13

minimum 300 $ et une perte de temps considérable ! Les endroits les plus restrictifs envers le stationnement sont ***Miami Beach, Fort Lauderdale*** et ***St Augustine.***
– ***Amendes :*** un vrai business ! Si vous écopez d'une amende avec une voiture de location, lisez le paragraphe consacré aux PV dans la rubrique « Transports. La voiture ». En Floride, le montant des PV pour horaire dépassé de stationnement

tourne autour de 25 $ et va jusqu'à 300 $ pour un stationnement illicite. Les villes n'ont pas toutes le même système de règlement.
Soyez particulièrement vigilant en ce qui concerne les panneaux « ***No red turn*** », qui vous interdisent de tourner à droite quand le feu est rouge alors que d'ordinaire vous pouvez le faire. Il y a des caméras vidéo sur les feux et des capteurs sur la ligne blanche. En cas d'infraction, l'amende est salée (de l'ordre de 150 $). Pour payer votre contravention, vous avez généralement 1 mois, parfois moins. Bref, autant régler le problème fissa !
– ***Péages :*** on en trouve sur les grands axes et les autoroutes entre Orlando et Miami (dans les 2 sens) ! Pas toujours bien indiqués et souvent sans barrière (la tentation de passer est grande, mais ***les plaques d'immatriculation sont prises en photo systématiquement***). Pour la plupart, on paie en cash à une caisse automatique (prévoir l'appoint). Possibilité d'acheter un ***pass*** type télépéage (en stations-service ou dans certains offices de tourisme – se renseigner). N'oubliez pas : si vous ne payez pas le péage avec votre voiture de location, vous serez débité directement sur votre compte bancaire (et certains loueurs appliquent une taxe au passage !). Voir aussi plus loin « Les péages autoroutiers en Floride » dans la rubrique « Transports. La voiture ».
– ***À noter :*** certains loueurs font parfois le forcing pour vous refourguer ce *pass.* Sachez qu'il est aussi possible, dans la plupart des cas, d'éviter ces péages en ne prenant QUE les routes nationales, les US suivies du numéro de la route (ex : US19, US41, etc.), et d'éviter les *interstates* (autoroutes). C'est, certes, un peu plus long, mais la note est moins salée (à condition de bien faire gaffe à ne jamais se retrouver sur une autoroute par erreur !).

L'hébergement

En Floride, ***la haute saison s'étend de novembre à mars,*** avec une pointe lors des ***fêtes de fin d'année*** et en ***février-mars,*** au moment des vacances scolaires universitaires *(spring break),* période où les prix flambent. Le week-end (nuits des vendredi et samedi) est toujours plus cher que la semaine. Et les week-ends fériés, le tarif peut être multiplié par 2, 3 ou même 4 !
Attention aussi aux ***cas particuliers*** : lorsque de grandes conférences/salons ont lieu en ville, par exemple. À Daytona Beach, c'est au moment des courses (nombreuses) que les prix s'envolent, tandis qu'à Cape Canaveral, ce sont les jours qui entourent la date prévue pour le lancement d'une fusée... Bref, quelle que soit la saison, il n'est pas inutile de vérifier si des événements ont lieu au moment de votre passage. Même les AJ et les *B & B* appliquent une politique de l'offre et de la demande !
La basse saison s'étale d'avril à octobre, et là, les prix chutent carrément, atteignant en général un minimum vers mai-juin et septembre-octobre. Il vous sera alors souvent possible de trouver de belles ***promos sur les sites internet des hébergements.*** À défaut, n'hésitez pas à marchander ; ça marche souvent si vous restez plusieurs nuits de suite. Une moyenne saison peut parfois s'insérer dans certaines régions pendant les périodes correspondant aux vacances.
Nous indiquons les ***tarifs pour 2 personnes, du prix le plus bas en basse saison au prix le plus haut en haute saison*** – exception faite, naturellement, des AJ (prix par personne) et des campings (prix par emplacement). Tous les prix sont mentionnés ***hors taxes,*** il faut donc toujours ***ajouter entre 8 et 14,5 % + la taxe de séjour*** (environ 5 $/j. par personne) et de plus en plus souvent en zone balnéaire un ***resort fee,*** qui peut varier entre 4-5 $ (pour un lit en AJ) et jusqu'à 50 $/j. par chambre et par nuit dans un hôtel haut de gamme (hors taxes, à ajouter bien sûr...) ! ***Les prix des nuitées varient selon le confort, mais surtout selon le taux de remplissage.*** Les tarifs peuvent varier d'un jour à l'autre, et même d'heure en heure !
Bon à savoir : les chambres de la plupart des motels étant équipées de 2 lits *queen size,* on peut souvent y dormir à 4 personnes, sans supplément de prix. Certaines chaînes de motels ou hôtels appliquent toutefois un supplément de 10 $/pers.

Voici nos fourchettes indicatives :
- ***bon marché :*** moins de 80 $ (concerne surtout les AJ et campings, très rarement les motels, seulement en basse saison et plutôt dans des coins paumés) ;
- ***prix moyens :*** 100-200 $;
- ***chic :*** 200-300 $;
- ***plus chic :*** 300-400 $;
- ***très chic :*** plus de 400 $.

Le petit déj continental (léger, donc) est parfois inclus dans le prix de la chambre (nous le précisons dans le texte). Mais il s'agit alors généralement de café jus de chaussette servi dans le *lobby* avec quelques muffins sous plastique et des céréales (parfois aussi œufs, bacon et gaufres, mais qualité bas de gamme). Sinon, compter 10-15 $ pour le prendre à l'extérieur.
De même, ***le parking n'est compris que dans les motels*** (voir la rubrique « Hébergement » plus loin).

Les restos

On peut manger pour pas cher aux États-Unis, mais ce « pas cher » rime rarement avec nourriture saine ! Dès lors que vous souhaitez manger un peu plus fin et surtout plus équilibré, ***l'addition grimpe vite,*** surtout le soir. Dans ce guide, nous indiquons les ***prix du déjeuner*** (cuisine plus simple et légère) ***et ceux du dîner*** (plus travaillé et copieux), qui varient souvent du simple au double. Les fourchettes suivantes correspondent à un simple plat, généralement assez copieux pour pouvoir se passer d'autre chose, sauf dans les restos chics ou gourmets, où les quantités sont plus légères. ***Ne pas oublier d'ajouter la taxe et le pourboire*** (voir la rubrique « Taxes et pourboires » plus loin), donc 25-35 % en plus... Si vous mangez dans un lieu où vous commandez ***au comptoir*** (cafétéria, fast-food ou autre), le pourboire n'a rien d'obligatoire (même s'il y a toujours un bocal pour les *tips* !).
- ***Bon marché :*** autour de 10-12 $ (surtout des snacks à emporter, parfois un burger ou un sandwich dans les *diners* les plus modestes).
- ***Prix moyens :*** 12-25 $.
- ***Chic :*** 25-45 $.
- ***Plus chic :*** plus de 45 $.

Les loisirs

Prévoir un budget conséquent si vous programmez quelques ***activités nautiques*** (sortie en mer, plongée, *snorkelling*...) et surtout si vous envisagez une halte dans les grands ***parcs d'attractions d'Orlando,*** où le ticket d'entrée dépasse allègrement les 100 $! La Floride est la destination idéale pour ce type de loisirs, mais ça chiffre vite.

Réductions

Dans les supermarchés, les lieux publics, les stations-service, les *Visitor Centers* ou même dans la rue, vous trouverez des ***journaux gratuits*** bourrés de pubs et de ***coupons de réduction,*** de 1 à 5 $ de remise sur les entrées de certains sites et musées. Parfois aussi des réductions intéressantes sur les parcs d'attractions d'Orlando en achetant les tickets sur les sites internet officiels des sites en question, ou directement au *Visitor Center.* Énormément de pubs également pour des motels qui pratiquent, par exemple, la gratuité de l'hébergement pour les enfants, quelquefois jusqu'à 16 ans.

CLIMAT

Cas à part aux États-Unis, le sud de la Floride bénéficie d'un ***climat subtropical :*** c'est le seul État du pays où l'on peut se baigner toute l'année. L'été y est chaud et humide, marqué par de courtes et fortes pluies. L'hiver est sec et plus frais, avec même quelques gelées certains jours dans le nord et le centre de l'État. À cette époque débarque une importante clientèle de retraités fuyant le froid du reste des États-Unis et du Canada. Au printemps et en automne, douceur et humidité sont au rendez-vous.

UN BONUS POUR CELSIUS

En 1724, le physicien allemand Gabriel Fahrenheit crée une échelle de température qui voit l'eau geler à 32 °F et bouillir à 212 °F. Pas pratique ! Sa référence ? Le 0 correspond à la température la plus basse de sa ville de Dantzig (Gdansk) durant l'hiver 1708-1709 ! À se demander pourquoi les Américains utilisent encore cette échelle de fou. En 1742, le Suédois Celsius remporte la mise en étalonnant ces 2 phénomènes physiques universels sur des chiffres ronds : quand l'eau gèle, il fera 0 °C, quand elle bout ce sera 100 °C. Le bon sens même.

Spécial cyclones *(hurricanes)*

L'***automne,*** plutôt agréable, est la ***saison des cyclones.*** Sans être fréquents, ils sont récurrents et peuvent se montrer ravageurs, Miami étant la ville la plus vulnérable en raison de sa situation géographique et de la faible élévation de ses côtes. À chaque ouragan, on relève quelques morts, victimes de chutes d'arbres ou frappés par des objets emportés par le vent. La facture est souvent lourde : fin ***septembre 2022, l'ouragan Ian*** a ravagé la côte du golfe de Floride, faisant plus de 40 morts et 50 milliards de dollars de dégâts !
Si vous campez, au moindre signe suspect, on conseille de se réfugier à l'hôtel, le personnel étant au courant des manœuvres à suivre en cas d'urgence. Les niveaux d'alerte passent du stade de *hurricane watch* (danger d'ouragan dans les 36h) à celui de *hurricane warning* (arrivée dans les 24h). Les autorités décrètent alors pour certaines zones l'ordre d'évacuation des côtes.
Au cas où vous seriez pris dans un cyclone, le mieux est de vous mettre à l'abri dans un sous-sol (éloignez-vous des fenêtres, qui peuvent exploser lorsqu'elles sont frappées par des projectiles).
– ***Infos sur la météo :*** • *weather.com* • C'est le site de la chaîne TV The Weather Channel, disponible dans tous les hôtels.
– ***Pour suivre les ouragans en temps réel :*** • *nhc.noaa.gov* • C'est le site du National Hurricane Center. Ou branchez la radio : 91.3 FM ou 162.55 MHz.

Tableau d'équivalences des températures

Fahrenheit	Celsius	Fahrenheit	Celsius
108	42,2	52	11,1
104	40	48	8,9
100	37,8	44	6,7
96	35,6	40	4,4
92	33,3	36	2,2
88	31,1	32	0
84	28,9	28	- 2,2
80	26,7	24	- 4,4
76	24,4	20	- 6,7
72	22,2	16	- 8,9
68	20	12	- 11,1
64	17,8	8	- 13,3
60	15,6	4	- 15,6
56	13,3	0	- 17,8

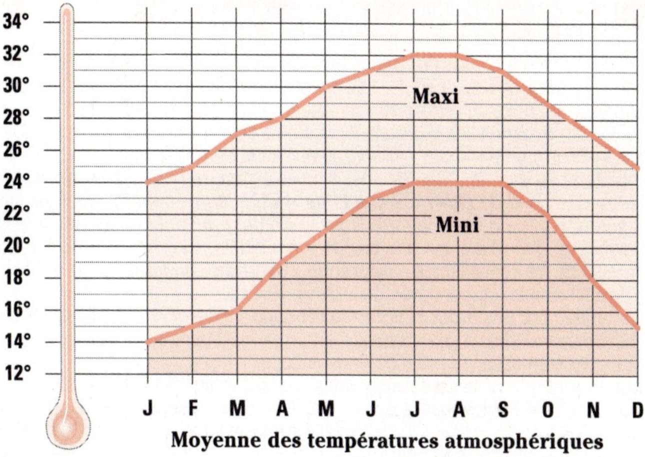

Moyenne des températures atmosphériques

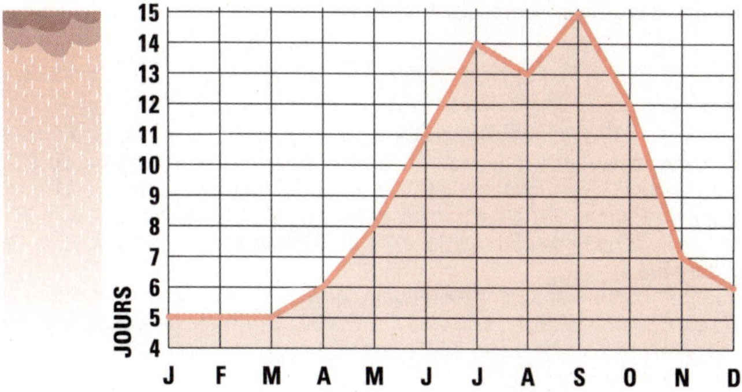

Nombre de jours de pluie

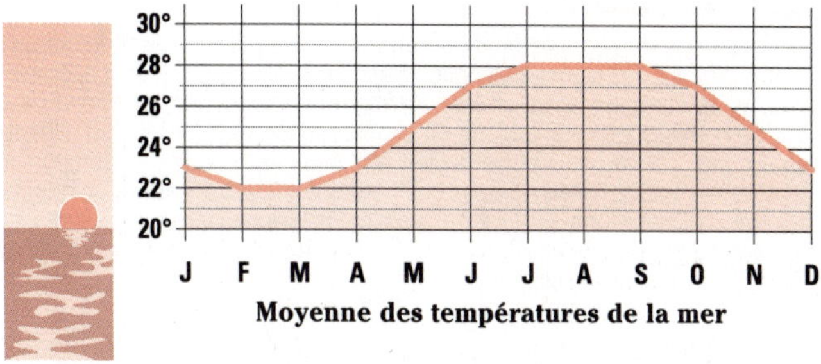

Moyenne des températures de la mer

FLORIDE (Miami)

DANGERS ET ENQUIQUINEMENTS

Si l'essentiel de la Floride ne connaît pas plus de problèmes que le reste du pays, Miami présente un cas à part. Pas de crainte toutefois : vous ne risquez pas votre peau en allant boire un verre le soir sur Ocean Drive, à South Beach ! En revanche, mieux vaut éviter certains quartiers nord comme ***Opa-locka, Overtown*** ou ***Liberty City*** (mais qu'y feriez-vous ?). Ailleurs, le bon sens est de rigueur : évitez de traîner la nuit tombée dans les rues désertes situées ***à l'est de Little Havana,*** de même que dans le ***nord de Downtown,*** à ***Little Haiti*** et ***en périphérie de Wynwood.*** Ne perdez pas de vue que la Terre promise n'a pas tenu ses promesses pour tout le monde et que Miami est une plaque tournante du trafic de drogue. On vous conseille de lire également le ***paragraphe « Sécurité » à Miami*** (dans la rubrique « Adresses et infos utiles. Santé, sécurité »).

Enfin, ***n'hésitez pas à questionner le réceptionniste de votre hôtel.*** S'il vous conseille de prendre un taxi pour vous rendre dans un bar ou une salle de concerts un peu excentrés, suivez ses recommandations.

- ***Les moustiques :*** ils sont redoutables, surtout le soir en été ! Eh oui, difficile d'oublier que la Floride était autrefois couverte de marécages... Porter des vêtements couvrants et utiliser un bon répulsif sur les parties exposées. Ce n'est pas pour rien que certains campings des Everglades sont gratuits pendant la saison chaude et humide !
- ***En cas d'urgence, composez le ☎ 911.***

DÉCALAGE HORAIRE

Les États-Unis sont traversés par ***4 fuseaux horaires*** (6 avec l'Alaska et Hawaii). Une grande partie de la Floride observe l'*Eastern Time,* en ***retard de 6h*** sur l'Europe de l'Ouest. Quand il est 12h à Paris, il est 6h du matin à Miami. La région du Panhandle, à l'extrémité ouest de l'État, vers Pensacola, a 1h de moins que le reste de l'État et donc ***7h de décalage*** avec l'Hexagone, comme la Louisiane.

Attention, comme en Grande-Bretagne, quand on vous donne rendez-vous à 8.30 p.m. *(post meridiem),* cela veut dire 20h30. À l'inverse, 8.30 a.m. *(ante meridiem)* désigne le matin. Enfin, notez que 12 a.m., c'est minuit, et 12 p.m., midi... et non l'inverse.

ÉLECTRICITÉ

Les prises délivrent généralement du 110 volts. Les appareils se chargent quand même, mais plus lentement. Les fiches électriques américaines sont à 2 broches plates. Vous aurez besoin d'un ***adaptateur*** pour recharger la batterie de vos appareils numériques, ordi, tablette ou téléphone portable, ainsi que d'une multiprise. En cas d'oubli, vous pourrez peut-être vous en procurer à l'aéroport, à la réception de certains hôtels ou dans une boutique d'électronique ou un drugstore (mais pas si facile). Certains vieux motels n'ayant pas beaucoup de prises, il peut être utile d'apporter une multiprise. À l'inverse, les établissements récents disposent souvent de prises USB.

ENFANTS

La Floride est une ***destination idéale*** pour les enfants, à tous points de vue. Des ***parcs d'attractions*** déments, des kilomètres de ***plages*** de sable blanc ourlées de cocotiers, des ***musées insolites et ludiques,*** des ***espaces naturels*** préservés où l'on peut voir une foultitude d'animaux en totale liberté...

Le seul bémol, ce sont les ***grandes distances*** qui séparent les spots touristiques. Soyez prêt à affronter de longues heures de voiture. C'est pourquoi il est important de bien cibler vos choix quand vous établirez votre itinéraire.
Voici nos suggestions pour vous aider à concocter un programme qui soit adapté à la fois aux centres d'intérêt de vos enfants et à votre budget.

Conseils pratiques

- ***La période :*** en juillet et août, les prix sont bien plus accessibles côté hébergement, mais le climat est vraiment chaud et humide, pas l'idéal avec de tout jeunes enfants (avec des grands, ça passe très bien). L'hiver est la meilleure saison, mais les prix s'envolent.
- ***L'hébergement :*** en Floride, on dort souvent dans des ***motels.*** Une solution idéale et économique en famille, car on peut coucher à 4 par chambre (2 grands lits en général). La majorité des motels dispose d'une piscine, appréciable après un long trajet ou par grosse chaleur. Mieux vaut éviter les *B & B* ou bien se renseigner : beaucoup refusent les enfants de moins de 10, 12, 14 ou même parfois 18 ans – pour ne pas déranger la sacro-sainte tranquillité des *guests* ! La ***location d'appartement*** est une solution souvent plus pratique en famille.
- ***Parcs d'attractions : réserver à l'avance vos billets*** pour profiter des promos et éviter la file d'attente à l'entrée.
- ***Alterner les réjouissances :*** visite de musée, pause déjeuner, boutiques, pause glace, activité sportive ou de plein air, etc. Profitez de l'extraordinaire choix qu'offre la Floride. On vous conseille toutefois de ne pas commencer le séjour par Orlando... pour que le reste ne leur paraisse pas trop « fade » !
- ***Les plages :*** il y en a partout. Côte atlantique ou golfe du Mexique, une journée les pieds dans le sable sera la bienvenue. Prévoir écran total, chapeau et T-shirt, et si possible un parasol (vous êtes sous les tropiques !).
- En dehors des restos chics (où il se peut qu'on vous jette un regard de travers), les enfants sont toujours bien accueillis dans les ***restos américains,*** le plus souvent avec des coloriages, jeux et crayons de couleur. La plupart proposent aussi des ***menus-enfants très bon marché*** (même au petit déj).

En dehors des parcs d'attractions, il existe bien des alternatives, que vous retrouverez détaillées au cœur du guide. Les sites plus particulièrement destinés aux enfants sont désignés par le ***pictogramme spécial*** 👪.
Voici quelques pistes qui devraient leur laisser des souvenirs impérissables.

Miami Beach

La plage, le soleil, une ville qui se visite à pied, à rollers, à skate ou à vélo, et les immeubles de l'***Art Deco District*** qui ressemblent à de gros gâteaux colorés, les enfants sont à coup sûr séduits par le coin. En plus, on y voit passer des limousines longues comme des autobus et de belles Harley à chaque coin de rue ! Dans les environs, plusieurs parcs et musées, comme le ***Miami Children's Museum,*** s'adressent plus particulièrement aux enfants.

Orlando

Attention, gros budget dépenses en perspective ! Prévoir ***3 jours*** intensifs si vous vous contentez des parcs du ***Walt Disney World Resort.*** Compte tenu de la vaste étendue du royaume de Mickey, on vous conseille d'opter pour un hôtel Disney : décor « magique », navettes gratuites pour tous les parcs (hyper pratiques) et autres petits « plus ».
Avec ***Universal Orlando Resort, SeaWorld Orlando*** et un ***parc aquatique*** pour se rafraîchir, 4 jours ne sont pas de trop ! Même très motivés, les plus petits auront du mal à suivre le rythme.

Des ***poussettes*** sont en location à l'accueil, mais les journées restent bien remplies et fatigantes pour toute la famille. *Universal Orlando Resort* (à l'inverse de *Legoland Florida*) s'adresse plutôt aux enfants à partir de 8-10 ans. S'ils sont plus grands, ils seront également ravis par la visite du ***Kennedy Space Center,*** à Cape Canaveral (à moins de 1h de route d'Orlando). En revanche, mieux vaut ne pas l'imposer aux plus jeunes.

St Augustine

Le ***charme suranné de cette vieille ville*** emballe les enfants. On s'y croirait, les habitants sont parfois costumés pour accueillir les touristes et on peut même visiter la ville en calèche. Sans compter l'univers fascinant des corsaires au *Pirate & Treasure Museum.*

Tampa et Sarasota

Le parc d'attractions ***Busch Gardens*** et le ***Florida Aquarium*** demeurent les principales attractions de la ville. Un peu plus au sud, ***Sarasota*** peut valoir une étape pour son fabuleux musée du cirque, The Ringling. De quoi faire carburer à coup sûr l'imaginaire. À compléter par une visite aux ***alligators*** du Myakka River State Park, avant de filer rencontrer les ***lamantins*** de la proche Nature Coast.

Le parc des Everglades

Randonnées à pied, à vélo, en canoë, sorties en mer pour aller voir les dauphins, tour en *air boat,* sont autant d'activités à faire en famille. Un must : le tour de ***Shark Valley,*** où abondent alligators peu farouches et oiseaux. Dépaysement assuré et souvenirs inoubliables.

Key West

À l'extrémité sud de l'archipel des Keys, il faut bien 3h de route pour y arriver depuis Miami, et il y a de fortes chances pour que vos bambins trouvent le trajet encore plus long que vous ! Mieux vaut à notre avis réserver cette étape aux plus grands, d'autant que les plages ne sont pas légion ici. Cela dit, les ***balades à vélo*** pour découvrir les vieilles maisons coloniales, les ***activités sportives*** (dont le *snorkelling*) et les musées consacrés aux trésors retrouvés dans des épaves de vieux galions espagnols peuvent susciter l'enthousiasme des enfants. De même que les adorables daims des Lower Keys.

FÊTES ET JOURS FÉRIÉS

Voici les jours fériés américains valables pour l'ensemble du territoire (presque toutes les boutiques sont fermées ces jours-là). Pour une liste des festivités locales, reportez-vous aux sections concernées de chaque chapitre.
- ***New Year's Day :*** *le 1er janv.*
- ***Martin Luther King Jr's Birthday :*** *le 3e lun de janv, celui le plus proche de son anniversaire, le 15 janv.* Un jour très important pour la communauté noire américaine.
- ***President's Day :*** *le 3e lun de fév.* Pour honorer la naissance du président Washington, le 22 février 1732.
- ***Easter*** *(Pâques)* **:** ce n'est pas une fête officielle, mais les boutiques sont souvent fermées le dimanche et certaines aussi le lundi.
- ***Memorial Day :*** *le dernier lun de mai.* En souvenir de tous les morts au combat. Correspond au début de la saison touristique.

– ***Independence Day :*** *le 4 juil.* Fête nationale commémorant l'adoption de la Déclaration d'indépendance en 1776.
– ***Labor Day :*** *le 1er lun de sept.* La fête du Travail. Marque la fin de la saison touristique.
– ***Columbus Day :*** *le 2e lun d'oct.* En souvenir de la « découverte » de l'Amérique par Christophe Colomb.
– ***Halloween :*** *la nuit du 31 oct au 1er nov.* Cette tradition celte, importée par les Écossais et les Irlandais, est célébrée avec une grande ferveur aux États-Unis. Sorcières ébouriffées, fantômes et morts vivants envahissent les rues, tandis que les enfants, déguisés eux aussi, font du porte-à-porte chez les voisins en demandant : « *Trick or treat ?* » (Farce ou friandise ?), et repartent les poches pleines de bonbecs.
– ***Veteran's Day :*** *le 11 nov.*
– ***Thanksgiving :*** *le 4e jeu de nov.* Cette fête typiquement américaine, chômée par à peu près tout le monde, commémore le repas donné par les 1ers immigrants (les Pères pèlerins) en remerciement à Dieu et accessoirement aux Indiens pour leur avoir permis de survivre à leur 1er hiver au Nouveau Monde. L'occasion de dévorer une dinde rôtie gigantesque avec sa farce et sa sauce aux canneberges, puis une part de tarte au potiron *(pumpkin pie)* en dessert !
– ***Christmas Day :*** *le 25 déc.*

TRAVAILLEURS DE TOUS LES PAYS...

Dans le monde entier, la fête internationale des Travailleurs se tient le 1er mai, jour commémorant une grève massive des ouvriers... américains, débutée le 1er mai 1886 et réprimée dans le sang à Chicago. Dans le monde entier sauf... aux États-Unis (et au Canada), qui la célèbrent bizarrement le 1er lundi de septembre !

HÉBERGEMENT

Quel que soit le type d'hébergement choisi, ***il est fortement conseillé de réserver*** le plus longtemps possible à l'avance. On vous demandera systématiquement votre numéro de carte de paiement. Attention, si vous changez d'avis et si vous n'en informez pas l'hôtel bien à l'avance (plusieurs jours, voire plusieurs semaines, vérifiez !), vous serez débité quand même, en général au moins du montant de la 1re nuit.
Aux États-Unis, ***les prix varient selon le taux de remplissage*** (système du *yield management*). Les différences sont parfois notables du jour au lendemain et les tarifs peuvent même varier selon le moment de la journée auquel on réserve ! Un vrai casse-tête. Pour plus d'informations, reportez-vous à la rubrique « Budget. L'hébergement » plus haut ou à la rubrique « Préparer son séjour » à Miami plus loin.

Les auberges de jeunesse *(youth hostels)*

Voilà une espèce en voie de disparition aux États-Unis, les jeunes Américains préférant le ***couchsurfing*** (logement gratuit chez des particuliers via le site • *couchsurfing.com* •), la location d'apparts en bandes ou ***Airbnb.*** Il n'y a plus que quelques ***AJ privées en Floride,*** principalement à Miami Beach. Comme tout est plus cher, elles le sont aussi. Même les lits individuels en dortoir peuvent voir leurs tarifs (environ 25-50 $ en temps normal) s'envoler les jours fériés (jusqu'à 150 $ le lit en haute saison à Key West, par exemple)... Les chambres, elles, sont pratiquement au même prix que celles des petits hôtels ou motels moyens (environ 100-150 $, voire plus selon la saison). On bénéficie cependant d'un environnement pour routards, d'espaces communs souvent conviviaux (avec cuisine équipée la plupart du temps) et, surtout, de nombreux services : wifi, laverie à pièces, *coffee shop* parfois, sorties nocturnes quotidiennes ou hebdomadaires, voire excursions... ***Aucune limite d'âge*** pour y séjourner.

Les campings

Il existe 2 types de campings.

Les campings nationaux et d'État

Situés dans les *National Parks, National Monuments, National Recreation Areas, National Forests* et *State Parks,* ils sont les moins chers (16-45 $ pour un emplacement jusqu'à 6 personnes en général) et les plus agréables. Les emplacements, souvent vastes et bien isolés les uns des autres, sont la plupart du temps situés dans de beaux endroits préservés, en pleine nature. On y trouve toujours des toilettes et de l'eau froide, une table de pique-nique et un BBQ, mais pas nécessairement de douches ni d'électricité. ***Arrivez tôt le matin*** pour avoir une chance de trouver un emplacement ou, mieux, ***réservez,*** car en haute saison la demande peut être très forte. Dans les parcs d'État, les plus nombreux en Floride, c'est possible jusqu'à 11 mois à l'avance. Dans les parcs fédéraux, c'est seulement 6 mois. Et parfois, c'est tout simplement impossible ; dans ce cas, ***le 1er arrivé est le 1er servi*** *(first come, first served !).* Pensez aussi à faire vos courses avant de venir vous installer. Les boutiques sont rares ou alors plus chères et moins bien fournies.

– ***Réservations pour camper dans les parcs nationaux :*** ● recreation.gov ● C'est le plus pratique, même s'il faut s'inscrire pour accéder au système (c'est assez simple) et qu'il ne couvre qu'une partie des parcs. On règle par carte de paiement en ligne et on peut même choisir son emplacement, avec la localisation exacte dans le camping et les disponibilités affichées en temps réel ! *Sinon par tél : ☎ 1-877-444-6777 (nº Vert) ou, depuis l'étranger, ☎ 606-515-6777 (tlj 10h-minuit, heure de la côte est – 6h de moins par rapport à la France). Un numéro de résa vous est attribué, à conserver puisque ce sera votre sésame une fois arrivé au parc.* En Floride, on trouve notamment des campings réservables dans la Ocala National Forest (au nord d'Orlando) et au Canaveral National Seashore. Ceux des Everglades doivent être réservés par l'intermédiaire d'un concessionnaire privé...

– ***Réservations pour camper dans les parcs d'État (State Parks) :*** ● floridastateparks.com ● Pratique : un calendrier vous indique les emplacements disponibles. *Sinon par tél : ☎ 1-800-326-3521 (nº Vert ; tlj 8h-20h). Résa jusqu'à 24h avt.* Il existe une soixantaine de parcs d'État avec camping en Floride. Une vingtaine propose aussi des ***cabins*** (bungalows 4-6 personnes, 30-160 $) qui peuvent être réservées pour une seule nuit du lundi au jeudi et 2 nuits le week-end et les jours fériés.

Les campings privés

Ils sont nettement moins bien situés, dans un environnement moins sauvage (certains sont même installés en zone urbaine, ce qui comporte toutefois des avantages), avec des emplacements plus entassés (question de rentabilité). En revanche, ils offrent souvent ***plus de commodités :*** sanitaires complets, électricité, machines à laver, épicerie, *ATM...* Dans certains, il y a même une piscine, une cuisine commune, le wifi et des bungalows en bois *(cabins)* ou des mobile homes, à louer au même prix qu'une chambre dans un petit hôtel.

Ces campings sont beaucoup plus chers que ceux des parcs (50-70 $ l'emplacement, le plus souvent !). L'une des principales chaînes, ***KOA*** *(Kampgrounds of America),* compte 450 campings affiliés. *Infos :* ● koa.com ●

Les motels

LEXIQUE

Double : chambre double avec lit d'environ 1,40 m de large.

Queen : chambre double avec lit d'environ 1,50 m de large.

King : chambre double avec lit d'environ 1,90-2 m de large (mais on ne sait plus dans quel sens se mettre !).

Two double beds : chambre avec 2 lits d'environ 1,40 m, pouvant loger 4 personnes.

Deluxe : chambre un peu plus spacieuse en général (ou avec vue).

Dorm bed : lit en dortoir.

Bunk beds : lits superposés.

Ensuite : avec salle de bains privée (en dortoir ou *B & B*). Par opposition, on parle de ***shared bath*** (salle de bains partagée).

Efficiency : avec cuisine (ou kitchenette) équipée.

Le nom provient de la contraction des mots « *motor* » (moteur) et « *hotel* ». Logique, puisqu'ils sont conçus pour que l'on puisse se garer directement devant sa chambre ! Indissociable de l'idée du *road trip* américain, le motel n'est pas au mieux de sa forme : en un demi-siècle, il a vu son nombre divisé par 4... En dehors des grandes villes, il reste ***le type d'établissement le plus répandu aux États-Unis.*** Un motel, c'est généralement un bâtiment bas autour d'une vaste cour qui fait office de parking (gratuit). D'un confort et d'un âge variables, ils ne brillent pas par leur originalité mais disposent toujours de chambres avec salle de bains, clim et TV, plus souvent un frigo, un micro-ondes et une cafetière. Pas de différence fondamentale entre les motels indépendants et ceux de chaîne. Au fil du temps, certains établissements se sont mués en motels « de charme », inspirés de l'architecture locale.
Les ***tarifs, dictés en priorité par le taux d'occupation,*** varient aussi (un peu) selon le nombre et la taille des lits. Intéressant : ***en général, les moins de 17 ans ne paient pas*** s'ils sont dans la chambre des parents.
– ***Les motels de chaîne :*** les budgets plus serrés opteront pour *Econo-Lodge, Best-Value Inn, Red Roof* ou *Super 8.* Il y a aussi l'incontournable *Motel 6* (parce que, à l'époque, on y trouvait des chambres à 6 $), en général la moins chère des chaînes, dont beaucoup d'établissements ont été rénovés et offrent pour certains des chambres très correctes pour le prix – d'autres, vieillots, restant surtout squattés par des SDF...
Attention, l'appartenance à une même chaîne ne garantit pas un niveau de confort ni une tenue équivalents.
Un cran au-dessus, on trouve *Days Inn* et *Comfort Inn.* Et puis *Holiday Inn Express, Best Western, Howard Johnson by Wyndham* dans la catégorie moyenne gamme. Un peu plus haut de gamme, la chaîne *Homewood Suites by Hilton* est intéressante en famille : chambres-suites spacieuses avec cuisine équipée, copieux petit déj-buffet et dîner offert en semaine (lundi-jeudi).

Quelques infos valables pour les hôtels et les motels

– ***Mieux vaut réserver à l'avance.*** Que ce soit sur Internet ou par téléphone, il vous faudra fournir un ***numéro de carte de crédit.*** À votre arrivée, le

réceptionniste vous demandera votre carte, même si vous avez déjà réglé par agence et arrivez avec des *vouchers*. Cela doit permettre de couvrir les *incidentals* : frais de téléphone, minibar, *pay TV*, infraction à la consigne non-fumeurs, etc.
- Sauf exception (précisée), les prix que nous indiquons s'entendent ***hors taxes*** - soit 8-14,5 % de plus, comprenant la taxe d'État, éventuellement augmentée des taxes du comté et de la municipalité (taxe de séjour). Ajoutons, dans les zones balnéaires, le ***resort fee***, une sorte de forfait comprenant théoriquement divers petits services. Attention, il peut alourdir considérablement votre note au moment du *check out*.
- La plupart des hôtels proposent des chambres équipées de ***TV, clim, sanitaires, cafetière, micro-ondes*** et ***frigo***, voire kitchenette. ***Wifi*** gratuit partout (avec plus ou moins de réseau).
- ***Certains hôtels proposent un petit déj continental inclus.*** Souvent, on doit se contenter de café, thé et muffins industriels à prendre debout dans le *lobby*, parfois d'un buffet avec céréales, yaourts, fruits, gaufres, œufs et bacon (qualité médiocre). Si le petit déj n'est pas compris, allez le prendre à l'extérieur : les restos dédiés ne manquent pas et sont bien meilleurs.
- Certains hôtels chics et *B & B* incluent dans le prix de la chambre une ***social hour***, c'est-à-dire un *drink* offert (verre de vin ou bière avec un petit en-cas), vers 17-18h.
- Les hôtels et motels sont pratiquement tous ***non-fumeurs***. On vous fait d'ailleurs signer une décharge à ce sujet. Si vous ne respectez pas la consigne « *no smoking* », comptez 200 ou 250 $ d'amende, automatiquement débitée sur votre carte de paiement en cas d'infraction ! L'interdiction inclut les balcons et terrasses.

Les hôtels Art déco de Miami Beach

Les hôtels de Miami Beach méritent une place à part. Beaucoup sont de vénérables établissements Art déco construits dans les années 1930-1940. Les façades et certaines parties communes arborent des éléments décoratifs représentant le milieu, la faune et la flore locaux : flamants roses, palmiers, soleils, crustacés, etc. Certains ont été superbement rénovés et transformés en boutique-hôtels au design somptueux (voir ci-après). D'autres sont encore dans leur jus. La plupart, à mi-chemin, ont été plus ou moins bien retapés. Souvent, la peinture fraîche recouvre de vieux lambris, l'électricité date et l'isolation phonique manque. Les doubles vitrages sont rares, le bruit omniprésent, même dans des établissements chers. Détail pratique, le parking (quand il y en a un) est toujours payant et souvent hors de prix.

Les boutique-hôtels

Les 1ers boutique-hôtels sont apparus à New York dans les années 1980. Ils ont proliféré dans les endroits branchés comme Miami Beach, investissant certains buildings Art déco. Fréquentés par une clientèle d'affaires et de voyageurs branchés, ce sont des hôtels souvent indépendants, à l'origine de petite capacité, avec un service personnalisé et surtout une déco originale, cosy ou design. Ils sont aussi parfois qualifiés de *small luxury hotels*. Dans les catégories « Chic » et « Plus chic », leur rapport qualité-prix peut s'avérer plus intéressant que les établissements aux dizaines de chambres standardisées.

Les *Bed & Breakfast*

On en rencontre ***surtout dans les petites villes historiques*** comme ***Key West*** et ***St Augustine***. Ces établissements occupent pour la plupart de belles demeures anciennes, souvent en bois, parfois classées. Ils proposent rarement plus d'une dizaine de chambres, souvent beaucoup moins, toutes différentes et généralement meublées dans le style victorien. Le petit déj (maison et souvent très copieux) et le

parking sont en principe compris. Les plus grandes maisons ont une piscine, les plus petites un jacuzzi. Même si l'ambiance est souvent un peu collet monté, c'est un bon moyen pour faire connaissance avec des Américains. Les proprios prêtent souvent des bicyclettes.
Bien entendu, la qualité a un prix et ces adresses appartiennent souvent aux ***catégories « Plus chic » à « Très chic ».*** Il n'est pas rare que certaines adresses (nous le précisons) refusent les ***enfants,*** pour préserver la tranquillité des hôtes (sic)... !
Notons enfin que les *B & B* ont tendance à se raréfier depuis quelques années : plus assez rentables face à l'essor d'***Airbnb*** et consorts... Beaucoup ont en outre pris l'habitude de déléguer leurs résas à des plateformes ou des associations et ne se signalent même plus par un panneau dans la rue !

La location d'appartements ou de maisons

Une formule intéressante en famille, grâce à l'espace supplémentaire et à la cuisine pour économiser sur les repas. Pour réserver, on peut passer par une ***plateforme internet de mise en relation entre propriétaires et locataires*** (type *Airbnb*). L'offre est très tentante : prix attractifs, choix énorme dans tous les styles, du petit studio fonctionnel meublé Ikea au *penthouse* design avec vue sur l'océan, en passant par la villa tropicale avec piscine ou la maison d'architecte...

■ ***Airbnb :*** • *airbnb.fr* • Des centaines de chambres (avec ou sans salle de bains privative), apparts, lofts et villas à tous les prix (de 60 à plus de 500 $ la nuit). En cherchant bien et en s'y prenant à l'avance, on peut louer des lieux assez étonnants, voire très originaux. Bien se renseigner cependant sur d'éventuels frais de ménage ou additionnels.

■ ***VRBO :*** • *vrbo.com* • Mêmes prestations, mais site en anglais seulement.

L'échange d'appartements

Il s'agit d'échanger son propre logement (que l'on soit proprio ou locataire) contre celui d'un adhérent du même organisme dans le pays de son choix. Cette formule permet de passer des vacances aux États-Unis à moindres frais et intéressera en particulier les couples avec enfants. Voici 2 agences qui ont fait leurs preuves :

■ ***Intervac :*** ☎ *05-46-66-52-76.* 📱 *06-30-76-62-83.* • *fr.intervac-homeexchange.com* • *Adhésion annuelle dès 125 €, mais possibilité de tester gratuitement le service pdt 21 j.*

■ ***Homelink International :*** ☎ *04-42-27-14-14.* • *homelink.org* • *Adhésion annuelle env 125 € (pour les mêmes services).*

LANGUE

Pour vous aider à communiquer, n'oubliez pas notre ***Guide de conversation du Routard en anglais.*** Sachant qu'une bonne partie de la population de Floride est hispanophone, vos notions d'***espagnol*** pourront aussi vous servir !

Vocabulaire anglais de base utilisé aux États-Unis

Politesse

S'il vous plaît	*Please*
Merci (beaucoup)	*Thank you (very much) / Thanks*
Bonjour	*Hello (Hi)*
Au revoir	*Goodbye / Bye / Bye bye*
À plus tard, à bientôt	*See you (later)*
Pardon	*Sorry / Excuse me*

Expressions courantes

Parlez-vous le français ?	*Do you speak French ?*
Je ne comprends pas	*I don't understand*
Pouvez-vous répéter ?	*Can you repeat, please ?*
Combien ça coûte ?	*How much is it ?*

Vie pratique

Poste	*Post Office*
Office de tourisme	*Visitor Center*
Banque	*Bank*
Médecin	*Doctor / Physician*
Hôpital	*Hospital*
Supermarché	*Supermarket*

Transports

Billet	*Ticket*
Aller simple	*One way ticket*
Aller-retour	*Round trip ticket*
Aéroport	*Airport*
Gare	*Train station*
Gare routière	*Bus station*
À quelle heure est le prochain bus/train pour... ?	*What time is the next bus/train to... ?*

À l'hôtel et au restaurant

J'ai réservé	*I have a reservation*
C'est combien par nuit ?	*How much is it per night ?*
Petit déjeuner	*Breakfast*
Déjeuner	*Lunch*
Dîner	*Dinner*
L'addition, s'il vous plaît	*The check, please*
Le pourboire	*The tip / The gratuity*

Les chiffres, les nombres

1	*one*	8	*eight*
2	*two*	9	*nine*
3	*three*	10	*ten*
4	*four*	20	*twenty*
5	*five*	50	*fifty*
6	*six*	100	*one hundred*
7	*seven*		

LIVRES DE ROUTE

Littérature contemporaine

– ***Floride*** (2019), de Lauren Groff (L'Olivier). L'auteure des *Furies,* encensée par la critique et par Obama lui-même, revient sur la scène littéraire avec un implacable recueil de nouvelles principalement situées dans le Sunshine State. Il y est question de nature, d'animaux sauvages, de cyclones, de moiteur d'été... et bien sûr de personnages au bord de la rupture. Des tranches de vie singulières et brillantes de l'Amérique du XXIe s.

– ***Bloody Miami*** (2013), de Tom Wolfe (Pocket). Le 4e roman du journaliste-écrivain, auteur du *Bûcher des vanités,* décrit les tensions raciales dans les communautés de Miami, un melting-pot où personne ne se mélange. Un Miami excessif mais fascinant.

– ***Un été à Key West*** (2006), d'Alison Lurie (Rivages, coll. « Rivages-Poche »). Quand Wilkie Walker, éminent naturaliste, sombre dans un mutisme inexplicable, sa femme, Jenny, lui propose de passer l'hiver à Key West, espérant lui changer les idées. Or c'est pour elle, épouse discrète entièrement dévouée à son mari, que le soleil généreux de Floride se révèle le plus bénéfique. L'occasion pour Alison Lurie, habituée des Keys, de laisser libre cours à son humour caustique, auquel n'échappent ni les touristes ni les résidents permanents et leurs touchantes excentricités.
– ***Croco-Deal*** (2010), de Carl Hiaasen (10/18). Ce journaliste et écrivain américain est le spécialiste du thriller écolo-rigolo, dont l'action se situe toujours en Floride, où il vit depuis son enfance. De sa plume grinçante, il s'en prend aux promoteurs qui ravagent la beauté de son pays. Une critique sociale déjantée. Du même auteur, ***Razor Girl*** (2016) est tout aussi cocasse.
– ***Duma Key*** (2009), de Stephen King (Le Livre de Poche). Une longue île presque inhabitée, du sable fin où s'impriment les empreintes du flâneur, une maison sur pilotis que viennent lécher les eaux du golfe du Mexique. À quelques pas, Siesta Key, Sarasota et ses galeries d'art. Une Floride idéale, synonyme de douceur de vivre ? Ce serait compter sans Stephen King ! Car Duma Key recèle un étrange pouvoir...
– ***La Vie sexuelle des sœurs siamoises*** (2017), de Irvine Welsh (Au Diable Vauvert). Dans un style toujours aussi décapant, l'auteur de *Trainspotting* s'attaque au culte du corps à travers la relation entre une coach de fitness de Miami méprisant les « gros », les « faibles », et sa cliente qu'elle se plaît à humilier. Un portrait au vitriol d'une Amérique décadente.
– ***Continents à la dérive*** (1985), de Russell Banks (Actes Sud, coll. « Babel »). Un père de famille plaque sa vie étriquée dans son New Hampshire glacial pour tenter sa chance, avec femme et enfants, sous le soleil de Floride. Une jeune Haïtienne et son neveu fuient la misère et la violence de leur île, attirés par le même soleil. Le récit entremêlé, charnel et poignant, de 2 trajectoires vers l'abîme, fracassées sur la même illusion du rêve américain.
– ***Ce monde disparu*** (2015), de Dennis Lehane (Payot et Rivages). En 1943, la mafia est prospère aux États-Unis. Après avoir régné sur le trafic d'alcool en Floride, Joe Coughlin a passé la main à son second. Mais un jour, il reçoit un terrible message : sa tête a été mise à prix par un mystérieux commanditaire...

Les classiques

– ***Nord contre Sud*** (1887), de Jules Verne (Hetzel). Ce roman, résolument anti-esclavagiste, dépeint la Floride pendant la guerre de Sécession. Tout le long du fleuve St John, sur les grands bateaux à vapeur et roues à aubes et jusqu'aux Everglades, on suit les traces de James Burbank, propriétaire d'une vaste plantation où les Noirs travaillent librement. Il doit faire face aux soupçons des propriétaires voisins, qui dénoncent une sympathie pour l'armée nordiste en marche. Initialement publié sous forme de feuilleton, *Nord contre Sud* fait partie des *Voyages extraordinaires* de Jules Verne.
– ***Une femme noire*** (1937), de Zora Neale Hurston (L'Aube, 2006). Cette anthropologue aux idées très novatrices et au langage choc s'est interrogée sur l'identité féminine dans le monde rural de la Floride du début du XXe s. Une ancienne esclave, élevée par sa grand-mère, se voit contrainte de se marier à un riche propriétaire pour obtenir une reconnaissance sociale. La jeune femme se rendra vite compte qu'une vie meilleure l'attend, et tentera en s'émancipant de connaître le bonheur. Un classique de la littérature afro-américaine.
– ***En avoir ou pas*** (1937), d'Ernest Hemingway (Gallimard, coll. « Folio »). Certainement pas le meilleur bouquin du grand écrivain, il raconte les trafics d'un contrebandier dans les Keys, avec, à toutes les pages, le mot *cojones* (attributs masculins) !

MESURES

Même s'ils ont coupé le cordon avec la vieille Angleterre, même s'ils roulent à droite, pour ce qui est des unités de mesure, les Américains ont conservé un ***système anglo-saxon.*** Après les Fahrenheit (voir la rubrique « Climat » plus haut), les tailles de vêtements (voir le tableau dans la rubrique « Achats » plus haut) et le voltage (voir la rubrique « Électricité » plus haut), voici encore quelques spécificités à assimiler (bon courage pour les calculs !).

Longueur
1 yard = 0,914 mètre
1 foot = 30,48 centimètres
1 inch = 2,54 centimètres
0,625 mile = 1 kilomètre
1 mile = 1,6 kilomètre
1,09 yard = 1 mètre
3,28 feet = 1 mètre
0,39 inch = 1 centimètre

Poids
1 pound = 0,4536 kilogramme
1 ounce (oz) = 28,35 grammes

Capacité
1 gallon = 3,785 litres
1 quart = 0,946 litre
1 pint = 0,473 litre

PARCS NATIONAUX

Les parcs nationaux *(National Parks)* et les monuments nationaux *(National Monuments)* forment l'épine dorsale des zones protégées américaines, auxquels s'ajoutent les *National Seashores* (zones littorales) et autres *National Historical Sites* et *Parks*. L'ensemble est géré par la même administration *(National Park Service)* et des réglementations très strictes préservent (théoriquement) ces territoires de toute dégradation humaine. Conçus avant tout pour que le public profite de ces zones préservées, ***les parcs ont presque tous été aménagés pour le tourisme*** : campings et bungalows sont ainsi disponibles presque partout, de même que *Visitor Centers* (voir ci-après) et infrastructures diverses. Pour dormir dans un parc en saison, il est bon de ***réserver longtemps à l'avance*** ou de s'y rendre tôt le matin lorsque la résa n'est pas possible.

– ***Pass America The Beautiful** (ou **Interagency Annual Pass**) :* ce sésame vendu à l'entrée de chaque parc donne accès pendant 1 an à tous les parcs et monuments nationaux des États-Unis (nombre d'entrées illimité). Il coûte 80 $ pour une voiture, le titulaire du *pass* et 3 accompagnateurs adultes au maximum (les moins de 16 ans ne comptent pas). Ne vaut le coup que si vous prévoyez de visiter d'autres parcs en dehors de la Floride. Mieux vaut l'acheter une fois sur place, car sinon il est envoyé par courrier. ☎ *1-888-275-8747.* ● *store.usgs.gov/pass* ●

– ***Les centres d'accueil ou** **Visitor Centers :*** dans tous les parcs, il existe un ou plusieurs *Visitor Centers,* où l'on trouve un plan général du site, un bon choix de cartes topographiques pour les randonnées et des guides naturalistes souvent très bien documentés. C'est le 1er endroit où il convient de se rendre en arrivant. C'est souvent aussi le point de départ des visites guidées (souvent gratuites) et toujours une mine de renseignements. La plupart abritent des petits musées.

– ***Sites internet des parcs nationaux américains :*** ● *nps.gov* ●, pour toutes infos utiles, tarifs d'entrée, etc. ; ● *recreation.gov* ●, pour ***réserver un hébergement*** dans tous les parcs nationaux.

POSTE

Les ***bureaux de poste*** ont des horaires assez variables. Selon leur taille et leur localisation, ils ouvrent entre 7h30 et 10h jusqu'à 16h30-18h, voire plus tard dans les grandes villes ; les principaux sont aussi ouverts le samedi matin. Les ***timbres*** *(stamps)* s'achètent aussi aux guichets *UPS* ainsi que chez certains vendeurs de cartes postales, drugstores et marchands de souvenirs. ***Compter 1,40 $ pour l'envoi d'une lettre ou d'une carte postale en Europe.***

SANTÉ

La sécurité sanitaire est excellente aux États-Unis, mais elle coûte les yeux de la tête, même pour les Américains. Comme dirait l'humoriste Patrick Timsit : « En Amérique, le médecin te fait un diagnostic en une minute. Il appelle ta banque : t'as pas d'argent, t'es pas malade ! »
Pas de consultation médicale à moins de 125 $, et l'on ne vous parle même pas d'une visite aux urgences, qui peut coûter (avec les soins qu'elle entraîne et sans assurance) plusieurs milliers de dollars. On ne plaisante pas. Pour les médicaments, multiplier au moins par 2 les prix français. Voilà pourquoi il est impératif de souscrire avant le départ une ***assurance voyage intégrale*** avec assistance rapatriement (voir la rubrique « Assurances voyage » dans « Avant le départ » plus haut).

Médicaments et consultations

– ***Prévoir une bonne pharmacie de base,*** avec éventuellement un antibiotique à large spectre prescrit par son généraliste, a fortiori si l'on voyage avec des enfants. Si vous souffrez de petits bobos courants ou facilement identifiables (rhume, maux de gorge...), vous pouvez pratiquer l'automédication. Certains médicaments, délivrés uniquement sur ordonnance en France, sont vendus en libre-service aux États-Unis, ***dans les drugstores type* Duane Reade, Walgreens, CVS *ou* Rite Aid** (certains sont ouverts 24h/24). Si vous cherchez du Doliprane, le nom déposé le plus répandu est Tylenol (le ***paracétamol se dit* acetaminophen** ici). Vous trouverez les coordonnées des médecins sur • *yellowpages.com* •, dans l'onglet « *Clinics* » ou « *Physicians and surgeons* ». En cas de problème ponctuel, tournez-vous plutôt vers *Urgent Care centers (walk-in clinics)*. Mais attention, on le répète : les consultations sont très chères !
– Voir aussi la rubrique « ***Urgences*** » plus loin.

Risques et maladies

Si la ***maladie de Lyme*** *(Lyme disease),* transmise par les tiques lors des promenades en forêt, est assez fréquente dans le nord-est des États-Unis, elle est heureusement rare en Floride. Même chose pour le ***virus du Nil occidental*** *(West Nile virus),* responsable d'une infection le plus souvent asymptomatique mais s'accompagnant parfois d'une redoutable complication, l'encéphalite. Ce dernier est transmis par les moustiques. C'est aussi le cas de la ***dengue,*** qui, en 2010, a fait sa réapparition dans les Keys et dans la région de Miami, d'où elle avait disparu en... 1934. Le moustique tigre, responsable aussi de la transmission du ***chikungunya*** et du ***Zika*** (femmes enceintes, attention !), sévit en Floride, notamment l'été pendant la saison humide. Évitez donc autant que possible les piqûres ! Si vous allez dans des zones infestées comme les Everglades, emportez des répulsifs efficaces (par exemple *Insect Ecran*), car ils sont beaucoup plus chers là-bas. Cela peut paraître idiot de vous le rappeler, mais gare aux ***alligators,*** qui sont omniprésents en Floride (même aux abords de grandes villes comme Orlando !). Gardez toujours vos distances, même s'ils vous paraissent totalement inoffensifs, voire assoupis. Ce sont des animaux sauvages qui peuvent se réveiller en moins de deux !

Vaccins

Aucun vaccin n'est exigé sur le sol américain (sauf situations particulières, scolaires et universitaires en particulier, plus épidémie de Covid-19 bien sûr), mais, comme partout, soyez à jour de vos ***vaccinations « universelles »*** : tétanos, polio, diphtérie, coqueluche (DTCP), hépatite B et rougeole.

SITES INTERNET ET APPLIS

Sites internet

• ***routard.com*** • Le site de voyage n° 1, avec près de 250 000 membres et plusieurs millions d'internautes chaque mois, ainsi que 600 000 abonnés sur Instagram et Facebook. Pour s'inspirer et s'organiser, près de 300 guides destinations actualisés, avec les infos pratiques, les incontournables et les dernières actus, ainsi que les reportages terrain et idées week-end de la rédaction. Partagez vos expériences avec la communauté des voyageurs : forums avec avis et bons plans, carnets de route et photos de voyage. Et retrouvez les meilleurs prix pour réserver vos voyages, vols, hébergements, voitures et activités.
– ***Bon à savoir*** : entre 2 millésimes, des événements fortuits (formalités, taux de change, catastrophe naturelle, conditions d'accès aux sites, fermetures inopinées, etc.) peuvent intervenir et modifier vos projets de voyage ou de visite. Pour éviter les déconvenues, nous vous recommandons de consulter la rubrique « Inspirations » par destination et cliquer sur l'onglet « Actus ».
• *frenchmorning.com/edition/miami* • Créé par des journalistes francophones vivant pour la plupart aux États-Unis, ce webmagazine s'adresse aux Français s'installant à Miami comme aux visiteurs de passage. Revues de presse, chroniques en tout genre et tuyaux sur les nouveaux restos, les sorties branchées, les expos du moment... Des articles de fond également très intéressants.
• *frenchdistrict.com/floride* • Un site bien fait destiné aux Français, expats comme touristes. Dossiers thématiques pour les nouveaux arrivants, conseils de sorties et de visites, bons plans, petites annonces recensant des professionnels (médecins, restaurateurs...) francophones, etc.
• *visitflorida.com* • Le site officiel du Sunshine State ; la traduction automatique en français est médiocre, mieux vaut le consulter en anglais. Infos touristiques diverses et variées.
• *miamiherald.com* • Le site du plus important quotidien du sud de la Floride. Sorties, *news* locales, etc. Nombreux liens.
• *timeout.com/miami* • Actualité culturelle et bons plans : restos, bars, spectacles, festivals, etc., à Miami et dans ses environs.

Applis

• ***Maps.me* • : *appli mobile de navigation.*** Il suffit de charger la carte de votre itinéraire en wifi. Ensuite, plus besoin de connexion internet pour se diriger.
Waze : ***appli mobile de navigation*** qui a la particularité de s'appuyer sur une cartographie élaborée par ses propres utilisateurs. Très pratique.
• ***Lyft*** : entreprise de mise en contact d'utilisateurs avec des ***conducteurs*** réalisant des ***services de transport.*** C'est l'un des principaux concurrents d'Uber.
• ***Best Parking :*** pour trouver ***le parking le plus proche et le moins cher*** en fonction de son heure d'arrivée et de son heure de départ. Dans le même registre, également ***ParkMe.***
• ***Tip Calculator Plus :*** permet de ***calculer rapidement le total d'une note de resto*** après y avoir inclus le pourboire et de diviser cette note si chacun paie sa part.
• ***Cash Now :*** permet de localiser rapidement un ***ATM*** (distributeur de billets).
• ***Mia :*** ***Miami International Airport*** vous aide à numériser votre carte d'embarquement, fournit infos en temps réel sur les vols, aide à l'orientation dans l'aéroport...
• ***Miami-Dade Transit Tracker :*** l'appli indispensable ***pour se déplacer à Miami,*** sélectionner ses arrêts, estimer les horaires et, surtout, localiser les attractions autour de chaque arrêt. Pour les personnes à mobilité réduite, l'appli précise aussi s'il y a des escalators ou des ascenseurs.
• ***HotelTonight :*** pour les adeptes de la ***réservation « à la dernière minute »,*** une appli qui les fera coucher dans un 4-étoiles au prix d'une nuit en auberge de jeunesse.

• *Wynwood Tour Guide :* cette appli payante (moins de 2 $) permet de ***localiser les murals incontournables du quartier de Wynwood*** à Miami, mais aussi les restos, les bars...

TABAC

Les sévères lois antitabac en vigueur un peu partout aux États-Unis sont désormais à peu près aussi strictes en Floride. S'il est ***interdit de fumer dans tous les lieux publics*** (*e-cigarettes* comprises), il reste toutefois possible de le faire dans les zones extérieures aérées de certains bars (hormis ceux des restos). Pour les irréductibles, les cigarettes sont en vente dans les stations-service, les drugstores type *CVS, Rite Aid, Walgreens* ou *Duane Reade,* et les boutiques d'alcool *(liquor stores).* Il faut ***avoir au moins 21 ans, même pour les cigarettes électroniques.***

L'ARNAQUE DE LA LIBERTÉ

Dans les années 1930, American Tobacco *engagea un certain Bernays, publicitaire, neveu de Freud et père de la propagande politique. Le but ? Convaincre les femmes de fumer. Son message : la cigarette, symbole de liberté, en fera les égales des hommes. On fit alors défiler des mannequins, une cibiche à la main. Mission réussie.*

TAXES ET POURBOIRES

D'abord les taxes...

Dans tous les États-Unis, ***les prix affichés dans les magasins, les hôtels, les restos, etc., s'entendent HORS TAXE(S).*** Celle-ci est ajoutée au moment de payer et varie selon l'État, le comté et le type d'achat. Dans les hôtels, en Floride, elle oscille, en gros, entre 8 et 14,5 % ; pour tout ce qui est restos, vêtements, voitures de location..., elle varie entre 6 et 8,50 %. Seuls les produits alimentaires vendus en magasin et la pharmacie sont exemptés.

... puis les pourboires (*tip* ou *gratuity*)

Dans les restos, les serveurs ayant un salaire fixe de 10-15 $/h, le plus gros de leur revenu vient des pourboires. Voilà tout le génie du capitalisme : laisser aux clients, selon leur degré de satisfaction, le soin de payer les serveurs pour les motiver ! Bref, ***le tip est une institution à laquelle vous ne devez pas déroger*** (sauf dans les fast-foods et endroits self-service, où vous pouvez ne laisser que 1 ou 2 $). Un oubli vous ferait passer pour un plouc total !

L'ORIGINE DU *TIP*

Au XVIIIe s, le patron d'un café outre-Manche eut l'idée de disposer sur son comptoir un pot portant l'inscription « To Insure Promptness » *(littéralement, « Pour assurer la promptitude »). Les clients pressés y glissaient quelques pièces pour être servis plus vite. Les initiales formèrent le mot* « tip »*, devenu un incontournable du savoir-vivre américain.*

Au fil du temps, le montant du pourboire n'a eu de cesse d'augmenter. Jadis tournant autour de 12 %, puis de 15 %, il est maintenant standard de ***laisser entre 18 et 25 %*** du montant hors taxes de la note. Et le ***nouveau système de paiement par tablette*** n'aide pas, avec ses 3 pourcentages préenregistrés que l'on doit valider avant le paiement. En général, on vous propose 18, 20 (ou 22) et 25 %. Sur certaines notes, ces ***suggested tips*** (pourboires suggérés) sont de 20, 25 et même parfois 30 % ! Si bien que pour éviter d'être radin, on a tendance à valider la

touche centrale de 20 % (voire 25 %) de *gratuity.* Bien joué, non ? Gardez en tête qu'en additionnant la taxe de vente et le pourboire vous voilà à 30-35 % de plus que le prix affiché sur la carte... De quoi vous filer une indigestion !
Si vous signez une facturette, n'oubliez pas de remplir vous-même la case « *Gratuity* », ou de la barrer clairement si vous choisissez de laisser un pourboire en liquide (c'est possible), puis d'indiquer le total. Sinon, le serveur pourrait s'en charger lui-même, ce que vous ne verriez qu'à votre retour, en épluchant votre relevé de compte (au fait, aux États-Unis, *1* s'écrit *l,* sans « tête », donc attention à ce que votre *1* ne soit pas pris pour un *7* qui, lui, s'écrit sans barre horizontale !).
Il arrive aussi – ***presque toujours à Miami et à Key West*** – que le service soit ajouté d'office au total, après la taxe. Bien vérifier votre addition, pour ne pas payer une 2de fois le *tip.*
Dans les ***bars,*** le barman s'attend à ce que vous lui laissiez un petit quelque chose, par exemple 1 $ par bière, même prise au comptoir. C'est une tradition très respectée.
Dans les ***taxis,*** il est de coutume de laisser 18 à 20 % en plus de la somme au compteur. Sinon, le chauffeur mécontent ne se gênera pas pour vous faire remarquer vertement votre oubli...
Enfin, ***prévoir des billets de 1 ou 5 $*** pour tous les petits boulots de service où le pourboire est attendu (bagagiste dans un hôtel un peu chic par exemple).

TÉLÉPHONE ET INTERNET

Les règles de base pour téléphoner des États-Unis

- ***États-Unis → France :*** 011 + 33 + numéro du correspondant à 9 chiffres (sans le 0).
- ***France → États-Unis :*** 00 + 1 + indicatif régional à 3 chiffres + numéro du correspondant.
- ***Tous les numéros de téléphone commençant par 1-800, 1-888, 1-877, 1-866 ou 1-855 (avec ou sans le 1 devant) sont gratuits depuis les États-Unis et le Canada*** (mais pas depuis votre téléphone mobile avec forfait français, attention). On les appelle les ***toll free numbers.***
- ***Évitez absolument de téléphoner depuis les hôtels,*** qui pratiquent presque toujours des tarifs rédhibitoires. Il arrive souvent qu'une communication téléphonique soit facturée même si l'appel n'a pas abouti ! Il suffit de laisser sonner 4 ou 5 coups dans le vide pour que le compteur tourne...

HALLOD ?

Le 1er central téléphonique du monde fut monté à Budapest par un ingénieur nommé Puskas, collègue de Thomas Edison. Pour tester la ligne, il cria « Hallod », *qui en hongrois signifie « Tu m'entends ? ». Depuis,* « Hallod » *est devenu « Allô » pour une grande partie du monde.*

Le téléphone portable en voyage

Dans les aéroports, les appareils électroniques (smartphones, tablettes, portables...) ***doivent être chargés et en état de fonctionnement*** pour tous les vols allant ou passant par les États-Unis et Londres. Les agents de contrôle doivent être en mesure de pouvoir les allumer. Par précaution, ayez votre chargeur à portée de main. Si votre appareil est déchargé ou défectueux, il sera confisqué. Cette mesure étant susceptible d'être étendue à d'autres aéroports, nous vous conseillons de charger vos appareils électroniques avant le vol, quelle que soit votre destination.

– ***Activer l'option « international » :*** elle est en général activée par défaut. Pensez sinon à contacter votre opérateur pour souscrire à l'option (gratuite) au moins 48h avant votre départ.

– ***Le « roaming » ou itinérance :*** c'est un système d'accords internationaux entre opérateurs. Concrètement, cela signifie que, lorsque vous arrivez dans un pays, le nouveau réseau local s'affiche automatiquement. Vous recevez rapidement un SMS de votre opérateur qui propose un ***pack voyageurs*** plus ou moins avantageux, incluant un forfait limité de consommations téléphoniques et de connexion internet.

– ***Forfaits « étranger » inclus :*** certains opérateurs proposent des forfaits incluant ***35 jours de* roaming *par an*** dans le monde entier. On peut donc cumuler plusieurs voyages à l'étranger sans se soucier de la facture au retour. Attention, si SMS, MMS et appels sont souvent illimités, la connexion internet est, elle, limitée. D'autres opérateurs offrent carrément le **roaming *toute l'année vers certaines destinations,*** à l'instar de *Free.*

– ***Tarifs :*** ils sont propres à chaque opérateur et varient en fonction des pays (le globe est découpé en plusieurs zones tarifaires). ***N'oubliez pas qu'à l'international vous êtes facturé aussi bien pour les appels sortants que pour les appels entrants*** ; idem pour les textos. Donc, quand quelqu'un vous appelle à l'étranger, vous payez aussi. Soyez bref !

– ***Acheter une carte SIM sur place :*** une option avantageuse pour ceux qui appellent beaucoup. À l'arrivée, rendez-vous dans une boutique de téléphonie (mais évitez l'aéroport, plus cher) pour acheter une carte prépayée de l'un des opérateurs locaux (*Virgin Mobile, AT&T* ou *T Mobile,* par exemple). On vous attribue alors un numéro de téléphone local, un petit crédit de communication et de 4G (dès 30 $, la formule « spéciale touristes » valable en général 3 semaines). Évidemment, on ne pourra plus vous joindre sur votre numéro habituel, mais uniquement sur ce nouveau numéro – sauf si vous avez un téléphone double SIM, bien sûr. Avant de payer, essayez cette nouvelle carte SIM dans votre téléphone – préalablement débloqué – afin de vérifier si celui-ci est compatible. Ensuite, les crédits de communication s'achètent facilement dans les boutiques de téléphonie mobile, supermarchés, drugstores genre *CVS,* stations-service...

Internet et wifi

– ***Se connecter au wifi*** aux États-Unis est le seul moyen d'avoir accès au Web gratuitement si vous ne disposez pas d'un forfait avec *roaming* offert.

Il est important de ***désactiver la connexion « Données mobiles ».*** On peut aussi mettre le portable en ***mode « Avion »*** et activer ensuite le wifi. Évidemment, le mode « Avion » empêche, en revanche, de recevoir appels et SMS.

En Floride, une grande majorité d'hôtels, restos, bars et même certains espaces publics disposent d'un ***réseau wifi gratuit.***

– Une fois connecté au wifi, vous avez accès à tous les services de la ***téléphonie par Internet*** comme ***WhatsApp, Messenger, Skype, Signal,*** etc.

UN E-MAIL DU MOYEN ÂGE !

Aujourd'hui, le signe @ est entré dans le langage international, mais son origine daterait... du Moyen Âge ! On le trouve dans les écrits à partir du XIIe s, comme abréviation du « ad » latin, avec le « d » entourant le « a ». Les commerçants américains le reprirent au XIXe s comme abréviation de « at » pour désigner un prix. L'arobase a ainsi toujours figuré sur les machines à écrire puis sur les claviers d'ordinateur avant d'être choisie par Ray Tomlinson, l'inventeur de l'e-mail en 1971.

Urgence : en cas de perte ou de vol de votre téléphone portable

Suspendre aussitôt sa ligne permet d'éviter de douloureuses surprises au retour du voyage ! Voici les numéros des 4 opérateurs français, accessibles depuis la France et l'étranger :

- ***Free :*** *depuis la France, ☎ 3244 ; depuis l'étranger, ☎ + 33-1-78-56-95-60.*
- ***Orange :*** *depuis la France, ☎ 3900 ; depuis l'étranger, ☎ + 33-969-39-39-00.*
- ***SFR :*** *depuis la France, ☎ 1023 ; depuis l'étranger, + 33-6-10-00-10-23.*
- ***Bouygues Télécom :*** *depuis la France, ☎ 1064 ; depuis l'étranger, + 33-6-60-61-46-14.*

Vous pouvez aussi demander la suspension de votre ligne depuis le site internet de votre opérateur.
Avant de partir, notez (ailleurs que dans votre téléphone portable !) ***votre numéro IMEI,*** utile pour bloquer à distance l'accès à votre téléphone en cas de perte ou de vol. Comment avoir ce numéro ? Il suffit de taper sur votre clavier *#06#
Attention piratage : les ***wifi publics*** sont de véritables passoires ! Il est très facile, même pour un débutant, de s'introduire sur un réseau. La seule parade véritablement fiable est de ne fréquenter que les sites « certifiés » à l'adresse commençant par « https:// ». Les sites les plus sensibles et populaires, comme les banques, ont tous une connexion certifiée.

TRANSPORTS

L'AVION

Les compagnies desservant l'intérieur des États-Unis restent nombreuses et les ***retards*** de vol presque banals tant le trafic est dense. Attention aux ***longs délais de passage à la police des frontières*** lors d'une ***correspondance*** sur le sol américain en provenance d'Europe ; c'est interminable et ça peut vous faire rater le vol suivant ! ***Prévoir au moins 2h30-3h de battement entre les 2 avions*** quand vous arrivez (d'autant qu'il faut récupérer son bagage de soute sur le tapis et le redéposer plus loin). Sur les ***vols nationaux,*** le service est réduit à sa plus simple expression et la plupart des prestations sont payantes (boissons, collations, écouteurs...). Attention au poids de votre bagage en soute quand vous passez d'un vol international à un vol national.

Les compagnies aériennes

Les achats de billet par téléphone ou en personne au comptoir se voient appliquer des frais supplémentaires (25-50 $) ; mieux vaut donc réserver par Internet...

- ***Air France :*** *• airfrance.fr •*
- ***American Airlines :*** *• aa.com •*
- ***Delta Airlines :*** *• delta.com •*
- ***United Airlines :*** *• united.com •*

LA VOITURE

La location de voitures

C'est la ***formule idéale pour circuler :*** les distances sont grandes, certaines autoroutes sont gratuites (mais attention aux péages, pas toujours bien indiqués ; prévoir l'appoint), tout est prévu pour la bagnole et ***le carburant est bon marché.*** Cela dit, le stationnement dans les grandes villes – Miami en tête – est enquiquinant et vous causera, outre des nœuds au cerveau, une bonne entorse au budget. Autre casse-tête : circuler sans ***GPS*** ou sans une bonne ***appli de navigation***

Distances en km	FORT LAUDERDALE	FORT MYERS	JACKSONVILLE	KEY WEST	MIAMI	ORLANDO	PENSACOLA	TALLAHASSEE	TAMPA	PALM BEACH
CAPE CANAVERAL	308	396	256	605	350	87	800	498	205	239
COCOA BEACH	427	306	246	547	299	74	760	463	196	196
DAYTONA BEACH	369	333	143	652	404	87	684	377	224	301
FORT LAUDERDALE		214	510	285	40	336	1014	715	377	69
FORT MYERS	214		459	435	227	246	871	573	198	200
JACKSONVILLE	510	446		793	545	216	570	262	303	440
KEY WEST	285	435	793		250	597	1275	975	623	352
KISSIMMEE	311	227	245	571	340	30	710	410	120	241
MIAMI	40	227	544	250		367	1044	745	395	103
NAPLES	169	55	513	380	172	301	925	626	250	237
ORLANDO	336	246	216	597	367		689	390	137	267
SARASOTA	323	114	380	549	340	204	758	459	85	280
ST AUGUSTINE	452	404	63	734	486	158	621	314	285	383
ST PETERSBURG	377	177	335	610	394	169	700	402	32	322
TALLAHASSEE	715	573	262	975	745	390	307		385	645
TAMPA	377	198	303	623	394	137	684	385		310
PALM BEACH	69	200	440	352	103	267	945	645	310	

sur son smartphone (type ***Maps.me*** ou ***Osmand,*** qui fonctionnent hors connexion) n'est pas toujours simple. On passe parfois d'une ville à une autre sans indications claires, surtout au nord de Miami, où les agglomérations se succèdent, ou dans l'entité urbaine Tampa – St Petersburg. Le nom d'une même artère peut d'ailleurs changer plusieurs fois à la suite selon la municipalité qu'elle traverse... C'est la Main St(reet) ou la Central St(reet) de l'agglomération qui fait la différence entre N et S pour les adresses.

La location depuis la France

■ ***BSP Auto :*** *☎ 01-86-26-90-80 (lun-ven 9h-21h30, w-e 9h-20h).* • *bsp-auto.com* • *Réduc de 5 % aux lecteurs de ce guide avec le code « ROUTARD24 ».* Les prix proposés sont attractifs et comprennent le kilométrage illimité et l'assurance tous risques sans franchise (LDW). *BSP Auto* propose exclusivement les grandes compagnies de location sur place, assurant un très bon niveau de service. Le plus : vous ne payez votre location que 5 jours avant le départ.

■ Et aussi : **Hertz** *(☎ 0825-861-861, 0,18 €/mn ;* • *hertz.com* •*),* **Avis** *(☎ 0821-230-760, 0,15 €/mn ;* • *avis.fr* •*),* **Europcar** *(☎ 0825-358-358, 0,15 €/mn ;* • *europcar.fr* •*).*

Quelques règles générales

– Un véhicule peut coûter ***jusqu'à 2 fois moins cher*** quand on a fait sa résa en France plutôt que sur place.
– Les loueurs exigent une carte bancaire pour régler la location de voiture et bloquer une somme en guise de caution. Mais, attention, il existe une ***différence entre les cartes de débit et les cartes de crédit.*** Certaines agences peuvent ***refuser la location en cas de paiement par carte de débit.*** Ou bien l'accepter en demandant de souscrire une assurance complémentaire souvent très chère... Il faut donc avoir une carte de crédit. Vérifiez bien si une mention « CREDIT » (débit différé) ou « DEBIT » (débit immédiat) est inscrite sur votre carte bancaire ; sinon, renseignez-vous auprès de votre banque (avant votre départ).
Vous pouvez accéder à ces informations concernant les conditions de location des loueurs sur le site • *bsp-auto.com* • après avoir lancé votre recherche dans la rubrique « Informations détaillées ».
– Les voitures de location les moins chères sont les ***economy,*** les ***compact*** (catégorie A) et les ***subcompact ;*** ça suffit bien pour 3 personnes si on ne fait pas trop de route. De façon générale, les voitures sont bien plus spacieuses qu'en Europe, à catégorie égale. Le kilométrage est généralement illimité. Il est fréquent que les loueurs vous incitent à prendre une ***catégorie supérieure*** à celle réservée, « pour votre confort personnel », mais le supplément vous sera bien sûr facturé ! Méfiance donc, et lisez bien le contrat avant de partir avec le véhicule.
– Difficile, voire impossible, de louer une voiture si l'on a ***moins de 21 ans,*** et même 25 ans pour les grandes compagnies. Dans le meilleur des cas, en Floride, les moins de 25 ans devront prendre une assurance « Jeunes conducteurs » *(underage surcharge),* qui coûte au moins 27-30 $ par jour.
– ***Avec les cartes de paiement prestige*** comme *MasterCard Gold* ou *Visa Premier,* vous bénéficiez d'une assurance qui couvre en partie accidents, vols et dégradations (renseignez-vous précisément).
– ***Le permis national suffit.*** Le permis international n'est pas exigé.
– Seules les ***grandes compagnies*** sont représentées dans les aéroports. Les moins chères se trouvent en ville, mais si vous arrivez en avion, elles peuvent vous livrer le véhicule.
– ***Drop off :*** on peut rendre le véhicule dans un endroit différent de celui où on l'a pris *(one-way rental),* mais il faut alors payer un ***drop off charge*** (frais d'abandon), qui varie en général selon la distance. Bonne nouvelle : en Floride,

c'est le plus souvent gratuit ! Sinon, bien se faire préciser ce tarif et essayer de le négocier : dans les petites boîtes, ça peut marcher.
– Évitez, si possible (certaines compagnies l'imposent), l'option qui permet de ***rendre la voiture avec le réservoir vide.*** Ce plein d'essence est évidemment facturé, et plus cher que si vous le faisiez vous-même. De plus, impossible de rendre le réservoir vraiment vide, ce qui profite à la compagnie. Si vous devez rendre votre voiture à l'aéroport de Miami réservoir plein, faites-le en ville : les stations proches de l'aéroport facturent le gallon plus cher...
– ***Le GPS :*** quelques rares loueurs l'incluent dans le tarif. Souvent, il est en supplément (jusqu'à 20 $ par jour, une véritable escroquerie !). Quitte à nous répéter : ***utilisez une appli de navigation qui fonctionne hors connexion*** (*Maps.me* ou *Google Maps*).

Les assurances

Elles sont nombreuses et on s'emmêle rapidement les pinceaux. Tout est bon pour essayer de vous vendre le maximum d'options, hyper chères, notamment à l'aéroport, quand vous avez votre vol et le décalage horaire dans les pattes !
– Quand on réserve depuis l'étranger, ***les assurances de base et les taxes sont souvent incluses (revérifiez !).***
– ***LDW (Loss Damage Waiver) ou CDW (Collision Damage Waiver) :*** l'assurance tous risques avec suppression de franchise, pour tout dommage occasionné au véhicule *(CDW)* ou pour dommages et perte d'accessoires *(LDW).* Obligatoire avec certaines compagnies et souvent incluse quand on réserve depuis l'Europe. Sinon, compter à partir de 9 $ par jour. Elle couvre le véhicule pour tous les dégâts (vol, incendie, accrochages, accidents...), même si vous êtes en tort (hors état d'ivresse), mais pas les dégâts occasionnés aux tiers si vous êtes responsable. Avec une carte de paiement « haut de gamme » *(MasterCard Gold, Visa Premier...),* il est moins utile de prendre l'assurance *CDW* ou *LDW,* car ces cartes couvrent souvent les frais dus aux dégâts occasionnés aux véhicules.
– ***LIS ou SLI (Liability Insurance Supplement) :*** cette assurance complémentaire augmente le plafond de la garantie civile en cas de dommages corporels aux tiers si vous êtes responsable de l'accident. Aucune carte de paiement ne l'inclut. Il faut savoir qu'aux États-Unis, si vous renversez quelqu'un et que cette personne est hospitalisée pour 6 mois, votre responsabilité peut être engagée bien au-delà de la garantie civile de base prévue par le loueur. Il est donc important d'avoir une couverture en béton. Compter à partir de 15 $ par jour.
– ***PAI (Personal Accident Insurance) :*** assure le conducteur et les passagers pour les frais médicaux liés à un accident. Inutile si vous possédez une assurance personnelle incluant les accidents de voiture. Sinon, compter à partir de 7 $ par jour en moyenne.
– ***PEP (Personal Effect Protection) :*** elle couvre les effets personnels volés dans la voiture. Inutile à notre avis, il suffit de ne jamais rien laisser de valeur à l'intérieur.

Les loueurs aux États-Unis

- ***Alamo :*** • *alamo.com* •
- ***Avis :*** • *avis.com* •
- ***Budget :*** • *budget.com* •
- ***Dollar Rent-a-Car :*** • *dollar.com* •
- ***Hertz :*** • *hertz.com* •
- ***National :*** • *nationalcar.com* •

Conduire une voiture automatique

Il n'y a que cela aux États-Unis. Voici la signification des différentes ***commandes internes.***
P : Parking (à enclencher lorsque vous stationnez, mais à ne pas utiliser comme frein à main).
R : Reverse (marche arrière).
N : Neutral (point mort).

D : Drive (position de conduite que vous utiliserez quasiment tout le temps).
1, 2 et 3 ou I et L : vous sélectionnez votre propre rapport de boîte (bien utile en montagne ou dans certaines côtes, mais ça consomme plus d'essence).
Pour démarrer, restez obligatoirement sur la position P, sinon le moteur ne se lance pas. Ensuite, pour oublier vos vieux réflexes, calez votre ***pied gauche*** dans le coin gauche et ne l'en bougez plus jusqu'à la fin de votre périple ! On se sert uniquement du ***pied droit*** pour accélérer ou freiner. Pour quitter la position P, ***appuyez sur le frein,*** sinon la manette restera bloquée ! Sinon, sachez que les voitures américaines sont souvent équipées d'un régulateur de vitesse ***(cruise control),*** qui se révèle très pratique sur les longues autoroutes et pour éviter les excès de vitesse.

Quelques règles de conduite

Les Américains sont globalement respectueux du code de la route ; il ne leur viendrait pas à l'idée, par exemple, de bloquer la circulation en se garant en double file pour aller acheter leur journal... La voiture n'est pas ici un engin de course, mais un outil pratique de la vie moderne. On roule pépère et on ne fait pas n'importe quoi.
– ***Feux tricolores :*** ils sont ***situés après le carrefour*** et non avant comme en France. Si vous stoppez au niveau du feu, vous serez donc en plein carrefour ! Autant vous dire qu'après 1 ou 2 incartades (et grosses frayeurs) on prend vite le réflexe !
– ***De nombreux feux sont dotés de radars*** et parfois aussi de capteurs sensoriels, qui détectent les franchissements de ligne d'arrêt au feu orange ou rouge... ***Votre plaque d'immatriculation est relevée*** et l'amende envoyée illico à votre loueur de voitures, qui a précieusement gardé votre empreinte de carte bancaire...
– ***Priorité à droite :*** elle ne s'impose que si 2 voitures arrivent en même temps à un croisement et que celui-ci n'a ni feux ni panneaux, ce qui est rare ; la voiture de droite a alors la priorité.
– ***Tourner à gauche avec une voiture en face :*** un tournant à gauche, à un croisement, se fait au plus court, en passant l'un devant l'autre. Attention : si une pancarte indique « *No left turn* » ou « *No U turn* » (en toutes lettres ou dessiné), poussez jusqu'à la prochaine intersection pour vous engager à gauche.
– ***Tourner à droite à une intersection :*** à condition d'être sur la voie de droite, vous pouvez généralement tourner à droite même si le feu est rouge après avoir observé un temps d'arrêt et vous être assuré que la voie est libre, d'abord au niveau des piétons (qui conservent la priorité) puis des véhicules. Bien entendu, on ne le fait pas si une pancarte indique « *No red turn* ».
– ***Clignotants :*** facultatifs au regard de la plupart des conducteurs, tant pour tourner que pour doubler, mais pourtant obligatoires selon la loi... Ne vous laissez pas surprendre !
– ***Erreurs de direction sur l'autoroute :*** il n'est pas rare de devoir faire 10, 20, voire 30 km sans pouvoir faire demi-tour...
– Ne quittez pas vos rétros des yeux, les Américains ***doublent indifféremment par la gauche comme par la droite*** et ne se rabattent pas systématiquement. Le conducteur le plus lent de l'État peut très bien squatter la file de gauche indéfiniment, même si des panneaux l'invitent à se ranger à droite...
– ***Ronds-points (ou giratoires) :*** plutôt rares, ils donnent la priorité aux voitures déjà engagées.
– ***Stops :*** s'il y a plusieurs stops, le 1er qui s'est arrêté est le 1er à repartir. Le *4-way stop,* carrefour avec un stop pour chacune des 4 rues, est très fréquent aux États-Unis. S'il y a une voiture à chaque stop, bien retenir l'ordre d'arrivée et être fair-play ! Vous verrez, ça marche !
– ***Car pool :*** sur certaines autoroutes, pour faciliter la circulation et encourager le covoiturage, il existe une voie *car pool* (ou *HOV* pour *High Occupancy Vehicle*), réservée aux usagers qui roulent à 2, 3 ou plus par voiture (toute la

journée ou seulement à certaines heures). On en trouve notamment à Miami et dans toute son agglomération. Beaucoup moins de monde que sur les autres voies, donc utile aux heures de pointe ! Elles sont généralement matérialisées par un losange blanc au sol. N'empruntez pas ces voies si vous êtes seul à bord (amende élevée).

– ***Limitations de vitesse :*** fixées par les États. Maximum 55 mph (88 km/h) sur de nombreuses routes. Mais sur les autoroutes *(interstates),* la limite peut atteindre 65 mph (105 km/h), voire 70-75 mph (113-120 km/h) en zone rurale. En ville : 25 à 45 mph (40-72 km/h) selon l'endroit et l'importance de la voie. Attention, les radars sont nombreux et la police plutôt vigilante.

– ***Stationnement en ville :*** dans certaines grandes villes (Miami en tête), se garer sans payer est impossible ; il y a ***des parcmètres et des horodateurs partout,*** qu'il faut alimenter toutes les heures, parfois même jusque tard dans la nuit ! Là, on peut souvent payer par carte, voire par téléphone. Dans d'autres villes (comme Naples), c'est beaucoup plus facile, voire gratuit, y compris en plein centre. En tout cas, faites toujours très attention à l'endroit où vous stationnez, sous peine de voir votre pare-brise décoré d'un PV... ou, pire, votre véhicule embarqué par la fourrière. ***Lisez bien les panneaux au coin de la rue,*** ce sont eux, surtout, qui régulent le stationnement La présence de parcmètres et d'horodateurs ne veut pas forcément dire qu'on peut se garer tout le temps... ***Si le bord du trottoir est peint en jaune ou en rouge,*** il indique des restrictions ou interdictions. Le principe : si la bordure du trottoir est colorée, il y a un loup. Dans le doute, garez-vous ailleurs ! Et si le parcmètre ou l'horodateur est hors service, ne pensez pas faire une bonne affaire : vous devez alors vous garer devant une machine qui fonctionne !

Enfin, ***ne vous garez JAMAIS sur un arrêt d'autobus, ni devant une borne d'incendie* (fire hydrant),** ni bien sûr s'il y a un panneau « *Tow away* », qui signifie « Enlèvement ». On vous emporterait la voiture en quelques minutes, et la ***fourrière,*** couplée à l'amende, est très chère (environ 300 $!).

Ne dépassez pas l'heure limite de stationnement : les prunes tombent vite, sans sommation. C'est vrai également sur un stationnement privé ou sur le parking d'un commerce, qui peuvent aussi demander les enlèvements.

– ***Bus scolaires à l'arrêt :*** très important, lorsqu'un *school bus* (jaune) s'arrête et qu'il met ses feux clignotants rouges, l'arrêt est obligatoire dans les 2 sens, pour laisser traverser les enfants qui en descendent. Si on le suit, ne ***surtout pas le doubler.*** À l'arrêt, un petit panneau « stop » est souvent automatiquement déployé sur la gauche du véhicule. C'est l'une des infractions les plus gravement sanctionnées aux États-Unis.

– ***Respect des piétons :*** vous verrez souvent le panneau ou l'inscription au sol « *Xing* ». Ce n'est pas du chinois, c'est l'abréviation de *crossing* (croisement)... Ici, le respect des passages protégés n'est pas un vain mot. Dès qu'un piéton fait mine de s'engager sur la chaussée, tout le monde s'arrête (enfin, presque).

– ***PV :*** si vous avez un PV (*ticket* en anglais) avec une voiture de location, mieux vaut le payer sur place (par carte de paiement via le site internet indiqué au dos). Sinon, c'est votre loueur qui la réglera pour vous, avec votre carte de crédit évidemment, doublée d'une majoration et de frais de dossier (tant qu'à faire !).

L'essence

Bonne nouvelle, elle est ***relativement bon marché*** (environ 3,50-3,80 $ pour 1 gallon, soit 3,8 l environ). Comme en Europe, les voitures roulent à l'essence sans plomb *(unleaded),* dont il existe plusieurs qualités. La moins chère, la ***regular unleaded 87,*** convient parfaitement ***pour les voitures de location.***

Dans les stations-service *(gas stations),* le ***règlement par carte de paiement à la pompe*** ne marche pas toujours avec une carte étrangère. Dans ce cas, ***il faut aller prépayer à la caisse*** en indiquant un montant... Euh, et comment je sais combien d'essence veut ma voiture ? Si vous avez surestimé le montant de ce plein (par exemple, si vous aviez annoncé 30 $ et que finalement vous n'en avez mis que pour 26 $), les 4 $ de différence vous seront recrédités sur-le-champ. Qui a dit « pas pratique » ?

Circuler et s'orienter

On distingue les ***freeways*** (larges autoroutes aux abords des grandes villes), les ***interstates*** (qui relient les États entre eux, désignées par la lettre « I ») et les ***routes secondaires*** (numéros à 2 ou 3 chiffres). Ouvrez bien l'œil et sachez vers quel point cardinal vous vous orientez, car les panneaux font plus souvent état du numéro de la route (avec indication North, South, West...) que du nom des villes. Sur les *interstates,* le numéro de la sortie correspond au mile sur lequel elle se trouve. Ainsi, la sortie après la n° 189 peut très bien être la n° 214.

Les péages autoroutiers en Floride

Certains tronçons d'autoroute (baptisés ***turnpikes***) et ponts desservant les îles littorales sont payants, notamment dans les agglomérations d'Orlando et de Miami. L'autoroute US 75 qui relie Naples à Fort Lauderdale ainsi que celle entre Orlando et Miami, avec prolongation jusqu'à Homestead, sont également payantes. Avis important : ***beaucoup d'autoroutes à péage en Floride n'acceptent plus les paiements en espèces ni même par carte,*** et ce système, appelé *cashless,* se généralise ! Plus de barrière ni de guichet, mais un rack de caméras vidéo reliées à un ordinateur central qui lit votre plaque d'immatriculation.
Si vous louez une voiture, votre loueur vous proposera de ***souscrire un forfait*** **SunPass** (à des tarifs très variables et de plus en plus élevés...), couvrant vos frais de péage pendant toute la durée de la location. Les prix desdits péages étant très bas, c'est tout bénef pour eux et la société gestionnaire... Si vous optez pour cette formule, un ***transpondeur*** planqué dans la bagnole sera activé par le loueur. Si vous zappez cette option, ***tout passage devant une caméra sans que le transpondeur ait été activé par votre loueur vous coûtera une pénalité*** + le prix du péage... Le plus simple, si vous ne souhaitez pas prendre ce *pass,* est d'indiquer à votre GPS de ne choisir QUE des routes sans péages. En un mot, il faut se contenter des nationales, les routes ***US suivies d'un numéro,*** et éviter les ***interstates*** (plaques bleues), la plupart à péages.

Les cartes routières et GPS

Presque toutes les ***stations-service*** en vendent une large gamme à des prix tournant autour de 5-7 $ (notamment la collection *Rand McNally*). Celles (gratuites) des agences de location de voitures peuvent dépanner, sans plus. Lorsqu'on traverse la frontière d'un État, on trouve très souvent aussi un *Visitor Center,* où il est possible d'obtenir gratuitement une carte routière de l'État. Quant au ***GPS,*** si vous n'avez pas opté pour l'achat d'une puce locale ou ne bénéficiez pas d'un forfait inclus aux USA, ***téléchargez votre parcours quand vous avez du wifi*** et optez pour un logiciel qui fonctionne hors connexion, comme *maps.me*.

La location de camping-cars (ou *RV* ou *motor home*)

Voyager en *RV* (prononcer « anreviii », pour *Recreational Vehicle*) est une expérience unique. Comparés à nos camping-cars, les *RV* américains sont le plus souvent énormes, de la taille d'un bus ! Il y en a heureusement des plus modestes. À privilégier pour pouvoir stationner plus facilement. L'inconvénient, c'est que ce mode de transport est ***assez lent*** et surtout ***très cher*** (de l'ordre de 1 200 $ HT par semaine pour le plus petit des modèles) comparativement à un séjour voiture + motels. D'autant qu'au prix de la location s'ajoutent évidemment l'***essence***

(de 12 à 45 l aux 100 km selon les modèles !) et l'***emplacement dans les campings,*** puisqu'il est interdit de passer la nuit au bord d'une route. Compter 40-60 $ la place (voire jusqu'à 100 $, comme à Key West) avec *hook-up,* les branchements eau et électricité, dont vous aurez besoin pour la clim ou le chauffage (*full hook-up* avec la vidange en plus). Même dans la journée, il est ***interdit de se garer n'importe où ;*** dans certaines grandes villes, on vous met en fourrière dans l'heure. Les parkings des hypermarchés ou des magasins sont parfois tolérés, à condition d'y faire ses courses avant, d'éviter tout déballage et de laisser les lieux propres.
Un permis classique suffit pour conduire un *RV,* encore faut-il évidemment se sentir capable de le faire ! Si vous êtes intéressé, mieux vaut louer le véhicule depuis la France, car, en haute saison, il est parfois difficile d'en trouver sur place.

L'auto-stop (hitchhiking)

Devenu rare, le stop n'est pas pour autant formellement interdit, sauf dans le comté de Monroe (les Keys) et partout sur les autoroutes (mais pas sur leurs voies d'accès). Il est aussi illégal de faire du stop dans les parcs fédéraux. Reste que, aux États-Unis, c'est louche de ne pas avoir de voiture.

Le bus

Le ***réseau Greyhound*** (● greyhound.com ●) couvre la quasi-totalité du pays. Mais il n'y a pas que lui ! D'autres compagnies proposent des offres très concurrentielles, comme ***Megabus*** (● us.megabus.com ●). Les ***billets*** s'achètent dans les gares routières, par téléphone et surtout sur Internet. Là, grâce aux offres spéciales, ***c'est souvent 2 fois moins cher*** !
En réservant, faites attention aux diverses formes de trajet : ***express, non-stop, local...*** Comparez simplement l'heure de départ et l'heure d'arrivée, vous saurez ainsi quel est le plus rapide. Les bus offrent un certain ***confort :*** w-c à bord et clim, ce qui veut dire qu'il peut y faire très frais : prévoyez un pull. Intéressant de nuit, car ils permettent de couvrir des distances importantes tout en économisant une nuit d'hôtel !
Chez *Greyhound,* pas de place numérotée ; donc, si vous ne voulez pas être obligé d'attendre le prochain bus, venez au moins 30 mn à 1h avant le départ, surtout si vous avez des bagages à mettre en soute ! En ***période de fêtes,*** c'est pire : les bus sont souvent pris d'assaut. Lors des ***arrêts en route,*** si vous descendez pour une courte pause, respectez impérativement le temps donné par le chauffeur. Ce dernier repartira à l'heure annoncée, sans état d'âme pour ceux qui ne sont pas remontés à bord ! Et relevez le numéro du bus pour remonter dans le bon !

Le train

➢ ***Bright Line :*** ● gobrightline.com ● Ce nouveau train à grande vitesse relie Fort Lauderdale à Miami en 30 mn. Compter 1h pour West Palm Beach. Gros plus : il dessert directement les centres-ville, un vrai avantage, notamment à Miami. Les prix sont en revanche assez élevés (résa obligatoire). Depuis septembre 2023, la ligne est prolongée jusqu'à Orlando. En 2024, des travaux d'ajustements seront susceptibles d'être menés. Se renseigner sur l'état d'ouverture.
➢ ***Amtrak :*** ● amtrak.com ● 2 trains/j., le *Silver Meteor* et le *Silver Star,* relient Miami à New York (durée : 27-31h) via Orlando, Jacksonville, Savannah, Charleston et Washington DC.

Le vélo

Paradis du vélo, la Floride dispose d'un ***nombre impressionnant de voies cyclables,*** pour beaucoup à l'écart de la circulation automobile. De nombreuses pistes sillonnent les espaces protégés (notamment des Everglades) ou longent les côtes, d'autres (une soixantaine) reprennent le tracé d'anciennes voies de chemin de fer et offrent d'agréables balades en forêt ou entre les ranchs de bétail. Avec un ***relief très limité*** (si vous prenez 10 m d'altitude, c'est une montagne !), les sentiers, alternant entre goudron, terre et sable, sont parfaits pour les sorties familiales ou le vélo-tourisme.

On conseille notamment le bucolique ***Blackwater State Trail*** *(● floridastateparks.org ●)* et, bien sûr, le très emprunté ***Shark Valley Bicycle Trail*** *(● sharkvalleytramtours.com ●)*. Pour les sportifs, on trouve pléthore de circuits de plus d'une centaine de kilomètres, et jusqu'à 170 km, comme avec le ***Florida Keys Overseas Heritage Trail*** *(● traillink.com ●)*.

À Miami, les bornes ***CitiBike*** *(● citibikemiami.com ●)*, installées tous les 5 blocs, permettent de louer facilement un vélo. Un peu cher, mais tout indiqué pour circuler au vert.

URGENCES

– ☎ ***911*** *(numéro national gratuit)*. L'opérateur vous mettra en relation, selon votre problème, avec le service adéquat (police, pompiers ou ambulances). Si vous ne parlez pas l'anglais, précisez-le *(« I don't speak English, I am French »)*.

MIAMI ET LA BAIE DE BISCAYNE

Au même titre que San Francisco, Los Angeles ou New York, la *Magic City* est bien plus qu'une ville : c'est une marque, un emblème, un morceau d'Amérique à elle seule. Un nom qui convoque, en 1er lieu, des images de cocotiers, de sable blanc et d'eaux bleu turquoise... À raison. Car Miami, c'est avant tout la plage. Un long ruban de sable fin baigné de soleil toute l'année, qui égrène un ensemble quasi ininterrompu de stations balnéaires jusqu'à Palm Beach, la fameuse *Gold Coast* (développée plus loin).

MIAMI

480 000 hab. (2,75 millions dans le comté de Miami-Dade)

- Pour les plans de Miami, se reporter au plan d'ensemble et aux zooms détachables en fin de guide.

Porte ouverte sur les Caraïbes (à seulement quelques heures de bateau), Miami jouit d'un climat et d'un environnement exceptionnels. Et c'est pour profiter de son soleil et de ses plages que la plupart des visiteurs choisissent de séjourner ici, à Miami Beach plus précisément, la partie la plus emblématique (et touristique) de la ville. Flambeuse et fêtarde, cette langue de terre, reliée par plusieurs ponts au continent, est célèbre dans le monde entier pour ses façades Art déco et pour l'ambiance débridée qui y règne. De l'autre côté de la baie, Miami « ville » évolue dans une autre dimension. Si le centre historique (Downtown) est de plus en plus déserté, certains quartiers, à l'image du très hipster Wynwood et de l'agréable « Financial District » de Brickell, méritent tout autant une visite que la *beach* de Miami Beach.
Enfin, impossible d'évoquer Miami sans parler... espagnol ! Terre d'accueil pour les voisins cubains et portoricains, destination finale de nombre d'exilés venus d'Amérique centrale, l'empreinte « latino » y est très présente. Les voyageurs plus à l'aise dans la langue de Cervantès que dans celle de Shakespeare y seront comme des poissons dans l'eau...

UN PEU D'HISTOIRE

Bien avant la découverte de l'Amérique, un ***campement autochtone calusa*** occupe l'embouchure d'une grande rivière sinueuse qu'ils appellent *Mayami* (signifiant « grande eau » ou « lac intérieur »). L'endroit est occupé par un fort militaire au début du XIXe s, avant de devenir une vraie ville par la volonté de ***Julia Tuttle,*** la ***« mère de Miami »,*** une riche veuve qui a investi dans une vaste plantation de citronniers. Elle convainc ***Henry Flagler,*** grand promoteur de la Floride, de

prolonger sa ligne de chemin de fer jusqu'ici en 1896 (le 28 juillet de cette année-là est considéré comme la date de la fondation de la ville). Désormais accessible, Miami s'impose rapidement comme un ***lieu de villégiature pour les riches Américains*** séduits par les palaces récemment construits, la plage, le soleil et la mer... Dans les années 1920, la municipalité autorise les jeux d'argent et refuse d'appliquer la Prohibition, ce qui lui vaut un accroissement notable de population. C'est à cette époque que les 1ers ***édifices Art déco*** sortent de terre à Miami Beach. En 1926, un terrible cyclone ravage la ville, faisant des milliers de sans-abri et, 3 ans plus tard, la crise de 1929 donne un sérieux coup de frein à l'expansion de la station balnéaire.
La région relance son économie grâce à l'industrie aéronautique. La Seconde Guerre mondiale fait de Miami l'***un des 1ers centres hospitaliers des forces armées,*** avant que les touristes américains n'y débarquent en masse dans les années 1950 et 1960, aux côtés des stars de la musique et du cinéma.

LA RENAISSANCE DE MIAMI BEACH

Les années 1970 sont cruelles pour Miami Beach, peu à peu délaissée par les vedettes et désormais considérée comme une ***maison de retraite à ciel ouvert*** (au point qu'on la surnomme « la salle d'attente de Dieu »). En 1976, les bulldozers des promoteurs sont même sur le point de raser les édifices de l'Art Deco District quand un groupe d'artistes emmené par Barbara Baer Capitman obtient le ***classement de ce décor emblématique de l'*American way of life.**** Ce sauvetage signe le renouveau de la cité balnéaire. Au lieu d'être détruits, les bâtiments décatis (près d'un millier) sont rénovés et repeints couleur pastel. La carte postale que l'on connaît aujourd'hui prend sa forme définitive. Dès lors, bye-bye les retraités, hello les friqués ! L'installation en 1991 du couturier ***Gianni Versace*** à la Villa Casuarina inaugure le temps des stars, qui rachètent à prix d'or les mètres carrés situés entre les 5e et 21e Rues.
Miami Beach est aujourd'hui un des hauts lieux mondiaux de la fête et de la frime, à l'instar de Saint-Trop' et d'Ibiza. Capitale économique du sud des États-Unis, elle reste aussi une plaque tournante du trafic de drogue, même si elle s'en défend... Bref, une atmosphère sulfureuse, doublée d'un parfum de scandale, qui continue d'attirer les ***vedettes du showbiz :*** Oprah Winfrey, Jennifer Lopez, P. Diddy, Shakira, Matt Damon... beaucoup ne jurent que par Miami, et les prix s'en ressentent !

MIAMI LA COSMOPOLITE

The Gateway to the Americas (« la porte des Amériques ») ou encore *Capital of Latin America* (« capitale de l'Amérique latine »), ainsi surnomme-t-on Miami depuis l'afflux de ***400 000 Cubains fuyant la révolution castriste*** en 1959... L'importante population hispanophone et les forts liens économiques de la Floride avec l'Amérique latine font aujourd'hui de Miami et de sa région un centre important du monde hispanique. À Miami, ***70 % des habitants parlent l'espagnol.*** Cela dit, les Cubains ne sont pas la seule composante du melting-pot hispanique de Miami : on trouve également des Nicaraguayens, des Honduriens, des Mexicains, des Portoricains, des Dominicains, des Colombiens...
La population afro-américaine (19,2 %) comprend en outre une communauté haïtienne, qui compte environ 30 000 âmes (100 000 dans le Grand Miami), laquelle occupe le quartier de Little Haïti et parle, elle, le créole. Les Blancs non hispaniques ne sont guère que 12 % à Miami, parmi lesquels des Européens et des Canadiens.
La ***communauté francophone*** s'affiche en bonne position dans le monde des affaires, de l'hôtellerie et de la restauration, grâce notamment aux ***Québécois,*** nombreux à venir prendre ici leurs quartiers d'hiver.

Arriver – Quitter

En avion

✈ ***Miami International Airport*** *(MIA ; plan détachable Miami, A2-3)* **:** • *miami-airport.com* • L'aéroport comprend 3 terminaux formant un U : nord (*concourse* D), central (E, F, G) et sud (H et J). Les arrivées internationales ont lieu au niveau 3.

■ ***Location de voitures :*** les compagnies sont regroupées au *Rental Car Center,* que l'on rejoint en 5-10 mn par le *MIA Mover* (métro automatique ; niveau 3 ; gratuit). Elles disposent aussi pour la plupart d'un bureau dans Downtown ou à Miami Beach.

Liaisons avec Miami

Pour quitter l'aéroport, pas d'autre choix que d'emprunter le ***MIA Mover*** (métro automatique ; niveau 3 ; gratuit) ***pour Central Station*** (à ne pas confondre avec Miami Central Station, située Downtown). C'est là que se trouvent les taxis, les loueurs de voitures et les transports en commun.

➢ ***Bus/métro :*** des distributeurs permettent l'achat de billets pour bus et métro, à l'unité (aller simple) ou sous forme de carte rechargeable, intéressante si vous comptez vous déplacer beaucoup en transports en commun (voir plus loin « Circuler dans Miami. En transports en commun »).

– ***Pour Miami Beach :*** depuis Central Station, le plus pratique est de prendre le ***bus nº 150*** *(Airport Express),* qui va jusqu'à South Beach en descendant Collins Ave depuis le nord (départ ttes les 20-30 mn ; durée du trajet 30 mn-1h ; tarif : 2,25 $). ***Attention : préparez l'appoint, le chauffeur ne rend pas la monnaie.*** On demande l'arrêt en tirant sur la cordelette jaune qui court le long des vitres latérales.

– ***Pour Brickell :*** prendre le ***Metrorail*** (ligne orange jusqu'à Brickell ; tlj 5h-minuit – 2h ven-sam ; tarif : 2,25 $). Le métro ne dessert pas Miami Beach ni Wynwood. ***Pour Coconut Grove,*** changement à Earlington Heights et ligne verte en direction de Dadeland South.

➢ ***Navettes Super Shuttle :*** • *supershuttle.com* • Véhicules privés ou partagés pour 3 à 5 personnes selon les options (à partir de 95 $ la course pour Miami Beach). Résa et paiement en ligne. Départ niveau 1 des halls D et J, près des taxis.

➢ ***Taxis/VTC :*** au niveau 1. Compter env 30 $ pour Downtown et 35-40 $ pour Miami Beach.

➢ ***Voiture :*** l'*Airport Expressway* est la solution la plus rapide pour gagner l'échangeur de l'autoroute I-95. De là, on prend soit la I-95 (gratuite) vers le sud pour rejoindre Downtown, soit la I-195 (gratuite) pour Miami Beach. Pour éviter la portion payante, prendre Le Jeune Rd vers le nord puis NW 36th St vers l'est.

En bus

🚌 ***Gare routière Greyhound*** *(plan détachable Miami, B3)* **:** *3801 NW 21st St (à la Central Station de l'aéroport).* Ⓜ *Miami International Airport. Ouv 24h/24.*

➢ ***Fort Lauderdale et West Palm Beach :*** mieux vaut prendre le *Bright Line* ou le *Tri-Rail* (voir « En train »).

➢ ***Key West :*** trajet env 4h30. Dessert toutes les Keys en chemin.

➢ ***Orlando :*** compter env 5-6h de route. Évitez les bus en soirée, ils arrivent en plein milieu de la nuit !

En train

🚆 ***Gare ferroviaire Amtrak*** *(plan détachable Miami, B1)* **:** *8303 NW 37th Ave.* • *amtrak.com* • *Au nord-ouest de la ville, à Hialeah (la gare ferme entre 21h15 et 7h). Tri-Rail depuis l'aéroport ou* Ⓜ *Tri-Rail (ligne verte). De South Beach, prendre le bus, ligne L, depuis l'arrêt situé devant le Convention Center (17th St/Convention Center). Compter 20 mn de trajet. Fonctionne 24h/24.*

➢ Plusieurs trains/j. pour ***Orlando, Jacksonville, Savannah ;*** 1-2 trains/j. pour ***Boston, New York, Washington DC, Charleston,*** mais là il faut compter parfois jusqu'à 30h de trajet !

Gare Tri-Rail *(plan détachable Miami, A3)* **:** *3801 NW 21st St (à la Central Station de l'aéroport).* • *tri-rail.com* • Ⓜ *Miami International Airport.* Pratique et pas cher, cette sorte de RER relie l'aéroport de Miami à West Palm Beach en passant par Fort Lauderdale et son aéroport. Compter env 9 $ pour Palm Beach et 5 $ pour Fort Lauderdale.

Bright Line *(plan détachable Miami, D3)* **:** *NW 1st Ave (entre NW 3rd St et NW 8th St).* • *gobrightline.com* • Ⓜ *Miami Central Station (ligne orange).* Plus rapide, mais plus chère que le *Tri-Rail,* cette ligne express permet de rejoindre, depuis Miami Downtown, Fort Lauderdale en 30 mn (17 $, plus cher l'ap-m) et West Palm Beach en 1h (à partir de 22 $).

Circuler dans Miami

La marche et le vélo sont les meilleurs moyens pour découvrir Miami Beach. Pour le reste de Miami, le réseau de transports en commun (en partie gratuit et très efficace) permet de faire le tour de la question. Circuler en voiture peut être un choix, mais le prix du stationnement risque rapidement d'assécher votre porte-monnaie.

En transports en commun

Bonne surprise : Miami bénéficie d'un excellent réseau de transports en commun. Pour circuler, 2 options s'offrent à vous :
- ***ticket à l'unité*** *(Easy Ticket)* **:** 2,25 $. Il donne accès à tous les transports de la ville pour une durée de 3h ;
- ***pass journée ou semaine*** *(Easy Card)* **:** valable 1 jour (5,65 $) jusqu'à 2h le lendemain matin, ou 7 jours consécutifs (29,25 $).

Bon à savoir : pour le bus, possibilité d'acheter son billet directement au chauffeur, mais attention, ***appoint exigé*** (2,25 $).

➢ ***Metrorail :*** ce métro aérien compte 2 lignes. La ***ligne orange*** relie l'aéroport (Central Station) à Dadeland South via Downtown, Brickell, Vizcaya, Coconut Grove et l'université (Lowe Art Museum). La ***ligne verte*** emprunte le même itinéraire dans sa partie sud et remonte au nord-ouest pour desservir la gare *Amtrak* moyennant un transfert à la station Earlington Heights.

➢ ***Metrobus :*** ce vaste réseau d'une centaine de lignes de bus couvre tout le comté Miami-Dade. En cas de correspondance, favoriser l'*Easy Ticket.* Nous indiquons les lignes et correspondances avec le métro pour chaque site éloigné.

➢ ***Metromover :*** *tlj 5h-minuit. GRATUIT.* Interconnecté au Metrorail et aux bus, ce petit métro aérien automatisé ***dessert gratuitement le centre-ville*** en 3 lignes. La ***Inner Loop*** tourne sur elle-même autour de l'hypercentre. La ***Omni Loop*** monte au nord et dessert notamment le Museum Park et le FTX Arena. La ***Brickell Loop*** descend jusqu'au Financial District en desservant le *Brickell City Centre* au passage. Nous indiquons les stations les plus proches de chacune de nos adresses et sites à voir. Se faufilant entre les buildings, ce métro aérien est quasiment une attraction touristique en soi (voir plus loin « Downtown. À voir. À faire »).

➢ ***Trolleys de Miami :*** • *miamigov.com/trolley* • *Lun-sam 6h30-23h, dim 8h-20h (pas de trolley dim à certaines stations).* En tout, une douzaine de lignes de ***bus gratuits*** et relookés en trolley d'antan. Pratique pour rejoindre Wynwood depuis Downtown depuis la station Metromover Adrienne Arsht (Omni Loop) ou Little Havana depuis la station Brickell.

➢ ***Trolleys de Miami Beach :*** • *miamibeachfl.gov/city-hall/transportation/trolley* • *Tlj 8h-minuit.* 6 trolleys ***gratuits*** sillonnent Miami Beach en boucle *(loop)* du sud au nord. Leurs fréquences varient de 15 à 20 mn.

À vélo, trottinette, skate et rollers

Ces moyens de transport sont complètement adaptés à l'exploration de

Miami Beach, notamment grâce à la ***piste cyclable en site propre*** qui longe la plage du sud au nord. En principe : ***port du casque*** obligatoire pour les moins de 18 ans.

CitiBike : *• citibikemiami.com • Tarifs (30 mn-24h max) : 5,39-24 $.* Vélos en libre-service 24h/24, dans une centaine de stations. Attention, il faut avoir au moins 18 ans pour en bénéficier. On prend son vélo directement après avoir fait glisser sa carte de paiement dans la fente et choisi sa durée de location. Si vous dépassez le temps imparti, il vous en coûtera 4,60 $ par tranche de 30 mn, donc privilégiez les sauts de puce... Pratique, mais un peu cher à notre goût.

■ ***South Florida Trikke*** *(zoom détachable Miami Beach, G3, **6**) : 1401 Washington Ave. ☎ 305-830-9440. • southfloridatrikke.com • Tlj 9h-20h.* Location de vélos *(50 $/j.)*, rollers, skates, scooters, et même de bateaux ! Très central, c'est également le plus matinal des loueurs. Personnel accueillant. Propose aussi des visites guidées à vélo ou à Segway.

Bike & Roll *(zoom détachable Miami Beach, G3, **7**) : 210 10th St. ☎ 305-604-0001. • bikemiami.com • Tlj 10h-18h.* Un marchand de vélos sérieux, qui loue des vélos électriques ou non *(à partir de 25 $/j.)*.

En taxi et VTC

Très nombreux (particulièrement à Miami Beach), ils fonctionnent 24h/24. Les tarifs sont d'environ 7 $ pour le 1er mile, puis 2,40 cents pour chaque mile supplémentaire, plus 40 cents par minute d'attente. Les éventuels péages routiers sont en supplément. Au moment de régler la note, n'oubliez pas d'***ajouter 15 à 20 % de pourboire*** au prix affiché au compteur (sauf si le chauffeur l'a déjà intégré en vous annonçant oralement le montant, ce qui arrive souvent quand ils prennent des touristes). Concernant les VTC, les 2 applications les plus utilisées à Miami sont ***Uber*** et ***Lyft.*** Bien pratiques et souvent moins chers que les taxis classiques.

En voiture

À notre avis, ***la voiture est loin d'être indispensable*** pour visiter Miami, encore moins Miami Beach. Non seulement les transports en commun sont bien développés et peu chers, mais à Miami Beach garer son véhicule sans dépenser une fortune et/ou s'arracher les cheveux demande pas mal de patience et une certaine organisation (voir plus loin « Miami Beach. Stationnement »).

Si vous décidez de tenter l'aventure en voiture, pensez à télécharger l'application ***Paybyphone,*** très pratique pour payer son stationnement dans Miami (en revanche, elle est très peu usitée à Miami Beach... un casse-tête, on vous le dit !).

Enfin, puisque c'est ça aussi Miami, la plupart des hôtels vous permettent de faire le grand seigneur en confiant vos clés au voiturier *(valet)*, qui la parquera pour vous : compter alors ***30-45 $ les 24h...***

Adresses et infos utiles

Informations touristiques et services

Art Deco Welcome Center *(zoom détachable Miami Beach, G3, **2**) : 1001 Ocean Dr. • mdpl.org/welcome-center • Dans le hall du musée. Tlj 9h-17h.* Renseignements, brochures (en français) et plans. Organise des visites guidées de la ville (voir plus loin).

– ***Bons plans :*** procurez-vous le bimensuel gratuit *Where* ou l'hebdomadaire *New Times* (*• miaminewtimes.com •*) et le supplément du vendredi du quotidien *Miami Herald* (payant ; *• miamiherald.com •*) pour connaître les dernières adresses tendance et les manifestations culturelles du moment. Dans la même veine, la brochure *Welcome,* disponible dans tous les lieux touristiques, fournit de nombreuses informations utiles. Également *• miami.com • timeout.com/miami •* et *• miamiandbeaches.com •* pour leurs calendriers d'événements.

Voir aussi les journaux en ligne *• frenchmorning.com •* et *• frenchdistrict.com •* pour les événements dans la sphère francophone, mais pas que...

Représentations diplomatiques

■ ***Consulat général de France*** *(zoom détachable Downtown / Brickell, D4,* **3***)* **:** *1395 Brickell Ave, immeuble du Conrad Hotel, suite 1050. ☎ 305-403-4150. En cas d'extrême urgence seulement (perte de passeport d'un mineur voyageant sans ses parents, disparition inquiétante d'un mineur, décès, arrestation ou accident grave), le consulat est joignable après 17h au ☎ 786-682-0834. • miami.consulfrance.org • Metromover : Financial District.* ***Sur rdv uniquement*** *(en ligne).* Le consulat peut, en cas de difficultés financières, vous indiquer la meilleure solution pour que des proches vous fassent parvenir de l'argent, ou encore vous assister juridiquement en cas de problème.

■ ***Consulat général du Canada :*** *200 S Biscayne Blvd, Wachovia Financial Center, suite 1600. ☎ 305-579-1600. En cas d'urgence : ☎ 1-888-949-9993 ou 613-996-8885. • international.gc.ca • Metromover : Bayfront. Sur rdv uniquement.*

■ Pour ***la Suisse et la Belgique,*** il existe un consulat honoraire, mais les bureaux ne sont pas ouverts au public.

Santé, sécurité

✚ ***Mount Sinai Medical Center*** *(plan détachable Miami, F-G2)* **:** *4300 Alton Rd, à Miami Beach. ☎ 305-614-4968 ou 305-674-2200 (urgences). • msmc.com • Bus M depuis Downtown Omni ou South Beach.*

✚ ***Jackson Memorial Hospital*** *(plan détachable Miami, C-D3)* **:** *1611 NW 12th Ave, à Miami Downtown. ☎ 305-585-1111. • jacksonhealth.org/Jackson-memorial • Ⓜ Civic Center ou bus M depuis Miami Beach. Ouv 24h/24.* C'est le plus grand hôpital du comté de Miami-Dade.

■ ***Médecin francophone :*** *Joël Wiszniak, 18205 Biscayne Blvd. ☎ 305-935-9922. • j.wiszniakmd@gmail.com •*

– ***Sécurité :*** si les autorités ont pris des mesures efficaces pour enrayer l'insécurité, évitez de circuler dans certains coins peu fréquentés après 18h, tels que Little River, Biscayne Boulevard (entre 64th et 79th Street), Allapattah (en particulier Liberty City), Little Haïti et Opa-locka. Downtown n'est pas non plus très glamour à la nuit tombée...
À Miami Beach, des débordements alcoolisés sont recensés chaque année – ou presque – durant le fameux ***spring break*** (fin février-début mars en général). À moins d'être un fêtard invétéré, on déconseille d'y séjourner à ce moment-là (d'autant que les tarifs flambent).

Culture, visites guidées

■ ***Art Deco Welcome Center*** *(zoom détachable Miami Beach, G3,* **2***)* **:** *1001 Ocean Dr, au sein de la Miami Design Preservation League. ☎ 305-763-8026. • mdpl.org/welcome-center • Tlj 9h-17h.* Infos sur l'Art déco et South Beach en général. Différents tours thématiques y sont proposés, à Miami Beach et dans les autres quartiers de la ville : l'architecture moderne de Miami, le Miami gay et lesbien, etc. Résa en ligne possible pour certains tours. Propose aussi un audioguide en français à télécharger sur votre smartphone via leur application *(durée de la visite : env 1h30 ; prix 25 $).*

■ ***Miami Culinary Tours :*** *☎ 303-578-6877. • miamiculinarytours.com • Départs tlj pour explorer South Beach, Little Havana, Wynwood, Design District ou Coral Gables. Durée : 2h-2h30. Résa conseillée 1-2 j. avt. Prix : 69 $ (dégustations incluses).* Pour les anglophones, une manière amusante de découvrir Miami, son histoire et son architecture à travers sa cuisine ! Excellents guides.

■ ***City Tours HistoryMiami*** *(zoom détachable Downtown / Brickell, D4)* **:** *101 W Flagler St, au Miami Dade Cultural Center. ☎ 305-375-1492. • e.info@historymiami.org • historymiami.org • Metromover : Governement Center. Mer-dim 10h (12h dim)-16h. À partir de 30 $ le tour de 2h.* Itinéraires à la découverte des quartiers ou de sites spécifiques. Balades thématiques (architecture, histoire, musées, etc.) à pied, à vélo et en bateau.

■ ***Miami Off Road :*** ☎ 786-860-2767. • miamioffroad.com • Balade à pied 49 $ pour 2h, 65 $ pour 3h30. Quoi de mieux que de visiter Miami en compagnie d'un expat' français qui connaît sa ville d'adoption comme sa poche ? Au choix ou combiné : la découverte du *street art* à Wynwood, le quartier bohème de Coconut Grove, ou encore un parcours culinaire à Little Havana. Visites privées et personnalisées également possibles (310 $ pour 2h).

■ ***Miami-en-français :*** ☎ 05-56-52-96-36 (depuis la France) ou 917-423-5808. • miami-en-francais.fr • Réserver à l'avance. À partir de 55 $ la balade de 2-3h à pied, 83 $ à vélo (groupe de 4-12 pers max). En plus de visites guidées (à pied ou à vélo) en compagnie d'un guide francophone, cette agence bordelaise propose également des croisières et des tours en avion. Excellentes prestations et accueil personnalisé.

Préparer son séjour

Quelques conseils avant de réserver son hôtel

Les hôtels (et auberges de jeunesse) de Miami et de Miami Beach connaissent d'***énormes variations de prix*** en fonction des événements qui s'y déroulent, du jour de la semaine, de l'emplacement de l'hôtel, de sa catégorie et du type de chambre. Autant de paramètres qui peuvent faire tripler, voire quadrupler le prix d'une chambre, alors mieux vaut se pencher sérieusement sur le problème avant de partir.

Avant toute chose, bien ***se renseigner pour savoir si son séjour ne coïncide pas avec un événement majeur*** en consultant un site type • miamiandbeaches.com •, et si possible décaler son séjour (à moins d'y aller spécialement pour cet événement, évidemment...). Ensuite, ***éviter d'y dormir le vendredi et le samedi,*** car le week-end les prix sont parfois le double de ceux de la semaine. Sachez aussi que certains hôtels proposent des chambres à 2 lits *queen size,* ce qui permet d'y dormir à 4 moyennant – ou parfois même pas – un supplément de l'ordre de 20-30 $ par personne. Contrairement à l'Europe, il est ***parfois plus avantageux de réserver sa chambre par l'intermédiaire d'un site de résa en ligne*** (type *Booking, Expedia...*) qu'en s'adressant directement à l'hôtel. Enfin, on peut aussi tenter de ***réserver à la toute dernière minute*** par l'intermédiaire d'une appli type *Hoteltonight* (• hoteltonight.com •) : pour le prix d'une nuit en auberge de jeunesse, on peut parfois coucher dans un 4-étoiles !

Quel quartier choisir ?

Miami Beach, et plus particulièrement ***SoBe*** (South Beach), concentrant l'essentiel de l'intérêt de la ville, c'est surtout ici qu'il faut résider. À moins d'être venu pour faire la fête, on évitera les charmants (mais bruyants) hôtels de l'***Art Deco District,*** situés au cœur de l'activité nocturne. Sachez aussi que la pointe sud de South Beach est plus résidentielle que la partie nord, donc souvent plus calme. À Miami, ***Brickell*** est selon nous la meilleure (et à vrai dire presque la seule) option : bien plus animé que Downtown (vraiment pas glamour une fois la nuit tombée, on déconseille d'y loger), moins cher que Miami Beach et bien desservi par les transports en commun. Peu d'intérêt à séjourner dans les autres quartiers, hormis éventuellement ***Coconut Grove*** (mais véhicule indispensable dans ce cas-là).

Attention au *resort fee* !

Désormais, ***pratiquement tous les hôtels exigent un resort fee en plus du prix de la chambre, même les auberges de jeunesse*** ! Le *resort fee* est un supplément facturé par nuit et par chambre quel que soit le nombre de personnes. Il est censé couvrir les avantages mis à disposition par l'hôtelier : prêt de serviette de plage, wifi, accès à la piscine, thé, café, accord

avec un plagiste pour le prêt de transats, etc. Hors taxes (qui sont de 14 % à Miami), il varie de 4-5 $ pour un lit en dortoir en auberge de jeunesse à plus de 40 $ pour un hôtel haut de gamme. On le précise dans le texte quand il nous paraît exagéré.
Enfin, plusieurs établissements proposent une navette pour l'aéroport comprise dans leur *resort fee* (toujours gratuite depuis l'aéroport, parfois payante dans l'autre sens). Sachez que ces navettes ressemblent à du ramassage scolaire et qu'on met un temps fou pour arriver à l'aéroport. Mieux vaut prendre le bus n° 150, à notre avis (meilleur marché et souvent plus rapide).

Où assister à un match de la NBA ?

Kaseya Center *(zoom détachable Downtown / Brickell, E3,* ***164****)* **:** *601 Biscayne Blvd. ☎ 1-786-777-1000. • ticketmaster.com • Metromover Omni : Parkwest. Les matchs commencent souvent à 19h30.* Avec ses 20 000 places, c'est le chaudron où s'expriment les ***Miami Heat.*** Ambiance survoltée, on ne vous raconte pas ! Le prix des places peut s'envoler en fonction du match, mais rassurez-vous, si on peut espérer un emplacement convenable à partir de 50-60 $ en réservant à l'avance (les places les moins chères sont à 30 $), il arrive que les prix s'effondrent en ligne plus on se rapproche du début du match. Si vous êtes 2, ou, mieux, seul, il peut être avantageux de ***réserver au dernier moment.*** Pour éviter les arnaques, on conseille vivement de passer par *Ticketmaster,* le partenaire officiel de la NBA.

Achats

Malls et centres commerciaux

À Miami, les ***outlets*** (magasins d'usine) sont éloignés les uns des autres. Notre choix s'est porté sur les plus accessibles en transports en commun.

Lincoln Road Mall *(zoom détachable Miami Beach, G3)* **:** *Lincoln Rd (entre Washington Ave et Alton Rd). • lincolnroadmall.com •* *Mall* piéton qui égrène de grandes marques telles que *Anthropologie, J. Crew, Lucky Brand, All Saints, American Eagle Outfitters, Urban Outfitters, Havaianas,* les cosmétiques new-yorkais *Kiehl's* et tant d'autres...

Brickell City Centre *(zoom détachable Downtown / Brickell, D4,* ***161****)* **:** *701 S Miami Ave. • brickellcitycentre.com • Tlj 11h-21h (19h dim). Parking à moitié prix 4h sur validation et preuve d'achat.* Étonnante architecture à moitié ouverte sur l'extérieur qui enjambe plusieurs rues en plein centre de Brickell sur plus de 45 ha. Certifié LEED (bâtiment ayant été conçu et construit dans l'intérêt des humains et de leur environnement) grâce à un astucieux treillis enveloppant les bâtiments, c'est le 1er projet de ce type aux États-Unis. Toutes les grandes marques y sont représentées. Plusieurs restos (pas donnés).

Upper Buena Vista *(plan détachable Miami, D1,* ***166****)* **:** *184-190 NE 50th Terrace. • upperbuenavista.com • De Downtown, trolley Biscayne, changement au niveau du Woodson Mini Park (NE 38th St), puis trolley Little Haïti jusqu'à NE 50th St. Tlj 12h-18h (plus tard pour certaines boutiques). Parking 7 $.* Entre Little Haïti et Edgewater, ce centre commercial en plein air qui se veut *ecofriendly* abrite une vingtaine de boutiques et quelques restos. Dans une ambiance très *hype,* baignée par une douce musique, on y trouve des boutiques de créateurs colorées, des galeries d'artistes locaux ou sud-américains, des barbiers, des tatoueurs, et même un centre de retraite et de méditation !

Shops at Merrick Park *(plan détachable Miami, B5)* **:** *SW 42nd Ave. • shopsatmerrickpark.com • Ⓜ Douglas Rd, puis 800 m à pied. Tlj 11h-20h (21h ven-sam, 18h dim). Parking : 6 $ pour 3h.*

Un vieil adage dans l'immobilier dit que « les commerces suivent toujours les toits ». Eh bien, ici, dans ce centre commercial agréablement articulé autour d'une pelouse et de hauts palmiers, c'est tout le contraire. Depuis l'arrivée de quelques grandes marques du luxe, ce sont les condominiums qui poussent comme des champignons !

Miami Ironside *(plan détachable Miami, E1) : 7610 NE 4th St (le long de la ligne de chemin de fer). ☎ 305-438-9002. • miamiironside.com • Bus no 3 depuis Downtown ou no 16 depuis Omni. Tlj 8h-23h.* *Miami Ironside* est un centre commercial nouvelle génération qui a vu le jour à Palm Grove, un quartier historique situé dans l'Upper Eastside de Miami, aujourd'hui très prisé par les artistes. Coincée entre la NE 4th Street et la voie de chemin de fer, sa structure tout en long entrecoupée de placettes égrène un chapelet de boutiques tendance, donnant sur un espace végétalisé abritant la plus grande collection d'eucalyptus de la région, un potager expérimental et de nombreuses plantes indigènes. Pizzeria, café, terrain de pétanque, lieux d'expo et de rencontre... un tout-en-un.

Aventura Mall *(hors plan détachable Miami par G1) : 19501 Biscayne Blvd. • aventuramall.com • Bus S ou no 120 depuis Downtown Omni et Miami Beach. Lun-sam 10h-21h30, dim 11h-20h.* Aux antipodes de *Miami Ironside, Aventura Mall* est le 6e plus grand centre commercial des États-Unis et le 2e de Floride après le *Sawgrass Mills.* Pour des prix un peu plus intéressants, nous vous conseillons plutôt le ***Sawgrass Mills,*** à Fort Lauderdale (voir la rubrique « Achats » à cette ville dans le chapitre « La Gold Coast »), 4e plus grand centre commercial des États-Unis.

Livres et musique

Walt Grace Vintage *(zoom détachable Wynwood, D3,* ***174****) : 300 NW 26th St. ☎ 786-483-8180. Tlj sauf lun 11h-19h.* Une boutique de guitares qui vaut le détour pour son incroyable décor et une série de voitures de collection. On vous en parle dans la rubrique « À voir. À faire » à Wynwood.

Books & Books *(plan détachable Miami, B5,* ***160****) : 265 Aragon Ave. • booksandbooks.com • Tlj 10h-23h (18h dim).* Librairie avec petit ***café-resto*** et terrasse à Coral Gables. Produits locaux pour une cuisine fraîche dans l'esprit « *farm to table* », servie du matin au soir (et à prix raisonnables).

Sweat Records *(plan détachable Miami, D-E2,* ***168****) : 5505 NE 2nd Ave (angle NE 55th St). ☎ 786-693-9309. • sweatrecordsmiami.com • Tlj 12h-19h (17h dim-mar).* Ce disquaire assorti d'un petit ***café-resto*** est une perle rare. On y trouve de vieux vinyles (dont certains sont franchement labourés) pas chers du tout et on y boit un petit café dans la décontraction la plus totale. Quelques groupes s'y produisent de temps en temps le week-end, et peut-être aurez-vous la chance d'y croiser Iggy Pop : il possède son studio d'enregistrement un peu plus au nord dans le quartier. Peut-être la seule bonne raison d'aller faire un tour à Little Haïti.

Vêtements, sport

Lincoln Road Flea Market *(zoom détachable Miami Beach, G3) : Lincoln Road Mall, entre Meridian et Lenox Ave.* 1 dimanche sur 2, un très chouette marché aux puces aux stands variés, entre fringues vintage, bibelots, bijoux, etc.

KC 2000 *(zoom détachable Wynwood, D3,* ***169****) : 2504 NW 5th Ave. Tlj sauf dim 9h-17h.* Au débouché de 25th Street, cette friperie pour hommes propose un éventail de fringues originales et colorées assez impressionnant à des prix vraiment ras les pâquerettes.

Voir aussi plus loin ***The Wynwood Market Place*** *(zoom détachable Wynwood, D3,* ***154****)* dans « Où boire un verre ? Où sortir ? » à Wynwood et le ***Fashion District*** *(zoom détachable Wynwood, D3)* dans « À voir. À faire » à Wynwood.

Andrew *(zoom détachable Downtown / Brickell, D4,* ***170****) : 10 NE 1st Ave. Tlj sauf lun 12h-19h (18h w-e).* Une marque née en Floride en 2017 au lendemain du passage de l'ouragan du même nom. En peu de temps, elle est devenue incontournable en matière de skate. Ici, rien que du rare, des T-shirts aux *pants* en passant par les *boards,* et même des préservatifs au logo de la marque !

Fly Boutique *(plan détachable Miami, E1,* ***173****)* **:** *7235 NE 72nd Ave (angle Biscayne Blvd). Tlj sauf sam 11h-19h.* Une boutique fouillis 100 % vintage comme on les aime, avec de la fringue, bien sûr, mais aussi des objets de déco, de vieux vinyles et des reliques des *sixties.*

Grooveman Music *(zoom détachable Miami Beach, G3,* ***162****)* **:** *1121 Washington Ave. ☎ 305-535-6257. Tlj 12h-22h.* Adeptes de l'*urban* et *street wear* ? C'est ici qu'il faut venir. T-shirts imprimés, *sneakers,* accessoires, gadgets, tout est là !

MIAMI, QUARTIER PAR QUARTIER

MIAMI BEACH

C'est LA ville balnéaire par excellence, bâtie dans les années 1920 pour le tourisme de luxe, aujourd'hui fréquentée par des visiteurs de tous âges et de toutes classes sociales. Difficile de rester insensible devant la beauté des façades Art déco qui s'alignent le long d'Ocean Drive, idem face à l'immensité de la belle plage de sable blond qui s'étend du nord au sud de l'île. En revanche, le « boum-boum » des enceintes, le « vroum-vroum » des grosses cylindrées et le « bling-bling » général pourront rebuter certains... Le cas échéant, on se contentera d'y venir à la journée et de séjourner sur le « continent ».

Stationnement

P ***Parkings :*** on l'a dit et on le répète, se garer à Miami Beach peut s'avérer aussi cher que compliqué. Ceux qui ont les moyens pourront s'offrir une place au parking de leur hôtel ou dans un parking privé (compter au minimum 30 $ la nuit dans les 2 cas). Pour les autres, voici une ***astuce*** pour s'en sortir sans se saigner aux 4 veines : dans la rue (bien vérifier les panneaux, certaines zones sont réservées aux résidents) comme dans les parkings publics, les horodateurs sévissent en général de 9h à 3h du matin et le stationnement payant est limité à 3h consécutives. La mission, si vous l'acceptez, la voici : garez votre voiture à minuit (ou après), payez pour 3h (environ 2 ou 3 $/h selon la zone) et profitez ainsi d'une place... jusqu'à 9h le lendemain ! Un peu contraignant, certes, mais ***imbattable*** niveau économies, en plus d'être parfaitement légal.

Où dormir ?

De bon marché à prix moyens

Si les ***dortoirs*** des auberges de jeunesse restent le plus souvent en catégorie « Bon marché », les chambres individuelles tapent vite dans la catégorie « Prix moyens », voire carrément « Chic » à certaines périodes.

Viajero Hostels Miami *(zoom détachable Miami Beach, G3,* ***22****)* **:** *1120 Collins Ave (entrée par le resto Mathilda). ☎ 786-519-3737. • viajerohostels.com • Lits en dortoir 3-8 pers 49-100 $; doubles à partir de 130 $.* En plein centre de South Beach, à 100 m de la plage, voici notre *hostel* préféré à Miami. Couleurs acidulées très pop, piscines (3 pour le prix d'une !), petit coin bureau pour les *digital nomads* et accueil hyper pro. Grand confort dans les dortoirs (rideau, lampe et casier pour chaque lit) et chambres privées dignes d'un 3-étoiles. Malgré la situation centrale, l'ambiance est plutôt calme (le bar de la piscine ferme à 21h). Un coup de cœur !

Freehand Miami *(plan détachable Miami, G2-3,* ***39****) : 2727 Indian Creek Dr (angle 28th St). ☎ 305-531-2727. • freehandhotels.com/miami/ • Lits en dortoir 4-8 pers 25-100 $; doubles et bungalows avec sdb 95-350 $ (200 $ en moyenne).* Une chaîne d'AJ que les routards ayant arpenté les USA connaissent probablement déjà et qui a investi les locaux de l'ancien hôtel Art déco *Indian Creek*. Dortoirs (spacieux) avec sanitaires, chambres privées, ainsi que 3 bungalows avec kitchenette. Déco pimpante, qui sent bon les Caraïbes. Grande salle commune. Cuisine, prêt de vélos et diverses activités au programme. À l'arrière, un bar à cocktails (voir plus loin « Où boire un verre ? Où sortir ? »), une grande piscine et un resto, le tout niché dans une végétation tropicale de toute beauté. Location de vélos (bien pratique, vu la distance relativement éloignée de l'Art Deco District). Une super adresse pour *backpackers*.

Generator *(plan détachable Miami, G2,* ***21****) : 3120 Collins Ave. ☎ 786-496-5730. • staygenerator.com • Lit en dortoir 4-10 pers env 35 $; doubles 125-570 $; petit déj inclus.* À la frontière entre North et South Beach, une structure mi-hôtel mi-*hostel* des plus séduisante, répartie sur 8 étages. Avec leur déco vintage, les parties communes invitent au *chill* : véranda garnie de tables basses, coussins un peu partout et billard. À l'extérieur : piscine haricot et bar pour s'hydrater entre 2 plongeons. Location de vélos à prix raisonnables. Clientèle éclectique qui va de la bande de potes en vadrouille aux cadres en déplacement pro. Un bon plan.

Tropics Hotel *(zoom détachable Miami Beach, G3,* ***16****) : 1550 Collins Ave. ☎ 305-531-0361. • tropicshotel.com • Lit en dortoir 4-6 pers env 60 $; doubles à partir de 130 $.* Cette structure, dont l'enseigne Art déco se repère de loin, constitue une bonne option pour les voyageurs à petit budget que l'ambiance AJ rebute un peu. L'ensemble n'est plus de prime jeunesse, mais les dortoirs, à taille humaine et bien entretenus, font le job. Chambres privées un poil chères à notre goût. Les plus ? La situation très centrale et la grande piscine avec cuisine attenante, dotée d'immenses frigos pour stocker vos denrées, bien pratique pour les séjours longue durée.

De prix moyens à chic

Stardust Hotel *(zoom détachable Miami Beach, G3,* ***17****) : 910 Collins Ave. ☎ 305-763-8653. • thestardusthotel@gmail.com • Double 135 $ tte l'année ; petit déj 13 $.* Ce petit complexe disposant de chambres spacieuses réparties sur 3 niveaux, toutes dotées d'un grand lit *king size* ou de 2 lits *queen* et d'une kitchenette, offre l'un des meilleurs rapports qualité-prix-situation de tout South Beach. Tout n'est pas parfait (chambres un peu sombres et cloisons minces), mais à ce prix-là on ne va pas faire la fine bouche.

President Hotel *(zoom détachable Miami Beach, G3,* ***18****) : 1423 Collins Ave. ☎ 305-538-2882. • presidentsouthbeach.com • Doubles à partir de 210 $. Réduc si résa sur le site.* Un agréable hôtel Art déco situé au cœur de l'animation du quartier. *Lobby* avenant avec un petit côté design, chambres claires, toutes de blanc vêtues, réparties dans 2 bâtiments et décorées de fresques murales un poil kitsch. Breakfast tout à fait convenable à prendre dans la salle à côté du *lobby*, en terrasse ou, encore mieux, dans le petit jardin. Un bon compromis au cœur de la ville.

El Paseo Hotel *(zoom détachable Miami Beach, G3,* ***13****) : 405 Española Way. ☎ 305-400-0767. • el-paseo-hotel.miamibeachfl-hotel.com • Doubles à partir de 200 $.* En plein cœur d'une des rues les plus touristiques de Miami Beach, ce vénérable hôtel abrite des chambres spacieuses et lumineuses, à la déco rehaussée de pointes de couleur et d'objets en céramique. Certaines possèdent un petit balcon sur Española Way (sympa au petit déj, mais un peu bruyant à l'heure de l'apéro !). Dans le bâtiment attenant, quelques apparts avec cuisine et 2 chambres.

La Flora *(zoom détachable Miami Beach, G3,* ***23****) : 1238 Collins Ave. ☎ 305-531-3406. Doubles 200-350 $ en hte saison, petit déj continental (léger) compris.* Voilà un hôtel très central qui, derrière sa façade Art déco assez austère, s'est offert quelques touches de folie dans le *lobby.* Chambres simples et assez classiques (parquet, frigo), mais de bon confort et à des prix relativement raisonnables. Celles de l'arrière sont bien calmes mais assez sombres. Bons services et bons conseils. À côté, l'***Impala Hotel*** *(zoom détachable Miami Beach, G3,* ***34*** *; • impalamia.com •),* du même proprio, propose des chambres aux mêmes tarifs, distribuées autour d'une cour fleurie et arborée.

De chic à très chic

The Local House *(zoom détachable Miami Beach, G4,* ***36****) : 400 Ocean Dr. ☎ 786-230-8396. • localhouse.com • Doubles à partir de 200 $. Réduc si résa directe sur le site.* Un boutique-hôtel frais et coloré, dans la partie tranquille d'Ocean Drive. La petite vingtaine de chambres fleure bon la zen attitude, avec juste ce qu'il faut de lumière et de couleurs pastel pour arrondir les angles d'un mobilier contemporain. Sur le toit, petite piscine et terrasse permettent de parfaire son bronzage. Excellent accueil. Une de nos adresses préférées à Miami Beach.

Albion Hotel *(zoom détachable Miami Beach, G3,* ***19****) : 1650 James Ave. ☎ 305-913-1000 ou 1-877-782-3557. • rubellhotels.com • Doubles à partir de 150 $.* Cet hôtel Art déco, surmonté d'une tourelle avec son enseigne en néon, ne manque pas d'élégance. Malgré les 100 chambres (tout rond) au compteur, il y règne une atmosphère paisible qui contraste avec l'animation du quartier. Déco élégante, inspirée des bateaux de croisière de la Belle Époque. Grande piscine à l'arrière, au milieu d'une vaste terrasse (en béton, dommage). Accueil irréprochable. Seul bémol : ventilation un peu bruyante la nuit.

Cadet Hotel *(zoom détachable Miami Beach, G3,* ***41****) : 1701 James Ave. ☎ 305-672-6688. • cadethotel.com • Doubles 160-390 $.* Construit en 1941, l'hôtel accueillit jusqu'en 1949 les Cadets de l'armée de l'air américaine sous le commandement du capitaine Clark Gable (oui, l'acteur), dont la photo trône au-dessus du piano du *lobby.* Aujourd'hui, ce charmant boutique-hôtel propose des chambres au confort irréprochable. Jacuzzi et spa en bonus, mais piscine vraiment riquiqui. Au rez-de-chaussée, bon (et cher) restaurant de cuisine française (le *Pied à Terre*).

Urbanica – The Meridian *(zoom détachable Miami Beach, G4,* ***25****) : 418 Meridian Ave. ☎ 305-763-8934 ou 855-516-9184. • themeridianmiami.com • Doubles à partir de 150 $.* Un peu en retrait de l'agitation d'Ocean Drive, ce lieu ravira les amateurs d'intérieurs minimalistes et de design pointu. Sur les 7 types de chambres, on retiendra que la « mini » est vraiment petite mais avantageuse. Les autres vont de la taille moyenne à la vraiment grande (avec terrasse privée) mais à des prix parfois borderline. Jolie (petite) piscine. Si c'est complet, on vous conseille, à 50 m de là, l'excellent ***Urbanica – The Euclid Hotel,*** appartenant au même groupe *(426 Euclid Ave ; ☎ 305-392-7752 ; doubles 130-310 $).*

The Marlin Hotel *(zoom détachable Miami Beach, G3,* ***48****) : 1200 Collins Ave. ☎ 305-695-3000. • themarlinhotel.com • Doubles de 170 $ à plus de 800 $ selon saison ! Promos possibles si vous optez pour 3 nuits consécutives en réservant à l'avance.* Un hôtel de poche de 33 chambres, installé dans un édifice typique de 1939, à la déco mêlant influences asiatiques et design contemporain. Zénitude de mise dans les chambres, aux tons clairs et doux. Pour la petite histoire, la maison a abrité pendant un demi-siècle un studio d'enregistrement qui a vu passer les plus grands (Bob Marley, U2, Beyonce...), dont on retrouve les disques d'or affichés dans les couloirs.

Blanc Kara *(zoom détachable Miami Beach, G4,* ***26****) : 205 Collins Ave. ☎ 786-216-7205. • blanckara.com • Studios à partir de 150 $ en basse saison, jusqu'à 900 $ hte saison.* ***Moins de 21 ans refusés.*** Dans la partie calme de South Beach, un petit boutique-hôtel très smart avec beaucoup de cachet, à l'image des couloirs, tout en noir et blanc épuré. Côté confort, de grands lits *king size,* une cuisine bien équipée (plaques de cuisson, frigo, lave-vaisselle) et des salles de bains avec douche à gros pommeau. À cela, ajoutez plein de petites attentions d'un personnel avenant et de bons conseils, et la proximité de la plage. Une adresse qu'apprécieront les amoureux – d'ailleurs, tous les studios sont limités à 2 personnes.

Kimpton Surfcomber Hotel *(zoom détachable Miami Beach, G3,* ***33****)* **:** *1717 Collins Ave. ☎ 305-532-7715. • surfcomber.com • Doubles à partir de 200 $.* Boutique-hôtel de 200 chambres avec accès direct à la plage, bénéficiant d'une déco pêchue et colorée. Des couloirs longs comme des tunnels mènent aux chambres, très belles et au confort sans faille. Pour ne rien gâcher, grande piscine à l'arrière, sur le chemin de la plage. Côté papilles, le *Social Club* sert une cuisine fusion au wok et le *High Tide* fait plus resto-bar de plage. Un conseil : son voisin le *SLS* s'excitant parfois en décibels jusqu'à pas d'heure, mieux vaut demander une chambre côté nord.

Grand luxe

Miami Beach compte de (très) nombreux ***hôtels exceptionnels, tant par leur histoire que par leur architecture et leur aménagement intérieur,*** souvent confié à de grands noms de la déco et du ***design.*** Hormis quelques promos salutaires sur Internet, c'est évidemment trèèèèèès cher. On peut se contenter d'y faire un tour en simple visiteur, juste pour se rincer l'œil.

The National Hotel *(zoom détachable Miami Beach, G3,* ***30****)* **:** *1677 Collins Ave. ☎ 305-532-2311. • nationalhotel.com • Doubles 170-850 $.* Hôtel grand luxe, dont la déco fourmille de petits chefs-d'œuvre, à l'image de cette mosaïque de Tamara de Lempicka dans le très chic bar du *lobby.* Réparties sur 11 étages, les chambres sont classiques et cosy, avec meubles d'époque en acajou pour certaines. Également des *cabanas* entièrement relookées, plus chères mais plus spacieuses, disposées autour de l'immense piscine (on croirait un bassin du château de Versailles !). Pour compléter le paradis, palmiers et hamacs dans le jardin, en accès direct à la plage. Cours de yoga pratiquement quotidiens. *Live music* en fin de semaine à partir de 20h. Accueil et service impeccables.

SLS *(zoom détachable Miami Beach, G3,* ***33****)* **:** *1701 Collins Ave. ☎ 305-674-1701. • sbe.com/hotels/sls-hotels/south-beach • Doubles à partir de 370 $ (moins cher en basse saison). SLS ? « Something Lovely's Started ». Lovely indeed.* Avec Starck à la déco – entre baroque et design –, la patte de Lenny Kravitz dans les suites du dernier étage et une longue piscine veillée par un canard géant (!), cette vieille dame Art déco est l'un des plus beaux hôtels de Miami. En plus de la piscine et de l'accès direct à la plage, on y trouve 2 restos renommés : un bar à tapas signé José Andrés (le *Bazaar*), avec son impressionnant lustre tentaculaire, et *Katsuya,* une référence en matière de cuisine nipponne, mondialement célèbre pour ses *sushi-bars.* La grande vie !

Lennox Miami Beach *(zoom détachable Miami Beach, G3,* ***35****)* **:** *1900 Collins Ave. ☎ 305-531-6800 ou 877-499-8082. • lennoxmiamibeach.com • Doubles 220-680 $ selon saison.* Une bulle de luxe et de volupté que cet hôtel au cadre Art déco d'origine. Chambres élégantes et sophistiquées, « designées » et décorées par le célèbre architecte d'intérieur argentin Juan Ciavarella, rien que ça. Un doux mélange de matériaux écologiques recyclés et de meubles artisanaux du monde entier. Et le résultat est somptueux ! Belle petite piscine à l'arrière, baignée par un puits de lumière.

Où manger ?

Le soir, ***réservation indispensable*** dans la plupart des restos chics. À Miami, les 15 %, voire 20 % de pourboire (*tip, gratuity* ou *propina*) sont presque systématiquement inscrits d'office sur la note (vérifiez pour éviter de généreusement le payer 2 fois !).

Spécial petit déjeuner

Une bonne raison de se lever tôt : le breakfast. L'occasion de profiter, entre autres, des charmes de l'Art Deco District à la fraîche, sans la foule (et en silence !).

The Front Porch Cafe *(zoom détachable Miami Beach, G3, **67**) : 1458 Ocean Dr. ☎ 305-531-8300. Tlj 8h-22h (16h mar-mer). Petits déj 15-20 $. The place to be* à l'heure du petit déj : œufs à toutes les sauces, granola, pancakes taille maousse, *French baguette...* chacun y trouvera son compte (il y a même des cocktails pour les fêtards en fin de course !). On conseille de venir tôt pour espérer avoir une table dehors, sous le grand porche. Dommage que la musique ne soit pas un peu plus douce, mais bon, on est à Miami Beach...

Jaya at the Setai *(zoom détachable Miami Beach, G3, **51**) : 2001 Collins Ave. ☎ 855-923-7899. Tlj 7h-23h (petit déj jusqu'à 11h). Petits déj 24-34 $; brunch 44 $.* Petit déj exceptionnel dans un lieu d'exception. Pour ceux qui en ont les moyens, le brunch de cet hôtel branché et design, l'un des plus beaux de Miami, est une expérience à lui tout seul. Histoire de jouer les VIP de luxe l'espace de quelques heures...

On recommande également **11th Street Diner** *(zoom détachable Miami Beach, G3, **72**)* et **Big Pink** *(zoom détachable Miami Beach, G4, **74**)* pour des breakfasts typiquement ricains. Les amateurs de *healthy food* iront plutôt s'installer chez **Juice & Java** *(zoom détachable Miami Beach, G3, **82**)*, tandis que les petits budgets peuvent compter sur **Las Olas Cafe** *(zoom détachable Miami Beach, G4, **83**)*, ou encore **Joe & The Juice** (voir « Sur le pouce »).

Sur le pouce

Rosetta Bakery *(zoom détachable Miami Beach, G3, **60**) : 929 Collins Ave. Tlj 8h-18h. Moins de 10 $.* Cette chaîne de boulangeries italiennes propose de délicieux sandwichs, frais et copieux, parfaits pour un repas sur le pouce. On peut également opter pour une part de pizza ou de *focaccia.* Terrasse ombragée et agréable, bien qu'en bord de route.

Joe & The Juice *(zoom détachable Miami Beach, G3, **75**) : 1600 Collins Ave. Tlj 6h-20h. Moins de 10 $.* Dans ce bar à jus haut de plafond, à l'ambiance décontractée où les centrifugeuses ronronnent en boucle sur fond de musique hip-hop, on sert des jus *healthy* et des sandwichs basses calories. Autres adresses en ville pour cette franchise qui marche du tonnerre et dont le succès est largement mérité.

La Sandwicherie *(zoom détachable Miami Beach, G3, **64**) : 229 14th St. Tlj 7h-5h. Moins de 12 $.* Un petit kiosque où se pressent les plagistes le jour et les teufeurs la nuit. Large variété de sandwichs préparés à la demande, sans oublier les smoothies, *shakes* et jus de fruits frais (à l'açaï, un délice !). Le tout à déguster au petit comptoir bariolé ou à emporter.

The Lobster Shack *(zoom détachable Miami Beach, G4, **81**) : 40 South Pointe Dr. Tlj 11h-minuit. Lobster roll 20-30 $.* Ici, le roi homard est cuisiné à toutes les sauces (cajun, *spicy,* en tacos, en soupe, en salade...), mais la Rolls, c'est évidemment le *lobster roll,* une spécialité typiquement américaine, incontournable pour les amateurs de crustacés (et de mayonnaise). On s'en lèche encore les doigts !

Spris *(zoom détachable Miami Beach, G3, **70**) : 731 Lincoln Rd. Tlj 12h-22h30. Pizzas 13-23 $.* Une pizzeria dont la réputation est assise sur le principe d'un *happy hour* (17h30-19h) un peu spécial : le tarif est ajusté en fonction de l'heure de la commande ! Envie d'une pizza à 17h30 ? Vous la paierez 5,50 $! Une commande juste avant 19h ? Ça fera 7 $! Surveillez l'horloge, donc, et bon appétit !

Shake Shack *(zoom détachable Miami Beach, F3, **69**) : 1111 Lincoln Rd. Tlj 10h30-22h (23h ven-sam). Burgers 8-12 $.* Buns moelleux, viande juteuse, frites craquantes... Certains esthètes du burger estiment que cette chaîne de fast-foods surpasse tous ses concurrents en la matière. On vous laisse trancher. Mais vu la queue qui s'allonge midi et soir devant la porte, ils sont un certain nombre à partager cet avis...

La Playa Market *(zoom détachable Miami Beach, G4,* ***63****)* **:** *247 Collins Ave. Tlj 6h-23h (minuit ven-sam). Moins de 10 $.* Une supérette de quartier, pratique pour s'acheter de quoi grignoter avant/après/pendant une session farniente à la plage, située à 50 m de là. Coin traiteur avec plats chauds, salades, sandwichs et fruits frais, le tout à prix doux.

Bon marché

Bodega *(zoom détachable Miami Beach, F3,* ***73****)* **:** *1220 16th St. ☎ 305-704-2145. Tlj 11h30-3h (4h jeu-sam). Lounge ouvert à 18h. Taco env 6 $.* Attention les p'tits cocos, l'armée mexicaine qui œuvre jour et nuit dans sa roulotte alu n'a pas l'habitude de décevoir son monde. Si vous êtes d'humeur festive, après avoir englouti votre taco, poussez donc la porte de la chambre froide située tout à droite, et vous nous en direz des nouvelles... (voir plus loin « Où boire un verre ? Où sortir ? »).

Juice & Java *(zoom détachable Miami Beach, G3,* ***82****)* **:** *1346 Washington Ave. Lun-sam 9h-22h, dim 10h-18h. Plats 8-16 $.* Ici, tout est frais, bio, bon pour la santé et préparé à la demande, du breakfast aux pitas en passant par les wraps, les salades, les smoothies et autres cocktails aux vertus antioxydantes, digestives, et même anti-gueule de bois (ce qui peut être utile à Miami Beach !). Petite salle agréable, où le bois domine, et quelques tables en terrasse.

Las Olas Cafe *(zoom détachable Miami Beach, G4,* ***83****)* **:** *644 6th St (angle avec Euclid Ave). Tlj 6h-20h. Plats 78-15 $; petit déj spécial 8,50 $.* Un resto-snack qui fleure bon l'Amérique latine : terrasse avec gazon synthétique, assiettes en plastique bien garnies et tarifs démocratiques. Selon l'heure et l'humeur, on opte soit pour les plats du jour présentés en vitrine à l'intérieur, façon self, soit pour les classiques cubains à la carte (*chuleta, tamales, ropa vieja,* etc.). Un lieu simple et populaire, très bien aussi pour le petit déj.

Mister 01 *(zoom détachable Miami Beach, G3,* ***68****)* **:** *1680 Michigan Ave. ☎ 305-397-8189. Tlj 12h-23h. Pizzas 8-19 $ selon taille et garniture.* Cette pizzeria cachée au fond d'un immeuble d'habitations fait partie de ces *secret spots* dont on se passe l'adresse sous le manteau (plutôt sous la serviette de bain, à Miami). Cuisine ouverte, petite salle aseptisée, déco minimaliste et clim réglée sur polaire. Mais l'essentiel est dans l'assiette : pizzas fines, goûteuses et croustillantes, préparées avec des ingrédients bio et joliment présentées. On peut aussi les emporter et se trouver un banc sur Lincoln Road, juste à côté.

Puerto Sagua *(zoom détachable Miami Beach, G4,* ***71****)* **:** *700 Collins Ave. ☎ 305-673-1115. Tlj 7h-23h. Plats 15-12 $ le midi, 14-25 $ le soir.* Resto cubain ouvert depuis 1962, réputé et très populaire. Longue carte, à prix variés, où la viande se taille la plus grosse part du bifteck : cochon, poulet, bœuf, accompagnés de riz et *frijoles negros* bien sûr, mais aussi quelques bons poissons grillés (ou frits) et des fruits de mer. Le tout servi au comptoir ou sur les tables en bois verni de la petite salle, sous les ventilos qui ronronnent. *Tipico* de chez *tipico* !

Prix moyens

Lilikoi *(zoom détachable Miami Beach, G4,* ***78****)* **:** *500 South Pointe Dr. ☎ 305-763-8692. Tlj 8h-21h. Plats 12-22 $.* Une belle adresse bio-*healthy* à 100 m de la plage, super pour un lunch léger : sandwichs, wraps, ramens, *bowls* et des recettes véganes (dont d'étonnantes carbonara) qui valent le coup de fourchette. Terrasse sous les arcades ou salle avec plafond haut et tables en bois. Bien aussi pour le petit déj !

Big Pink *(zoom détachable Miami Beach, G4,* ***74****)* **:** *157 Collins Ave. ☎ 305-532-4700. Tlj 8h-minuit (5h30 ven-sam, 2h dim). Plats env 15-20 $.* Un resto qui porte bien son nom. La façade rose bonbon est *pink* comme il le faut, quant au côté *big*... La carte est énorme (20 salades, 20 burgers, 20 sandwichs, etc.), les portions gargantuesques et la salle toujours pleine comme un œuf ! Un bon (gros) morceau d'Amérique comme on les aime.

Time Out Market Miami *(zoom détachable Miami Beach, G3,* ***65****) : 1601 Drexel Ave (angle 16th St). Tlj 12h-22h (23h ven-sam). Plats env 10-20 $. CB uniquement.* Un temple de la *food* installé sous une halle de 1 600 m², où une dizaine de stands proposent un tour du monde des saveurs. Chacun choisit sa paroisse pour passer commande et tout le monde se retrouve sur les grandes tablées familiales. De quoi contenter tous les goûts, toutes les bourses et tous les régimes alimentaires...

11th Street Diner *(zoom détachable Miami Beach, G3,* ***72****) : 1065 Washington Ave (à l'angle de 11th St). ☎ 305-534-6373. Tlj 7h30-23h45 (minuit ven-sam). Burger env 17 $, plats 13-25 $; today special env 15 $.* Le *diner* américain comme on se l'imagine, dans un authentique wagon en aluminium de 1948 transporté de Pennsylvanie et restauré. Sol à damier, néons fifties, chromes lustrés, alcôves de moleskine rouge, un vrai décor de film ! Carte simple et efficace : burgers à gogo, salades, pâtes, grillades et poisson. Intéressants *today specials* le soir et *breakfast all day.* Un lieu souvent bondé, victime de son succès...

SuViche *(zoom détachable Miami Beach, F3,* ***62****) : 1119 16th St. ☎ 305-777-3555. Tlj 11h30 (12h w-e)-23h. Plats 10-20 $.* Ici, on marie allégrement le quinoa au *tataki* de thon, les SUshis aux ceVICHEs (vous l'avez ?), la cuisine de la Cordillère à celle du Soleil-Levant dans une fusion péruano-nipponne qui en étonnera plus d'un. C'est si bon et frais qu'on en oublie vite la salle assez quelconque et la déco aseptisée.

Fratelli La Bufala *(zoom détachable Miami Beach, G4,* ***76****) : 437 Washington Ave (angle 5th St). ☎ 305-532-0700. Tlj 12h-23h30 (minuit ven-dim). Pizzas 11-26 $, plats 15-25 $.* Les tables sur le trottoir, drapées dans une très classique nappe à carreaux rouges et blancs, sentent bon l'Italie. Impression confirmée à l'intérieur, où on parle fort et où on virevolte entre les tables sur fond de bonnes odeurs d'origan. La pizza est bien craquante, l'assiette de *pasta* goûteuse, le tout servi rapidement. Bière Moretti à la pression (c'est assez rare pour le préciser), vins à prix raisonnables. Une bonne adresse, tenue par des Italiens « de souche », originaires de Roma et de Napoli.

De prix moyens à chic

Planta *(zoom détachable Miami Beach, G4,* ***84****) : 850 Commerce St. ☎ 305-397-8513. Tlj 11h30 (11h w-e)-22h (23h ven-sam). Plats 16-25 $.* Si vous pensez que la cuisine végane se limite à 3 feuilles de salade et un bol de quinoa, venez donc planter votre tente chez *Planta* et vous changerez certainement d'avis ! Ceviches, pâtes, pizza, *pad thaï* ou sushis, tout ici est adapté, transformé et réinventé en version végétale... et c'est tout bonnement délicieux ! Une cuisine ultra-créative à déguster dans une salle très chic percée de grandes baies vitrées.

Yardbird Southern Table & Bar *(zoom détachable Miami Beach, F-G3,* ***61****) : 1600 Lenox Ave (angle 16th St). ☎ 305-538-5220. Tlj 11h (10h w-e)-22h (23h ven-sam) ; brunch w-e jusqu'à 16h. Résa conseillée pour le dîner. Plats au déj et brunch dès 18 $, le soir 28-42 $.* Dans un joli décor indus', un resto de cuisine du Sud raffinée et revisitée par un ancien du *Top Chef* américain. *Ribs* à la mode de Saint-Louis, *chicken'n'waffles,* poulet BBQ, *grits* (sorte de polenta) aux crevettes, tous les classiques sont là, dans l'assiette comme dans les oreilles (excellente zik country-rock la plupart du temps). Très large choix de bourbons pour arroser tout ça et des desserts à tomber (*sunday* au beurre de cacahuète ou *cheese-cake Southern style*). Une expérience culinaire qui vaut le détour, aussi bien pour le repas que pour le brunch.

Sweet Liberty *(zoom détachable Miami Beach, G3,* ***85****) : 237-B 20th St. ☎ 305-763-8217. Tlj 16h-5h ; brunch dim 12h-16h. Plats 16-36 $.* Intérieur tamisé souligné par quelques néons rouges, tables en formica imitation bois, banquettes de moleskine, vaisselle en émail, torchon en guise de serviette... nous voilà dans les années 1960 ! Dans l'assiette, des lasagnes végétariennes, un bon steak-frites, ou encore une douzaine d'huîtres bien fraîches. Top également à l'heure de l'apéro (super cocktails). Seul bémol : le service prend parfois son temps.

CVI.CHE105 *(zoom détachable Miami Beach, F3,* ***66****) : 1245 Lincoln Rd. ☎ 786-534-8651. Tlj 11h30 (12h w-e)-22h30 (minuit ven-sam). Ceviches 18-32 $, plats plus chers.* Un resto péruvien qui séduit pour sa cuisine bien fraîche et sa vaste terrasse sur la rue piétonne la plus animée de la ville. La qualité du service est un bon point supplémentaire. Le lieu idéal pour découvrir ou redécouvrir les délices des *tiradito,* ceviches et *anticuchos.*

Chic

Joe's Stone Crab *(zoom détachable Miami Beach, G4,* ***90****) : 11 Washington Ave. Tlj 17h-22h (23h ven-sam), plus mer-dim 11h30-14h30. Congés : 15 août-15 oct. Résa vivement conseillée. Viande et poisson 18-90 $, soupe env 14 $; prix du crabe selon marché.* Une institution ! Ici, depuis 1913, on en pince pour Joe et son crabe. Sa sauce (dont la recette est jalousement gardée) attire les amateurs des 4 coins du pays. Entre les salles assez chics, façon country-club à l'anglaise, et les terrasses verdoyantes, l'endroit est vaste, mais mieux vaut tout de même réserver. En principe, tenue correcte exigée (mais du moment que vous n'êtes pas en maillot de bain et torse nu, ça passe !). Au **take-away** juste à côté *(tlj 11h30-21h ; commande en ligne possible),* on sert des plats plus simples (*fish & chips,* salades...), moins chers et tout aussi goûtus.

Smith & Wollensky *(zoom détachable Miami Beach, G4,* ***80****) : 1 Washington Ave (dans le South Pointe Park). ☎ 305-673-2800. Tlj 11h (12h w-e)-23h (minuit ven-sam). Résa vivement conseillée. Plats de 30 à... 89 $!* L'un des établissements les plus smart de Miami, situé sur un emplacement incroyable, à la pointe sud de l'île, littéralement les pieds dans l'eau... On vient ici pour profiter de la vue (réservez une table en terrasse !), regarder les yachts passer, mais aussi (et surtout) déguster des pièces de viande d'exception. Forcément, tout cela a un prix (le ticket moyen atteint vite les 100 $), mais pour ceux qui ont les moyens, quel régal !

Où faire une pause sucrée ?

The Frieze Ice Cream Factory *(zoom détachable Miami Beach, G3,* ***121****) : 1626 Michigan Ave. Tlj 12h-22h.* Cet artisan à l'ancienne fabrique ses glaces et sorbets, 100 % casher, uniquement avec des produits naturels : au champagne (déroutant !), au citron vert des Keys *(Key lime),* à la noix de coco fraîche, etc. Gage de qualité, il livre l'*Eden Rock,* le *Ritz Carlton* et le *Mandarin Oriental* ! Délicieux, et le tout à prix convenable.

The Smoothie Shop *(zoom détachable Miami Beach, G3,* ***123****) : 1229 Washington Ave. Tlj 9h-21h30.* La maison propose une vingtaine de smoothies avec ou sans lait. Également des jus de fruits, de légumes et quelques bonnes choses à grignoter (*açaï bowls,* wraps, etc.). Tout est préparé sous vos yeux, à la demande et avec le sourire. Le plein de vitamines !

Où boire un verre ? Où sortir ?

Attention, les prix des *happy hours* facturés plein pot et les arnaques sur les notes sont routiniers à Miami Beach (contrôlez bien le pourboire, il est souvent facturé d'office). Les amateurs du genre s'offriront un ou plusieurs ***pub crawls*** (tournée des bars), comme ceux proposés par *Miami Club Crawl (● laepicclubcrawls.com/miami ●)* ; départ dans des « *Party Bus* » du mardi au dimanche vers 20h-22h pour un programme de 4 ou 5 bars, *lounges* et clubs servis dans la foulée, sans avoir à faire la queue... Compter environ 85-100 $ pour une nuit.

Bars et *rooftop*

The 1 Rooftop *(zoom détachable Miami Beach, G3,* ***145****) : 2341 Collins Ave. Demander au portier qu'il vous appelle l'ascenseur. Bar ouv tlj 18h (avt, c'est sur résa)-minuit (2h ven-sam).* Vous n'avez peut-être pas 1 000 $ à mettre dans l'une des chambres de cet hôtel haut de gamme, mais peut-être serez-vous intéressé par son *rooftop*, l'un des plus beaux de Miami ! Cocktails à peine plus chers que sur Ocean Drive et coucher de soleil inoubliable. On peut aussi y rester dîner (très bon resto japonais, pas donné, forcément). Souvent bondé, on conseille de venir dès l'ouverture.

Nikki Beach Miami *(zoom détachable Miami Beach, G4,* ***141****) : 1 Ocean Dr. • miami-beach.nikkibeach.com • Tlj 10h-18h pour la plage.* Le seul véritable *beach bar* de Miami (bien que pas tout à fait sur la plage...). Luxe, calme et volupté sur l'immense terrasse ombragée de cocotiers et agrémentée de transats, banquettes et lits balinais (à baldaquin). La mer est à 2 pas, la musique à un volume acceptable, les *beautiful people* paradent... On n'est pas mal !

Mac's Club Deuce *(zoom détachable Miami Beach, G3,* ***130****) : 222 14th St. Tlj 8h-5h.* Un bar en S qui serpente au milieu de la salle, des néons flashy, un billard, des cendriers qui débordent et du rock'n'roll dans les enceintes jusque tard... Un rade dans son jus, sans prétention mais très attachant, parfait pour se faire des potes, accoudé au comptoir.

Juvia *(zoom détachable Miami Beach, F3,* ***138****) : 1111 Lincoln Rd (angle Lenox Ave). Tlj 17h30-22h (23h ven-sam).* Mur végétal, terrasse en teck, bar en bois pétrifié, petits bassins, l'habillage de ce *rooftop* dessiné par Herzog et De Meuron est une vraie réussite. En plein air ou dans la salle vitrée sur l'horizon, on paie son cocktail une petite vingtaine de dollars, mais l'ambiance de « ouf » qui s'en dégage est vraiment top. Côté resto, l'addition s'envole vite (pas étonnant, vu l'altitude !).

Broken Shaker *(plan détachable Miami, G2-3,* ***39****) : 2727 Indian Creek Dr. Lun-jeu 17h-1h, ven-sam 16h-2h, dim 16h-1h.* C'est le bar à cocktails de la très cool AJ *Freehand Miami.* Breuvages de qualité, tarifs démocratiques et ambiance *chill* autour de la piscine et sur la terrasse ombragée de plantes tropicales. Ça s'échauffe un peu plus le week-end. Clientèle jeune et routarde, l'endroit tout trouvé pour faire des rencontres.

Bars dansants

Bodega *(zoom détachable Miami Beach, F3,* ***73****) : 1220 16th St. Tlj 11h30-3h (4h jeu-sam).* Entrez donc au *Meat Market* après avoir poussé la lourde porte bleue de la chambre réfrigérée située à droite du petit *trailer* en alu où l'on sert des tacos, et là... waouh ! On pénètre dans une tout autre ambiance et un tout autre décor : bar *lounge* avec sofas, piano, un étonnant lustre en bois de cerf au plafond et un grand choix de cocktails. *Live music* certains soirs et DJ jusqu'à pas d'heure la plupart du temps (surveiller leur compte Instagram). Un must à Miami.

Kill Your Idol *(zoom détachable Miami Beach, G3,* ***136****) : 222 Española Way. Tlj 18h-4h. Live ou DJ surtout le w-e, à partir de 23h.* Ici, quoi de spécial ? Tout. Des tags déjantés. Un cabinet de curiosités improbable derrière le bar où la bière et les cocktails coulent à flots. Clientèle métissée, sans complication ni *dress code.* L'endroit est réputé pour ses soirées à thème (burlesque, drag-queens, etc.). L'anti-bling-bling par excellence !

Wet Willie's *(zoom détachable Miami Beach, G4,* ***131****) : 760 Ocean Dr. Tlj 11h-1h (2h ven-sam).* Tout en couleurs acidulées et ouvert en balcon sur l'animation de la rue, façon pont de paquebot, ce bar très prisé de la jeunesse débite non-stop de[...] tails glacés décoiffants. Le[...] sera difficile entre les 25 m[...]

proposées, mais celle qui visiblement fait le buzz parmi la clientèle, c'est le *Call-a-cab* (« Appelle un taxi »), tout un programme ! Pendant la haute saison (février-mars), c'est la teuf dès 14h... Même ambiance surchauffée, quelques numéros plus haut, au ***Clevander*** *(zoom détachable Miami Beach, G3, **134** ; 1020 Ocean Dr ; tlj 11h-2h – 5h jeu-sam).*

Clubs

LIV at Fontainebleau *(plan détachable Miami, G2, **142**)* **:** *4441 Collins Ave. • livnightclub.com • Mer-dim 23h-5h. Entrée : 30-100 $!* Avec ses 1 700 m², le *LIV* est tout simplement l'une des plus grandes boîtes de nuit du monde. Point de ralliement des Sinatra, Sammy Davis JR et Presley dans les années 1950-1960, l'ancien *Tropigala* accueille désormais, dans une ambiance de FO-LIE, tout ce que Miami compte de clubbeurs. Tenue correcte exigée et videurs pas commodes...

Story *(zoom détachable Miami Beach, G4, **149**)* **:** *136 Collins Ave. • storymiami.com • Ven-sam 23h-5h. Entrée variable : 20-60 $.* Encore un géant de la nuit ! Si les Guetta, Steve Angello et Tiësto sont souvent au *LIV*, *Story* accueille, lui, des DJs plus underground. Locaux et touristes s'y pressent (dans tous les sens du terme) à partir de 1h, inutile de se pointer avant.

Twist *(zoom détachable Miami Beach, G3, **143**)* **:** *1057 Washington Ave. • twistsobe.com • Tlj 15h-5h. GRATUIT. Twist*, c'est LA boîte gay de SoBe, quasi 2 décennies de fiesta ininterrompue autour de ses 7 bars (oui, 7 !) aux ambiances toutes différentes – dont le tropical *Bungalow Bar* avec strippers de rigueur... Le *Main Room* résonne sur des rythmes *tribal house* endiablés et le *BarFive* ouvre grandes les écoutilles à la salsa et aux sons latinos. Les hétéros des 2 sexes sont les bienvenus – et ne s'en privent pas, d'ailleurs. Une rareté à Miami Beach : l'entrée toujours gratuite.

À voir. À faire

The beach : autant commencer par la mauvaise nouvelle. Ne vous attendez pas à trouver une « Croisette » et à passer vos journées à vous balader en bord de mer. Le fait est qu'à Miami Beach on ne voit quasiment jamais... la *beach* ! Même sur Ocean Drive, au nom pourtant alléchant, on distingue à peine l'océan, caché par une épaisse végétation ! Cela étant dit, une fois la plage « débusquée », elle tient toutes ses promesses. Eaux limpides, sable blanc, ***cabanes colorées de sauveteurs*** très « instagramables » et, bien évidemment, plein de beaux gars et de belles filles qui défilent en tenue légère. Si vous voulez être peinard, on conseille de descendre tout au sud de la pointe, au niveau de 1st Street. Les amateurs de rollers, de vélo et de footing s'en donneront à cœur joie sur le ***beachwalk*** (la promenade du front de mer), qui s'étale quasiment du nord au sud sur toute la longueur de l'île. Même si, là encore, autant être honnête : on ne voit pas souvent le bleu de la mer...

– ***À savoir :*** au nord de Miami Beach, ***Haulover Beach*** *(au niveau des nos 14000 Collins Ave)* est la seule plage nudiste du comté de Miami.

Art Deco District *(zoom détachable Miami Beach, G3-4)* **:** *essentiellement entre 5th St au sud et 23th St.* Les édifices les plus représentatifs sont situés sur Ocean Drive, Collins Avenue et Washington Avenue. On conseille vivement la balade sur Ocean Drive à la fraîche, le matin, avec la lumière du soleil levant qui illumine les façades. Sans parler du calme royal qui règne à cette heure-ci...

■ Pour les visites guidées, s'adresser à l'***Art Deco Gift Shop / Welcome Center*** *(zoom détachable Miami Beach, G3, **2** ; 1001 Ocean Dr ; • mdpl.org •).* Voir aussi plus haut « Culture, visites guidées » dans « Adresses et infos utiles ».

– ***Visites guidées à pied :*** *tlj à 10h30 sauf j. fériés. Arriver 15 mn avt l'heure* *(résa conseillée). Bon niveau d'anglais requis. Durée : 2h. Tarif : 35 $; réduc.* Guidées par des historiens ou des architectes. Avantage : on pénètre l'intimité de certains bâtiments.

– ***Audioguide :*** *disponible en français. Durée : env 1h30. Tarif : 25 $; réduc.* L'audioguide est à télécharger sur votre smartphone via leur application. Commentaire complet et plan fourni.

L'histoire de ce quartier débute véritablement ***après le passage de l'ouragan de 1926,*** qui détruisit la plupart des bâtiments de Miami Beach. Tout fut donc rebâti à la même époque, dans un style très en vogue alors : l'*Art Deco.* À l'intérieur de cette définition, plusieurs sous-styles se dégagent (*Mediterranean Revival, Zig-zag Moderne, Streamline* ou *Depression Moderne*), celui de Miami Beach est plus simple et plus dépouillé que le style européen. Le caractère unique du quartier réside dans sa cohérence. On reste baba devant ces façades aux formes arrondies, aux stucs blancs qui alternent avec toutes les teintes des *ice-creams,* et aux néons criards (il faut absolument faire une promenade de nuit !). À l'intérieur, les marbres côtoient les céramiques aux couleurs pastel, le bronze et le fer forgé. Délabré et menacé de démolition dans les années 1970, l'Art Deco District a été sauvé et restauré par des artistes, architectes et promoteurs courageux, regroupés au sein de la ***Miami Design Preservation League.***

À l'origine, les bâtiments étaient enduits de blanc, seuls les éléments décoratifs étant peints de couleurs vives. Dans les années 1980, le designer Leonard Horowitz impose, malgré des controverses, le ***Deco Dazzle,*** une ***palette de tonalités pastel*** qui sert désormais de modèle obligé à chaque rénovation de façade.

UNE VILLE QUI A DU STYLE !

Le style Art déco tire son nom du style en vogue lors de l'Exposition internationale des Arts décoratifs de 1925 à Paris. Il allie la géométrie cubique à des motifs égyptiens et floraux. L'Art déco floridien est appelé « Tropical Art Deco » *en raison de l'apport de motifs spécifiques à la région. Miami Beach est l'endroit du monde qui rassemble le plus d'immeubles (plus de 800) de ce style très uniforme, car tout a été construit en même temps (1926-1943).*

Quelques édifices remarquables sur Ocean Drive (du nord au sud)

– ***Cardozo Hotel,*** *au nº 1300* **:** superbe bâtiment curviligne de Henry Hohauser. Immortalisé au cinéma dans le film *Mary à tout prix,* avec Cameron Diaz.

– ***Leslie,*** *au nº 1244, et son voisin le* ***Carlyle,*** *au nº 1250* **:** ils sont typiques du style classique Art déco. 3 étages, éléments verticaux, couleur jaune vif, le 1er assez sobre, le 2d tout en exubérance avec brise-soleil aux fenêtres d'angle du plus pur arrondi. Pour la petite histoire, le *Carlyle* a servi de décor à la série *Miami Vice,* mais aussi au *Scarface* de Brian De Palma, ainsi qu'à *L'Ombre d'un soupçon* de Sydney Pollack.

– ***Casa Casuarina,*** *au nº 1116* **:** aussi appelée *Amsterdam Palace,* la **tristement célèbre demeure de Gianni Versace** (qu'il occupa de 1992 à son assassinat en 1997) s'inspire de l'*Alcazar* de Christophe Colomb,

GIANNI VERSACE : MEURTRE EN EAUX TROUBLES

Le 15 juillet 1997, Andrew Cunanan, 27 ans, assassine le célèbre couturier italien de 2 balles dans la tête alors que celui-ci s'apprête à entrer dans sa villa de Miami Beach. Gianni Versace, 50 ans, est la 5e et dernière victime de Cunanan, lancé dans une frénésie de meurtres depuis le mois d'avril précédent. Le tueur se suicide le 23 juillet, après une semaine de cavale, sans laisser d'explication sur ses crimes. Le profil de ce mythomane notoire, obsédé par la célébrité et fasciné par Versace (qu'il prétendait connaître), n'est pas sans rappeler celui de David Chapman, assassin d'un certain John Lennon...

érigé à Saint-Domingue au début du XVIe s et reconstruit ici à South Beach en 1930 dans le style *Mediterranean Revival.* Richement restauré et décoré par le couturier italien à grand renfort d'or, de mosaïques et de colonnes à l'antique, de soieries chamarrées et de marbres de Carrare, le palais accueille maintenant un hôtel-resto de grand luxe, mais rien ne vous empêche d'y jeter un œil depuis les grilles, celles-là mêmes devant lesquelles Versace fut assassiné (et où de nombreux « fans » viennent se prendre en selfie...).

– ***Breakwater,*** *au no 940 :* d'Anton Skislewicz (1939). Un des plus spectaculaires d'Ocean Drive et représentatif du style *Streamline* avec sa façade en rayures horizontales, ses rambardes de toit comme celles d'un pont de navire et son impressionnante tour qui évoque la majesté des totems autochtones.

– ***Colony,*** *au no 736 :* encore une réalisation de Hohauser (1935). Son enseigne aux néons bleus et tout en verticalité est un des phares de la nuit sur Ocean Drive. Les « bandeaux » bleu et blanc sont typiques du style *Streamline.* Une cheminée du *lobby* est garnie d'une œuvre du muraliste mexicain ***Diego Rivera,*** époux de Frida Kahlo.

– ***Imperial,*** *au no 650 :* construit par Murray Dixon en 1939. Sa façade en 3 parties, aux couleurs blanc-bleu-mauve-vert, avec baie centrale, reliefs et « brise-soleil » couvrant les fenêtres d'angle, est un classique du style. L'*Imperial* est surmonté d'un fronton à hublots inspiré de l'architecture navale.

Si vous avez le temps, n'hésitez pas à sortir des sentiers battus et faites un tour vers les rues de l'arrière (Euclid, Pennsylvania, Meridian, Michigan), qui abritent quantité de trésors moins connus et quelques maisons particulières. Souvent plus modestes, elles sont par certains détails ou coloris un vrai ravissement pour les amateurs.

Les hôtels design de South Beach : Miami Beach (plus particulièrement sa partie au nord de Lincoln Road) s'est spécialisée dans ce créneau d'établissements de luxe. Si les prix des chambres sont souvent inaccessibles au commun des mortels, n'importe qui peut en revanche entrer et jeter un œil dans les parties communes. Et ça vaut le coup !

Quelques édifices remarquables sur Collins Avenue (du sud au nord)

– ***Dream South Beach Hotel,*** *au no 1111 :* d'une blancheur éclatante, il recèle une déco époustouflante d'élégance arabo-mauresque, elle-même rehaussée par un zeste d'ambiance seventies (ce qui lui confère tout son charme). Sur le toit, une piscine à débordement semble vouloir remplir l'océan. Cette boîte à bijoux est, en outre, émaillée d'œuvres d'art contemporain.

– ***Sagamore,*** *au no 1671 :* concept arty très pointu. Le *lobby,* où se trouve exposée la collection privée des proprios, est une vraie galerie d'art contemporain.

– ***SLS,*** *au no 1701 :* c'est à ***Philippe Starck,*** l'initiateur des 1ers boutique-hôtels dans les années 1980, que l'on doit la déco intérieure et les superbes dessins oniriques. Le musicien et designer Lenny Kravitz a aussi mis sa patte dans la rénovation.

– ***Faena Forum,*** *aux nos 3300-3398 :* construction monumentale de ***Rem Koolhaas,*** lauréat du prix Pritzker, il regroupe plusieurs bâtiments, soit un forum, un *bazaar,* un parking et 2 hôtels à la déco ébouriffante d'ingéniosité.

The Wolfsonian-FIU *(zoom détachable Miami Beach, G3) : 1001 Washington Ave. ☎ 305-531-1001. • wolfsonian.org • Tlj sauf lun-mar 10h-18h (21h ven). Entrée : 12 $; réduc ; gratuit moins de 6 ans et pour tous ven après 18h.*

Ouvert en 1995, ce musée-fondation qui possède un alter ego à Gênes, en Italie, ravira les amoureux ***du design et des arts décoratifs.*** Le bâtiment lui-même est exceptionnel, avec sa façade de style colonial et ses éléments Art déco (l'ascenseur, avec ses plafonds en arcades et ses miroirs, est un vrai bijou). Avant d'entamer la visite, allez jeter un œil, au fond du hall, au superbe bassin hérité de la façade du Norris Theatre, situé en Pennsylvanie.

Les expos se répartissent entre les 5e et 7e niveaux. La collection permanente regroupe près de 300 pièces : ***livres, affiches de propagande politique ou commerciale, cartes postales, tableaux, sculptures et objets design*** ayant présidé à leur fabrication en série, etc. Parmi les œuvres les plus remarquables, de jolies pièces de mobilier et d'art décoratif, dont un étonnant téléviseur (1939) que l'on regardait par effet miroir. Plus loin, un miroir d'Archibald Knox, l'un des artistes les plus emblématiques de la période Art nouveau. Puis, pêle-mêle, des objets du quotidien : une superbe gazinière émaillée *Magic Chef* annonçant l'ère des cuisines aménagées, un mini-aspirateur Westinghouse, des *toasters* très... design, etc. Un vitrail en allégorie à l'indépendance irlandaise précède une inattendue représentation de la France d'outre-mer à l'Exposition universelle de 1937.
Au 7e niveau, les collections présentent ***le développement et les influences du style Art déco*** de part et d'autre de l'Atlantique. Dans la 1re salle, pour l'Europe, des couverts de Jean Puiforcat, quelques Lalique et des références à la compagnie maritime Transatlantique, très friande du style Art déco à l'époque (superbe fauteuil du paquebot *Normandie*) ; également de belles fioles à parfum en cristal de Baccarat de Félicie Wampouille, qui dirigea la maison Caron jusqu'en 1967. La partie américaine présente des ***objets du quotidien,*** des radios, une superbe chambre à coucher dessinée par Donald Deskey (1931), le maître du style minimaliste de l'entre-deux-guerres. Enfin, la *Tropical House* présente une remarquable ***collection de meubles*** signée Ralph Widdicomb.

World Erotic Art Museum (WEAM *; zoom détachable Miami Beach, G3)* **:** *1205 Washington Ave. ☎ 305-532-9336. • weam.com • Tlj 11h-18h. Entrée : 25 $ (+ 10 $ pour les expo spéciales) ; réduc.*
Soyons clairs : malgré la qualité des œuvres exposées et la thématique « originale » de ce musée, on ne peut que déplorer le prix d'entrée, vraiment *too much* ! Mais pour ceux que ces 25 $ ne rebutent pas, la visite de ce musée d'art assez incroyable est une expérience tout à fait saisissante.
Ici, rien de tendancieux, de vulgaire, ni de porno. C'est un voyage à travers les âges et les civilisations, du Néolithique jusqu'à l'ère moderne, qui nous prouve (on s'en doutait) que de tout temps et partout l'être humain a toujours été fasciné par le sexe ! On y trouve pêle-mêle des peintures représentant des scènes de Walt Disney, revisitées de façon olé olé, des phallus de toutes les couleurs, formes et tailles (dont un, superbe, en améthyste), des ***fétiches africains ou indonésiens,*** des ***estampes japonaises,*** des ***illustrations du Kāma-sūtra indien...***
Dans la salle des antiquités, de remarquables ***amulettes,*** des ***priapes*** miniatures et tout un tas de ***talismans*** symboles de fertilité. Superbe collection de ***statuettes ithyphalliques*** (dotées d'un phallus en érection, quoi) en terre cuite datant de la période gréco-romaine, des centaures, des satyres, des bronzes des XVIIIe et XIXe s, et même, plus inattendu, des ***toiles et dessins de grands maîtres*** (Dalí, Botero, Rembrandt, Schiele...). Un vrai hymne à l'amour !

New World Center *(zoom détachable Miami Beach, G3)* **:** *500 17th St. ☎ 305-673-3330. • nws.edu • Lun-ven 10h-17h. Visite libre. Programme et résa sur le site.*
Cette ***salle de concerts,*** l'unique ***œuvre de l'architecte Frank Gehry*** en Floride, est un monument d'ingéniosité. L'édifice, avec son enveloppe lisse et blanche, se jette littéralement sur l'extérieur grâce à une baie vitrée de plus de 25 m en façade. La lumière inonde les volumes répétitifs, dessinant, suivant les moments de la journée, des rais de lumière qui font écho aux volumes abstraits d'une blancheur éclatante.
Dans la salle de concerts proprement dite, les fauteuils, positionnés en « feuille de vigne », sont distribués de telle manière qu'ils ne sont jamais éloignés de plus de 13 rangées de la scène. Le plafond, quant à lui, assure une acoustique remarquable, avec une série de voiles curvilignes servant d'écrans de projection.
– ***Bon à savoir :*** les soirs de concert, son et images sont diffusés simultanément en façade *(Wallcast Concerts),* ce qui permet à tout le monde d'en profiter gratuitement !

The Bass *(zoom détachable Miami Beach, G3)* **:** *2100 Collins Ave (dans Collins Park). ☎ 305-673-7530. • thebass.org • Tlj sauf lun-mar 12h-17h. Entrée : 15 $; réduc ; gratuit moins de 6 ans.* Élégant bâtiment en pierre de corail devancé par un parc où est érigée la très colorée *Miami Mountain* de l'artiste suisse Ugo Rondinone. À l'intérieur, un ***musée d'Art contemporain,*** qui propose surtout des expos temporaires.

Holocaust Memorial *(zoom détachable Miami Beach, F-G3)* **:** *1933-1945 (sic) Meridian Ave (angle Alton Rd). • holocaustmemorialmiamibeach.org •* Ce mémorial est un hommage très fort aux 6 millions de juifs victimes de la Shoah. Des passages cloisonnés, des couloirs, favorisent l'intimité et le recueillement. On chemine sous des tonnelles le long de murs en marbre noir incrustés de photos et de noms de victimes. Ce parcours mène à un tunnel qui descend, au son de chants d'enfants en hébreu, vers la sculpture centrale en partie cachée des regards de la rue : une main brandie vers le ciel, composée d'un amalgame de corps humains. Saisissant.

Española Way *(zoom détachable Miami Beach, G3)* **:** construite dans les années 1920 sur le modèle d'une rue « typique » de Barcelone ou Madrid et frangée de bâtiments de style colonial. Au départ, la rue était bordée de magasins, de bars plus ou moins fréquentables, de night-clubs et d'hôtels. Al Capone y avait même ses habitudes durant la Prohibition. Aujourd'hui, ce sont les Cubains et leurs restaurants qui « tiennent » la rue. Certes très touristique, elle reste un excellent point de départ pour commencer la soirée.

WYNWOOD

À quelques encablures au nord de Downtown, Wynwood est devenu depuis le milieu des années 2000 le quartier le plus hype de Miami et l'une des Mecques mondiales du *street art* ! Ses murs couverts de somptueux graffitis attirent aujourd'hui autant les amateurs d'art que les « influenceurs » et les touristes.
Galeries d'art, cafés bohèmes, boutiques vintage, restos en vogue, bars festifs, microbrasseries, rien ne manque à la panoplie du parfait quartier gentrifié. Qu'on apprécie ou non le « concept », difficile de rester insensible à l'énergie qui se dégage de Wynwood ! En revanche, concernant les possibilités d'hébergement, Wynwood a beau être officieusement le quartier le plus cool de Miami, on n'y trouve aucun hôtel ! Aux dernières nouvelles, les seules options étaient à chercher du côté des locations de particulier à particulier...

Transports

➢ ***Depuis Miami Beach :*** bus n° 120 jusqu'à l'arrêt Omni Terminal & Arsht Metromover. De là, bus n° 32 jusqu'à l'angle NW 20 St/NW 2 Ave, et, pour finir, une petite dizaine de minutes de marche ! Autre option : à vélo, en empruntant la ***Venetian Way.*** Compter 30-40 mn quand même, mais la promenade est agréable.

➢ ***Depuis Brickell :*** Metromover jusqu'à la station Governement Center, puis bus n° 2 qui traverse Wynwood du sud au nord.

Où manger ?

Sur le pouce

Zak The Baker *(zoom détachable Wynwood, D3,* ***86****)* **:** *295 NW 26th St (angle NW 3rd Ave). Tlj sauf sam 7h-17h. Sandwichs 10-14 $.* Immanquable, la boulangerie de Zak Stern, joyeusement bariolée par les graphistes néerlandais Jeroen Koolhaas et Dre Urhan. Zak ? C'est THE boulanger du quartier. La céréale, c'est son truc, il sait la travailler : pain au levain, brioches, quiches, tartes. Résultat, du bon, du « goûtu ». Une adresse incontournable.

La Sandwicherie *(zoom détachable Wynwood, D3,* ***113****) : 169 NW 23rd St. ☎ 786-409-2390. Tlj 7h-17h. Sandwichs 8-13 $.* En *French baguette,* toast, bagel ou croissant, garnis de brie, d'avocat, de roast-beef ou de salami, les sandwichs de cette enseigne aux murs colorés de graffs contenteront les grosses faims et les petits budgets.

Bon marché

Dr Smood *(zoom détachable Wynwood, D3,* ***110****) : 2230 NW 2nd Ave. ☎ 786-675-5418. Tlj 8h-21h (18h dim). Plats 12-20 $.* Un temple de la *healthy food* installé dans un bel espace lumineux, avec grandes baies vitrées, fauteuils club et déco design. Cuisine saine et bio déclinée simplement et efficacement (salades, soupes, sandwichs). Très bien aussi pour le petit déj ou le goûter.

Prix moyens

1-800-Lucky *(zoom détachable Wynwood, D3,* ***96****) : 143 NW 23rd St. ☎ 305-768-9826. Tlj 12h-3h (1h lun-mer). Plats 10-20 $.* D'abord un magasin de vinyles, puis à l'arrière un petit *food court* asiatique dont on fait vite sa cantine pour peu que l'on aime la sauce aigre-douce, la cuisine au wok, les nouilles et le piment. Reste à savourer tout ça sur les grandes tables pour faire connaissance, ou en terrasse. Chaude ambiance en soirée dans le *garden bar* attenant (voir programmation sur leur site).

Mister 01 *(zoom détachable Wynwood, D3,* ***68****) : 2315 N Miami Ave. ☎ 786-882-8183. Tlj 11h30 (12h w-e)-23h (minuit ven-sam). Pizzas 8-19 $.* On a eu beau chercher, difficile de trouver de meilleures pizzas que chez cette enseigne (qu'on retrouve également à Miami Beach et à Brickell). Pâtes extrêmement bien travaillées et un savoir-faire dans la cuisson et le choix des garnitures rarement vu.

SuViche *(zoom détachable Wynwood, D3,* ***62****) : 2751 N Miami Ave. ☎ 305-501-5010. Tlj 11h30 (12h w-e)-23h. Plats env 15-20 $.* Ce resto à la terrasse aguichante, protégée de la route par une épaisse végétation, propose une carte de produits péruano-nippons de grande qualité à prix abordables. Tartare de thon, *lomo saltado,* tout ce qui se découpe en rondelles, se hache ou s'émince finit immanquablement mariné dans du citron. Présentation soignée et produits ultrafrais.

Chic

Bakan *(zoom détachable Wynwood, D3,* ***94****) : 2801 NW 2nd Ave. ☎ 305-396-7080. Tlj 12h-22h (minuit jeu-sam). Plats 16-34 $.* Une petite haie de cactus pour se sentir comme au *país,* un ciel d'abat-jour tressés, des tables rondes et un service rondement mené... Ce temple (assez chicos) du taco, de l'*enchilada* et de la *quesadilla* a tout pour plaire avec sa terrasse dominée par le vert, sa cuisine goûteuse et un bar qui affiche pas moins de 500 mezcals au compteur ! Seul bémol : portions parfois un peu justes.

Où faire une pause sucrée ?

Panther Coffee *(zoom détachable Wynwood, D3,* ***125****) : 2390 NW 2nd Ave. Tlj 7h-19h. Moins de 10 $.* Un des meilleurs cafés de Miami, dans les 2 sens du terme. Loin des traditionnelles « pintes » gorgées d'eau qu'on boit souvent aux USA, on prépare ici de vrais cappuccinos, *americano, macchiato* et *cortado.* Également une belle carte de thés et autres boissons. À siroter sur la très agréable terrasse, à l'ombre du majestueux flamboyant, dont les couleurs explosent au printemps. Bien aussi pour un petit déj (bonnes viennoiseries).

The Salty Donut *(zoom détachable Wynwood, D3,* ***93****) : 50 NW 23rd St. Tlj 7h-19h (22h ven-sam). Moins de 8 $.* Ce petit *coffee bar* grand comme un mouchoir de poche, prolongé sur l'extérieur par une poignée de tables de pique-nique, passe pour être la référence aux États-Unis en matière de beignets (donuts) maison et revisités avec légèreté (si, si !). Les assemblages sont surprenants, et le café (équitable) est un must. N'y allez pas trop tard, car ça ferme quand tout est vendu !

Où boire un verre ? Où sortir ?

À partir du jeudi, ambiance très festive le soir (sans non plus atteindre les excès de South Beach). En revanche, on vous conseille de rentrer en VTC ou en taxi à votre hôtel, certains quartiers périphériques ne sont pas tout à fait sûrs.

Cerverceria La Tropical *(zoom détachable Wynwood, D3, **156**) : 42 NE 25st St. Mar-jeu 12h-23h, ven-dim 12h-1h (22h dim).* Attention, lieu d'exception ! Un peu à l'écart de l'animation, dans une impasse qui donne sur la voie ferrée, cet ancien entrepôt a été reconverti en brasserie design à la déco ultra-léchée. Difficile de détacher son regard des immenses cuves, hautes comme des tours, qui trônent derrière le bar... Impressionnant, tellement c'est beau ! Une véritable cathédrale de la bière dans laquelle on vous engage à aller vous recueillir.

Gramps *(zoom détachable Wynwood, D3, **144**) : 176 NW 24th St. Tlj 12h-1h (3h ven-sam). Happy hours à partir de 16h le w-e.* Un peu dingo, un peu punk, ce bar fait partie des incontournables à Wynwood. Pour boire un coup ou se trémousser (sur du hip-hop ou du funk en général), on a le choix entre la terrasse cachée sous les arbres ou la salle tout droit sortie d'un décor de film des eighties (box façon wagon-restaurant, flipper, jeux d'arcade...). Pour poursuivre la soirée, traversez donc la rue pour rejoindre les lapins et lapines du *Dirty Rabbit* (voir ci-après).

The Dirty Rabbit *(zoom détachable Wynwood, D3, **155**) : 151 NW 24th St. Tlj jusqu'à 3h.* Ambiance éclectique, poisseuse et sophistiquée dans ce bar qui annonce la couleur dès l'entrée en lettres de néon : « *Are you dirty enough ?* » Dans un décor bariolé dont on ne sait plus à partir d'une certaine heure s'il est intérieur ou extérieur, une escouade de barmen/barmaids tatoués jusqu'aux oreilles propose des cocktails détonants sur fond de musique latino à fond les enceintes. *Caliente !*

Astra *(zoom détachable Wynwood, D3, **140**) : 2121 NW 2nd Ave. Tlj jusqu'à 1h (2h ven-sam).* Encore un endroit complètement dingue dans ce quartier qui en compte tant. Perché en haut d'un petit immeuble tout rose, ce vaste *rooftop* qui scintille le soir de mille loupiottes est l'un des spots les plus branchés de Wynwood. Vue sur la *skyline* de Downtown au loin, *beautiful people* en pagaille, banquettes un peu partout et grand bar central très animé. Beaucoup de monde le week-end, venez tôt si vous ne voulez pas poireauter devant l'ascenseur. Carrément extra cet *Astra* !

The Wynwood Market Place *(zoom détachable Wynwood, D3, **154**) : 2250 NW 2nd Ave. • wynwoodmarketplace.com • Jeu 16h-2h, ven 16h-3h, sam 12h-3h, dim 12h-2h.* Créateurs, restaurateurs, mixologues, DJs et fêtards de tout poil se retrouvent sous le chapiteau de ce « marché » de quartier, qui ouvre ses portes en fin de semaine. Grand *dance floor* couvert et atmosphère festive. Programmation sur leur site.

À voir. À faire

Wynwood Art District : *autour de N Miami Ave et NW 2nd Ave, entre NW 20th et 29th St.* Si Wynwood fait officieusement partie du classement des « endroits les plus cool de la planète » (établi par les magazines *Forbes* et *Vogue*), c'est en grande partie pour ses ***murs couverts de graffitis.*** Les grands noms du *street art* y ont pignon sur rue (c'est le cas de le dire) : Eduardo Kobra, Swoon, La Pandilla, Faith 47, Kashink, le collectif Bushwick et bien d'autres... Pour découvrir les innombrables œuvres qui tapissent les murs et les façades du quartier (certaines sont bien cachées), le mieux est encore de suivre les pas d'un guide (voir la rubrique « Adresses et infos utiles. Culture, visites guidées »).

Wynwood Walls *(zoom détachable Wynwood, D3)* **:** *entrée au 266 NW 26th St. • thewynwoodwalls.com • Tlj 11h (10h w-e)-19h (20h ven-sam). Entrée : 12 $; réduc.* La décision, en 2021, de rendre l'accès payant à cet espace à ciel ouvert, couvert de magnifiques *murals* peints par les plus grands artistes du moment, a fait grincer des dents dans le quartier. Certains voient même dans ces graffitis cachés derrière des grilles un symbole de ce que pourrait devenir Wynwood dans le futur, sorte de Disneyland du *street art* qui aurait perdu son âme... Au-delà de ces considérations politiques, difficile de ne pas s'extasier devant la beauté des œuvres présentées ici (renouvelées une fois par an en moyenne).

Museum of Graffiti *(zoom détachable Wynwood, D3)* **:** *276 NW 26th St. • museumofgraffiti.com • Tlj 11h-18h (19h w-e). Entrée : 16 $; gratuit moins de 13 ans.* Le tout 1er musée au monde entièrement dédié au graff et à l'art de rue. Expos régulières d'artistes locaux et internationaux, ateliers graff (résa sur Internet), conférences et échanges avec des artistes... Ludique et bien documenté.

TONY GOLDMAN : UN HOMME EN OR

Derrière le renouveau de Wynwood, un homme, Tony Goldman, promoteur de génie, connu pour avoir développé le quartier de SoHo à New York et déjà à la manœuvre pour la rénovation de l'Art Deco District de Miami Beach dans les années 1980. À partir de 2006, puisant dans le vivier local déjà bien fourni en artistes et faisant en plus appel à des graffeurs et à des peintres du monde entier, l'homme d'affaires a transformé l'ancien coupe-gorge en musée d'art à ciel ouvert. Pas étonnant qu'une rue du quartier porte aujourd'hui son nom...

« CORNBREAD » : LE PIONNIER DU *STREET ART*

Selon la légende, il aurait entrepris de recouvrir les murs de sa ville, Philadelphie, avec son pseudo (« Cornbread ») pour attirer l'attention et reconquérir le cœur de la femme dont il venait de se séparer. Considéré comme un vandale et traqué par les policiers (sur les voitures desquels il taguait régulièrement son nom !), le facétieux « Cornbread » multiplia les coups d'éclat durant les années 1960-1970. Parmi les « performances » qui ont fait sa légende : un tag sur le flanc d'un éléphant du zoo de Philadelphie (pas très sympa pour la pauvre bête) et un autre peint en douce sur l'aile du jet privé des Jackson 5. « Cornbread », de son vrai nom Darryl McCray, est aujourd'hui considéré comme le 1er graffeur de l'histoire.

Gary Nader Art Center *(zoom détachable Wynwood, D3)* **:** *62 NE 27th St. • garynader.com • Tlj sauf dim 10h-18h. GRATUIT.* Une immense galerie d'art contemporain, avec 5 000 m² de surface d'exposition ! On y trouve du Botero à la pelle (dont beaucoup de sculptures en extérieur), mais aussi Diego Rivera et d'autres artistes, principalement sud-américains.

Walt Grace Vintage *(zoom détachable Wynwood, D3,* ***174****)* **:** *300 NW 26th St. Mar-dim 11h-19h. Café ouv à 10h. GRATUIT.* Un endroit comme seuls les Américains sont capables de créer... Le concept tient en 3 mots : « *Cars and guitars* ». D'un côté, d'incroyables modèles de voitures de collection. De l'autre, une autre collection, de guitares celle-ci ! Et contrairement aux bolides, les grattes sont à vendre, elles. Petit café sur place. À voir !

Fashion District *(zoom détachable Wynwood, D3)* **:** prolongement naturel de Wynwood, NW 5th Street est en quelque sorte la colonne vertébrale du quartier, où sont concentrées les boutiques de créateurs de mode et d'accessoires, principalement entre 27th et 29th Street. On trouve dans le secteur quelques beaux *murals,* notamment au débouché de NW 26th Street sur NW 5th Street, ainsi que sur NW 6th Avenue. Sans compter les murs de la *Jose Diego Middle School,* du *Bakehouse Art Complex* et des entrepôts alentour, où se sont exprimés Pixel Pancho, ZED 1 et Paola Delfin, pour ne citer qu'eux.

■ ***Wynwood Graffiti Experience :*** *• wynwoodartwalk.com •* Outre de nombreuses options de ***tours guidés du quartier*** *(29-45 $/pers, réduc ; infos en ligne),* certains en individuel (téléchargeables sur smartphone), pour découvrir une sélection de *murals* dans tout Wynwood, cette agence propose des initiations au *street art* sous l'égide d'artistes de rue réputés *(42 $/pers, réduc ; résa en ligne).*

MIAMI DESIGN DISTRICT
(zoom détachable Wynwood, D2)

À quelques blocs au nord de Wynwood. Bus n° 2 depuis Wynwood (à prendre sur la NW 2nd Ave). Infos : • miamidesigndistrict.net •
Longtemps abandonnée, cette zone (une ancienne plantation d'ananas du début du XXe s) a commencé à être réhabilitée dans les années 1990 avec l'objectif de créer un centre d'art et de design pour la ville dans le sillage de la foire ***Art Basel.*** Des architectes audacieux ont été sélectionnés pour transformer le secteur, reconfigurant d'anciens buildings ou créant de nouveaux espaces pour accueillir des boutiques de mode et de luxe, jusque-là reléguées dans les *malls.* Les fanas de shopping seront évidemment au 7e ciel, les amateurs d'architecture et de design aussi, mais pas seulement. Le quartier abrite un certain nombre de galeries d'art et 2 espaces d'exposition tout à fait remarquables. Tout cela mérite bien une petite balade...

À voir. À faire

Museum Garage *(zoom détachable Wynwood, D2)* **:** *à l'angle de 90 41st St et de NE 1st Ave. Tlj 5h-22h.* À ne pas rater si vous êtes dans le quartier ! Un collectif d'architectes et d'artistes a « customisé » en 2015 la façade de ce parking banal en habillant ses murs de sculptures et de peintures démentes (on aime tout particulièrement « l'embouteillage vertical » à droite de la porte d'entrée).

Institute of Contemporary Art (ICA *; zoom détachable Wynwood, D2)* **:** *61 NE 41st St. • icamiami.org • Tlj sauf lun-mar 11h-18h. GRATUIT.* Dans ce grand espace modulable ouvert sur le vert et le ciel, les œuvres se répartissent sur 3 niveaux.
– Juste à côté, la **De la Cruz Collection** *(23 NE 41st St ; • delacruzcollection.org • ; mar-sam 10h-16h ; fermé dim-lun ; GRATUIT)* expose sur près de 3 000 m² une riche collection d'art contemporain : pour moitié permanente (Dalí, Wifredo Lam, Tamayo, Laura Owens, Mark Bradford, entre autres...), l'autre moitié étant renouvelée chaque année au moment de l'*Art Basel.*

Palm Court *(zoom détachable Wynwood, D2)* **:** *entre NE 38th St, 39th St et NE 2nd Ave.* L'épicentre du Miami Design District. Cette place piétonne piquée de palmiers est bordée par le centre commercial en panneaux de verre bleutés de ***Sou Fujimoto.*** En mezzanine, de fines et élégantes ***balançoires*** en métal (œuvre du designer allemand Konstantin Grcic). À l'étage, sur la gauche après avoir pris l'escalator, un ***buste monumental de Le Corbusier*** en fibre de verre, dessinant à même le sol, créé par l'artiste français Xavier Veilhan. Tout autour de Palm Court, pléthore de restos branchés (et chers), de showrooms de luxe (sur 39th et 40th Streets), concentration des grandes maisons françaises, comme *Chanel, Hermès, Dior* – et quelques galeries d'art. Comme le turn-over est important, procurez-vous le bimensuel *Art Districts Florida* ou consultez le site ● *artdistricts.com* ● pour localiser les galeries et connaître leurs horaires d'ouverture (certaines sont fermées le dimanche).

OTL *(zoom détachable Wynwood, D2,* ***126****) : 160 NE 40th St. Tlj 9h-18h.* Un grand café assez moderne, évidemment, avec ses couleurs acidulées et sa terrasse stratégiquement posée sous les arcades, face à la très photogénique façade de la boutique *Fendi*. Parfait pour faire une petite pause gourmande (*avocado toast,* burrito, salades, etc.).

BRICKELL

Ne vous fiez pas à son nom officieux de « Financial District » et à la concentration de gratte-ciel qu'on y trouve, ce quartier situé au sud de Downtown est sans conteste ***la meilleure option pour séjourner côté Miami « continent ».*** Contrairement à Downtown, Brickell est un vrai centre-ville vivant et dynamique, très bien desservi par les transports (Metromover et Metrorail y passent), ce qui permet de rayonner relativement facilement dans le reste de la ville.

Transports

➢ ***Vers Miami Beach :*** Metromover jusqu'à Bayfront Park, puis bus n° 120.
➢ ***Vers Wynwood :*** Metromover jusqu'à la station Governement Center, puis bus n° 2.
➢ ***Vers Little Havana :*** bus n° 207 jusqu'à Beacom Blvd.

Où dormir ?

Comme à Miami Beach, les prix varient du simple au double selon la période, le jour de la semaine, le cycle de la lune et l'humeur du patron ! Sauf indiqué, il est souvent préférable de passer par un prestataire (type *Booking*) pour obtenir de meilleurs tarifs...

De prix moyens à chic

Aloft Miami *(zoom détachable Downtown / Brickell, D4,* ***45****) : 1001 SW 2nd Ave. ☎ 305-854-6300. ● marriott.com/hotels/travel/miaba-aloft-miami-brickell/ ● Doubles à partir de 160 $.* Les hôtels *Aloft* sont les *low-cost* (toutes proportions gardées !) de la chaîne *Marriott.* Design pop et coloré dans les parties communes, touche vintage chic dans les chambres spacieuses. Certaines ont même un balcon. Petite piscine au calme. Idéalement situé, à 2 pas du Metromover et de l'animation de South Miami Avenue.

Extended Stay America – Downtown Brickell *(zoom détachable Downtown / Brickell, D4,* ***46****) : 298 SW 15th Rd. ☎ 305-856-3700. ● extendedstayamerica.com ● Doubles à partir de 160 $.* Chaîne hôtelière spécialisée, comme son nom l'indique, dans les séjours longue durée. D'où la présence, dans chacun des petits studios mis à disposition, d'une cuisine équipée et d'un petit coin bureau pour télétravailler. Pas hyper glamour, mais c'est propre, bien fichu et économique (à l'échelle de Miami).

Novotel Miami Brickell *(zoom détachable Downtown / Brickell, D4,* ***44****) : 1005 SW 1st Ave. ☎ 786-600-2600. ● novotelmiami.com ● Doubles à partir de 150 $ en basse saison, 210 $ en hte saison.* Miami oblige, ce groupe hôtelier qu'on ne présente plus joue lui

[...]e du design luxueux pour [...]issement de Brickell. Cham[...]pacieuses et hyper lumineuses, [...]asse avec piscine et bar *lounge* au 12e étage, et très beau *lobby* à dominantes roses et blanches. Le métro passe tout près, mais, rassurez-vous, le double vitrage est bien épais.

Où manger ?

On trouve à Brickell pléthore de bars et de restos à qualité égale et souvent ***meilleur marché qu'à South Beach.*** Notamment sur South Miami Avenue. C'est le point névralgique du quartier à l'heure bénite des *happy hours* entre 17h et 20h.

De bon marché à prix moyens

Mister 01 *(zoom détachable Downtown / Brickell, D4,* ***74****) :* *900 S Miami Ave. ☎ 786-332-6868. Tlj 11h30-23h (minuit ven-sam). Pizzas 13-20 $.* Ici comme à Wynwood et South Beach, impossible de faire l'impasse (d'après nous) sur le n° 1 de la pizza à Miami. D'autant que leur adresse « brickellienne » bénéficie, en prime, d'une magnifique terrasse en hauteur de la rue, fleurie et illuminée de jolies loupiotes à la nuit tombée.

Ojo de Agua *(zoom détachable Downtown / Brickell, D4,* ***63****) : 851 S Miami Ave. Tlj 8h-22h (20h30 w-e). Plats 16-28 $; petits déj 12-16 $.* Ne pas se fier à la présence des indémodables tacos et *quesadillas* à la carte, ce très bel établissement où le bois et la céramique dominent est bien plus qu'un « simple » resto mexicain. Que ce soient les salades gourmandes, les sandwichs hyper créatifs (saumon-noix, poulet-chutney, homard-pain brioché, etc.), le ceviche ou la pléthore de breakfasts servis toute la journée, tout est beau, bon et concocté avec des produits d'une grande fraîcheur. Et en plus, c'est copieux ! Une de nos adresses préférées du secteur.

Dolores but you call me Lolita *(zoom détachable Downtown / Brickell, D4,* ***79****) : 1000 S Miami Ave. ☎ 305-648-8400. Tlj 11h30 (10h w-e)-23h (minuit jeu-sam). Plats 25-39 $; tapas env 10 $. Brunch le w-e.* Ancienne caserne de pompiers de style « *Popular Mediterranean Revival* » reconvertie en resto *lounge,* ce bâtiment classé de 1923 offre pour dîner un cadre parmi les plus agréables de Brickell. Sur son *rooftop* illuminé par la *skyline* ou dans son intérieur colonial, le chef propose une cuisine fusion latino-méditerranéenne version *Dolores* (plus chicos) ou *Lolita* (plus *casual,* façon bar à vins avec petites tapas).

Chic

La Mar *(zoom détachable Downtown / Brickell, E4,* ***109****) : 500 Brickell Kay Dr. ☎ 305-913-8358. Tlj 18h-23h (minuit ven-sam). Résa indispensable (pour la terrasse). Plat env 35 $.* Ouvert par la star de la cuisine péruvienne Gastón Acurio, ce très chic resto est l'une des tables les plus cotées de Miami. Cuisine créative et d'une grande fraîcheur, qui revisite les classiques péruviens (*arroz con mariscos, sudado,* ceviche, etc.) avec un savoir-faire de maestro. Les amateurs de poisson et de fruits de mer seront évidemment comblés. Quant à l'emplacement... Une fois installé sur la terrasse, au bord de l'eau, avec les lumières des gratte-ciel de Brickell juste en face, comment dire... waouh !

Où boire un verre ? Où sortir ?

Crazy About You *(zoom détachable Downtown / Brickell, E4,* ***138****) : 1155 Brickell Bay Dr. Tlj 11h30 10h w-e)-23h (minuit ven-sam, 23h jeu). Happy hours 16h-19h.* Un resto-bar qui pratique des prix étrangement démocratiques au vu de sa situation assez exceptionnelle face à la baie. Parfait pour boire un verre en terrasse au coucher du soleil. Cuisine correcte (classique américaine), mais c'est surtout pour la vue qu'on vient ici.

🍸 ☂ **Sugar** *(Hotel East ; zoom détachable Downtown / Brickell, D4,* ***137****) : 788 Brickell Plaza. Tlj à partir de 16h (jusqu'à 3h jeu-sam). Interdit aux moins de 21 ans à partir de 18h.* Au 40e étage de l'hôtel *East,* notre préféré des *rooftop bars* du quartier. L'ascenseur, déjà, vous transporte dans une autre dimension avec son étonnante mise en abîme lumineuse. Tout là-haut, c'est le paradis, ou presque. Un must au coucher du soleil, lorsque le ciel s'embrase et que les buildings de Downtown s'invitent à la fête ! Si c'est bondé (ça l'est souvent à partir de 21h), vous pouvez tenter votre chance quelques blocs plus haut, à l'***Area 31*** *(zoom détachable Downtown / Brickell, E4,* ***139*** *; 270 Biscayne Blvd Way ; tlj 18h-22h ou 23h ;* happy hours *lun-jeu 17h-20h),* le *rooftop* du *Kimpton Epic Hotel.*

DOWNTOWN

Le quartier de Downtown (techniquement, Brickell en fait partie, mais on ne va pas chipoter !) s'étend de la SW 3th Street au sud à la NW 11th Street au nord. C'est ici que la ville a grandi, au débouché de la Miami River dans la baie de Biscayne. On y trouve quelques beaux bâtiments du début XXe s (*The Freedom Tower, Rasiton Building,* entre autres), un *Museum Park* qui mérite une visite et un sympathique front de mer animé *(Bayside Market Place),* mais on l'a dit et on le répète : ce n'est décidément pas le quartier le plus charmant de la ville (aucun danger, cependant, à venir s'y balader en journée). Comme dans d'autres grandes cités américaines, le centre de Miami a été peu à peu déserté par ses habitants, partis s'installer dans les quartiers périphériques. Une impression de ville fantôme renforcée par la présence des dizaines de tentes des *homeless* installées dans les rues. On est loin, très loin, du bling-bling de South Beach...

Transports

➢ ***De/vers Miami Beach :*** bus no 119.
➢ ***Vers Wynwood :*** Metromover jusqu'à la station Governement Center, puis bus no 2.
➢ ***Vers Little Havana :*** bus no 207.

Où manger ?

🍴 ♪ **La Cañita** *(zoom détachable Downtown / Brickell, E4,* ***111****) : 401 Biscayne Blvd, Bayside Market Place. ☎ 305-392-0811. Tlj 11h-22h (minuit ven-sam). Plats 20-45 $.* Un super resto caraïbéen planqué au cœur du Bayside Market Place. Belle salle aux lumières tamisées, avec grand ventilo au plafond et papier peint exotique, petite terrasse avec vue sur la marina. Au menu, des spécialités qui naviguent entre Cuba, la Jamaïque, Porto Rico et Trinidad et Tobago. L'occasion, par exemple, d'engloutir un succulent *lechon asado* (porc cubain confit). Musique live en fin de semaine.

🍴 ☂ **Garcia's** *(zoom détachable Downtown / Brickell, D4,* ***112****) : 398 NW North River Dr. ☎ 305-375-0765. Tlj 11h-21h (22h ven-sam). Résa conseillée le w-e. Plats env 15-35 $.* Un peu excentré, mais ce resto ouvert en 1966 par une famille de pêcheurs cubains tout juste débarqués en Floride reste l'un des meilleurs spots de Miami pour déguster une *seafood* d'une fraîcheur garantie avec, en bonus, la vue qui va bien sur la Miami River (super terrasse sur 2 niveaux). Délicieux crabes et ceviches, huîtres et tous les poissons de Floride au gré de la pêche du jour : marlin, daurade coryphène *(mahi-mahi),* mérou, espadon, etc. Attention, beaucoup de monde le week-end, réserver ou prendre son mal en patience.

À voir. À faire

– ***Visites guidées :*** *départ du Miami Center for Architecture & Design, 310 SE 1st St (angle SE 3rd Ave), le 2e sam de chaque mois à 10h (arriver 15 mn avt l'heure). Résa obligatoire au moins la veille en ligne : • miamicad.org/walking-tour • Bon niveau d'anglais requis. Tarif : 20 $; réduc.* Visite guidée de 2h qui met en valeur les principaux bâtiments du centre-ville de Miami, dont la plupart sont inscrits au registre national des lieux historiques. La visite se fait à pied et couvre une zone d'environ 3 blocs dans Downtown.

Patricia & Phillip Frost Museum of Science *(hors zoom détachable Downtown / Brickell par E3) : 1101 Biscayne Blvd, dans le Museum Park (à côté du Pérez Art Museum). • frostscience.org • Metromover Omni, arrêt Museum Park. Tlj 10h-18h (dernier accès à 17h). Entrée : 30 $ (33 $ ven-dim) ; réduc. Parking : 18 $.* Un vaste musée scientifique, pédagogique et interactif, qui explore les concepts clés de la technologie et des enjeux écologiques du XXIe s. Accessibles à tous les publics, les expositions bénéficient des ***techniques les plus avancées en matière d'interactivité.*** C'est particulièrement vrai pour celles à l'adresse des enfants (même petits) avec de nombreuses animations tactiles ou en 3D et des restitutions sonores particulièrement réalistes, notamment dans les sections *Me Lab* (indiquées sous l'inscription *Baptist Health Gallery,* aux niveaux 2 et 3).
Salles d'expo réparties sur 6 niveaux, gravitant autour d'un ***gigantesque aquarium*** de près de 2 000 m^3, dont on découvre les pensionnaires au fil de la montée. L'une de nos salles préférées se situe au niveau 3 : *Feathers to the stars* raconte la conquête spatiale et invite les visiteurs à tout un tas d'expériences amusantes (gravité, illusion d'optique, etc.).
Ce voyage à travers les mystères et les beautés de la science se termine sur le toit-terrasse (belle vue sur la baie) avec un petit topo sur les énergies renouvelables. Avant de partir, on fait une pause au ***planétarium de 250 places*** à l'écran géant et au *sound system* du tonnerre pour visionner l'un des 3 films proposés en roulement (projection toutes les 40 mn).

Pérez Art Museum Miami (PAMM ; *zoom détachable Downtown / Brickell par E3) : 1103 Biscayne Blvd (dans le Museum Park). ☎ 305-375-3000. • pamm.org • Metromover Omni, arrêt Museum Park. Jeu-lun 11h-18h (21h jeu). Entrée : 16 $; réduc ; gratuit jusqu'à 6 ans et pour tous le 2e sam du mois. Visites guidées incluses à 12h, 13h et 15h (sans résa) ; durée : 45 mn. Parking : 18 $.*
Inauguré en 2013, le PAMM est l'œuvre du cabinet d'architecture suisse Herzog & De Meuron. Ouvert sur la baie de Biscayne, face au port, le bâtiment de 3 étages repose sur une plateforme surélevée en partie végétalisée, faisant écho à des « lianes » de béton grimpant vers le toit. Un investissement de quelque 220 millions de dollars, dont 40 versés par le seul Jorge Pérez, un milliardaire d'origine cubaine grand amateur d'art contemporain – une partie du fonds est issue de sa collection personnelle.
Parmi les quelque 4 000 pièces du fonds permanent (peintures, sculptures, photos, vidéos, installations...), on retrouve beaucoup d'œuvres d'artistes et designers du sud de la Floride, de Cuba et des Caraïbes. Au gré du roulement des

L'ART DE L'ESCROQUERIE

Elmyr de Hory (1905-1976) fut l'un des plus grands faussaires du monde. Si talentueux qu'il peignait des Modigliani ou des Matisse que s'arrachaient les collectionneurs, même avertis. Installé à Miami, il s'allia à un grand escroc, Fernand Legros. Orson Welles tourna un documentaire sur lui. Clifford Irving écrivit sa biographie et subit certainement son influence, car il publia, ensuite, les mémoires du milliardaire Howard Hughes, qui étaient... bidon.

expositions, on croise Botero, Rauschenberg, Frank Stella, Ai Weiwei, Carmen Herrera... et dans les expos temporaires, beaucoup d'inconnus du grand public. La présentation des expos change 3-4 fois par an.

Miami Children's Museum *(plan détachable Miami, E3)* **:** *980 McArthur Cswy (route 395).* ☎ *305-373-5437.* • *miamichildrensmuseum.org* • *Bus nº 120 depuis Downtown Omni ou Miami Beach. Tlj 10h-13h30, 14h30-18h. Fermé à Thanksgiving et à Noël. Résa en ligne obligatoire. Entrée : 24 $; gratuit moins de 1 an.* ***Attention,*** *les adultes sans enfant ne sont pas acceptés, et les enfants sans adulte non plus ! Parking : 2 $/h.*
Même si l'entrée est chère, on aime bien le « *Michimu* », ce musée didactique dont l'ambition est de familiariser les jeunes enfants à la vie quotidienne (métiers, institutions, médias, arts et environnement) à travers de nombreux jeux et saynètes interactives... Ici, on joue au pompier, au policier, au dentiste ou au médecin, on passe par la banque avant de faire ses courses au supermarché. On peut aussi s'offrir une séance de pêche à la ligne après avoir interagi avec un aquarium virtuel, ou carrément partir à l'ascension du mont Michimu *(w-e seulement, 12h-17h),* ou encore tester un son et lumière.
Les gamins s'amusent comme des fous et peuvent toucher à tout sans restriction. À visiter absolument si vous avez des enfants et que la météo n'est pas de la partie ce jour-là !

Adrienne Arsht Center *(plan détachable Miami, E3,* ***153****)* **:** *1300 Biscayne Blvd.* ☎ *305-949-6722.* • *arshtcenter.org* • *Visites guidées gratuites (1h30) lun et sam à 12h. Parking : 5-15 $.* Dessiné par César Pelli et orné d'une danseuse en tutu signée E. Kobra, ce centre culturel à l'architecture contemporaine est le plus grand des États-Unis après le Lincoln Center de New York. Il propose une programmation éclectique : opéras, comédies musicales, théâtre, concerts.

Visite de Downtown en métro aérien **:** *plan des lignes* (Transit Map) *auprès des points d'information touristique ou sur* • *miamidade.gov/transit* • *GRATUIT.* Les 3 lignes du petit métro aérien gratuit ***(Metromover)*** qui parcourent Downtown au milieu des buildings sont en soi une vraie attraction touristique ! Certains passages entre les immeubles ajoutent un peu de sensations à la balade. Les 3 lignes accomplissent chacune une boucle distincte sur un total d'environ 7 km, avec une fréquence qui varie entre 2 et 3 mn entre chaque rame : ***Inner Loop*** (la plus petite ; parcourt le cœur de Downtown), ***Omni Loop*** (c'est par là qu'on commence en arrivant en bus de Miami Beach) et ***Brickell Loop*** (qui traverse la Miami River).

HistoryMiami *(zoom détachable Downtown / Brickell, D4)* **:** *101 W Flagler St.* • *historymiami.org* • *Metromover : Government Center. Mer-dim 10h (12h dim)-16h. Fermé lun-mar et j. fériés. Entrée : 10 $; réduc ; gratuit moins de 6 ans. Parking sur validation : 5 $.*
Un musée sympathique qui retrace l'avènement de la ville depuis le Paléolithique. Ça commence par un gros caillou repêché au large de la baie de Biscayne, puis ça enchaîne sur des vestiges préhistoriques mis au jour dans les marigots de la région : tessons de poteries, armes en os, pointes de flèche, hachereaux. On passe ensuite directement à l'arrivée des Européens, non sans avoir salué la ***culture locale séminole,*** pour finir sur l'ère industrielle et, enfin, l'après-guerre et l'âge d'or de l'Amérique des *fifties.* Belles photos, documents d'époque et quelques objets marquants, comme ces ***radeaux de fortune*** sur lesquels des exilés cubains arrivèrent au mitan des années 1970. Bref, une visite un peu fourre-tout mais instructive, adaptée aux familles avec des sections interactives. Dans le bâtiment opposé, expos temporaires relatives à Miami, souvent de qualité.
Le musée organise également des ***visites thématiques,*** privatives ou en groupe, animées par des historiens, à travers la ville (à pied, à vélo, etc.). Voir précédemment la rubrique « Adresses et infos utiles. Culture, visites guidées ».

Jungle Island *(plan détachable Miami, E3)* **:** *1111 Parrot Jungle Trail, McArthur Cswy (route 395). • jungleisland.com • Bus S ou n° 119 depuis Downtown Omni ou Miami Beach. Tlj 9h30-17h. Accès au jardin : 20 $; 15 $ 3-9 ans. Promos en ligne. Parking : 10 $.* Dans ce jardin tropical fondé en 1936, on peut voir des centaines de perroquets de toutes les couleurs, des reptiles, des animaux sauvages de tous poils et plus de 500 espèces de plantes. Des rencontres avec les animaux sont proposées dès 6 ans (65 $, accès au jardin compris). Le tout dans une jungle artificielle à l'américaine, avec en bruit de fond le flux continu de la rocade. Tyrolienne et parcours accrobranche également au menu.

Bayside Market Place *(zoom détachable Downtown / Brickell, E3)* **:** *401 Biscayne Blvd. • baysidemarketplace.com • Metromover : College Bayside. Accès tlj 10h (11h dim)-22h (23h ven-sam, 21h dim). Horaires des boutiques variables.* Statistiquement, c'est l'un des endroits les plus visités de Miami... Et pour cause, c'est par là que transitent chaque jour les passagers des géants des mers en escale ! Boutiques de souvenirs à foison et petits concerts de rue... Touristique en diable, mais c'est l'un des rares coins de Downtown à rester animés après 18h ! On y trouve également un super resto, *La Cañita* (voir précédemment « Où manger ? »).
– Tout près se trouve le ***Kaseya Center,*** le repaire de l'équipe de basket-ball des *Miami Heat* (voir précédemment la rubrique « Où assister à un match de la NBA ? »).

LITTLE HAVANA

À ceux qui rêvent de vénérables demeures coloniales et de vieilles berlines américaines, on préfère annoncer la couleur : cet ancien bastion des primo-immigrés cubains n'a rien à voir avec La Havane ! Il y a belle lurette que la bourgeoisie cubaine, très impliquée politiquement dans la marche de la cité et dans ses affaires, a migré vers des quartiers plus cossus. Cependant, il règne une indéniable chaleur très « latina » sur la *Calle Ocho* (SW 8th Street), l'épine dorsale de Little Havana, qui regorge de restos et de bars tenus par des exilés d'Amérique latine. Rien à y faire en journée, mais dès l'heure de l'apéro, c'est chaud !

Transports

➢ ***Depuis Miami Beach :*** bus n° 119 jusqu'à Governement Center, puis bus nos 11 ou 208.
➢ ***Depuis Brickell :*** bus nos 8 ou 207.

Où dormir ?

La seule raison valable de séjourner à Little Havana ? Faire la fête jusqu'au bout de la nuit sans se soucier du retour, pardi ! On mentionne une adresse, parce qu'elle nous plaît beaucoup.

Life House *(plan détachable Miami, D4,* ***50****)* **:** *528 SW 9th Ave. ☎ 1-866-466-7534. • lifehousehotels.com • Doubles 120-410 $. Parking dans la rue.* Un hôtel nouvelle génération conçu comme une « maison à vivre », dont la philosophie est de favoriser l'immersion dans la vie locale. Ici, à Little Havana, c'est donc tout naturellement vers un Cuba colonial que se tourne le design des chambres, distribuées sur 3 étages et dotées d'une élégante déco en bois exotique, avec parquet sombre et éclairage soigné. Tout est fait pour qu'on s'y sente bien, à l'image du super *rooftop Terras* (voir plus loin « Où boire un verre ? Où sortir ? »).

Où manger ?

Bon marché

Yambo *(plan détachable Miami, C4,* ***101****) :* *1643 SW 1st St. Tlj 10h-4h30. Plats 5-15 $.* Un boui-boui éminemment sympathique à la déco insolite : poteries pendues au plafond par dizaines, fétiches en tout genre, néons et tables en mosaïque. On y dévore, sur le pouce et à toute heure (littéralement !), des spécialités du Nicaragua, entre autres le *puerco asado* (porc grillé), mais le bœuf et le poulet ne sont pas en reste. Pratique pour les fringales de noctambules.

De bon marché à prix moyens

Versailles *(plan détachable Miami, B4,* ***103****) :* *3555 SW 8th St (au niveau de 35th Ave). ☎ 305-444-0240. Tlj 8h (9h dim)-minuit (1h ven-sam). Plats env 15-35 $.* Une institution de Little Havana. Façade classique surmontée de balustres et d'angelots, déco intérieure pleine de miroirs, voilà le nom explicité... Niveau cuisine, en revanche, c'est du cubain pur jus : poissons et viandes à la créole, bonnes soupes, grosses salades et plats du jour à prix doux. Le tout est complété par une ***cafétéria*** attenante *(tlj 8h-22h),* dont les vitrines regorgent de gâteaux et où se bousculent les gens du quartier pour prendre leur *café con leche* (café au lait). Et une boulangerie en projet...

Chic

Café La Trova *(plan détachable Miami, D4,* ***102****) :* *971 SW 8th St. ☎ 786-615-4379. Tlj 16h-minuit (2h ven-sam). Plats 29-44 $, tapas 14-27 $.* Un poil excentré du *corazón* touristique de la *Calle Ocho,* ce resto cubain à la carte étonnamment courte est plein comme un œuf tous les soirs de la semaine. Les raisons derrière ce succès ? Une cuisine goûteuse et parfumée, une ambiance très *hot* (musique live tous les soirs) et une déco « havanesque » en diable avec ventilos au plafond, vieille bagnole en guise de cabine de DJ et 2 immenses bars carrelés de mosaïques. En revanche, oreilles sensibles s'abstenir : les décibels atteignent vite des sommets !

Mofongo *(plan détachable Miami, C4,* ***104****) :* *1644 SW 8th St. ☎ 786-542-1645. Tlj sauf lun 11h-22h (23h ven-dim). Plats 16-46 $.* Envie de cuisine portoricaine ? *Mofongo* vous accueille dans son resto voûté tout en longueur où plane une bonne odeur de grillades. Tables joliment dressées, service souriant. Ici, la spécialité de la maison, c'est le *churrasco mofongo,* un plat populaire à la Dominique et à Porto Rico, préparé à base de bananes plantains (et accompagné, au choix, de poulet ou de fruits de mer). Sinon, salade de poulpe, *alcapurrias* (beignets de pâte de banane verte garnie de viande), ceviches et variations sur le thème de la morue *(bacalao).* Le tout épicé à souhait et présenté avec goût. Une bonne étape avant d'aller se remplir les oreilles de salsa.

Où faire une pause sucrée ?

Azucar Ice Cream Factory *(plan détachable Miami, C4,* ***106****) :* *1503 SW 8th St. Tlj 11h-21h (23h jeu-sam). Glaces 5-10 $.* Difficile de rater l'énorme cornet au chocolat qui dégouline sur l'enseigne de ce glacier situé en plein milieu de la *Calle Ocho.* Super glaces artisanales, avec des parfums qui sentent bon l'Amérique latine (*café con leche,* banane plantain...).

Los Pinareños Fruteria *(plan détachable Miami, C4,* ***122****) :* *1334 SW 8th St. Tlj 10h-20h (21h lun-mer). CB refusées.* Chouchou des parcours touristiques de Little Havana, une adresse qui propose d'excellents jus de fruits frais, coco, avocat ou gingembre... Du *café con leche* et des gâteaux aussi.

Où boire un verre ? Où sortir ?

Si vous êtes de passage un vendredi, les ***Viernes culturales*** sont à ne pas rater (lire plus loin « À voir. À faire »).

Terras *(plan détachable Miami, D4,* ***50****)* **:** *528 SW 9th St. Tlj sauf lun 16h-minuit (22h mar, 21h dim).* Un *rooftop* au charme fou, perché sur le toit de l'hôtel *Life House* (voir précédemment « Où dormir ? »). Cocktails abordables, musique live ou *DJ set* quasiment tous les soirs, et vue imprenable sur la *skyline* illuminée de Downtown.

Ball & Chain *(plan détachable Miami, C4,* ***150****)* **:** *1513 SW 8th St. • ballandchainmiami.com • Tlj 11h-1h (3h ven-sam).* C'est l'exact remake d'un *hotspot* des années 1930. Ici même se sont produits jadis Count Basie, Billie Holiday, Chet Baker, Nat King Cole et quelques autres grands noms du jazz. Dans l'obscurité de la vaste salle ou à l'arrière, sur la terrasse, l'ambiance est vite survoltée en fin de semaine (soirée salsa le samedi, notamment). Plus calme les autres jours, quand le DJ laisse place aux orchestres de jazz.

Cubaocho Museum & Performing Arts Center *(plan détachable Miami, C4,* ***132****)* **:** *1465 SW 8th St (angle SW 15th St). Tlj sauf lun 10h (11h w-e)-2h.* Des lampes Tiffany, une montagne de bouteilles qui luisent derrière le bar et des tableaux qui courent sur tous les murs. Sous la galerie extérieure, des anciens font claquer leurs dominos jusque tard dans la nuit... Vous êtes à La Havane ! Un vrai plongeon dans la culture cubaine, car cette adresse abrite l'une des plus grandes collections privées d'art cubain au monde. L'endroit a assurément de la gueule, dommage que le prix des consos s'enflamme un peu.

À voir. À faire

Découverte du quartier **:** la révolution castriste en 1959 a engendré, dans les années et décennies qui ont suivi, un afflux de réfugiés, une loi fédérale américaine garantissant l'asile politique à tous ceux qui fuyaient un régime communiste. Le cœur de ce quartier est ***SW 8th Street,*** également appelée **Calle Ocho.** Si les soirées y sont plutôt animées, il n'y a pas grand-chose à faire de jour. Juste regarder les anciens jouer aux dominos et aux échecs le dimanche, dans le petit square sur SW 8th Street, à la hauteur de SW 15th Avenue. Et puis faire un tour dans les boutiques ouvertes et, bien sûr, les ***fabriques de cigares.***

Viernes culturales **:** *le 3e ven du mois à partir de 12h.* Partiellement piétonnisée, la *Calle Ocho* est alors animée par des artistes, marchands et musiciens, entre les 14th et 17th Avenues. Y participent aussi des galeries d'art et centres culturels, qui ouvrent gratuitement leurs portes pour l'occasion. Ambiance très bon enfant.

Bay of Pigs Museum *(plan détachable Miami, C4)* **:** *1821 SW 9th St (et SW 18th Ave). Lun-sam 10h-16h (14h sam). GRATUIT.* Ce petit musée retrace, à travers de nombreux documents, photos et articles de journaux, la tentative manquée de la reconquête de Cuba en 1961 par les anticastristes soutenus par la CIA. Pour les passionnés d'histoire (cubaine).

American Museum of the Cuban Diaspora *(plan détachable Miami, D5)* **:** *1200 Coral Way. • thecuban.org • Mer-sam 12h-18h, dim 12h-16h. Entrée : 12 $; réduc ; gratuit moins de 12 ans.* On y voit principalement des expositions d'art contemporain ayant trait à Cuba (les artistes sont majoritairement cubains), la fuite, les Droits de l'homme.

COCONUT GROVE

Surnommé *The Grove* (« Le Bosquet »), Coconut Grove était au XIXe s le quartier des immigrants des Bahamas. C'est aujourd'hui un quartier résidentiel agréable, noyé dans une végétation exubérante. Ceux qui ont les moyens (la zone est assez huppée) et qui disposent d'un véhicule peuvent envisager d'y séjourner. Une chose est sûre : il fait bon vivre à Coconut Grove...

Transports

➢ ***Depuis Miami Beach :*** bus nº 119 jusqu'à Governement Center, puis Metrorail jusqu'à Coconut Grove ou Douglas Road (puis 15 mn de marche ou taxi pour rejoindre le centre du quartier).

➢ ***Depuis Brickell :*** Metrorail jusqu'à Coconut Grove ou Douglas Road (puis 15 mn de marche ou taxi pour rejoindre le centre du quartier).

Où dormir ?

De prix moyens à chic

Commodore Inn The Grove *(plan détachable Miami, B6,* ***49****) : 3162 Commodore Plaza (suite 1H). ☎ 305-459-3711. • ordanucourt.com • Réserver à l'avance, surtout en hte saison. Studios dès 140 $, parking inclus.* En plein cœur de Coconut Grove, une vingtaine de studios et apparts (1 ou 2 chambres), la plupart bénéficiant d'une terrasse. Une solution d'hébergement idéale pour ceux qui comptent rester un petit moment. Spacieux, excepté la salle de bains, ils sont bien équipés (cuisine, salon, machine à laver, etc.). Les plus chers disposent même de 2 salles de bains et d'un *sundeck* avec jacuzzi ! Magasins et restos sont à 2 pas.

Hotel Arya Coconut Grove *(plan détachable Miami, B6,* ***97****) : 2889 McFarlane Rd. ☎ 305-529-2828. • hotelaryacg.com • Doubles à partir de 160 $, petit déj inclus.* Chambres spacieuses et bien équipées, qui surplombent toute la baie de Biscayne. Envie d'un petit plouf dans la piscine ? C'est au 8e étage que ça se passe, histoire de nager face à l'horizon (quelle vue !). Espace de remise en forme avec sauna, bain à remous et court de squash. Une belle adresse.

Où manger ? Où boire un verre ?

Greenstreet Cafe *(plan détachable Miami, B6,* ***108****) : 3448 Main Hwy. ☎ 305-444-0244. Tlj 7h30-minuit (1h30 ven-sam). Plats le midi 15-30 $, plus chers le soir ;* happy hours *lun-ven 16h-19h.* Un resto-bar dont la vaste terrasse occupe l'angle stratégique de 2 des rues les plus animées du quartier. C'est plein de l'heure du petit déjeuner à celle du dernier verre (beaucoup de monde au moment de l'*happy hour*). Cuisine qui va à l'essentiel (pâtes, burgers, salades, pièces de viande) : simple et efficace.

Lokal *(plan détachable Miami, B6,* ***105****) : 3190 Commodore Plaza. ☎ 305-442-3377. Tlj 11h30-23h (22h dim-mar). Burger env 18 $.* Une bonne adresse pour s'enfiler un burger ou un sandwich sur le pouce. Recettes créatives et plein d'options pour les végétariens. Bon point : les *sides* sont compris dans le prix du burger (mais les frites sont surgelées, personne n'est parfait !).

Monty's *(plan détachable Miami, C5,* ***100****) : 2550 S Bayshore Dr. ☎ 305-856-3992. Tlj 11h30 (10h w-e)-22h (23h ven, minuit sam) ; brunch le w-e 10h-14h. Burgers et sandwichs 16-22 $, poissons 23-34 $.* Depuis 1969, ce grand *tikibar* planté en bordure de la marina accueille les « démantibuleurs » de crabes et tous ceux qui en pincent pour le homard, les fruits de mer et le poisson. On s'installe aux tables de pique-nique, à l'ombre des vastes paillotes aux toits de palmes, et c'est parti pour une orgie de *seafood* ! Ambiance plus-plus pendant l'*happy hour,* quand les virtuoses du ukulélé sont de la partie. Un endroit sympa comme tout, bien qu'un peu à l'écart du cœur du quartier (voiture ou taxi indispensables).

🍷 ***Barracuda Taphouse & Grill*** *(plan détachable Miami, B6,* ***115****) : 3035 Fuller St. Tlj 11h30 (18h lun)-2h (3h jeu-sam).* Si vous voulez échapper le temps d'une bière à la Miami touristique et mercantile, venez donc pêcher le barracuda ! Entièrement construit avec les planches de récup d'un ancien bateau de pêche à la crevette, ce rade que n'aurait pas renié Hemingway est réputé pour sa cinquantaine de bières artisanales à la pression. *Lager,* blanche, ambrée, stout, porter, *IPA* ou *pale ale,* elles sont toutes là ! Sinon, basket en boucle sur les écrans, billard et bon gros rock qui tache.

À voir. À faire

Bahamian Cemetery *(nommé aussi Charlotte Jane Memorial Park) : 3575 Douglas Rd. Tlj 9h-17h.* Pour les inconditionnels de Michael Jackson (voir encadré) ou pour les promeneurs en goguette. Selon la tradition des Bahamas, les sépultures contenant les cercueils sont construites en surface, pour éviter qu'elles ne soient immergées à la moindre montée des eaux (la nécropole étant située pile au niveau de la mer).

Vizcaya Museum & Gardens *(plan détachable Miami, D5) : 3251 S Miami Ave. ● vizcaya.org ● Ⓜ Vizcaya. ♿ Tlj sauf mar 9h30-17h. Fermé certains j. fériés. Entrée : 25 $; 10 $ 6-12 ans. Audioguide (à télécharger sur son smartphone) inclus (durée de la visite : 1h30). Parking gratuit.*

Les nouveaux riches américains du début du XXᵉ s, sans doute frustrés d'être privés d'un patrimoine multicentenaire, se sont fait plaisir en bâtissant de véritables *palazzi* à coups de millions de dollars ! On doit cette superbe villa, érigée en 1914, à un certain James Deering, fabricant de machines agricoles. Amoureux d'art et d'architecture, c'est du côté de Florence, en Italie, que Deering craqua pour le ***style Renaissance italienne.*** La construction de Vizcaya, qui a requis

LE CIMETIÈRE DES MORTS-VIVANTS

C'est en se baladant au Bahamian Cemetery de Coconut Grove que Michael Jackson aurait trouvé l'inspiration, en 1983, pour son clip interplanétaire Thriller. *Ce minifilm de 14 mn, inédit pour l'époque, est une œuvre marquante de la pop culture. Il a coûté la bagatelle de 1 million de dollars, un budget record. Quant au célèbre rire guttural final (ahh ahhh ahhh ahhh...), on le doit à l'icône du cinéma d'épouvante des années 1960, Vincent Price.*

UN PALAIS QUE TOUT LE MONDE S'ARRACHE...

Privatisable (il faut disposer d'un certain budget, forcément !), la villa Vizcaya en a vu passer, du beau linge, depuis sa fondation ! C'est là, notamment, que le président Reagan et le pape Jean-Paul II se sont rencontrés pour un entretien privé en 1987. En 1994, le Sommet des Amériques, conduit par Bill Clinton, y a accueilli les représentants de 35 pays. Elizabeth II et Juan Carlos y ont dormi (pas ensemble, bien sûr !)... Le site est souvent loué comme décor de cinéma (Bad Boys II, L'Enfer du dimanche...), *pour les mariages de la jet-set ou autres réjouissances comme la grande fête LGBT The White Party, chaque année en novembre.*

la participation de près de 1 000 artisans, s'est échelonnée entre 1914 et 1916, alors que Miami comptait moins de 10 000 habitants... Et il faut avouer qu'ils ont bien bossé, ces artisans ! On a vraiment l'impression que cette maison est vieille de plus de 4 siècles. Ce qui étonne, c'est la cohérence de l'ensemble, malgré la diversité des provenances et le mariage des styles.
La visite (à faire dans le sens des aiguilles d'une montre) débute par la ***salle de réception*** et se poursuit par le ***living-room,*** dans lequel on notera une très étonnante tapisserie du XVe s où se mêlent symboles juifs et chrétiens, le tout bordé de calligraphies arabes. Le ***patio à la romaine*** (couvert d'un toit) est plutôt sobre avec son dallage de calcaire incrusté de coraux. Dans la ***salle de musique,*** une harpe confectionnée par le luthier privé de Marie-Antoinette (XVIIe s). Dans la ***salle à manger,*** levez les yeux pour admirer les plafonds très « labyrinthiques ». Le salon de thé est lumineux, il fait écho à la loggia située à l'est et s'ouvrait, à l'époque, sur le petit jardin à la française. Juste à côté, dans le vaisselier, une improbable collection... de faïences de Quimper ! À l'étage, les chambres, dont celle de Deering, de style Empire avec une tapisserie d'Aubusson. Belle peinture murale du XVIIIe s à voir dans la salle du petit déjeuner. La visite se poursuit à l'extérieur, dans le parc qui regorge de mille et un détails : fontaines, petits ponts, gloriette, bosquets, statues... et même une piscine !
Enfin, ne manquez pas d'aller voir, sur la terrasse, l'étonnant ***bateau en pierre*** à moitié immergé dans les flots... La villa Vizcaya est définitivement une œuvre d'art à elle seule.

The Barnacle Historic State Park *(plan détachable Miami, B-C6)* **:** *3485 Main Hwy. • floridastateparks.org • Tlj sauf jeu 9h-17h. Entrée : 2 $ pour le parc ; gratuit moins de 6 ans. Visites guidées de la maison à 10h, 11h30, 13h et 14h30 : 3 $; réduc.* C'est ici que Ralph Middleton Munroe, pionnier devenu riche négociant, s'installa en 1886 et construisit la maison que l'on visite – l'une des plus vieilles de la région (1891). De style bahaméen, adaptée au climat tropical, elle conserve son mobilier d'époque. Le parc est un bel endroit pour pique-niquer. Tout au bout se dresse la *boat-house,* avec sa rampe faite de traverses de chemin de fer.

The Kampong Garden *(plan détachable Miami, B6)* **:** *4013 Douglas Rd. • ntbg.org/gardens/kampong • Ⓜ South Miami puis bus n° 37.* ***Accès sur rdv seulement.*** *Mar-ven 9h-16h. Fermé sam-lun. Visites audioguidées mar-ven à 9h, 11h30 et 14h : 17 $; 7 $ 6-17 ans. Visites guidées jeu-ven à 10h (durée : 1h) : 27 $; réduc.* Superbe jardin d'arbres fruitiers, de fleurs et de plantes tropicales (plus de 2 000 espèces différentes), que l'on doit au botaniste David Fairchild (le même que celui du Fairchild Tropical Botanic Garden – voir plus loin à Coral Gables). Son nom signifie « village » en malais, les 1res plantations du jardin venant en effet d'Indonésie et de Malaisie. Une belle balade qui offre une vue d'anthologie sur la baie depuis l'extrémité du parc, mais un peu chère tout de même !

À voir. À faire dans les environs

Coral Gables

Coral Gables est célèbre pour ses rues bordées de demeures époustouflantes de richesse, à peine abritées des regards, où le plus grand raffinement côtoie de sacrés délires mégalos ! Son centre-ville est réputé dans toute la Floride pour le shopping (et en particulier pour ses boutiques de robes de mariée) : le célèbre ***Miracle Mile,*** une enfilade quasi ininterrompue de boutiques et de galeries d'art qu'il n'est pas désagréable d'arpenter.

Biltmore Hotel *(plan détachable Miami, A5)* **:** *1200 Anastasia Ave. ☎ 305-445-1926. • biltmorehotel.com •* Construit en 1926, ce gigantesque hôtel (on le voit de loin) aligne un style espagnol (la tour de la façade est la réplique de la Giralda de Séville) avec des accents italiens et mauresques. Il a hébergé nombre de célébrités : Ginger Rogers, Judy Garland, Bing Crosby, Al Capone (l'une des chambres les plus luxueuses porte le nom de « Suite Al Capone »)... Outre les immenses salons, les plafonds à caissons, les salles de réception aux planchers éclatants, le bijou du *Biltmore*, c'est sa ***piscine,*** mise en valeur quand le soleil se couche. Un gigantesque bassin (le plus grand jamais construit dans un hôtel américain) entouré de colonnes, où se sont déroulés de nombreux shows aquatiques. L'ensemble fait quand même un peu décor de théâtre : imitations de pierres et de marbres anciens, nombreux stucs et mélange de styles.

Venetian Pool *(plan détachable Miami, A5)* **:** *2701 De Soto Blvd. ☎ 305-460-5306. • coralgables.com • Mar-ven 11h-17h30, w-e 10h-16h30. Fermé déc-janv. Entrée : 21 $; 16 $ 3-12 ans. Enfants de moins de 3 ans non admis.* Cette piscine ultra-photogénique, aux eaux émeraude, a été aménagée dans une ancienne carrière dont les pierres ont servi à construire, au début des années 1920, les belles demeures qui l'entourent. Petite plage de sable, escaliers dans la roche, grottes, pont des soupirs, passages, douches d'une autre époque, etc., le tout dans un style vénitien et dans un écrin de verdure. Un bel endroit, souvent bondé en haute saison.

Lowe Art Museum *(plan détachable Miami, A6)* **:** *1301 Stanford Dr. ☎ 305-284-3535. • lowe.miami.edu • Ⓜ University. Mer-sam 10h-16h. Fermé vac universitaires. GRATUIT.* Implanté sur le campus de l'université de Miami, cet intéressant musée d'art fondé en 1950 (le plus vieux de Miami) présente des œuvres très variées, allant du contemporain (Zao Wou-ki, Lichtenstein, Keith Haring, Vasarely...) aux objets d'art « ethniques » (îles du Pacifique, Asie, Afrique et Amérique du Nord amérindienne). La collection du musée totalise 19 500 pièces (mais peu sont exposées). Également, au hasard de la rotation, des antiquités romaines, des toiles de la Renaissance italienne et du baroque. Bref, un joyeux melting-pot ! Également des expositions temporaires.

Fairchild Tropical Botanic Garden *(hors plan détachable Miami par B6)* **:** *10901 Old Cutler Rd. ☎ 305-667-1651. • fairchildgarden.org • Tlj 10h-17h. Entrée : 25 $; 12 $ 6-17 ans ; réduc.*
Le plus grand jardin tropical des États-Unis, créé en 1936 par le botaniste David Fairchild. Très bien entretenu et balisé, mais ne pas hésiter à sortir des chemins goudronnés, dont les visiteurs s'éloignent généralement peu. On peut ainsi faire des rencontres amusantes avec des iguanes qui vous filent entre les jambes, ou admirer tranquillement des ibis. On observe différents aspects de la végétation tropicale selon l'écosystème (sec, humide, mangrove, etc.), des fleurs (orchidées ou autres), des fruits, des bambous...
Nombreux concerts, conférences, expositions, salons, lectures et projections vidéo ; consulter leur site internet pour la programmation.
Restauration possible au ***Glasshouse Café*** et boutique.

Coral Gables Museum *(plan détachable Miami, B5)* **:** *285 Aragon Ave. ☎ 305-667-1651. • coralgablesmuseum.org • Tlj sauf lun 11h-17h (sam 10h-18h). Entrée : 12 $; réduc. Audioguide en anglais et en espagnol.* Outre des expos temporaires, ce musée de quartier retrace l'épopée du visionnaire et créateur de Coral Gables, George Merrick, pour qui la devise était : « Faites de vos châteaux en Espagne une réalité. » Il a été aménagé dans l'ancienne prison et caserne de la ville.

Encore plus au sud
(hors plan détachable Miami par A6)

Zoo Miami *(hors plan détachable Miami par A6)* **:** *12400 SW 152nd St, à env 35 km au sud-ouest de Downtown. ☎ 305-255-5551. • zoomiami.org •*

En voiture par le Florida Turnpike (payant), sortie 16, ou par l'US 1 puis la SW 152nd St (gratuit). Tlj 10h-17h (dernier billet à 16h). Entrée : 23 $; 19 $ 3-12 ans ; gratuit moins de 3 ans. Compter bien 3h de visite. Parking gratuit. Un beau et vaste zoo avec peu de cages. Classés par continents, les animaux sont pratiquement tous installés dans des espaces entourés d'un fossé qu'ils ne peuvent franchir. Pas mal de bestiaux rares, tels ce grand gorille mâle et ses femelles qu'il honore sans pudeur en public (à la sauce Brassens), ainsi que panthère nébuleuse, okapi, rhinocéros d'Inde, oryx d'Arabie et lycaon. Possibilité de nourrir soi-même différents pensionnaires : girafes, chameaux, rhinos, perroquets *(horaires spécifiés à l'entrée et sur Internet ; supplément : 3-12 $).*

DANS LES ENVIRONS DE MIAMI

LES ÎLES DE LA BISCAYNE BAY

Key Biscayne *(hors plan détachable Miami par F6)* **:** *• key-biscayne.com • En voiture, de Downtown, route US 1 vers le sud et, après 2 km, à gauche sur le Rickenbacker Cswy (péage 3 $, SunPass 2,25 $; collecte électronique uniquement, pas de guichet). Sinon, Ⓜ Brickell puis bus n° 102 (direction Crandon).* L'île la plus au sud de la baie forme une longue langue de terre, prisée des retraités fortunés et réputée pour la grande plage de sable blanc qui se cache au sein du verdoyant ***Bill Baggs Cape Florida State Park.*** Un bel endroit pour une escapade nature à quelques encablures de Miami.

Adresse utile

Key Biscayne Chamber of Commerce Visitors Center : *Village Hall, suite 100, 88 W McIntyre St. ☎ 305-361-5207. • keybiscaynechamber.org • Bus n° 102 depuis le Ⓜ Brickell. Lun-ven 9h-17h, mais le sas d'entrée reste ouv tlj 24h/24 !* Documentation sur Key Biscayne et le sud de la Floride. Également des coupons de réduction pour les attractions.

Où manger ? Où boire un verre ?

Lighthouse Cafe : *dans le* ***Bill Baggs Park,*** *au bout de la route, entre plage et parking. ☎ 305-361-8487. Tlj 9h-17h. Salades et sandwichs 8-15 $, plats env 15-30 $.* Un café tout en bois, séparé de la plage par la végétation (on aperçoit tout de même un bout de mer depuis la terrasse !). Cuisine assez basique, mais tarifs qui restent sages au vu de la situation.

Rusty Pelican *(plan détachable Miami, E5,* ***91****)* **:** *3201 Rickenbacker Cswy,* ***Virginia Key.*** *☎ 305-361-3818. Fléché à gauche en arrivant sur Virginia Key, à la sortie du pont à péage. Tlj 12h-22h (23h ven-sam) ; happy hours lun-ven 16h-18h30. Plat env 50 $.* Un resto de *seafood* chicos et cher, mais la vue sur la *skyline* de Downtown, l'une des plus belles qui soient, justifie à elle seule les prix. On peut aussi se contenter d'un verre pendant l'*happy hour,* et c'est très bien comme ça !

À voir. À faire

Bill Baggs Cape Florida State Park : *1200 S Crandon Blvd. ☎ 786-582-2673. • floridastateparks.org • Tlj de 8h jusqu'au coucher du soleil. Entrée : 8 $/voiture, 4 $/conducteur seul, 2 $/piéton ou vélo.* À la pointe sud de l'île, ce parc abrite une ***grande plage de sable blanc,*** sauvage et pas trop fréquentée (mis à part, bien sûr, 7 espèces différentes de tortues qui viennent y pondre leurs œufs entre octobre et mars !). Si vous venez le matin, en semaine, vous serez presque seul(e) ! On y trouve des emplacements pour pique-niquer, des transats et vélos à louer, et un grand phare tout blanc datant de 1825 avec, à côté, la maisonnette en bois restaurée de son gardien. Le chenal est aussi réputé pour servir de couloir de passage aux lamantins...

La Biscayne Bay en bateau : *au départ de Bayside Market Place (voir précédemment « À voir. À faire » à Downtown).* On n'est a priori pas hyper fans de ce genre de balade touristico-nautique, mais voici quand même l'occasion de découvrir le port de Miami (spectaculaire lors de la sortie de nuit) et de mesurer le gigantisme de la ville. C'est aussi, pour le commun des mortels, le seul moyen d'approcher les îles des milliardaires et d'espérer apercevoir Shakira en train de boire un verre sur sa terrasse, ou Al Pacino barbotant dans sa piscine. Préparez vos jumelles et vos appareils photo, le bateau longe les rives et détaille une à une les villas de stars – et barons de la drogue... – construites sur ces îles complètement artificielles. Au 1er ou au 2d degré, on s'amuse bien. Il faut entendre les « oh ! » d'admiration quand le capitaine annonce les tarifs des baraques. Qu'on se rassure, on ne voit que ce qu'ils veulent montrer, et l'intimité de nos stars est préservée.

PALM ISLAND, LE CRIME NE PAIE PAS !

Al Capone ne fit que 8 ans de prison puisqu'il fut condamné pour fraude fiscale et non pour crime. Ensuite, il passa les 8 dernières années de sa vie dans sa magnifique villa de Palm Island (au n° 93 Palm Avenue ; ne se visite pas). Il y mourut en 1947, à 48 ans, d'un infarctus... et non de remords.

Island Queen Cruises *(zoom détachable Downtown / Brickell, E4)* **:** *401 Biscayne Blvd, Bayside Market Place. ☎ 844-224-2208. • islandqueencruises.com • Plusieurs types de croisières (45 mn-3h), la plus populaire étant le tour des milliardaires (1h30) ! Départ ttes les heures 11h-18h (19h le w-e). Tarifs : 30 $; 20 $ 4-12 ans. Commentaires en anglais et en espagnol.*

D'autres compagnies proposent des excursions équivalentes, comme ***Aquatours*** *(☎ 305-358-7600 ; • miamiaquatours.com • ; tour de 1h20 : env 35 $; promos en ligne)* ou ***Bayride.***

Miami Croisière : *79 Collins Ave. ☎ 06-22-72-16-76. • croisiere.prive@gmail.com • croisiere-miami.com • Résa par e-mail ou tél. À partir de 450 $ pour 2h (6 pers). Réduc de 5 % sur présentation de ce guide.* Sandrine et Christophe – un couple amoureux de la mer (lui est ancien sauveteur de la SNSM) – proposent des sorties dans la baie de Miami (demi-journée, journée, coucher de soleil ou sortie *snorkelling*) sur leurs 2 bateaux à moteur (8 et 13 m), repas parfois inclus. L'occasion de découvrir la ville à travers ses canaux, ses dauphins et ses maisons de stars. Possibilité de croisière sur plusieurs jours également.

LES EVERGLADES ET LES KEYS

• Carte *p. 125*

Aux portes de Miami, le parc national des Everglades forme un immense et luxuriant marécage subtropical. Un territoire de prairies humides piquetées de palmiers, mais aussi de forêts de cyprès chauves, de pins, et de palétuviers sur le littoral. Les alligators règnent ici en maîtres, tout comme les oiseaux : ibis, tantales (cigognes), spatules roses, hérons divers et variés, aigrettes, balbuzards, pélicans, etc. Les Everglades abritent également les rares panthères de Floride (seulement 200 individus), sous-espèce de pumas ayant échappé de peu à l'extinction. En revanche, les ratons laveurs et les lamantins se montrent facilement... tout comme les moustiques (surtout les soirs d'été !).
Au-delà, à l'extrémité sud de la Floride, s'étire un archipel d'îlots d'origine corallienne, appelés *Keys,* que relient sur 110 miles 42 ponts et l'*Overseas Highway,* une superbe route panoramique ! Tout au bout, Key West, l'île vedette aux superbes maisons en bois, vous plonge dans l'univers d'Ernest Hemingway et de Tennessee Williams, qui y ont écrit leurs plus belles pages. Mais l'atmosphère qui règne ici n'incite guère à la mélancolie : Key West est une hédoniste, qui profite de la vie sous le soleil des Caraïbes. Fêtards, à vos marques !

FLORIDA CITY – HOMESTEAD

12 200 et 80 700 hab.

Villes jumelles, Florida City et Homestead constituent une bonne arrière-base pour découvrir le parc des Everglades, dont l'entrée sud-est se trouve à 17 km. Contrairement à Florida City (sans intérêt), le centre-ville de Homestead a un petit cachet avec ses devantures anciennes alignées sur Krome Avenue. La plage de Homestead Bayfront Park n'est pas désagréable non plus, avec ses postes de secours en bois coloré.
Cette région, en partie rurale, est aussi connue pour ses fermes établies au XIXe s pour alimenter Miami. Aujourd'hui encore, on s'y régale de fruits et légumes et d'excellents jus et smoothies frais ! La plupart sont malheureusement fermées l'été, entre mai et octobre, mais on retrouve tous leurs produits dans les supermarchés spécialisés du coin.

Arriver – Quitter

➢ ***De Miami :*** prendre le Metrorail jusqu'au terminus de Dadeland South. De là, le bus n° 38 dessert Florida City. Trajet total : 1h40. De Miami Beach, bus S jusqu'au Government Center, puis Metrorail comme précédemment.

➢ ***Pour Key West (de Florida City via les îles des Keys) :*** bus nº 301 jusqu'à Marathon, puis bus de la *KWT.* Voir plus loin « Arriver – Quitter » dans les Keys.

➢ ***De Florida City à Royal Palm*** *(via Ernest F. Coe – entrée sud-est)* **:** la partie orientale du parc, proche de Florida City, est desservie par une ligne de trolley (gratuit) le w-e, fin nov-fin avr seulement. Compter 8 bus/j. : depuis Florida City, 9h30-16h ; depuis Royal Palm, 10h-17h30. Certains s'arrêtent au *Visitor Center* de l'entrée Ernest F. Coe.

➢ ***De Florida City vers Shark Valley, Big Cypress National Preserve et Gulf Coast :*** en voiture, prendre la FL 997 puis l'US 41, qui dessert *Shark Valley* et *Everglades City* (entrée ouest), en passant par *Big Cypress National Preserve.*

Attention : peu de transports publics en direction de ces entrées du parc, et rien dans le parc même. Il est recommandé de ***louer une voiture*** ou d'opter pour un ***circuit organisé*** auprès d'un prestataire local.

Adresses utiles

Tropical Everglades Visitor Info Center : *160 SE 1st Ave, Florida City. ☎ 305-245-9180. • tropicaleverglades.com • Tlj 9h-16h.* Nombreuses infos sur le parc et la Floride.

Walmart : *33501 S Dixie Hwy. À proximité de l'US 1. Tlj 7h-23h.* Un hypermarché pas cher, où l'on trouve de tout, notamment un *deli.*

Où dormir ?

De prix moyens à chic

Hoosville Hostel : *20 SW 2nd Ave, Florida City. ☎ 305-363-4644. • hoosvillehostel.com • Lits en dortoir à partir de 35 $; doubles avec sdb commune env 60 $, avec sdb privée 95-115 $; pas de petit déj. Réduc avec la carte HI.* Seule AJ à proximité du parc, elle occupe une vieille maison des années 1930. Divers types d'hébergements (en dortoir ou chambre privative, avec ou sans salle de bains), cuisine tout équipée, chouettes parties communes avec meubles anciens chinés. Le tout est propre et bien tenu. Jardin sous les arbres très bien aménagé, avec « cascade » où l'on peut faire trempette. Grandes tentes pour se prélasser sur les coussins et canapés, et même des cabanes dans les arbres ! Location de vélos et de canoës-kayaks. Accueil très sympa. Bref, une excellente adresse.

Best Western Gateway to the Keys : *411 S Krome Ave, Florida City. ☎ 305-246-5100. • bestwestern.com • Doubles env 100-140 $.* Un hôtel de chaîne fort bien entretenu, tout confort et sans surprise, proposant des chambres claires et impeccables. Piscine (bon, l'environnement n'est pas super sexy). Valable pour passer une bonne nuit avant d'attaquer les randonnées dès potron-minet...

Où manger ? Où boire un jus frais ?

Farmer's Market Restaurant : *300 N Krome Ave, Florida City. Tlj 5h30-21h. Env 10-20 $.* Une coopérative montée à l'origine par des pêcheurs, qui ne propose que des produits de la mer ou de la ferme, cuisinés maison. Le cadre est peu avenant, parmi les hangars, et l'accueil façon cantoche, mais c'est dans l'assiette que tout se passe, du petit déj au dîner, une cuisine sans chichis mais à la fraîcheur garantie. Les locaux le savent bien, c'est souvent plein !

Capri Restaurant : *935 N Krome Ave, Florida City. ☎ 305-247-1542. Tlj sauf dim-lun 16h-21h. Buffet le midi en sem env 8,50-11 $; pâtes ou pizzas env 10-20 $.* Salle classique (tables

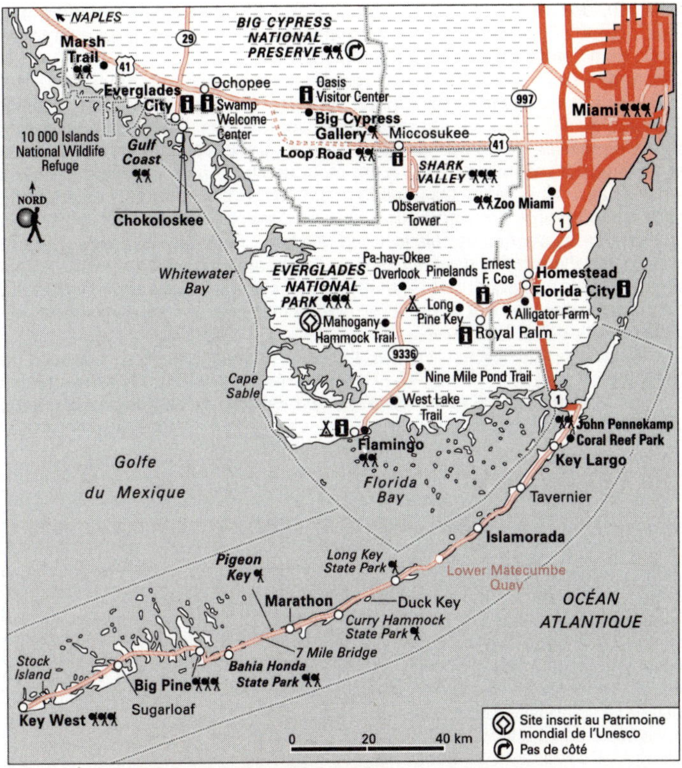

LES EVERGLADES ET LES KEYS

rondes nappées de blanc et tableaux aux murs suggérant la patrie de Dante) pour une cuisine italienne traditionnelle convenable. Outre les classiques pâtes et pizzas, la carte propose des wraps, burgers, salades, plats de viande et fruits de mer à prix démocratiques.

Robert is Here Fruit Stand : *au coin de SW 344th St (Palm Dr) et de 197th Ave, à Homestead. Tlj 9h-18h.* Une institution que ce *Robert,* qui propose, derrière un étal coloré, un vaste choix de fruits frais, exotiques ou locaux, en smoothies et milk-shakes. À déguster dans le jardin, devant les perroquets multicolores. Également des confitures et marmelades.

EVERGLADES NATIONAL PARK

Les Séminoles l'appelaient *Pa-hay-Okee,* les « eaux herbeuses ». Ce gigantesque marécage, qui s'étendait jadis depuis le grand lac Okeechobee jusqu'à la pointe sud de la Floride (sur plus de 10 000 km²), forme un ensemble d'écosystèmes interdépendants d'une grande richesse : prairies

humides, lacs, forêts de cyprès chauves, étendues de pins, mangroves, etc. Plus de 400 espèces d'oiseaux y vivent, ainsi qu'une vingtaine d'espèces rares, dont l'emblématique panthère de Floride.
L'extrémité sud-ouest de ce territoire a été classée parc national en 1947 (sur 6 424 km²) et réserve de la biosphère, puis inscrite au Patrimoine mondial par l'Unesco en 1979. Cependant, sous leurs abords intangibles, les Everglades sont menacés par le détournement des eaux au profit de l'usage domestique et de l'agriculture intensive qui s'est étendue au nord de la région (canne à sucre et agrumes), mais aussi par la pollution des phosphates. Les mesures gouvernementales pour endiguer un futur désastre se heurtent encore au puissant lobby sucrier, appelé ici « *Big Sugar* »... Résultat : l'Unesco a inscrit le parc des Everglades dans sa liste du Patrimoine mondial en péril... À cela s'ajoutent les conséquences du dérèglement climatique, la survie de la faune étant profondément liée à une alternance entre saison sèche et période de pluies qui inondent les marais.
L'hiver, sec et ensoleillé, est la meilleure saison pour explorer les Everglades : la chaleur y est agréable (19 à 24 °C) et la vie sauvage s'y affiche au grand jour (les oiseaux arrivent du nord et les alligators se regroupent dans les points d'eau). Mieux encore, les moustiques marquent à cette époque-là une pause salutaire !

LES SÉMINOLES

Welcome to Miccosukee tribe of Indians of Florida. Le panneau, planté au pied du bâtiment qui abrite le siège de la tribu, juste à l'ouest de Shark Valley, surprend. Il y a donc des autochtones en Floride ? Une poignée, oui, descendant des Séminoles, un peuple composite formé principalement de Creeks venus de Géorgie et d'Alabama au début du XVIIIᵉ s pour échapper à la colonisation, et d'anciens esclaves noirs en fuite.

LA REVANCHE DES SÉMINOLES

Dans les années 1960, les Séminoles de Floride ont construit une salle de bingo dans un coin des Everglades, malgré l'interdiction du jeu par l'État de Floride. Saisie, la Cour suprême de Washington a décidé que les lois de la Floride n'étaient pas applicables dans les réserves. Depuis, la tribu a fait fortune et est devenue la principale actionnaire de la chaîne Hard Rock Cafe. *Bingo !*

Au XIXᵉ s, les (3) guerres séminoles ont vu l'essentiel de cette population massacrée ou déportée dans l'Oklahoma par l'armée américaine ; seuls quelque 500 natifs sont demeurés sur place, cachés au fond des marécages. Ce sont eux qui sont à l'origine des 2 tribus actuellement présentes dans les Everglades : les ***Séminoles*** proprement dits et les ***Miccosukees*** (plus traditionalistes) – qui n'ont toujours pas signé de traité de paix.
Plusieurs « villages » autochtones essaiment ainsi au long de l'US 41, arborant leur bannière assez semblable au drapeau allemand, noir-rouge-jaune surmonté d'une 4ᵉ bande, blanche. On y vit désormais du tourisme (balades en *air boat* et pêche).
Chaque année, début février, des natifs de toutes les tribus américaines (et quelques descendants d'Aztèques) se retrouvent à Hollywood (FL) pour le ***Seminole Tribal Fair & Pow Wow.*** Défilés, danses rituelles, chants de guerre... et même des combats avec alligators ! Infos : • *semtribe.com* •

ALLIGATOR, MODE D'EMPLOI

Sous ses airs préhistoriques, l'alligator est un animal parfaitement adapté à son milieu. Quand il s'enfonce dans l'eau, des clapets empêchent l'eau de pénétrer dans ses oreilles et dans sa gorge. En hiver, l'alligator réduit son activité et peut survivre plusieurs mois sans manger. Comme c'est un animal à sang froid, la

chaleur extérieure est nécessaire pour accélérer les fonctions de son organisme. Voilà pourquoi il ne copule que de jour et au soleil *(sea, sex and sun !)*.
Aux alentours de juin, la femelle pond de 20 à 60 œufs. Si vous croisez une nichée de mignons petits alligators de quelques dizaines de centimètres, ***gardez une distance d'au moins 5 m :*** jamais très loin, maman risque de mal le prendre... D'ailleurs, de façon générale, si ce vorace saurien a un air assoupi ou placide, c'est un sprinter hors pair qui peut bondir en un instant et monter en vitesse de pointe à 17 km/h sur une dizaine de mètres (et 30 km/h dans l'eau). Il happe sa proie et l'enserre entre ses puissantes mâchoires, l'attire dans les eaux boueuses, la noie et la coince sous l'eau pour la laisser faisander et mieux la déguster quelques jours plus tard.
Pas de parano, mais soyez attentif ! Sinon, inutile de nous envoyer des lettres si vous ne rencontrez pas d'alligators en été : en régime de hautes eaux, ils se dispersent et sont peu ou pas visibles.

ALLIGATOR OU CROCODILE ?

L'alligator a une tête en forme de U, plus large et plus courte que celle du croco. Il aligne « juste » 92 dents, contre 120 pour son cousin ; seules les supérieures restent visibles quand sa mâchoire est fermée, contrairement au croco qui les montre toutes en même temps. Enfin, l'alligator a la réputation d'être moins dangereux pour l'homme. Mais on n'a pas vérifié ! Quant aux caïmans, ils sont proches des alligators, mais on les trouve uniquement en Amérique centrale et du Sud.

Infos préliminaires

- ***Infos générales :*** ☎ 305-242-7700. ● nps.gov/ever ● Site officiel du parc, très complet.
- ***3 entrées*** donnent accès au parc. Au sud-est, à 17 km de Florida City, l'entrée principale ***Ernest F. Coe*** *(tlj 24h/24)*, avec son grand *Visitor Center*, donne accès à *Royal Palm* et *Flamingo*. Au nord, sur la route US 41, l'accès de ***Shark Valley*** *(tlj 8h30-18h)* ne communique avec rien d'autre. Idem pour l'entrée ouest *(Gulf Coast)*, également accessible par l'US 41, à ***Everglades City,*** sur le golfe du Mexique *(tlj 24h/24)*.
- ***Tarifs :*** *30 $/véhicule ou 15 $/piéton ou vélo. Ticket valable 7 j. pour ttes les entrées du parc. Gratuit avec l'*Interagency Annual Pass *(pass des parcs nationaux).*
- ***Avant d'entrer dans le parc :*** faites le plein d'argent, d'essence et de nourriture pour pique-niquer. Prévoir également eau, chapeau, crème solaire, vêtements légers mais couvrants, ainsi qu'un ***répulsif antimoustiques efficace*** en été (surtout après les grosses pluies ou au moment du lever/coucher du soleil, et si vous partez sur le *Wilderness Waterway*).
- ***Il est interdit de fumer*** sur les sentiers du parc à cause du risque d'incendie.
- ***Urgences 24h/24 :*** ☎ 911.

À faire à l'extérieur du parc – Tour en *air boat*

L'*air boat* (hydroglisseur) est un ***bateau à fond plat qui glisse sur l'eau et sur les surfaces de boue ou d'herbes,*** propulsé par une hélice aérienne. On commence la balade moteur coupé et croquettes en main, les animaux connaissent les horaires : alligators, tortues au nez pointu, échassiers... On bouche ensuite ses oreilles (coton ou casque fourni) et l'*air boat* s'élance à fond les manettes, moitié sur l'eau, moitié dans l'air. Pas franchement écolo (d'ailleurs, l'*air boat* ne se pratique qu'en dehors du parc) et plutôt cher, mais sensations garanties, surtout quand le pilote s'amuse à faire des dérapages dans les virages. Les enfants et ados adoreront !

De ***nombreux prestataires émaillent l'US 41*** autour de Shark Valley, ainsi qu'à Everglades City. Sinon, à proximité de Florida City, l'*Alligator Farm* propose ces virées atypiques.

Buffalo Tigers Airboat Tours : *29701 SW 8th St (US 41), West Miami. ☎ 786-795-3487. • buffalotigerairboattours.com • Tlj 9h-17h (dernier départ à 16h30). Résa non nécessaire. Tour de 45 mn avec 3 arrêts : 45 $/pers ; réduc.* Une petite compagnie qui permet d'éviter les usines à touristes. Les guides partagent leur passion et leur respect pour la nature environnante en alliant humour et commentaires intéressants. Gros avantage, seulement une dizaine de personnes sur chaque *air boat,* contre une grosse vingtaine en général. On marque un arrêt pour observer de très près les alligators, avant de visiter l'ancien village Miccosukee pour découvrir un mode de vie particulier au cœur des Everglades. Assez court (45 mn), mais instructif et ludique !

Everglades Alligator Farm : *40351 SW 192nd Ave, à* **Homestead.** *• everglades.com • Bien fléché depuis la route 9336 vers l'entrée Ernest F. Coe du parc. Tlj 9h-17h30. Arrivée conseillée avt 15h. Durée de la balade : 20-25 mn. Tarifs : à partir de 32 $; 24 $ enfants ; gratuit moins de 4 ans ; réduc sur Internet ou nombreuses brochures.* Au retour de la virée en *air boat,* on visite la ferme aux alligators. Petits shows à 11h, 14h et 17h, où l'on peut caresser des bébés alligators (hmm...) et apprécier toutes les différences avec leurs cousins crocodiles. Repas des alligators à 12h et 15h. À 3-4 ans, la bête est tuée et transformée en ceinture pour les messieurs, en sac pour les dames et en steaks pour tout le monde... ! D'autres petits shows où sont présentés plusieurs serpents de Floride. Bon, vous l'aurez compris, on recommande des excursions plus naturalistes (type en canoë ou en kayak), respectueuses de l'environnement et de la cause animale.

ERNEST F. COE (ROYAL PALM ET FLAMINGO)

À 17 km au sud-ouest de Florida City par la FL 9336, l'entrée *Ernest F. Coe (ouv 24h/24)* est considérée comme l'accès principal au parc. De là, on atteint d'abord *Royal Palm* puis, par une route de 60 km, *Flamingo* à la pointe sud de la Floride continentale. Au programme de cette portion orientale du parc : sentiers de randonnée pédestre et circuits en canoë, à *West Lake* notamment. Attention : prévoir une protection contre les moustiques et le soleil, sacrément coriaces !

Adresses utiles

Ernest F. Coe Visitor Center : *40001 SR 9336. ☎ 305-242-7700. Juste avt l'entrée du parc. Tlj 8h (9h de mi-avr à mi-déc)-17h.* Ce principal *Visitor Center* du parc propose de belles présentations de la vie sauvage, un film et toutes les infos nécessaires pour explorer le parc, dont un plan très bien fait et une petite doc en français.

Royal Palm Information Center : *à 6 km à l'ouest de l'entrée (fléché à gauche depuis la route principale). ☎ 305-242-7237. Tlj 10h-16h.* Infos sur les randonnées organisées en hiver et sur les sentiers environnants. Propose aussi des balades guidées à vélo et *slough slog,* à savoir les pieds dans le marécage.

Flamingo Visitor Center : *☎ 239-695-2945. Tlj 8h-17h (hors saison, horaires limités).* Propose des randonnées et balades guidées dans la mangrove et sur la baie de Floride.

Station-service et ravitaillement : *pompe à essence* sur la marina *(8h-19h).* Mieux vaut quand même faire le plein avant d'entrer dans le parc. Également une petite *boutique-épicerie* à la marina.

■ ***Location de vélos, canoës et kayaks, excursions en bateau :*** *à la marina.* ☎ *855-708-2207. • flamingoeverglades.com • Tlj 8h-17h. En hiver, résa conseillée. Loc de canoës et kayaks (2h) env 20-28,50 $; vélos à partir de 15 $/adulte (2h). Divers forfaits et loc à la journée.* Pour les canoës, voir également avec l'auberge de jeunesse de Florida City ou auprès des *Visitor Centers.*

Où camper ?

Long Pine Key Campground : *à 10 km d'Ernest F. Coe. Infos et résas :* ☎ *855-708-2207. • flamingoeverglades.com/camping • Ouv seulement nov-fin avr. Emplacements 30-35 $.* En pleine nature, dans une forêt de pins maigrichons, les emplacements sont bien au large, clairement délimités, avec chacun son barbecue, sa table et ses bancs. Douches froides. Les Robinsons apprécieront !

Flamingo Campground : *à Flamingo Village. Infos et résas :* ☎ *855-708-2207. • flamingoeverglades.com/camping • Mêmes tarifs et confort qu'à* Long Pine Key. Quelques palmiers et autres arbres fournissent un minimum d'ombre, et la mer toute proche assure la ventilation. Propose aussi des *eco-tents (90 $),* sorte de tentes de safari avec lit et petite terrasse en bois.

Il existe aussi de nombreux ***sites de camping primitifs,*** accessibles seulement en bateau ou en kayak. Un permis (gratuit) doit être obtenu (la veille au plus tôt) au *Visitor Center* de Flamingo ou de la Gulf Coast.

Visites et balades de Royal Palm à Flamingo

On mentionne les balades dans l'ordre depuis l'entrée du parc jusqu'à Flamingo. Noter qu'elles ne sont pas connectées entre elles. On peut en enchaîner plusieurs dans la journée. Les chemins principaux sont aménagés pour les personnes à mobilité réduite. Certains peuvent être parcourus avec un *ranger* ; programme et horaires aux *Visitor Centers.*

Nike Missile Site HM 69 : *infos et résas auprès du* Visitor Center Ernest F. Coe. *Visite guidée (sur résa) de 1h30 ; rdv directement sur le site (bien fléché) ; GRATUIT.* Ce site est une relique de la guerre froide et du fameux épisode de la baie des Cochons, en 1962. Une crise entre Cuba et les États-Unis qui aura duré à peine quelques jours, mais qui aura fait trembler le monde, dans l'expectative la plus complète.

Randonnées pédestres

➢ ***Anhinga Trail :*** *accès à la hauteur du* Royal Palm Information Center. Une courte balade de 1 200 m, idéale pour les jeunes enfants, sur une petite route bitumée puis un large ponton sur pilotis qui s'enfonce au milieu du marais. La faune y est très riche : grands hérons cendrés, alligators (aisément visibles), tortues et parfois des ratons laveurs en fin de journée. Mais la star des lieux, c'est l'anhinga, un cousin du cormoran, aussi appelé oiseau-serpent, car seul son cou dépasse de l'eau quand il nage ! On croise aussi de nombreux panneaux routiers annonçant la rare panthère de Floride, dont on ne voit qu'exceptionnellement la couleur du pelage.

➢ ***Gumbo Limbo Trail :*** *à côté du circuit Anhinga.* Promenade de 20 mn à travers une végétation tropicale dense. Bien pour se familiariser avec la flore du site (nombreuses broméliacées – des orchidées, quoi !), car la faune est peu visible, sauf les moustiques, très nombreux !

➢ ***Long Pine Key Trail :*** *quelques km plus loin, sur la gauche de la route (panneau) ; commence au bout du camping.* Pour ceux qui veulent un peu pimenter leur exploration du parc, voici une boucle de 35 km, composée de route et de 11 km de chemins balisés à travers une forêt de pins et d'espèces végétales rarissimes, imputrescibles et insectifuges, où vivent opossums et ratons laveurs. À faire à pied ou à vélo.

➢ **Pinelands Trail :** *sur la droite de la route (panneau).* Encore une petite marche fastoche sur un joli sentier de 650 m de long, à travers une forêt de pins habitée par de nombreux animaux. Les *rangers* y organisent des randonnées guidées.

➢ **Pa-hay-Okee Overlook :** *à 20 km de l'entrée (panneau).* Ce sentier surélevé, long de 250 m environ, aboutit à une plateforme d'observation où l'on voit notamment de nombreux échassiers. Le lit marécageux de la Shark River s'étend à perte de vue, véritable fleuve d'herbes. D'ailleurs, *Pa-hay-Okee* signifie « les eaux verdoyantes ».

➢ **Mahogany Hammock Trail :** *à 35 km de l'entrée.* Promenade de 20 mn (800 m) dans un petit coin de nature tropicale particulièrement dense, où se cache le plus gros acajou des États-Unis. Vous y verrez des épiphytes (ces plantes qui poussent en utilisant d'autres plantes comme support) et des escargots colorés à la saison des pluies.

➢ **West Lake Trail :** *à 47 km de l'entrée, à gauche de la route.* Un sentier qui serpente sur 800 m au cœur d'une forêt de palétuviers bien enracinés dans la lagune.

Randonnées en canoë

Le parc propose **7 randonnées** en tout, du très court (*Bear Lake Canal,* 2,5 km) au très, très long (1 semaine et 250 km à parcourir !). Demander la brochure *Flamingo Canoe Trails.* Bien se renseigner sur la disponibilité des canoës pour la balade de votre choix et sur l'état du parcours (certains sont parfois inaccessibles). Possibilité aussi de s'adresser à l'auberge de jeunesse de Florida City.
Voici un aperçu de nos randonnées favorites.

➢ **Nine Mile Pond Trail :** *à env 45 km de l'entrée.* Petite boucle de 8 km (3-4h) pour découvrir la mangrove, qui abrite une vie incroyable.

➢ **Noble Hammock :** *un peu après la précédente.* Une boucle de 3 km (1-2h) pour se faufiler au travers de passages parfois étroits dans la mangrove. Se renseigner sur le niveau de l'eau en saison sèche.

➢ **West Lake Trail :** *à 50 km de l'entrée, sur la gauche de la route (panneau).* Circuit de 12 km (5-6h) qui longe les berges du West Lake et vous emmène jusqu'à Alligator Creek. Un programme déjà bien complet !

➢ **Florida Bay :** *au départ de Flamingo.* Des balades à sa guise dans une baie étrangement épargnée par les moustiques. Possibilité de débarquer sur Bradley Key et d'observer la vie marine de plus près. À éviter les jours de vent.

SHARK VALLEY

Sur l'US 41, à 62 km à l'ouest de Miami (Mile 36). Tlj 8h30-18h.
Ce secteur du parc des Everglades se résume à une boucle goudronnée de 24 km avançant dans la prairie inondée où l'on peut observer de très près une myriade d'alligators et d'oiseaux. En hiver, c'est tout simplement ex-tra-or-di-nai-re ! Le reste du temps, les animaux sont plus dispersés.
On ne trouve aucun hébergement dans le secteur immédiat, juste des campings primitifs dans la *Big Cypress Preserve,* dont certains le long de l'US 41 (voir plus loin). Shark Valley se situe en plein territoire tribal des Miccosukees, qui proposent de nombreux tours en ***air boat*** (pas tous recommandables).
La visite du *Miccosukee Indian Village* n'est pas franchement indispensable, à notre avis... Dans le genre, il vaut bien mieux aller voir le ***Ah-Tah-Thi-Ki Museum***

à ***Clewiston,*** au nord de la *Big Cypress Preserve* : *34725 W Boundary Rd. • ahtahthiki.com • Tlj sauf j. fériés 9h-17h (dernier accès au boardwalk à 16h). Entrée : 10 $; réduc enfants/groupes.*

Adresse et infos utiles

Visitor Center : *après l'entrée du parc. ☎ (305) 221-8776. Tlj 9h-17h.* Toutes les infos (y compris en français) pour bien explorer le site. Choix complet de bouquins pour les ornithologues. Pour les anglophones, organise d'intéressantes promenades guidées en saison.
– Attention, en haute saison, le parking est souvent plein dès 10h. Venir de préférence avant (ou après 15h). Par ailleurs, toutes les voitures doivent avoir quitté le parking à 18h.
– Penser à prendre eau, crème solaire, chapeau et de quoi manger. Fontaine à eau en libre accès au *Visitor Center* et distributeurs de snacks.

Comment faire le circuit ?

La ***boucle goudronnée de 24 km*** traverse la *sawgrass* (littéralement « herbe-scie »), parsemée d'îlots de végétation dense (palmiers, ficus, etc.) appelés *hardwood hammocks.* À mi-chemin, une tour de 19 m de haut offre une vue panoramique sur la prairie inondée.
Pour explorer Shark Valley, 3 options s'offrent à vous.
– ***En petit tramway sur pneus :*** *ttes les heures 9h-16h (seulement à 9h30, 11h, 14h et 16h de mai à mi-déc), pour env 2h de visite. Réserver en hte saison : • sharkvalleytramtours.com • Tarifs : 29 $; 15 $ 3-12 ans.* Sincèrement un peu attrape-touristes, mais les commentaires distillés par un naturaliste du parc sont instructifs.
– ***À vélo :*** *loc de vélos à l'arrière du Visitor Center. Tlj 8h30-16h (dernier retour à 17h). En hte saison, arriver tôt, car pas de résa possible. Tarif : 23 $.* La meilleure solution à notre avis, qui permet de parcourir toute la boucle en 3h minimum et de s'arrêter là où l'on veut. Le matin tôt, il fait plus frais et les oiseaux sont plus actifs. Les alligators, eux, sortent surtout quand le soleil monte.
– ***À pied :*** difficile de parcourir la boucle complète dans la journée. Toutefois, les 2 premiers kilomètres sont ceux où l'on voit le plus d'animaux, et on peut rebrousser chemin à sa guise.

À voir

La faune : elle est particulièrement riche ici, et vous verrez des alligators comme nulle part ailleurs. Quand ils ne pataugent pas dans les marais, ils se font rôtir sur le bas-côté, queue négligemment posée sur la bande de bitume... Croyez-nous, passer à vélo tout près d'individus de plus de 2 m donne des sensations fortes ! Plus inoffensifs, de nombreuses espèces de hérons (petits patapons... mais aussi grands, bleus, gris), des aigrettes en pagaille, des gallinules (des poules d'eau arc-en-ciel !), des balbuzards (les seuls rapaces pêcheurs) et des vautours à tête

ANIMAUX DE (MAUVAISE) COMPAGNIE

Les pythons de Birmanie, espèce invasive, prolifèrent après avoir été abandonnés par des particuliers dans les années 1980. Résultat : l'équilibre écologique des Everglades est compromis et la position dominante des alligators dans la chaîne alimentaire menacée. En 2019, une femelle de 5,20 m a été capturée (nouveau record) ! Des labradors et un beagle ont été spécialement entraînés pour traquer ces « envahisseurs » et leur montrer de quel « boa » ils se chauffent... Mais le recours aux chasseurs privés est encore le plus efficace.

noire (urubus) ou rouge (auras, plus rares). Les belles spatules roses se montrent parfois. Les tantales (cigognes américaines) et les ibis (les plus communs), au long bec orange incurvé, semblent préférer la *sawgrass*, vers le milieu du parcours.

BIG CYPRESS NATIONAL PRESERVE

« Le temps est venu de se préoccuper de ce qui se passera lorsque nos forêts auront disparu. »

Theodore Roosevelt (1908)

Cette réserve naturelle de 2 950 km² n'est pas gérée par le parc des Everglades, mais vous la traverserez forcément de Shark Valley (à l'est) à Everglades City (à l'ouest) par l'US 41. ***Gros avantage : l'accès aux sites est gratuit !***

Le paysage est ici bien plus boisé, avec ses cyprès des marais plantés dans des eaux noirâtres – d'où émergent leurs racines en forme de moignons. Si la variété naine (pas si petite, d'ailleurs) subsiste largement, le grand cyprès, lui, a failli disparaître sous la cognée des forestiers, pour finir en gouttière, siège de stade, fût à cornichons... ou cercueil ! On observe ici aussi très facilement alligators et échassiers, dont le tantale, seule cigogne d'Amérique. Il y a aussi d'innombrables anhingas (« oiseau-serpent »), hérons et aigrettes, des pics et dindons sauvages. Et puis c'est là que résident principalement les derniers spécimens de ***panthères de Floride.*** Il en resterait environ 200... Un sursaut depuis le point bas des années 1990 (une douzaine), mais plusieurs sont percutées par des véhicules chaque année. Attention donc à votre vitesse : 60 miles/h grand max en journée, 45 miles/h de nuit.

Adresses utiles

Oasis Visitor Center : *52105 Tamiami Trail East (Mile 54,9),* ***Ochopee.*** *• nps.gov/bicy • Mar-sam 9h-16h30. Fermé dim-lun.* Feuillet en français et carte détaillée. Personnel serviable et compétent.

Big Cypress Swamp Welcome Center : *33000 Tamiami Trail East (Mile 73,7). Tlj 9h-16h30.* Pour l'anecdote, à 3 km à l'est, sur l'US 41, notez le ***bureau de poste,*** qui serait le plus petit des États-Unis, toujours en usage !

Où dormir ?

La *Big Cypress Preserve* compte 8 ***campings*** sommaires *(résas : • recreation.gov • ; compter 10-30 $/nuit par emplacement),* la plupart disponibles selon le principe du 1er arrivé 1er servi. Tous ont des toilettes, mais aucun n'a de douches. ***Midway,*** situé contre l'US 41, dispose d'eau potable et d'électricité. On vous conseille plutôt ***Burns Lake,*** plus en retrait, ou ***Mitchell Landing,*** situé sur la *Loop Road* (mais gare aux serpents à sonnette, ici !). Attention, certains campings sont fermés de mi-avril à mi-août.

Dans un environnement parfaitement préservé, ***Big Cypress Gallery*** (voir juste après) propose un ***cottage*** *(tte l'année ; à partir de 395 $/nuit pour 4 pers, min 3 nuits)* et un ***bungalow*** *(295 $/nuit pour 2),* très bien aménagés mais très chers et souvent réservés longtemps à l'avance. La réservation offre une réduc de 20 % sur les écotours. En période creuse, il y a une petite chance de disponibilité en dernière minute. Promenades guidées et balades photographiques *(tlj ; 125-195 $).*

À voir. À faire

Loop Road : *débutant au Mile 39,6 de l'US 41, à 3,5 miles à l'ouest de Shark Valley. Bien indiquée en venant de l'ouest, pas du tt en venant de l'est (Miami) !* Accessible à tous les véhicules hors grosses périodes de pluie, la *Loop Road* réunit 25 km de pistes (côté ouest) et 13 km de goudron (côté est) pour un itinéraire alternatif très nature. On y chemine doucement au milieu des cyprès chauves (compter 1h), en essayant de repérer les alligators et oiseaux qui se cachent dans les trous d'eau formés sur les bas-côtés.
Un court ***sentier en boucle*** (800 m) et le très sauvage ***Gator Hook Trail*** (7,8 km aller-retour) permettent de s'enfoncer au-delà. Attention, sur ce dernier, en saison humide, on a de l'eau jusqu'aux genoux ! Une vraie aventure, entre alligators et mocassins (serpents). Bien suivre les marques jaunes pour ne pas se perdre.

Big Cypress Gallery : *52388 Tamiami Trail, sur l'US 41 (Mile 54,1).* ☎ *239-695-2428.* • *clydebutcher.com* • *Tlj 10h-17h, sauf principaux j. fériés.* Équipé de sa chambre photographique, Clyde Butcher, un vénérable barbu, immortalise en noir et blanc Big Cypress, les Everglades et les plus beaux espaces naturels américains, dans la tradition du grand photographe naturaliste Ansel Adams. D'autres photographes, notamment animaliers, sont exposés. Les prix sont très élevés, mais la galerie vaut le coup d'œil !

La « mare aux alligators » : *Mile 54,7.* Juste devant l'*Oasis Visitor Center,* les alligators ont pris possession d'une portion de canal. Ils sont très facilement observables, et de très près. Plein d'oiseaux leur tiennent compagnie.

HP Williams Picnic Area : *Mile 69,4.* C'est avant tout une aire de pique-nique, mais on peut y observer pas mal d'alligators et d'oiseaux depuis le *boardwalk.*

Turner River Trail : *départ au Mile 70,1.* Une belle descente en canoë de la Turner River, sur 16 km, depuis l'US 41 jusqu'à Chokoloskee, sur le golfe. Compter 5-6h. On traverse forêt de cyprès et mangroves basses. Pour une location et le transport, contacter *Ivey House (605 Buckner Ave N, à Everglades City ;* ☎ *605-323-9836 ;* • *evergladesadventures.com* • *iveyhouse.com* •*).*

Juste derrière le ***Swamp Welcome Center*** *(Mile 73,7),* un court *boardwalk* permet d'observer des lamantins en hiver ! Ils remontent là dès que la température de la mer fraîchit.

Marsh Trail : *à 13 miles à l'ouest de la bifurcation d'Everglades City.* On sort de la *Big Cypress Preserve* pour arriver au ***10,000 Islands National Wildlife Refuge,*** plus à l'ouest. Du parking, un court sentier (800 m) mène jusqu'à une tour d'observation, où les amateurs d'ornithologie se donnent rendez-vous une demi-heure avant le coucher du soleil. Des centaines d'ibis, de tantales, de hérons bleus et d'aigrettes déferlent alors vers ce lieu, où chacun rejoint ses quartiers dans sa propre rookerie (colonie d'oiseaux). Le sentier se poursuit au-delà, mais inutile de faire plus de 200 m.

GULF COAST (EVERGLADES CITY)

À l'extrémité ouest des Everglades, un peu à l'écart de l'US 41, se trouve la modeste bourgade d'Everglades City, à seulement 59 km de Naples – qui marque le début de la côte ouest. Capitale mondiale du crabe caillou noir (« stone crab ») d'après les locaux, qui ne rechignent pas sur les fruits de mer. Oh, rien d'affriolant au 1er coup d'œil, mais le golfe du Mexique est à 2 pas et, avec lui, le dédale verdoyant des ***10,000 Islands.*** Un archipel très sauvage multipliant les îles, les plages sauvages et les mangroves, où l'on peut espérer observer dauphins et lamantins. On ne peut s'y aventurer qu'en bateau ou en kayak, à moins de sacrifier à l'incontournable *air boat.*

À quelques kilomètres, sur sa propre île desservie par la route, **Chokoloskee** est mignonne avec ses maisons en bois et son vieux magasin-musée sur pilotis *(Smallwood Store ; tlj 10h-17h déc-avr, 11h-17h mai-nov ; 5 $, réduc).*

Adresses utiles

Gulf Coast Visitor Center : *815 Oyster Bar Lane, tt au bout d'Everglades City, sur la droite.* **Important :** le bâtiment, endommagé en septembre 2022 par l'ouragan Ian, est ***fermé jusqu'à nouvel ordre.*** Les ***services*** restent ***accessibles, mais limités. Pas d'eau potable sur le site.*** Pour plus d'infos, contacter le centre d'accueil *Reed* : ☎ *239-695-4758.* Centre des visiteurs du parc des Everglades. Infos sur les randonnées en canoë-kayak et ***permis pour les campings primitifs*** des *10,000 Islands* et du *Wilderness Waterway* (voir plus loin « À voir. À faire »). On y trouve aussi le concessionnaire proposant les sorties en bateau.

Location de kayaks : Everglades Adventures, *à l'Ivey House, 605 Buckner Ave N.* ☎ *239-932-7186.* • *evergladesadventures.com* • *Nov-avr, 8h-21h. Loc à partir de 55 $.* Propose locations et tours guidés, ainsi qu'un service de navettes pour rejoindre le départ des *waterways* ou être récupéré à la fin.

Où dormir ? Où manger ?

The Ivey House : *605 Buckner Ave N.* ☎ *239-695-3299.* • *iveyhouse.com* • *Double 189 $ (HT), petit déj inclus.* On peut agréablement passer la nuit dans l'une des grandes chambres bien tenues aux lits très confortables. Elles donnent toutes sur un patio avec petite piscine, fermé par des moustiquaires. Possibilité de louer des kayaks et de s'inscrire pour un tour organisé (voir « Adresses utiles »). Les mêmes proprios gèrent l'***Everglades City Motel*** *(309 Collier Ave ;* ☎ *239-695-4224 ;* • *evergladescitymotel.com* • *; à partir de 159 $),* un gentil motel aux chambres rénovées confortables, mais un poil bruyantes. Autres bémols : il faut faire le *check-in* et aller prendre son petit déj à l'*Ivey House.* Studios pour 4 un peu plus chers.

Camellia Street Grill : *202 Camellia St W.* ☎ *239-695-2003. Tlj 11h-21h. Plats 10-25 $.* Sur une belle terrasse-ponton décorée de flotteurs, les tables se dressent face aux bateaux, vue sur l'eau. Dans l'assiette plutôt copieuse : crabes, crevettes, mérou, alligator en sandwichs, salades ou tacos. Et les *air boats* qui tournent juste devant. Le chef s'en sort pas mal, ce qui permet d'avaler les prix un peu plus élevés qu'ailleurs (l'offre de restos ne brille pas dans le coin). Commande au comptoir, service à table.

Havana Cafe : *191 Smallwood Dr, à* ***Chokoloskee.*** ☎ *239-695-2214. À 6 miles au sud d'Everglades City (au bout de la route). Horaires d'été : tlj 8h-15h. Plats 9-20 $.* Si le sandwich œufs-chorizo et les haricots rouges du petit déj ne seront pas forcément à votre goût, vous apprécierez plus aisément les sandwichs et plats oscillant entre cuisine cubaine classique (relevée d'ail) et produits de la mer locaux. Les bananes plantains apportent leur note d'exotisme. En bonus : la belle terrasse entourée de végétation tropicale.

À voir. À faire

Museum of the Everglades : *105 W Broadway.* • *evergladesmuseum.org* • *Tlj sauf dim 9h-16h (17h sam). GRATUIT.* Installé dans la 1re blanchisserie du bourg, ce petit musée local se penche sur l'histoire d'Everglades City, développée dans les années 1920 comme base arrière des travailleurs employés à la construction du proche *Tamiami Trail* (la Highway 41). L'occasion d'apprendre que 2,5 millions de bâtons de dynamite furent utilisés à cet effet ! Il s'intéresse aussi aux autochtones qui peuplaient la zone, aux 1ers pionniers et aux pêcheurs.

Everglades National Park Boat Tours : *infos et résa au Visitor Center de Gulf Coast ou en ligne. ☎ 855-793-5542. • evergladesfloridaadventures.com •*
– ***Ten Thousand Islands Tour :*** *tlj, ttes les heures, 10h-16h (sauf 13h) de mi-déc à mi-avr, ttes les 2h le reste de l'année. Durée : 1h30. Tarifs : 40 $; 20 $ 5-12 ans ; réduc.* L'occasion de naviguer entre les îles couvertes de mangrove et de voir des dauphins en liberté ! Les *rangers* embarqués (2 fois par jour) vous aideront à repérer les lamantins ou à reconnaître pélicans, frégates et autres oiseaux marins.
– La compagnie devrait aussi bientôt à nouveau proposer un ***Mangrove Wilderness Tour,*** plus spécifiquement axé sur ce milieu très particulier et sa riche faune.

Wilderness Waterway : *au départ d'Everglades City jusqu'à Flamingo (dans le sens du courant). Obtenez votre permis de camper la veille auprès du Visitor Center (21 $, plus 2 $/j. par pers).* Un parcours incroyable de 160 km de rivières, lacs et plages sauvages, à découvrir en autonomie complète (eau incluse) en une bonne semaine de kayak avec, certains jours, des bivouacs nocturnes sur des pontons en bois *(chickees)*. Vraiment magnifique, mais ***uniquement pour les aventuriers aguerris*** et ceux qui ne craignent pas les moustiques... Ils sont des millions par endroits, et vous bien seul ! N'oubliez pas votre table des marées, pour ne pas ramer pour rien.

LES KEYS

• Carte Les Everglades et les Keys *p. 125*

Les Keys sont un étonnant chapelet de 1 700 îles, îlots et récifs coralliens qui s'égrènent sur 175 km, à la pointe sud de la Floride. Et comme, aux États-Unis, on fait tout en grand, une étonnante route enjambe les 42 détroits qui séparent les 43 îles principales : « l'autoroute de haute mer » *(Overseas Highway)*. Les chiffres sont parfois impressionnants : entre Knights Key et Bahia Honda Key, le pont mesure plus de 11 km ! À gauche, c'est l'Atlantique et ses eaux d'un bleu profond ; à droite, le golfe du Mexique et ses tons de turquoise et de lapis-lazuli. Au bout du bout, la route s'achève à Key West, le point le plus méridional des États-Unis, juste en face de Cuba. C'est de là qu'arriva Hemingway dans les années 1930, lorsqu'il posa le pied sur l'île pour la 1re fois, alors bastion des pilleurs d'épaves.
Aujourd'hui, Key West attire chaque année une noria de paquebots de luxe, tandis qu'automobilistes et *bikers* s'y pressent par la route. Alors évidemment, ça embouteille un peu, surtout le week-end ! Car Key West vit exclusivement du tourisme. Cela dit, la bourgade n'en a pas pour autant perdu son âme, avec ses vieilles maisons de bois de style *gingerbread* colorées,

CONCH REPUBLIC

Se sentant considérés comme une nation étrangère, les Keys ont proclamé leur indépendance en 1982 ! Depuis, le drapeau de la Conch Republic flotte au-dessus des bâtiments officiels, à côté de la bannière étoilée. L'indépendance est fêtée dignement chaque année pendant 10 jours, autour du 23 avril. Il existe même un passeport (vendu aux touristes) et un hymne national (enregistré par la Key Lime Pie Band !).

enfouies sous les palmiers et la végétation tropicale. Reste, aussi, un peu de cet esprit frondeur qui a forgé l'histoire des îles... Key West a longtemps été l'un des points de ralliement de la communauté homosexuelle du pays.
Plus calmes, même s'ils ont perdu une partie de leur charme consécutivement au passage de l'ouragan Irma en 2017, les autres districts, Key Largo, Islamorada, Marathon et Big Pine-Lower Keys, servent souvent de point d'ancrage aux amateurs de plongée, de *snorkelling* ou de pêche en mer.
Classé *National Marine Sanctuary* depuis 1990, l'archipel des Keys se prête admirablement à la plongée et au *snorkelling,* au kayak de mer, à l'observation des oiseaux et à la pêche au gros. Malgré la pression touristique, les Keys, assises sur le 3e récif corallien du monde, demeurent un véritable trésor écologique. Si les plages n'y constituent pas l'attraction majeure (pour la bronzette, mieux vaut rester à Miami), la baignade n'en demeure pas moins fort agréable, surtout en été quand l'eau dépasse les 30 °C !

DE LA VOIE À LA ROUTE...

Jadis accessibles uniquement par bateau, ***les Keys sortent de leur isolement en 1912,*** quand ***Flagler*** (personnage omniprésent dans l'histoire de la Floride) inaugure la ***voie ferrée reliant Miami à Key West.*** Le projet d'envergure n'est pas de tout repos : des ouragans frappent en 1906 (135 morts), 1909, 1910... Les coûts s'accumulent et Flagler est contraint d'emprunter pour poursuivre les travaux.
Dans les années 1920, des sections de route sont construites parallèlement vers Key Largo. Bientôt, seul manque un tronçon pour relier les 65 km entre Lower Matecumbe Key et No Name Key : 2 ferries font alors la navette. Mais l'***ouragan dévastateur*** qui s'abat sur la région le ***18 septembre 1926*** ravage tout sur son passage. Avec des vents enregistrés à plus de 240 km/h, les Keys et Miami sont balayés de la carte. La bulle immobilière qui s'était constituée depuis le début des années 1920 éclate, tant et si bien que le sud de la Floride entre dans la grande récession économique avant la crise qui frappe tout le pays en 1929. Puis ***les années 1930-1934 connaissent un véritable déclin ;*** faute de travail, de nombreux insulaires s'installent à Miami. Le ***cyclone meurtrier de 1935*** donne le coup de grâce à la ligne de chemin de fer, trop coûteuse à reconstruire. La compagnie jette l'éponge. Une partie des anciennes voies ferrées est encore visible dans les Lower Keys, créant un spectacle étonnant et très photogénique.
Le gouvernement fédéral rachète les ponts et prend l'option de remplacer la ligne par une autoroute, en reliant entre elles les portions déjà terminées. ***L'Overseas Highway (US 1) est achevée en 1938.*** Elle permet aujourd'hui de rallier Key West en 3h depuis Miami.

ÇA FAIT FLIPPER LE DAUPHIN !

De nombreux pays (Norvège, Belgique, Australie, Brésil) ont honni les delphinariums, jugeant cruel de capturer des dauphins pour les parquer dans des bassins, au contact stressant des touristes, entre autres conséquences néfastes d'une vie en captivité. Les États-Unis en revanche continuent d'autoriser ces pratiques : on peut donc avoir son moment de gloire avec Flipper. Mais autant le savoir : s'il sourit en permanence, cela ne signifie pas qu'il est heureux. Il mourra plus jeune que ses congénères libres.

UN ENVIRONNEMENT SOUMIS AUX ÉLÉMENTS

Les îles des Keys sont constituées d'***anciens récifs coralliens,*** qui ont émergé lors d'une régression glaciaire il y a de cela 85 000 à 11 000 ans, le niveau de la

mer ayant progressivement baissé de près de 110 m. Le réchauffement qui a suivi a, a contrario, vu les eaux remonter. Aujourd'hui, les Keys « culminent » au nord à 7,50 m au-dessus du niveau de la mer et guère plus de 1,20 m au sud, ce qui les rend très vulnérables en cas d'ouragan.
En ***septembre 2017,*** l'archipel a été la zone la plus durement touchée en Floride par l'***ouragan Irma,*** avec des vents à plus de 215 km/h. Si les dégâts ont été considérables, les réparations et opérations de nettoyage ont été menées rapidement pour accueillir les touristes dans les meilleures conditions, quelques mois après la catastrophe. Mais les Keys (à l'exception de Key West) y ont perdu une partie de leur âme. Les petites bicoques en bois et leurs vieux pontons en équilibre sur la mer, qui faisaient en grande partie leur charme, ont été reconstruits en béton, tandis qu'il a fallu évacuer les gravats et parfois même reconstruire parkings et voiries... La patine et le côté un peu « fouillis » se sont envolés, cédant leur place au neuf, au solide et au formaté. C'est pourquoi on vous conseille de concentrer votre visite des Keys dans la partie la plus éloignée de l'archipel, les ***Lower Keys et Key West,*** qui recèlent encore de belles plages et des coins de nature préservée, avec des constructions homogènes de style caraïbe et une végétation luxuriante. Une vraie carte postale !

Arriver – Quitter

➢ ***En voiture :*** compter ***3h*** pour couvrir les 215 km entre Miami et Key West, davantage le week-end. ***Stations-service*** tout le long (le gallon d'essence est un peu plus cher à Key West même). Si vous revenez des Keys pour prendre l'avion à Miami, prévoir une bonne marge, car il peut y avoir de la circulation. L'autoroute (***Florida Turnpike,*** payante – voir « Les péages autoroutiers en Floride » dans la rubrique « Transports. La voiture » du chapitre « Floride utile ») permet d'éviter la longue traversée du sud de la ville.

➢ ***En bus :*** env 4h30 de route entre Miami et Key West en direct avec ***Greyhound*** (● greyhound.com ●).
Miami Dade Transit : ● miamidade.gov ● La ligne n° 301 relie Florida City (SW 344 St/SW 2nd Ave) à Key Largo (MM 98), Tavernier (MM 87), Islamorada (MM 74), et certains continuent jusqu'à Marathon (MM 50, devant le *Publix*). Nombreux bus à l'aube pour les travailleurs, puis ttes les 1-2h pour Islamorada (trajet : 1h35 ; 2h10 jusqu'à Marathon).
Key West Transit : ● kwtransit.com ● Les *Lower Keys Shuttles* joignent Marathon (MM 53,5) à Key West (Whitehead & Eaton) via Bahia Honda, Big Pine Key, Stock Island et Key West Airport.
Keys Shuttle : ● keysshuttle.com ● En saison, env 6 transferts/j. en minivan depuis les aéroports de Fort Lauderdale et Miami jusqu'à Key West (via ttes les Keys principales). Pratique, mais nettement plus cher : env 143 $ pour 1 pers. Réserver 48h à l'avance.

➢ ***En avion :*** vols vers Key West depuis Miami et d'autres villes de Floride et des États-Unis. L'aéroport de Marathon est, lui, uniquement fréquenté par des vols privés.

➢ ***En bateau :*** le ***Key West Express*** (*plan détachable Key West, A1 ;* ● keywestexpress.net ●) assure 1-2 liaisons/j. tte l'année entre Fort Myers ou Marco Island, sur la côte ouest de la Floride, et Key West. Ouverture des guichets 1h30 avt. Durée de la traversée : 3h30. Compter 130 $ l'aller simple, 185 $ l'A/R (150 $ en réservant 8 j. avt pour un trajet effectué lun-jeu, ou 160 $ ven-dim) ; réduc. Venir 1h avt l'appareillage du bateau.

Comment se repérer sur la route des Keys ?

Sur tout le trajet, on se repère facilement avec les ***mile markers (MM),*** les bornes milliaires égrenées tout au long de l'*Overseas Highway.* Dans le sens nord-sud, le 1er MM débute au MM 126 après Florida City et le dernier est le MM 0 à Key West, à l'angle de Fleming et Whitehead Streets. À défaut de noms de rue, les numéros donnés aux adresses correspondent presque partout aux *mile markers* (le nº 92630, par exemple, est le Mile 92,6) SAUF à Marathon, où ils correspondent aux numéros de rues (le nº 12222, par exemple, est à la hauteur de la 122nd St).

Pour chaque adresse décrite dans le guide, ***nous indiquons la borne MM correspondante,*** ainsi que la position ***à droite* (bayside)** ou ***à gauche* (oceanside) *de la route*** par rapport à la direction nord-sud.

Infos utiles

– ***The Florida Keys & Key West :*** ● *fla-keys.com* ● Infos sur les hébergements, les activités, les transports, la météo avec les alertes ouragans, etc.

– La ***brochure gratuite « See Florida Keys »*** donne une vue d'ensemble des activités de la région avec quelques coupons de réduction. On la trouve dans les *Visitor Centers,* parfois utiles aussi pour réserver une chambre.

– ***Haute et basse saisons :*** du 1er décembre au 15 avril, c'est la pleine saison touristique, avec un pic du 15 février au 31 mars. La météo est alors plus agréable, mais les prix flambent.

– **Oceanside *ou* bayside ?** Mis à part à Key West, choisir son lieu de résidence n'est pas sans incidence dans les Keys. Côté *oceanside,* l'océan peut être agité et les plages rendues inconfortables en cas d'arrivée d'algues rouges. Côté *bayside,* en revanche, on est un peu plus épargné par le phénomène.

– ***Observer les dauphins :*** sur la route des Keys, plusieurs établissements proposent d'interagir avec les dauphins enfermés dans un bassin, tels *Dolphin Plus* à Key Largo, le *Theater of the Sea* à Islamorada ou le *Dolphin Research Center* de Grassy Key – où naquit Flipper, le héros de la série TV des années 1960. L'expérience, généralement interdite aux moins de 7 ans, coûte très cher et, bien souvent, le simple accompagnant (qui ne nage pas) paie aussi ! En outre, inutile de rappeler le stress causé par ce type d'interaction sur les dauphins. Une expérience à proscrire, donc... ***Il est largement préférable d'approcher les dauphins en bateau*** (*Dolphin Safari* à Key West propose une sortie de 3h par exemple, 120 $/pers) ***dans leur milieu naturel, sans les toucher.*** Ils nagent, plongent, chassent et batifolent parfois devant l'étrave du bateau...

– ***Plongée :*** les Keys recèlent un véritable paradis sous-marin, avec ***près de 500 épaves*** qui émaillent la barrière de corail. Certains gros navires ont été coulés volontairement pour créer des récifs artificiels. Parmi eux, 3 sont des musts absolus pour les plongeurs de bon niveau : l'immense *Vandenberg* (158 m) au large de Key West (c'est le 2e plus grand navire du monde coulé à dessein, il gît entre 12 et 43 m de profondeur), le *Thunderbolt* à Marathon, par 35 m de fond, et enfin le non moins considérable *Spiegel Grove* (155 m), qui se situe à 9 km des côtes de Key Largo, entre 18 et 40 m de profondeur. Autre spot à ne pas manquer dans le coin : le *Christ des Abysses,* situé à moins de 5 m de profondeur dans le John Pennekamp Coral Reef, copieusement recouvert de *Millepora* (corail de feu), alors pas touche !

KEY LARGO

La 1re des Keys doit une bonne partie de sa renommée au film *Key Largo,* interprété par Humphrey Bogart et Lauren Bacall – qui fut bien entendu tourné... à Hollywood. Cette longue bande de terre n'est pas la plus belle ni la plus authentique des Keys : très peuplée, elle s'étire du MM 110 au MM 87 le long de l'*Overseas Highway,* au trafic incessant. Les accès aux plages étant pour la plupart privés, Key Largo attire surtout les amateurs de fonds marins : plongeurs et adeptes du *snorkelling* rejoignent en bateau la barrière de corail pour explorer les récifs autour desquels gravite une myriade de poissons colorés. La municipalité s'est autoproclamée *diving capital of the world...*

BOUFFEZ DU LION !

Originaire de l'océan Indien, le lionfish *est considéré en Floride comme une espèce invasive, car il ne connaît pas de prédateur sur son territoire d'adoption et se reproduit à vitesse grand V. Du coup, à l'inverse du* catch & release *qui anime les parties de pêche du coin, la* Reef Environmental Education Foundation *basée à Key Largo, d'ordinaire fervente défenseuse du milieu marin, invite tous les pêcheurs à le cuisiner. Aujourd'hui, le* lionfish *figure à la carte de la plupart des restos !*

Adresses utiles

Florida Keys Visitor Center : *MM 106,* bayside *(repérez l'enseigne* Scuba Outlet*).* • *keylargochamber.org* • *Attention, ne pas confondre avec l'organisme privé situé 200 m avt (marqué* Visitor Center *sur le toit). Tlj 9h-18h.* Petite expo interactive et nombreuses brochures, dont le guide gratuit *Oh, rangers* des parcs nationaux de la Floride du Sud. Réservation gratuite d'hôtel.

Supermarché Publix : *MM 101.4,* oceanside*. Tlj 7h-22h.* Très grand et bien approvisionné, avec des rayons traiteur et boulangerie parfaits pour préparer un pique-nique.

Où dormir ?

Ce serait un sacrilège de rouler vers Key West de nuit ! Alors, si vous êtes en retard sur l'horaire, mieux vaut faire étape à Key Largo, Islamorada ou Marathon, pour reprendre la route au petit matin afin d'admirer le paysage.

Camping

Les campings, pas très engageants, bordent la *highway* (nuisances sonores) et sont plutôt aménagés à l'intention des camping-cars. Sans compter qu'il faut souvent réserver 1 an à l'avance !

John Pennekamp Coral Reef State Park Campground : *102601 Overseas Hwy (MM 102.5,* oceanside*).* • *reserveamerica.com* • *pennekamppark.com* • *Résa indispensable (accessible 11 mois à l'avance). Emplacement env 50 $.* Au cœur du parc, une petite cinquantaine d'emplacements sur sable de corail, parfois bien ombragés, parfois pas, distribués de part et d'autre d'un large ruban d'asphalte. Peu d'intimité. Sanitaires impeccables.

Chic

The Pelican : *99446 Overseas Hwy (MM 99.3,* bayside*).* ☎ *305-451-3576.* • *pelicankeylargo.com* • *Double env 200 $, petit déj inclus.* Une petite trentaine de bungalows dans un jardin tropical courant jusqu'au littoral. Certains abritent plusieurs chambres, parfois minuscules avec le lit enchâssé entre 2 murs (intéressantes pour les petits budgets), d'autres forment de vrais apparts pour 2, 4 ou 6 personnes avec ou sans cuisine, coin salle à manger et terrasse. Déco assez banale. Optez, si possible, pour les *waterfront suites* (plus loin de la route). BBQ, canoës et kayaks à dispo gratuitement. Bon accueil.

Plus chic

Coconut Palm Inn : *198 Harbourview Dr, à* **Tavernier.** ☎ *305-852-3017.* • *coconutpalminn.com* • *Au MM 92, prendre à droite sur Harbourview Dr en venant du nord. Doubles 219-410 $, petit* *déj (léger) inclus. Resort fee 23 $.* Ce gentil petit hôtel, posé au calme, en retrait de la *highway,* donne sur une petite plage artificielle face à la baie de Floride. Il abrite une vingtaine de chambres de taille variable (certaines sont vraiment petites et tournées vers le jardin). Très confortables et soignées, avec mobilier en bois foncé, frigo, micro-ondes et machine à café. Belle piscine. Les kayaks et *paddleboards* en prêt sont les bienvenus.

Azul del Mar : *104300 Overseas Hwy.* ☎ *305-451-0337.* • *azulkeylargo.com* • *Au MM 104.3* (bayside), *à côté de l'Amoray Dive Resort. Doubles 279-430 $.* ***Moins de 16 ans refusés.*** Cette villa blanche, posée face à la baie de Floride, abrite une poignée de chambres d'un excellent niveau de confort : d'un côté, les vues sur « jardin », un peu sombres (car tournées sur un terrasson aveugle) ; de l'autre, les vues sur la « mer » (plein cadre), beaucoup plus attrayantes. Toutes disposent d'une cuisine et s'apparentent à des studios assez spacieux. Le proprio, un Anglais de Manchester, parle plutôt bien le français ; il loue des kayaks et organise des balades en bateau sur le *reef* ou dans les Everglades (pas données toutefois).

Où prendre un petit déjeuner ? Où manger ? Où boire un verre ?

Spécial petit déjeuner

Doc's Diner : *99696 Overseas Hwy (MM 99.7,* bayside*).* ☎ *305-451-2895. Tlj 6h-14h. Autour de 10 $.* Fondé par un ancien médecin (d'où le nom), un lieu incontournable sur la route des Keys. La carte du petit déj est impressionnante : *eggs Benedict,* omelettes, *burrito,* pancakes, gaufres, mais la spécialité de la maison, c'est un méga-sandwich *(The Champ)* constitué d'une galette de pommes de terre, d'œufs et de corned-beef, le tout noyé dans une sauce blanche à la saucisse à vous retourner le foie ! Plein à craquer de locaux.

Harriette's Restaurant : *95710 Overseas Hwy (MM 95.7,* bayside*).* ☎ *305-852-8689. Tlj 6h-15h. Moins de 10 $.* Ce petit *diner* de bord de route aux rideaux de grand-mère est installé dans une maisonnette en bois jaune et turquoise. Les habitués affluent, attirés par les œufs *Benedict* aux conques et les muffins du jour (dont le *Key lime muffin,* qui ravit ici la primeur à la *pie*). Ambiance familiale.

À tester aussi, le ***Mrs Mac's Kitchen*** et le ***Key Largo Conch House*** (voir plus loin) pour leurs menus « breakfast ».

De bon marché à prix moyens

Cafe Moka : *91731 Overseas Hwy (MM 91.9,* oceanside*), à* ***Tavernier.*** ☎ *305-453-6271. Tlj 8h-14h30. Sandwichs/salades 12-14 $.* Les patrons, originaires de Perpignan, ont posé leurs valises ici en apportant leurs recettes de quiches et de viennoiseries (délicieux croissants), proposant aussi oranges pressées et tout un choix de bons cafés. Le tout à déguster dans la salle claire ou dans le petit *courtyard* gravillonné. Une bonne petite adresse.

Mrs Mac's Kitchen : *99336 Overseas Hwy (MM 99.3,* bayside*).* ☎ *305-451-3722. Tlj sauf dim 7h-15h. Plats 8-18 $.* Le resto « historique », notre préféré, se trouve en bord de route, *bayside* ; le nouveau *(99020 Overseas Hwy ; tlj sauf dim 11h-22h),* pas dénué de cachet non plus, un peu plus loin à gauche, entre les 2 doubles voies de la *highway.* L'ancien, pour y revenir, est une baraque bardée de plaques d'immatriculation. Dans l'assiette : excellents chilis (un must !) et *conch chowder* (chaudrée de conques), burgers, salades, sandwichs, poisson du jour, très bons *crabcakes* et mille et une autres choses entre terre et mer. Autre spécialité : la *Key lime pie* glacée. À tester aussi pour un brunch, avec une carte bien remplie.

Key Largo Fisheries Backyard Cafe : *1313 Ocean Bay Dr* (oceanside*).* ☎ *305-451-3784. Tlj sauf dim 11h-19h (18h dim). Plats 12-20 $.* Typique des Keys, cette poissonnerie propose de succulentes fritures de poisson frais (servies avec frites et *coleslaw*), de bons sandwichs au poisson (ou à la langouste !), des wraps, mais aussi du poulet. On avale le tout sur les grosses tables en plastoc imitation bois, tournées face au port de plaisance, en compagnie des pélicans et des mouettes.

Shipwreck's : *45 Garden Cove Dr. ☎ 305-453-3153. Tlj 11h-21h. Plats 10-15 $ le midi, jusqu'à 18 $ le soir.* Cette baraque en bois de récup et pièces de bateau recyclées est à l'image des Upper Keys : populaire, bon enfant et un poil chahuteuse certains soirs. Sa terrasse, avancée contre le port de pêche, s'adosse à une salle intérieure serrée autour d'un bar constellé de billets de 1 $. Au menu : la traditionnelle *comfort food* version « marine » avec, en prime, des frites de patate douce ou des *onion rings* à la noix de coco. Tout ou presque est frit (!).

On vous conseille également le ***Doc's Diner*** et ***Harriette's Restaurant*** (voir « Spécial petit déjeuner »), cette fois pour un déjeuner ou un dîner en toute simplicité.

De prix moyens à chic

The Fish House : *102401 Overseas Hwy (MM 102.4, oceanside). ☎ 305-451-4665. Tlj 11h30-22h. Sandwichs 14-21 $; pêche du jour env 23 $ le midi, 26-32 $ le soir (salades et pâtes moins chères).* Les amateurs de produits de la mer ne peuvent rater ce resto réputé, bastion de la Conch Republic. De l'extérieur, ça ne paie pas de mine, mais poissons et crustacés – livrés directement du producteur au consommateur – sont de 1er choix et cuisinés avec savoir-faire. Les prix sont un peu élevés, en revanche.

Key Largo Conch House : *100211 Overseas Hwy (MM 100.2, oceanside). ☎ 305-453-4844. Tlj sauf jeu 8h-22h (21h lun-mer). Plats 10-19 $ le midi, 12-30 $ le soir.* Cette mignonne maison de style *gingerbread* est séparée de la route par un rideau de végétation et entourée d'une terrasse agréable. La journée débute par les *tropical pancakes* aux fruits frais, pour se poursuivre avec *conch fritters,* salades, wraps, bons *fish tacos* et sandwichs originaux (poisson grillé du jour, *mahi-mahi*/coco/noix de macadamia, etc.). Poissons cuisinés le soir. Pour une pause goûter, belle carte de thés, cafés et smoothies. Accueil gentil.

Snappers Oceanfront Restaurant and Bar : *139 Seaside Ave (oceanside). ☎ 305-852-5956. Au MM 94.5, emprunter la Seaside Ave jusqu'à la mer. Tlj 16h (11h sam-dim)-22h. Musique live tlj vers 20h.* Même si l'on n'est pas pêcheurs dans l'âme, ce *snapper*-là est de ceux qu'on apprécie de ferrer ! Gentiment abritée dans une petite anse, cette équipe enjouée s'est installée à la base d'un ponton où viennent s'amarrer les bateaux. On lève son verre face à l'océan et on oublie tout le reste !

Achats

Scuba Outlet : *106010 Overseas Hwy (MM 106, bayside). Juste à droite du Visitor Center. Lun-sam 9h-18h, dim 10h-14h.* Repérez le requin blanc en plastique, gueule ouverte, qui émerge du toit ! À proximité de tant de merveilles sous-marines, une boutique pour acheter du matériel de plongée à prix honnêtes.

À voir. À faire

John Pennekamp Coral Reef State Park : *102601 Overseas Hwy (MM 102.5, oceanside). • pennekamppark.com • Tlj de 8h au coucher du soleil. Entrée : conducteur et véhicule 4,50 $, si 2 pers 8 $ puis 0,50 $/pers supplémentaire ; 2,50 $/piéton ou cycliste. Au Visitor Center (☎ 305-451-1202 ; tlj 8h-17h), infos sur le parc, son camping (voir « Où dormir ? ») et ses sentiers nature ; un film, quelques dioramas et aquariums. Aires de pique-nique.*

Vous voici donc aux portes de l'une des plus grandes barrières de corail au monde ! Le parc, étendu sur 40 km de long et 55 km de large, complète l'immense Florida Keys National Marine Sanctuary. Celle-ci s'étend plus au sud jusqu'aux Dry Tortugas, bien au-delà de Key West et englobe en tout plus de 7 500 km² de fonds marins.

Rien qu'au Pennekamp Park, le spectacle est grandiose : plus de 600 espèces de poissons et une quarantaine de variétés de coraux peuplent ses eaux, que l'on peut explorer de différentes façons en s'adressant à la ***Main Concession*** *(juste à côté du Visitor Center à l'intérieur du parc, sur le parking ; ☎ 305-451-6300 ; tlj 8h-17h).* Sur place, snack, douches, téléphones, et puis les activités suivantes :

- ***Snorkelling :*** pas vraiment d'intérêt de le pratiquer du bord, mieux vaut s'inscrire à une sortie organisée sur le *reef* *(plusieurs snorkelling tours/j. ; résa conseillée ; env 50 $ pour 2h30).* Le 1er tour de la journée est préférable (moins de monde et l'eau est souvent plus claire grâce à l'absence de vent). En général, une escale est incluse aux Dry Rocks sur le site du *Christ of the Deep* (« Christ des Abysses »), une statue ancrée par 7 m de fond depuis 1965.
- ***Paddle, canoë et kayak :*** on vous file un plan, et c'est parti pour un très agréable circuit de 4 km dans un beau paysage de mangrove *(kayak 15-20 $/h, paddle 30 $/h).* Un moyen idéal pour découvrir les nombreux oiseaux et ratons laveurs. En revanche, aucune chance d'atteindre le *reef* : il est à 5 km au large.
- ***Glass bottom boat** (bateau à fond de verre) :* *3 départs/j., pour 2h30 d'excursion.* Déconseillé à ceux qui ont le mal de mer... car les récifs visités sont situés à une dizaine de kilomètres au large. Pas de visite du *Christ of the Deep,* les eaux y sont trop peu profondes.
- ***Scuba Tours :*** *infos et résas au Gold Palm Dive Shop, situé à droite du Visitor Center. ☎ 305-451-6322.* Plongée avec bouteilles. Si vous avez déjà votre brevet *PADI Open Water,* 2 sorties possibles par jour (à 9h et 13h30). Si c'est votre 1re expérience, tentez donc le *resort course* : instruction dès 8h30 dans la marina pour plonger dans l'après-midi. Possibilité également de passer son brevet *PADI Open Water...*

Laura Quinn Wild Bird Sanctuary : *93600 Overseas Hwy (MM 93.6, bayside). • missionwildbird.com • Tlj du lever au coucher du soleil. Entrée libre (donation de 10 $ suggérée).* Il existe plusieurs de ces centres dans les Keys, où des volontaires se consacrent à soigner les oiseaux. Vous pourrez y voir des dizaines de pélicans, des aigrettes, des ibis, des hérons, des chouettes, des grands ducs et des rapaces dans leurs cages – et plein d'autres, aussi, en liberté mais fort peu farouches. Nourrissage des pélicans tous les jours à 8h et 14h30.

African Queen : *MM 99.6, oceanside. ☎ 305-451-8080. • africanqueenflkeys.com • Départ depuis Marina del Mar. Balade de 1h30 : 59 $; réduc.* Avis aux cinéphiles : on peut voir sur le port l'*African Queen,* le célèbre (petit) bateau du film homonyme qui réunit en 1951 Humphrey Bogart et Katharine Hepburn. Entièrement restauré, il propose de courtes balades sur les canaux environnants. Cher.

➢ ***Florida Bay Outfitters :*** *104050 Overseas Hwy (MM 104, bayside). ☎ 305-451-3018. • floridabayoutfitters.com • Tlj 9h-17h. Mangrove Tunnel Kayak Tour de 3h (kayak ou paddleboard), compter 60 $/pers.* Ce spécialiste de l'*outdoor* loue canoës, kayaks et *paddleboards* *(30 $ pour 2h de kayak, 45 $ pour 2h de paddleboard)* à ceux qui voudraient explorer les îles de la Florida Bay par eux-mêmes ; il organise aussi des visites guidées. Une bonne manière de comprendre l'enjeu écologique de l'écosystème des Keys au fil d'une balade qui va de la mangrove à l'océan – au cours de laquelle on voit pas mal d'oiseaux. Groupe de 6 à 8 personnes en général, mais possible à partir de 2 (plus cher). Sorties à *paddleboard* à la pleine lune également (donc 1 fois/mois).

ISLAMORADA

Islamorada (prononcer « Aïleumoreudeu ») tire son nom des Espagnols qui l'avaient baptisée « l'île pourpre ». C'est un spot mondialement connu de pêche au gros en général et au tarpon en particulier – une sorte de gros hareng verdâtre immangeable et très combatif, qui peut peser jusqu'à 80 kg. Physiquement parlant, les lieux jouent la continuité avec Key Largo : fin ruban de terre très construit de part et d'autre de l'*Overseas Highway,* pas vraiment serein. Islamorada a servi de cadre à la série Netflix *Bloodline.* Pour les fans, pèlerinage obligatoire au *Moorings Village,* la maison des Rayburn à l'écran (qui accueille un petit *resort* de villas ultra-chics). C'est à Islamorada que le rapport qualité-prix des hébergements et restos nous a semblé le plus acceptable.

Adresses utiles

Islamorada Chamber of Commerce Visitor Center : *87100 Overseas Hwy (MM 87.1, bayside).* ☎ *305-664-4503.* • *islamoradachamber.com* • *Tlj 9h-17h (16h sam, 15h dim).*

Supermarché Publix : *MM 83.2, bayside. Tlj 7h-22h.* Parfait pour se concocter un pique-nique.

Où dormir ?

Chic

La Jolla Resort : *82216 Overseas Hwy (MM 82.2, bayside).* ☎ *305-664-9213.* • *lajollaresort.com* • *Doubles 150-220 $.* Avec son architecture vaguement *Mid-century modern* aux couleurs acidulées, ce motel est l'un des tout 1ers construits à Islamorada. Fonctionnelles, la plupart des chambres possèdent un lit *queen size* et presque toutes une cuisinette (ou frigo et micro-ondes), balcon ou terrasse. Elles peuvent accueillir de 2 à 7 personnes. La moins chère, située à l'étage, n'a pas de cuisine. Celles donnant sur la plage et le golfe du Mexique (avec large baie vitrée) sont les plus chères, mais aussi les plus calmes. Une adresse discrète, d'un honnête rapport qualité-prix. Minipiscine, kayaks, *paddleboards* ou matériel de *snorkelling* et vélos à dispo.

De plus chic à très chic

Islander Resort : *82100 Overseas Hwy (MM 82.1, oceanside).* ☎ *305-664-2031.* • *islanderfloridakeys.com* • *Doubles 274-700 $ et plus. Resort fee 44 $.* Un *lobby* brillant de mille feux donne le *la* de cette très belle réalisation hôtelière où règne une ambiance « rilax » ! Ici, une centaine de chambres, allant de la *standard* – sans vue, tournée vers le jardin – à la *deluxe seaview,* balcon et tout le tralala. N'empêche, elles sont toutes plus ou moins équipées de la même façon : frigo, micro-ondes, machine à café. Le mobilier, vaguement colonial, leur donne un charme certain. Côté détente, belle et large plage, 2 piscines d'eau de mer chauffée, jacuzzi extérieur, 2 restos, matériel nautique en location accessible depuis le ponton en bois face au soleil levant (idéal pour taquiner la carangue). Les vacances, quoi !

Cheeca Lodge and Spa : *81801 Overseas Hwy (MM 81.8, oceanside).* ☎ *844-489-9664.* • *cheeca.com* • *Doubles à partir de 300 $. Resort fee 55 $.* Ce vaste domaine de 10 ha intègre un golf de 9 trous (inclus dans le *resort fee*), 4 courts de tennis, une lagune artificielle, un *snorkelling lagoon,* 3 piscines, dont une construite à même la (fausse) plage, 2 jacuzzis, un spa, un quai et un front de mer privés, 3 bons restos – on en passe et des meilleures. Pas routard pour un sou, c'est juste une oasis de grand confort pour amateurs de séjours « parfaits ». Les chambres, diverses et variées, sont toutes spacieuses, voire ultra-spacieuses, certaines avec cuisine. Les plus chères, face à l'océan, ont un large balcon où repose un jacuzzi rond rempli par le haut, façon cascade. Chic, chic, chic...

Où prendre un petit déjeuner ? Où manger ? Où boire un verre ?

Spécial petit déjeuner

Mangrove Mike's Cafe : *82200 Overseas Hwy (MM 82.2, bayside). ☎ 305-664-8022. Tlj 6h-14h. Compter 8-14 $.* Authentique : voilà le mot qui vient à l'esprit. Pancakes grands comme des assiettes, œufs très copieux et burgers énormes le midi s'avalent sur fond de déco rétro, voire de country à la radio. Les murs sont peints de poissons et couverts de photos souvenirs de pêche – dont une en compagnie de Bush Senior, *a great guy to share a bonefish flat with* (« un gars super pour une partie de pêche »).

De bon marché à prix moyens

Lazy Days Restaurant : *79867 Overseas Hwy (MM 79.9, oceanside). ☎ 305-664-5256. Tlj 11h-22h. Sandwichs 9-18 $ au déj, 17-23 $ le soir ; salades et soupes 7-27 $.* Lassé de la *highway* et de sa circulation ? Le *Lazy*, resto les pieds dans l'eau, lui tourne le dos ! Un petit ruban de sable blanc, 3 cocotiers, un ponton au pied duquel picorent des oiseaux de mer, une longue terrasse ombragée, et on oublie presque de regarder sa *conch chowder*, sa salade, son burger, pourtant copieux et servis avec rapidité. Rien n'interdit de se contenter d'un verre tout en profitant de la mer. Excellent expresso pour clore le repas...

M.E.A.T. : *88005 Overseas Hwy (MM 88, oceanside). ☎ 305-852-3833. Tlj 11h-21h (22h ven-sam). Burgers 11-17 $.* Bon, OK, on vous l'accorde, ce n'est pas l'adresse rêvée pour la Saint-Valentin ! Mais pour les burgers, paraît qu'il n'y a pas mieux dans le coin. La raison ? Ici, on le prépare à l'*Angus beef,* au *pulled pork* fondant (effilochée de porc comme dans le Sud), au poisson du jour, au chorizo maison... et on sert le tout avec des frites à la graisse de canard et un ketchup maison à base de tomates du coin ! On se parque sur les travées de tables en alu sous les auspices d'une tête de wapiti XXL, ou au bar, pour écluser l'une de la douzaine de bières proposées (échantillons gratuits). Il y a aussi les *adult only milk shakes... Guinness* et *Nutella* ! Musique rock bien forte ou TV pour pimenter l'ambiance.

Voir aussi ***Mangrove Mike's Cafe,*** décrit dans la rubrique « Spécial petit déjeuner ».

Très chic

Chef Michael's : *81671 Overseas Hwy (MM 81.7, oceanside). ☎ 305-664-0640. Tlj sauf dim 17h-22h. Plats env 20-54 $.* Envie d'une adresse plus raffinée pour une soirée en tête à tête ? *Peace, love and hogfish,* devise de la maison, vous confirmera la spécialité du lieu : le *hogfish,* alias labre capitaine, même si le plus commandé reste le *lionfish.* Tendre et goûteux, servi de manière plus imaginative qu'à l'accoutumée : à la créole, à l'asiatique, fusion ou juste grillé avec herbes et huile d'olive. Les carnassiers ne sont pas oubliés. Les cuissons sont parfaites, le service au poil, les vins au verre de bon aloi, quoique franchement pas donnés. Terrasse.

À voir. À faire

Diving Museum : *82990 Overseas Hwy (MM 83, bayside). • divingmuseum.org • Tlj 10h-17h. Entrée : 15 $ (réduc en ligne) ; 7 $ 6-11 ans.*

On y entre un peu dubitatif, mais on en ressort conquis. Un couple de médecins de l'Ohio, passionné de plongée, a fondé ce musée autour de sa collection privée. Il ravira tous ceux qui aiment faire des bulles sous l'eau. On y trouve un incroyable ensemble de scaphandres et de casques du monde entier, remontant pour les plus anciens aux XVIIe et XVIIIe s ! Certains sont des exemplaires uniques, comme le 1er casque de plongée mis au point par Halley (celui de la comète) en 1691. D'autres sont de vraies œuvres d'art. Toute une section expose des scaphandres originaux bricolés dans des hangars ou des garages... dont un fabriqué avec une chaudière ! Plus avant, on découvre le MarkV de l'US Navy (68 kg), alimenté à l'hélium, puis les énormes armures conçues pour les opérations à très grande profondeur (là, on atteint la tonne !).
La visite se fait en suivant un parcours ponctué d'ateliers pour les jeunes scaphandriers (feuillet au guichet).

MARATHON

Marathon est un spot de plongée très prisé qui offre, d'après les spécialistes, une meilleure visibilité que les eaux entourant Key West. On y embarque facilement pour une journée de pêche ou de découverte en kayak du *Curry Hammock State Park,* certainement le plus agréable du coin, avec ses plages pour une fois éloignées de la route. Chaque année en mars, la ville accueille le *Seafood Festival,* 2 jours de gastronomie et de festivités sur le thème de la mer qui attirent plus de 20 000 personnes. • *marathonseafoodfestival.com* •
Mais le meilleur reste à venir : l'*Overseas Highway* quitte Marathon vers le sud par le célèbre Seven Mile Bridge, le plus long de l'itinéraire, qui survole les eaux pendant 11 km ; au-delà, les Keys retrouvent leur visage nature.

LE MARATHON DE... MARATHON

Tous les ans au printemps se tient le Seven Mile Bridge Run, une des rares courses à pied entièrement au-dessus de l'eau du début à la fin, sur le plus long pont des Keys.

Adresse utile

🛈 ***Greater Marathon Chamber of Commerce :*** *12222 Overseas Hwy (MM 53.3, bayside).* ☎ *305-743-5417.* • *floridakeysmarathon.com* • *Tlj 9h-17h.* Infos très complètes, cartes marines des sites de plongée à dispo gratuitement. Demandez l'*Environmental Passport* pour ses réductions sur les attractions du coin.

Où dormir ?

Camping

⛺ Possible de camper au ***Long Key State Park*** *(MM 67.5)* et au ***Curry Hammock State Park*** *(MM 56.2).* ☎ *1-866-422-6735 (résas).* • *reserveamerica.com* • *Résa possible jusqu'à 11 mois à l'avance. Emplacement 49 $.* ***Attention,*** le camping du *Long Key State Park* est toujours en reconstruction suite au passage de l'ouragan Irma, renseignez-vous sur sa réouverture. Les emplacements pour tentes sont disponibles (1er arrivé, 1er servi). Quant au *Curry Hammock* : 28 emplacements gravillonnés, la plupart en plein soleil, sur une boucle largement conquise par les camping-cars (bien proches les uns des autres). En revanche, la plage, juste devant, est très jolie.

De prix moyens à chic

Key Colony Beach Motel : *441 E Ocean Dr. ☎ 305-289-0411. • kcbmotel.com • Doubles 160-240 $ selon saison (340 $ en fév), petit déj (léger) inclus.* Situé au bord de l'eau, ce motel blanc et bleu propose une quarantaine de chambres correctes, dans un endroit relativement calme. La plupart ont 2 lits doubles, une dizaine un *king,* toutes ont frigo et TV. Notre préférence va aux 4 petites « suites » pour 4-5 personnes, qui donnent sur la petite plage privée... un peu destroy, il faut bien l'avouer, suite au passage de l'ouragan Irma en 2017. Piscine. Machines à laver. Accueil variable.

Bonefish Bay Motel & RV Sites : *12565 Overseas Hwy. ☎ 305-289-0565. • bonefishbaymotel.com • Doubles env 180-250 $.* Pas bien loin de la route mais pourtant tranquille, ce tout petit motel géré par Mark, pêcheur devant l'Éternel, dispose d'une poignée de chambres proprettes avec kitchenette. La plupart possédant 2 lits *queen,* ça en fait une étape d'une nuit en famille appréciable, sauf si Mark vous emmène à la pêche, évidemment. Bon accueil.

De chic à plus chic

Tranquility Bay : *2600 Overseas Hwy. ☎ 844-209-6758. • tranquilitybay.com • Doubles env 220-550 $ (promos sur Internet).* Un endroit qui porte bien son nom ! Une oasis de tranquillité, idéale pour se ressourcer après une balade dans les Everglades ou pour rejoindre la ville de Key West. Déco *West Indies* revisitée, cocotiers, sable blanc, transats, resto, sports nautiques, tout est là pour satisfaire le confort des hôtes. Les appartements (1 à 3 chambres), sur 2 niveaux et hyper bien conçus (cuisine équipée, grande terrasse), conviendront aux amoureux comme aux familles ou aux bandes d'amis. Toutes les chambres ont vue sur la mer, sauf celles du *tropical garden,* proches de la route et forcément plus bruyantes. Le soir, on vous conseille vivement de boire un verre au *TJ's Tiki Bar* en admirant le coucher de soleil. Luxe, calme et volupté...

Où manger ?

Spécial petit déjeuner

The Stuffed Pig : *3520 Overseas Hwy (MM 49, bayside). ☎ 305-743-4059. Jeu-lun 7h-13h (12h dim). Fermé mar-mer. Petit déj et lunch env 8-20 $.* Avec son ouverture dès potron-minet, c'est le « porc » d'attache des pêcheurs qui partent aux aurores. Un tout petit bistrot à la déco archinulle, prolongé sur l'arrière par un *tiki garden* (une paillote) plein de chaises en plastoc et un petit jardin. Les sandwichs et omelettes aux fruits de mer tiennent au ventre, et la carte propose aussi burgers, paninis, wraps et *lunch platters* de toutes sortes. La maison organise le 1er mars de chaque année, à l'occasion du *National Pig Day,* une course de cochons dont la recette est reversée à une œuvre caritative.

Prix moyens

Fish Tales Market & Eatery : *11711 Overseas Hwy (MM 53.1, oceanside). ☎ 305-743-9196. Poissonnerie lun-sam 10h-19h. Resto lun-ven 11h-20h ; fermé le w-e. Plats 8-18 $ le midi, 13-20 $ le soir.* Mi-poissonnier mi-resto (et surtout resto !), la maison est ultrapopulaire auprès des locaux le midi (lunch servi jusqu'à 16h) avec ses prix planchers. En vedette bien sûr, le poisson, généralement frit (ou grillé comme le thon). Le *catch of the day* est d'un excellent rapport qualité-prix, et les desserts vraiment abordables. Simple et bon.

Keys Fisheries : *3502 Gulfview Ave. ☎ 305-743-4353. Tlj 10h (13h pour le bar à l'étage)-20h. Sandwichs 13-27 $; plats 15-39 $.* Ce vaste entrepôt ouvert à tous les vents s'entoure d'une étroite terrasse en U donnant sur l'eau, avec tables et bancs en bois. Mis à part quelques plats du jour à l'ardoise, ici, la spécialité, c'est le *lobster reuben,* que l'on commande au comptoir avant d'aller s'asseoir. Si vous voulez sacrifier à la tradition de ce gros sandwich de pain frit à la langouste et à la choucroute, demandez-le sans fromage... et n'oubliez pas de donner votre nom, on vous appellera quand ce sera prêt ! Sinon, grimpez au bar (interdit aux moins de 21 ans) pour vous régaler de pinces de crabe (de mi-octobre à mi-mai) et ceviches en provenance directe de la poissonnerie attenante. Un classique des Keys.

Où boire un verre ?

Porky's Bayside : *1410 Overseas Hwy (MM 47.5, bayside). ☎ 305-289-2065. Juste avt le célèbre Seven Mile Bridge. Tlj 8h-22h.* À coup sûr, l'esprit de Hemingway hante encore cette baraque de bric et de broc ouverte en 1950 entre chenal et *highway.* On y grille du bœuf et du cochon, et on y descend des bières à longueur de journée. Sur les coups de 18h, quand se termine l'*happy hour* (eh oui, ici ça commence à 15h !), un groupe vient pousser la chansonnette.

À voir. À faire

Long Key State Park : *MM 67.4, oceanside. • floridastateparks.org/park/Long-Key • Tlj de 8h au coucher du soleil. Tours guidés ven à 11h. Entrée : conducteur et son véhicule 4,50 $, si 2 pers 5,50 $ puis 0,50 $/pers supplémentaire ; 2,50 $/piéton ou cycliste.* À mi-chemin d'Islamorada et de Marathon, ce petit coin de nature sauvage enserre une mangrove à explorer en kayak (en location) – un *canoe trail* a même été tracé. Plage de sable immaculé, mais les eaux sont vaseuses et peu profondes. On y trouve aussi le *Golden Orb Trail,* un sentier en boucle d'un peu moins de 2 km en partant du *primitive campsite.*

Curry Hammock State Park : *56200 Overseas Hwy (MM 56.2, oceanside). • floridastateparks.org/park/curry-hammock • Tlj de 8h au coucher du soleil. Quasiment les mêmes tarifs que ci-dessus. Loc de kayaks simples, doubles et de paddleboards.* Étendu sur environ 400 ha, le parc est surtout fréquenté pour sa toute petite plage retirée de la route, face à laquelle on trouve aires de pique-nique et barbecue, ainsi que des jeux pour enfants (sans oublier le camping le plus agréable des Keys ; voir « Où dormir ? »).

Sombrero Beach : *en venant du nord sur l'US 1, au niveau du MM 50, prendre Sombrero Beach Rd à gauche, juste avt le Publix, et la suivre tt au bout, vers le sud.* Une des rares plages publiques (donc gratuites) dans le coin ! Longue et belle, avec du sable fin et même quelques cocotiers pour se mettre à l'ombre. Elle est au calme, éloignée de la route. Eaux peu profondes, idéales avec des enfants. Un endroit tout trouvé pour pique-niquer avec jeux, toilettes et douches.

Crane Point Museum & Nature Center : *5550 Overseas Hwy (MM 50, bayside). • cranepoint.net • En principe, lun-sam 9h-17h, dim 12h-17h. Entrée : 16 $; réduc ; gratuit jusqu'à 5 ans. Prévoir 1h30 de visite.* Ce petit bout de forêt de *key thatch palm* (une sorte de palmier de la région), subsistant en plein cœur de Marathon, abrite un petit musée d'histoire naturelle et plusieurs sentiers. On y découvre l'une des toutes 1res maisons de pionniers des Keys *(Adderley House),* typiquement bahaméenne avec ses murs en pierre de corail et sa cuisine séparée. Plus loin, le *Wild Bird Center* s'est donné pour mission de soigner les oiseaux blessés.

Turtle Hospital : *MM 48.5, 2396 Overseas Hwy. • turtlehospital.org • Tlj 9h-18h. Visites guidées de l'hôpital (obligatoires et en anglais) de 1h30, ttes les demi-heures 9h-16h (dernier départ).* ***Résa conseillée à l'avance.*** *Entrée : 30 $; 15 $ 4-12 ans.*
Cet hôpital un peu particulier a ouvert ses portes au public en 1986 dans un ancien motel reconverti ! Une véritable nurserie pour ninjas de toutes les tailles et de toutes les couleurs, blessées par un filet, un hameçon ou une hélice, ou malades de la pollution (90 % des animaux traités ont des tumeurs). Leur mission : *Rescue, Rehab, Release* (« sauver, soigner, relâcher »).
Le tour permet de rencontrer, selon les périodes, 3 ou 4 des 5 espèces de tortues de mer de la région (parfois jusqu'à 300 pensionnaires), avec visite des urgences, de la salle d'opération et du bassin (l'ex-piscine du motel) où les convalescentes récupèrent avant d'être relâchées. Vous assisterez d'ailleurs peut-être à l'arrivée d'une patiente en ambulance ou en hélicoptère.

FILLE OU GARÇON ?

Les tortues ont une particularité surprenante, qu'elles partagent d'ailleurs avec les crocodiles. Quand les femelles pondent leurs œufs, elles les enterrent dans le sable à une profondeur variable. Plus l'œuf est enfoncé, plus sa température est basse. C'est cette différence de chaleur qui détermine le sexe des petits (et non les chromosomes) ! Les mâles viennent ainsi du froid et les femelles du chaud.

Pigeon Key : *• pigeonkey.net • Accès par bateau. Rdv au Visitor Center situé 2010 Overseas Hwy (juste après l'hôtel Courtyard Marriott en venant du nord). Tlj 9h30-16h. Pas de résa : 1er arrivé, 1er servi. Bateaux à 10h, 12h et 14h ; retours à 12h20, 14h20 et 16h. Compter 25 $/pers ; réduc.* Au début des années 1900, l'îlot de Pigeon Key (2 ha), ancré juste à côté du Seven Mile Bridge, servit de camp aux travailleurs qui le construisaient. Désormais classés, les lieux abritent quelques bâtiments d'époque et un petit musée retraçant l'épopée du chemin de fer de Flagler. On y trouve aussi une petite plage où l'on peut faire du *snorkelling* (prévoir un pique-nique).

Snorkelling : à Marathon, 2 sanctuaires marins sont particulièrement dédiés à la pratique du *snorkelling.* Le 1er, ***Coffin's Patch,*** est situé à environ 7 km de la plage. C'est un récif corallien avec une multitude de petits poissons. Pas trop impressionnant, car la profondeur varie entre 3 et 7 m ; quant à la visibilité, elle est d'une douzaine de mètres en moyenne. Le 2d spot, ***Sombrero Reef,*** est un tombant situé à environ 11 km du rivage, au niveau du phare du même nom. Là, si les conditions météo sont réunies, la visibilité peut atteindre 30 m ! En plus de ces 2 grands spots, il existe aussi de nombreux petits récifs dispatchés un peu partout, mais l'eau n'est pas toujours très cristalline.

Pêche en mer : Marathon donne l'occasion d'appareiller pour une partie de pêche en mer. Si la pêche au gros est plutôt réservée aux amateurs confirmés qui affréteront un bateau, on peut très bien pêcher des poissons plus petits en étant totalement novice et prendre part à une sortie en groupe. Pour ça, voici 2 adresses :

■ ***Florida Keys Reel Adventures :*** *☎ 305-481-0589. • floridakeysreeladventures.com • Résa impérative. Min 800 $ pour max 4 pers pour une sortie de 4h ; 50 $/pers supplémentaire, max 6 pers.* Possibilité de combiner sorties pêche et *snorkelling.*

■ ***Marathon Lady :*** *Marathon Lady Docks-Vaca Cut Bridge (MM 53, oceanside). ☎ 305-743-5580. • marathonlady.net • Résa impérative au min la veille. Tarifs : 65-75 $ la ½ journée. 70 pêcheurs max sur le bateau.* Dorothee vous accueillera pour votre partie de pêche tout compris : permis, matériel, etc.

Plongée : le spot de Marathon est indéniablement l'épave du *Thunderbolt,* un navire de 57 m coulé volontairement en 1986 pour en faire un récif artificiel. Situé par 30 m de fond, dans une position parfaite qui permet de le voir intégralement en une seule plongée, il est couvert d'éponges colorées et de coraux, offrant refuge aux poissons-anges et autres barracudas. La poupe du navire a été coupée de manière à montrer l'intérieur de la coque, et la salle des moteurs est gardée par plusieurs mérous géants. Voici un ***club de plongée*** recommandé pour son sérieux :

■ ***Captain Hook's Diving :*** *11833 Overseas Hwy (MM 53, oceanside). ☎ 305-743-2444. • captainhooks.com • À gauche juste après le pont. Départs à 8h30 et 13h (se présenter 1h avt). Résa de dernière minute par tél uniquement. Dès 109 $ la sortie de 4h env (matériel 32 $).* Membre de l'association *Blue Star,* garantie de sérieux, ce centre de plongée organise également des sorties de pêche en mer à la demi-journée ou à la journée, ainsi que des sorties *snorkelling.* Il dispose de 4 instructeurs agréés. Kayaks et *paddleboards* (en sortie accompagnée seulement).

Survol des Keys : ***Coastal Biplane,*** *à l'aéroport de Marathon (MM 52.3, bayside). ☎ 843-340-5079. • coastalbiplanetours.net • Nov-avr seulement, tlj 10h-17h30. Vols 10 mn-1h 120-660 $ pour 1 ou 2 pers.* Le biplan utilisé date de la Seconde Guerre mondiale et permet de s'offrir une vue plongeante sur le Seven Mile Bridge et les récifs coralliens. C'est beau mais, pour en profiter un minimum, il faut compter au moins 200-300 $ (jusqu'à Pigeon Key et voir le phare de Sombrero). Sur place, petit musée de l'aviation géré par des retraités passionnés *(mar-sam 10h-16h, dim 13h-16h ; fermé lun ; GRATUIT).*

BIG PINE – LOWER KEYS

Plus vastes, plus nombreuses, plus déchiquetées, les ***îles des Lower Keys*** offrent l'aspect le plus naturel de l'archipel. Exit les constructions tout au long de la route, bonjour la verdure ! La raison ? La présence d'eau potable et de sources pérennes à Big Pine Key et No Name Key. Malgré son développement depuis 2 décennies dans le sillage de l'envolée des prix de l'immobilier à Key West, Big Pine tient encore un peu de la carte postale qui a bâti l'image des Keys, avec ses petites maisons de bois bordant pontons et canaux et ses tapis de gazon bien arrosés qui attirent, chaque soir, les mignons petits cerfs des Keys *(Key deer)* – une espèce endémique. Une petite base nautique située au pied du pont menant à No Name Key est l'endroit idéal pour partir, en kayak, à la découverte de la mangrove au coucher du soleil.

CONCERT SOUS-MARIN

Un festival sous-marin a lieu chaque année depuis plus de 30 ans vers la mi-juillet, à Big Pine Key. De la musique est diffusée via des haut-parleurs subaquatiques, pour sensibiliser les plongeurs à la protection de l'unique barrière de corail vivant des États-Unis.

Adresse utile

Lower Keys Chamber of Commerce : *31020 Overseas Hwy (MM 31, oceanside), à Big Pine Key. • lowerkeyschamber.com • Tlj sauf dim 9h-17h (15h sam).* Infos sur les activités et hébergements du coin.

Où dormir ?

Bahia Honda State Park : *36850 Overseas Hwy (MM 37, oceanside),* ***à Bahia Honda Key.*** *☎ 305-872-2353. • reserveamerica.com •*

Résa vivement conseillée, *possible 11 mois à l'avance. Emplacement env 50 $; chambres env 135-175 $.* Ce joli parc dispose de petits terrains de camping : ***Sandspur Campground,*** le plus agréable, ***Buttonwood Campground,*** un peu trop près de la route à notre goût et surtout squatté par les camping-cars, ou ***Bayside Campground,*** côté golfe du Mexique, donc de l'autre côté de la route et un peu proche de celle-ci aussi.

Barnacle Bed & Breakfast : *1557 Long Beach Rd, à Big Pine Key. ☎ 305-872-3298. • thebarnacle.net • Doubles à partir de 450 $, petit déj inclus.* ***Pas d'enfants de moins de 16 ans...*** Les options de logement à Big Pine sont très limitées et pas vraiment bon marché, mais cela reste envisageable, surtout en basse saison (de juin à mi-décembre). 3 chambres, 2 dans la maison à l'architecture biscornue pratiquement les pieds dans l'eau, une autre dans un cottage séparé noyé dans la végétation. Propres, pas désagréables, avec en prime, *oh my deer,* de petits cerfs des Keys qui viennent batifoler dans le jardin le matin et le soir ! Kayaks et vélos en prêt.

Old Wooden Bridge Marina & Resort : *1791 Bogie Dr, à l'angle de N Watson Blvd. ☎ 305-872-2241. • oldwoodenbridge.com • Dans la petite marina juste avt le pont qui relie Big Pine à No Name Key. Compter 180-270 $/j. pour les aqualodges, 170-230 $/j. pour les grands cottages, 155-205 $/j. pour les petits. Min 2 nuits.* Amarrés près du centre de kayak, 2 *aqualodges* (sortes de cottages flottants) pouvant accueillir chacun 6 adultes et 2 enfants, avec cuisine tout équipée, 2 lits *queen* dans 2 chambres séparées, une mezzanine pour 2 et un *sofa-bed.* Terrasse pour regarder les bateaux. Petite piscine juste à côté. Le proprio loue aussi 2 cottages sur la terre ferme à 2 pas de là, l'un avec 1 chambre, l'autre avec 2. Un bon camp de base pour les amateurs de virées en kayak.

Où prendre un petit déj ? Où manger ? Où boire un verre dans les parages ?

Bagel Island Sandwich Shoppe : *Key Deer Blvd. Dans le centre commercial* Winn Dixie *(local 205). Mar-jeu 7h-14h. Petits déj 5-8 $.* Pour un petit déj sur le pouce ou un en-cas en passant, vous trouverez ici bagels frais du jour, muffins et croissants, œufs et gaufres, mais aussi des salades et des sandwichs préparés à la commande le midi.

No Name Pub : *30813 N Watson Blvd, à Big Pine Key. ☎ 305-872-9115. Tlj 10h-minuit. Salades 10-15 $; pizzas 12-30 $ selon taille.* Il se mérite, ce bar tout en bois caché en retrait de la *highway.* Les gens du coin y jettent l'ancre depuis 1936. Ce fut d'abord une épicerie, avec bordel à l'étage... Au menu, rien que du très classique : salades, *nachos* pimentés à souhait et pizzas très *cheesy.* Mais le plus hallucinant, ce sont ces 450 000 billets de 1 $ punaisés du mur au plafond ! Demandez un feutre pour personnaliser le vôtre et l'agrafer, si vous trouvez la place !

Kiki's Sandbar Bar & Grill : *183 Barry Ave, à* ***Little Torch Key.*** *☎ 305-872-4500. Prendre la 1re rue à droite après le pont venant de Big Pine Key, c'est à 200 m. Dîner à la plage tlj 11h-23h, en salle mer-dim 16h-22h. Burgers 15-24 $, nachos 14-39 $; le soir, plats 17-32 $.* Grosse bicoque en bois face à l'eau. Un panorama en cinémascope à admirer à travers de larges baies vitrées. Les amateurs de brise marine resteront au rez-de-chaussée, dans un espace aménagé sous la maison, pratiquement sur la plage. Il y a même des hamacs. L'endroit idéal pour s'installer avec un verre ou grignoter sandwichs, salades, plats du jour au déjeuner. Le soir, c'est plus cher et ça ne les vaut pas vraiment. *Live music.*

À voir. À faire

Bahia Honda State Park : *36850 Overseas Hwy (MM 37, oceanside). ☎ 305-872-3210 (tours, loc) ou 305-872-2353 (camping). • floridastateparks.org/park/bahia-honda • Tlj de 8h au coucher du soleil. Entrée : conducteur et sa voiture 4,50 $, si 2 pers 9 $ puis 0,50 $/pers supplémentaire ; 2,50 $/piéton ou cycliste.* Ce petit parc occupe l'intégralité de l'île du même nom, grande comme un mouchoir de poche (2 km²). C'est la 1re sur laquelle on débarque en descendant du Seven Mile Bridge. Au nord, la bronzette est à l'ordre du jour sur le sable clair de *Sandspur Beach*. On peut aussi se prélasser sur *Calusa Beach,* côté golfe du Mexique. Le *snorkelling* est excellent : beaucoup de poissons et de coraux, parfois même des langoustes et des conques par moins de 2 m de fond – idéal avec les enfants ! Le concessionnaire du parc *(☎ 305-872-3210 ; • bahiahondapark.com • ; tlj 8h-17h, loc jusqu'à 15h30)* loue palmes, masques et tubas, ainsi que des kayaks. Il propose des sorties *snorkelling* d'environ 3h (1h30 dans l'eau) dans le Looe Key National Marine Sanctuary, à 9h30 et 13h30 *(résa conseillée).* Enfin, les *rangers* organisent des promenades commentées à la découverte de la mangrove. Petite cafétéria sur place *(tlj 8h-17h).*

Key Deer National Wildlife Refuge : Visitor Center *(lun-sam 10h-15h) au 179 Key Deer Blvd, à Big Pine Key. • fws.gov/refuge/National_Key_Deer_Refuge • Parc ouv tlj de 30 mn avt le lever du soleil à 30 mn après son coucher. Accès GRATUIT.*
En remontant le Key Deer Boulevard sur environ 5 km depuis la *highway,* on rejoint le site du ***Blue Hole,*** un petit lac d'eau douce. Quelques alligators y habitent aux côtés de gros poissons-chats, et des balbuzards pêcheurs nichent dans les pins sur la rive.
En reprenant le boulevard sur quelques centaines de mètres, on atteint le départ de 2 petits chemins aménagés : les ***Watson*** et ***Manillo Trails,*** ponctués de panneaux explicatifs sur la géologie, la flore, la faune. Bien lire le panneau concernant le *poison tree* (on traduit ?). Il est assez facile d'observer les *Key deers* un peu partout sur Big Pine Key, mais aussi sur No Name Key et surtout aux heures fraîches où le soleil se lève ou se couche. Ce ravissant petit cerf endémique, aux airs de daim, mesure au mieux 75 cm au garrot pour un poids de 20 à 35 kg. Sa population est estimée à un petit millier d'animaux, dont plus d'une centaine meurent, chaque année, d'une collision avec un véhicule. Alors, attention, roulez au pas !

➢ **Big Pine Kayak Adventures :** *1791 Bogie Dr, à l'angle de N Watson Blvd. ☎ 305-872-7474. • keyskayaktours.com • Dans la petite marina située juste avt le pont qui relie Big Pine à No Name Key. Tlj 8h30-17h. Tour découverte en kayak 3h 75 $/pers ; loc seule 35 $/j.* Une petite base nautique gérée par Bill, guide naturaliste et photographe professionnel, installé ici depuis des lustres. Il connaît les Keys comme sa poche et ses circuits tiennent compte d'une approche mesurée et respectueuse de l'environnement. Mention spéciale au tour en kayak dans la mangrove effectué au coucher du soleil. Loue aussi des kayaks pour ceux qui voudraient explorer le coin par eux-mêmes.

KEY WEST

• Pour les plans de Key West, se reporter au plan d'ensemble et au zoom détachables en fin de guide.

Point final de l'*Overseas Highway,* **à 240 km au sud-ouest de Miami,** la légendaire Key West pointe à l'extrême sud des États-Unis, à seulement 145 km de Cuba. Cette charmante petite ville est aux antipodes de l'architecture américaine habituelle : ici, pas de rue portant uniquement un triste numéro, pas de grands immeubles – ou si peu. Partout, au contraire, des arbres centenaires, des jardins foisonnants où prospèrent bouquets d'hibiscus, orchidées, bougainvillées, palmiers et autres tulipiers aux énormes fleurs rouge orangé, des habitants qui préfèrent la bicyclette à la voiture...

Key West ne grandira plus : ***les nouvelles constructions y sont interdites.*** Au centre, nostalgique à souhait, les rues sont bordées de maisons en bois de style caraïbe, impeccablement entretenues, toutes blanches ou bien peintes en rose, en bleu ciel, en vert menthe à l'eau. Toutes différentes, ces vieilles dames bordées de fins lambrequins dentelés, aux allures tantôt victoriennes, tantôt bahaméennes, constituent un ***ensemble d'une incroyable homogénéité.*** À cela s'ajoutent des jardins tout aussi soigneusement entretenus, garnis d'arbres et de plantes exotiques. Une belle carte postale ! Certaines demeures ont appartenu à des personnages illustres, le plus célèbre étant ***Hemingway,*** bien sûr ! Entre 2 voyages, de fréquentes sorties en mer et un nombre incalculable de daiquiris (les fameux « *Papa Doble* »), l'écrivain turbulent rédigea dans son pigeonnier certains de ses romans les plus célèbres : *Pour qui sonne le glas, L'Adieu aux armes, Les Neiges du Kilimandjaro,* entre autres. « Papa » Hemingway écrivit son 1er récit de fiction à l'âge de 10 ans ! Le carnet contenant la nouvelle a été retrouvé ici, en 2017. Aujourd'hui, Key West vit à son heure, avec sa maison-musée, son concours annuel de nouvelles et de sosies, et ses 2 bars fétiches... Là, le soir, autour de Duval Street, les familles cèdent la place aux fêtards. Les ruelles s'imbibent de rock, blues et country live, à l'heure où les *easyriders* garent leur Harley pour venir s'humecter la glotte à la bière.

HUMOUR NOIR

Fondé en 1847, le cimetière de Key West a vu passer bien des cortèges funèbres, dont quelques excentriques. Un certain Jose Abreu a inscrit sur sa pierre tombale ses 17 surnoms : Nuts *(cinglé),* Baldy *(crâne d'œuf)... Certaines épitaphes valent aussi leur pesant d'or :* « I told you I was sick ! » *(« je t'avais dit que j'étais malade ! »). Plus loin, une veuve a fait inscrire ces lignes :* « At least, I know where he's sleeping tonight. »

Bout de route, ultime dérive, Key West est aussi un refuge. Nombre d'***artistes*** et de marginaux en ont fait leur bastion. La ***communauté LGBT*** y possède sa propre église, où officient un pasteur et son mari.

Key West est bien sûr ultra-touristique. En saison, les prix sont délirants et la foule est garantie les week-ends. On vous conseille néanmoins de prévoir au moins 2-3 jours sur place pour bien profiter de ce patrimoine unique aux États-Unis.

UN PEU D'HISTOIRE

En ***1513,*** les conquistadors débarquent sur une île déserte, où ils découvrent un grand cimetière indien : la voici baptisée *Cayo Hueso* (l'« île aux Ossements ») – un nom que les Américains transformeront en Key West.

L'île, un temps britannique (1763-1783), redevient espagnole – mais sans jamais être vraiment gouvernée par quelque puissance que ce soit. Il faut attendre la ***vente de la Floride aux États-Unis (1819)*** pour voir les choses changer. Un commodore de l'US Navy en prend officiellement possession en 1822. Une importante ***population en provenance des Bahamas,*** les *Conchs,* s'y installe pour exploiter les éponges et le sel marin. Par ailleurs, le renflouage des épaves devient vite une activité très lucrative (voir l'encadré).

Le port en eau profonde, véritable clé stratégique sur le détroit de Floride (on parle du « Gibraltar de l'Ouest »), est investi par la marine américaine pour tenter de juguler la piraterie qui sévit dans toute la Caraïbe. En 1864, la fabrique

de cigares de Vincente Martinez Ybor quitte Cuba pour Key West. Des dizaines l'imiteront dans les années qui suivent, marquées par les combats cubains pour l'indépendance. L'***industrie du tabac*** apporte du sang neuf à la ville et, bientôt, 166 fabriques y produisent près de 100 millions de ***cigares,*** contribuant à la prospérité ambiante. Durant la guerre de Sécession, Key West reste aux mains de l'Union, malgré ses sympathies sudistes.
Un nouveau chapitre de l'histoire des Keys s'ouvre avec l'arrivée de ***Flagler*** et de son projet de ***chemin de fer.*** Mais un ouragan dévaste l'archipel à l'automne 1935, emportant de nombreux ponts.

PILLEURS D'ÉPAVES

Ici, autrefois, on était spécialisé dans la récupération des épaves. Lorsqu'on en découvrait une, il suffisait de s'écrier « wreck ashore » *pour en devenir propriétaire ! Vers le milieu du XIX*e *s, le développement du commerce maritime dans le golfe du Mexique vit de plus en plus de navires s'échouer sur les dangereux récifs du Florida Reef. Bientôt, le port de Key West compta une cinquantaine de bateaux officiellement habilités à conduire des opérations de récupération. Les précieuses cargaisons (bois, coton, argent) transformaient les pilleurs en nantis. Un temps, Key West fut même la plus grande et la plus riche ville de Floride !*

La ville, en partie désertée depuis les années qui ont suivi la crise de 1929, tombe dans une certaine léthargie. L'inauguration de l'***Overseas Highway en 1938*** renverse la vapeur, transformant peu à peu l'île en ***centre de villégiature pour artistes et écrivains.*** Hemingway puis Tennessee Williams s'y installent, contribuant à enraciner le mythe de la vie au grand air.
Key West devient touristique. Le président Truman y installe sa « petite maison blanche », les Beatles viennent s'y ressourcer en 1964 après leur tournée triomphale aux États-Unis, et le commun des mortels doté d'un certain pouvoir d'achat leur emboîte le pas. Aujourd'hui, Key West doit son développement au secteur touristique, la ville étant devenue aussi une escale de choix pour les grands navires de croisière.

Arriver – Quitter

✈ ***Key West International Airport*** *(plan détachable Key West, C2)* **:** *3491 S Roosevelt Blvd, au sud-est de l'île.* • *eyw.com* • Desservi par de nombreuses compagnies *(Delta, American Airlines, United).* Sur place : distributeur de billets, agences de location de voitures, etc.

Key West Transit : • *kwtransit.com* •
➢ ***Pour le centre de Key West :*** avec la ***South line*** (arrêt côté aéroport), tlj, ttes les 1h30 env, 6h30-19h30. Une option assez longue ; on fait le tour de Stock Island à l'est, avant de rejoindre le centre-ville, tlj 6h39-22h08, mêmes fréquences.
➢ ***Pour Big Pine Key et Marathon :*** voir « Arriver – Quitter » au début du chapitre des Keys.

Greyhound *(plan détachable Key West, C2)* **:** *3535 S Roosevelt Blvd, à l'aéroport (bureau 104).* • *greyhound.com* • *Tlj 7h30-11h, 16h30-18h.*
➢ Départs tlj pour ***Miami*** à 9h et 17h. À partir de 25 $.

Adresses et info utiles

Informations touristiques et services

Key West Chamber of Commerce *(zoom détachable Key West, A1,* ***1****)* **:** *510 Greene St, dans l'Old City Hall (1er étage).* • *keywestchamber.org* • *Tlj 8h (9h w-e)-17h.*

Key West Business Guild & Visitor Center *(zoom détachable Key West, A2,* ***2****)* **:**

LES EVERGLADES ET LES KEYS

808 Duval St. • *gaykeywestfl.com* • *Tlj sauf dim 9h-17h.* Bureau de promotion et d'infos touristiques du *Gay Key West.*

– ***Key West Vacation Pass :*** • *keywestvacationpass.com* • Vendu au prix de 55 $, ce *pass* donne droit à des réductions du type « 2 pour le prix de 1 » (dans certains musées, restos et attractions). Il est surtout utile pour qui prévoit des excursions. Attention, non valable les jours fériés. Il faut obligatoirement l'acheter en ligne à l'avance et n'existe pas en version numérique ; pour les étrangers, une seule solution : se le faire livrer à une adresse locale (son hôtel, par exemple).

Lower Keys Medical Center *(hors plan détachable Key West par D1, **3**) : 5900 College Rd, sur **Stock Island,** l'île voisine. ☎ 305-294-5531.* • *lkmc.com* •

Supermarchés

Publix *(plan détachable Key West, C1, **4**) : 3316 N Roosevelt Blvd, au Searstown Shopping Center. Tlj 7h-22h. Pharmacie lun-sam 9h-21h (19h sam), dim 11h-18h.* On y trouve absolument de tout, à des prix vraiment plus abordables qu'au centre-ville. Également un rayon traiteur idéal pour se préparer un pique-nique.

Fausto's Food Palace *(plan détachable Key West, B2, **5**) : 1105 White St. Tlj 7h30-19h. Autre adresse au 522 Fleming St.* La famille Fausto œuvre à Key West depuis 1926 ! Tout pour s'approvisionner et un rayon traiteur.

Circuler à Key West

Ici, tout le monde circule à pied, à vélo ou en voiturette de golf, ce qui rend l'ambiance encore plus agréable.

Location de vélos, scooters et voiturettes électriques

Eaton Bikes *(zoom détachable Key West, A1, **6**) : 830 Eaton St. ☎ 305-294-8188.* • *eatonbikes.com* • *Lun-sam 8h-18h, dim 8h-12h. Env 20-25 $ pour 24h (casque et antivol inclus).*

Conch Electric Cars of Key West *(zoom détachable Key West, A1, **7**) : 100 Grinnel St, au Ferry Terminal. ☎ 305-294-0995.* • *conchelectriccars.com* • *Tlj 9h-17h. À partir de 200 $ le véhicule 2 places pour 24h.*

– Par ailleurs, de nombreux hôtels et *guesthouses* proposent la location de vélos.

Bus réguliers et touristique

City Routes : • *kwtransit.com* • *Tlj, ttes les 1h30-2h, 5h-21h env. Ticket : 2 $ le trajet, 4 $/j. ou 8 $/sem.* 2 lignes municipales (bon marché) sillonnent Key West et font le tour de Stock Island, ainsi que la ***Duval Loop,*** bus touristique gratuit qui fait le tour du centre *(fonctionne tlj 6h-minuit ; ttes les 30 mn 6h-10h, ttes les 15 mn le reste du temps).* Dessert les principaux centres d'intérêt.

Voiture

– À noter : distance oblige, l'***essence*** est plus chère à Key West ; pensez à faire le plein auparavant, sur la route des Keys.

Stationnement : attention, les ***hôtels*** facturent cher le stationnement. En ville, on trouve ***parkings et parcmètres,*** mais ils sont loin d'être bon marché *(jusqu'à 5 $/h en centre-ville).* À 300-400 m du centre, c'est gratuit, comme sur Truman Avenue : profitez-en ! Faites en revanche très attention aux zones « *Residential parking only* ».

– À savoir : un ***parking municipal*** se situe à l'angle de Grinnell et Caroline Streets *(plan détachable Key West, B1 ; tarifs : 4 $/h, max 32 $ pour 24h ; fonctionne en libre-service 24h/24).* Le ticket donne droit à un transfert gratuit par le *City Bus* pour tous les passagers du véhicule (départ au coin de la rue) ; cela dit, Duval n'est qu'à 5-10 mn à pied.

Où dormir ?

Autant le savoir, ***la vie à Key West est très chère, surtout le week-end et en saison,*** de Noël à Pâques. Certes, les **guesthouses *de charme*** occupent de jolies maisons coloniales, mais cela a un prix ! Tarifs adoucis de mai à octobre, hormis les longs week-ends fériés, où les prix s'envolent ! Pour les budgets ric-rac, pas vraiment de solution, si ce n'est de voyager à 4 et de dormir dans une chambre à 2 lits doubles pour minimiser le coût. ***En haute saison et le week-end, réservation indispensable*** pour ne pas vous retrouver le bec dans l'eau.

Enfin, de nombreuses adresses parmi les plus chics ***refusent les enfants de moins de 12, 14, ou même 18 ans,*** pour préserver la tranquillité des hôtes (sic !) ; et tant que faire se peut, nous recommandons dans ces pages plutôt des hébergements ouverts à tou(te)s.

Camping et auberge de jeunesse

Boyd's Key West Campground *(plan détachable Key West, D1,* ***20****) :* *6401 Maloney Ave, sur* ***Stock Island,*** *l'île juste à l'est de Key West. ☎ 305-294-1465. • boydscampground.com • Emplacements à partir de 80 $ en hte saison.* Emplacements pour tentes riquiqui, peu (ou pas) ombragés et sans intimité. Une grande partie du terrain est dévolue aux camping-cars. Piscine chauffée et épicerie. Pour le centre-ville, les 4 lignes du *City Bus* passent à proximité, mais vous n'y passerez pas vos vacances.

Not Your Average Hotel *(zoom détachable Key West, A1,* ***21****) : 420 Margareth St. ☎ 844-399-6924. • nyahostel.com • Lits en dortoir 4 pers 112-200 $, petit déj compris.* ***Interdit aux moins de 18 ans.*** Une AJ idéale pour faire des rencontres. Côté confort intérieur, c'est plutôt correct, pour peu qu'on aime les lits métalliques superposés et le blanc hôpital. La plupart des dortoirs sont transformables en chambre privée moyennant quelques assemblages de lits, mais ce n'est pas très glamour. Non, la vraie différence ici, ce sont les extérieurs, avec un *courtyard* bien ensoleillé, idéal pour la bronzette, pas moins de 3 piscines (dont une chauffée) et un *hot-tub.* Café et thé à dispo 24h/24, location de vélos et tout un programme de réjouissances affiché à la réception. Une adresse jeune et dynamique.

De prix moyens à chic

Key West B & B *(zoom détachable Key West, A1,* ***22****) : 415 William St. ☎ 305-296-7274. • keywestbandb.com • Doubles sans sdb 155-300 $, avec sdb 230-415 $, petit déj inclus.* Dans une rue tranquille, voilà une vénérable demeure tout en bois, construite en 1898 par un armateur bahaméen. Les chambres, calmes, mignonnettes et patinées, mêlent l'esprit vieux loup de mer à quelques toiles contemporaines. La plupart n'ont qu'un seul lit *queen,* certaines 2 – comme celle du rez-de-chaussée au grand tableau à la Gauguin –, d'autres se partagent la salle de bains. Des bouquins jetés sur le sofa au hamac sur le balcon, ici, on aime se laisser vivre. D'ailleurs, Lise (sud-africaine), la maîtresse des lieux, est aux petits soins pour ses hôtes, comme au petit déj, servi avec moult fruits et tartines au bord de la petite piscine, dans le jardin. Sauna.

Author's Guesthouse *(plan détachable Key West, B1,* ***23****) : 725 White St. ☎ 305-294-7381. • authorskeywest.com • Doubles 159-450 $; cottages plus chers ; petit déj continental inclus.* Un peu à l'écart de l'animation, cet ensemble assez intime propose une dizaine de chambres pour 2 à 4 personnes et 2 cottages donnant sur un petit jardin protégé par un banian et un araucaria. Même si toutes ne se valent pas, elles sont assez bien décorées, avec 1 ou 2 lits doubles ou un *king size,* et parfois un sofa convertible (dans les cottages). Toutes ont un frigo, certaines un micro-ondes, voire une cuisine. 2 d'entre elles donnent, à l'arrière, sur une petite piscine à remous. Excellent accueil.

Angelina Guesthouse *(zoom détachable Key West, A2,* ***24****) :* *302 Angela St. ☎ 305-294-4480. • angelinaguesthouse.com • Doubles avec sdb partagée 120-150 $, tt confort 180-250 $, petit déj inclus. Min 2 nuits.* ***Interdit aux moins de 18 ans.*** Cette belle maison *conch* peinte en jaune abrite de belles chambres (dont une suite) aux tons pastel. Claires et coquettes, avec parquet, leur nom (« Susie », « Dolly »...) fait référence aux filles qui faisaient ici commerce de leur corps dans les années 1920... 4 se partagent 2 salles de bains, les autres ont la leur, ainsi qu'un frigo et un micro-ondes. Une petite piscine chauffée entourée de chaises longues occupe l'adorable jardinet ombragé de palmiers. Une bonne adresse.

Douglas House *(zoom détachable Key West, A2,* ***25****) :* *419 Amelia St. ☎ 800-833-0372. • douglashouse.com • Doubles 240-430 $; pas de petit déj. Parking privé gratuit.* ***Moins de 16 ans refusés.*** Véritable oasis en plein cœur de la ville, cette petite unité hôtelière entièrement en bois dispose d'une quinzaine de chambres et de 5 apparts (avec 2 chambres ou couchages dans le living), certains ventilés ou hauts sous plafond. Déco minimaliste qui reste dans l'esprit *West Indies.* Le tout bien au calme, dans le jardin autour de la piscine chauffée et de son petit bar. Thé ou café à dispo. Bon accueil.

De chic à plus chic

Best Western Hibiscus Motel *(zoom détachable Key West, B2,* ***26****) :* *1313 Simonton St. ☎ 305-294-3763. • bestwestern.com • Doubles 220-390 $, petit déj inclus. Parking gratuit.* Idéalement placé, un motel classique avec des chambres réparties en U sur 2 niveaux, entourant la piscine pour la grande majorité d'entre elles. Comme la plupart sont dotées de 2 lits *queen,* on peut y dormir indifféremment à 2, 3 ou 4, intéressant pour les familles. Côté confort, rien à redire, les chambres sont grandes, bien insonorisées, avec frigo, machine à café et micro-ondes. Personnel avenant.

Old Town Manor *(zoom détachable Key West, A1,* ***27****) :* *511 Eaton St. ☎ 305-292-2170. • oldtownmanor.com • Doubles 225-400 $, petit déj compris ; suites et apparts à partir de 300 $. Min 2 nuits. Parking payant.* Ce *B & B* occupe une maison certes patinée et sans double vitrage, mais très élégante, entourée d'un petit jardin. On y trouve des chambres confortables aux belles salles de bains, avec DVD en prêt. Les hôtes ont accès à la piscine des *Rose Lane Villas,* qui comptent 6 apparts de 1 à 3 chambres (et un parking réservé). Bon accueil.

The Inn on Fleming *(zoom détachable Key West, B1,* ***30****) :* *1016 Fleming St. ☎ 305-294-4043. • theinnonfleming.com • Doubles 250-400 $, petit déj inclus.* Cette maison de bois bâtie en 1894 abrite plusieurs chambres et suites aux prix très proches. De tailles inégales (certaines sont vraiment petites), toutes sont bien équipées (frigo, machine à café) et mettent en valeur des œuvres d'artistes. À l'arrière, agréable terrasse et petite piscine chauffée. Bon accueil.

Travelers Palm Inn & Suites *(zoom détachable Key West, B2,* ***31****) :* *815 Catherine St. ☎ 305-304-1751. • travelerspalm.com • Suites et studios de 330 $ à plus de 600 $. Parking.* ***Moins de 16 ans non acceptés.*** Dans un quartier tranquille, à 5 mn à pied de Duval Street, un joli petit ensemble de 6 suites noyées dans la végétation tropicale. Une formule originale et écolo (eau chaude solaire, récupération des eaux de pluie). Certaines possèdent une kitchenette (« Sugar » et « Coconut Palm »), la plus grande (« Royal Palm ») une vraie cuisine, les autres au moins un frigo et un micro-ondes. Belle petite piscine chauffée. On se gare dans la rue.

De plus chic à très chic

Marquesa Hotel *(zoom détachable Key West, A2,* ***32****) :* *600 Fleming St (angle Simonton). ☎ 800-869-4631. • marquesa.com • Doubles à partir de 380 $. Parking payant.* ***Pas d'enfants de moins de 14 ans.*** L'adresse chic emblématique de Key West.

Les différentes locations se répartissent entre la bâtisse historique (donnant sur un jardin fermé comprenant 2 piscines, l'une chauffée, l'autre non) et une nouvelle extension en face, composée de 3 petits bâtiments, ***Marquesa 1-4-1.*** Ici aussi les *guests* ont leur piscine, mais ils peuvent également profiter des 2 autres. Les chambres arborent un style caraïbe chic d'un goût certain, entre parquet vitrifié, mobilier ancien et lampes contemporaines, stores vénitiens et gros ventilos. Tout est soigné, impeccable et d'un accueil cousu main. Le ***Cafe Marquesa*** *(zoom détachable Key West, A1 ; ☎ 305-292-1244 ; tlj 17h30-21h30 ; starters 16-55 $, plats 52-88 $)* est l'une des tables les plus cotées de tout Key West.

The Southernmost House *(zoom détachable Key West, A2,* ***33****) : 1400 Duval St. ☎ 305-296-3141. • southernmosthouse.com • Doubles et suites 580-800 $, petit déj continental inclus. Parking payant.* ***Moins de 18 ans non acceptés.*** Cette remarquable maison victorienne édifiée en 1897 dans le pur style Queen Anne (et électrifiée par Thomas Edison *himself*) a accueilli un *speakeasy* pendant la Prohibition (ces bars clandestins où l'alcool coulait à flots). En route vers La Havane, de nombreux gangsters de l'époque ont fait escale ici – dont Al Capone, à qui, dit-on, était destinée la balle qui a laissé un petit trou dans la fenêtre située à gauche derrière la réception. D'autres personnalités ont fréquenté ces lieux : Hemingway encore et toujours, Tennessee Williams, Truman Capote et pas moins de 5 présidents américains. Aujourd'hui reconvertie en hôtel de luxe, la maison abrite des chambres aménagées dans un style colonial assez épuré, avec lits à baldaquin, fenêtres à jalousie et salles de bains spacieuses en marbre. Certaines ont conservé leur sol en *terrazzo,* d'autres ont un parquet ou juste du carrelage moderne. Les nos 201 et 301, avec leur balcon, offrent de superbes vues sur l'océan. Attention, quitte à payer une fortune, de ne pas vous faire attribuer une des chambres de l'annexe et des *cabañas* bordant la piscine.

Où prendre un petit déj ? Où manger ?

Pour manger comme pour dormir, Key West est une ville très touristique et **chère** ; forcément, le rapport qualité-prix s'en ressent. Cela dit, on trouve aussi un panel de petits établissements qui pratiquent des prix raisonnables. Côté spécialités locales, ne manquez pas les 2 grands classiques du lieu : la chaudrée de conques ***(conch chowder)*** et la tarte au citron vert ***(Key lime pie).***

– ***À noter :*** certains restos sont fermés en septembre (saison creuse).

Sur le pouce

Eaton Street Seafood Market *(zoom détachable Key West, A1,* ***43****) : 801 Eaton St. ☎ 305-295-3474. Tlj 11h-21h. Sandwichs et plats 15-25 $.* Cette ancienne station-service Art déco a laissé la place à un fast-food de poisson assez atypique. On vous prépare ici la pêche du jour, et quand il n'y en a plus, il n'y en a plus ! C'est comme les tables, aussi rares que prisées : il faut parfois consommer au minuscule comptoir ou emporter sa commande. Thon, homard et ceviche (du poisson cru mariné) sont à l'honneur, simplement servis dans des corbeilles en plastique. Du frais sans se ruiner. Bonne pêche.

B.O.'s Fish Wagon *(zoom détachable Key West, A1,* ***48****) : 801 Caroline St. ☎ 305-294-9272. Tlj 7h-21h (en général). Plats 15-21 $.* En bout de parking, une baraque de bric et de broc où le service se limite à sa plus simple expression : couverts en plastique et barquettes en carton. Tout est frit ici, ou presque. N'empêche, le *B.O.'s* est un grand classique avec ses sandwichs au poisson du jour ou aux *cracked conchs* – un lamellé de conque frit entre 2 bonnes tranches de pain à la cubaine. Copieux. Le vendredi, *jam session.*

Garbo's Grill *(zoom détachable Key West, A1,* ***50****) : 409 Caroline St* *(pas de numéro visible, entre le 407 et un parking). ☎ 305-304-3004. Tlj 11h-minuit. Plats 11-17 $.* Un mini-*food truck* argenté façon baraque à frites ; une poignée de tables partagées avec le bar du voisin, où l'on commande d'ailleurs sa boisson ; l'ombre de grands palmiers ; un gars aux fourneaux et 2 filles gouailleuses en devanture. Les *burritos* et tacos du jour ne manquent pas d'allure – au *mahi-mahi* (poisson) avec mangue et *jalapeño,* au BBQ coréen, aux crevettes marinées à la mangue, au gingembre et au piment *habanero... Live music* le soir, et c'est généralement de qualité, car le patron est exigeant.

Ana's Cuban Cafe *(zoom détachable Key West, B2,* ***44****) : 531 Green St. ☎ 305-916-5580. Tlj 7h-19h. Petit déj et sandwichs à partir de 7 $.* Cette terrasse étire sa longue galerie sur rue(s) à quelques pas de Duval Street, et déjà les prix sont à marée basse. On se pose sur des bancs et tables en bois jaune citron, sandwich cubain en main. Gras ce qu'il faut. Les garnitures sont également proposées en plats principaux, à manger avec des couverts en plastique.

Key West Cuban Coffee Shop *(zoom détachable Key West, A2,* ***52****) : 517 Truman Ave. ☎ 305-440-2452. Tlj 8h-20h. Sandwichs 11-19 $.* Un petit rade avec plein de références à La Havane, où s'active un couple de Cubains pour produire *picadillos, arroz con pollo* et autres *moros y cristianos* (riz blanc et haricots noirs), sans oublier de bon gros (et gras) sandwichs à tout ce qu'on veut. Bref, une cuisine pleine de saveur ; sinon, côté confort, juste un petit comptoir et basta !

Sandy's Cafe *(plan détachable Key West, B2,* ***47****) : 1026 White St. ☎ 305-296-4747. Tlj 5h-22h. Sandwichs 7-12 $; plats moins de 15 $.* Ce petit snack-laverie propose quelques plats simples, des *quesadillas,* des tacos et surtout de gros sandwichs *Cuban mix* à engloutir sur un petit bout de comptoir.

Voir aussi ***Old Town Bakery*** *(zoom détachable Key West, A1,* ***60****),* décrit plus loin dans la rubrique « Où faire une pause sucrée ? ».

De bon marché à prix moyens

The Cafe *(zoom détachable Key West, A1-2,* ***57****) : 509 Southard St. ☎ 305-296-5515. Tlj 10h (9h w-e)-22h. Sandwichs et salades 14-18 $; brunch env 16 $.* Un bon petit végétarien (mais pas que...), coloré aux murs et dans l'assiette. La cuisine est assez éclectique. Le tofu s'invite dans les burgers et les salades, aux côtés du *kale* (chou frisé bourré de vertus pour la santé), de la mangue, des betteraves, des pousses de soja... avec des accents asiatiques. Hmm, de la fraîcheur ! Également des tartes salées et des plats de pâtes. Attention cependant au prix de la bière.

Date & Thyme *(zoom détachable Key West, A1,* ***49****) : 829 Fleming St. ☎ 305-296-7766. Lun-sam 8h-14h (18h pour l'épicerie). Petits déj 11-13 $; bowls et salades 8-16 $; juices 10-13 $.* Petit *corner* extérieur brassé par de gros ventilos où l'on prend place après avoir commandé à l'intérieur. Salades, jus détox et smoothies, *organic food* et *gluten free.* Telle est la messe dite ici, point de ralliement des jeunes fêtards après une nuit agitée. Bonne ambiance.

Pepe's Cafe *(zoom détachable Key West, A1,* ***56****) : 806 Caroline St. ☎ 305-294-7192. Tlj 7h30-21h30. Plats 8-24 $ le midi, 20-40 $ le soir.* La (très) vieille façade décatie en bois donne le *la* : *Pepe's* avait déjà planté ses planches ici en 1909 ! Si on n'opte pas pour les compartiments-banquettes plus que centenaires, on peut privilégier le jardin attenant. Viandes et poissons sont servis très copieusement, avec le sourire. On en regrette presque d'être repu avant que n'arrive le choix de prendre ou pas une *Key lime pie* !

El Siboney Restaurant *(plan détachable Key West, B2,* ***45****) : 900 Catherine St. ☎ 305-296-4184. Tlj 11h-21h30. Plats 13-25 $, sandwich env 10 $.* Allez-y de bonne heure, c'est souvent plein à craquer. Ce resto cubain au cadre simplissime sert une cuisine familiale généreuse. Laissez-vous tenter par un demi-poulet, à accompagner de bananes plantains. On trouve aussi du cochon et du poisson, et toutes les spécialités cubaines roboratives, d'un bon rapport qualité-prix.

Thai Island Restaurant & Sushi-bar *(plan détachable Key West, B1, **58**) : 711 Eisenhower Dr. ☎ 305-296-9189. Tlj 10h-22h. Plats env 17 $ le midi, jusqu'à 29 $ le soir.* Le bar d'en bas accueille les esseulés et ceux qui s'y amarrent en bateau, en attendant qu'une table se libère sur la terrasse dominant la marina. Car c'est bien là qu'il faut dîner (la salle et le *sushi-bar* sont tristounes). Dans l'assiette, les classiques de la cuisine thaïe : soupes, riz, currys... Tout cela fort bien réussi, mais peu épicé pour ne pas froisser le palais des Américains. La maison œuvre aussi dans le centre de Key West sous un autre nom : **Misohappy Sushi & Thai** *(zoom détachable Key West, A2, **58** ; 504 Southard St ; ☎ 305-509-7868 ; tlj 11h-22h ; même cuisine, mêmes tarifs).*

De prix moyens à chic

Blue Heaven *(zoom détachable Key West, A2, **40**) : 729 Thomas St (angle Petronia St). ☎ 305-296-8666. Tlj 8h-14h30, 17h-22h. Plats 12-20 $ le midi, 25-50 $ le soir.* Cet ancien bar-bordel-billard-salle de jeux, où Papa Ernest venait s'encanailler (et arbitrer des matchs de boxe), abrite aujourd'hui un vaste resto-bar à l'atmosphère ultra-cool, très prisé des visiteurs. Après l'attente réglementaire (c'est souvent plein), on mange dans une petite salle assez sombre ou sous les arbres dans le jardin, sur fond de rock un peu envahissant – live à l'occasion. Carte variée avec des spécialités caribéennes, mais aussi les classiques US et quelques plats végétariens. Desserts gargantuesques (délicieuse *Key lime pie*). Bons petits déj aussi. Dommage que l'addition grimpe vite, mais le lieu reste un incontournable de Key West.

Salute ! On the Beach *(plan détachable Key West, B2, **55**) : 1000 Atlantic Blvd. ☎ 305-292-1117. Tlj 12h-20h30. Sandwichs, salades et plats 12-24 $ le midi ; compter presque le double le soir.* Ici, c'est le *Blue Heaven* (voir ci-avant) à la plage ! Alors on vous prévient, l'adresse est connue et appréciée, et la concurrence pour avoir une table est rude. Il faut dire que la terrasse et la grande salle sont agréablement ouvertes sur la plage, alors évidemment ça fait des émules. Les plats (pâtes, poisson du jour, sandwichs, salades...), servis en petites portions (le pain est bienvenu), sont néanmoins frais et goûteux. Une bonne adresse balnéaire.

Sarabeth's *(zoom détachable Key West, A1, **54**) : 530 Simonton St (et Southard). ☎ 305-293-8181. Tlj sauf lun soir 8h-14h, 17h30-21h30. Petits déj 12-20 $; plats jusqu'à 42 $.* La success-story de Sarabeth Levine commence en 1981, quand elle ouvre une petite boulangerie à New York, où elle sert des confitures selon les recettes de sa grand-mère juive. Aujourd'hui, elle possède sa propre marque d'épicerie fine, plusieurs adresses réputées à New York, une à Key West et même une à Tokyo ! Omelettes légères, pancakes aériens, porridge, pain et confitures maison, tout est bon, sain et joliment présenté. Pas donné bien sûr, mais pas exagéré vu la qualité. À savourer sur l'adorable petite terrasse ombragée.

Seven Fish *(zoom détachable Key West, B2, **46**) : 921 Truman St (et Packer). ☎ 305-296-2777. Tlj sauf mar 18h-22h. Résa conseillée. Plats 25-65 $.* Dans ce resto échoué en plein quartier résidentiel, la déco fait dans la sobriété, sous un haut plafond. À la (courte) carte, poisson et crustacés voisinent avec quelques grands classiques *(meatloaf)* et des plats aux touches exotiques, mettant en valeur des produits frais parfaitement assaisonnés. Une adresse presque gastronomique mais pas guindée et dont les prix sont justifiés.

Café Solé *(zoom détachable Key West, B1, **53**) : 1029 Southard St (entrée sur Frances St). ☎ 305-294-0230. Tlj 17h-22h ; happy hour 17h-18h. Résa souhaitable. Plats 28-48 $.* Une des bonnes tables de Key West. En plein cœur d'un quartier résidentiel calme, dans une charmante maison ancienne avec terrasse couverte, on déguste une cuisine *conch* avec quelques échappées méditerranéennes. Bien entendu, poisson et fruits de mer sont à l'honneur – tout particulièrement le *hogfish* (labre capitaine) –, mais il y a aussi de nombreuses options végétariennes à la carte.

Voir aussi le ***Cafe Marquesa*** *(zoom détachable Key West, A1,* ***32****)*, dont on parle plus haut, dans « Où dormir ? ».

Où manger sur Stock Island, l'île voisine ?

Hogfish Bar & Grill *(plan détachable Key West, D1,* ***42****)* **:** *6810 Front St.* ☎ *305-293-4041. Accès depuis l'US 1, direction Miami. Tlj 11h (9h dim)-minuit ; brunch dim. Sandwichs 13-21 $ le midi ; plats 18-35 $.* Un *tiki* traditionnel grand ouvert sur les quais de la pittoresque marina de Safe Harbor. La spécialité du chef, c'est le *hogfish,* un poisson exotique qui semble rigoler tout le temps. Taillé en filets dans un sandwich, il fait moins le malin ! Également de bonnes salades et des *today's specials* aux accents caraïbes – mais pas mal de choses frites, quand même. Fréquenté par les habitants de Key West, notamment le week-end quand, en fin d'après-midi, on y gratte quelques accords de country.

Où faire une pause sucrée ?

Un séjour à Key West est l'occasion de goûter à la fameuse ***Key lime pie.*** Hélas, 3 fois hélas, pression touristique oblige, elle a perdu son âme citronnée, là même où elle aurait vu le jour ! Elle est ici trop souvent d'aspect industriel, servie dans une barquette en plastique et cher payée. Il reste quelques adresses recommandables et, pour les gourmands, de quoi déguster quelques bonnes spécialités sucrées.

Old Town Bakery *(zoom détachable Key West, A1,* ***60****)* **:** *930 Eaton St.* ☎ *305-396-7450. Tlj 7h-15h (petit déj complet jusqu'à 13h). Moins de 10 $.* Croissants nature ou fourrés à la framboise, sacristains, palmiers, *danishes* aux myrtilles, *sticky buns* (à la cannelle) qui collent bien aux doigts, à accompagner d'un café à dispo sur le comptoir. Ici, pas de tables, c'est à emporter. Les baguettes sortent du four entre 8h et 8h30, les autres pains s'échelonnent jusqu'à 11h. Pour le pique-nique, bons sandwichs à composer soi-même.

Funky Rooster Coffee House & Wine Bar *(zoom détachable Key West, A1,* ***63****)* **:** *713 Caroline St.* ☎ *305-741-7563. Tlj 7h (8h dim)-22h.* Muffins, cookies et *Key lime pie,* à consommer avec un excellent café, un thé ou un smoothie. À l'heure de l'apéro, jolie sélection de vins au verre. On profite du décor chaleureux, entre coin canapé avec coussins, parquet et toiles colorées aux murs. Et une douce musique jazzy qui tranche avec les sonorités en vogue à Key West.

Key Lime Pie Bakery *(zoom détachable Key West, A1,* ***62****)* **:** *412 Greene St.* ☎ *305-296-9515. Tlj 9h-23h.* La maison se targue d'avoir inventé cette tarte en 1856 et continue d'en vendre plus de 300 par jour ! Si ce n'est pas l'usine...

Kermit's *(zoom détachable Key West, A1,* ***61****)* **:** *200 Elizabeth St (angle Greene St).* ☎ *305-906-0325. Tlj petit déj et lunch 7h-15h, magasin 10h-21h30.* Une chaîne populaire qui compte plusieurs échoppes en ville (on indique la plus centrale), spécialisées dans la *Key lime pie* sans gluten et autres gâteaux aromatisés au citron.

Où boire un verre ? Où sortir ?

L'***extrémité nord de Duval Street*** (côté Mallory Square) concentre la plupart des bars et vit dans une effervescence quasi permanente.

Si certains établissements rendus célèbres par Hemingway et sa clique s'affichent comme de véritables institutions de la nuit, d'autres, plus sages, invitent à prendre un verre de vin dans une ambiance plus feutrée. À cela s'ajoutent les cabarets et bars investis par la communauté LGBT, qui assurent le show avec des spectacles endiablés jusque tard dans la nuit.

– ***À savoir : après 21h, l'accès est souvent réservé aux plus de 21 ans,*** mais en journée, pas d'objection normalement à profiter de l'ambiance en famille. En haute saison, *live music* jour et nuit, un peu partout.

Les bars historiques

Sloppy Joe's *(zoom détachable Key West, A1,* ***70****) : 201 Duval St. Tlj 9h (12h dim)-4h (selon affluence). Session de* live music *à 20h.* LE grand classique des nuits de Key West ! La façade, ornée de lettres en néons rouges, s'ouvre sur une immense salle pleine à craquer de touristes et locaux qui se trémoussent fiévreusement chaque soir sur de la musique live rock ou country. Aux murs, photos et coupures de presse rendent hommage à l'incontournable Hemingway, qui fut l'un des piliers de la maison. Chaque année, en juillet, le *Sloppy Joe's* accueille le fameux concours de sosies de Hemingway. L'occasion de tester en sa mémoire le *Papa Doble,* un daiquiri « qui envoie au tapis » !

Captain Tony's Saloon *(zoom détachable Key West, A1,* ***71****) : 428 Greene St. Lun-sam 11h-2h, dim 12h-1h.* Un autre monument historique de la ville. Ce bar, le plus vieux de Key West, abrita de 1933 à 1937 le *Sloppy Joe's* original, que fréquentait assidûment Hemingway. Tony Tarracino, l'ancien proprio et maire de la ville, était une autre figure locale. Il se rendit célèbre en organisant des voyages clandestins à Cuba pour ramener des réfugiés, puis se retrouva en prison. Les tabourets à l'intérieur sont marqués du nom des éminents postérieurs qui les ont honorés : Truman Capote, Dustin Hoffman, Bob Dylan, Clint Eastwood, Robert De Niro... Fidèles à la tradition américaine, les murs sont couverts de cartes de visite, de plaques d'immatriculation, d'affiches et de vieilles photos – mais aussi de soutiens-gorge et de petites culottes, souvenirs *hot* des *spring breaks* chers aux étudiants yankees ! Billards.

Green Parrot *(zoom détachable Key West, A2,* ***75****) : 601 Whitehead St (angle Southard St). ● greenparrot.com ● Tlj 10h-4h ; happy hours 16h-19h. Pas de* live music *lun, rarement mar.* Un des plus vieux bars de Key West, fondé en 1890. La salle est dominée de la bannière étoilée et d'un parachute dont personne ne sait plus trop pourquoi il a atterri là... Ici, on vient jouer au billard ou visionner les grandes rencontres sportives. L'ambiance bat son plein à l'heure de la *live music,* avec en général des sessions vers 17h, 21h et 23h. On y écoute blues, latin-funk, salsa, *bachata,* mais aussi parfois du jazz le dimanche.

The Rum Bar *(zoom détachable Key West, A2,* ***76****) : 1117 Duval St. ☎ 305-296-2680. Tlj 11h-minuit.* Souvenir du *speakeasy* (bar « clandé » du temps de la Prohibition) et des folles virées nocturnes en bateau du boss à Cuba, le balcon de la maison en bois (1889) est percé d'une frise de bouteilles et de fioles. On y déguste aujourd'hui plus de 240 rhums et cocktails sur l'agréable terrasse surélevée, ou au bar baigné de lumières rougeoyantes. Les amateurs tenteront la sainte Trinité de Key West : daiquiri, mojito et *painkiller,* avant de finir par le *bark juice,* un rhum arrangé aux herbes et aux épices... Tchin !

Hog's Breath Saloon *(zoom détachable Key West, A1,* ***72****) : 400 Front St (entrée côté Duval St). Tlj 10h-1h.* Avec ses 4 sessions de musique live (dès 12h), l'« Haleine de porc » s'est néanmoins taillé une réputation d'institution ! La programmation oscille entre rock, blues et folk live puissance X, qui plaira aux nostalgiques des sixties et seventies. D'ailleurs, des *bikers* y traînent souvent.

Sur la marina

Schooner Wharf Bar *(zoom détachable Key West, A1,* ***73****) : 202 William St (Harbour Walk). ☎ 305-292-95202.*

Tlj 9h (8h w-e)-2h (cuisine fermée à 23h en sem, minuit le w-e). Sur le ponton même de la marina, avec ses barcasses au plafond, c'est le bar préféré des marins, pêcheurs, plaisanciers et autres loups de mer. Les gens de Key West n'hésitent pas à venir aussi quand il n'y a pas trop de touristes, et le *rooftop* de ce vieux rade patiné par les ans est parfois pris d'assaut à la tombée de la nuit. *Oyster bar* et belle sélection de bières pour les amateurs. *Live music* parfois dès 12h et souvent jusqu'à minuit.

Waterfront Brewery *(zoom détachable Key West, A1,* ***74****) :* *201 William St (Harbour Walk). ☎ 305-440-2270. Tlj 11h-23h.* Pas moins de 8 bières brassées sur place dont 4 en permanence à la carte (*lager, pale ale, red,* etc.), plus une quarantaine à la pression venues d'ailleurs, sans parler des « à la bouteille ». Si vous hésitez, optez pour un *flight,* à savoir un assortiment de 4 bières maison. *Live music* en salle ou sur la vaste terrasse qui embrasse tout le port (superbe en fin de journée). Salle de jeux, billards.

Dans un cadre romantique ou chic

Louie's Backyard *(plan détachable Key West, B2,* ***80****) :* *700 Waddel Ave. ☎ 305-294-1061. Bar (à l'étage) tlj 11h30-23h30.* Superbe et vénérable demeure de style victorien, bâtie pour un naufrageur millionnaire. Outre le resto chic et cher du rez-de-chaussée (terrasse au ras de l'eau), le 1er étage accueille un bar à vins. Nectar à déguster les yeux dans le bleu, car la mer s'abîme juste au pied de la bâtisse. Et pour garder le cap, bon choix de *small plates* (des tapas, quoi !).

The Southernmost House *(zoom détachable Key West, A2,* ***33****) :* *1400 Duval St. ☎ 305-296-3141. Ne confondre ni avec la* Southernmost Point Guesthouse, *juste à côté, ni avec le* Southernmost Beach Resort. *Tlj 11h-18h.* ***Interdit aux moins de 18 ans.*** Ce bâtiment historique coloré et tarabiscoté, le plus au sud de tous les États-Unis, a vu défiler pas mal de personnalités, dont Kennedy pendant la crise de la baie des Cochons. C'est aujourd'hui un hôtel très chic (voir « Où dormir ? »), où l'on peut, à défaut de passer la nuit, venir boire un verre au bar, attenant à la jolie piscine.

Voir aussi le ***Funky Rooster Coffee House & Wine Bar*** *(zoom détachable Key West, A1,* ***63****),* décrit dans la rubrique « Où faire une pause sucrée ? ».

Dans une folle ambiance

Garden Of Eden *(zoom détachable Key West, A1,* ***79****) :* *224 Duval St. Accès par un escalier à l'arrière, côté Caroline St. Tlj 12h-3h.* Perché en *rooftop* au-dessus du *Bull* (rez-de-chaussée) et du *Whistle* (1er étage), ce bar s'est fait connaître par son drôle de credo : « *clothing optional bar* », autrement dit un bar nudiste ! Mais on y accepte tout le monde, les habillés comme les déshabillés ou les rhabillés de peintures corporelles (si, si). Téléphones portables strictement interdits, d'ailleurs, et n'oubliez pas de vous rhabiller pour aller faire pipi, les toilettes sont en bas !

La Te Da *(zoom détachable Key West, A2,* ***77****) :* *1125 Duval St. ☎ 305-296-6706. • lateda.com • Entrée : env 35 $ + min 2 boissons.* Le cabaret de l'étage est réputé pour ses spectacles de transformistes excentriques et bon enfant, imitant une pléiade d'icônes de la chanson américaines. Le piano-bar, lui, est accessible sans *cover charge.*

À voir

Chaque année, 2 fois par mois, entre janvier et mars, l'*Old Island Restoration Foundation* *(• oirf.org •)* organise des ***visites guidées*** de certaines des plus belles maisons privées *(résa en ligne ou à la* ***Oldest House,*** *322 Duval St ; ☎ 305-294-9501 ; tlj 10h-16h ; env 50 $).* N'hésitez pas si vous êtes dans le coin au bon moment. Sinon, l'association édite une brochure très complète, ***The Pelican Path,*** détaillant un circuit d'une cinquantaine de lieux et demeures historiques (disponible en ligne).

Hemingway Home & Museum (zoom détachable Key West, A2) **:** *907 Whitehead St, face au phare. ● hemingwayhome.com ● Tlj 9h-17h. Entrée adulte : 18 $; réduc. Paiement en cash. Feuillet en français pour faire la balade seul ou visite guidée en anglais ttes les 10-15 mn (durée : 30 mn).*

Cette élégante maison en pierre de 1851, style colonial espagnol, est cintrée d'un balcon rappelant ceux des demeures françaises de La Nouvelle-Orléans. À son retour de Paris en 1931, Ernest Hemingway y emménage avec sa 2e femme, Pauline, et leurs 2 enfants. Celle-ci fait immédiatement remplacer les ventilos par des lustres de Murano : plus chic, mais plus chaud !

Au cours de la décennie suivante, marquée par un nombre incalculable de voyages et de longs séjours à l'étranger, le futur Prix Nobel de littérature (1954) y écrit certains de ses plus célèbres romans – *Les Neiges du Kilimandjaro, En avoir ou pas* – et s'attelle à *Pour qui sonne le glas.* En 1940, le couple divorce et « Papa », comme le surnomment ses amis, met le cap sur Cuba avec Mrs Hemingway no 3.

La maison a été ouverte au public quelque temps après son suicide, en 1961. Au fil de la visite, on investit l'***univers du grand écrivain,*** ponctué de quelques souvenirs : meubles, coupures de journaux, vieilles photos. Sur l'une d'elles, on voit Hemingway posant à côté d'un espadon et d'un homme qui n'est autre que Joseph Kennedy (le père). Souvenirs de guerre et médailles rappellent l'Ernest ambulancier pendant la Grande Guerre. De cette expérience et de ses blessures, il écrivit *L'Adieu aux armes.*

L'écrivain avait installé son bureau juste à côté de la maison, dans l'annexe (ancienne remise à fiacres), autrefois reliée par une passerelle. Il écrivait là tous les jours de 6h à 12h, puis partait à la pêche avant de terminer au bar du *Sloppy Joe's.* On peut y voir la fameuse machine à écrire Royal qui l'accompagna en Espagne, ses livres préférés, quelques trophées de chasse et un tableau qui reproduit la pièce.

UN TROU SANS FONDS

Installée dans le luxuriant jardin de la maison de Hemingway, la piscine d'eau salée fut la 1re de l'île, que tout le monde venait visiter. Pauline, son épouse, la fit construire... pour un coût prohibitif : 20 000 $, contre 8 000 $ pour la maison ! Découvrant la facture à son retour d'Espagne, Hemingway sortit une pièce de sa poche et l'enfonça dans le ciment encore frais en disant à sa femme : « Voici mon dernier penny ! » La pièce est toujours là, près du pilier vert devant la piscine...

Dans le jardin tropical, la belle et grande ***piscine*** attire l'œil... Elle fut construite à l'emplacement de l'ancien ring de boxe où l'auteur aimait s'entraîner, avec Shine Forbes notamment. Ce véritable luxe, alors inédit sur l'île, lui coûta une fortune.

Autre curiosité des lieux : les ***chats,*** qui peuplent chaque recoin du jardin et de la maison. Au dernier recensement, il y en avait une bonne cinquantaine ! De sacrés greffiers descendants de Snowball, offert à Hemingway par un capitaine de navire et qui avait la particularité d'être polydactyle, à savoir compter 6 doigts à ses pattes ! Tous ont gardé cette spécificité et portent des noms de célébrités : Duke Ellington, Humphrey Bogart, Billie Holiday, Kim Novak, Colette, Daisy Buchanan... Un cimetière des chats a d'ailleurs pris ses quartiers derrière la maison.

ARGENT LIQUIDE

Sous une cruche dans le jardin, on aperçoit... un urinoir. Hemingway l'avait chipé dans son bar favori, le Sloppy Joe's, et placé là au grand désarroi de sa femme. Son explication ? « J'ai déversé des fortunes dans ce chiotte, je le garde ! » Il y ajouta une amphore à huile pour en faire une fontaine où venaient s'abreuver ses chats.

Tennessee Williams in Key West (zoom détachable Key West, A2) **:** *513 Truman Ave. ● kwahs.org ● Jeu-dim 10h-17h. Entrée : 7,50 $ en ligne, 9 $ sur place ;*

gratuit moins de 18 ans. L'empreinte marquée de Hemingway à Key West ferait presque oublier que Tennessee Williams y a également écrit une longue page de son existence. Cette petite exposition, installée dans une modeste maison, retrace son parcours. Nombreuses photos, manuscrits, objets lui ayant appartenu, extraits de films tirés de ses œuvres. Chaque année, en février-mars, un concours de poésie honore sa mémoire.

Key West Lighthouse & Keeper's Quarters (zoom détachable Key West, A2) **:** *938 Whitehead St ; en face de la maison de Hemingway. Tlj 10h-17h (dernière entrée à 16h30). Entrée : 15,50 $ en ligne, 17 $ sur place ; réduc.*
Ce phare d'une trentaine de mètres de haut a été bâti en 1848 et rehaussé en 1894 (un ouvrage antérieur de 1825 avait été balayé par l'ouragan de 1846). Visible à 24 km à la ronde, il resta en fonction jusqu'en 1969. Le front de mer, qui s'étendait jadis à ses pieds, avait déjà nettement reculé ! Un escalier en colimaçon de 88 marches (déconseillé à ceux qui ont le vertige) mène au sommet pour un point de vue sur la mer, la ville et la maison de Hemingway.
Au pied du phare, on visite aussi le *keeper's quarter* (maison des gardiens ; 1887), en bois blanc, qui présente de vieux objets, photos, lentilles, maquettes et plans en rapport avec l'histoire maritime de la région. La lanterne exposée après l'entrée est celle du phare de Sombrero Key (1858) ; elle a été fabriquée à Paris.

The Harry S. Truman Little White House (zoom détachable Key West, A1) **:** *111 Front St. • trumanlittlewhitehouse.com • Tlj 9h30-16h30. Entrée : 25 $; réduc (notamment en ligne). Les 2 salles du bas, avec photos et vidéos, sont libres d'accès. Feuillet en français. Visite guidée ttes les 20 mn ; durée : 45 mn.*
Bâtie en 1890 pour les officiers de la Navy stationnés à Key West, cette belle demeure en bois, utilisée à l'occasion par les présidents américains, est connue pour avoir accueilli Truman durant 175 jours au cours de son mandat et même après, entre 1946 et 1952. Truman adorait ce lieu qui, disait-il, lui permettait d'échapper à la *great white jail* de la capitale !
La visite, barbante et trop chère, est entièrement axée sur lui : vidéo de sa vie, bureau d'où il transmettait ses ordres à Washington, table où il aimait jouer au poker (jusqu'à 23h dernier carat), cendriers confectionnés à partir d'obus de la Seconde Guerre mondiale, etc. Les Américains pur jus adorent ce genre de visite, c'est moins notre tasse de thé.

Mel Fisher Maritime Museum (zoom détachable Key West, A1) **:** *200 Greene St. • melfisher.org • Tlj 10h-16h. Entrée : 17,50 $; réduc.*
On vous recommande cet étonnant musée exposant les ***trésors repêchés au large des Keys sur 2 épaves de galions espagnols,*** coulés par un ouragan le 4 septembre 1622 alors qu'ils faisaient route de La Havane vers l'Espagne. À l'origine de ces découvertes, un type épatant aujourd'hui disparu, Mel Fisher, fondateur d'une société dont la raison sociale est de... repêcher les trésors engloutis ! Pour Mel, la quête des galions disparus débute en 1969. Il lui faut 11 ans pour localiser la *Santa Margarita.* 5 ans plus tard, bingo, la *Nuestra Señora de Atocha,* navire amiral d'une flotte de 28 bateaux, livre un fabuleux trésor de plus de 200 millions de dollars : 1 041 lingots d'argent provenant des mines boliviennes de Potosí, une centaine de coffres contenant chacun 2 000 à 3 000 pièces, des bijoux en or, des pierres précieuses... une folie ! Au moment du repêchage, l'État de Floride confisque le trésor. 7 ans et 11 allers-retours devant les tribunaux plus tard, Mel Fisher récupère « son » bien. La boutique du musée vend d'ailleurs (à prix d'or !) certaines de ses découvertes.
L'expo permanente, quoique vieillotte, vaut le détour : elle présente de magnifiques ***pièces d'orfèvrerie,*** des ***lingots d'argent et d'or*** (certains sans marque, donc clandestins), de lourdes chaînes portées en sautoir, une ***émeraude de 78 carats,*** mais aussi des armes, un astrolabe, un canon, de la poterie, un encrier et même de l'indigo. Bref, tout ce qu'on pouvait trouver à bord d'un galion au XVIIe s.

À l'étage, ***exposition sur la flibuste, la vie des pirates et la Traite,*** avec quelques documents attestant la manière sordide dont les esclaves étaient traités à bord. Des sections se consacrent longuement à l'importance des mines d'argent américaines pour l'Espagne et à la traite – celle-ci illustrée par des objets repêchés au large de Key West sur l'épave d'un navire négrier, l'*Henrietta Marie.*
Sans transition, une petite expo sur les ***balseros,*** les candidats cubains à l'exil, dont une vidéo réalisée sur smartphone retrace l'épopée qui permit à une vingtaine de Cubains de rejoindre les États-Unis en 2015. Leur radeau de fortune *(balsa)* finit de rouiller juste devant l'entrée du musée.

Audubon House & Tropical Gardens *(zoom détachable Key West, A1)* **:** *205 Whitehead St. • audubonhouse.org • Tlj 9h30-17h (dernière entrée à 16h15). Entrée : 15 $; réduc.*
Construite en 1846-1849 dans le style caraïbe, cette charmante demeure fut transformée en musée vers 1960 pour honorer ***Jean-Jacques Audubon, célèbre ornithologue*** qui fit un séjour de 6 semaines à Key West en 1832. Né à Haïti en 1785, ce fils d'un planteur d'origine nantaise échappa à la conscription sous Napoléon en émigrant en Pennsylvanie... Naturalisé américain en 1812 (rebaptisé John-James à cette occasion), il passa 25 ans de sa vie à voyager et à dessiner les oiseaux. L'ouvrage de sa vie, ***Birds of America,*** compte 435 grandes planches, représentant les animaux dans leur milieu naturel. La collection a changé de main en 2018 pour la modique somme de... 11,7 millions de dollars ! Les mauvaises langues disent que l'acheteur s'est fait plumer.
Quelques-uns des magnifiques ***oiseaux peints*** par Audubon dans la région ornent les pièces de la maison. Les ornithos noteront que certains noms ont changé depuis son époque. La demeure est meublée comme au temps de son 1er propriétaire, un certain Geiger, pilote portuaire et célèbre renfloueur d'épaves. Certains objets proviennent d'ailleurs des cargaisons précieuses des bateaux venus s'échouer sur les récifs des Keys. La galerie proprement dite se trouve au dernier étage.
Dans le beau ***jardin tropical,*** peuplé d'orchidées et de plantes médicinales, on peut aussi voir la cuisine. Et telle une héroïne de film américain, on se prélasse dans les fauteuils à bascule sur la véranda ou dans les petits salons de jardin disposés parmi les arbres vigoureux et les fleurs chatoyantes. Un joli voyage dans le Key West d'antan.

Customs House Museum *(zoom détachable Key West, A1)* **:** *281 Front St. • kwahs.org • Tlj 10h-17h. Entrée : 15,50 $ en ligne, 17 $ sur place ; réduc.* Grand bâtiment de brique rouge datant de 1891, la Maison des douanes abrite un intéressant musée illustrant ***l'histoire et la culture des Keys*** à travers l'art (peinture) et l'histoire – celle des naufrageurs, du cigare, du chemin de fer, de Hemingway, etc. L'occasion, par exemple, d'apprendre que la région échappa largement à la Prohibition. Des photos montrent la dévastation causée par l'ouragan de 1935. Le lieu accueille aussi de belles expositions temporaires.

Mallory Square *(zoom détachable Key West, A1)* **:** *400 Wall St. • mallorysquare.com •* Avec diverses attractions plus ou moins bidon, l'endroit le plus touristique de l'île s'est développé dans la droite ligne des quais où les paquebots débarquent leurs croisiéristes. La tradition est d'aller admirer le coucher du soleil sur la mer au Sunset Deck. Un incontournable ! Le long du quai en saison, musiciens et vendeurs de pacotilles animent le bord de mer.

LA VIE COULE

À l'époque de la flibuste, une centaine de bateaux faisait escale à Key West chaque jour. Mais les eaux cristallines étaient connues pour être les plus traîtres du monde, puisqu'en moyenne un navire par semaine s'échouait sur les récifs qui en défendent l'accès. C'est l'arrivée du chemin de fer combinée à l'amélioration des techniques de navigation qui enraya le phénomène au début du XXe s.

– Mallory Square, c'est aussi un **aquarium** *(zoom détachable Key West, A1)* : *• keywestaquarium.com • Tlj 9h-18h (dernière entrée à 17h30). Entrée : 22,50 $; 13 $ 4-12 ans ; réduc en ligne.* 1re attraction touristique de Key West (1934), il ne casse pourtant pas 3 pattes à un canard !
– Autre classique du lieu, le ***Shipwreck Treasure Museum*** *(zoom détachable Key West, A1)* : *• keywestshipwreck.com • Tlj 9h30-17h. Entrée : 18,50 $; 10 $ 4-12 ans ; réduc en ligne.* Ce musée, un peu kitsch, fait toute la lumière sur les ***pilleurs d'épaves,*** qui firent la fortune de Key West au XIXe s. Trésors repêchés sur des galions, objets du commerce des siècles passés, bouteilles, céramiques, sacs de café, voisinent avec des objets provenant de l'*Isaac Allerton,* un paquebot échoué près de Sugarloaf Key en 1856. Le bâtiment du musée est une copie de l'entrepôt d'Asa Tift, célèbre pilleur d'épaves de l'époque. De la tour d'observation, vue panoramique sur le quartier.

Oldest House *(zoom détachable Key West, A1)* **:** *322 Duval St. • oirf.org • Tlj 10h-16h. GRATUIT.* Siège de l'*Old Island Restoration Foundation,* cette vénérable demeure en bois blanche remonte à 1829. Elle a survécu à tous les ouragans et incendies qu'a connus la ville ! On peut y jeter un coup d'œil en passant : les 4 pièces du rez-de-chaussée et la cuisine sont ouvertes à la visite.

Southernmost Point of the Continental USA *(zoom détachable Key West, A2)* **:** une borne marque le ***point géographique le plus austral des États-Unis.*** Le défilé des touristes faisant patiemment la queue pour se faire photographier devant vaut le coup d'œil ! Le plus amusant, c'est que l'endroit le plus au sud n'est pas exactement là, mais dans un terrain militaire situé un peu plus à l'ouest, inaccessible au public... Bon, on chipote !

The Key West Butterfly & Nature Conservatory *(zoom détachable Key West, A2)* **:** *1316 Duval St. • keywestbutterfly.com • Tlj 9h-17h (dernière entrée à 16h30). Entrée : 15 $; 11 $ 4-12 ans ; réduc.*
Une serre de 500 m² qui abrite d'innombrables ***papillons*** virevoltant librement et se posant parfois sur vous. 6 des 50 à 60 espèces sont élevées sur place, les autres arrivent par la poste, à l'état de chrysalides... À leurs côtés, quelque 25 espèces d'oiseaux s'ébattent en semi-liberté.
Dans une 1re pièce, des explications bien faites sur la reproduction de ces insectes ultralégers, la migration des monarques et la différence (que l'on ne fait pas dans la langue française) entre *butterfly* (papillon de jour) et *moth* (papillon de nuit).

West Martello Tower *(plan détachable Key West, B2)* **:** *1100 Atlantic Blvd. Tlj 9h30-17h. GRATUIT.* Cette ancienne fortification en briques rouges, bâtie pendant la guerre de Sécession (1862), a été réaménagée en un petit jardin tropical (la température descend rarement sous 12 °C à Key West) veillé par des banians géants. Une oasis de fraîcheur agrémentée de fontaines, bancs, coins et recoins, parfait pour une pause.

Fort East Martello *(plan détachable Key West, C2)* **:** *3501 S Roosevelt Blvd, à l'entrée de l'aéroport. • kwahs.org • Tlj 10h-16h. Entrée : 15,50 $ en ligne, 17 $ sur place ; réduc ; gratuit moins de 6 ans.* Pendant de la West Martello Tower, cette autre fortification en briques rouges a été restaurée par l'association *Key West Art & Historical Society.* Expo sur le vieux Key West et objets datant de la guerre de Sécession. Des expos consacrées aux naufrageurs et à l'industrie du cigare y côtoient une galerie d'art présentant les œuvres d'artistes locaux.

À faire

Les plages : si vous avez quitté Miami pour venir ici à la plage à Key West, vous avez tout faux ! Les rares plages sont pour la plupart artificielles. Rassurez-vous, on trouve cependant quelques belles étendues de sable fin où poser sa serviette et piquer une tête.

TOUT EN MUSCLE

À 64 ans, le 2 septembre 2013, Diana Nyad sortit de l'eau éreintée mais heureuse : elle est la 1re à réussir la traversée à la nage entre Cuba et Key West (140 km en 53h !). Après 4 tentatives ratées, malgré les courants, requins et méduses géantes, elle accomplit son rêve ! Sa devise ? Ne jamais, jamais abandonner.

– ***Fort Zachary Taylor Beach*** *(plan détachable Key West, A2)* **:** *dans le Historic State Park du même nom, accès par l'extrémité de Southard St, après Thomas St.* • *floridastateparks.org* • *Tlj de 8h au coucher du soleil (17h pour le fort). Entrée : 6 $ (véhicule et jusqu'à 8 pers) ; 2,50 $/piéton et cycliste.* Située à l'extrémité de Key West, dans un *State Park,* c'est la seule vraie plage où la profondeur permet de nager. Beaucoup d'ombre aussi en bordure de celle-ci, ce qui n'est pas négligeable. On peut y louer transats, parasols, masque et tuba. Café-resto de plage, le ***Cayo Hueso Cafe*** *(tlj 10h-18h),* mais plutôt pour boire un verre que pour manger.

– ***Higgs Beach*** *(plan détachable Key West, B2)* **:** *au sud de l'île, à env 15 mn à pied du centre.* Cette plage publique d'accès gratuit est baignée par des eaux peu profondes qui ne permettent pas véritablement de nager. Location de chaises longues et kayaks. Pour manger sur place, voir le resto ***Salute ! On the Beach*** dans la rubrique « Où prendre un petit déj ? Où manger ? ».

– ***Smathers Beach*** *(Municipal Beach ; plan détachable Key West, C2)* **:** *au sud-est de l'île, le long de S Roosevelt Blvd. Accès libre.* C'est aussi la plage la plus longue (2 km environ) et la plus populaire, quand bien même on y pauage plutôt qu'on y nage. Location de planches, catamarans, kayaks et *paddleboards.*

Excursion vers la barrière de corail : les agences et autres kiosques de Duval Street et des abords du port proposent tous l'excursion. Plusieurs options :

– le ***glass bottom boat,*** bateau à fond de verre. On ne voit finalement pas grand-chose. Préférez plutôt le kayak à fond transparent si vous ne voulez pas vous mouiller ;

– le ***paddle,*** un bon moyen d'approcher la faune marine tout en travaillant son équilibre ;

– le ***snorkelling,*** la meilleure façon d'explorer les richesses de la barrière de corail, avec palmes, masque et tuba. Les tours durent environ 3h, dont 1h30 dans l'eau. Préférez le matin, la mer est généralement plus calme et il y a moins de monde. Choisissez bien votre prestataire (avec des petits groupes), car c'est un peu l'usine.

■ ***Dolphin Safari Charters*** *(plan détachable Key West, D1,* ***101****)* **:** *7001 Shrimp Rd, à* ***Stock Island.*** ☎ *305-747-0453.* • *safaricharters.com* • *Derrière l'hôtel Perry, sur la marina. Départs 8h45, 12h et 15h15 en hiver ; 9h, 13h et 17h à partir de début mars. Résa conseillée 24h à l'avance. Compter 120 $ adulte ; 50 $ moins de 3 ans (pour 3h d'excursion).* Des « éco-aventures » en bateau et en petit comité (6 personnes maximum) proposées par Gary, un gars très sympathique, incollable sur les dauphins et très soucieux de l'environnement et de l'écologie. Au programme : rencontre avec des dauphins dans leur milieu naturel, sans nager avec eux ni même les toucher, juste pour le plaisir de les voir évoluer en toute liberté. Et puis un peu de *snorkelling,* histoire de varier les plaisirs. Une belle sortie en mer.

Pêche au gros : vous vous en doutez, c'est absolument hors de prix *(env 650-1 000 $ pour 4-8h de pêche en privatisant le bateau ; souvent 200-350 $/pers en partageant).* On choisit entre la haute mer, pour traquer l'espadon et le *wahoo,* le barracuda et le *mahi-mahi,* ou le *flats fishing,* dans les eaux peu profondes (1,30 m maxi) de la mangrove. Là, c'est la grande traque au *bonefish* et au tarpon, dans une barque à fond plat. Dans la plupart des cas, c'est du *catch & release* : une fois la photo prise, on relâche la bestiole.

■ ***Southbound Sportfishing*** *(plan détachable Key West, B1,* ***102****) : Garrison Bight Marina (1801N Roosevelt Blvd). ☎ 305-747-3668. • southboundsportfishing.com • Départ à 7h, 12h ou 13h.* Parmi les nombreux prestataires de ce bout de marina (réunis sous le nom de ***Charter Fishing Boats***), le jovial *captain* Richard Houde emmène les clients (pas plus de 6 à la fois) à bord de son petit bateau bien équipé. Ceux qui ne pêchent pas ne paient que le prix de la promenade. Et on vous prépare votre poisson au retour, en indiquant un resto où le faire cuisiner.

■ ***Dream Catcher Charters*** *(hors plan détachable Key West par D1,* ***103****) : 5555 College Rd ; dans la Sunset Marina de* ***Stock Island,*** *côté bayside. ☎ 888-362-3474 ou 305-292-7212. • dreamcatchercharters.com • Sortie à la ½ journée ou à la journée, en haute mer ou sur les flats.* Pour cette équipe de joyeux drilles très expérimentée, les habitudes des poissons n'ont plus aucun secret, notamment celles des tarpons et *bonefish*.

Plongée sous-marine

Si les récifs qui bordent Key West recèlent encore des trésors à fond de cale des galions ventrus qui s'y sont abîmés, ces richesses ne sauraient rivaliser avec celle de la vie sous-marine intense du *Florida Keys National Marine Sanctuary.* Plongeurs débutants et confirmés évoluent dans un univers peuplé de coraux, d'éponges, de poissons tropicaux, tortues, requins et même lamantins... Le must des Keys et de toute la Floride !

Clubs de plongée

Attention lorsque vous comparez les tarifs : de nombreux clubs annoncent des prix de départ dans les 70-75 $ qui n'incluent ni la combi ni les bouteilles ! En général, il faut ajouter 40 $.

■ ***Dive Key West*** *(plan détachable Key West, C1,* ***105****) : 3128 N Roosevelt Blvd. ☎ 305-296-3823. • divekeywest.com • Sortie snorkelling à partir de 70 $; plongée avec matériel à partir de 95 $.* C'est le club le plus réputé de Key West, avec un demi-siècle d'expérience à son actif. *Snorkelling* l'après-midi (équipement complet fourni). Propose également plongées au Nitrox, de nuit entre avril et octobre, sur épaves, etc.

■ ***SNUBA Key West*** *(plan détachable Key West, B1,* ***106****) : Garrison Bight Marina, 711 Eisenhower Dr (slip no 7). Résa obligatoire : ☎ 305-292-4616 ou • snubakeywest.com • Session tlj à 9h et 13h. Plongée 120 $; 100 $ 8-12 ans. Snorkelling 70 $.* Le *SNUBA* combine la simplicité du *snorkelling* avec la plongée. Tout le monde peut pratiquer cette activité, même les enfants dès 8 ans et les personnes âgées, puisqu'on respire par l'intermédiaire d'un tuyau de 60 m relié à des réservoirs d'air situés sur une plateforme flottante.

Nos meilleurs spots

Vandenberg : au large de Key West, ce navire de la marine américaine au passé glorieux et aux dimensions impressionnantes (158 m de long, soit l'équivalent de 2 terrains de football américain !) a été volontairement coulé par 45 m de fond. Désormais 2e plus grand récif artificiel au monde, il attire autant de poissons que de plongeurs, préservant ainsi la barrière de corail. Il s'adresse aux plongeurs de haut niveau ayant suivi une formation spécifique de plongée sur épave. En 2016, le vaisseau *Vandenberg* servit de galerie d'art sous-marine pour une expo de photos suspendues à flanc d'épave, judicieusement intitulée *The Sinking World* (« Le Monde immergé ») !

Sand Key Reef : *au sud-ouest de Key West. Pour plongeurs débutants et confirmés.* Déluge de vie tout autour de cet îlot corallien surmonté d'un phare, où poissons-perroquets, anges, papillons, trompettes, sergents-majors et balistes se donnent une réplique colorée (10 m de fond maximum). La plongée classique de Key West, mais certaines sociétés comme *Dive Key West* y vont rarement (trop loin pour eux).

Nine Foot Stake : *au sud de Key West. Idéal pour débuter.* « Tout est mini » dans cette plongée fastoche où de mignons bébés poissons virevoltent joyeusement entre les coraux, les éponges et autres gorgones-plumes qui ondulent au gré de la houle (- 6 m maximum). Petits perroquets, papillons, diodons, coffres, gorettes et minilangoustes seront ici vos compagnons de plongée.

Cayman Salvage Master : *au sud de Key West. Pour plongeurs confirmés (60 m de fond max).* Jolie plongée sur l'épave de ce vieux câblier de la Navy qui, bizarrement, convoyait des armes pour Castro. Le site est aujourd'hui fréquenté par un gros poisson très laid de la taille d'une petite voiture : le *giant goliath grouper,* un mérou géant, qui partage les eaux avec des murènes de taille également respectable...

Fête et festivals

- ***Old Island Days :*** *2 j. mi- ou fin fév. Rens à la Key West Chamber of Commerce (zoom détachable Key West, A1, **1**).* Un festival pour découvrir l'histoire et le patrimoine de Key West, à travers expo d'art et visites de maisons coloniales et de jardins.
- ***Conch Republic Independance Celebration :*** *10 j. mi- ou fin avr.* • *conchrepublic.com* • La république des Conques fête sa pseudo-indépendance du 23 avril à grand renfort de cérémonies frelatées, courses de drag-queens et de lits, parade déjantée, concerts et autres foldingueries locales.
- ***Key West Pride :*** *quelques j. début juin.* • *keywestpride.org* • Festival LGBT proposant de nombreuses animations (shows, soirées plus ou moins dénudées, films, visites) avec grande parade de clôture dans Duval Street, ouverte à tous.
- ***Hemingway Days :*** *1 sem autour du 21 juil.* • *fla-keys.com/hemingway-days* • En souvenir de l'anniversaire de Hemingway, spectacles, fêtes, courses de taureaux dans les rues comme à Pampelune (sauf que, là, les animaux sont en carton-pâte !) et concours du meilleur sosie de « Papa » – vêtements de safari, barbe blanche, joues bien roses et bedaine de rigueur !
- ***Fantasy Fest*** *(mini-Mardi gras) :* *10 j. mi-oct.* • *fantasyfest.com* • Certainement la fête la plus populaire de Key West avec, chaque jour, d'amusantes soirées costumées et une tradition vraiment coquine venue de La Nouvelle-Orléans : les filles montrent leurs seins pour qu'on leur glisse un collier de pacotille autour du cou, *just for fun !* Le dernier défilé, le plus spectaculaire, a lieu la nuit d'Halloween. Si vous comptez y aller, réservez au moins 1 an à l'avance !

Plus loin dans les environs

Dry Tortugas et Fort Jefferson : • *nps.gov/drto* • Les Dry Tortugas sont un petit ***chapelet d'îles*** paradisiaques situées à 110 km à l'ouest de Key West, ***classées parc national*** depuis 1992. Elles furent découvertes par Ponce de León en 1513, qui les surnomma *Las Tortugas* à cause des nombreuses tortues qui y habitaient. Les marins les rebaptisèrent *Dry Tortugas...* car on n'y trouve aucune eau douce ! Pour contrôler la navigation dans le golfe, les Américains y entamèrent la construction de l'énorme ***fort Jefferson*** en 1846. Il servit bientôt de prison et hébergea, entre autres, le docteur Samuel Mudd, condamné pour avoir – bien involontairement – soigné la jambe de l'assassin de Lincoln.

Aujourd'hui le fort se visite, avec ses vieux canons encore pointés vers l'océan. On peut rejoindre l'île en ***bateau*** ou en ***hydravion*** et même ***camper*** sur place !

Yankee Freedom III *(zoom détachable Key West, A1,* ***107****)* ***:*** *240 Margaret St. • drytortugas.com • Bureau situé au ponton D (tlj 8h-20h). Départ tlj à 8h, retour à 17h30. Résa conseillée à l'avance. Compter 200 $/pers l'A/R ; 145 $ 4-16 ans ; réduc.* C'est le seul bateau autorisé à desservir le fort Jefferson. On passe environ 4h30 sur place. Inclus dans le billet : traversée, entrée du parc, petit déj, lunch, matériel de *snorkelling* et visite guidée intéressante de 45 mn.

■ ***Key West Seaplane Adventures*** *(plan détachable Key West, C2,* ***104****)* ***:*** *3471 S Roosevelt Blvd, à l'extrémité gauche de l'aéroport (juste derrière la tour de contrôle). ☎ 305-293-9300. • keywestseaplanecharters.com • 4 départs/j. Compter 400 $/pers pour un A/R et 2h30 sur place ; 317 $ 2-12 ans.* Voilà la voie royale pour rejoindre les Dry Tortugas : en hydravion. Un vol extra, qui permet d'enfiler toutes les perles du collier d'îles jusqu'au fort Jefferson, qu'on survole superbement juste avant d'amerrir.

Fort Jefferson : *résa jusqu'à 1 an à l'avance ! Emplacement 20 $, à régler en espèces sur place.* Le **camping « primitif »** compte tout juste 10 emplacements (chacun maximum 3 tentes de 2 personnes ou une grande), sans douche, mais avec toilettes sèches. 1er arrivé, 1er servi, mais en embarquant on peut déjà poser une option pour s'assurer d'avoir une place. On est abrité par quelques arbustes, au pied même des murailles du fort, face à une superbe plage de sable blanc. Sur place, tables et barbecue, mais il faut tout apporter : les briquettes spéciales pour faire le feu (feu de bois interdit), l'eau et les vivres. Une fois installé, reste plus qu'à chausser masque et tuba pour aller saluer les poissons ! Juste en face, Bush Key n'est accessible (à la nage) que de mi-octobre à mi-janvier, avant que les quelque 100 000 sternes fuligineuses y reviennent nicher ! Un vrai petit paradis baigné par des eaux turquoise.

LA GOLD COAST

• Carte *p. 173*

De Miami à Fort Lauderdale, puis jusqu'à Palm Beach, s'égrènent sur une petite centaine de kilomètres les plages de la Gold Coast, avec chacune son caractère propre. Au sud, tout au long de l'Intracoastal Waterway (un canal côtier permettant aux résidents pas fauchés d'accéder en yacht à leurs riches demeures...), Dania Beach, Hollywood et Hallandale Beach, où résident de nombreux Canadiens, sont des stations plutôt populaires. Puis vient Lauderdale, la « Venise de l'Amérique ». Plus au nord, Lauderdale-By-The-Sea, Pompano Beach (capitale mondiale de la pêche à l'espadon), Hilsboro Beach et Deerfield Beach, avec sa jetée poissonneuse et sa promenade bordée de palmiers, mènent aux confins de Boca Raton, à l'urbanisation galopante, qui rassemble une importante communauté juive. Enfin Palm Beach, l'éden des milliardaires.

FORT LAUDERDALE

179 500 hab.

• Plan *p. 174-175*

On est loin du petit fort édifié par un certain major William Lauderdale en 1838 pour se protéger des Séminoles... Cette ville balnéaire attire plus de 10 millions de vacanciers chaque année. La raison ? Le soleil, évidemment, qui brille ici plus de 240 jours par an, et la plage, longue et belle, qui borde la ville du nord au sud. Mais si Fort Lauderdale séduit tout autant les étudiants que les retraités, c'est aussi pour le coût de la vie, bien moins élevé qu'à Miami ou Palm Beach. Les 1ers installent généralement le camp de base au sud, sur le front de mer du *Beach Boulevard,* tandis que les pensionnaires plus âgés séjournent pour la plupart à *Lauderdale-By-The-Sea,* tranquille petite station balnéaire au nord. À l'arrière, dans les terres, la ville ne cesse de s'étendre autour des quelque 265 km de canaux lagunaires (bordés de splendides villas) qui valent à Fort Lauderdale son surnom (légèrement surestimé) de « Venise de l'Amérique ».

SPRING BREAK

Vers la mi-mars, les étudiants débarquent de tout le pays en Floride pour s'éclater quelques jours entre clubs et plage. Si certains se contentent de faire « gentiment » la fête, d'autres poussent le curseur très très loin. Chaque année, à Miami Beach notamment, des incidents liés à l'excès de drogue ou d'alcool sont malheureusement recensés. Fort Lauderdale fait également partie des destinations prisées par les « spring breakers »...

À seulement 40 km de Miami, Fort Lauderdale peut constituer un bon camp de base pour rayonner dans la région et farnienter quelques jours.

Arriver – Quitter

✈ ***Fort Lauderdale – Hollywood International Airport*** *(hors plan par A3)* **:** *100 Terminal Dr, à 5 km au sud du centre-ville. • broward.org/airport •* 4 terminaux, reliés par navette. Vols quotidiens en provenance et vers de nombreuses grandes villes américaines (dont Key West) et canadiennes, l'Amérique latine et les Caraïbes.

➢ ***Pour gagner le centre,*** le bus n° 1 dessert la gare routière de *Broward Central Transit,* situé au 101 NW 1st Ave *(plan A2),* d'où partent la plupart des lignes. Possibilité de gagner Hollywood avec le même bus, dans l'autre sens. Prix : 2 $ (paiement à bord en espèces). En taxi ou VTC, compter env 15-20 $.

➢ ***Pour rallier directement Miami,*** compter 25-35 $/pers en navette et env 70-80 $ en taxi. En transport, privilégier le *Tri-Rail* (voir ci-dessous), qui relie les 2 aéroports. En voiture, prendre l'autoroute I-95 (gratuite ; env 45 mn de route).

Gare ferroviaire Amtrak et Tri-Rail *(hors plan par A2,* ***1****)* **:** *200 SW 21st Terrace, à 3 km à l'ouest de Downtown, de l'autre côté de l'autoroute I-95. • amtrak.com • tri-rail.com •* L'*Atlantic Coast Service* d'Amtrak propose 2 liaisons/j. vers West Palm Beach, Orlando, Jacksonville et Savannah sur le trajet reliant Miami à New York (et vice versa). Le *Tri-Rail,* géré par une compagnie indépendante, est une sorte de RER qui relie l'aéroport de Miami à West Palm Beach en passant par Fort Lauderdale (dont l'aéroport). Compter 3,75 $ pour Miami.

➢ ***Pour rejoindre Downtown et la plage,*** bus nos 9, 22 ou 81 jusqu'au terminal *Broward Central Transit,* situé au 101 NW 1st Ave *(plan A2),* où convergent pratiquement toutes les lignes. Ceux qui arrivent par *Tri-Rail* bénéficient de navettes gratuites pour le centre lun-ven ttes les 10-25 mn (fréquence réduite le w-e).

Gare ferroviaire Bright Line *(plan A2,* ***2****)* **:** *NW 2nd Ave (entre W Broward Blvd et NW 4th St). • gobrightline.com •* Elle accueille la ligne à grande vitesse. Plusieurs trains/j. Trajet : 30 mn pour Miami et West Palm Beach.

Gare routière Greyhound *(plan B2)* **:** *515 NE 3rd St. • greyhound.com •* Bus pour Miami, Tampa, Atlanta... Sur place : consigne et distributeur de billets.

Adresses et infos utiles

Informations touristiques

ℹ ***Greater Fort Lauderdale Convention & Visitors Bureau*** *(plan A-B2)* **:** *101 NE 3rd Ave. • sunny.org • Dans le centre administratif. Lun-ven 8h30-17h.* Infos et brochures, notamment sur les transports.

Transports

■ ***Broward County Transit Terminal*** *(BCT Terminal ; plan A-B2)* **:** *101 NW 1st Ave et Broward Blvd. • broward.org/bct • Ticket : 2 $; réduc ; pass journée 5 $.* Pour ceux qui ne sont pas véhiculés, le bus s'avère indispensable tant les distances sont grandes. Le réseau est tentaculaire, mais on se contente de seulement 2-3 lignes en tant que touriste. La ***ligne n° 11*** est celle que vous utiliserez le plus. Elle relie le terminal BCT à Lauderdale-By-The-Sea, le boulevard Las Olas (Downtown) et le front de mer, où se situent la plupart des hôtels.

■ ***Sun Trolley :*** *GRATUIT.* Parmi les 5 lignes existantes, 2 sont particulièrement intéressantes pour les visiteurs : la ligne **Las Olas** *(ttes les 30 mn ven-dim 10h30-17h),* qui relie le Downtown à la plage, et la **Beach Link** *(ttes les 30 mn tlj 10h30-17h),* qui part de l'US 1 *(plan D3),* prend la SW 17th Street

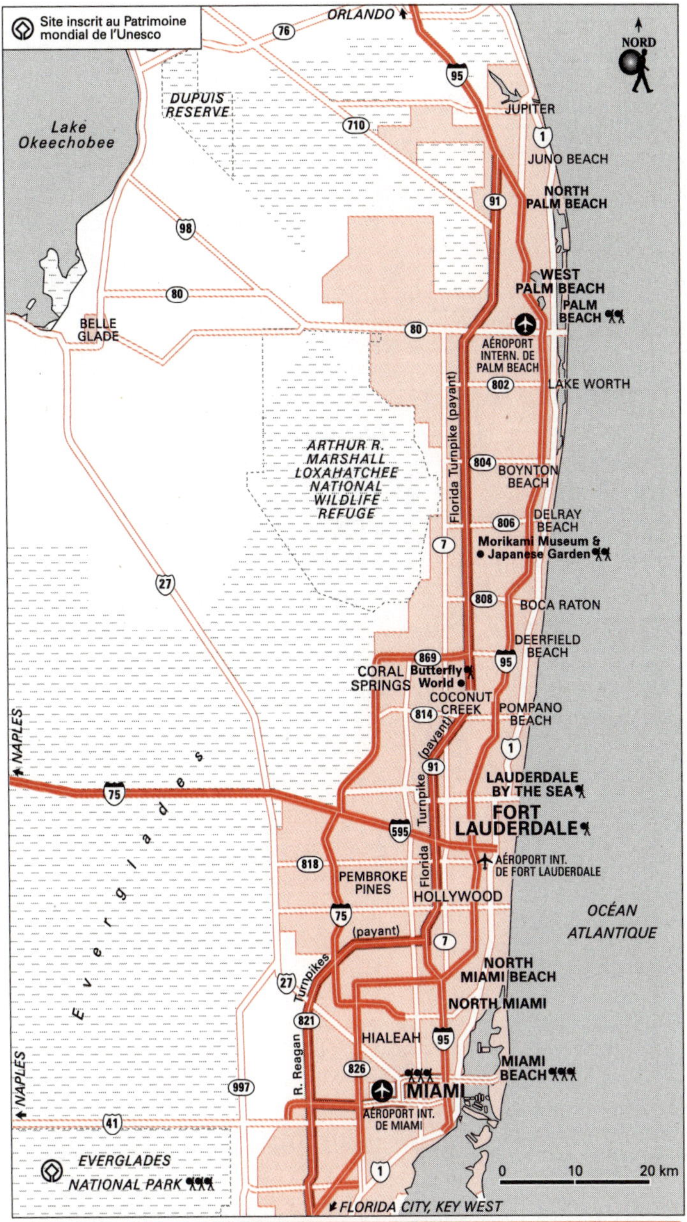

LA GOLD COAST

Adresses utiles

- Greater Fort Lauderdale Convention & Visitors Bureau (A-B2)
- 1 Gare ferroviaire Amtrak et Tri-Rail (hors plan par A2)
- 2 Gare ferroviaire Bright Line (A2)
- 3 Water Taxi (B2)
- 4 Water Taxi (D1)
- 5 Jungle Queen River Boat (D3)

Où dormir ?

- 10 The Hotel Deauville (hors plan par D1)
- 11 Premiere Hotel (D1)
- 12 The Drift (D2)
- 13 Aqua Hotel (D1)
- 14 The Pillars Hotel & Club (D2)

Où manger ?

- 29 Gran Forno Bakery (B2)
- 30 The Floridian Restaurant (B2)
- 32 Lester's Diner (hors plan par B3)
- 33 Lulu's Bait Shack (D2)
- 36 Greek Islands Taverna (hors plan par D1)
- 39 Casablanca Cafe (D2)
- 40 Southport Raw Bar (B3)
- 41 Loma (D1)
- 42 Coconuts (D2)
- 44 Canyon Southwest (C1)

Où manger une bonne glace ? Où boire un café ?

- 50 Kilwins (B2)
- 51 Ann's Florist & Coffee Bar (B2)

Où boire un verre ? Où sortir ?

- 33 Lulu's Bait Shack (D2)
- 39 Casablanca Cafe (D2)
- 41 Loma (D1)
- 61 Blue Martini (D1)
- 62 Original Fat Cat's (A2)
- 63 Rock Bar (D2)

Achats

- 70 The Swap Shop (hors plan par C1)
- 71 Sawgrass Mills et Colonnade Outlets (hors plan par C1)

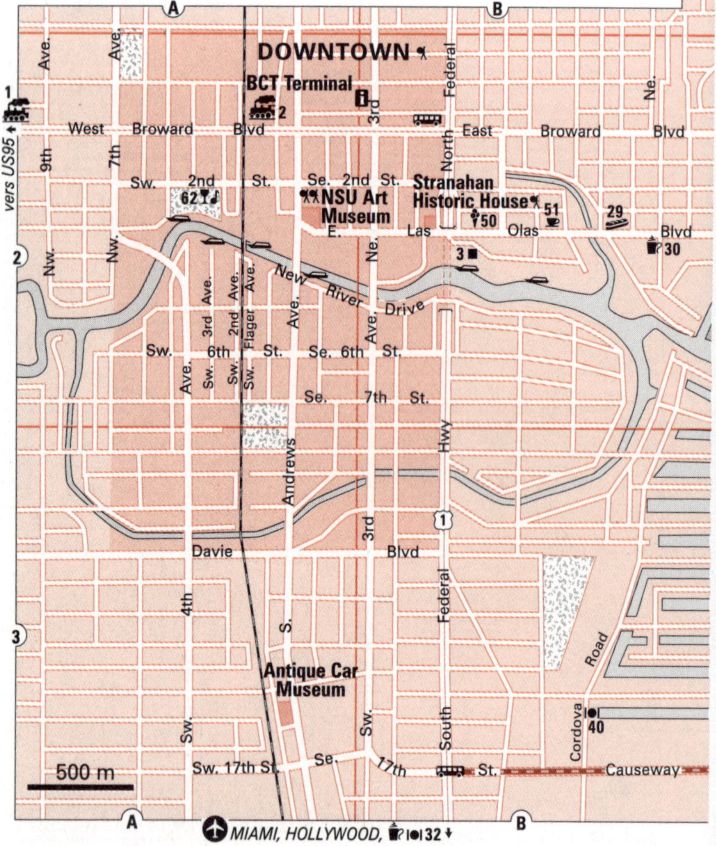

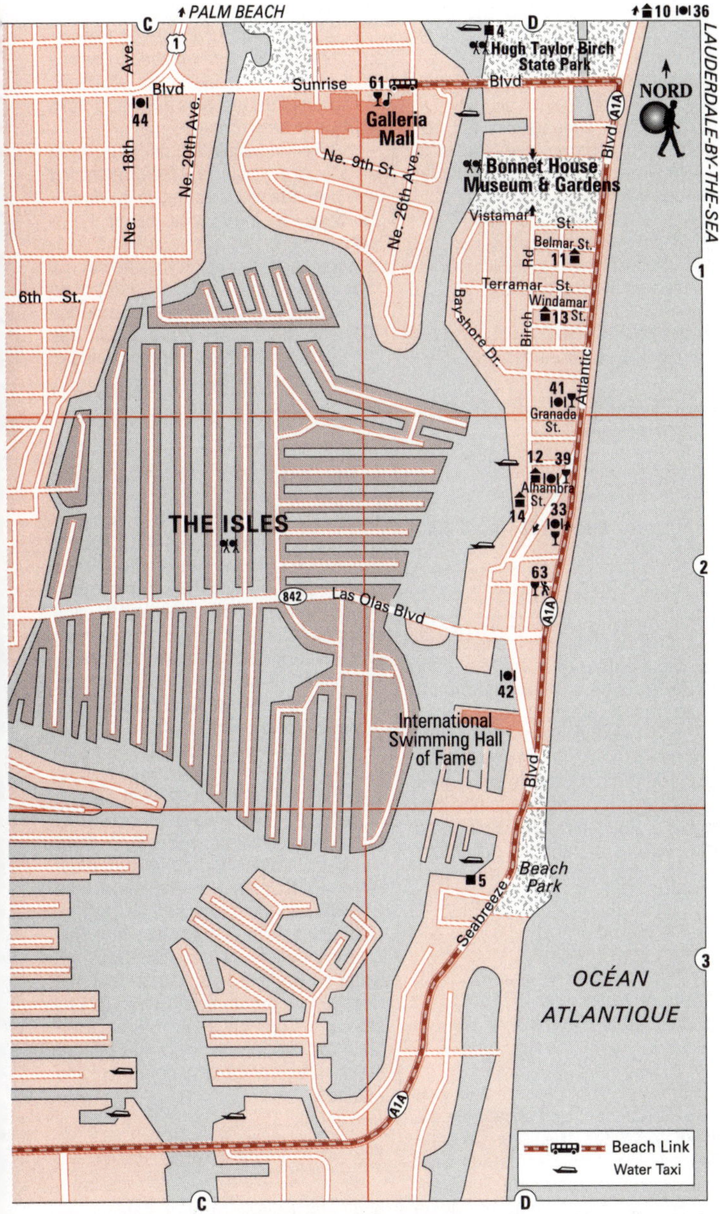

FORT LAUDERDALE

Causeway puis longe la plage jusqu'au *Galleria Mall (plan D1).* Cette ligne est tracée sur le plan.

■ ***Lauder Go ! (water trolley**; plan A-B2)* **:** *ttes les 30 mn tlj 10h-22h. GRATUIT.* Petit bateau-taxi qui parcourt New River dans Downtown entre SW 4th Avenue et US 1. Pour prolonger la balade vers l'est et ses canaux, il faut passer à la version *water taxi,* plutôt un promène-touristes lent qu'un taxi rapide. Toutefois envisageable pour qui veut aussi visiter les canaux (lire plus loin « À voir. À faire »).

***Broward B Cycle* :** • *broward.bcycle.com* • Vélos en libre-service au tarif exorbitant de 5 $ les 30 mn ! Environ 25 stations, dont une sur Las Olas et plusieurs autres sur la plage. Le *pass* à 35 $ par semaine permet de bénéficier de 30 mn gratuites, puis 3 $ les 30 mn à chaque prise en charge.

– ***Voiture* :** la circulation est plus fluide qu'à Miami, mais le ***stationnement*** est presque aussi cher, notamment en bord de mer. Pour payer votre parcmètre, on vous conseille de télécharger l'application ***Paybyphone,*** qui fonctionne dans la plupart des zones de stationnement de la ville. Une bonne nouvelle, tout de même : la plupart des hôtels disposent d'un parking gratuit.

Où dormir ?

Bon marché

The Hotel Deauville *(hors plan par D1,* ***10****)* **:** *2916 N Ocean Blvd.* ☎ *954-568-5000.* • *thedeauvillehotel.com* • *Lits en dortoir 35-40 $; doubles 75-125 $.* Chambres et dortoirs (sans oublier les transats) se répartissent autour de la piscine (et au bord de la route, malheureusement). Pour sa popote, on peut aussi compter sur la cuisine commune. Côté chambres, elles sont sans histoire et de bon confort. L'ensemble est propre, convivial et d'un rapport qualité-prix imbattable. Seul bémol : si la plage est proche, voiture ou transport obligatoire pour rejoindre l'animation du Beach Boulevard.

De prix moyens à chic

Premiere Hotel *(plan D1,* ***11****)* **:** *625 N Fort Lauderdale Beach Blvd.* ☎ *954-566-7676.* • *premierehotel.com* • *Compter entre 90 $/nuit* (single room) *et 210 $/nuit (suite). 4 nuits min. Parking gratuit.* Un bâtiment tout blanc face à la mer, qui abrite des chambres de différentes catégories : assez petites avec juste un lit *king,* ou nettement plus grandes avec 2 *queens,* cuisine et balcon (quasiment de vrais apparts !). Le tout est fonctionnel et parfaitement tenu, avec 2 piscines en bonus pour ceux qui auraient la flemme de traverser la rue.

The Drift *(plan D2,* ***12****)* **:** *3005 Alhambra St.* ☎ *954-774-2061.* • *thedrifthotel.com* • *Doubles 180-200 $. Parking gratuit.* Des bâtiments jumeaux abritent ce cosy boutique-hôtel. On se repose dans une agréable cour centrale verdoyante et ombragée (mais sans piscine). Coursives et escaliers mènent aux chambres décorées sobrement, équipées d'un mobilier de bois sombre. Un bon plan, à 2 pas de la plage.

Aqua Hotel *(plan D1,* ***13****)* **:** *531 Breakers Ave.* ☎ *954-565-5790.* • *northbeachvillageresort.com* • *Doubles 219-329 $. Parking 10 $.* Bon début : la plage est à seulement 100 m et l'hôtel bien au calme, en retrait du front de mer. On dirait un peu un paquebot rétro, tout de blanc vêtu, avec ses 2 piscines à la proue et à la poupe. L'accueil est de bon aloi et les chambres ne déçoivent pas. Immaculées, *white on white,* ponctuées de touches colorées (tiens, un surf au mur !). Les *standard* sont belles et même spacieuses, avec TV et frigo, les *deluxe* et les *suites* ont carrément une cuisine équipée.

De plus chic à très chic

The Pillars Hotel & Club *(plan D2,* ***14****)* **:** *111 N Birch Rd.* ☎ *954-467-9639.* • *pillarshotel.com* • *Doubles à partir de 350 $. Parking gratuit.* Cette demeure élégante aux faux airs de petite plantation coloniale appartient aux très réputés *Small Luxury Hotels of the World.* On y trouve une petite vingtaine de chambres et suites cossues, distribuées autour de la piscine et décorées avec beaucoup de goût : parquet ou moquette, cheminées, tableaux exotiques, mobilier d'antiquaire, salles de bains en marbre, etc. Gros coup de cœur pour la grande terrasse qui donne directement sur les eaux de l'*Intracoastal Waterway.* Espaces communs au diapason des chambres, resto. Une très belle adresse.

Où manger ?

Voir aussi nos adresses à Lauderdale-By-The-Sea, village balnéaire situé à 8 km au nord de Fort Lauderdale.

Spécial petit déjeuner

The Floridian Restaurant *(plan B2,* ***30****) : 1410 E Las Olas Blvd. ☎ 954-463-4041. Ouv 24h/24. Plats 8-19 $.* On l'appelle tout simplement *The Flo.* Une institution datant de 1937, pour engloutir, à toute heure, un breakfast américain grassouillet à souhait. Pas bien fin mais tout y est, à commencer par la déco : photos de stars, bar aux tabourets chromés, mobilier dépareillé (il y a même des chaises de bureau !), moquette datant de JFK (au moins), TV aux murs... Vous êtes d'humeur festive ? Commandez le *fat cat breakfast* à 499 $... qui, pour accompagner vos œufs, est servi avec une bouteille de Dom Pérignon (le pauvre !). Sinon, spécialité de burgers et d'omelettes (œufs *Benedict* aussi), sandwichs et wraps.

On recommande aussi le ***Lester's Diner*** *(hors plan par B3,* ***32****)* : voir plus loin.

De bon marché à prix moyens

Gran Forno Bakery *(plan B2,* ***29****) : 1235 E Las Olas Blvd. ☎ 954-467-2244. Tlj 7h-21h. Autre adresse au 704 E Las Olas Blvd. Sandwichs env 6-9 $.* *Focaccie,* paninis, *biscotti,* cappuccinos et *macchiati* costauds, tout ici a un bon goût d'Italie. Les quiches et gros sandwichs façon pan-bagnat valent le détour. Également quelques plats chauds à l'ardoise (lasagnes, *meatballs,* etc.).

Lulu's Bait Shack *(plan D2,* ***33****) : 17 S Atlantic Blvd. ☎ 954-463-7425. Dim-jeu 11h-23h, ven-sam 1h-12h.* Populaire, jeune et animé à souhait, *Lulu's* regarde l'océan depuis son perchoir du 1er étage. Le soir venu, les groupes font péter les décibels sur la petite scène du fond. Côté miam-miam, une *pub food* à la mode cajun : alligator, *jambalaya* et *Bourbon Street Entrées* à grignoter à table (penser à réserver) ou autour du bar. Même les bien élevés pourront y mettre les doigts, il y a d'énormes rouleaux d'essuie-tout sur les tables !

Lester's Diner *(hors plan par B3,* ***32****) : 250 W State Rd 84 (angle SW 3rd Ave). ☎ 954-525-5641. Bus nº 6. Ouv 24h/24. Burgers 11-17 $; plats 15-23 $.* Excentré, mais ce *diner* populaire mérite le détour. Lieu de rendez-vous incontournable (depuis 1967) d'une clientèle hétéroclite venue se gaver des classiques de la bouffe américaine (burgers, hot-dogs et parts de gâteau grosses comme des fers à repasser !). Ici, on en a pour son argent. Carte-catalogue (dont des plats grecs) et décor des sixties : chromes rutilants, banquettes en moleskine, etc. Une vraie tranche de sociologie.

Southport Raw Bar *(plan B3,* ***40****) : 1536 Cordova Rd. ☎ 954-525-2526. Tlj 7h30-23h. Plats env 10-16 $; poisson du jour au poids.* Pas besoin de se saper pour s'attabler dans ce resto de *seafood* aux tarifs démocratiques et à l'ambiance très « bonne franquette ». Poissons frits, crustacés, salades aux coquillages, huîtres et moules s'engloutissent à grandes lampées de bière. Essayez de trouver une place à l'extérieur, avec vue sur la marina.

Loma *(plan D1,* ***41****) : 321 N Fort Lauderdale Beach Blvd. ☎ 954-245-3069. Tlj 11h30-1h (2h jeu-sam). Plats env 14-33 $.* Un super resto mexicain qui fait le plein à toute heure. Pour sa cuisine d'abord, fusion des classiques du *país* à la sauce floridienne (*quesadilla* de homard, *enchiladas* au crabe, etc.). Et pour ces apéros dantesques, chaque soir, lorsque la grande terrasse fait le plein pour des *happy hours* alléchantes (5 $ la margarita le mardi soir !).

De prix moyens à chic

Greek Islands Taverna (*hors plan par D1,* **36**) **:** *3300 N Ocean Blvd. ☎ 954-565-5505. Tlj 11h (12h dim)-22h. Mezze 3-18 $; plats env 20-52 $.* Un poil excentrée, située le long d'un boulevard passant... a priori, l'adresse n'est pas la plus glamour de la ville. Pourtant, c'est tous les jours *full* de chez *full* ! Pas de mystère : quand c'est bon, c'est bon ! Au menu, au moins autant de *mezze* et de plats à la carte que de perles dans un *komboloï* : soupes, feuilles de vigne farcies, poulpe, côtelettes d'agneau, moussaka (excellente), *gyros*... Tout y est ! Juste 2 bémols : le vin maison un peu sucré et les prix un peu salés.

Casablanca Cafe (*plan D2,* **39**) **:** *3049 Alhambra St (à l'angle du front de mer). ☎ 954-764-3500. Tlj 8h30-22h (23h ven-sam). Musique live mar-dim à partir de 20h. Plats 12-21 $ le midi, 19-40 $ le soir.* Jouant la carte du romantisme, le *Casablanca* est réputé pour son bar à cocktails bercé chaque soir par un pianiste, ses coins intimes et, à l'étage, son aguicheuse déco (vaguement) orientale. La cuisine, d'inspiration latino-méditerranéenne, est réussie sans être fabuleuse, mais difficile de trouver mieux sur le front de mer.

Canyon Southwest (*plan C1,* **44**) **:** *620 S Federal Hwy. ☎ 754-754-7199. Bus n° 10. Tlj sauf dim 17h-22h (23h ven-sam). Pas de résa. Small plates 15-23 $, large plates 28-54 $.* La petite salle résonne de bonne humeur, entre tintements de verres, conversations enlevées et bar où s'attablent les retardataires. On se met sur son trente et un pour venir déguster une excellente (on pèse nos mots) cuisine fusion, mêlant influences méditerranéennes et *South West* sur un fond de produits frais de qualité. On s'en lèche encore les babines ! Certains préfèrent toutefois commander un assortiment de petits plats et les partager entre amis, façon tapas.

Coconuts (*plan D2,* **42**) **:** *429 Seabreeze Blvd. ☎ 954-525-2421. Tlj 11h30 (10h dim)-22h. Plats env 13-28 $; poisson et crustacés au prix du marché.* Si vous aimez la *seafood,* repartir de Fort Lauderdale sans avoir fait escale au ponton du *Coconuts* serait un crime de lèse-majesté ! Ancré sur les bords de la marina, ce resto est une institution qui se mérite. L'équation est simple : beaucoup de monde (surtout le soir) et pas de résa. L'astuce ? Se présenter vers 19h (ou avant), donner ses coordonnées, puis aller boire un verre au bar à huîtres à côté ou sur le front de mer. Une petite heure (en moyenne) plus tard, on vous rappelle, et hop, le tour est joué ! Une fois à table (en terrasse, c'est mieux), on vous conseille de débuter par les *scoobies,* une mise en bouche au crabe à se damner. Pour la suite, laissez-vous guider... Soirée inoubliable en prévision !

Où s'offrir une bonne glace ? Où boire un café ?

Kilwins (*plan B2,* **50**) **:** *809 E Las Olas Blvd. Tlj 12h-22h30 (23h ven-sam).* Fondé dans l'immédiat après-guerre dans le Michigan, *Kilwins* a conquis tout le pays, et particulièrement la Floride. Ses glaces artisanales sont riches et onctueuses, comme celle au *dulce de leche* (confiture de lait). On y trouve également de délicieux chocolats maison et plein de gourmandises appétissantes.

Ann's Florist & Coffee Bar (*plan B2,* **51**) **:** *1001 E Las Olas Blvd. Lun-sam 8h-22h (23h ven-sam), dim 9h-21h.* Ceux qui ont du nez aimeront ce lieu cosy. On plonge dans le jardin secret d'une (vraie) fleuriste qui a aménagé la moitié de son oasis en café-resto à l'inspiration très proche d'un « *French bistrot* ». On s'y attable à toute heure pour déguster une pâtisserie, une part de quiche ou boire un café.

Où boire un verre ? Où sortir ?

🍸 ♪ ***Original Fat Cat's*** *(plan A2,* ***62****)* **:** *320 Himmarshee St. Tlj 11h30-4h.* Son nom dit bien de quoi il retourne : c'est un classique, un bon vieux *dive bar* (rade), où l'on descend une bière (80 sortes, dont une quinzaine à la pression et pas mal d'artisanales) pas bien chère. Les groupes y débarquent chaque jour vers 23h – à moins qu'un DJ ne les remplace. Pas de trucs commerciaux ici, mais de la bonne zik (rock les vendredi et samedi, reggae le mercredi). Entrée gratuite, ambiance chaleureuse et accueil débonnaire du patron. Billard. Voilà qui donne le ton à ce microquartier branché de Downtown, très populaire dès la fin d'après-midi.

🍸 ***Rock Bar*** *(plan D2,* ***63****)* **:** *219 S Fort Lauderdale Beach Blvd. Tlj 11h-4h.* Le QG de la jeunesse fêtarde, stratégiquement posé en bord de mer au cœur de l'action. La grande terrasse attire les foules à l'heure de l'apéro ; plus tard, c'est sous les néons du *dance floor* que la soirée se poursuit jusque tard. Grosse ambiance en haute saison, et durant le *spring break* (mi-mars en général), c'est carrément le feu !

🍸 ♪ ***Blue Martini*** *(plan D1,* ***61****)* **:** *2432 E Sunrise Blvd. Au rdc du* Galleria Mall. *Mer-dim 14h (16h dim)-2h (3h sam). Parking gratuit à côté.* L'un des *happening places* de la ville, où il faut venir se montrer autour du bar aux néons bleu fluo ou sur la large terrasse. Musique live du mercredi au dimanche dès 20h, puis DJ jusqu'à plus soif, toutes tendances mêlées (reggae, rock, international...). Plein de monde, on danse un peu où l'on peut, entre les tables. Restauration légère et *happy hours* du tonnerre.

🍸 Voir aussi les supers *happy hours* du resto-bar ***Loma*** (plan D1, **41** ; *lun-ven 16h-19h),* le ***Lulu's Bait Shack*** (plan D2, **33**) ; ou, plus chic, le ***Casablanca Cafe*** (plan D2, **39** ; voir la rubrique « Où manger ? »).

Achats

The Swap Shop *(hors plan par C1,* ***70****)* **:** *3291 W Sunrise Blvd (entre le Florida Turnpike et l'autoroute I-95 – sortie 29B).* • *floridaswapshop.com* • *Bus n° 40. Tlj 7h (8h jeu-dim)-17h (18h w-e). Grand marché les mer-jeu et w-e.* Cette ***mégabrocante*** se répand sur un énorme parking envahi d'étals en plein air et d'immenses hangars abritant des échoppes et boutiques où l'on vend absolument de tout : fleurs, fruits, légumes, fringues à 5 $, valises, appareils électroniques, électroménager, et tout un bazar qu'on vous laisse découvrir. Ajoutez à cela une ***fête foraine*** bien kitsch qui sent le pop-corn (surtout animée le week-end) et un ***minimusée automobile*** *(hangar 12 ; gratuit)* où on expose quelques belles cylindrées. Dans son genre, c'est l'un des plus grands barnums commerciaux du monde ! Le soir, les parkings se vident pour se transformer en ***Drive-in Theater.*** Le site possède 14 écrans et propose une dizaine de films différents *(ts les soirs ; entrée : 7 $, 2 $ 5-11 ans).* L'occasion de se rejouer les films des années 1960 au volant de votre voiture de loc. Le son s'obtient alors sur votre autoradio en le réglant sur la fréquence FM inscrite en bas de l'écran. Une expérience amusante.

Sawgrass Mills et Colonnade Outlets *(hors plan par C1,* ***71****)* **:** *12801 W Sunrise Blvd.* • *simon.com/mall/sawgrass-mills* • *À env 25 km à l'ouest de Fort Lauderdale. Bus n*os *1, 6, 9, 10, 11, 14, 20, 22, 30, 31, 40, 50, 60 ou 81 jusqu'à Broward Central Terminal, puis bus n° 36. En voiture, suivre le Sunrise Blvd (route 838) jusqu'à N Flamingo Rd. Tlj 11h (12h dim)-19h.* Ces centres commerciaux jumeaux, parmi les plus grands des États-Unis, regroupent environ 420 boutiques – les plus classiques et sportswear côté *Sawgrass Mills,* les plus chics et fashion côté *Colonnade Outlets.* Les affaires se font aussi chez les « dégriffeurs généralistes » comme *Ross* ou *Marshalls.* Un lieu incontournable pour les féru(e)s de shopping. Tout un tas de restos de chaînes, bien sûr, et un *food court* sur place.

À voir. À faire

La ***plage*** *(bus n° 11 ou Trolley Beach Link),* soulignée par une belle et large promenade, est un peu un cliché de Floride avec ses cocotiers altiers, ses cahutes de sauveteurs, ses tables de pique-nique en bois peintes en vert turquoise et, *last but not least,* son très large tapis de sable blanc (particulièrement fin du côté de South Beach Park). Contrairement à Miami Beach, Fort Lauderdale peut se targuer de posséder une vraie « croisette », bien agréable malgré la route passante à côté. Pas de lumière le soir entre mars et octobre ? C'est pour les ***tortues,*** qui viennent parfois pondre à cette période dans le sable chaud.

Hugh Taylor Birch State Park *(plan D1) : 3109 E Sunrise Blvd. • parkandocean.com • Bus n°s 11 ou 40. Tlj de 8h au coucher du soleil. Entrée : 6 $/véhicule 2-8 pers, 4 $/pers seule ou 2 $/piéton. Loc de kayaks auprès du resto* Park and Ocean *(20 $/h).*
Protégée des promoteurs depuis sa création, cette vaste réserve de 113 ha s'étire entre la plage et un canal. Elle a été léguée par un avocat de Chicago qui avait acheté le terrain en 1893 pour... 280 $! Sa maison Art déco est devenue *Visitor Center.* Au cœur de ce poumon vert, plein d'activités possibles. Joggeurs et cyclistes s'en donneront à cœur joie sur la route en boucle qui fait le tour du parc et donne accès à quelques belles vues côté canal (face aux résidences luxueuses). On peut aussi louer un kayak et découvrir la mangrove en pagayant (tours avec guide possibles, infos sur le site).

Bonnet House Museum & Gardens *(plan D1) : 900 N Birch Rd. • bonnethouse.org • Bus n°s 11 ou 40. Entrée au nord par Sunrise Blvd (parking gratuit) ou au sud par Bermar St. Tlj sauf lun 11h-15h (16h w-e). Visite libre : 25 $; réduc ; gratuit moins de 5 ans. Visite guidée tlj à 10h, 11h, 14h et 15h30 (sam 10h et 11h30) : 30 $; réduc. Brochure en français.*
La maison Bonnet est nichée dans un parc de 18 ha étiré juste en retrait du front de mer, accessible par voie d'eau depuis le *waterway.* Dessinée puis construite en 1921 par l'artiste Frederic Clay Bartlett (1873-1953), elle doit son financement à son 1er beau-père comme cadeau de mariage. Tout en roche corallienne et pin, elle compte une trentaine de pièces et des balcons en fer forgé qui rappellent un peu ceux de La Nouvelle-Orléans. À l'intérieur, meubles, orchidées, coquillages et peintures murales, ainsi qu'une importante collection de tableaux postimpressionnistes. Verger planté de manguiers, avocatiers et agrumes. Également un jardin sec avec agaves et plantes acclimatées au désert. Le reste du parc ressemble à une oasis rafraîchie par des plans d'eau, piqués de nénuphars à bonnet (d'où le nom de la villa) et sur lesquels se penchent de vénérables palmiers. Pour les anglophones, visite guidée très intéressante, qui permet de se plonger dans l'Amérique des années 1920-1940.

The Isles : c'est le quartier chic et résidentiel de la ville, créé artificiellement par l'excavation de canaux dans les années 1920, entre le front de mer et Downtown. Pour se balader dans cette marina démesurée, le bateau est indispensable (voir ci-après). La navigation se fait alors sous les commentaires, souvent très bavards, de l'équipage invitant à admirer les demeures incroyables et les yachts de cette Amérique opulente où l'on compte en millions de dollars. Ici le bateau de Spielberg, là la villa de Johnny Depp... ou l'inverse en fonction du marché immobilier et du Bottin mondain.

RÉGIME SANS SEL POUR *MISTER GATOR*

La bande littorale qui jouxte la plage était jadis coincée entre lagune et océan : les alligators aimaient s'y dorer la couenne. Lors de la création des Isles, le creusement des canaux l'a isolée de la terre par un bras de mer... avec une eau salée que n'apprécient guère ces sauriens-là. Aussi ont-ils définitivement laissé la place aux vacanciers et aux requins... de l'immobilier.

LA GOLD COAST

Water Taxi : *413 SW 3rd Ave. ☎ 954-467-6677. • watertaxi.com • Tlj 10h-20h, ttes les 35-45 mn. Pass 1 j. 35 $; réduc ; 20 $ après 17h.* Relie Downtown *(Las Olas Riverfront ; plan B2,* ***3****)* au Hugh Taylor Birch State Park *(plan D1,* ***4****).* Une quinzaine d'arrêts, dont certains facultatifs. Une fois le *pass* en poche, on adopte le principe du *hop-on hop-off* en s'aidant du plan pour monter et descendre selon ses centres d'intérêt (musées, *malls,* bars, restos...).

Jungle Queen River Boat *(plan D3,* ***5****) : départ du Bahia Mar Yachting Center, 801 Seabreeze Blvd, juste au sud de l'hôtel* Bahia Mar. *• junglequeen.com • Bus nº 40. Tlj à 12h et 14h30. Résa en ligne conseillée. Tarif : 31 $; réduc. Durée : 90 mn.* Touristique à souhait. Globalement, même parcours que le précédent, la souplesse de montée-descente en moins, mais le look *steamboat* des temps modernes en plus ! Sympathique.

Downtown *(plan A-B2)* **:** on s'attardera surtout au musée d'Art et à la maison Stranahan avant de flâner sur le toujours très animé ***Las Olas Boulevard.***

NSU Art Museum *(plan A2)* **:** *1 E Las Olas Blvd. • nsuartmuseum.org • Bus nº 11. Tlj sauf lun 11h (12h dim)-17h (19h le 1er jeu du mois). Entrée : 16 $ (mais peut doubler selon expos) ; réduc ; gratuit 1er jeu du mois.* Quelle surprise de trouver un musée de cette qualité dans une ville qui, a priori, n'a rien d'un hub culturel ! Outre des expos temporaires de qualité consacrées à des grands noms tels que Picasso, Keith Haring ou Frida Kahlo (voir le site), le musée dispose d'un riche fonds, exposé de façon tournante et composé notamment des œuvres de l'impressionniste américain William Glackens (dont les scènes de rue au crayon méritent assurément le coup d'œil), ainsi que des œuvres du mouvement Cobra (mouvement artistique européen des années 1940-1950, dont les membres les plus connus sont Karel Appel, Alechinsky ou encore Asger Jorn). Très bel espace sur 2 niveaux.

Stranahan Historic House *(plan B2)* **:** *335 SE 6th Ave. • stranahanhouse.org • Bus nº 11. Visite guidée obligatoire (en anglais) tlj à 13h, 14h et 15h (durée : 1h) : 12 $; réduc.* Frank Stranahan est l'un de ces pionniers pur jus qui ont fait l'histoire de la Floride et que l'Histoire a quasiment oubliés. En 1897, il installe un bac sur la New River (l'actuel canal du *downtown*), sur la route reliant les villes du nord à Key West. Rapidement, des fermes se rassemblent alentour et un village se forme, marquant la naissance de Fort Lauderdale, avec sa 1re école (1899) et sa maîtresse, Ivy, que Frank épousera en 1900. L'année d'après, il remplace sa cahute d'origine par la maison aujourd'hui visible. Le 1er étage sert de salle des fêtes aux villageois, le rez-de-chaussée aux activités commerciales de Frank qui est tour à tour postier, banquier, épicier... Les affaires fleurissent jusqu'au passage d'un 1er cyclone en 1926, puis d'un autre 2 ans plus tard, qui mettent le pauvre Frank sur la paille. Malade, il se suicide en 1929 dans la rivière même qui fut la source de sa prospérité. Ivy occupera la maison jusqu'à sa mort en 1971, louant les étages inférieurs pour payer les dettes. Le rez-de-chaussée sera ainsi transformé en restaurant *(The Pioneer House)* de 1939 à 1979. Les intérieurs sont parfaitement conservés, lambrissés de pin, meublés et décorés avec des objets offerts ou ayant appartenu aux Stranahan. Parmi les curiosités : un étonnant coffre-fort enchâssé dans la base de l'escalier.

DANS LES ENVIRONS DE FORT LAUDERDALE

LAUDERDALE-BY-THE-SEA

À 8 km au nord de Fort Lauderdale, cette sympathique station balnéaire s'articule autour d'un long *pier* en bois typique (dont l'accès est payant, un scandale !) et de bars-restos de plage. La zone est plus tranquille que du côté de *Las Olas Beach,* et pour cause : ici, c'est le « territoire » des retraités ! Ambiance de petit village de bord de mer et, gros plus, pas de 4-voies entre la plage et les commerces.

Adresse utile

Lauderdale-By-The-Sea Chamber of Commerce Welcome Center : *4201 Ocean Dr. • discoverlbts.com • En hte saison, tlj sauf mer et dim 9h-16h (12h sam) ; le reste de l'année, horaires réduits.* Infos, brochures, et même le magazine *Le Soleil*, édité en français. Accueil très serviable.

Où dormir ?

Southern Seas : *4520 El Mar Dr. ☎ 954-772-1660. • southern-seas.com • À 200 m au nord de Commercial Blvd. Doubles avec kitchenette à partir de 150 $.* Côté rue, le grand mur blanc ne laisse rien présager de cette très agréable adresse posée directement sur la plage, les pieds dans le sable blanc ! Les chambres et appartements, répartis entre rez-de-chaussée et 1er étage, ne brillent pas par leur déco (assez quelconque), mais le cadre compense largement. Petite piscine entourée de transats pour ceux qui préfèrent l'eau douce.

Castle by the Sea : *4520 N Ocean Dr. ☎ 954-772-8337. • thecastlebythesea.com • À 300 m au nord de Commercial Blvd. Doubles à partir de 95 $.* En guise de « château », voici plutôt un motel, flanqué d'une piscine bordée de palmiers. Un peu trop proche de l'avenue à notre goût, mais l'océan est à une centaine de mètres. Les chambres sont fraîches et colorées, avec kitchenette pour les plus chères. Accueil chaleureux, encore un bon point.

Où manger ? Où boire un verre ? Où sortir ?

Toute l'animation du « village » se concentre, grosso modo, à l'angle de Commercial Boulevard et d'Ocean Drive.

Laspada's Original Hoagies : *233 E Commercial Blvd. À env 400 m du front de mer. Tlj 10h (11h dim)-20h. Hoagies 8-13 $.* Ce petit snack prépare d'énooormes *hoagies*, les fameux sandwichs de Philadelphie au pain caractéristique (sorte de baguette moelleuse). Le midi, l'ambiance est survoltée : la charcuterie vole derrière le comptoir et atterrit directement entre 2 morceaux de pain. On choisit sa garniture : fromage, légumes marinés, tomates, oignons, laitue... Le tout bien roulé, coupé en 2 et emballé dans de grandes feuilles de papier ! Il faut se décider vite quand arrive son tour *(small or large ? wheat or white ?)*, car derrière, ça pousse un max ! Portions gargantuesques.

Aruba Beach Cafe : *1 E Commercial Blvd. Face à la mer. Tlj 11h (10h dim)-1h (2h mer-sam).* Ce vaste bar-resto aux couleurs vives donne sur la plage et son *pier.* L'endroit est tout indiqué pour boire un verre ou manger un morceau, d'autant qu'il y a de la *live music* pratiquement tous les jours. Cuisine sans éclat mais généreuse.

Anglins Beach Cafe : *2 Commercial Blvd. Au début de la jetée. Tlj 8h-23h (minuit ven-dim).* Dans le genre situation exceptionnelle, ce resto-bar tenu par une gentille famille grecque écrase tous ses concurrents ! Posée à l'entrée du *pier,* sa terrasse donne sur la plage et les flots bleus. Parfait pour un café le matin ou un verre un peu plus tard. Cuisine médiocre, en revanche.

Sea Watch on the Ocean : *6002 N Ocean Blvd. ☎ 954-781-2200. Tlj 11h30-15h30, 17h-21h (22h ven-sam). Résa conseillée le soir. Plats 15-25 $ le midi, 26-50 $ le soir.* La belle table chic de Lauderdale-By-The-Sea. Passé la porte d'entrée et son petit hublot qui donne le ton, on découvre une superbe salle en mezzanine, toute en baies vitrées. Dans l'assiette, une cuisine de grand standing, tournée vers l'océan (il y a même de la bouillabaisse !). Tarifs abordables le midi, beaucoup moins en soirée.

À voir un peu plus loin

Butterfly World (hors plan par A1) : Tradewinds Park, 3600 W Sample Rd, **Coconut Creek.** • butterflyworld.com • À env 25 km au nord de Fort Lauderdale. Bus nº 10 jusqu'à Sample Rd, puis nº 34. En voiture, prendre l'autoroute I-95, sortie 39 ; parc à 6 km à l'ouest. Tlj 9h (11h dim)-17h (dernier accès à 16h). Entrée : 33 $; réduc ; supplément (!) de 1,50 $/pers les w-e et j. fériés. Feuillet en français.
Ce très beau parc est peuplé d'environ 20 000 papillons (quelque 150 espèces issues des 5 continents) qui virevoltent joyeusement dans une végétation luxuriante sur fond de musique douce. Le labo du parc en a déjà vu naître plus d'un million. On peut d'ailleurs observer la métamorphose des cocons en direct.
Les volières abritent également des oiseaux exotiques en « liberté » – colibris, perroquets et *oiseau soleil* venu spécialement d'Afrique –, sans oublier plantes et fleurs magnifiques. Les enfants apprécieront la rencontre avec les loriquets australiens, qui n'hésitent pas à venir se percher sur la main et, dans un genre moins ragoûtant, le *Bug Zoo,* vivarium avec scorpions, araignées...

PALM BEACH

9 200 hab.

• Plan *p. 185*

Alors que le dernier Séminole a déjà quitté la région depuis 20 ans, le 9 janvier 1878, le *Providencia,* une goélette espagnole reliant le Mexique à l'Espagne, est entraîné vers la côte. À son bord, une importante cargaison de bois et, surtout, plus de 20 000 noix de coco. Échoué face à l'actuel Southern Boulevard, le navire éventré se vide de sa cargaison. En moins de 7 ans, l'endroit se transforme en une magnifique cocoteraie ! Déboulent les 1ers milliardaires comme Charles J. Clarke, un type qui fricote dans les aciers. Mais c'est Henry Morrison Flagler, alors associé à un certain Rockefeller dans les pétroles, qui met le feu aux poudres... Le 1er mai 1893, il entame la construction d'un gigantesque hôtel, le *Royal Poinciana,* pour faire de la toute nouvelle Palm Beach un lieu de villégiature destiné aux plus fortunés. Reste un obstacle : comment faire venir les clients du nord du pays ? Flagler entreprend alors la construction d'une ligne de chemin de fer jusqu'au sud de la Floride. La mayonnaise prend vite, les hôtels poussent, les voies de communication et l'agriculture se développent. Les plus aisés s'entichent de villas toujours plus cossues, concourant à faire de la région un symbole de prospérité. On vend, on achète, on revend, toujours plus ostensiblement... Un siècle plus tard, rien n'a véritablement changé !
Visiter Palm Beach s'apparente un peu à la découverte d'un monde extraterrestre, hors de portée du commun des mortels. Palm Beach peut paraître ennuyeuse au 1er regard. Les cocotiers s'y tiennent bien droits, les caniches sortent de chez le coiffe-toutous et les pelouses rases rappellent qu'ici rien ne dépasse qui ne le devrait. L'essentiel de l'activité balance entre le shopping de luxe, le golf et l'organisation de fêtes de charité. Tôt ou tard, vos pas vous mèneront sur Worth Avenue – « l'avenue des milliardaires », aux faux airs de quartier colonial espagnol. La liste des gros

bonnets qui possèdent une maison à Palm Beach se susurre à l'oreille... Le plus connu d'entre eux n'étant autre que Donald Trump.
Si la curiosité vous titille, vous pouvez prévoir une étape en sachant qu'on n'y trouve rien de bon marché pour y loger ! On peut y venir en simple excursion ou s'établir à West Palm Beach, la grosse ville sans charme plantée de l'autre côté de l'*Intracoastal Waterway.* Vous y découvrirez au demeurant le superbe Norton Museum of Art, au fonds pourvu de pièces superbes léguées par les héritiers des grandes familles de mécènes.

Arriver – Quitter

✈ ***Palm Beach International Airport*** *(hors plan par A3)* **:** *1000 Turnage Blvd, à 5 km au sud-ouest de West Palm Beach.* • *pbia.org* • Vols quotidiens pour toutes les grandes villes américaines et les Bahamas. Comptoir d'info face aux tapis de livraison des bagages.

➢ ***Pour rejoindre West Palm Beach*** *(Intermodal Transit Center),* prendre le bus n° 44. Départs ttes les 30 mn en sem (5h40-19h40), ttes les heures (7h40-17h40) le w-e. Ticket : 2 $. Pour rejoindre Palm Beach une fois arrivé à l'*Intermodal Transit Center,* voir plus loin. Sinon, compter env 20 $ en taxi.

Intermodal Transit Center *(hors plan par A3)* **:** *203-209 S Tamarind Ave, à West Palm Beach.* Regroupe tous les transports en un même lieu. ***Greyhound :*** • *greyhound.com* • *Ouv 6h-22h45.* Env 10 bus/j. pour Miami (dès 9 $ en réservant sur Internet), 7 bus/j. pour Orlando, 5 bus/j. pour Daytona Beach. ***Tri-Rail :*** • *tri-rail.com* • Sorte de RER qui relie Palm Beach à Fort Lauderdale (dont l'aéroport) et Miami (idem). Ttes les 30 mn-1h 4h06-20h46 en sem, ttes les 1-2h 5h58-21h08 dim et j. fériés. Très accessible : env 7 $ (5 $ w-e) pour Miami. ***Amtrak :*** • *amtrak.com* • 2 trains/j. venant de Miami, Fort Lauderdale et filant vers le nord (Orlando, Jacksonville, Savannah...), et vice versa.

➢ ***Pour le centre-ville,*** prendre la ligne verte du *Downtown Trolley,* tlj 7h (9h sam, 11h dim)-19h (18h w-e), ttes les 15 mn. C'est gratuit ! En descendant à la hauteur de Lakeview Ave, on peut rejoindre Palm Beach en 10-15 mn à pied en traversant le pont. Sinon, bus n° 41, lun-ven 6h35-16h15, sam 7h35-15h35, dernier retour à 17h (16h15 sam) ; 2 $; 0,50 $ seulement si l'on est muni d'un billet valide du *Tri-Rail.*

Gare ferroviaire Bright Line *(hors plan par A3)* **:** *501 Everina St (entre S Rosemary Ave et S Quadrille Blvd).* • *gobrightline.com* • Située entre Palm Beach et l'*Intermodal Transit Center,* cette gare récente est le terminus provisoire de la ligne à grande vitesse reliant Miami en 1h15.

Orientation

Comme de nombreuses stations balnéaires de la côte est de la Floride, ***Palm Beach*** occupe une fine bande de terre séparée du continent par l'*Intracoastal Waterway* et reliée à ***West Palm Beach*** par 3 ponts. Ce sont 2 villes très différentes, West Palm Beach ne présentant guère d'intérêt...

Adresses et infos utiles

Informations touristiques et services

ℹ ***Palm Beach Chamber of Commerce Visitors Bureau*** *(plan A-B3,* ***1****)* **:** *400 Royal Palm Way, suite 106, à Palm Beach.* ☎ *561-655-3282.* • *palmbeachchamber.com* • *À l'arrière du bâtiment. Lun-ven 9h-17h.* Plan de la ville et doc touristique abondante.

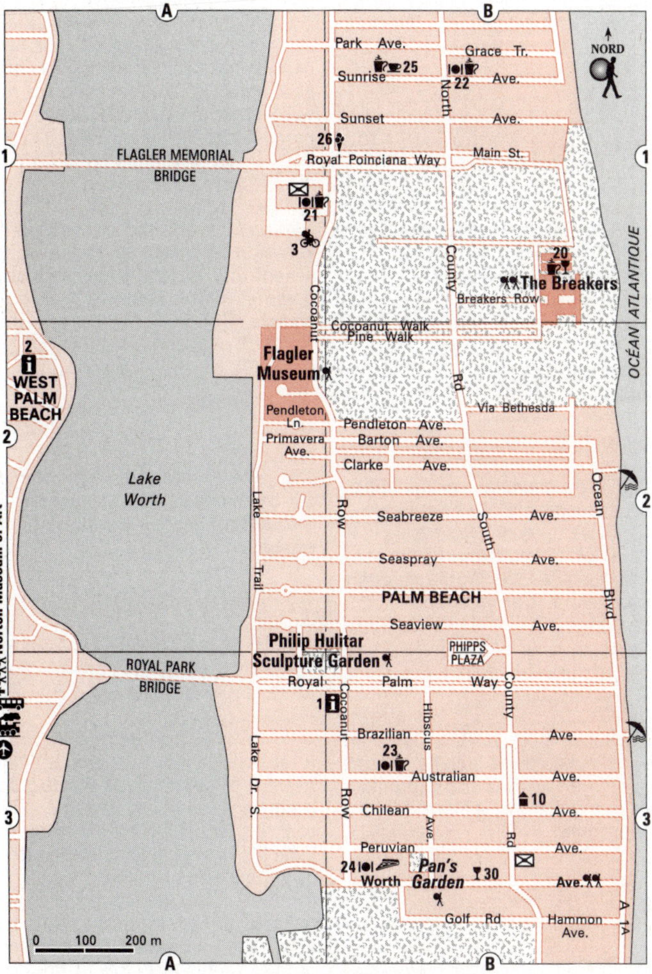

PALM BEACH

LA GOLD COAST

Adresses utiles

- 1 Palm Beach Chamber of Commerce Visitors Bureau (A-B3)
- 2 West Palm Beach Visitor Information Center (A2)
- 3 Palm Beach Bicycle Trail Shop (A1)

Où dormir ?

- 10 Palm Beach Historic Inn (B3)

Où manger ?

- 20 The Breakers (B1)
- 21 Too Jay's (A1)
- 22 Green's Pharmacy (B1)
- 23 Café Boulud (B3)
- 24 Pizza al Fresco (B3)
- 25 Pâtisserie Patrick Lézé (B1)

Où manger une glace ?

- 26 Sprinkles (B1)

Où boire un verre ?

- 20 HMF (B1)
- 30 Ta-boo (B3)

West Palm Beach Visitor Information Center (plan A2, **2**) : *226 Datura St, à West Palm Beach. ☎ 561-881-9757. • visitpalmbeach.com • Tlj 10h-18h.*

Transports

Palm Tran : *• discover.pbcgov.org/palmtran •* Réseau de bus couvrant Palm Beach et surtout West Palm Beach. Ticket : 2 $; *pass* 1 j. 5 $.

Palm Beach Bicycle Trail Shop (plan A1, **3**) : *50 Cocoanut Row. • palmbeachbicycle.com • Lun-sam 9h-17h30 (17h sam), dim 10h-16h. Compter 59 $/j. (sinon 25 $/h !).* Le vélo est le meilleur moyen de transport pour découvrir la ville. Loue aussi tandems et scooters *(100 $/j.)*. Leslie, qui travaille en collaboration avec la boutique, propose des visites guidées *(☎ 561-309-5790 ; • islandlivingpb.com • ; 15-35 $/pers + loc du vélo ; commentaires en anglais ; min 2 pers).*

– ***Voiture :*** paradoxe dans cette ville où le million de dollars est l'unité... quasiment tous les stationnements sont gratuits. Parfois limités à 1-2h mais gratuits.

Où dormir ?

Campings

Inutile de chercher : ***ni camping,*** ni AJ, ni *budget hostel* à Palm Beach... Vous rêviez ou quoi ? Pour planter la tente au plus près, il vous faudra descendre jusqu'à Lake Worth, au ***John Prince Park Campground*** *(4759 S Congress Ave ; ☎ 561-582-7992 ; • discover.pbcgov.org • ; à 18 km au sud-ouest de West Palm Beach ; bus n° 2 ttes les 30 mn, fréquence réduite le w-e ; emplacements 34-39 $ selon vue).* Sur le bord du lac Osborne, mais en bonne partie squatté par des résidents à l'année. Moins pratique mais plus emballant : le ***Peanut Island Campground*** *(6500 Peanut Island Rd, à Riviera Beach ; ☎ 561-845-4445 ; • discover.pbcgov.org • ; bus n° 1 jusqu'à Marina Village, 200 E 13th St, 8 km au nord de West Palm Beach ; de là, bateau pour atteindre l'île : • peanutislandshuttleboat.com •, ttes les 25 mn tlj 10h-17h, dernier départ à 15h, A/R 12 $ pour les campeurs ; résa de l'emplacement possible et conseillée jusqu'à 3 mois à l'avance).* Tout juste 20 sites réservés aux tentes sur une petite île de 32 ha accessible uniquement en bateau, une véritable expédition !

De chic à plus chic

Palm Beach Historic Inn (plan B3, **10**) : *365 S County Rd. ☎ 561-832-4009. • palmbeachhistoricinn.com • Doubles dès 250 $ en basse saison, 400 $ en hte saison.* Bâti en 1923 dans un style hispanisant, à 2 pas de Worth Avenue, ce vieil hôtel aux airs de *B & B* a conservé ses planchers d'époque et a revu et corrigé tout le reste. On aime bien ses chambres confortables et impeccables, grande TV et frigo. Préférer celles donnant sur la rue latérale, au sud, les plus lumineuses et calmes. Les salles de bains sont un peu petites mais très *up-to-date.* Excellent accueil.

Où manger ?

Spécial petit déjeuner

Pâtisserie Patrick Lézé (plan B1, **25**) : *229 Sunrise Ave. Tlj sauf dim 8h-16h. Petite restauration 8-13 $.* Boulangerie-pâtisserie à l'européenne où croustillent baguettes et croissants. On les croque sur une des 3 tables posées sous une colonnade néo-hispano-vénitienne bordant la rue. Également quiches et salades pour les faims d'après-midi.

Pour un coup de folie, essayez le brunch de l'hôtel ***The Breakers*** (plan B1, **20**) : *1 S County Rd. ☎ 877-724-3188. Tlj 7h-11h (10h dim et brunch*

11h-14h30). Buffet 48 $; brunch dim 195 $. Pour se mettre dans l'ambiance de Palm Beach et faire chauffer la CB, on peut commencer la journée sous la grande verrière de la salle hémisphérique, pièce maîtresse de ce vénérable palace. Sous vos yeux, la mer. Aux murs et au plafond, des fresques évoquent les jardins du Tivoli et la villa Médicis...

Pour un petit déj à l'américaine autrement moins coûteux, voir aussi ci-après ***Too Jay's*** et ***Green's Pharmacy.***

De bon marché à prix moyens

Too Jay's *(plan A1,* ***21****) : 340 Royal Poinciana Way. Tlj 8h-21h. Salades et plats 8-15 $.* Dans un petit complexe commercial chic, ce *deli* est fréquenté par de nombreux cols blancs au lunch et par les retraités dès 17h pour le dîner. Décor de cafétéria améliorée, avec de grandes baies vitrées ouvrant sur le patio du verdoyant *mall.* Au menu : soupes maison, grand choix d'énormes salades, sandwichs, burgers, poulet grillé, etc. Le matin, les bagels et muffins maison et les gaufres aux bananes caramélisées valent le détour. Au final, un bon rapport qualité-prix, mais ne soyez pas trop pressé.

Green's Pharmacy *(plan B1,* ***22****) : 151 N County Rd. Tlj 7h-18h (15h sam, 13h dim). Plats 10-15 $.* Cette *luncheonette* typique, fondée en 1938, est accolée à une pharmacie-supérette. Les habitués s'y (r)amassent à la pelle et le panneau « *attack waitress* » (« serveuse d'attaque ») ne fait même pas mine de les éloigner... Les fils Kennedy venaient déjà ici en leur temps. Dans l'assiette, de bons sandwichs, des soupes maison et quelques pièces de viande très abordables et acceptables. Idéal aussi au petit déj.

Pizza al Fresco *(plan B3,* ***24****) : 14 Via Mizner. ☎ 561-832-0032. Accès par une ruelle entre les nos 337 et 339 de Worth Ave. Tlj 11h-22h. Sandwichs et salades 15-31 $, pizzas 18-48 $.* Difficile de ne pas craquer devant sa terrasse ombragée, nichée dans un recoin de ce joli dédale commercial à l'espagnole sous les palmiers. Une vraie oasis de tranquillité pour une halte de qualité. Pas trop de chichis ici, mais des salades copieuses (au homard, éventuellement !), de bonnes pizzas à pâte fine et aux champignons frais, et pas mal de plats de pâtes bien servis, le tout à des prix très raisonnables pour Palm Beach. Le soir, chaufferettes et lumignons sur chaque table sont de sortie. Vous avez dit « romantique » ?

De chic à très chic

Café Boulud *(plan B3,* ***23****) : 301 Australian Ave. ☎ 561-655-6060. Tlj sauf dim soir 7h-14h30, 17h30-22h ; brunch w-e (11h-14h30) avec live music dim. Plats 20-46 $ le midi (prix fixe 49 $), 32-69 $ le soir.* Cette émanation du café homonyme de New York, fondé par le renommé chef français Daniel Boulud, s'est installée dans la cour verdoyante du *Brazilian Court Hotel,* membre du club restreint des *Leading Hotels of the World.* Havre de paix et de luxe, où les nantis du coin rivalisent d'élégance autour d'une fontaine, sous un parasol ou en salle (tout en boiseries). Cuisine fusion d'inspiration française avec des notes mondialistes et quelques touches locales. Service grand style. Si vous vous trouvez à Palm Beach pour vos 30 ans de mariage...

LA GOLD COAST

Où manger une glace ?

Sprinkles *(plan B1,* ***26****) : 279 Royal Poinciana Way, presque à l'angle de Cocoanut Row. ☎ 561-659-1140. Tlj 11h-22h (23h ven-sam).* Pour s'offrir une glace, c'est ici qu'il faut venir. Le cadre est cosy, tendance tropical, avec canapé et coin banquette-coussins sur fond de murs vert amande et rose. Un vrai sucre d'orge ! Quelques tables en terrasse aussi pour faire le plein de vitamine D.

Où boire un verre ?

Ta-boo (plan B3, **30**) : 221 Worth Ave. Tlj 11h30-21h. C'est un resto, mais aussi un bar, classique d'entre les classiques, fondé en 1941. Certains affirment qu'on y a inventé le bloody mary. Kennedy père – qui hivernait à 2 pas – s'y enferma dit-on dans les toilettes pour dames avec Gloria Swanson... Aujourd'hui, on y croise plutôt Rod Stewart et une panoplie plus ou moins étoffée selon les jours de richards vieillissants. Votre verre est (déjà) vide ? Pour un 2d, demandez simplement : « *Would you get me refreshed ?* », c'est tellement plus distingué.

Toujours avec l'obsession de vouloir coller à la « richitude » du lieu et faire rougir la carte bleue, ***offrez-vous un cocktail ou un verre de vin*** (la cave de 12 000 bouteilles est l'une des plus belles de Floride, paraît-il) au ***HMF,*** le bar de l'incontournable ***Breakers Hotel*** (plan B1, **20** ; 1 S County Rd ; tlj 18h-23h – minuit ven-sam). *HMF* comme Henry Morrison Flagler, pardi !

Achats

Palm Beach Outlets (hors plan par A1) : 1751 Palm Beach Lakes Blvd. • palmbeachoutlets.com • À l'ouest de West Palm Beach, à côté de l'I-95 (sortie 71). Depuis l'Intermodal Transit Terminal, bus nos 2, 33 ou 49, ou trolley gratuit (à 300 m, sur Quadrille Blvd) jeu-sam 11h-22h. Mall lun-sam 10h-21h, dim 11h-19h. Ce grand centre commercial regroupe plus d'une centaine de magasins d'usine tendance plutôt haut de gamme, mais pas que. Également quelques discounters, comme *Roos,* et restauration sur place.

À voir

La plage publique : accès publics au niveau de Brazilian Ave et Clarke Ave. Avec l'air qu'on respire, c'est l'une des rares choses qui soient gratuites à Palm Beach ! Longée par une large promenade, elle expose au soleil son sable blanc, ses palmiers et cahutes de secouristes, sur une vingtaine de kilomètres finalement peu aménagés.

Worth Avenue (plan B3) : dites simplement ***The Avenue.*** C'est l'artère chicos de Palm Beach. Avec ses façades mi-hispaniques mi-Art déco, elle aligne les magasins les plus prestigieux. Jetez donc un coup d'œil à la ***bijouterie Richters,*** au n° 224 : diamants, pierres grosses comme le pouce et broches à couper le souffle s'empilent dans la vitrine façon caverne d'Ali Baba... La ***Russeck Gallery,*** au n° 203, n'est pas mal non plus dans le genre. Au n° 204A, la ***Gallery Biba*** regorge de Botero. Vous souhaitez acheter un bronze de Dalí, une litho originale de Picasso, de Chagall, certaines dédicacées à des amis (ça fait toujours plaisir !), une œuvre de Miró ou de Fernand Léger ? Moyennant quelques centaines de milliers de dollars, elles sont à vous ! Au n° 226, la ***librairie Raptis Rare Books*** expose de vieux bouquins, autographes et cartes de vœux signés par les grands de ce monde. *So chic !* Entre cette ribambelle de boutiques grand luxe où s'affichent les marques françaises et italiennes

LA JUNGLE DU SHOPPING

Palm Beach n'a pas toujours été si bien léchée. À la fin du XIXe s, à l'emplacement des actuelles Palm Beach Towers, les touristes déboursaient 25 cents pour parcourir le Jungle Trail, entre végétation exubérante et faune sauvage. Pour 25 cents de plus, Alligator Joe y combattait un gros saurien ! Le Jungle Trail a bien changé : c'est aujourd'hui la luxueuse Worth Avenue.

les plus en vogue se glissent un tas de ***passages,*** notamment du nº 240 au nº 256, reliant des courettes envahies par les bougainvillées et décorées de fontaines et sculptures. L'ensemble respire la Méditerranée et le Mexique avec force azulejos, fer forgé et terre cuite. Au nº 337, accès à un adorable petit réseau de ruelles et cours hispanisantes, voire italianisantes, disons « palm-beachisantes » ! Blague à part, la balade dans cette débauche de luxe théâtral n'est pas déplaisante. Amusant aussi de voir les chauffeurs de Bentley et Rolls astiquer leurs chromes, pendant que madame dévalise Bulgari en vue de sa prochaine sauterie... Si vous êtes là mi-mars, vous aurez la chance de pouvoir assister à l'*Annual Worth Avenue Pet Parade & Contest,* autrement dit un concours d'animaux domestiques, toilettés et endimanchés !

The Breakers *(plan B1)* **:** *1 S County Rd. • thebreakers.com • Valet parking obligatoire : 30 $ (gratuit si vous dépensez au moins la même somme dans l'hôtel). S'y rendre donc à pied et correctement habillé.* Voici le 4e hôtel construit par Flagler, le milliardaire qui propulsa la Floride sur le chemin du tourisme au tournant du siècle. Édifié en 1895 sur le modèle d'une « villa italienne », l'établissement fut détruit 2 fois par un incendie, puis reconstruit en 1926 après un sinistre provoqué, dit-on, par la surchauffe d'un fer à friser ! Au bout de l'allée de palmiers, on trouve un intérieur d'un luxe grandiloquent patiné par le temps. On ne visite pas à proprement dit, disons qu'on jette un œil avec le sentiment du chien dans un jeu de quilles. Pour profiter pleinement du charme de cet endroit, on peut aussi tenter le petit déj dans la magnifique rotonde de son restaurant (voir « Où manger ? ») ou siroter un verre au bar *HMF* (voir « Où boire un verre ? ») le soir, quand les lustres illuminent les plafonds richement ornés, les tapisseries des Gobelins et les salles de bal.

Flagler Museum *(plan A2)* **:** *One Whitehall Way, Cocoanut Row. • flaglermuseum.org • Tlj sauf lun 10h (12h dim)-17h. Entrée : 26 $; réduc ; gratuit moins de 5 ans. Audioguide (ou brochure) en français et visite guidée en anglais (non obligatoire) inclus dans le prix.*
En 1902, Henry Flagler fit bâtir cet imposant palais de marbre blanc de 55 pièces comme cadeau de mariage à sa 3e épouse. Cet édifice hors du commun, « simple » résidence d'hiver, fut surnommé le « Taj Mahal » de l'Amérique du Nord... « Plus merveilleux que n'importe quel palais européen », s'enthousiasma alors le très sérieux *New York Herald.* Pratiquement tout le mobilier est d'origine, et l'on imagine ce que pouvait être la vie de cette richissime famille. Jouissant d'une grande notoriété dans l'État – et d'une influence certaine –, Flagler fit modifier une loi en 24h afin de divorcer de sa 2e femme pour épouser la 3e... C'est ce qu'on appelle avoir le bras long !
Au rez-de-chaussée, la grande salle de bal Louis XV et le salon Louis XVI se drapent de soie ; au 1er étage, la *music room* de style Louis XIV (il les aura tous faits !), transformée en galerie de tableaux (du XIXe s pour l'essentiel). Suit toute une série de pièces décorées avec goût et ennui.
Parmi les spectaculaires résidences que l'on peut apercevoir aussi dans le secteur, celle qui attire le plus l'attention est sans doute ***Mar-a-Lago,*** propriété depuis 1985 du président milliardaire Donald Trump – située sur un vaste domaine qui, comme son nom l'indique, s'étend de l'océan jusqu'au lac Worth. Jalousement gardé, vous vous en doutez.

Philip Hulitar Sculpture Garden *(plan A-B2-3)* **:** *accès par Four Arts Plaza, à l'ouest de Cocoanut Row. Tlj 10h-17h. Fermé principaux j. fériés. GRATUIT.*
L'arrière de l'élégante bibliothèque municipale *(Gioconda & Joseph King Library),* bâtie dans le style d'une villa néo-Renaissance, abrite un agréable parc. Dès l'entrée, adorable petit jardin chinois à la porte rouge laquée, puis pavillon central, pergolas, superbes palmiers, grands banian et arbre à saucisses dessinent une oasis agrémentée de sculptures, bien agréable malgré la rumeur de Royal Palm Way.

Pan's Garden (plan B3) **:** *angle Hibiscus Ave et Peruvian Ave. Tlj 10h-16h. GRATUIT.* Minuscule jardin botanique dédié au dieu Pan, l'inventeur de la flûte... qui accueille le visiteur au son d'un apaisant glouglou. L'occasion de faire la différence entre un câprier de Jamaïque et une fougère à feuille de cuir.

Norton Museum of Art (hors plan par A3) **:** *1451 S Olive Ave, à West Palm Beach (entrée par Dixie Hwy). • norton.org • Bus n° 1. Tlj 10h (11h dim)-17h (22h ven). Entrée : 18 $ (+ 5 $ expo temporaire) ; réduc ; gratuit moins de 12 ans et pour tous ven-sam. Visites guidées gratuites, voir site internet.*
Créé par un couple d'industriels passionnés, c'est ***le plus grand musée d'art de Floride*** avec plus de 7 000 œuvres d'art. Un ***ambitieux programme de rénovation et d'extension*** a été mené sous la houlette du prestigieux cabinet d'architectes Foster + Partners. Le musée dispose d'un riche fonds de ***peinture américaine des XVIIIe et XIXe s.*** Impressionniste, postimpressionniste ou réaliste, avec Frederick Childe Hassam, Maurice Prendergast ou George Luks. Mais aussi figurative et très colorée de Georgia O'Keeffe, ou cubiste avec Max Weber. Également des œuvres de John Sloan, célèbre pour ses toiles du quartier de Greenwich Village à New York, de Pollock, Warhol ou Morris Louis.
On vient aussi pour l'***art moderne européen,*** avec Monet, Gauguin, De Chirico, Braque, Chagall, Matisse, Picasso... ou d'avant 1900. Au programme : sculpture et peinture italiennes, Cavaceppi, Pellegrini et sa remarquable *Vénus aux amours,* ainsi que des enluminures du XVe s ; parmi les peintres flamands, Rubens et Bruegel (le Jeune) ; et encore Tiepolo ou Boucher, plus rococo.
Les arts asiatiques ne sont pas en reste avec une très complète et étonnante collection de ***porcelaine de la dynastie Qing*** (XVIIIe s), et de belles ***antiquités*** en jadéite et néphrite représentant des dragons (Ve s av. J.-C.), des ***bronzes gravés*** et des ***amulettes de la dynastie Zhou*** (XIIe-Xe s av. J.-C.), sans compter une tripotée de chevaux, bouddhas, meubles en laque... On l'aura compris, une excellente alternative à la plage !

LA GOLD COAST

DANS LES ENVIRONS DE PALM BEACH

Morikami Museum and Japanese Garden : *4000 Morikami Park Rd, à* ***Delray Beach.*** *• morikami.org • Véhicule indispensable. Accès par l'I-95, sortie 51, puis Linton Blvd vers l'ouest sur 6,5 km. Puis tt au bout à gauche. Tlj sauf lun et j. fériés 10h-17h. Entrée : 15 $; réduc ; gratuit moins de 5 ans. Audioguide en anglais et espagnol seulement : 3 $, ou gratuit en téléchargement sur tél.* Situé à environ 40 km au sud-ouest de West Palm Beach, en direction de Fort Lauderdale et de Miami, le Morikami abrite pas moins de 6 jardins japonais, mettant en lumière différents styles et époques – du *shinden* mêlant lacs et îles au zen rocheux, du IXe au XXe s. Le Morikami, c'est aussi un musée disposant d'un fonds de plus de 7 000 objets et œuvres d'art japonais ou liés au Japon, exposés par roulement dans les collections permanentes et au travers de grandes expositions temporaires. L'accent est mis sur la période Meiji (1868-1912). À cela s'ajoutent une belle collection de bonsaïs et le Yamato-kan, un 2d musée retraçant l'histoire des pionniers japonais venus cultiver l'ananas en Floride en 1903 !

Cornell Café : *accessible seulement après s'être acquitté du droit d'entrée, tlj sauf lun 11h-15h. Plats 5-18 $.* Pour prolonger l'évasion sur un mode culinaire, le café-resto sert des spécialités panasiatiques. Terrasse avec vue sur les jardins.

LE NORD-EST

• Carte p. 193

Rêve et divertissement sont les maîtres mots de cette partie de la Floride, qui représente le plus grand parc d'attractions au monde. Mickey règne sur *Walt Disney World Resort,* un immense domaine qui regroupe 4 parcs à thème, tous plus fascinants les uns que les autres : le monde de la féerie *(Magic Kingdom),* celui des animaux *(Disney's Animal Kingdom),* le futur *(EPCOT)* et le cinéma *(Disney's Hollywood Studios).* Dans cette dernière catégorie, *Universal Orlando Resort* s'impose comme un sérieux concurrent avec ses 2 parcs sur le 7e art : *Universal Studios Florida* et *Islands of Adventure.* Sans oublier les parcs aquatiques du groupe SeaWorld avec leurs animaux marins, leurs piscines à vagues et leurs toboggans : *SeaWorld Orlando, Discovery Cove, Aquatica...* Ici, tout est fait pour vous transporter dans le fantastique !

Et tout près de là, à l'opposé pourtant du monde de l'imaginaire, dans celui de la science, la Space Coast abrite le formidable *Kennedy Space Center,* lieu mythique de la conquête spatiale américaine où, depuis les 1res capsules *Mercury* jusqu'aux dernières missions des navettes spatiales, l'épopée de la NASA vous est contée. Entre les 2, une côte ourlée d'agréables plages, et qui révèle son épaisseur historique et culturelle à qui prend la peine de la découvrir.

L'arrière-pays, lui, est un important centre de production, de transformation et de commerce d'agrumes (les fameux pamplemousses roses de Floride, les oranges...). Le tout noyé dans une végétation resplendissante... Paré au décollage ?

BLACK PARADISE

Après la guerre de Sécession, l'esclavage fut aboli aux États-Unis en 1865. Certains Noirs rêvaient alors de construire leur propre cité afin de vivre entre eux, en toute harmonie. C'est le cas d'Eatonville, bourgade à 5 km au nord d'Orlando. Peuplée d'à peine 2 500 habitants, la petite ville est toujours black à 90 %. Mais ici Blancs et Latinos sont bienvenus.

ORLANDO

316 000 hab.

• Plan d'ensemble *p. 194-195* • Downtown (plan I) *p. 197*
• Kissimmee (plan II) *p. 199*

À 360 km de Miami. Certes, la ville doit son nom au soldat Orlando Reeves, tué par une flèche indienne en 1835... Mais les guerres séminoles paraissent lointaines : ce qui fut un simple poste militaire est aujourd'hui une ville

américaine typique, avec ses entrelacs routiers, son centre peu appétissant mais ses charmants quartiers périphériques, qui reçoit plus de 75 millions de visiteurs par an ! Et en effet, avec ses riches musées et ses soirées animées, Orlando Downtown mérite bien une halte.

Arriver – Quitter

En avion

✈ ***Orlando International Airport*** *(plan d'ensemble)* **:** *1 Jeff Fuqua Blvd. • orlandoairports.net • À env 15 km au sud-est de Downtown Orlando.* Loueurs de voitures sur place (attention certains sont à l'extérieur de l'aéroport ; navettes sur place).

Comment rejoindre le centre

➢ ***Bus :*** *liaisons assurées par la compagnie* ***Lynx.*** *• golynx.com •* Départ du terminal A, niveau 1. Prix : 2 $/trajet.
– Pour le centre-ville, bus ***nos 11 et 51*** avec terminus à la ***Lynx Central Station*** *(plan I, A2,* ***2*** *; 455 N Garland ; 1-2 bus/h).*
– Pour SeaWorld Orlando, bus ***n° 111.***
– Pour Walt Disney World Resort, les clients de certains hôtels Disney bénéficient d'un service de navette gratuit ***(Disney's Magical Express)*** entre l'aéroport et leur hébergement. Voir la liste des hôtels concernés sur le site *• disneyworld.disney.go.com •* Sinon, bus ***n° 300*** depuis la *Lynx Central Station* jusqu'à *WDW Transportation.*

➢ ***Taxis et shuttles :*** différentes compagnies assurent le transfert en ***minibus*** entre l'aéroport et les hôtels d'Orlando, de Disney ou de Kissimmee. Principale agence : ***Mears Transportation*** *(• mearstransportation.com •).* Compter 20-33 $/pers pour Downtown ou International Dr – près de Universal Orlando Resort –, 25-40 $ pour Walt Disney World Resort et 25-50 $ pour Kissimmee ; réduc enfants. Les ***taxis,*** eux, prennent 40-50 $ pour Downtown Orlando, 40-45 $ pour International Dr – près de Universal Orlando Resort –, 55-70 $ pour Walt Disney World Resort et 45-60 $ pour Kissimmee.

En bus

Orlando Greyhound Station *(hors plan I par A3,* ***1****)* **:** *555 N John Young Pkwy. • greyhound.com • Dans Downtown Orlando. Également un autre terminal à Kissimmee (1979 E Osceola Pkwy).* Liaisons quotidiennes avec Miami, Tampa, Daytona Beach, St Augustine...

Grayline *(plan d'ensemble,* ***4****)* **:** *7091 Grand National Dr, suite 102. • graylineorlando.com •* Compagnie organisant des excursions ou de simples liaisons pour le Kennedy Space Center, Miami et les Everglades, St Augustine...

En train

Bright Line : ce train à grande vitesse relie Fort Lauderdale à Orlando. *• gobrightline.com •* ***À noter :*** en 2024, des travaux d'ajustements sont susceptibles d'être menés. Se renseigner sur l'état d'ouverture.

Orlando Amtrak Station *(hors plan I par A3)* **:** *1400 Sligh Blvd. • amtrak.com • Dans Downtown Orlando, un petit bâtiment blanc prolongé par une longue galerie à arcades. Ouv 8h30-20h15.* Départs quotidiens des lignes *Silver Meteor* et *Silver Star,* qui sillonnent la côte atlantique, reliant New York à Miami avec, entre autres, des arrêts à Washington DC, Orlando, Tampa ou Fort Lauderdale. Horaires sur le site internet (en français).

Orientation

Orange Avenue, qui traverse Orlando du nord au sud, est aussi la ligne de démarcation entre l'est et l'ouest de la ville. Le ***Central Boulevard,*** qui, lui, court d'est en ouest, demeure la ligne de partage entre le nord et le sud d'Orlando.
Attention aussi aux grands axes

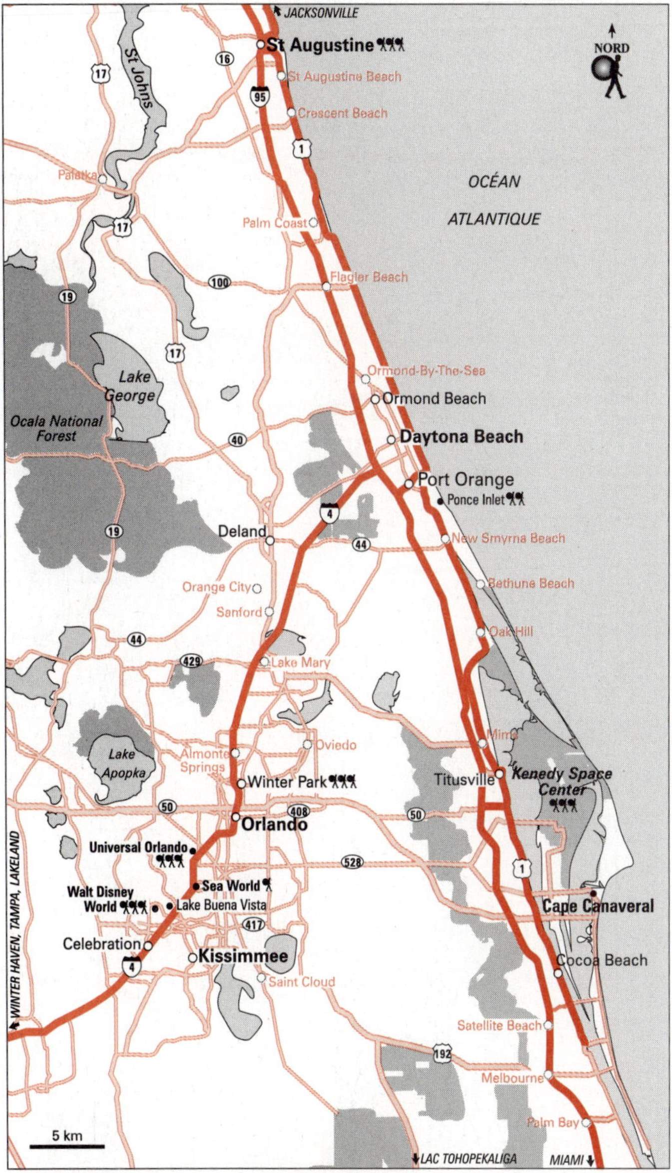
JACKSONVILLE
St Augustine
NORD
St Johns
St Augustine Beach
Crescent Beach
Palatka
OCÉAN
ATLANTIQUE
Palm Coast
Flagler Beach
Lake
George
Ocala National
Forest
Ormond-By-The-Sea
Ormond Beach
Daytona Beach
Port Orange
Ponce Inlet
Deland
New Smyrna Beach
Orange City
Bethune Beach
Sanford
Oak Hill
Lake Mary
Mims
Oviedo
Lake
Apopka
Almonte
Springs
Winter Park
Titusville
Kenedy Space
Center
Orlando
Universal Orlando
Sea World
Walt Disney
World
Lake Buena Vista
Cape Canaveral
Celebration
Kissimmee
Saint Cloud
Cocoa Beach
WINTER HAVEN, TAMPA, LAKELAND
Satellite Beach
Melbourne
Palm Bay
5 km
LAC TOHOPEKALIGA
MIAMI

LE NORD-EST

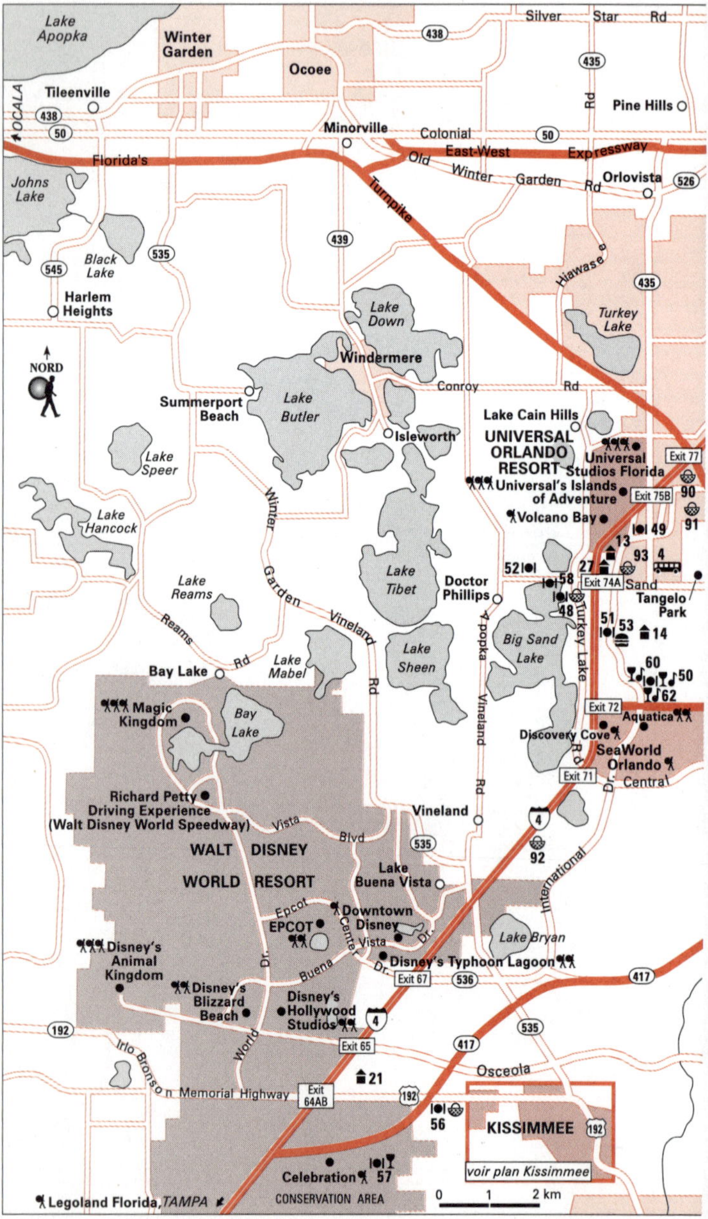
Lake Apopka
Winter Garden
Ocoee
Silver Star Rd
Tileenville
Pine Hills
OCALA
Minorville
Colonial
East-West Expressway
Florida's Turnpike
Old Winter Garden Rd
Orlovista
Johns Lake
Black Lake
Harlem Heights
Hiawasee
Turkey Lake
Lake Down
Windermere
NORD
Conroy Rd
Summerport Beach
Lake Butler
Isleworth
Lake Cain Hills
UNIVERSAL ORLANDO RESORT
Universal Studios Florida
Universal's Islands of Adventure
Volcano Bay
Exit 77
Exit 75B
Lake Speer
Lake Hancock
Winter Garden Vineland Rd
Lake Tibet
Doctor Phillips
Exit 74A
Sand Lake
Tangelo Park
Lake Reams
Reams Rd
Big Sand Lake
Turkey Lake
Apopka Vineland Rd
Lake Sheen
Lake Mabel
Bay Lake
Magic Kingdom
Exit 72
Aquatica
Discovery Cove
SeaWorld Orlando
Central
Exit 71
Richard Petty Driving Experience (Walt Disney World Speedway)
Vista Blvd
Vineland
WALT DISNEY WORLD RESORT
Lake Buena Vista
International Dr
Downtown Disney
Epcot Center Dr
EPCOT
Lake Bryan
Disney's Animal Kingdom
Vista Dr
Buena Vista Dr
Disney's Typhoon Lagoon
Exit 67
Disney's Blizzard Beach
Disney's Hollywood Studios
World Dr
Exit 65
Irlo Bronson Memorial Highway
Osceola
Exit 64AB
KISSIMMEE
voir plan Kissimmee
Celebration
CONSERVATION AREA
Legoland Florida, TAMPA
0 1 2 km
438
435
50
526
439
535
545
4
92
90
91
49
13
93
27
52
58
48
51
53
14
60
50
62
536
417
192
21
56
57

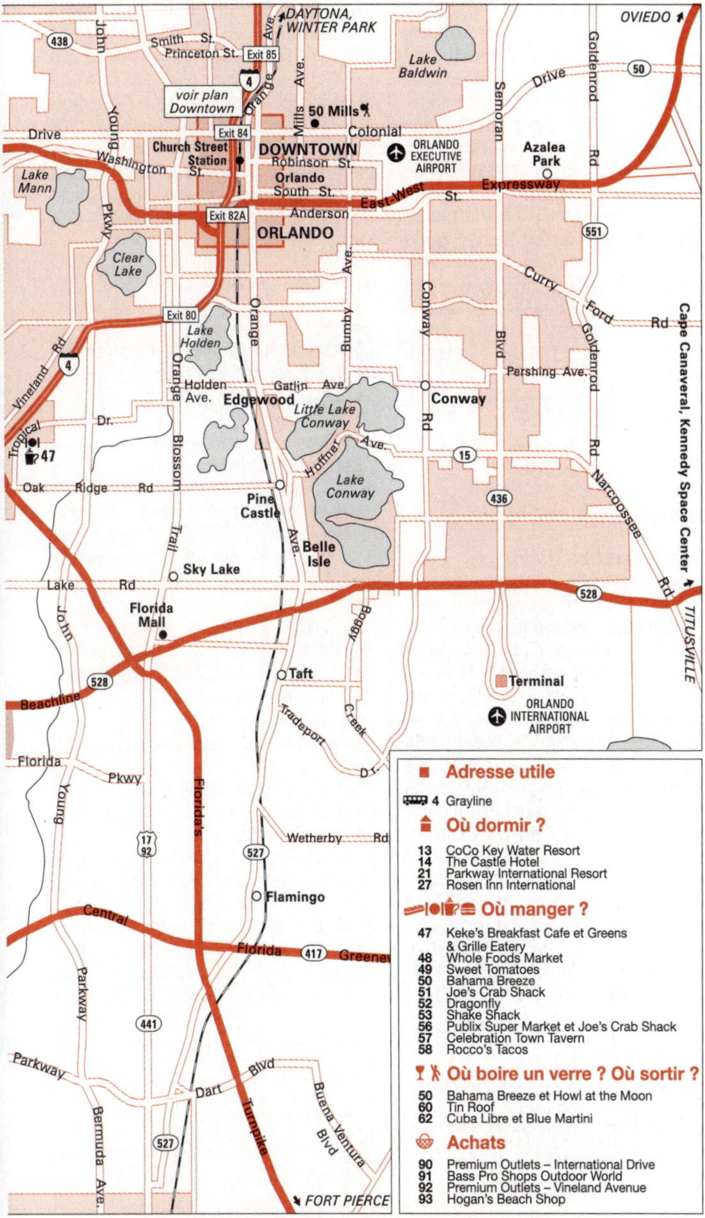

Adresse utile

4 Grayline

Où dormir ?

13 CoCo Key Water Resort
14 The Castle Hotel
21 Parkway International Resort
27 Rosen Inn International

Où manger ?

47 Keke's Breakfast Cafe et Greens & Grille Eatery
48 Whole Foods Market
49 Sweet Tomatoes
50 Bahama Breeze
51 Joe's Crab Shack
52 Dragonfly
53 Shake Shack
56 Publix Super Market et Joe's Crab Shack
57 Celebration Town Tavern
58 Rocco's Tacos

Où boire un verre ? Où sortir ?

50 Bahama Breeze et Howl at the Moon
60 Tin Roof
62 Cuba Libre et Blue Martini

Achats

90 Premium Outlets – International Drive
91 Bass Pro Shops Outdoor World
92 Premium Outlets – Vineland Avenue
93 Hogan's Beach Shop

ORLANDO – Les parcs d'attractions (plan d'ensemble)

routiers : l'***Interstate 4*** (ou *I-4*), qui va de Tampa (à l'ouest) à Daytona Beach (à l'est) en passant par Orlando, est toujours orientée est-ouest sur les panneaux, mais dans la région d'Orlando, son orientation réelle est plutôt nord-sud... Bref, sachez que pour aller vers le nord il faut suivre *East* et que pour aller vers le sud il faut prendre *West*... C'est important, car l'I-4 est la principale voie d'accès à Walt Disney World Resort, SeaWorld Orlando et Downtown Orlando.

Sinon, la ***Beachline Expressway*** (ou *SR 528*), qui croise l'I-4, est la route la plus rapide pour aller de l'aéroport aux différents grands parcs d'attractions. Enfin, à Kissimmee (zone connue pour ses motels pas chers au sud d'Orlando), les numéros sur la route US 192 décroissent en allant vers l'est...

Adresses et infos utiles

Informations touristiques et services

Office de tourisme – Visit Orlando : *infos exclusivement en ligne. • visitorlando.com •*

Transports urbains

Lynx Central Station *(plan I, A2, **2**) : 455 N Garland. • golynx.com • 2 $/trajet, forfaits 4,50 $/j. et 16 $/sem.* Pour préparer ses trajets : *• golynx.com/plan-trip/trip-planner.stml •* Également une carte du réseau et horaires en ligne. Réseau de bus sillonnant la ville et ses parcs d'attractions. Fréquence : environ 1-4 bus/h. Les arrêts sont signalés par une patte de lynx rose. Voici quelques itinéraires particulièrement intéressants : ***au départ de la Lynx Central Station,*** le bus ***n° 38*** dessert Universal Orlando Resort. Le ***n° 350*** passe par SeaWorld Orlando ; ***le n°111*** relie ce SeaWorld à l'aéroport d'Orlando. Le ***n° 300*** se rend à Walt Disney World Ticket et Transportation Center ; les ***n°301, 302, 303, 304, 306, 312*** y passent également. ***Au départ de Kissimmee,*** le ***n° 56*** rejoint Walt Disney World Ticket et Transportation Center (via Celebration).

– ***Lymmo :*** ces **bus gratuits** sillonnent Downtown Orlando dans tous les sens. Repérables à leurs couleurs vives et arrêts bien matérialisés avec le logo Lymmo. En tout, 3 lignes aux noms de fruits desservent des spots stratégiques. Carte sur *• golynx.com •*

I-Ride Trolley : *• internationaldriveorlando.com/iride-trolley • Tlj 8h-22h30, ttes les 20-30 mn. Ticket : 2 $; réduc ; passes 1-7 j. 6-16 $. On achète son ticket dans le bus (faire l'appoint), et les passes en ligne. Plan des lignes téléchargeable sur leur site internet ou appli.* C'est la plus souple et la plus économique des formules pour se rendre dans la zone d'International Dr ou au parc SeaWorld Orlando. Malheureusement, elle ne dessert aucun des parcs Disney ou Universal. En tout, 2 lignes : la ***ligne rouge*** part du *Premium Outlets – Int'L Dr,* suit International Dr jusqu'à SeaWorld Orlando (en passant par Aquatica), puis continue

Adresses utiles

- **1** Orlando Greyhound Station (hors plan par A3)
- **2** Lynx Central Station (A2)

Où dormir ?

- **11** Wellborn-Sonder Hotel (B3)

Où manger ?

- **40** 903 Mills Marklafe (B3)
- **42** ZAsian Vietnamese Kitchen (hors plan par B2)
- **44** Hamburger Mary's (A3)
- **45** Hawkers Asian Street Fare (B2)
- **49** Se7en Bites (hors plan par B2)
- **74** Tori Tori (B2)

Où boire un verre ? Où sortir ?

- **11** The Wellborn-Philipp's House (B3)
- **70** Eola Wine Company (B3)
- **71** Chillers-Cahoots-Latitudes (A3)
- **72** The Social (A3)
- **73** Hanson's Shoe Repair (A3)
- **74** Tori Tori (B2)

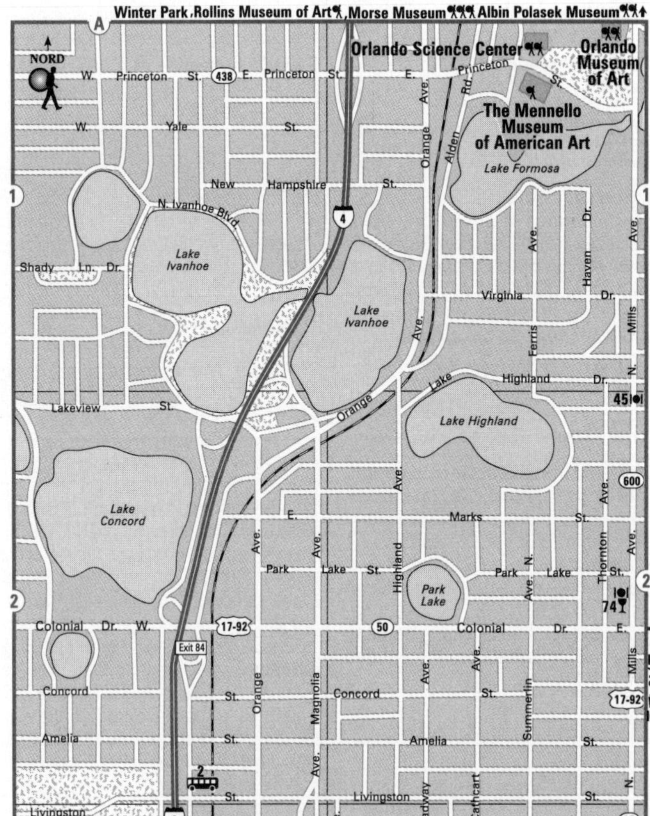

LE NORD-EST

ORLANDO – Downtown (plan I)

sur S International Dr pour s'arrêter au *Premium Outlets – Vineland Ave.* La ***ligne verte,*** elle, part de Windhover Dr, descend Universal Blvd et emprunte ensuite quasi le même parcours que la ligne rouge sur S International Dr ; elle passe par SeaWorld et a aussi pour terminus *Premium Outlets – Vineland Ave.*

Où dormir ?

– ***Important :*** les hôtels situés à proximité des parcs d'attraction, voire dans les parcs ***Walt Disney World Resort*** et ***Universal Orlando Resort,*** sont présentés dans les chapitres qui leur sont consacrés (voir plus loin). En dehors de ça, c'est la zone d'International Drive qui concentre les hébergements.

Dans Downtown Orlando

Certainement le quartier le plus sympa. On peut parcourir à pied ses quelques rues animées bordées de vieux bâtiments. Mais ce n'est pas l'endroit le plus stratégique : peu d'hôtels bon marché, et Mickey se trouve à environ 25 km au sud par l'I-4... En revanche, on n'est pas très loin (environ 12 km) de l'animation d'International Drive et des parcs Universal.

De prix moyens à chic

Wellborn-Sonder Hotel *(plan I, B3,* ***11****) :* *211 N Lucerne Circle East. ☎ 617-300-0956. • sonder.com • Resto et bar ouv le soir et dim tte la journée. Doubles 80-170 $; pas de petit déj.* Au cœur d'un charmant jardin rehaussé d'une déco un peu baroque, une adresse de charme (la seule de la ville) installée dans une maison du XIXe s. Une douzaine de chambres (2-4 personnes), toutes différentes, confortables et romantiques, à la déco contemporaine. L'ensemble est bien tenu. Système de check-in à distance. Resto et bar sur place (voir *The Wellborn-Philipp's House* dans la rubrique « Où boire un verre ? Où sortir ? »).

Du côté d'International Drive

Une artère où se concentre l'essentiel de l'animation d'Orlando, dans une multitude de restos, bars... À proximité, on trouve les parcs Universal Orlando Resort, SeaWorld Orlando, Aquatica et Discovery Cove.

Prix moyens

Rosen Inn International *(plan d'ensemble,* ***27****) :* *7600 International Dr. ☎ 407-996-1600. • roseninn7600.com • ♿ Doubles 90-150 $; petit déj-buffet 13 $. Parking gratuit.* Un immense motel agréable à voir, aux façades en brique entourant une vaste pelouse. Chambres classiques mais propres et bien équipées (éviter celles aux extrémités, non loin de la route). On apprécie particulièrement celles qui donnent sur ledit jardin, plus tranquilles. À disposition : restaurant, café, épicerie, 2 piscines, salle de fitness. Petit déj copieux et varié. Navette gratuite pour les parcs, mais n'oubliez pas de réserver la veille. Une adresse pas très intimiste mais à l'excellent rapport qualité-prix.

De chic à plus chic

CoCo Key Water Resort *(plan d'ensemble,* ***13****) :* *7400 International Dr. ☎ 407-351-2626. • cocokeyorlando.com • Doubles 110-250 $; petit déj-buffet 19 $ (1 petit déj enfant offert pour 1 petit déj adulte payant).* On se croirait dans un parc aquatique avec tous ces toboggans, ces piscines et ces jardins où les enfants se défoulent gentiment ! Et effectivement, on peut venir patauger allègrement sans loger sur place *(daypass pour le parc aquatique 28-50 $).* Voilà en tout cas un chouette *resort*. Chambres vastes, propres et bien arrangées, toutes équipées du confort standard américain (certaines communiquent entre elles)... et avec du plancher au sol. Bar de piscine, Starbucks, boutique,

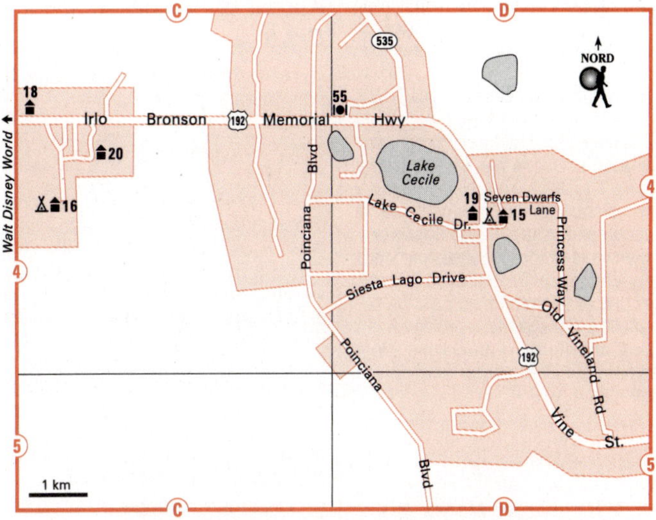

ORLANDO – Kissimmee (plan II)

Où dormir ?

- **15** KOA Campground (D4)
- **16** Tropical Palms (C4)
- **18** Super 8 Maingate (C4)
- **19** Seasons Florida Resort (D4)
- **20** Comfort Suites Maingate East (C4)

Où manger ?

- **55** King o Falafel (D4)

centre de fitness, et une végétation soignée : un rapport qualité-prix qui se défend bien. Idéal pour des vacances en famille.

The Castle Hotel *(plan d'ensemble,* **14***) :* *8629 International Dr. ☎ 407-345-1511. • marriott.fr • Doubles 150-270 $; petit déj 25 $.* Ici, on dort au pays des merveilles ! Un hôtel tout blanc en forme de... château. À l'intérieur, atmosphère féerique raffinée, tout en finesse, en culture et en inventivité. Salle de fitness, piscine arborée, bar, agréable *sundeck* et, cerise sur le gâteau, le feu d'artifice de Disney au menu tous les soirs depuis le *rooftop* ! Une belle adresse, d'un bon rapport qualité-prix au final.

Où manger ?

Dans Downtown Orlando

Spécial petit déjeuner

Se7en Bites *(hors plan I par B2,* **49***) : 617 N Primrose Dr. ☎ 407-203-0727. Jeu-ven 8h-15h30, w-e 9h-15h. Fermé lun-mer. Plats 7-16 $.* Pas franchement central, mais on est récompensé par l'ambiance. Ici, on est *gay friendly, bird friendly* (tout un pylône de nichoirs sur le parking) et, comme ailleurs, *family friendly*. On vient pour les plats copieux et savoureux, le service aimable et l'agréable salle aux couleurs fraîches. Délicieuses choses sucrées *home made* – boulangerie derrière le comptoir rempli d'appétissants bonbons et gâteaux.

Populaire, sans prétention, bien campé sur ses valeurs : le bon à la portée de tous ! Parfait aussi pour déjeuner bon marché.

903 Mills Marklafe *(plan I, B3,* ***40****)* **:** *903 S Mills Ave (angle Gore St). Tlj 7h (8h w-e)-21h. Plats 6-10 $.* Au cœur d'un quartier résidentiel vert et cossu, un petit snack-café tout simple. On y dévore de bonnes formules petits déj, et on accompagne sa boisson de salades, sandwichs et wraps. Terrasse aux beaux jours. Et tant qu'à être dans le coin, faites une escale nature au parc *Greenwood Urban Westlands,* à proximité.

Les amateurs d'ambiance rétro opteront pour **Hamburger Mary's** (voir ci-après).

Prix moyens

Hamburger Mary's *(plan I, A3,* ***44****)* **:** *110 W Church St. ☎ 321-319-0600. • hamburgermarys.com • Mar et jeu 11h-21h, mer et dim 11h-16h, ven-sam 11h-22h. Fermé lun. Résa conseillée. Plats 11-20 $. Supplément pour les shows.* Cadre coloré moderne avec quelques touches rétro qui rappellent les *diners* des années 1950. À la carte, d'excellents burgers (viande cuite selon vos désirs), salades, sandwichs... Une adresse connue aussi pour ses shows et concerts de drag-queens *(programmation en ligne).* Le brunch du week-end, où l'on se presse autour d'un gargantuesque repas, est animé par des *queens* déjantées ! Aller manger ici constitue une occasion de découvrir Church Street (voir plus loin « À voir. À faire »).

Hawkers Asian Street Fare *(plan I, B2,* ***45****)* **:** *1103 N Mills Ave. ☎ 407-237-0606. Tlj 11h-22h (23h ven-sam). Plats 10-15 $.* Tôle ondulée et photos de rue en noir et blanc plantent le décor de cette cantine d'inspiration *street food* asiatique. *Noodles, bao burgers,* brochettes de poulet, riz sautés et soupes s'affichent à la carte bien garnie. Plantes aromatiques et épices relèvent des plats soigneusement mijotés. On y remettrait bien un coup de baguettes !

Voir aussi ***Tori Tori*** *(plan I, B2,* ***74****),* décrit dans « Où boire un verre ? Où sortir ? ».

Autour d'International Drive

Le coin qui concentre le plus d'endroits pour casser la croûte !

Spécial petit déjeuner

Keke's Breakfast Cafe *(plan d'ensemble,* ***47****)* **:** *4192 Conroy Rd. ☎ 407-355-3515. Tlj 7h-14h30. Plats 10-15 $.* En plein dans une zone commerciale sans charme, un lieu réputé qui ne désemplit pas dès l'heure du petit déj : gaufres, pancakes, omelettes, etc. Une carte longue comme le bras qui propose aussi salades et sandwichs le midi. Salle type *diner,* aux banquettes confortables, et murs égayés de fruits et légumes colorés. Quelques sièges dehors pour prendre l'air.

Bon marché

ZAsian Vietnamese Kitchen *(hors plan I par B2,* ***42****)* **:** *1830 E Colonial Dr Ste B. Tlj sauf lun 11h-21h. Plats 8-15 $.* En France, ce serait le classique resto vietnamien du coin de la rue, avec ses soupes *phô* et sa déco un-peu-kitsch-mais-pas-trop. Ici, ce genre d'adresse alliant cuisine saine et petits prix est à la fois rare et bienvenu ! C'est aussi l'occasion de conclure une balade dans le quartier asiatique.

Greens & Grille Eatery *(plan d'ensemble,* ***47****)* **:** *4104 Millenia Blvd. Tlj 11h-21h (20h dim). Plat max 13 $.* Dans une zone commerciale sans attrait, on est séduit par ce resto établi dans une grande salle au style cafétéria réussi. À l'ardoise, salades, sandwichs, wraps et autres viandes grillées. Bref, de la cuisine simple mais saine et soignée. Très bon rapport qualité-prix.

Whole Foods Market *(plan d'ensemble,* ***48****)* **:** *8003 Turkey Lake Rd. Tlj 8h-22h. Repas env 10 $.* Ce supermarché où tout ou presque est bio ou provenant du commerce équitable propose des sandwichs, un bar à salades, un coin cuisine du monde (avec fromages et baguettes de pain pour ceux qui ont le mal du pays !) et autres petits plats mijotés, ainsi qu'un grand choix de gâteaux. À déguster dans la longue salle attenante ou en terrasse sur le parking. Une excellente adresse pour manger sainement sans se ruiner, et préparer un pique-nique.

Sweet Tomatoes *(plan d'ensemble, **49**) : 6877 S Kirkman Rd (angle International Dr) ; entrée côté International Dr. Tlj 11h-21h (22h ven-sam). Buffet env 12 $.* Une cantoche où – pour une somme modique – on pioche à volonté dans un appétissant buffet : crudités et salades composées, pâtes, soupes... Bref, une adresse idéale en famille pour un excellent rapport qualité-prix. Enfin un peu de fraîcheur.

Shake Shack *(plan d'ensemble, **53**) : 8359 International Dr. Tlj 11h-23h (minuit ven-sam). Burgers 8-10 $.* Oubliez les MacMachin et les BurgerTruc, le bon spot pour dévorer un hamburger rapido, c'est ici. *Shake Shack* est certes un fast-food, mais la qualité est bien au rendez-vous. On ne rechigne donc pas à débourser quelques dollars de plus par rapport aux enseignes insipides. Frites, burgers et hot-dogs sont préparés minute pour plus de fraîcheur. En un mot, c'est bon ! Idem pour les limonades et desserts maison. Grande salle nickel et hyper moderne. Agréable terrasse donnant sur la rue piétonne d'Icon Park.

Prix moyens

Bahama Breeze *(plan d'ensemble, **50**) : 8849 International Dr. ☎ 407-248-2499. Tlj 11h-1h (1h30 sam-dim). Résa recommandée. Plats 15-25 $.* Prenez votre mal en patience – ou patientez au bar – pour avoir une table dans ce gigantesque bungalow à l'inspiration insulaire, une harmonie de blanc et de couleurs fraîches. Faut dire que les plats d'inspiration caribéenne valent l'attente. On se délecte des sandwichs grillés aux salades copieuses, sans oublier soupes, brochettes de viandes et pêche du jour. Musique *live* reggae et 100 % *good vibes* ! D'ailleurs, toute la ville semble y converger à la tombée de la nuit.

Joe's Crab Shack *(plan d'ensemble, **51**) : 8400 International Dr. ☎ 407-352-2928. Tlj 11h-22h (23h ven-sam). Plats 15-30 $.* Dans une sorte de hangar en tôle ondulée à la déco industrielle, ce resto, qui s'affiche sans complexe – *peace, lov and crabs !* –, sert des crustacés à longueur de journée. On opte volontiers pour la formule *steampots* : *clams,* pinces de crabe, homard... et un épi de maïs et des patates pour caler tous ces invertébrés au fond de l'estomac ! Terrasse avec de grandes tablées. À vos pinces à crustacés et accrochez bien votre bavoir en plastique !

Rocco's Tacos *(plan d'ensemble, **58**) : 7468 W Sand Lake Rd. ☎ 407-226-0550. Lun et mer 11h30-23h, mar et ven 11h30-2h, jeu 11h30-minuit, sam 11h-2h, dim 11h-23h. Résa conseillée. Plats 15-30 $.* Un resto mexicain à la déco raffinée et originale : mobilier vintage, bars colorés et lumière tamisée. Dans l'assiette, c'est un sans-faute et c'est généreusement servi. Optez pour le comptoir du bar à l'entrée ou pour la terrasse couverte avec vue sur Little Sand Lake. Une bouffée d'air frais, sous tous les angles !

Chic

Dragonfly *(plan d'ensemble, **52**) : 7972 Via Dellagio Way. ☎ 407-370-3359. Tlj 17h-22h (23h ven-sam). Plats 15-30 $.* Perdu dans ce quartier cossu et un peu *fake* (on dirait un décor de série TV !), voici l'un des meilleurs restos asiatiques de la ville. Grande salle raffinée – façon intérieur japonais – et cuisine ouverte où des chefs de l'empire du Soleil-Levant réalisent avec soin sushis et plats savoureux typiques à peine revisités. Cher, mais on s'est régalés !

Où boire un verre ? Où sortir ?

Dans Downtown Orlando

L'animation du quartier se concentre autour d'Orange Avenue, à hauteur de Church Street et de Wall Street Plaza, les week-ends, mais surtout les soirs de match.

The Wellborn-Philipp's House *(plan I, B3, **11**) : 135 N Lucerne Cir E*

Ave. Mar-jeu 17h-minuit, ven 17h-1h, sam 11h-1h, dim 11h-17h. Fermé lun. On laisse sa voiture où on peut pour s'engager dans un chemin à travers la végétation, et on débouche sur un agréable jardin émaillé de statues, centré autour d'une fontaine. En arrière-fond, une magnifique et typique maison de maître, avec son balcon filant. On sirote son verre en terrasse, à l'intérieur, dans une déco alliant mobilier ancien et peinture contemporaine, mêlant confort et fantaisie... Un lieu délicieux. Musique un peu trop forte, mais c'est une règle générale.

Tori Tori *(plan I, B2,* ***74****) : 720 N Mills Ave. Tlj 17h-1h (2h ven-sam).* Dans une chaleureuse structure toute de bois clair – belle charpente au-dessus des têtes –, une foule de jeunes et de moins jeunes, accoudés autour d'un majestueux bar central ou vautrés dans des alvéoles banquetées. Dans le verre et dans l'assiette, d'excellentes propositions japonisantes, tout en finesse, dans une large gamme de prix *(5-20 $).* Délicieux cocktails fusion. Service pro, aimable et efficace. Une belle adresse.

Eola Wine Company *(plan I, B3,* ***70****) : 430 E Central Blvd (angle S Osceola Ave). Lun-ven 16h30-23h30 (0h30 ven), sam 12h-23h, dim 12h-20h ; brunch sam-dim 12h-16h.* Long bar à vins doté d'une déco contemporaine. Dans les ballons, des vins de Californie, du Chili, d'Argentine, d'Italie... à siroter jusqu'en terrasse sur le trottoir. Une gamme variée de restauration : charcuteries, fromages, salades, sandwichs, assiettes à partager ou plats consistants... Une adresse très courue.

Hanson's Shoe Repair *(plan I, A3,* ***73****) : 27 E Pine St. ☎ 407-476-9446. Tlj 20h-2h.* Un *speakeasy* comme on en trouvait à l'époque de la Prohibition. Pas de nom sur la façade, un zinc en marbre à l'entrée, des salons intimistes sur la mezzanine. Mais un mot de passe est nécessaire (cherchez-le sur *Instagram* avant de venir) pour accéder au *rooftop.* Celui-ci, sorte de petit patio miraculeusement creusé entre les tours, dégage un charme certain. Glissez à l'oreille du barman votre état d'esprit du moment pour qu'il compose un cocktail personnalisé, suivant son inspiration. Expérience sympa et originale. Service au top.

Chillers-Cahoots-Latitudes *(plan I, A3,* ***71****) : 33 W Church St. Tlj 16h30 (16h ven)-2h.* Dans cette vieille maison en brique, on trouve bars, musique DJ et ambiance festive à tous les étages, jusque sur le toit-terrasse ! Réputé notamment pour son *frozen drink bar.* Certainement le *hot spot* de cette rue animée.

The Social *(plan I, A3,* ***72****) : 54 N Orange Ave. • beachamorlando.com •* Autre temps fort dans la nuit d'Orlando, cette salle de concerts propose une programmation éclectique pour une ambiance qui s'échauffe vite.

Sur International Drive

En fin de semaine, on ne sait plus où donner de la tête pour faire la fête. Atmosphère un peu plus *hype* que dans Downtown, mais pas de *dress code* particulier, si ce n'est votre sourire et votre bonne humeur...

Bahama Breeze *(plan d'ensemble,* ***50****) : 8849 International Dr. Tlj 11h-1h (1h30 ven-sam).* Atmosphère caribéenne pétillante dans ce bar-resto (voir « Où manger ? ») bondé le week-end et qui propose une foule d'excellents cocktails colorés, surtout à base de rhum et de fruits frais. Pour profiter à fond de l'ambiance, installez-vous en terrasse, là où ont lieu les concerts.

Pour faire la tournée des grands ducs, on vous conseille aussi ***Tin Roof*** *(plan d'ensemble,* ***60*** *; 8371 International Dr ; • tinrooforlando.com • ; attention, l'entrée se situe dans la rue piétonne d'Icon Park)* et ***Howl at the Moon*** *(plan d'ensemble,* ***50*** *; 8815 International Dr ; • howlatthemoon.com •),* 2 immenses pubs à la déco industrielle avec une belle programmation de concerts. Également l'élégant ***Cuba Libre*** *(plan d'ensemble,* ***62*** *; 9101 International Dr ; tlj 17h-21h – 2h ven-sam)* et

Blue Martini *(même adresse ; tlj 16h-2h),* pour siroter un cocktail dans une ambiance cosy en début de soirée, avant de grimper en température et en décibels au fil des heures. Toutes les 2 situées dans le quartier piéton *The Pointe*. Se garer dans le coin avant de se faire forcer la main par un *valet* qui vous délestera de cette tâche... et de quelques billets.

Achats

Premium Outlets - International Drive *(plan d'ensemble,* ***90****) : 4951 International Dr. Par l'I-4, sortie 75A. Tlj 10h-21h (19h dim).* L'un des plus grands *outlets* du sud des États-Unis avec près de 190 enseignes.

Premium Outlets - Vineland Avenue *(plan d'ensemble,* ***92****) : 8200 Vineland Ave (croisement SR 535). • premiumoutlets.com • Tlj 10h-21h (19h dim).* Proche des parcs d'attractions, cet autre *outlet* compte quelque 160 boutiques de marque à prix planchers.

Bass Pro Shops Outdoor World *(plan d'ensemble,* ***91****) : 5156 International Dr. • basspro.com • Lun-sam 9h-21h, dim 10h-19h.* Dans un décor rigolo avec faux rochers, tout l'équipement pour la pêche, la chasse, le *kayaking* et le camping... jusqu'aux bateaux ! On y achète aussi palmes, masque et tuba avant de descendre vers les Keys.

Hogan's Beach Shop *(plan d'ensemble,* ***93****) : 7679 International Dr. • hogansbeachshop.com • Tlj 10h-20h (21h ven-sam).* Une boutique pour les fans de catch, ouverte par la superstar américaine Hulk Hogan (parfois présent en chair et en muscles !). On peut même admirer sa moto ! On y trouve T-shirts, casquettes, mugs, figurines à la gloire de John Cena, The Rock, l'Undertaker... Aux murs, des dizaines d'objets collector retraçant l'histoire du catch US. Et au centre du magasin, un véritable ring officiel sur lequel on peut monter pour se faire prendre en photo *(20 $)* !

À voir. À faire

Downtown Orlando

Une des particularités d'Orlando, c'est son Downtown, très étendu et bien paysager avec ses lacs et ses espaces verts. À 3 km au nord du lac Eola, coincé entre les lacs Formosa, Rowena et Estelle, le ***Lockhaven Park*** regroupe les ***principaux musées*** de la ville : Orlando Museum of Art, Orlando Science Center, Mennello Museum of American Art, Fire Museum, ainsi que le Shakespeare Theater, haut lieu de la culture locale.

Orlando Museum of Art *(plan I, B1) : 2416 N Mills Ave. • omart.org • De Lynx Central Station, bus nos 102 ou 125. Tlj sauf lun 10h (12h sam-dim)-16h. Entrée : 20 $; réduc (10 $ étudiants avec carte, 8 $ 6-17 ans). Parking gratuit.*
Ce musée présente - dans un cadre agréable et serein - plusieurs collections d'art de très belle facture. Tout d'abord une petite ***section d'art africain*** : statuettes, armes, bijoux, vanneries, tissages et autres objets usuels en provenance d'Afrique de l'Ouest, mais également d'Afrique du Sud, sans oublier le Congo...
Puis, côté ***antiquités du « Nouveau Monde »,*** une remarquable collection d'objets archéologiques exceptionnels, datant de 2000 av. J.-C. jusqu'à l'arrivée des 1ers conquistadors. Statuettes anthropomorphes et zoomorphes en terre cuite ou pierre taillée, poteries nazca, aztèques, zapotec, taïnos, mais également quelques bijoux et des objets votifs en jade ou turquoise ; des trouvailles mises au jour essentiellement dans des tombes.

Ensuite, la ***peinture américaine depuis le XVIIIe s jusqu'à nos jours*** est aussi à l'honneur, dans plusieurs salles, et les toiles de collection permanente sont exposées par roulement. Ainsi admire-t-on des lithos d'Audubon, des tableaux de Childe Hassam, John Hauser ; ou, plus proches de nous : Georgia O'Keeffe, Ansel Adams, Robert Rauschenberg et Morris Louis. Et dans une salle à part, « l'Amérique graphique » est célébrée avec les fameuses *Flowers* d'Andy Warhol, sans oublier Roy Lichtenstein, Robert Indiana, Gene Davis, Alex Katz...
Enfin de belles ***expos temporaires*** d'art ancien ou contemporain. Bref, de l'esthétique, et ça fait du bien !

Orlando Science Center *(plan I, B1)* **:** *777 E Princeton St. • osc.org • Même accès que ci-dessus. Tlj sauf mer 10h-17h. Entrée : 24 $; réduc (22 $ étudiants avec carte, 18 $ 2-11 ans).*
Cher, mais ça les vaut : un régal pour les enfants passionnés de nature et de découvertes ! Construit sur 4 niveaux, cet immense musée regroupe une foule d'ateliers interactifs et d'expos plus surprenantes les unes que les autres.
Entre autres, car le lieu n'hésite pas à évoluer : au 1er étage (donc *level 2*), les tout-petits s'amuseront dans ***Kids Town,*** où l'environnement et le quotidien citadin sont mis à leur échelle pour les inviter à devenir mécaniciens, pompiers, ouvriers ou vendeurs de fruits et légumes ; ***Dino Dig's*** *(level 4),* où l'on tremble devant les squelettes reconstitués des plus terrifiantes créatures qu'ait jamais connues la Terre. À votre avis, quelle est la longueur du cou de cet *Elasmosaurus platyurus* ? Au même étage, l'expo ***Our Planet*** fait découvrir des phénomènes naturels : capsule à ouragan, simulateur (très gentillet) de tremblement de terre... On a bien aimé les lanceurs d'avions de papier !
Ensuite, rendez-vous au ***Cinedome Imax*** *(level 1),* où sont projetés des films (45 mn) sur l'espace, les voyages ou le monde animal. Sans oublier les nombreuses animations et expériences grandeur nature tout au long de la journée. Bref, de quoi s'occuper plusieurs heures avec les enfants. Enfin, sur le toit, on apprend à s'y retrouver dans le ciel étoilé en pénétrant dans l'***Observatoire*** *(voir programme sur le site, car il change selon conditions météo).*

The Mennello Museum of American Art *(plan I, B1)* **:** *900 E Princeton St. ☎ 407-246-4278. • mennellomuseum.com • Même accès que ci-dessus. Tlj sauf lun 10h30 (12h dim)-16h30. Entrée : 5 $; réduc (1 € étudiants avec carte) ; gratuit moins de 6 ans.* Beau petit musée avec un *sculpture garden* ouvert sur le Lockhaven Park et des rocking-chairs pour profiter du calme ambiant et de la vue sur le lac Formosa. À l'intérieur, cadre assez cosy qui met en valeur les œuvres naïves du peintre Earl Cunningham (1893-1977), passionné de paysages marins. Également des expos temporaires d'artistes américains : sculpture, pop art, art folklorique...

Church Street *(plan I, A3)* **:** cette rue mignonne, miraculeusement épargnée par l'Histoire, soigneusement restaurée, fait la fierté d'Orlando. Dernier témoignage de l'architecture de la ville au XIXe s, avec sa petite gare, elle demeure l'un des hauts lieux de la vie nocturne locale.

50 Mills *(plan d'ensemble)* **:** au-dessus de Church Street s'étend vers le nord ce quartier vietnamien. Officiellement compris entre Mills Avenue et 50 Rd Street, d'où son nom. Maisons individuelles noyées dans la verdure, fresques de *street art,* il fait bon s'y promener. Et ponctuer la balade par l'une de nos adresses dans le coin.

One Pulse Memorial *(plan I, A-B3)* **:** *125 N Lucerne Cir E. Tlj 7h30-12h.* Triste ironie, le royaume de l'*entertainment* fut, en juin 2016, le théâtre d'une dramatique fusillade dans une boîte de nuit gay du centre-ville. Revendiquée par Daech, l'attaque a fait 49 morts et 53 blessés. Un mémorial a vu le jour à l'emplacement du *Pulse.* Le mouvement de solidarité qui a émergé à cette occasion a débouché sur des initiatives plus larges, particulièrement dans le domaine de l'éducation (bourses). Infos : ● *onepulsefoundation.org* ●

Assister à un match de basket des Orlando Magic à l'Amway Center *(plan I, A3)* : *400 W Church St. ● nba.com/magic ● orlandomagic.com ● Programme des matchs sur le site internet. Résa sur place (lun-ven 9h-18h), par tél (☎ 407-916-2255), sur Internet (● amwaycenter.com ●) ou à l'office de tourisme – Visit Orlando. Ticket : 20-420 $ selon emplacement et notoriété de l'équipe rencontrée. Parkings payants attenants.* Aux États-Unis, le basket-ball est bien plus qu'un sport, c'est un show, un spectacle total ! À chaque rencontre des Orlando Magic, l'immense Amway Center fait quasi le plein, dans une liesse générale !

DANS LES ENVIRONS D'ORLANDO

WINTER PARK *(au nord d'Orlando ; hors plan I par B1)*

Petite ville de banlieue huppée à une dizaine de kilomètres au nord d'Orlando, très prisée des habitants de New York ou du New Jersey à la recherche d'une résidence secondaire. Winter Park nous a charmés par son enfilade de restos branchouilles et de terrasses animées, ainsi que par ses beaux musées. Pour les amateurs, on trouve même un parcours de golf en plein centre-ville ! Notre coin préféré dans les environs d'Orlando *downtown*.

LE VERT PARADIS DE L'ENFANCE

En 1881, 2 bourgeois de la Nouvelle-Angleterre ont voulu s'installer au soleil... mais sans rien perdre de leurs habitudes côte est ! Alors ils ont construit des maisons de brique autour d'un « parc central », créé la 1re université de Floride pour faire bonne mesure, et noyé le tout dans la verdure. Tout ce quartier est désormais classé Monument historique. Un délice.

Où prendre un petit déj ?

Foxtail Coffee Co : *1282 N Orange Ave. ☎ 407-951-7931. ● foxtailcoffee.com ● Tlj 6h-22h.* Très agréable lieu spécialisé dans le petit noir : à l'intérieur, une vaste salle style industriel, réchauffée par une dominante bois ; à l'extérieur, une terrasse sur un trottoir large, sans immeuble trop haut en face qui heurterait le regard. Mention spéciale pour les cafetières individuelles au charme suranné, attachées au comptoir, pour les passages à l'italienne. Pour l'heure de l'apéro, choix de vins. Service aimable. Un refuge à toute heure. On adore.

Buttermilk Bakery : *1198 N Orange Ave. ☎ 321-422-4015. ● buttermilk-bakery.com ● Mer-dim 8h (9h sam-dim)-14h. Fermé lun-mar.* Une adresse pour gourmands, surtout les becs sucrés ! Dans un local mini, des efforts maxi pour fabriquer toute une gamme de viennoiseries inventives et succulentes, mêlant produits et inspirations d'ici et d'ailleurs. On déguste à la sortie du four sur la terrasse. Miam !

Où manger ?

The Ravenous Pig : *565 W Fairbank Ave. ☎ 407-628-2333. Mar-jeu 16h-22h, ven 16h-23h, sam 11h-23h, dim 11h-22h. Fermé lun. Assiettes*

LE NORD-EST

10-20 $. 1er point sympa : un lieu en circuit court, où l'on boit les bières variées brassées sur place – on a vue sur les fûts. Ensuite, une carte courte, typiquement américaine, mais allégée et raffinée. Résultat : des assiettes légères et savoureuses, agréablement présentées. *Last but not least,* le tout se déguste en toute décontraction sur une vaste terrasse agrémentée de jeux de société... le bon plan. Une adresse typiquement « Routard ».

Prato : *124 N Park Ave. ☎ 407-262-0050. Lun-mar 17h30-22h ; mer-dim 11h30-15h, 17h30-23h (22h dim). Assiettes 10-20 $ (pizzas, pasta taille plat).* On aime tout ici : la situation – en face du parc, sur lequel donne la terrasse, bien vivante avec ses chaises rouges ; la carte italienne, claire et succincte ; les réalisations, tout en finesse et en légèreté (attention, portions pas du tout américaines). Et on n'est pas les seuls... Adresse très courue. Petite carte de vins italiens et espagnols. Une excellente adresse.

À voir. À faire

Morse Museum *(hors plan I par B1)* **:** *445 N Park Ave. • morsemuseum.org • Tlj sauf lun 9h30 (13h dim)-16h (20h ven nov-avr). Entrée : 6 $; réduc (étudiants avec justificatif 1 $) ; gratuit moins de 12 ans et pour tous ven 16h-20h (nov-avr).*

Pour les amateurs de la période mi-XIXe s/début XXe s, ce superbe musée rassemble ***la plus importante collection au monde d'œuvres de l'artiste américain Louis Comfort Tiffany.***

Tiffany : l'artiste-artisan de l'Arts & Crafts

Ce mouvement naît au Royaume-Uni dans les années 1860, en pleine révolution industrielle, pour réhabiliter le travail fait main et les techniques traditionnelles. Réaffirmant des valeurs telles que la simplicité et la personnalité, l'Arts & Craft réintroduit les matériaux de qualité pour une production à la commande, et intervient sur tous les supports. Méfiants envers le « progrès », les artistes-artisans multiplient les compétences techniques et quittent la ville pour la campagne. La nature leur offre une large source d'inspiration, tout comme elle guidera l'Art nouveau et son homologue anglais le Modern Style, initiés par l'Arts & Crafts. Dans ce contexte d'effervescence artistique, les créateurs tissent des liens entre les différents courants, à l'instar de Louis Comfort Tiffany (1848-1933), qui crée un style nord-américain sans renier ses sources européennes.

Le musée

On découvre ici, émerveillé, non seulement des objets plus ou moins célèbres – vases, lampes par dizaines, bijoux... –, mais aussi des aménagements entiers de maison conçus en vitraux : coupole, fresque, porte vitrée sur un jardin d'hiver... Remarquable reconstitution d'un pan de sa propriété de Long Island. Charmant, le salon est agrémenté d'une adorable véranda, où l'on s'imagine bien prendre le thé... Extraordinaire, la décoration intérieure d'une chapelle créée pour la World's Columbian Exposition de Chicago en 1893 (levez les yeux sur le splendide lustre aux pierres vertes !). Ces pièces magnifiques sont présentées de façon éclairante et élégante : panneaux explicatifs, collection d'aquarelles (travaux préparatoires), focus sur l'iridescence, peintures de contemporains... L'ensemble du musée baigne dans une douce atmosphère d'antan, avec une mélodie de boîte à musique pour ajouter une touche de romantisme.

Albin Polasek Museum & Sculpture Gardens *(hors plan I par B1)* **:** *633 Osceola Ave. • polasek.org • Tlj sauf lun 10h (13h dim)-16h. Entrée : 12 $; réduc ; gratuit moins de 4 ans.* Agréable petit musée dédié au sculpteur américain d'origine tchèque Albin Polasek (1879-1965). Vaste et superbe parc-jardin en bordure de lac, parsemé de sculptures de l'artiste, en particulier de beaux bronzes. Une bulle zen, esthétique et bucolique, où l'on peut pique-niquer au calme.

Rollins Museum *(hors plan I par B1)* **:** *1000 Holt Ave. • rollins.org • Mar 10h-19h, mer-ven 10h-16h, sam-dim 12h-17h. Fermé lun. GRATUIT. On peut laisser sa voiture au parking de la fac.* Au bord du lac Virginia, un petit musée universitaire logé dans un agréable bâtiment de plain-pied avec galerie à arcades. Différentes ***expositions temporaires*** qui valorisent les œuvres des étudiants, parfois médiocres, parfois aussi prometteuses, voire très abouties. Prétexte aussi à une agréable balade au bord du lac, dans un environnement bucolique.

EVERGLADES *(Tohopekaliga Lake, au sud de Kissimmee)*

Si le sud de la Floride n'est pas à votre programme, voilà une bonne option pour découvrir les ***paysages majestueux des Everglades.*** Dans les environs immédiats de Kissimmee se trouvent 1 700 ha de marais, marécages et rivières, le tout protégé. À découvrir en hydroglisseur pour approcher au plus près la faune locale, rapaces et alligators en tête, bien entendu !

Parmi les différentes compagnies proposant un tour sur le lac, on vous conseille ***Boggy Creek Airboat Adventures :*** *2001 E Southport Rd,* ***Kissimmee.*** *☎ 407-344-9550. • bcairboats.com • Tlj 9h-17h30. Tour de 30 mn sans résa 30-35 $/pers selon âge et saison ; tour de 1h sur résa 50-55 $.* On apprécie son approche pédagogique et son éthique respectueuses de l'environnement et des animaux. On aime aussi la variété des installations, participant à cette démarche d'initiation écologique : plantes endémiques, serre aux papillons, ferme aux alligators, installation à l'ancienne en bois pour le lavage de minerais, et on en passe... Le tout émaillé de panneaux pédagogiques bien faits. Les petits seront ravis.

SYMBOLE TROMPEUR

Le symbole des États-Unis est un majestueux rapace à la tête blanche et au corps noir, communément appelé bald eagle *– littéralement en français « aigle chauve ». Un faux ami puisque ce n'est pas un aigle, mais un pygargue à tête blanche ! Son nom vient d'une déformation de l'adjectif* piebald*, qui signifie en français « pie » (bicolore). La Floride, et ce coin en particulier, abritant l'une des concentrations majeures de ce méga-piaf, il est tout à fait possible que vous l'observiez en liberté.*

LE NORD-EST

SEAWORLD ORLANDO

• Orlando – Plan d'ensemble *p. 194-195*

7007 SeaWorld Dr. • seaworld.com • À env 15 km au sud-ouest de Downtown Orlando. Accès : en bus n°s 8, 38 et 50 depuis la Lynx Central Station (Downtown). Tlj 9h (10h selon sem)-18h (jusqu'à 22h selon saison). Entrée : env 100 $, mais promos en ligne jusqu'à 43 $; pass 2 parcs du groupe SeaWorld (Aquatica à Orlando, Busch Gardens et Adventure Island, à Tampa pour ces 2 derniers) à partir *de 200 $/parc, mais promos jusqu'à 105 $, 3 parcs à partir de 50 $. Parking : 30 $ (valable 1 j.). Coupe-file : 30 $. Appli gratuite* Seaworld *Apple Store et Goolgle Play.*

Sur le thème de la mer, c'est l'un des parcs les plus grands et les plus complets au monde. Mélange de divertissement et d'attractions fortes, le parc fait dans le sensationnel à grand renfort de shows et d'interaction avec les animaux... en captivité bien sûr ! Mais il faut aussi reconnaître qu'une bonne partie des infrastructures est mise au service du sauvetage d'animaux blessés – dans le cadre du réseau d'infrastructures floridiennes – et que le discours (spectacles, panneaux explicatifs...) porte désormais surtout sur l'éveil à la conscience écologique. *Greenwashing* ? À vous de juger !

– ***Les shows :*** ils durent entre 20 et 25 mn. Le spectacle phare reste celui des orques : ***One Ocean,*** qui se déroule au Orca Stadium (évitez les 1ers rangs pour rester au sec). ***Blue Horizons,*** au Dolphin Stadium, met en scène acrobates-plongeurs, dauphins et oiseaux, autour du thème de l'eau et du ciel. Dans ***Clyde & Seamore's Sea Lions High,*** les lions de mer sont entraînés dans des aventures désopilantes.

– ***Animations :*** très régulières. Nourrissage des bébés dauphins, présentation des lamantins par leur gardien, idem pour les lions de mer... et vue sur les bassins de sauvetage accueillant tortues et lamantins.

– ***Observation des animaux :*** beau tunnel de verre survolé par différents types de requins et toute une faune tropicale qui leur est liée à ***Shark Encounter.*** Très beaux aquariums pour espèces moins volumineuses (hippocampes à boules dignes de sapins de Noël à ***Key West at Sea World,*** méduses dans les bâtiments de ***Journey to Atlantis***). Également le ***Dolphin Cove,*** où des dauphins s'ébattent dans un bassin qui manque sacrément d'envergure. Sans oublier ***Stingray Lagoon,*** une cuve remplie de raies que l'on peut caresser au passage ; ou enfin ***Pacific Point Preserve,*** où s'ébattent des otaries du Pacifique. Également une zone consacrée à l'Antarctique, avec manchots et bélugas.

– ***Manèges à sensations*** de type montagnes russes : ***Mako, Manta, Kraken*** et ***Infinity Falls,*** un *roller coaster* dans une jungle artificielle avec une redoutable chute à la verticale ! Également l'attraction ***Journey to Atlantis,*** toboggan à descendre en raft pour un grand plouf. Enfin, ***Wild Arctic*** propose un simulateur d'hélico au-dessus des paysages sauvages de l'Antarctique. En descendant de l'appareil, visite d'une station polaire reconstituée sur la banquise, avec intervention de quelques morses, bélougas... Enfin, pour avoir une vue sur tout SeaWorld et les environs, embarquez pour la ***Sky Tower,*** qui vous emmène côtoyer les nuages à plus de 100 m de hauteur.

SEAWORLD ÉCLABOUSSÉ PAR LES CRITIQUES

Le parc fait l'objet d'une forte polémique depuis 2010, lorsqu'une dresseuse a été tuée pendant un show par la plus célèbre orque du parc : Tilikum. L'agitation médiatique a été relancée en 2013 avec la sortie d'un documentaire, Blackfish, *décrivant la capture violente de l'animal en question et ses conditions de vie aliénantes. Sous la pression de la justice et des militants, les shows ludiques d'orques ont été définitivement supprimés et remplacés par des animations éducatives et de prévention n'entraînant pas de contacts physiques avec les dresseurs.*

PINGOUINS OU MANCHOTS ?

Les pingouins habitent l'hémisphère Nord et peuvent voler. Les manchots, eux, ne vivent que dans l'hémisphère Sud et ne volent pas (ce sont donc de vrais manchots !). Mais les Américains, qui ne font pas les choses comme les autres, appellent « penguin » *ceux que nous appelons « manchots »...* Confusing !

AQUATICA

● Orlando – Plan d'ensemble *p. 194-195*

5800 Water Play Way. ● aquatica.com ● En face de SeaWorld Orlando (même groupe). Horaires à vérifier sur le site internet (selon saison et météo) ; en gros : tlj 9h (ou 10h)-17h (jusqu'à 21h selon saison). Entrée : env 100 $, mais promos jusqu'à 43 $; réduc. Pass 2 parcs du groupe SeaWorld à partir de 200 $, mais promos jusqu'à 105 $ (Seaworld Orlando, Aquatica Orlando, Busch Gardens ou Adventure Island à Tampa Bay). Serviette payante. Casier payant. Parking : 30 $ (valable 1 j., y compris pour SeaWorld). Appli gratuite Aquatica Apple Store et Google Play.

Ici, le poisson dans l'eau, c'est vous ! Aquatica propose toute une série de tubes et toboggans à descendre seul ou à plusieurs, en maillot, sur des bouées. Reliées par des ponts suspendus et ombragées par des palmiers, les attractions sont, pour la plupart, accessibles à tous sans trop faire dresser les cheveux sur la tête. L'emblème du parc – le ***Reef Plunge*** – vous fait glisser dans un tube transparent au cœur d'un bassin où nagent des dauphins de Commerson, noir et blanc. Nettement plus relax, ***Roa's Rapids*** est une rivière à courant dans laquelle on se laisse emporter par l'eau chaude. Sensationnel, ***Walhalla Wave,*** où l'on descend à fond la caisse, à plusieurs, dans un petit radeau gonflable. Juste à côté, et avec tout autant de sensations, ***Ray Rush*** adopte le même concept. Mais le plus impressionnant des *rides* demeure la longue piste du ***Taumata Racer,*** que l'on dévale à plat ventre sur un matelas, tête en avant. Quant au ***Whanau Way,*** il siphonne littéralement ses passagers, aspirés par un minivortex. Sensations fortes aussi au ***Karekare Curl,*** où l'on part dompter une vague imaginaire, en duo, sur une roue gonflable tourbillonnante. Également l'***Omaka Rocka,*** un enchevêtrement de tuyaux colorés réservé aux *single riders* (donc moins d'attente), qu'on dévale sans vraiment savoir dans quel sens on se trouve ! Amusant aussi, le ***Tassie's Twister,*** où l'on grimpe jusqu'à 4 dans une bouée qui file en tourneboulant. Et pour les amateurs de compétition, le ***Riptide Race*** permet d'affronter un adversaire dans une course folle de tuyaux en partant de la même ligne de départ dans 2 toboggans voisins. 3, 2, 1, partez ! Les enfants passent des heures dans les ***Walkabout Waters,*** la grande aire de jeux aquatiques, ou barbotent avec leurs parents dans l'une des piscines à vagues ***Big Surf Shores*** ou ***Cutback Cove*** (à choisir selon la force des remous) ; l'ensemble est bordé par une plage de sable blanc.

On a gardé le plus impressionnant pour la fin, à réserver aux cœurs bien accrochés : le ***Ihu's Breakaway Falls.*** On part debout, droit comme un « i », dans un tuyau fermé, et les sensations du début s'apparentent à de la chute libre. Ça fiche la trouille !

LE NORD-EST

DISCOVERY COVE

● Orlando – Plan d'ensemble *p. 194-195*

6000 Discovery Cove Way. ● discoverycove.com ● Juste à côté de SeaWorld Orlando (même groupe). Mêmes accès que ce dernier. Tlj 9h (check-in dès 7h15)-17h30. ***Résa indispensable très longtemps à l'avance.*** *Entrée à*

partir de 122 $/pers, comprenant parking, 2 repas + snacks et boissons illimités, snorkelling avec les raies et poissons, serviette, combinaison, et même crème solaire ; pas de réduc enfants. ***Nage avec les dauphins en sus :*** *à partir de 157 $/pers (entrée incluse). Mais les prix peuvent s'envoler en fonction des dates ! Faire ses simulations en ligne. Appli gratuite* Discovery Cove *Apple Store et Google Play.*
Installé dans un environnement tropical, ce parc aquatique singulier – émaillé de ***plages de sable blanc*** – offre la possibilité de plonger sur un ***récif de corail*** *(The Grand Reef)* au beau milieu d'une foule de poissons exotiques multicolores, d'explorer des grottes sous-marines, de nager dans un bassin de raies, de descendre une ***rivière tropicale*** *(Freshwater Oasis)* jusqu'à un lagon avant de se retrouver dans une volière géante où l'on peut nourrir de magnifiques oiseaux... Mais l'attraction majeure demeure la possibilité de ***nager avec un dauphin*** (avec plusieurs autres personnes quand même, et pendant 30 mn seulement).
Bon, aux prix de la pleine saison, pourquoi ne pas penser directement à une expédition de plongée dans les Keys : ce sera à peine plus cher et les animaux seront dans leur environnement naturel...

LEGOLAND FLORIDA

• Orlando – Plan d'ensemble *p. 194-195*

1 Legoland Way, à ***Winter Haven.*** *• legoland.com/florida • Tlj 10h-18h (21h en hte saison) ; vérifier sur le site internet avt. Fermé mer en hiver. Entrée : à partir de 85 $ pour le parc principal ; à partir de 99 $ pour le parc principal + un 2ᵉ parc (aquatique ou Peppa Pig). Parking : 30 $. Hébergements et restauration sur place.* Inspiré de la célèbre petite brique danoise. Pour les très jeunes. Cinéma 4D, manèges gentillets, wagons et pistolets laser, safari dans la savane, rivière, monde Duplo... Le plus impressionnant reste ***Miniland,*** véritable œuvre d'art construite avec plus de 30 millions de briques, où l'on admire la réplique des plus belles villes du pays. Également un parc aquatique, ***Legoland Florida Water Park,*** avec toboggans et piscine, et un autre parc à thème, ***Peppa Pig.*** Au bonheur des (tout-) petits.

UNIVERSAL ORLANDO RESORT

• Orlando – Plan d'ensemble *p. 194-195*

À l'instar de Walt Disney World Resort, créé sur le modèle de Disneyland en Californie, Universal Orlando Resort est la réplique d'Universal Studios Hollywood, les célèbres studios de cinéma californiens qui, dans les années 1960, se sont enrichis d'un parc à thème. Cependant, et à la différence de ceux-ci, Universal Orlando n'est pas né autour de studios de cinéma existants. C'est une création à part entière. Ici, il est donc surtout question d'attractions et non de visites de studios de tournage. Le 1ᵉʳ parc, *Universal Studios Florida,*

et le 2e, *Universal's Islands of Adventure,* sont reliés par l'*Universal City Walk,* une allée flanquée de boutiques et de restos-bars, très animée à toute heure du jour et de la soirée.
Pour faire comme les copains, un parc aquatique, *Volcano Bay,* complète l'ensemble – avec toute une gamme d'hébergements, dont certains de grand luxe. À vos frissons, prêts, partez !
– Infos et achat des billets sur ● *universalorlando.com* ●

Infos pratiques

Coordonnées

– ***Accès :*** *6000 Universal Blvd.* ● *universalorlando.com* ● *À env 15 km au sud-ouest de Downtown Orlando et tt près d'International Dr. Parking : 30 $ (10 $ après 17h). Sinon, il est facile d'y aller en bus* Lynx *nos 21 et 40.*

Orientation sur place

– Depuis les parkings, il faut emprunter des escalators et des passerelles pour accéder à l'***Universal City Walk,*** qui relie les 2 parcs entre eux : à droite, l'***Universal Studios Florida*** et, à gauche, l'***Universal's Islands of Adventure.*** L'accès aux parcs est bien évidemment payant, alors que la City Walk demeure gratuite.
– On trouve des ***plans*** à l'entrée de chacun des 2 parcs, où sont indiqués les horaires des shows.

Horaires et tarifs

– ***Horaires variables :*** *tlj 9h-22h (ou 20h, 19h, voire 18h) ; 10h-20h (ou 19h) pour Universal's Volcano Bay ; jusqu'à 2h du mat pour Universal City Walk ; vérifier les horaires en ligne avt.*
– ***Tarifs des entrées :*** *pass 1 parc/1 j. (Universal Studios Florida ou Universal's Islands of Adventure) env 110 $ (env 105 $ 3-9 ans) ; compter 75-80 $ pour Volcano Bay. Pass 2 parcs/1 j. env 165 $ (160 $ 3-9 ans). Également des passes 2, 3 et 4 j. Faire des simulations en ligne. Packages plus avantageux (plusieurs jours-plusieurs parcs).*
– ***Tarifs des Express Passes :*** pour gruger toutes les *regular lines,* on peut compléter son *pass* d'entrée avec une option *Universal Express. Compter 90 $ (105 $ pour les 2 parcs) pour l'**Universal Express Pass,** permettant de gruger la file 1 seule fois par attraction. Compter 120 $ (135 $ pour les 2 parcs) pour l'**Universal Express Unlimited,** permettant de doubler tt le monde, tt le temps.*

LE NORD-EST

Quelques infos importantes

– ***Application gratuite*** *Universal Orlando Resort App.* Une carte interactive vous montre en temps réel le temps d'attente pour chaque attraction.
– ***Wifi gratuit dans tout le parc.***
– ***Info spéciale fans de Harry Potter :*** la zone dédiée à la saga du sorcier à lunettes est ***à cheval sur les 2 parcs,*** Universal Studios et Islands of Adventure. Ils sont malins... Donc **pass *2 parcs obligatoire*** si vous voulez voir à la fois Pré-au-Lard et Le Chemin de Traverse, et monter à bord du *Poudlard Express.*
– En général, le gros du public arrive vers 10h30-11h. ***Arrivez dès l'ouverture*** pour profiter des attractions les plus fréquentées (attention, certaines ne démarrent que vers 10h-10h30). Une fois sur place, filez directement vers le fond du parc, moins fréquenté le matin.
– Idem en fin de journée : ***à partir de 16h-17h,*** les visiteurs commencent à fatiguer et les familles se dirigent vers la sortie ; les files d'attente se réduisent alors sérieusement. C'est le moment d'en profiter.
– Si vous êtes seul ou prêt à prendre votre pied en solo, il existe, pour

certaines attractions, une ***single riders line,*** bien moins encombrée que la file générale. On peut gagner 1h de queue !

– ***Si vous logez dans l'un des hôtels Universal,*** vous aurez accès à l'un des parcs 1h avant l'ouverture. Attention, seules 2 ou 3 attractions présélectionnées seront ouvertes. Le parc (vous ne choisissez pas, c'est soit l'un soit l'autre qui ouvre plus tôt) et les attractions sélectionnées changent souvent, vérifiez sur le site internet.

– Bien se renseigner sur les ***horaires des shows,*** surtout... s'ils ne vous intéressent pas : les attractions se vident à ce moment-là.

Pour certaines attractions, il est obligatoire de laisser son sac dans un casier. Celui-ci est gratuit le temps de la file d'attente et de l'attraction, et devient payant une fois le délai écoulé.

Où dormir ?

Universal Orlando Resort possède plusieurs hôtels, situés tout près des parcs et reliés à eux gratuitement par des bus ou bateaux-navettes. Ils sont tous superbes certes, très chics et très chers *(env 400-900 $/nuit en double standard).* Pas vraiment dans l'esprit *Routard...* Si c'est votre trip et que le portefeuille suit, voici quelques repères :

Universal Cabana Bay Beach Resort : *6550 Adventure Way.* ☎ *1-888-273-1311.* • *universalorlando.com* • *Doubles 190-300 $.* L'exception qui confirme la règle, le plus accessible. Fresque joyeuse dans le hall, bâtiments dans le style des années 1950 entourant piscines, plage, aires de jeux. Jolies chambres confortables. Bomme ambiance, très familiale. Restos avec enseignes en néons colorés, bowling, fitness...

Loews Sapphire Falls Resort : *6601 Adventure Way.* ☎ *407-503-5000.* • *loewshotels.com/sapphire-falls-resort* • Style tropical. Chambres tout confort, dans les tons marins.

Loews Royal Pacific Resort : *6300 Hollywood Way.* ☎ *407-503-3000.* • *loewshotels.com/royal-pacific-resort* • À grand renfort d'essences tropicales, les décorateurs du parc ont recréé l'atmosphère des palaces des îles du Pacifique. Belles chambres tout confort, ornées de bois sculptés. Piscine immense.

Hard Rock Hotel : *5800 Universal Blvd.* ☎ *407-503-2000.* • *hardrockhotelorlando.com* • Architecture s'inspirant du célèbre *Beverly Hills Hotel* de Los Angeles. Pas moins de 650 chambres, hyper confortables et spacieuses, une piscine immense bordée de sable, des restos (chers !), des boutiques... Rigolo si vous êtes un fan.

Loews Portofino Bay Hotel : *5601 Universal Blvd.* ☎ *407-503-1000.* • *loewshotels.com/portofino-bay-hotel* • *Doubles 300-500 $.* Cet hôtel de 750 chambres est censé reproduire le charmant port italien. Les chambres sont superbes, avec du mobilier Renaissance italienne, des salles de bains rutilantes et tout le confort rêvé. Pour compléter le tout : 3 piscines, un spa, des restos (chers !), des boutiques...

Où manger ? Où boire un verre ?

Outre les ***restos de l'artère animée Universal City Walk,*** on trouve aussi ***snacks et restos dans les 2 parcs.*** Rien de bien excitant pour les papilles, ni de très économique. Mieux vaut prévoir son ***pique-nique.***

Bar du Loews Portofino Bay Hotel : *5601 Universal Blvd. Voir « Où dormir ? ».* Dessiné par Spielberg *himself* et inspiré par des vacances passées à Portofino. De fait, tout y est : vespa à l'entrée devant une fontaine, galeries de fausse abbaye médiévale, hall agrémenté d'arcades, velours et boiseries... Puis on descend vers le petit port devant un lac artificiel, avec reconstitution de ruelles et maisons colorées. Un véritable décor de cinéma ! Bon, prévoir 10 $ rien que pour le parking et 2 fois plus pour un cocktail, mais ça les vaut bien et ce sera toujours moins cher qu'une nuit !

UNIVERSAL STUDIOS FLORIDA

Dans ce parc articulé autour du ***thème du cinéma,*** tout a été conçu pour plonger le visiteur dans l'ambiance des plateaux de tournage, à travers des animations et spectacles drôles et variés révélant certains des secrets du 7e art. On se balade dans de gigantesques décors de ciné reproduisant tantôt New York, avec ses gratte-ciel, tantôt les quais de San Francisco, ou encore les rues huppées de Beverly Hills ; le tout en musique avec des clones des Blues Brothers ou de Marilyn qui roulent en cabriolet.

Nos meilleures attractions

– ***Harry Potter and the Escape from Gringotts :*** bienvenue dans la plus célèbre banque des sorciers ! Bâtiment de guingois, dragon qui crache du feu (du vrai !), gobelins qui planchent sur leurs calculs, la file d'attente est un spectacle en soi ! On s'enfonce ensuite dans les sous-sols quand Celui-dont-on-ne-doit-pas-prononcer-le-nom et Beatrix Lestrange se lancent à notre poursuite. Un mélange de montagnes russes et de cinéma 4D exceptionnel d'où l'on ressort bien secoué ! Casiers obligatoires.

LA GUERRE DES STUDIOS

Comme c'est étrange ! Les Universal Studios ont ouvert à 2 pas des... Disney's Hollywood Studios. Et, de films 4D en fausses ruelles de New York, les visiteurs lambda que nous sommes auraient vite fait de confondre les 2. Mais n'en parlez surtout pas à Mickey ni à tonton Spielberg, car, entre ces deux-là, c'est une véritable guerre économique qui se joue, digne justement de leurs plus époustouflants films d'action. Le résultat : des attractions toujours plus folles. On ne va pas s'en plaindre !

Requinquez-vous en vous promenant dans le ***Wizarding World of Harry Potter-Diagon Alley*** (Le Chemin de Traverse), où les décors du film et l'univers magique du livre ont été incroyablement reconstitués. Les fans reconnaîtront la maison de l'Ordre du Phoenix, le *Magicobus* invisible par les Moldus, mais aussi l'allée des Embrumes, ou encore l'incontournable boutique de baguettes magiques *Ollivanders.* De là, rendez-vous sur le ***quai 9 ¾*** pour embarquer à bord du ***Poudlard Express*** (Hogwarts Express), qui vous mènera à ***Pré-au-Lard*** (Hogsmeade), reconstitué dans le parc Islands of Adventure (eh oui, les 2 parcs ont voulu un morceau du gâteau...). Gare aux Détraqueurs qui croiseront votre chemin... ***Attention : un pass 2 parcs est nécessaire pour monter à bord.*** Le train peut se prendre dans les 2 sens, car il relie les 2 parcs, mais il est plus intéressant de le prendre dans le sens que nous indiquons, soit de Diagon Alley à Hogsmeade, pour suivre l'ordre de la saga.

– ***Transformers The Ride 3D :*** adaptée du film éponyme, c'est une des attractions phares du parc. Harnaché dans une nacelle, on ressent la formidable illusion de participer au combat déchaîné entre les Autobots et les Decepticons. Époustouflant !

– ***Hollywood Rip Ride Rockit :*** un sérieux *roller coaster* qui commence par une montée verticale à plus de 50 m de haut, aussitôt suivie d'un plongeon et d'un looping à vous faire remonter l'estomac vers les amygdales. Heureusement, pour calmer le jeu, on écoute la musique de son choix pendant toute la chevauchée. Casier (gratuit) obligatoire. Videz bien vos poches avant d'embarquer.

– ***Race through New York Starring Jimmy Fallon :*** le présentateur le plus populaire des États-Unis vous embarque dans une course folle dans les rues de New York. Ce soir, l'invité de *The Tonight Show,* c'est vous ! Accrochez vos ceintures et enfilez vos lunettes 3D. Jimmy Fallon et son humour décapant, ça va secouer !

– ***Fast & Furious Supercharged :*** pour les amateurs de vitesse et d'action, Vin Diesel sort ses plus belles voitures de sport et des effets spéciaux du tonnerre (tunnel vidéo à 360°) pour vous propulser dans une course poursuite à près de 200 km/h.

– ***Revenge of the Mummy :*** ce *roller coaster* a pour décor – très réussi – l'antre de la momie. Un *ride* nourri d'effets spéciaux saisissants, où se mêlent le feu, le noir, le vide et la vision horrible des momies. Sensations fortes garanties. Casier gratuit obligatoire.

– ***Despicable Me Minion Mayhem :*** un simulateur 4D avec Gru, ses fillettes et son armada de « minions » (les héros du dessin animé *Moi, moche et méchant*). Arrivé dans la maison de Gru, vous voilà transformé en minion et entraîné dans une aventure hilarante à travers le labo de l'inventeur loufoque ! On gigote, glisse, saute, souffle, tombe... les enfants adorent (et nous aussi !).

– ***The Simpsons Ride :*** héritée du célèbre dessin animé, l'attraction propose un *ride* en compagnie de la famille la plus folle des États-Unis, dans une montagne russe imaginée par Krusty le Clown. Attention, le simulateur secoue beaucoup : à réserver aux cœurs bien accrochés !

À côté, on peut arpenter les rues de Springfield, faire ses courses au ***Kwik-E-Mart*** de l'Indien Apu, casser la croûte au ***Krusty Burger,*** boulotter un donut chez ***Lard Lad,*** siroter une Duff Beer à la ***Moe's Tavern...***

Et juste en face, voici ***Kang & Kodos' Twirl'n' Hurl,*** un manège tournant de vaisseaux spatiaux pour les plus petits.

Les attractions secondaires

– ***Men in Black Alien Attack :*** inspiré de la comédie de science-fiction jouée par Tommy Lee Jones et Will Smith. Dans une nacelle en mouvement, un pistolet laser en pogne, c'est parti pour la chasse aux méchants, et ils sont vilains, croyez-nous ! On en tourne sur soi-même, on stoppe brusquement, on accélère, difficile de viser ! Une question demeure sans réponse : « *Are we alone ?* » Casiers obligatoires.

– ***E.T. Adventure :*** perché sur un vélo volant, on retrouve E.T. pour replonger avec lui dans l'univers du film. De la forêt à sa planète, en survolant une ville scintillante la nuit, voilà de très beaux décors et du charme à revendre pour ceux qui ont gardé une âme d'enfant.

Les shows

Une vingtaine de ***spectacles*** animent le parc de la fin de matinée au coucher du soleil. Ils durent 20-40 mn et se déroulent parfois en interaction avec le public. Grande parade, spectacle son et lumière, show de dressage animalier, démonstration de cascades...

Où manger ? Où boire un verre à Universal Studios Florida ?

Mel's Drive In : bon marché. Burgers, sandwichs et milk-shakes pas chers mais un peu *heavy,* dans un joli décor *American graffiti* pur jus !

Superbes carrosseries *fifties* garées devant. On se croirait dans *Grease*.

Lombard's Seafood Grille : *prix moyens.* Cuisine ordinaire version *seafood.* Vue sympa sur le lac depuis les terrasses. Attention à ne pas vous faire piquer vos frites par les mouettes.

UNIVERSAL'S ISLANDS OF ADVENTURE

Créé avec le concours de Steven Spielberg dans un style assez différent du précédent, ce parc comprend plusieurs zones thématiques aux décors souvent enchanteurs, comme ***The Wizarding World of Harry Potter*** ou ***Jurassic Park,*** les 2 sites majeurs.

The Wizarding World of Harry Potter-Hogsmeade

Le ***Poudlard Express*** vous dépose ici. Avouons-le, les toits enneigés et la réplique du ***château de Poudlard*** plantent un décor particulièrement réussi. Les prisonniers dans les cachots sont assez durs à regarder pour les jeunes enfants. Dans cet univers où la magie devient réalité, les fans peuvent arpenter les ***ruelles de Pré-au-Lard*** (le seul village de Grande-Bretagne où ne vivent que des sorciers), boire une bière au beurre ou un jus de citrouille au ***Chaudron Baveur,*** se gaver de dragées surprises de Bertie Crochue (on est tombé sur une au savon, beurk !) et acheter plein de produits dérivés de sa maison favorite. Alors êtes-vous plutôt Gryffondor, Poufsouffle, Serdaigle ou Serpentard ? À vos Choixpeaux !

– ***Harry Potter and the Forbidden Journey :*** on pénètre dans *Hogwarts School of Witchcraft and Wizardry* par les imposantes portes du château. L'attraction débute dès la file d'attente par la découverte des lieux mythiques de l'école, comme le bureau de Dumbledore ou la salle de classe de défense contre les forces du mal. Harry, Ron et Hermione nous entraînent à faire l'école buissonnière et l'on s'envole hors du château, sanglé côte à côte par rangées de 4. Car il faut avouer que « *this ride simulates dramatic acrobatics* », comme il est précisé à l'entrée ! Dragons, saule cogneur et Détraqueurs sont au rendez-vous, tandis que décors réalistes, effets spéciaux et simulations nous emportent dans une expérience unique au monde. Magique !

– ***Hagrid's Magical Creatures Motorbike Adventure :*** il s'agit du plus long *roller coaster* de Floride (1 600 m). Au guidon d'une moto ou d'un side-car, c'est parti pour une aventure décoiffante à 80 km/h à travers la Forêt interdite qui borde l'enceinte du château de Poudlard. Sensations fortes garanties !

– ***Flight of the Hippogriff :*** un petit train en corbeille en osier vous emmène faire des galipettes au-dessus des champs de citrouilles ; ça remue moins que les dragons, mais quand même...

Jurassic Park

Ici, le cadre devient verdoyant et magique. Rappelons que *Jurassic Park* demeure d'abord une œuvre littéraire, même si le décor du site est celui du film de tonton Spielberg. D'ailleurs, le ***Jurassic Park Discovery Center,*** aux toits dans le style paillote, s'affiche comme la copie conforme de celui du film, avec ses squelettes de T-Rex. On peut même y observer l'éclosion d'un œuf de dino !

– ***Velocicoaster :*** une course folle à travers l'enclos des vélociraptors et la jungle. Pointes de vitesse, chutes vertigineuses et sensations fortes, le *roller coaster* frôle l'eau et décolle super haut. Mieux vaut avoir le cœur bien accroché.

– ***Jurassic Park River Adventure :*** un bateau vous emporte à travers le monde impitoyable des dinosaures. On s'achemine vers le théâtre d'un drame : cages

éventrées, traces de lutte... Les bestioles vous guettent et le T-Rex surgit au moment où on ne l'attend plus. Et gare à la douche finale en dévalant la chute d'eau de 25 m !
– ***Pteranodon Flyers :*** sorte de télésiège qui survole (2 mn) le ***camp Jurassic,*** fait de rochers et de forêt primaire. Une attraction sympa mais réservée aux enfants et à l'adulte qui les accompagne.

Skull Island : Reign of Kong

Une seule attraction dans cette zone, mais quelle réussite ! On pénètre dans un temple abandonné et un peu flippant avant d'embarquer dans un 4x4 géant et de s'enfoncer dans la jungle. Moustiques démesurés et araignées géantes ne sont qu'une mise en garde avant de se faire pourchasser par des dinosaures. Puis vient le spectaculaire combat entre King Kong et des T-Rex. Le 4x4 se balance sur des lianes, accélère, secoue... les effets spéciaux sont impressionnants et la 4D rend le tout franchement réel. Un conseil : asseyez-vous sur l'un des côtés des banquettes.

Marvel Super Hero Island

Pas la zone la plus réussie au niveau du décor – évoquant les superhéros de dessins animés américains –, mais quelques attractions qui vous laisseront pantelant.
– ***Incredible Hulk Coaster :*** reconnu comme l'un des plus impressionnants grands huit au monde ! Loopings et vrilles à grande vitesse de cette attraction rugissante sont à l'image de Hulk : effrayants ! Âmes sensibles, s'abstenir. Videz vos poches et enlevez vos lunettes.
– ***Dr. Doom's Fearfall :*** harnaché sur une nacelle glissant le long de rails verticaux, vous êtes catapulté à 45 m de hauteur... avant de redescendre à vive allure pour finalement vous stabiliser. Paraît qu'on éprouve les mêmes sensations qu'un pilote de chasse éjecté de son cockpit !
– ***The Amazing Adventures of Spiderman :*** chaussé de lunettes 3D, vous vous retrouvez au milieu des buildings de New York, dans un engin volant poursuivant les ennemis de Spiderman. Vous aurez vraiment la sensation de tomber de l'Empire State Building. Génial !

Toon Lagoon

Royaume délirant des *toons,* où vivent 150 personnages de dessins animés : Popeye, Betty Boop ou Denis la Malice... Nombreux jeux d'eau, plaisants quand il fait chaud, mais il n'est pas idiot de prévoir un rechange quand même.
– ***Dudley Do-Right's Ripsaw Falls :*** un décor pour enfants, mais un souvenir impérissable pour petits et grands. Une pirogue vous emporte dans des rapides très sévères. Le plongeon final est particulièrement impressionnant : on est précipité dans le noir, à plus de 80 km/h ! Baignade assurée, protégez vos sacs, car il n'y a pas de casiers.
– ***Popeye & Bluto's Bilge-Rat Barges :*** encore une descente sur l'eau, en radeau rond cette fois, sous le regard goguenard du célèbre marin mangeur d'épinards. Gardez quand même des forces pour tordre T-shirts et chaussettes trempés à l'arrivée. Séchoir payant !

Seuss Landing

Pour les jeunes enfants, « le pays du Chat au Chapeau » est une petite cité aux couleurs acidulées, dotée de manèges, d'un petit train et de l'attraction ***The Cat in the Hat,*** où, à bord d'un wagonnet virevoltant, on découvre les personnages du livre...

Où manger à Universal's Islands of Adventure ?

|●| ***Mythos :*** *prix moyens. Dans The Lost Continent.* Très belle section, mêlant chevaliers, enchanteurs et contes des *Mille et Une Nuits...* Décor de grotte fabuleux pour une cuisine plutôt originale et réussie avec pas mal de viandes grillées.

VOLCANO BAY

Ce parc aquatique de Universal se remarque à des kilomètres à la ronde avec son imposant volcan. Celui-ci sert de tour de lancement à de nombreux ***toboggans, tours en canoë et pistes pour bouées.*** Au total, une vingtaine d'attractions, dont ***piscine à vagues, rivière à courant,*** mais aussi ***plages artificielles,*** village balnéaire... Et pour éviter les longues minutes d'attente, un bracelet baptisé *Tapu Tapu Wearable* fait virtuellement la queue à votre place dans les toboggans et vous prévient quand c'est votre tour de *rider,* le tout sans supplément. Ledit bracelet sert aussi de moyen de paiement dans les restaurants et boutiques de souvenirs du parc. Attention donc à ne pas en abuser !

UNIVERSAL CITY WALK

Reliant les 2 parcs d'Universal Orlando Resort, c'est une ***avenue bordée de boutiques et de restos-bars.*** On y passe immanquablement pour se rendre dans chacun des parcs et son accès est libre. En soirée, rien ne vous empêche de venir y dîner. Attention, il faut ***avoir 21 ans pour entrer dans un bar*** servant de l'alcool ; et tout ferme vers 2h, heure limite pour la vente d'alcool.

Où manger ? Où boire un verre ? Où voir un film à Universal City Walk ?

Hard Rock Cafe : *tlj 8h (11h pour le déj)-minuit. Prix moyens.* L'un des plus grands *Hard Rock Cafe* des États-Unis, niché dans un bâtiment en forme d'arène romaine. Déco faite de photos, d'instruments de musique, de disques d'or et de vêtements de scène des plus grandes stars, représentées sur des vitraux, sans oublier la décapotable rose au-dessus du bar, sous un plafond couvert d'une fresque religieuse... Musique omniprésente. On y vient d'ailleurs plus pour le cadre et l'ambiance que pour la (mal)bouffe !

|●| ***Pat O'Briens Orlando :*** *tlj 16h-minuit (1h ven-sam). Prix moyens.* Notre coup de cœur ! Ce chaleureux piano-bar est une réplique d'un célèbre club de La Nouvelle-Orléans. On glisse (avec un petit billet) le nom de sa chanson à l'oreille du pianiste, et on reprend en chœur les standards de la musique anglo-saxonne. À côté, pub sympa avec une incroyable collection de chopes pendues au plafond, et patio avec fontaine pour se rafraîchir entre 2 morceaux. On peut aussi y goûter des spécialités du Sud à la sauce cajun.

Bob Marley – A Tribute to Freedom : *bar tlj 16h-minuit (1h ven-sam).* Organisé autour d'une petite cour à ciel ouvert, un bar reggae où l'on joue de bons concerts chaque soir. C'est la reconstitution de la maison de Bob Marley à Kingston-Jamaïque. Quelques bons petits plats aux saveurs caribéennes et à prix doux.

|●| ***Jimmy Buffett's & Margaritaville :*** *tlj 11h-23h (minuit ven-sam). Prix moyens.* Resto de chaîne très populaire, mitonnant une bonne cuisine des Keys, servie dans une immense salle à la déco marino-exotique ou en terrasse ouverte sur le lac.

En soirée, on y sirote une margarita, leur autre spécialité, bercé par des reprises *live* de standards US.

■ ***Cinéma Universal Cinemark :*** cette salle multiplexe projette en permanence une vingtaine de films récents.

WALT DISNEY WORLD RESORT

• Orlando – Plan d'ensemble *p. 194-195*

À environ 35 km au sud-ouest du centre d'Orlando et à 1h de Tampa, de Daytona Beach et de Cape Canaveral, c'est le plus grand complexe de parcs d'attractions au monde ! Walt Disney World Resort regroupe en fait 4 grands parcs : Magic Kingdom (le tout 1er, ouvert en 1971), EPCOT (1982), Disney's Hollywood Studios (1989) et Disney's Animal Kingdom (1998), sans oublier les 2 parcs aquatiques (Disney's Typhoon Lagoon et Disney's Blizzard Beach). En tout, cela fait 6 parcs tous reliés entre eux par un excellent réseau de bus, un train monorail, et même un bateau à aubes !

Du coup, Walt Disney World Resort est beaucoup plus grand que Disneyland California (qui ne compte que 2 parcs). Au total, ce sont 33 000 ha dédiés au loisir, à la fête, à la magie. Soit la taille d'une ville comme San Francisco ! Une bonne partie des terrains est heureusement préservée et non construite, ouf !

DESANTIS *VS* DISNEY

Face à Ron DeSantis, gouverneur de Floride, Disney s'érige en « bastion des droits humains »... tout en tentant de protéger ses privilèges fiscaux. Si le gouverneur républicain ultra-conservateur dénonce une culture « woke » au royaume du merveilleux et a acté la fin de l'autonomie de Disney dans l'État, la locomotive économique floridienne, qui emploie plus de 75 000 personnes et accueille 50 millions de visiteurs par an, compte sur sa prééminence pour résister. Œil pour œil, dent pour dent, l'entreprise a annoncé en mai 2023 l'annulation d'un projet de campus à 900 millions d'euros, coup de pied au bilan du gouverneur, et a porté plainte contre lui. Aux yeux de l'opinion, difficile pour DeSantis de tuer la poule aux œufs d'or...

L'ENVERS DU DÉCOR

Disney World est doublé d'une ville souterraine, invisible, avec des rues qu'empruntent personnel et matériel sans être vus des visiteurs. Une fois son travail terminé, l'employé disparaît ! Et les réparations se font aussi par le sous-sol. Vous ne verrez donc jamais une évacuation sur civière, ni de camions à ordures !

Infos pratiques

– ***Adresse de l'entrée générale du site :*** *World Dr, à Lake Buena Vista.* • *disneyworld.eu* •

Accès et orientation sur place

– En ***voiture,*** sachez avant tout que Walt Disney World Resort se trouve sur la commune de ***Lake Buena Vista.*** Panneaux indicateurs des différents parcs, mauve et rouge, coiffés des oreilles de Mickey... Une fois arrivé au ***parking*** (25 $, sauf si vous dormez dans un hôtel Disney ; voir plus loin), ***notez scrupuleusement son nom et le numéro de votre rangée,*** car les aires de stationnement sont gigantesques. Pour l'avoir vécu, ce n'est pas drôle de chercher sa voiture parmi des milliers d'autres ! Attention, le parking est parfois éloigné de l'entrée du parc – comme à Magic Kingdom – et il faut prendre une navette Disney gratuite. Enfin, le ticket de parking d'un parc est valable toute la journée pour tous les autres parkings Disney.

– ***Walt Disney World Resort*** est desservi depuis l'aéroport international d'Orlando par différents moyens de transport :

➢ ***Bus public :*** le moins cher (3,50 $) et le plus long (2h). Le plus galère aussi avec des bagages ! On prend d'abord le *Lynx bus* nº 111 au terminal A (niveau 1) de l'aéroport, et on change pour le nº 350. Au départ de ***la Lynx Central Station,*** le ***nº 300*** se rend à Walt Disney World Ticket et Transportation Center ; les ***nºs 301, 302, 303, 304, 306, 312*** y passent également

➢ ***Navettes :*** liaisons avec la navette ***Mears Connect driven by Sunshine*** (25 $, 39 $ A/R ; réduc enfants). • *mearsconnect.com* •

➢ ***Taxi ou navette privée :*** à réserver à l'avance en ligne. • *welcomepickups.com/orlando/airport-taxi* • Pas de forfait, taximètre en fonction de la destination. Compter 65 $ en moyenne.

Sur place, transferts gratuits en bus Disney, train monorail ou bateau vers les autres parcs du groupe et Disney Springs.

– Pour ***relier les parcs entre eux,*** si vous avez un *pass* valable pour plusieurs parcs dans la même journée, ne vous embêtez pas avec votre propre voiture. Un ***excellent réseau de bus*** (fréquence toutes les 20 mn environ), un train monorail, un téléphérique et un bateau relient les parcs les uns aux autres. La plupart convergent vers le *Transportation and Ticket Center,* situé devant le parc Magic Kingdom, mais il existe aussi des liaisons directes entre certains parcs. Toutes les infos et les connexions sont bien indiquées à l'entrée de chaque parc. Vous gagnerez un temps précieux à emprunter les transports en commun (compris dans le prix du billet d'entrée).

Horaires

Ils sont assez fluctuants, mais, en gros, les parcs sont ouverts tous les jours de 9h à 20h (plus tard le week-end et en été, surtout pour Magic Kingdom, qui attend la nuit tombée pour envoyer le feu d'artifice). Le mieux est de consulter les horaires sur le site internet (disponibles en français), car ils changent d'un parc à l'autre et varient presque quotidiennement.

Tarifs

C'est Onc' Picsou qui tient la caisse ! Entaille profonde au portefeuille en perspective...

L'option la plus intéressante reste les billets* Multi-Day, *de 2 à 10 jours : à partir de 280 $ le *pass* 2 jours (271 $ 3-9 ans, réducs pour les seniors également), mais tarifs dégressifs à la journée en fonction du nombre de jours prévus, jusqu'à 10 jours (53 $/jour/adulte). Pour ce prix, on a le droit de visiter un parc par jour.

Le ticket ***Park Hopper*** permet d'avoir accès aux 4 parcs dans une même journée (après 14h, en clair quand il fait chaud et qu'il faut être bien motivé) : compter 80 $ de plus par ticket adulte.

Il faudra encore augmenter la mise (20 $ de plus) et choisir l'option ***Park Hopper Plus*** pour avoir accès aussi aux parcs aquatiques Disney (*Disney's Typhoon Lagoon* et *Disney's Blizzard Beach*).

En bref, le plus simple est de faire des simulations et d'***acheter ses billets à l'avance*** sur le site internet officiel de Disney : • *disneyholidays.com/walt-disney-world/tickets* •

La cerise sur le budget : certaines attractions – bien sûr les plus récentes et les plus courues – affichent des files d'attente de... plusieurs heures. Mais des ***coupe-files*** (payants, bien sûr) sont prévus.

Lightning Lane Entrance : compter 9-20 $/pers pour 1 attraction. Mais effectivement les quelques heures deviennent quelques minutes...

Enfin, le service ***Disney Genie +,*** en option sur le service ***Disney Genie,*** inclus dans l'***application My Disney Experience*** (voir ci-après). Compter 20 $/j. par pers. Permet de réserver un créneau pour une attraction toutes les 2h.

Organisation

– ***Téléchargez l'application gratuite My Disney Experience.*** Une carte interactive vous montre en temps réel le temps d'attente pour chaque attraction. Y sont aussi indiqués les horaires des spectacles. Et c'est aussi à partir de l'application que vous pouvez réserver les coupe-files *Lightning Lane Entrance* ou *Disney Genie +*.

– Autre truc utile : le ***Rider Switch.*** Si vous avez un enfant qui ne peut pas ou ne veut pas faire l'attraction, une partie seulement de la famille fait la queue. Lorsqu'elle a terminé l'attraction, le reste du groupe monte à son tour dans l'attraction sans attendre, et peut emmener un enfant pour un 2e tour. Ainsi, on peut garder et combler ces chères têtes blondes !

Astuces pour limiter les attentes fastidieuses

– ***Arriver dès l'ouverture*** (voire un peu avant, les guichets ouvrent dès 8h30) et en profiter pour faire les attractions les plus courues entre 9h et 10h-10h30. Même principe ***en fin de journée :*** le gros du public se dirige souvent vers la sortie 1 ou 2h avant la fermeture, ce qui réduit considérablement le temps d'attente aux meilleures attractions.

– Commencer par les ***attractions situées au fond du parc,*** délaissées le matin.

– ***Filer vers les attractions les plus fréquentées au moment de la parade.*** Si ce défilé ne vous intéresse pas, sachez que 90 % des visiteurs ne rateraient ce spectacle pour rien au monde. On voit alors souvent l'attente passer de 2h à 15 mn en un coup de baguette magique !

Quand y aller ?

– Si possible, ***éviter certaines périodes :*** les 3 mois d'été (de juin à août), les fêtes de fin d'année et, d'une façon générale, les vacances américaines, car, croyez-nous pour l'avoir expérimenté, ça grouille de monde et vous en profiterez beaucoup moins à cause des longues files d'attente aux attractions. Pour visualiser les basse, moyenne et haute saisons, référez-vous au calendrier dans la rubrique achat des tickets sur le site. Plus les billets sont chers, plus la saison est haute.

Autres infos en vrac

– ***Wifi gratuit dans tous les parcs.***

– Sur place, ***pour tout renseignement ou réclamation,*** rendez-vous aux comptoirs des ***Guest Relations,*** situés dans chacun des parcs, généralement près de l'entrée ; le personnel, toujours très accueillant (parfois même francophone !), se mettra en quatre pour vous aider.

– ***Si vous avez perdu un objet,*** c'est aussi aux *Guest Relations* que vous aurez une chance de le retrouver, mais si la perte a eu lieu la veille ou les jours précédents, rendez-vous au *Theme Parks Lost & Found,* situé au *Transportation and Ticket Center,* devant le parc Magic Kingdom.

– ***Prêt d'audioguides :*** certaines attractions (comme les films) nécessitent un bon niveau en anglais, sous peine de perdre le fil de l'histoire ou la saveur des gags. Aussi peut-on emprunter un casque nommé ***Ears to the World*** aux *Guest Relations*. Location gratuite mais caution de 25 $. Pratique pour les shows, mais plutôt encombrant pour les attractions.

– ***Casiers payants*** petit ou grand format. Compter 10-15 $/j. et 5 $ de caution pour le prêt de la clé. Vous récupérez les 5 $ en rendant la clé. ***Location de poussettes*** (dont certaines assez larges pour 2 enfants) à l'entrée des parcs. Compter 15 $/j.

– ***Interdit de fumer*** dans le monde merveilleux de Mickey. Seules 1 ou 2 zones fumeurs existent dans chaque parc, parfois à l'opposé de là où vous êtes et parfois, même, uniquement à l'entrée du parc. Et ne vous avisez pas d'en griller une en cachette, les gardiens se cachent bien aussi !

Où dormir ?

À Kissimmee

Traversée par la bruyante route US 192, une petite ville étendue et pas folichonne, mais toute proche du Walt Disney World Resort et disposant d'un certain choix de ***motels à bas prix***. Si vous recherchez de l'animation le soir, dormez plutôt vers International Drive.

Campings

KOA Campground *(plan II, D4,* ***15****) : 2644 Happy Camper Pl. ☎ 407-396-2400. • koa.com/campgrounds/kissimmee • Selon saison, compter 60-67 $ pour 2 avec tente et voiture, eau et électricité comprises ; caravanes 75-103 $; bungalows 4-8 pers (2 nuits min) 87 $, 138-182 $ avec sdb.* Établi dans un coin de verdure bien en retrait de la route, un camping calme, familial, bien tenu et doté d'un coin tentes sous les arbres. Également des bungalows, du plus rustique au plus chic. Les basiques n'ont ni salle de bains ni cuisine, les plus chers offrent tout le confort d'une maison. Jeux pour enfants, épicerie, piscine, salle de fitness, lave-linge, etc. Location de cycles rigolos. Atmosphère particulièrement paisible. Un coup de cœur dans sa catégorie.

Tropical Palms *(plan II, C4,* ***16****) : 2650 Holiday Trail. ☎ 407-396-0380. • rvonthego.com • Compter 56-68 $ pour un emplacement avec 2 tentes et une voiture (jusqu'à 6 pers) ; bungalows 4-8 pers 174-228 $.* Dans une zone verte paisible, à 2 pas du centre, grand camping parsemé de palmiers, vite pris d'assaut par des camping-cars géants. Dommage que les campeurs en tente ne profitent pas d'un coin bien à eux. Également des bungalows, fort bien équipés. Épicerie, piscine, salle de fitness, terrain de volley, minigolf... Accueil attentionné.

De bon marché à prix moyens

Super 8 Maingate *(plan II, C4,* ***18****) : 5875 W Irlo Bronson Memorial Hwy (US 192). ☎ 407-396-8883. • wyndhamhotels.com • Doubles 80-140 $, petit déj inclus.* Parmi les établissements de la chaîne *Super 8,* voilà l'un des rares qui méritent notre attention, même si le quartier n'est pas glamour. Chambres confortables et bien équipées : meubles modernes, frigo, micro-ondes, machine à café et bureau. Et on est à 10 mn de Disney en voiture !

Seasons Florida Resort *(plan II, D4,* ***19****) : 4736 W Irlo Bronson Memorial Hwy (US 192). ☎ 407-997-3200. • seasonsfloridaresort.com • Doubles 65-88 $, petit déj inclus.* Un motel sur 3 étages d'environ 120 chambres. Leur gros avantage : l'absence de moquette ! Propres et claires, elles sont d'un confort supérieur aux motels de base. Ajoutez des navettes gratuites vers les parcs, une piscine (avec barrière de sécurité enfants) et un accueil avenant, voici une bonne adresse à l'excellent rapport qualité-prix. À côté, un café-théâtre où l'on dîne en assistant à un spectacle sur Al Capone...

De chic à plus chic

Comfort Suites Maingate East *(plan II, C4,* ***20****) : 2775 Florida Plaza Blvd. ☎ 407-397-7848. • comfortsuitesfl.com • Doubles 129-189 $, petit déj inclus.* À 5 mn de chez Mickey, un bel hôtel de près de 200 chambres confortables, bien insonorisées et toutes équipées d'une cuisinette et d'un petit coin salon-bureau. Préférez celles à l'arrière, au calme et donnant sur la forêt, où se promènent quelques biches. Belle piscine chauffée (accessible 24h/24), salle de jeux, salle de fitness et restaurant (pratique !). Les bons jours, on voit d'ici les feux d'artifice de Disney... Navettes gratuites pour Disney, Universal et SeaWorld. Bon rapport qualité-prix-accueil. Une bonne adresse.

Parkway International Resort *(plan d'ensemble,* ***21****) : 6200 Safari Trail. ☎ 407-396-6600. • diamondresortsandhotels.com • Apparts 4-6 pers 150-300 $.* On est séduit par cet hôtel à thème tranquille et familial, qui porte haut les couleurs de l'Afrique dans sa déco. Environ 150 appartements spacieux et confortables avec salon, cuisine bien équipée, 2 chambres et 2 salles de bains, une petite terrasse... Jolie piscine accolée à une petite forêt de pins, pataugeoire, salle et aire de jeux, etc. Très bien pour une pause au calme après une folle journée dans les parcs.

Les hôtels Disney

Disney en Floride, c'est aussi un très vaste complexe hôtelier. Tout autour de Walt Disney World Resort, le papa de Mickey eut le bon sens d'acheter 12 000 ha de terrain (la surface de Paris intra-muros !), empêchant toute chaîne d'hôtels de s'installer à proximité. L'empire Disney s'efforce ainsi d'attirer un max de visiteurs en assurant, outre bien sûr leur divertissement, leur hébergement et leur alimentation ; marketing redoutablement efficace !
Remarquez, coucher chez Mickey offre quelques ***avantages indéniables*** : ***gain de temps*** du fait de la proximité des attractions, ***pas de parking à payer,*** car on y va en navette et, surtout, on peut accéder aux parcs au-delà des heures normales d'ouverture au public (bien pour ***éviter les files d'attente*** !). Mais attention, ces ***Extra Magic Hours*** fonctionnent par roulement : tel jour pour tel parc, et le calendrier change chaque semaine. Il est donc sage de vous renseigner sur le site internet ou auprès de la réception de votre hôtel.
Les hôtels du complexe Disney (une trentaine au total), souvent à thème, offrent un ***excellent niveau de confort*** et sont plutôt bien arrangés. ***Tous les hébergements sont répertoriés sur le site et classés par tranches de prix.*** Du camping au palais des *Mille et Une Nuits,* les ***Value Resort Hotels*** restent l'option la plus économique dans les hôtels (à partir de 150 $ la nuit), suivis par les ***Moderate Resort Hotels*** (à partir de 200 $ la nuit). Les budgets illimités pourront cibler les catégories ***Deluxe Resort Hotels*** ou ***Deluxe Villas*** (à partir de 260-320 $/nuit selon catégorie).

– ***Réservation :*** *• disneyworld.eu/resorts/ •*
– ***Magic Band :*** ce ***bracelet connecté*** en plastique est donné aux clients des hôtels. On peut aussi l'acheter dans la plupart des boutiques Disney et aux guichets à l'entrée des parcs (à partir de 15 $). Il sert de clé dans les hôtels, de carte de paiement pour consommer dans le parc, de billet d'entrée...

Camping

Disney's Fort Wilderness Resort & Campground : *4510 N Fort Wilderness Trail, entre Downtown Disney et Magic Kingdom. Compter 90-150 $.* Énorme camping de près de 800 places dans un environnement de pins et de cyprès bien agréable. Également de confortables maisonnettes en bois (très chics)... Nombreux services et équipements, 2 piscines et des épiceries. Location de voiturettes de golf, canoës et kayaks, équitation, tir à l'arc... Le glamping à la sauce américaine.

Chic (à partir de 150 $ la nuit)

Après le camping, l'option la moins chère chez Disney. Il s'agit d'une série d'hôtels conçus exactement sur le même moule. Ils appartiennent tous à la catégorie *Value Resort Hotels.*

Disney's All-Star Sports Resort, All-Star Music Resort, All-Stars Movies Resort, Disney's Pop Century Resort et Art of Animation Resort : *les 3 premiers sont situés W Buena Vista Dr, respectivement aux nos 1701, 1801 et 1901, pas loin de Disney's Animal Kingdom et de Disney's Blizzard Beach ; les 2 derniers, sur Century Dr au no 1050, près de Disney's Hollywood Studios.* En tout, plus de 9 000 chambres, type motel à la sauce Mickey, avec des espaces communs pleins de gadgets fluo rigolos évoquant les sports, le cinéma, la musique, les gadgets-icônes du XXe s, sans oublier les classiques du grand écran : Nemo, le Roi Lion, la Petite Sirène... Boutiques de souvenirs et *food court* à prix raisonnables dans chaque établissement. Tout cela dans une ambiance usine à touristes, mais bon, si vous voulez loger chez Mickey en limitant les frais, c'est une option.

Plus chic (à partir de 220-250 $ la nuit)

Dans la catégorie supérieure, voici une sélection parmi les *Moderate Resort Hotels*.

Disney's Port Orleans French Quarter Resort : *2201 Orleans Dr, pas loin de Downtown Disney et d'EPCOT.* Le charme à la française de la vieille Louisiane. Disney a joliment reconstitué le quartier du Vieux Carré de La Nouvelle-Orléans, identifiable à ses rues pavées, ses balcons ouvragés et ses patios à la végétation abondante. Cuisine créole et déco de rue sur le thème de Mardi gras.

Disney's Port Orleans Riverside Resort : *1251 Riverside Dr, juste à côté.* Ici, c'est plutôt la Louisiane des plantations de coton et des bayous dans toute sa splendeur ! Typiques de l'architecture du Sud, différents manoirs s'échelonnent le long d'un canal aux allures de Mississippi. Quelques *steamers* à aubes complètent le tableau. Un lieu recommandé aux fondus de jogging et de vélo.

Disney's Caribbean Beach Resort : *1114 Cayman Way, près d'EPCOT.* Un village tropical pour des chambres décorées dans des tons pastel et disposées autour d'un lac où s'ébattent des oiseaux aquatiques. Piscines et plages particulièrement bien aménagées, un bonheur pour les enfants.

Disney's Coronado Springs Resort : *1000 W Buena Vista Dr, près d'Animal Kingdom.* Un complexe aux tonalités hispanisantes et sud-américaines, qui se déclinent ici de la déco à l'assiette. Belle situation au bord du lac Buena Vista.

Dans la même catégorie, on trouve les bungalows du camping **Disney's Fort Wilderness Resort & Campground** (voir précédemment).

Très chic (à partir de 350 $ la nuit)

Dans cette tranche de prix, on retrouve les établissements *Deluxe Resort Hotels* ou *Deluxe Villas*. D'un standing bien supérieur, ils recréent des ambiances et décors de pays lointains et spectaculaires. La plupart louent aussi des appartements, qui reviennent « moins cher » pour les familles.

Disney's Animal Kingdom Lodge : *2901 Osceola Pkwy.* Une immense hutte africaine avec une hauteur sous plafond hallucinante ! Mais, pour une fois, le spectacle se passe sous vos fenêtres... Girafes, antilopes, autruches, zèbres s'ébattent dans une vaste savane reconstituée tout autour de l'hôtel, on s'y croirait ! La déco intérieure est tout aussi réussie : de nombreux objets d'art et panneaux de tissu ont été importés d'Afrique. Un hôtel haut de gamme absolument fabuleux !

Disney's Polynesian Resort : *1600 Seven Seas Dr, en face de Magic Kingdom.* La magie des îles du Pacifique dans un écrin de végétation luxuriante. Plages de sable blanc, hamacs, cocotiers, fleurs tropicales, « piscine-volcan » avec cascades et, le soir, spectacle de vahinés au son du ukulélé. Bref, un vrai petit paradis !

Disney's Wilderness Lodge : *901 Timberline Dr, dans la zone de Magic Kingdom.* Au milieu d'une forêt de pins, une déco inspirée par les grands espaces des montagnes Rocheuses. Une charpente tout en bois, peuplée de totems indiens et ornée d'une monumentale cheminée de pierre et de vastes lustres. À proximité, zone de pêche et geyser qui alimente source chaude et cascade...

Disney's Old Key West Resort : *1510 N Cove Rd, entre EPCOT et Downtown Disney.* Pour se sentir comme à Key West, un ensemble très soigné de fort jolies maisons en bois aux tons pastel. Elles abritent des studios ou unités de 1, 2 ou 3 chambres, entièrement équipés. Gym, sauna, tennis et, à côté, le parcours de golf de Lake Buena Vista.

Disney's Beach Club Villas : *1800 Epcot Resorts Blvd, à proximité d'EPCOT.* Ce complexe a choisi une tenue des plus estivale, mimant à s'y méprendre les constructions balnéaires du début du XXe s. Clair et élégant, mais surtout très confortable avec des studios ou des appartements parfaitement équipés.

Où manger ?

Ce ne sont pas les endroits où casser la croûte qui manquent chez Mickey. À l'intérieur des parcs, on trouve des ***fast-foods et restos*** (voir plus loin les parties qui leur sont consacrées). Un peu cher pour ce que c'est, mais correct. Le site de ***Disney Springs*** (voir plus loin aussi), lui, est un concentré de boutiques et de restaurants, mais là les prix s'envolent et la qualité ne suit pas forcément ! Alors côté papilles, rien de très excitant, exception faite peut-être d'***EPCOT,*** où chaque pavillon propose, dans des restos à la déco typique, une cuisine plutôt réussie du pays qu'il représente. Si vous visez les restos stars des parcs (comme le *Jungle Cafe*), ***réservez à l'avance*** via l'application smartphone pour éviter de faire 1h de queue.

Bien sûr, le midi, il est compliqué de quitter Disney pour aller s'attabler sur ***International Drive*** ou à ***Downtown Orlando.*** Mais le soir, c'est tout à fait envisageable : pour le même prix qu'à Disney, vous ferez ainsi de meilleurs repas (voir nos bonnes adresses plus haut) ! Et pour les fauchés, reste la solution du ***pique-nique dans le sac à dos.*** Facile car on trouve de nombreux supermarchés sur International Drive...

À Kissimmee

De bon marché à prix moyens

King o Falafel *(plan II, D4,* ***55****) :* *5045 W Irlo Bronson Memorial Hwy (US 192). ☎ 407-979-4940. Tlj 11h-22h. Plats 6-17 $.* On sert ici une délicieuse cuisine levantine. Salades, falafels, soupe de lentilles, feuilles de vigne farcies, houmous... Le savoir-faire et les recettes familiales offrent de belles surprises gustatives. Notre coup de cœur ? Les « assiettes combinées », copieuses et délicatement épicées. C'est bon, frais et servi avec gentillesse. Une belle surprise.

Publix Super Market *(plan d'ensemble,* ***56****) :* *29 Blake Blvd, sur la commune de Celebration mais à 2 mn en voiture de Kissimmee. Tlj 7h-23h. Repas env 10 $.* Un supermarché immense où le rayon frais permet de se concocter un pique-nique ou un repas sur le pouce et à moindre coût. Salades, sandwichs, pâtisseries, fruits... On fait le plein sur la route des parcs pour économiser.

Joe's Crab Shack *(plan d'ensemble,* ***56****) :* *10 Blake Blvd (US 192). ☎ 321-939-6880. Tlj 11h-22h (23h ven-sam). Plats 17-30 $.* Une autre antenne de la célèbre chaîne de fruits de mer. Décor marin fantaisiste, dans le style des Keys. Portions ultra-copieuses, et généreuses marmites de homards, crabes et *clams*. On s'en lèche encore les pinces ! À déguster aussi sur la vaste terrasse.

À Celebration *(au sud de Walt Disney Resort)*

Celebration n'est pas un parc d'attractions mais une ***bourgade, imaginée par Walt Disney* himself.** Il n'aura pas eu le temps de voir sa réalisation, car elle est sortie de terre en 1994... près de 30 ans après sa mort. Côté architecture, seuls 5 modèles de maisons (et 7 tailles différentes) sont autorisés ! Lac artificiel avec son lot de rocking-chairs au bord de l'eau, ni papiers ni mégots au sol, pas de barrière entre les propriétés, interdiction de rouler en skateboard sur les trottoirs...

Même l'attitude à adopter vis-à-vis de ses voisins est réglementée ! On se croirait dans *The Truman Show* ! Certes, les 101 Dalmatiens et les Aristochats ne courent pas dans les rues, mais la ville reste conforme aux canons de Disney : propre, calme et policée, presque un peu trop, mais agréable sans aucun doute.

➢ ***Accès en bus :*** *n° 56 circulant entre Walt Disney World Resort et Kissimmee.*

– Plus d'infos sur • celebrationtown center.com •

Celebration Town Tavern *(plan d'ensemble,* ***57****) : 721 Front St. ☎ 407-566-2526. Tlj 11h-minuit (21h pour la cuisine – 22h sam). Plats 9-32 $.* Dans cette bourgade huppée, voilà une adresse qui ne chipote pas. Sandwichs, burgers, salades ou fruits de mer (souvent frits) s'avalent avec une pinte de bière entre drapeaux de foot, photos et chopes aux murs en salle. Jolie terrasse devant le lac, bien agréable avec son immense bar central en bois.

À voir

MAGIC KINGDOM

– ***Important :*** ceux qui connaissent déjà ***Disneyland Paris*** peuvent envisager de se passer de Magic Kingdom, car les 2 sites sont très proches, hormis quelques attractions, dont *Splash Mountain* et *Tron.* Certaines seraient même plus spectaculaires à Paris.

2101 Seven Seas Dr, à ***Lake Buena Vista.*** *Un train monorail ou un bateau à aubes assurent les liaisons entre Magic Kingdom et le* Transportation and Ticket Center, *où s'arrêtent les bus* Lynx *n°s 56, 300 et 312 (• golynx.com •), ainsi que la navette du parking. Tlj 9h-18h min (ouv plus tôt et ferme beaucoup plus tard certains soirs ou en hte saison).*

Créé ***en 1971*** sur le modèle de Disneyland California, ce fut le 1er des 4 grands parcs que compte aujourd'hui Walt Disney World Resort. 2 événements à ne pas manquer pour les petits : la ***grande parade Disney,*** qui se déroule toute l'année vers 15h (si le temps le permet) – en été et pendant les périodes de fête, elle a lieu plutôt en fin d'après-midi ; et un ***feu d'artifice extraordinaire*** le soir entre 20h et 22h. Les horaires et lieux de ces différents spectacles sont indiqués sur des feuillets disponibles aux guichets à l'entrée du parc et aux *Guest Relations,* situés dans le City Hall (à gauche en entrant dans le parc).

Main Street

L'axe central du Magic est bordé de maisons colorées typiquement américaines. Pour les construire, on a utilisé la « perspective forcée », technique très employée pour les décors de cinéma. Ainsi, les 2e et 3e étages sont de plus en plus petits, pour accroître l'impression de chaleur et d'intimité. Déjà, les Grecs avaient utilisé ce procédé pour la construction du Parthénon ! Main Street mène tout droit au château de Cendrillon, situé en plein cœur du parc. Elle est bordée de boutiques et débits de sucreries en tout genre.

ET POURQUOI MICKEY N'A QUE 4 DOIGTS ?

Quand Disney l'inventa en 1928, tous les dessins étaient faits à la main. Même à 12 images/s (rythme de l'époque), le travail était énorme ; donc on simplifiait au maximum les traits. Les personnages les plus anciens, comme Pinocchio ou les 7 nains de Blanche-Neige, n'ont eux aussi que 4 doigts. Et ça passe très bien à l'écran !

Adventureland

– ***Pirates of the Caribbean :*** vous voilà parti sur une barque dans le monde de la piraterie. Il fait nuit et les grottes se succèdent, peuplées de squelettes, de marins bizarres et inquiétants. Soudain, l'orage gronde. Des coups de canon. Un navire battant pavillon tête de mort accoste... Un village de pêcheurs est à leur merci, en flammes ! Les pirates automates ravagent tout sur leur passage en s'imbibant de rhum. Superbes décors qui ont inspiré le film du même nom. Saluez le capitaine Jack Sparrow pour nous.
– ***Jungle Cruise :*** embarqué sur un bateau genre *Explorer,* vous naviguez sur la rivière tropicale au milieu d'animaux sauvages (éléphants, gnous, zèbres, lions, hippopotames...), tous plus vrais que nature. Sympa pour les petits.
– ***The Magic Carpets of Aladdin :*** un petit manège volant gentil comme tout. Vous noterez que les décorateurs se sont plantés en mettant 2 bosses au dromadaire qui peuple l'imaginaire d'Aladdin (de tels animaux vivent dans les déserts froids d'Asie, pas en Arabie !).
– ***Swiss Family Treehouse :*** un arbre géant (artificiel mais bien réalisé), le *Disneydodentdron,* ponctué de cabanes. Entre le baron perché et Robinson – surtout lui, puisque l'attraction s'inspire du film Disney *Swiss Family Robinson* (1960). Un peu physique, plus calme et écolo que tant d'autres... Parfait avec des petits.
– ***Walt Disney Enchanted Tiki Room :*** un petit spectacle plein de poésie où des oiseaux plus vrais que nature conversent entre eux et se mettent à chanter. Pierre, le perroquet français, chante en anglais avec un accent de titi parisien à mourir de rire. Une des plus vieilles attractions du parc.

Frontierland

– ***Big Thunder Mountain Railroad :*** cette attraction vous promet une course folle à bord de wagonnets qui s'emballent au sortir de la mine pour ensuite parcourir de très beaux paysages du Far West. Point culminant à 60 m de hauteur.
– ***Splash Mountain :*** sur une embarcation en rondins, vous côtoyez les personnages de *Brer Rabbit* (*Brer* est l'abréviation de *Brother*) avant de faire une chute... qui tombe à pic ! Filez ensuite vous sécher au soleil.
– ***Tom Sawyer Island :*** 1er avantage, on emprunte un bateau pour se rendre sur une île, bien végétalisée. Ensuite, on emprunte des points de passage qui relèvent de l'univers préindustriel-Far West du héros, avec moulin, caverne...
– ***Country Bear Jamboree*** *(traducteur audio)* **:** show d'environ 20 mn où une famille d'ours joue du banjo. Les Américains en raffolent, car c'est la dernière attraction créée de son vivant par Walt Disney *himself* ! Pas essentiel.

Liberty Square

– ***Haunted Mansion :*** répondez à la lugubre invitation des fantômes et autres morts-vivants ! Calfeutré dans une petite voiture, vous déambulez dans l'enfilade des couloirs obscurs et des pièces diaboliquement poussiéreuses. Les cris succèdent aux grondements, les spectres aux vampires, jusqu'au frisson suprême provoqué par la valse lente d'une dizaine d'hologrammes extraordinaires, réunis pour un bal morbide (notre moment préféré !). Pas franchement terrifiant, mais une splendide leçon de mise en scène servie par de superbes décors.
– ***The Hall of Presidents*** *(traducteur audio)* **:** on vous dispense de la leçon de patriotisme donnée par des statues de cire qui n'ont pas beaucoup de recul

critique... Mais, par curiosité, faites un tour dans l'entrée de cette attraction, où sont exposés différents objets ayant appartenu aux présidents successifs des États-Unis, en particulier les bottes que Bush Jr portait le jour où il a prêté serment, le *teddy bear* (ours en peluche) de Theodore Roosevelt et, surtout, une rédaction que fit Nixon à l'âge de 12 ans, où il dit que plus tard il étudiera le droit et entrera en politique... pour le bien du peuple. Eh bien, Richard, on peut dire que tu avais de la suite dans les idées !
- ***Liberty Square Riverboat :*** toutes les 30 mn entre 9h30 et 19h, le *Liberty Belle,* un pittoresque bateau à aubes, vous emmène pour une petite croisière sur le lac.

Fantasyland

- ***Seven Dwarf Mine Train :*** une des attractions les plus fréquentées. Parcourez la forêt enchantée de Blanche-Neige et les mines aux 1 000 pierres à bord d'un petit train lancé à grande vitesse. Toujours beaucoup d'attente.
- ***Under the Sea – Journey of the Little Mermaid :*** on prend place dans un coquillage rose qui nous emporte en musique en tournicotant sous la mer, dans l'antre de la Petite Sirène et de ses amis : une multitude de poissons-automates colorés, rigolos, qui nagent en chantant. Après un passage devant Ursula et ses sbires, on remonte pour découvrir le beau Prince Charmant et assister au mariage de la Petite Sirène. *Happy end !*

POUR DE FAUX !

Au milieu de Fantasyland se dresse l'emblème et le point de mire de tous les parcs Disneyland : le fameux château de la Belle au bois dormant. Pour le bâtir, Walt Disney s'inspira du château d'Ussé, en Touraine ; toutefois, contrairement aux apparences, il n'est pas construit en pierre mais en fibre de verre.

- ***Mickey's PhilharMagic*** *(traducteur audio)* **:** un film 3D hilarant. Donald y endosse le rôle difficile de chef d'orchestre apprenti sorcier, dont les maladresses vont le contraindre à une course-poursuite effrénée pour récupérer son chapeau de magicien. Une comédie musicale menée tambour battant, dans laquelle on retrouve tous nos héros préférés de Disney.
- ***Peter Pan's Flight :*** l'une des attractions vedettes de Fantasyland (donc beaucoup d'attente). Embarquez à bord d'une caravelle pour survoler le monde merveilleux de Neverland en compagnie de la fée Clochette et du capitaine Crochet. Les paysages et les décors survolés sont merveilleux !
- ***Enchanted Tales with Belle :*** en son château, on découvre l'héroïne, son miroir magique et on revêt une cape de chevalier... Parfait pour les plus petits.
- ***« It's a Small World » :*** on prend place dans un petit bateau, et c'est parti pour un formidable voyage autour du monde. C'est plein de couleurs, de gentils automates, mais attention, la musique (style Chantal Goya) vous poursuivra jusque tard dans la soirée !
- ***Meet Ariel in her Grotto :*** pour les fans de la sirène, entourée de ses trésors.
- Et puis encore ***d'autres attractions, plus pour les petits :*** le carrousel majestueux du Prince Charmant *(Prince Charming Regal Carousel)* ; les nombreuses aventures de Winnie l'Ourson *(The Many Adventures of Winnie The Pooh)* ; le tranquille manège de Dumbo *(Dumbo the Flying Elephant)* ; les mignonnettes montagnes russes pour bambins *(The Barnstormer)* ou les célébrissimes tasses tournantes *(Mad Tea Party)*...

|●| Si vous avez des sous, allez donc déjeuner chic dans le château de Cendrillon, au ***Cinderella's Royal Table.*** On y est plongé dans une ambiance médiévale, avec des escaliers en colimaçon qui débouchent sur une

gigantesque salle à manger où s'activent troubadours et servantes en costumes *(résa conseillée bien à l'avance).*

Autre option dans le même style, le resto ***Be Our Guest*** dans l'élégante salle de bal du château de la Bête...

Tomorrowland

– ***Space Mountain :*** un voyage intersidéral pour le moins mouvementé ! Attaché aux commandes d'un vaisseau spatial, on est propulsé à la vitesse de la lumière (ou presque !) dans une nuit bleutée intergalactique sous une pluie de météorites. De véritables montagnes russes dans l'espace. Très différent de celui de Paris, on a adoré !
– ***Tron :*** inspiré de l'univers futuriste hi-tech des 2 films *Tron* (1982) et *Tron : l'héritage* (2010). Une course de vitesse à moto entre gentils (les bleus, vous bien sûr !) et les méchants (les orange). Ça reste un manège, rassurez-vous ! Une des attractions phares, donc attente ou surcoût à prévoir.
– ***Tomorrowland Speedway :*** prenez le volant, vous et vos chers petits, d'une voiture de course guidée par un rail, pour faire un tour de circuit comme les plus grands !
– ***Buzz Lightyear's Space Ranger Spin :*** ici, on retrouve l'univers de Buzz l'Éclair, héros de *Toy Story.* Les canons laser de la soucoupe volante permettent de se défouler sur les cibles du décor. Les petits adorent !
– ***Astro Orbiter :*** un gentil manège de fusées en orbite montante et descendante à 10 m de hauteur. Un coup à vous faire voir des petites étoiles !
– ***Walt Disney's Carousel of Progress*** *(traducteur audio)* **:** en observant la vie d'une famille américaine moyenne, mimée par des mannequins automates, on retrace pendant 25 mn le progrès au cours des 100 dernières années grâce notamment à la fée électricité. Les anglophones apprécieront l'humour.

EPCOT *(Experimental Prototype Community of Tomorrow)*

200 Epcot Center Dr, à ***Lake Buena Vista.*** *Un train monorail assure la liaison entre EPCOT et le* Transportation and Ticket Center, *où s'arrêtent les bus* Lynx *nos 56, 300 et 312. Tlj 9h-21h pour Future World, 11h-21h pour World Showcase (plus tard certains soirs et en hte saison).*
Ce projet, le plus ambitieux de Walt Disney, fut inauguré en octobre 1982, plus de 15 ans après sa mort, survenue en 1966. Il symbolise toute la philosophie du père de Mickey et réalise en partie son vœu le plus cher : promouvoir le progrès, facteur de paix entre les hommes et survie de la civilisation. Rien que ça ! C'est pourquoi EPCOT se divise en différentes parties : on célèbre d'abord l'émerveillement devant cette bonne vieille planète Terre sous différents aspects ; puis, côté humain, on vante la diversité des cultures.
Ne manquez pas le spectacle nocturne. Et anticipez vos passages pour *Guardians of the Galaxy, Mission Space, Soarin' around the World* ou *Test Track,* les attractions les plus courues du parc.

World Celebration

– ***Spaceship Earth :*** c'est l'énorme boule à l'entrée. Et un peu l'emblème du parc. Ses entrailles recèlent une attraction qui n'a rien d'un voyage dans l'espace mais bien dans le temps, sur le thème « Comment l'homme communique selon les époques ». Le visiteur, installé dans un petit train, voit défiler sous ses yeux « l'histoire de l'humanité » – réduite ici à l'évolution des communications – à travers de belles reconstitutions animées, depuis les 1res formes d'écriture jusqu'à Internet en passant par les papyrus égyptiens et l'imprimerie de Gutenberg.

Dommage que le circuit s'arrête à la création des ordinateurs et de la visioconférence, il manque une vingtaine d'années d'innovation.
– ***Disney & Pixar Short Film Festival*** *(traducteur audio)* **:** une compilation (18 mn) de courts-métrages bourrés d'humour des 2 géants de l'animation, le tout en cinéma 4D. Vraiment drôle !
– ***Journey into Imagination with Figment :*** embarquez avec le dragon Figment (l'une des mascottes du parc) dans ce parcours scénique, musical et coloré, à la découverte de nos 5 sens !

World Discovery

– ***Guardians of the Galaxy – Cosmic Rewind :*** fans de l'univers Marvel, voici votre Graal ! L'élégant Peter Quill/Star Lord, la verte Gamora, le touchant Groot avec son copain rigolo Rocket Racoon, le terrifiant Darx le Destructeur et tous leurs satellites vous emmènent sauver la Terre des griffes de Ronan l'Accusateur. En guise de péripéties, les loopings et virages d'un des plus grands circuits mondiaux de montagnes russes en intérieur, dans le noir ! Aaaaah ! Plébiscité.
– ***Mission : Space :*** vos talents de pilote ont été reconnus par la NASA ! Au choix, 2 types d'entraînement (15 mn). Le 1er (orange) est plus intensif, car on a affaire à un simulateur qui décoiffe ! Au démarrage, on est littéralement collé au fauteuil. Les sensibles au mal des transports choisiront le 2d, l'équipe verte, celle qui s'entraîne à la cool (pas de vrille et des accélérations moins fortes). Mais dans un cas comme dans l'autre, c'est un fabuleux voyage intersidéral.
– ***Test Track :*** vous voilà à bord d'une voiture à laquelle on fait subir toutes sortes de tests. Le circuit automobile est assez remuant : manœuvres brutales, montée d'une côte, virages serrés, tunnels obscurs, etc. Le tout au son d'une sympathique mélodie de crissements de pneus.

World Nature

– ***Soarin' around the World :*** installé dans une sorte de deltaplane, on survole des merveilles du monde entier et des paysages magnifiques. Vent, odeurs... les sensations sont au rendez-vous mais sans les secousses. Mieux vaut s'abstenir si on a le vertige.
– ***Living with the Land*** *(traducteur audio)* **:** un petit quart d'heure de promenade en barque, à la découverte de plusieurs serres, avec des milieux ambiants différents, de la *rainforest* au désert en passant par les grandes plaines. Laitues sur plaque de polystyrène, plants de tomates qui poussent sans terre préfigurant une agriculture 100 % OGM et sans paysan. On y apprend que l'humanité base son alimentation sur seulement 30 plantes, négligeant les autres, lesquelles pourraient régler bien des problèmes de malnutrition... Le pavillon propose également le *Circle of Life,* un film où les héros du *Roi Lion* délivrent un message écologique. De belles images.
– ***Seabase :*** l'eau recouvrant 72 % du globe, World Nature ne pouvait pas faire l'économie de cette exploration. Gigantesques aquariums abritant une belle faune de récif, des désormais emblématiques poissons-clowns jusqu'aux requins en passant par les tortues, les raies... Expo interactive (Bruce's Shark World), bassins de lamantins en convalescence, séances de nourrissage, et surtout l'animation ***The Seas with Nemo & Friends :*** à bord d'un coquillage, vous voilà parti pour une plongée dans les océans à la rencontre de Nemo et de tous ses amis ! Très sympa pour les enfants. Et si vous n'avez pas le temps d'aller à SeaWorld, une belle initiation.
– ***Awesome Planet :*** un voyage époustouflant, en images, à la découverte des merveilles naturelles de notre planète.

– ***Turtle Talk with Crush :*** les jeunes fans de l'univers de Nemo discuteront avec cette animation de tortue trop cool et qui sait tout sur tout. Plus drôle quand on est anglophone.

World Showcase *(Vitrine du monde)*

Sur le modèle de l'***Exposition universelle,*** 11 pavillons étrangers bordent un vaste lac. Palais vénitiens, bavarois, chinois, ou des *Mille et Une Nuits...* c'est une invitation au voyage. Voilà un pays utopique et sans religion où la bande de Walt Disney a tenté de reproduire le monde à son image, c'est-à-dire en s'éloignant de la réalité pour laisser toute sa place voire toute la place au merveilleux.
Palme d'or au ***Mexique*** pour sa magnifique *plaza de los Amigos,* sous une voûte étoilée et sa balade en barque dans la jungle ; puis la ***Chine*** avec son superbe film circulaire (durée : 15 mn), son temple du Ciel, son armée enterrée en terre cuite et la qualité de ses restos ; et le ***Maroc*** pour son souk et sa médina entièrement construits par des ouvriers marocains envoyés jadis par le roi Hassan II. La ***Norvège,*** elle, se distingue avec sa petite balade en drakkar dans le monde glacé de la Reine des Neiges ; tandis que le ***Canada*** propose un intéressant film à 360° sur les merveilles de la nature. Le pavillon du ***Japon*** est surtout occupé par un gigantesque magasin, dans lequel on achète des huîtres obligatoirement perlières, et par une vaste citadelle, hérissée d'une tour où l'on frappe les tambours traditionnels. Pour l'***Allemagne,*** on a reconstitué une auberge bavaroise pendant la fête de la Bière et, pour l'***Italie,*** le palais des Doges, le pont des Soupirs et la place Saint-Marc de Venise. Le ***Royaume-Uni*** a opté pour des ruelles victoriennes, et la ***France*** pour quelques rues de Paris, dominées par la tour Eiffel, agrémentées de boutiques élégantes, et animation rigolote avec le meilleur ambassadeur actuel de la cuisine française, ***Ratatouille*** bien sûr. Un ***minipavillon africain*** propose des initiations aux percussions.
Enfin, le ***bâtiment américain,*** le plus vaste, propose un show (30 mn) racontant 350 années de l'histoire du pays, sponsorisé par des sociétés multinationales américaines. Plus loin, une collection aussi hétéroclite qu'anecdotique : on y trouve pêle-mêle un morceau de Lune, le chapeau haut de forme de Lincoln et le couteau de poche de Mark Twain.

Où manger à EPCOT ?

Plusieurs restos de World Showcase ont mis un point d'honneur à plonger les convives dans l'ambiance des pays. Dans presque tous les pavillons, on trouve un comptoir pour goûter à des plats étonnants pour quelques dollars. Ceux du ***Maroc*** et du ***Japon*** valent le déplacement. Bien pour picorer, mais pour un vrai repas, comme partout dans les parcs, il vous faudra délier les cordons de la bourse.

|●| On trouve de la cuisine chinoise à bon prix au ***Lotus Blossom Cafe,*** où l'on sert riz et poulet frit à la sauce asiat', juste à côté du ***Nine Dragons,*** lui-même apprécié pour ses plats *(prix moyens)* d'un bon rapport qualité-prix.
|●| Le pub du pavillon anglais ***Rose & Crown*** est abordable *(prix moyens)* et l'on est aux 1res loges pour assister au spectacle nocturne (depuis le jardin du resto).
|●| Enfin, à nos lecteurs qui ne peuvent se passer de la gastronomie *Frenchy,* on signale quand même le resto du pavillon français : ***Les Chefs de France.*** Cadre bien de chez nous, très soigné. Dans la continuité, on se croirait dans le dessin animé *Ratatouille* ! N'oubliez pas ***Monsieur Paul*** (le regretté Bocuse, bien sûr !). Là, un ancien élève du célèbre chef propose un menu dont quelques plats ont fait la renommée de Bocuse. Enfin, une boulangerie-pâtisserie, ***Les Halles,*** pour les amateurs de baguettes, sandwichs et viennoiseries.

DISNEY'S HOLLYWOOD STUDIOS

351 S Studio Dr, à ***Lake Buena Vista.*** *Tlj 9h-19h min (plus tard certains soirs et en hte saison).* Un parc axé sur le ***cinéma,*** donc, comme son petit frère français mais en plus grand, avec tous les décors ad hoc : hollywoodien des années 1930, dans les tons vert pistache, avec fausses façades de rues de New York, machinerie apparente et trompe-l'œil façon 1ers pas du 7e art. Les cinéphiles apprécieront.

AUX ABONNÉS ABSENTS

Dans les films et séries américains, les numéros de téléphone cités à l'écran commencent souvent par 555. Ce n'est pas un hasard, les numéros compris entre 555-0100 et 555-0199 sont réservés pour le cinéma, afin que personne ne soit dérangé si un petit plaisantin venait à composer le numéro pour de vrai.

Dans chaque zone, on classe les attractions et shows des plus spectaculaires à celles que l'on peut zapper faute de temps. Évidemment subjectif, à vous de modifier votre itinéraire selon les univers qui vous fascinent.

Sunset Boulevard

– ***The Twilight Zone Tower of Terror :*** prêt pour une chute de 13 étages dans un ascenseur à 60 km/h ? Après avoir traversé un jardin abandonné, on pénètre dans le hall d'un inquiétant hôtel désaffecté, poussiéreux et délabré : rideaux de velours cramoisi, grooms pas commodes, toiles d'araignées, téléviseurs noir et blanc diffusant des images de la célèbre série, etc. Ensuite, on descend dans des caves pour prendre le fameux ascenseur ! Un décor époustouflant et des sensations inégalées.

– ***Rock'n'Roller Coaster Starring Aerosmith :*** attention les yeux ! Steven Tyler *himself* vous invite à monter dans une limousine géante pour le suivre jusqu'au *backstage.* On est littéralement catapulté au départ (de 0 à 100 km/h en 4 s, c'est l'accélération d'une formule 1 !), puis on fonce comme des bolides sur la *highway* dans une série de chutes et de vrilles à vous écraser le cerveau dans la boîte crânienne ! Le tout sur des rythmes effrénés de hard rock du groupe Aerosmith.

– ***Fantasmic ! :*** spectacle nocturne de 30 mn transportant les visiteurs au cœur des rêves de Mickey, dans un monde où ses pouvoirs magiques font danser les eaux, lancent des lasers et des comètes, animent des fontaines et des boules de feu. Mickey doit affronter tous les méchants de l'univers Disney, mais tout est bien qui finit bien, et la gentille souris retrouve tous ses amis. Une troupe de 50 danseurs évolue au milieu de ces effets spéciaux. Peut-être le plus beau spectacle du « World » ! Arriver au moins 45 mn à l'avance pour avoir une place assise.

– ***Beauty & The Beast – Live on Stage :*** spectacle musical (environ 25 mn) autour du conte de *La Belle et la Bête.* Les personnages prennent vie pour vous faire reprendre en chœur les célèbres chansons du dessin animé. Soyez notre invité !

– ***Lightning McQueen's Racing Academy :*** la célèbre voiture de sport revient sur sa carrière et délivre ses secrets aux jeunots... Un seul-en-scène automobile rigolo, avec des écrans pour appuyer le propos et faire revivre les heures de gloire.

Hollywood Boulevard

– ***Mickey & Minnie's Runaway Railway*** *(traducteur audio)* **:** une plongée dans l'univers des dessins animés de Walt Disney avec comme héros Mickey, Minnie,

Pluto et Donald. On prend place à bord de wagons qui virevoltent pour revivre leurs aventures ! Une attraction pour toute la famille avec des décors magiques et de superbes illusions d'optique.

Echo Lake

– **Star Tours – The Adventures Continue :** prenez place à bord d'une étrange navette spatiale, chaussez vos lunettes 3D et attachez votre ceinture, ça va remuer ! C3PO, célèbre robot de *Star Wars,* nous entraîne dans une série de vortex à vous en retourner le burger du déjeuner ! On a vraiment la sensation d'être propulsé à travers les galaxies.
– **Indiana Jones Epic Stunt Spectacular :** notre héros et sa *pretty girl* rejouent des scènes de la célèbre trilogie. Reconstitution complète d'un tournage, avec changement de décor à vue, cascades impressionnantes, balles à blanc et méchants plus vrais que nature. Et surtout le public participe à fond ! Mettez-vous à droite des gradins et, sitôt le spectacle terminé, courez vers *Star Tours* avant que la foule ne s'y retrouve !
– **For the First Time in Forever – A Frozen Sing-Along :** un show de 30 mn où Elsa, Anna, Olaf et tous les autres personnages de *La Reine des Neiges* vous font voyager en chanson dans les paysages givrés d'Arendelle. Libérée, délivrée...

Grand Avenue

– **Muppet Vision 3D** *(traducteur audio)* **:** on passe un super bon moment dans ce petit théâtre où les marionnettes interagissent avec les personnages du film en 3D. Bien sûr, quelques morceaux de bravoure, notamment quand Piggy chante faux sur les bords de la rivière, ou encore quand la fanfare se trompe et entame la *Marseillaise* au lieu de l'hymne américain ! Mettez-vous bien au centre pour tout apprécier.

Star Wars : Galaxy's Edge

Quelle claque ! Cette zone entièrement dédiée à la saga *Star Wars* a été élaborée en collaboration avec l'équipe de production du film. Et c'est sans doute l'une des plus réussies et des plus impressionnantes. Bienvenue sur la planète Batuu, inspirée de Tatooine, repaire de marginaux et de fugitifs vivant à l'écart de l'autorité du Premier Ordre. Chaussez les bottes d'un chasseur de primes et allez siroter un lait de bantha à la Cantina avant de partir à l'aventure. Au cours de la mission, quelques rencontres fortuites : Chewbacca, R2D2 et quelques vilains droïdes... Que la Force soit avec vous !
– **Millennium Falcon : Smugglers Run :** mettez-vous dans la peau de Han Solo, l'invincible contrebandier (Harrison Ford à l'écran), et embarquez à bord du mythique vaisseau, le *Faucon Millénium.* Une odyssée spatiale très mouvementée.
– **Star Wars : Rise of the Resistance :** immersion totale dans un vaisseau de la Résistance, intercepté par les forces du Premier Ordre. Que la bataille commence !

Toy Story Land

Une zone de 11 ha dédiée à la saga de *Pixar.* Les visiteurs y sont réduits à la taille de Buzz et Woody dans le jardin d'Andy. Tous les éléments de décor ont été surdimensionnés pour créer une illusion parfaite !
– **Toy Story Mania ! :** une attraction très prisée par les petits où, à 4 par wagonnet, ils dégomment à loisir tout un tas de cibles et d'hologrammes en tirant sur la ficelle d'un petit canon laser.

– ***Slinky Dog Dash :*** *roller coaster* familial tout cool où l'on explore le monde d'Andy sur le dos de son petit chien.
– ***Alien Swirling Saucers :*** sorte d'auto tamponneuse/soucoupe volante de l'espace, animée par les petits « Aliens » qui répètent tout le temps « Nous vous devons une reconnaissance éternelle ».

Animation Courtyard

– ***Star Wars Launch Bay :*** un film d'une dizaine de minutes vous montre les coulisses de la célèbre saga à travers des interviews de membres de *Lucas Film.* Pas la partie la plus palpitante, on a préféré la suite, où sont exposés costumes, prototypes de vaisseaux et autres accessoires des films.
– ***Disney Junior Dance Party ! :*** spectacle de 25 mn. Les tout-petits retrouveront « en chair et en os » tous leurs héros préférés et participeront à l'enregistrement de l'émission diffusée chaque matin sur Disney Channel.
– ***Walt Disney Presents*** *(traducteur audio)* **:** photos, films et maquettes retracent la carrière du papa de Mickey. Un film de 15 mn clôt la visite.

Où manger à Disney's Hollywood Studios ?

|●| ***Backlot Express :*** *à Echo Lake. Bon marché.* Vaste hangar aux allures industrielles, censé figurer les coulisses des plateaux de tournage. Rien de très original pour les papilles (hamburgers, sandwichs et nuggets), mais plutôt économique. On apprécie aussi la large terrasse au soleil.
|●| ***Sci-Fi Dine-in Theater Restaurant :*** *à Streets of America. Résa conseillée. De prix moyens à chic.* Le décor est étonnant : un *drive-in* de cinéma, sous un ciel étoilé, où l'on mange attablé dans des voitures aux couleurs acidulées et aux lignes *fifties,* devant un écran géant diffusant des bandes-annonces de films en noir et blanc. De quoi se prendre pour Travolta dans *Pulp Fiction.* On peut aussi venir pour un milk-shake.
|●| ***50's Prime Time Café :*** *résa conseillée. De prix moyens à chic.* Très amusant aussi. On déjeune chacun dans sa propre cuisine avec sa propre TV et, comme les Américains dans les années 1950, vous ne perdrez pas une minute des émissions de l'époque. On se croirait dans *Happy Days.* Cuisine plutôt raffinée. Un vrai voyage dans le temps !

DISNEY'S ANIMAL KINGDOM

2901 Osceola Pkwy, à ***Lake Buena Vista.*** *Tlj 9h-19h min (plus tard certains soirs et en hte saison).*

Voici certainement le plus abouti des parcs de la famille Disney – et notre préféré. Il faut dire que sa construction a englouti l'équivalent du budget d'une Exposition universelle ! Quelque 200 ingénieurs, botanistes, architectes paysagers et décorateurs ont sillonné la planète pour rapporter des centaines d'objets, éléments de décor et plantes afin de reconstituer les paysages africains ou indonésiens ; des photos ont permis de bâtir les villages à l'identique. Et dire qu'avant il n'y avait sur place que des marécages inhabités... alors qu'aujourd'hui une réplique du mont Everest s'élève au-dessus des forêts luxuriantes !
Ici, on a la prétention de vous faire découvrir le ***monde animal, avec un A majuscule, voire des A majuscules : les animaux en chair et en os comme les animaux mythiques.*** Pour les petits, c'est une occasion inespérée de rencontrer les héros du *Livre de la jungle,* de *Pocahontas* et du *Roi Lion.* Quelques attractions, parfois à sensations, ponctuent le parc, mais venir ici, c'est avant tout s'offrir une sortie au vert.

– ***Guest Relations :*** *juste après l'entrée, à gauche.*
Le parc est découpé par continents, répartis autour d'une pièce d'eau au centre de laquelle se trouve l'île de la Découverte *(Discovery Island)* et son arbre gigantesque.

Oasis

Dès l'entrée, l'ambiance est donnée, avec une végétation tropicale parsemée de cascades où évoluent wallabies, kangourous, babiroussas (sorte de phacochères) et volatiles divers.

Discovery Island

Au milieu de l'île trône ce gigantesque arbre de vie, ***Tree of Life,*** dont l'ossature est en métal recouvert de béton. Avec plus de 800 000 feuilles en plastique, il est entièrement sculpté de 325 figures animales et aussi haut qu'un immeuble de 14 étages ! Tout autour, les *trails* (sentiers) vous permettront de rencontrer lémuriens et porcs-épics, et même des tortues des Galápagos. Pour se sentir une âme de *ranger* – bon, peut-être surtout votre marmaille –, on se lance dans le jeu de piste des ***Wilderness Explorers.***
– ***It's Tough to be a Bug*** *(traducteur audio)* **:** après vous être engouffré dans d'immenses racines, vous pourrez pénétrer dans un superbe amphithéâtre creusé dans l'écorce pour un film d'animation en 4D, inspiré du dessin animé *1001 Pattes,* truffé d'effets spéciaux, humoristique, irrésistible. Les héros y sont des insectes (parfois très vilains !). Une réussite, pleine de surprises, bien sûr ! Un coup de cœur. Couvrez-vous, il fait frais sous terre.

Pandora : The World of Avatar

James Cameron *himself* a aidé à la création des décors, pour les rendre aussi réels que sur sa planète Pandora ! Et c'est une ***réussite totale.*** Végétation similaire ou artefact, bioluminescence une fois la nuit tombée, fleurs... Arbre des âmes... Que vous soyez fan des films ou non, impossible de rester indifférent à cet univers fabuleux ! On y circule à travers la ***Valley of Mo'ara,*** promenade enchanteresse au cœur des montagnes flottantes, des marécages, de cascades et d'arbres géants, qui mène aux 2 attractions phares.
– ***Na'Vi River Journey :*** partez pour une balade en barque et découvrez faune et flore en partie imaginaires dans une forêt tropicale phosphorescente – une plongée dans l'univers de Pandora. L'embarcation chemine de grotte en grotte, d'animal en personnage, au milieu d'une végétation luxuriante et féerique. Un parcours plein de poésie.
– ***Avatar Flight of Passage :*** voler à dos de *banshee,* vous en avez rêvé, Disney vous le propose (ou presque). Extraordinaire animation, aussi intense en sensations qu'en beauté. Simplement magique ! Réputée d'ailleurs comme l'une des meilleures de tout l'univers Disney.

Africa

– C'est à *Africa* que l'on trouve le clou du parc : le ***Kilimandjaro Safaris,*** qui part de Harambe, village tanzanien bien destroy. À bord d'un vrai taxi-brousse tout-terrain avec matériel sanglé sur le toit (essayez de vous asseoir sur un côté), pas moins de 200 ha de nature à parcourir sur des pistes accidentées, en traversant pendant une vingtaine de minutes gués et rivières pour atteindre plaines et forêts où vivent éléphants, zèbres, gnous, okapis, hippopotames, crocodiles, lions,

girafes, babouins, phacochères... Les espèces pacifiques vivent en semi-liberté, si bien que le chauffeur doit parfois s'arrêter pour laisser passer une bestiole ! Les animaux dangereux sont bien sûr isolés, mais l'illusion est totale. En pleine savane (verdoyante, c'est là que le bât blesse !), on tombe sur de splendides baobabs, tous factices... sauf un. Dites-nous lequel ! Même les termitières sont fausses (impossible pour les termites de vivre sur ces terres humides). En tout cas, c'est vraiment très bien fait, on se croirait embarqué dans un vrai safari. Un bémol pourtant : certains animaux manquent franchement d'espace !
- ***Gorilla Fall's Exploration Trail :*** une marche d'un petit quart d'heure dans une forêt de bambous à la rencontre des hippos (sous l'eau) et des gorilles. Ces derniers sont impressionnants dans leurs activités quotidiennes : dégustation de feuilles, épouillage réciproque et baignade chahutée pour les plus jeunes. Enfin, un gigantesque aquarium où les poissons vivent aussi serrés que dans un taxi-brousse !
- ***Rafiki's Planet Watch :*** de la gare de Harambe, on prend le départ du ***Wildlife Express Train,*** un train de brousse avec des tas de valises et de colis empilés sur le toit. Le trajet vous mène en 3 mn jusqu'à une petite gare perdue dans la brousse. De là, vous emprunterez un sentier où l'on observe des singes tamarins jusqu'à ***Conservation Station,*** sorte de dispensaire, où sont soignés les animaux du parc. Animations diverses, surtout destinées aux enfants. Petit zoo avec chèvres et moutons qu'on peut caresser, et labo où amphibiens, araignées, scorpions et autres bestioles vous donnent la chair de poule. La zone se veut aussi pédagogique, on y apprend à vivre avec la nature et à la protéger.
- ***Festival of the Lion King :*** gymnastes, chanteurs et danseurs animent ce show d'environ 30 mn. L'occasion d'apprendre *Hakuna Matata* en anglais.

Asia

À notre avis, c'est l'une des zones les plus réussies d'Orlando ! On est époustouflé par ces ruines enfouies dans la jungle, par les pagodes, pousse-pousse, drapeaux de prière et bus bariolés, et enfin par la présence de certains animaux rares. Les décors du royaume d'***Anandapur*** méritent ainsi qu'on s'y attarde, les petits temples et les kiosques de marché sont des merveilles de reconstitution.
- ***Kali River Rapids :*** avant d'embarquer, on traverse des maisons asiatiques superbement reconstituées, pour pénétrer ensuite dans un temple tout en bois. À bord d'un radeau, on dévale les eaux tumultueuses au milieu de la jungle. On aperçoit les ruines d'un temple et quelques animaux de la forêt tropicale. On assiste aux destructions de la déforestation. Soudain, des chutes, et patatras ! On en sort littéralement trempé (prévoir un poncho, à moins d'avoir très chaud).
- ***Maharajah Jungle Trek :*** une balade à pied d'environ 30 mn permet de découvrir de (vrais) animaux... extraordinaires ! D'abord, le varan de Komodo, lézard géant mesurant 2-3 m de long. Plus loin, des chauves-souris géantes. On pénètre ensuite dans les ruines d'un palais rajput, surveillé par des tigres majestueux. Ils vous côtoient parfois à moins de 1 m. Viennent alors les antilopes, pour aboutir enfin à une volière peuplée de perroquets, paons et oiseaux tropicaux.
- ***Expedition Everest – Legend of the Forbidden Mountain :*** un *roller coaster* (grand huit) lancé à vive allure dans un fabuleux décor himalayen, à la poursuite de l'Abominable Homme des neiges. La file d'attente est déjà un véritable musée du Yéti à l'intérieur d'un camp de base. On prend place ensuite à bord d'un petit train, mais le voyage est stoppé net, car le yéti a arraché les rails... On repart donc en arrière, et là, ça remue fort ! S'ensuit une série d'accélérations et de chutes vertigineuses qui vous collent le cerveau aux yeux ! Une des attractions les plus prisées de ce parc.
- ***Feathered Friends in Flight :*** bien calme, et donc reposant en comparaison ! Sympathique spectacle dans un amphithéâtre relativement intime, en plein air, mettant en scène différentes espèces de volatiles, plus impressionnants les uns que les autres. Parfait pour les amoureux de la nature.

DinoLand USA

À part l'attraction *Dinosaur,* cette partie du parc s'adresse plus particulièrement aux petits.
- ***Dinosaur :*** bienvenue dans l'univers de ces terribles lézards ! Une petite vidéo, on s'accroche, et c'est parti pour 3 mn d'un *ride* en jeep qui secoue les tripes. On s'enfonce dans une base scientifique, de gros dinos viennent vous roter à la figure, comme ça, sans prévenir et dans le noir ! Ça secoue dans tous les sens et on finit par se faire avaler par un vilain T-Rex. Attention, les tout-petits peuvent avoir peur.
- ***Tricera Top Spin :*** petit manège volant, un classique.
- ***Fossil Fun Games :*** fête foraine dans le thème « dinomania ».
- ***The Boneyard :*** un terrain de jeux pour les mômes, où l'on joue au toboggan sur des fémurs de brontosaure au milieu d'un champ de fouilles.
- ***Finding Nemo – The Big Blue... and Beyond ! :*** comédie musicale de 30 mn (à heures fixes), mettant en scène le fameux petit poisson-clown Nemo et tous ses copains des océans, dans un festival de couleurs. Parfait pour les petits.

Où manger à Disney's Animal Kingdom ?

Satu'li Canteen : *dans la zone Pandora : The World of Avatar. De bon marché à prix moyens.* Le principe de cette cantine asiatisante plutôt *healthy,* ce sont des *bowls* que l'on compose en choisissant protéines (animales ou végétales), accompagnements (quinoa, riz, salade...) et sauce (*chimichurri,* vinaigrettes haricot noir...). Également des *bao buns,* ces brioches vapeur fourrées de différentes garnitures salées, et une poignée de desserts colorés.

Rainforest Café : *à gauche de l'entrée. Résa conseillée. De prix moyens à chic.* On mange dans une forêt tropicale superbe recréée en intérieur, avec orage toutes les 20 mn. Végétation luxuriante, aquariums, et des animaux qui s'animent régulièrement. Assiettes copieuses – 1 pour 2 est suffisante, ou alors elle vous calera pour la journée.

Plusieurs autres options pour manger un bout pas trop cher, comme, à Discovery Island, ***Flame Tree Barbecue*** (salades et sandwichs) et ***Pizzafari*** (pizzas) ; à Dinoland USA, le ***Restaurantosaurus*** (burgers, etc.), ou encore, à Asia, le ***Yak & Yeti Restaurant-Café*** (cuisine... asiatique) – celui-ci nous a été vanté comme le meilleur resto du parc, pensez à réserver.

DISNEY'S TYPHOON LAGOON

1145 E Buena Vista Blvd, à ***Lake Buena Vista.*** *Tlj 10h-17h en hiver, 10h-20h en été. Entrée : env 69 $; 60 $ 3-9 ans ; réduc en passant par l'office de tourisme –* Visit Orlando. *Mieux : Typhoon Lagoon peut être inclus dans les tarifs* Park Hopper Plus *(voir précédemment « Tarifs » dans « Infos pratiques »). Casiers chers (env 15 $), mais un peu difficiles à éviter (clé de voiture, argent...). Les moins de 10 ans doivent être accompagnés dans certaines attractions.*

L'un des 2 parcs aquatiques de Disney. N'oubliez pas votre serviette, ça vous évitera d'en louer une sur place... La déco caraïbe – représentant un paradis tropical après le passage d'un typhon – est une réussite, avec en prime une piscine à vagues (environ 2 m de haut !) d'une superficie de 1 ha sur laquelle on peut même prendre de gentilles leçons de surf. Pas mal d'autres attractions, bien sûr.
- ***Miss Adventure Falls :*** capitaine Mary Oceaneer s'est échouée ici. À bord d'une bouée familiale (jusqu'à 4 personnes), on glisse, on *slide* et on *ride,* dans un immense toboggan à la conquête de ses trésors.

– ***Humunga Kowabunga :*** 3 toboggans à grande vitesse qu'on dévale à plus de 40 km/h, donc l'attraction dure à peine 10 s.
– ***Keelhaul Falls :*** chutes d'eau et rapides que l'on descend à bord d'une bouée au travers, notamment, de tunnels caverneux.
– ***Gangplank Falls :*** une descente dans les rapides, mais à un rythme plutôt pépère. On peut s'installer à 4 dans la bouée.
– ***Crush'n'Gusher :*** sorte de *roller coaster*... non mécanique, car, ici, on dégringole (pour parfois remonter) des tuyaux tout pleins d'eau sur de grosses bouées, mais les sensations éprouvées se ressemblent un peu ! On peut monter à 2 sur la bouée.
– ***Storm Slides :*** encore des toboggans à grande vitesse, pleins de virages, à descendre dans le plus simple appareil (un slip, quand même !).
– ***Castaway Creek :*** laissez-vous emporter sur 650 m dans une rivière chaude à travers la forêt tropicale.
Également une aire de jeux pour les plus petits et des plages artificielles pour rôtir au soleil.

DISNEY SPRINGS

1490 E Buena Vista Dr, à ***Lake Buena Vista.***
Située autour d'un petit lac, une zone commerciale regroupant restos, bars, boutiques touristiques... On y trouve aussi tous les souvenirs qu'on imagine, à des prix identiques à ceux des parcs, mais avec plus de choix. Le royaume de la consommation. Si vous ne prévoyez pas d'y aller, pas de regrets.
– ***Orientation et parkings :*** Disney Springs se divise en 4 zones. Celle à l'ouest est appelée « West Side » (plutôt logique !). Le centre est appelé « Town Center » ; l'est, « Marketplace ». L'île au centre et en face de ces 3 zones se nomme « Landing ». Pour déambuler dans tout le village, mieux vaut se garer au *Lime Garage* en plein centre. Stationnement payant.
– Pour toute info, rendez-vous au ***Welcome Center,*** en plein centre.

West Side

Dans cette partie commerçante de Disney Springs, on peut faire du shopping dans les boutiques de souvenirs, casser la croûte, déguster une glace ou s'attabler dans un vrai resto. Ou encore boire un verre en profitant d'un concert. Bref, une zone de détente... et de dépenses !

House of Blues : *à l'extrémité ouest de la zone, côté lac. • houseofblues.com/orlando • Plats 12-30 $. Brunch gospel dim à 10h30 et 13h ; billet : 15-35 $ (voire plus !) selon renommée du groupe.* Dans cette énorme baraque en bois et tôle, surmontée d'un immense réservoir, on déguste une cuisine du Sud plutôt bien tournée, en salle ou en terrasse. Également des salades, sandwichs, et les classiques américains. Bien aussi pour boire un verre. À côté, dans une autre maison en tôle, le club propose de bons concerts live : rock, pop, salsa, etc. (programme sur le site). Mais LE rendez-vous, c'est le brunch du dimanche avec son gospel.

Planet Hollywood Observatory : *à l'extrémité est de la zone. Plats 16-30 $.* Une énorme boule d'un bleu intersidéral, tombée au cœur du royaume de Picsou ! Si l'on n'a jamais tenté l'expérience *Planet Hollywood,* c'est celui-ci qu'il faut découvrir. Décor renversant, chargé de reliques de tournages de films : la hache de *Shining,* les lingots de *Goldfinger,* le masque du pingouin dans *Batman,* la chemise de Bruce Willis dans *Die Hard,* le costume de Jack et la robe de Rose dans *Titanic,* etc. On conseille d'y boire un verre seulement, le temps de faire le tour des objets cultes exposés.

Pleasure Island

Au milieu de Disney Springs, une petite île qui compte quelques restos comme le ***Paradiso 37,*** proposant des plats mexicains et de la musique live certains soirs ; ou encore le ***Ragland Road,*** un pub irlandais plus vrai que nature. Également des bistrots assez sélects et autres boutiques. Ambiance bon enfant le soir, grâce notamment aux animations assurées par les employés Disney.

Market Place

À l'extrémité est de Disney Springs, c'est une grosse zone commerciale peuplée de boutiques, restos, bars... On y trouve la plus grande boutique de souvenirs Disney d'Orlando, sans oublier le magasin de jouets *Lego,* où les enfants pourront assembler quelques briques, et l'étonnant resto-boutique *T-Rex,* situé dans une grotte occupée par ces redoutables dinos en mouvement, qui mugissent dans la pénombre...

Ghirardelli : salon de thé servant essentiellement des chocolats chauds. Propose également des glaces à tous les parfums et des chocolats en veux-tu en voilà. Humez l'air en entrant dans la boutique, on en salive encore !

Rainforest Café : le même qu'au parc Disney's Animal Kingdom (lire plus haut). On y mange dans une lumière tamisée, sous une vraie-fausse couche de végétation luxuriante...

World of Disney : la plus grande boutique Disney d'Orlando, pour acheter tout ce que vous voulez à l'effigie de la souris et de ses petits copains.

DAYTONA BEACH

75 000 hab.

• Plan *p. 241*

Daytona possède l'un des circuits automobiles les plus célèbres des États-Unis, voire du monde entier. Lors des périodes de courses auto et moto, la ville connaît une folle effervescence et les hôtels affichent souvent complet, malgré des prix qui flambent. Si les courses et autres entraînements s'échelonnent tout au long de l'année, c'est entre janvier et février qu'ont lieu les épreuves reines : la *Rolex 24 Hours Race* suivie de la *Daytona 500.* Côté motos, la *Bike Week* accueille en mars toutes sortes de courses, dont l'une des plus prestigieuses : la *Daytona 200.* Et c'est en octobre qu'a lieu la *Biketoberfest,* semaine où s'affrontent les Harley, notamment. À chaque manifestation, les motards du monde entier déboulent dans la ville dans un délire hurlant et une ambiance très rock'n'roll ! *Oh yeah !*

LA MESSE AU VOLANT

À Daytona Beach, on peut assister au service dominical sans quitter sa voiture ! Derrière son pupitre, le révérend lève son calice aux bagnoles garées sur la pelouse. En guise d'amen, quelques klaxons, et les véhicules redémarrent pour disparaître en ronronnant dans la paix du Christ. Cette église drive-in fait partie des nombreux lieux de culte dits « non déminationnels », fréquentés par les évangéliques, qui représentent 23 % de la population aux US.

L'autre grand moment de folie de Daytona Beach, c'est le *spring break,* les vacances de printemps des étudiants américains et canadiens, autour de la 2de quinzaine de mars. Beuveries, concours de T-shirts mouillés, nuits enflammées : un vrai défouloir !
Si les sports mécaniques et les excès festifs ne sont pas votre tasse de thé, mais que vous souhaitez malgré tout explorer à fond la côte floridienne, attendez-vous à quelques belles surprises : agréable balade à vélo, musées inattendus, endroits charmants... environnent le centre de Daytona Beach, autour du phare de Ponce Inlet en particulier. Pour dépasser l'angoisse qui saisit devant certaines barres d'immeubles en front de mer, somme toute concentrées dans un espace assez limité, suivez le guide !

UN PEU D'HISTOIRE MÉCANIQUE

Pourquoi un tel enthousiasme local pour les engins motorisés ? Car c'est à Ormond Beach, la plage située juste au nord de Daytona, que fut établi un record de vitesse en 1902... à 109 km/h ! Record battu à 12 reprises jusqu'en 1935 ! Un avant-goût du formidable engouement suscité par la création de la fameuse *NASCAR (National Association for Stock Car Auto Racing)* en 1947, suivie en 1959 par l'inauguration du circuit : *Daytona International Speedway.* Aujourd'hui, cette immense étendue de sable blanc – qui a vu naître la légende de Daytona – continue son roman d'amour avec l'automobile. Comme le sable est très dur, on peut rouler en voiture sur la plage – une distraction locale que vous n'êtes pas obligé de tester, la faune des sables vous en sera reconnaissante !

AVANT ROSA PARKS, JACKIE ROBINSON

Le 6 juillet 1944, Jackie Robinson, déjà brillant sportif, engagé dans l'armée américaine, refuse de quitter un banc situé à l'avant du bus et réservé aux soldats blancs. Le début d'un engagement dans la lutte pour les droits civiques, dont il est à la fois un précurseur (Rosa Parks en fait autant... en 1955) et un symbole : il sera le 1er joueur de baseball noir à évoluer en Major League Baseball depuis 60 ans, époque à laquelle une convention entre propriétaires de clubs en avait exclu les personnes de couleur. Cible d'innombrables attaques, il persiste et collectionne les victoires, suscitant l'adhésion de ses coéquipiers et une immense popularité auprès des Américains ouverts (nombre de chansons et de films lui sont dédiés). À Daytona, où il a joué son 1er match en professionnel, il a sa statue et un stade à son nom. Une étape sur un pèlerinage politique dans l'histoire américaine.

Arriver – Quitter

✈ ***Daytona Beach International Airport*** *(hors plan par A2) : 700 Catalina Dr. • flydaytonafirst.com • À env 8 km au sud-ouest de Daytona Beach.* Loueurs de voitures sur place.
Pour rejoindre le centre-ville :
Compter env 15 $ en ***taxi*** *(station juste en face de la zone où l'on récupère les bagages).*
Bus Votran *(• votran.org •)* ou ***car*** (navette) ***Dots*** *(• groometransportation.com/daytona •).*

Daytona Beach Greyhound Station *(plan A2) : 138 S Ridgewood Ave. • greyhound.com •* Liaisons quotidiennes avec Miami, Tampa, Orlando, St Augustine...

Amtrak Station : *pas de gare à Daytona Beach. La plus proche se trouve 2491 Old New York Ave, à **DeLand** (à 40 km, soit 30 mn en voiture).* • amtrak.com • Destinations et horaires sur le site internet (en français).

Orientation

L'agglomération de Daytona est coupée dans sa longueur par l'Halifax River, qui sépare l'étroite bande de la péninsule du continent. Elle s'étire sur plusieurs kilomètres, englobant, du nord au sud, les villes d'***Ormond Beach,*** puis de ***Daytona Beach,*** de ***Daytona Beach Shores,*** de ***Port Orange*** et enfin de ***Ponce Inlet.*** Aussi Atlantic Avenue mesure-t-elle plus de 15 km, prenant alternativement les appellations « South » (S) et « North » (N) dans chacune des villes traversées. Il en va de même pour Beach Street... Le problème est donc de savoir quand on entre dans une ville et quand on en sort ! Alors, lorsque vous réservez un hôtel, prenez bien l'adresse complète.

Adresse et info utiles

Bus Votran : *• votran.org • Votran* est le système de transports de tout le Volusia County. Il inclut les bus reliant notamment Daytona Beach à l'aéroport, à Downtown ou encore à la gare *Amtrak* à DeLand. On peut y embarquer des vélos. Bon, il ne faut pas rêver ; ici, sans voiture, c'est comme marcher dans le désert avec des semelles de plomb !

Location de vélos : ***Daytona Fun Rental*** *(plan B1, **1**), 639 N Grandview Ave. ☎ 386-253-2536. • daytonafunrental.com • Tlj 9h-22h.* Loue aussi scooters et voiturettes pour la plage.

Où dormir ?

Réservez longtemps à l'avance si vous êtes intéressé par les rassemblements de *bikers* ou les courses sportives. Sinon, évitez soigneusement ces périodes au cours desquelles les prix de l'hébergement doublent ou triplent ! Les plus grosses courses et les principaux événements se concentrent de janvier à mars et entre octobre et novembre.

Campings

Tomoka State Park *(hors plan par A1, **10**) : 2099 N Beach St, à **Ormond Beach.** ☎ 386-676-4050. • floridastateparks.org/tomoka • À 15 mn en voiture, au nord de Daytona Beach. Arrivée obligatoire entre 8h et la tombée du jour. Résa bien à l'avance très conseillée. Emplacement env 31 $ (tente 2 pers et voiture), eau et électricité comprises ; taxe de résa env 7 $.* Une belle adresse côté nature ! Étendu au bord de l'Halifax River, un agréable camping d'une centaine de places, noyé dans la végétation luxuriante d'un parc d'État tenu par des *rangers.* Emplacements ombragés au sol sablonneux, bien séparés les uns des autres, et dotés chacun d'une table et de bancs en bois. Location de canoës-kayaks au snack-bar du parc, jeux pour enfants, aires de pique-nique, BBQ, etc., et puis les environs sont superbes ! Au *Registration Office,* jetez un coup d'œil sur le classeur de la faune locale : alligators, biches, dauphins, ratons laveurs, vous allez en croiser, des bestioles ! Notre camping préféré.

Nova Family Campground *(plan A3, **11**) : 1190 Herbert St, à **Port Orange.** ☎ 386-767-0095. • novacamp.com • Compter 25 $ pour 2 avec tente et voiture ; bungalows 4-6 pers avec sdb et cuisine 96-116 $.* À 10 mn en voiture des plages, dans un quartier verdoyant, voici près de 450 emplacements dispatchés sur un terrain boisé bien ombragé. Ambiance assez « les uns sur les autres » et intimité illusoire, mais tenue générale correcte. Bungalows confortables. Piscine chauffée et petite épicerie sur place.

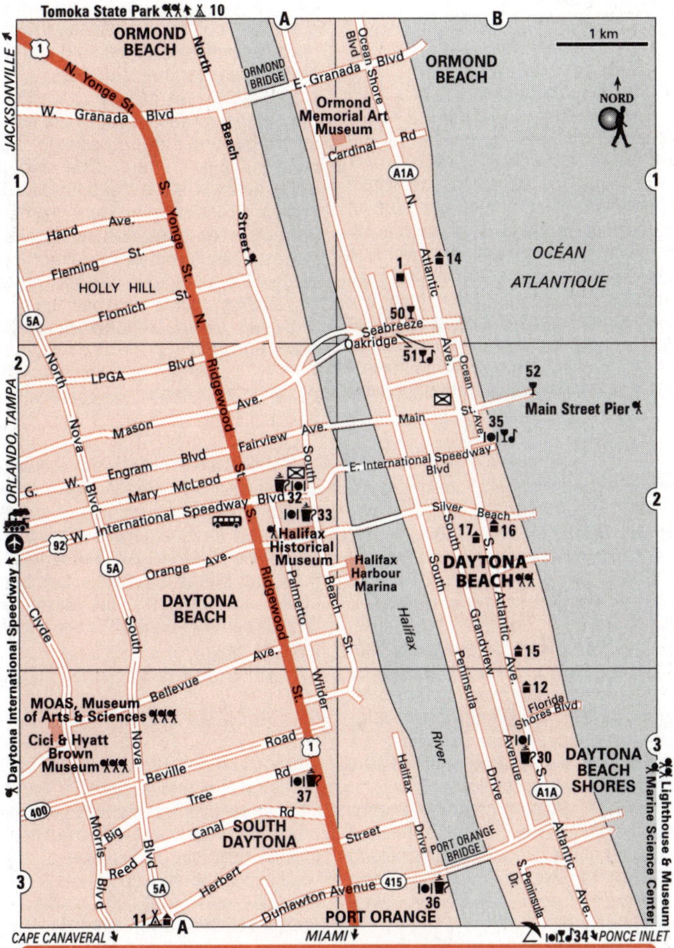

DAYTONA BEACH

Adresse utile

1 Daytona Fun Rental (location de vélos ; B1)

Où dormir ?

10 Tomoka State Park (hors plan par A1)
11 Nova Family Campground (A3)
12 Ocean Court Beachfront Motel (B3)
14 Sea Shells Beach Club (B1)
15 Tropical Manor On The Ocean (B2)
16 Nautilus Inn (B2)
17 Studio 1 Motel (B2)

Où manger ?

30 The Cracked Egg Diner (B3)
32 Kale Cafe Juice Bar et Tia Tacos (A2)
33 Dancing Avocado Kitchen (A2)
34 Hidden Treasure Rum Bar & Grill (hors plan par B3)
35 Ocean Deck (B2)
36 Aunt Catfish's on the River (B3)
37 Rossi's Diner (A3)

Où boire un verre ? Où sortir ?

34 Hidden Treasure Rum Bar & Grill (hors plan par B3)
35 Ocean Deck (B2)
50 The Oyster Pub (B1)
51 Daytona Taproom (B1)
52 The Roof (B2)

De bon marché à prix moyens

Studio 1 Motel (plan B2, **17**) : *1700 S Atlantic Ave, à* ***Daytona Beach.*** *☎ 386-383-9600. • studio1motel.com • ♿ Doubles 90-125 $ (2 nuits min). Parking gratuit.* Si ce motel jaune n'est pas placé du bon côté de la route qui longe la plage, on n'a pas trouvé meilleur tarif dans le coin. Une quinzaine de chambres simples mais fraîches (enfin un sol sans moquette !), avec frigo et micro-ondes, ainsi qu'une cuisine pour les plus chères. L'ensemble est nickel. Pas de piscine, mais il n'y a qu'à traverser la route pour plonger dans le grand bleu.

De prix moyens à chic

Sea Shells Beach Club (plan B1, **14**) : *1014 N Atlantic Ave, à* ***Daytona Beach.*** *☎ 877-350-0053. • seashellsbeachclub.com • Doubles à partir de 90-130 $. Parking gratuit.* En bord de plage, ce motel pimpant – jaune pâle – à 3 étages abrite une trentaine de chambres confortables, lumineuses, carrelées, bien équipées et coquettement décorées. Vue imprenable sur le large pour les plus chères. Plusieurs studios avec cuisine également. Piscine chauffée et salle de fitness. Une excellente adresse à taille humaine. Et, oui, le propriétaire (si vous tombez sur lui) est un sosie de Brad Pitt en plus jeune, ce qui ne gâche rien...

Tropical Manor On The Ocean (plan B2, **15**) : *2237 S Atlantic Ave, à* ***Daytona Beach Shores.*** *☎ 386-252-4920. • tropicalmanor.com • Doubles à partir de 120-145 $. Parking gratuit.* Ce charmant motel aux façades multicolores et fleuries se divise en 3 parties, dont 2 ailes modernes, donnant sur la plage. Large éventail de chambres : de la *standard* dans la partie ancienne (bien pour une nuit de passage) à la suite équipée d'une cuisine et d'un salon, avec vue sur la mer pour les plus chères. Celles-ci se révèlent vraiment coquettes et confortables. Grande piscine chauffée et accès direct à la plage. Une formidable adresse, nickel et pleine de charme dans sa déco !

Ocean Court Beachfront Motel (plan B3, **12**) : *2315 S Atlantic Ave, à* ***Daytona Beach Shores.*** *☎ 386-253-8185. • oceancourtmotel.com • ♿ (selon dispo). Doubles 105-160 $ (plus pdt les courses auto). Parking gratuit.* Motel bleu et blanc aménagé dans un bâtiment encadrant une longue pelouse qui s'étire jusqu'à la plage. Chambres fonctionnelles nickel, avec un côté coquet sympa. Évitez celles côté rue, plutôt bruyantes. Les plus chères sont dotées d'une cuisine et d'un balcon sur l'océan. Piscine chauffée côté mer.

Nautilus Inn (plan B2, **16**) : *1515 S Atlantic Ave, à* ***Daytona Beach Shores.*** *☎ 386-254-8600. • nautilus-inn.com • Doubles 100-170 $, petit déj inclus. Parking gratuit.* Grand hôtel moderne, les pieds dans le sable. Chambres très spacieuses, confortables et lumineuses, avec un petit coin cuisine (pratique !). Si votre budget vous le permet, optez pour une chambre côté mer, avec les flots comme seul horizon. Piscine. Bon petit déj. Une adresse de qualité, au calme, sans faire trop de mal au porte-monnaie Accueil très professionnel. Une excellente adresse dans son genre.

Où manger ?

Spécial petit déjeuner

The Cracked Egg Diner (plan B3, **30**) : *3280 S Atlantic Ave, à* ***Daytona Beach Shores.*** *☎ 386-788-6772. Tlj 7h-15h. Plat max 12 $.* Les habitués se pressent dès l'aurore dans cette grande salle assez quelconque, mais lumineuse, et décorée de T-shirts rigolos à l'emblème du lieu. On y dévore les classiques du petit déj' américain (œufs et omelettes en tout genre, pancakes, pain perdu...), sans oublier de bons sandwichs et plats basiques à l'heure du lunch. Une adresse simple mais efficace, à 2 pas de la plage. Bonne ambiance.

Et aussi : ***Kale Café Juice Bar*** *(plan A2,* ***32****)* et ***Aunt Catfish's on the River*** *(plan B3,* ***36****),* pour leurs pantagruéliques brunchs du dimanche (voir plus loin). ***Rossi's Diner*** *(plan A3,* ***37****),* pour sa cuisine familiale généreuse (voir plus loin). Et le ***Dancing Avocado Kitchen*** *(plan A2,* ***33****),* pour ses plats sains (voir plus loin).

De bon marché à prix modérés

Rossi's Diner *(plan A3,* ***37****) : 2240 S Ridgewood Ave, à* ***South Daytona.*** *☎ 386-760-4564. Tlj 7h-14h (13h30 dim). Plats 5-10 $.* Un peu à l'écart du centre-ville, voilà une excellente adresse aux prix imbattables, bien connue des gens du coin. On y sert une généreuse cuisine familiale. Rien de très léger, mais la qualité ne trompe pas ! Wraps, salades, soupes, pâtes, mais aussi de bons petits plats, le tout dans un cadre propret. Goûtez les délicieux beignets de tomates vertes et les appétissants gâteaux maison.

Kale Café Juice Bar *(plan A2,* ***32****) : 116 N Beach St, à* ***Daytona Beach.*** *☎ 386-872-5097. Tlj sauf lun 11h-18h (15h dim). Plats 6-15 $.* Enfin une adresse pour nos amis végans. Tenu par des proprios d'origine jamaïcaine, le café affiche fièrement ses couleurs vives, des murs à l'assiette. Cadre pimpant et plats cuisinés uniquement avec des produits frais et de saison pour une cuisine d'inspiration caribéenne. Curry, tofu, *veggie burger,* la carte change en fonction du marché. Des prix indexés sur la taille des plats, pour en faire un repas complet ou une entrée. Délicieux smoothies et gâteaux maison. Enfin un peu de fraîcheur au son des *good vibes* de Bob Marley et Peter Tosh !

Tia Tacos *(plan A2,* ***32****) : 214 N Beach St, à* ***Daytona Beach.*** *☎ 386-947-9333. Tlj sauf dim 11h-22h (23h ven-sam). Plats 5-14 $.* Resto mexicain haut en couleur, installé dans une vieille maison du centre historique. Avec les habitués du quartier, on s'y régale de tacos, *burritos, nachos,* pour seulement quelques dollars. Quelques options un peu plus chères incluant du poisson. Parfait pour se nourrir d'un *bowl* aux accents latino.

Dancing Avocado Kitchen *(plan A2,* ***33****) : 110 S Beach St, à* ***Daytona Beach.*** *☎ 386-947-2022. Tlj 8h-16h. Plats env 8-15 $.* À l'intérieur, on adore la déco hétéroclite de ce resto aux murs constellés de tableaux, vieilles pubs, portraits de Bob Marley et bibelots colorés en tout genre. Surtout, jolie terrasse donnant sur le front de mer, tout aussi fantaisiste et *peace and love.* Côté fourneaux, on veut ici réconcilier végétariens et carnivores ; en clair, chacun trouvera son bonheur à la carte... et dans l'assiette : bons et copieux *specials,* soupes, sandwichs, salades, *quesadillas*. Cuisine simple, saine et pleine de goût. Bien aussi à l'heure du petit déj avec un beau choix de gaufres, d'omelettes, de smoothies et de jus de fruits frais.

De prix moyens à chic

Aunt Catfish's on the River *(plan B3,* ***36****) : 4009 Halifax Dr, à* ***Port Orange.*** *☎ 386-767-4768. Tlj 11h30-21h (15h dim) ;* Sunday brunch *9h-14h. Plats 15-30 $.* Vaste resto populaire, bien agencé et pas trop bruyant (ouf !), bordé d'une véranda dominant la rivière. Bondé, et encore plus le dimanche pour l'alléchant brunch à volonté, qui attire les foules ! Et pour le déjeuner et le dîner, on pioche un des nombreux plats à la carte (viandes, poissons, sandwichs, mais aussi des plats végétariens) pour ensuite faire autant d'allers-retours vers le buffet de salades (bon et varié !), qui compte aussi quelques desserts. Un resto phare dans l'éventail local.

Ocean Deck *(plan B2,* ***35****) : 127 S Ocean Ave, à* ***Daytona Beach.*** *☎ 386-253-5224. Accès possible par la plage. Lun-jeu 11h-22h, ven-dim 11h-minuit (bar jusqu'à 2h). Salade 8 $, sandwich (au poisson) 15 $, plats (de poisson) 18-28 $.* Ce bar de plage tout en bois, à la déco maritime, est une véritable institution locale. On s'installe dans la salle réconfortante quand le vent souffle, ou les pieds dans le sable si le soleil brille. Ici, le poisson est roi, généreusement préparé sous toutes ses formes : du sandwich au *mahi-mahi* (la spécialité de la maison) en passant par la salade de fruits de mer. Le tout servi de façon généreuse et avec le sourire, dans une atmosphère chaleureuse. Bien aussi pour manger léger, boire un verre au bar en soirée, sur fond de musique *live* (souvent du reggae). Notre spot préféré en ville.

Hidden Treasure Rum Bar & Grill *(hors plan par B3,* ***34****) :* *4940 S Peninsula Dr, à* ***Ponce Inlet.*** *☎ 386-761-9271. À la pointe sud d'Atlantic Ave (l'A1A), devant le phare de Ponce Inlet. Tlj 11h-21h (22h ven-sam, plus tard l'été). Soupes et salades 8-9 $, plats 13-27 $.* Bienvenue au plus ancien *fishcamp* de Floride ! Une chaleureuse cabane en bois colorée, avec poêle à bois central et bar en forme de chaloupe. Agréable terrasse sur le ponton avec vue imprenable sur la mer, les bancs de sable enrobés de mangrove où s'ébattent les pélicans... Dans l'assiette : salades, soupes, sandwichs, bons plats de poisson et *seafood* (et quelques viandes pour les plus terriens). Une adresse formidable à l'ambiance zen et un brin baba cool. Parfait aussi pour prendre un verre. Notre spot préféré... hors de la ville.

Où boire un verre ? Où sortir ?

The Roof *(plan B2,* ***52****) :* *1200 Main St, à* ***Daytona Beach.*** *Au bout de la jetée, à l'étage du resto Joe's Crab Shack. Tlj 11h-21h (minuit ven-sam et en été) : attention, horaires variables en fonction de l'affluence.* L'une des adresses les plus originales de la ville : un bar sur pilotis, au milieu des flots, à l'ambiance « *surf & good vibes* ». Le top pour boire une mousse au coucher du soleil, avec la mer comme seul horizon. DJ certains soirs. Un p'tit creux ? Hop, on pioche un plat de poisson ou une assiette de crustacés issus de la pêche du jour, ou plus simplement une salade ou un burger.

Daytona Taproom *(plan B1,* ***51****) :* *310 Seabreeze Blvd, à* ***Daytona Beach.*** *Lun-mer 11h30-23h, jeu et dim 11h30-minuit, ven-sam 11h30-1h.* Un bar à bières qui propose une sélection – c'est l'occasion de goûter autre chose que l'insipide *Budlight.* Concerts certains soirs. Également de bons burgers maison, à avaler avec des frites à la truffe ou au fromage.

The Oyster Pub *(plan B1,* ***50****) :* *555 Seabreeze Blvd, à* ***Daytona Beach.*** *Tlj 11h30-23h (minuit ven-sam).* Dans cette rue bien connue des noctambules, un énorme bar sombre avec billards, écran TV, musique forte... Atmosphère rugissante les soirs de match. Idéal pour descendre une bière, accoudé au grand comptoir central, ou pour avaler une soupe de *clams* ou un sandwich tard le soir. Une institution nocturne depuis plus de 40 ans !

Sans oublier ***Ocean Deck*** *(plan B2,* ***35****)* et ***Hidden Treasure Rum Bar & Grill*** *(hors plan par B3,* ***34****).* Voir « Où manger ? » précédemment.

Les courses

Daytona International Speedway *(hors plan par A2) :* *1801 W International Speedway Blvd, à* ***Daytona Beach.*** *☎ 1-800-748-7467. • daytonainternationalspeedway.com • À env 8 km à l'ouest de Daytona Beach. Tlj 9h-17h. Calendrier des courses disponible sur le site. Visite guidée du circuit (1h) tlj 9h30-15h : 25 $; 20 $ 5-12 ans. Également un VIP tour de 2h30 pour les passionnés mar-jeu à 13h : 55 $.* Ouvert en 1959, c'est un circuit ovale de 4 km de long avec virages relevés. La visite de 1h30 nous plonge dans l'univers des courses, passant tour à tour par une ***loge*** dominant la piste, la ***salle de briefing*** des pilotes, avec un détour par les ***stands,*** la ***piste*** et le ***podium,*** le tout émaillé de petits films documentaires sur les voitures et pilotes qui ont fait la légende de ce circuit mythique.

Car races and shows

- ***Rolex 24 Hours Race :*** *fin janv.* Une course d'endurance de voitures de sport sur 24h.
- ***Daytona 500 :*** *en fév.* Course réservée aux voitures de type *stock car.*
- ***Turkey Run :*** *le 4e w-e de mars et le w-e de Thanksgiving.* • *turkeyrun.com* • Rassemblement de voitures vintage.
- ***Coke Zero Sugar 400 :*** *en juil ou en août.* Course comptant pour le championnat NASCAR sur 400 miles, soit 643,7 km !

Bike races and shows

- ***Bike Week :*** *en mars.* • *officialbikeweek.com* • Environ 200 000 motards s'y retrouvent chaque année. La plus grosse concentration de Harley au monde, dans une ambiance électrique !
- ***Daytona 200 :*** *en mars.* Une course de motos de 200 miles, soit 322 km.
- ***Biketoberfest :*** *en oct.* Un rallye qui rassemble plus de 100 000 *bikers.*

À voir

🎥 ***Main Street Pier*** *(plan B2) : au centre de* ***Daytona Beach.*** Construit en 1900, puis plusieurs fois détruit et reconstruit, c'est un immense ponton long de 200 m environ, où pêcheurs et promeneurs attendent que ça morde à l'hameçon. Au pied du ponton, un amphithéâtre accueille des spectacles à ciel ouvert *(• daytona bandshell.com •).* En face, sur la promenade, on peut lécher une glace entre océan et buildings, ou aller à la fête foraine.

🎥 ***Beach Street*** *(plan B2) : sur le continent.* « Beach Street » longe l'Halifax River et non l'Atlantique – Halifax River qui sépare la plage de Daytona Beach de la partie continentale de Daytona Beach... C'est simple n'est-ce pas ?! Un « front de rivière » (et non un front de mer, donc) agréable, où sont concentrés le Musée municipal (voir plus loin ***Halifax Historical Museum***), un cinéma type cinémathèque (***Cinematic of Daytona*** ; • *cinematique.org* •), des restaurants qu'on vous recommande : ***Dancing Avocado Kitchen, Kale Café Juice Bar, Tia Tacos...*** et on peut l'arpenter à pied !

🎥🎥🎥 👨‍👧 ***MOAS – Museum of Arts & Sciences*** *(plan A3) : 352 S Nova Rd, à* ***Daytona Beach.*** *☎ 386-255-0285. • moas.org • Tlj 10h (11h dim)-17h. Entrée (comprenant un spectacle au planétarium) : 13 $; 11 $ 6-17 ans ; avec le Cici & Hyatt Brown Museum : 19 $ (10 $ 6-17 ans). Parking gratuit.*
Superbe musée, nourri de donations de riches familles du coin, dans la grande tradition américaine. Des collections variées et de grande qualité, disposées dans 2 ailes. D'une part, une galerie cubaine incluant de remarquables peintures, une section préhistorique qui abrite la star du musée : le squelette d'un paresseux géant mesurant près de 4 m (!), mais aussi de l'art africain, une collection d'armes... D'autre part, de l'art chinois, mais surtout une superbe galerie d'arts décoratifs, la fresque de 2 siècles d'art américain (meubles et peintures en particulier) et, rigolo, une réserve à peine abritée derrière des parois de verre, bric-à-brac précieux et charmant. Côté sciences, un planétarium (plusieurs sessions par jour) et une section spécifique pour les enfants (animations). On est donc déjà parés pour un moment...
... Mais la collection véritablement unique, la signature de ce musée, c'est son expo assez fascinante sur le *Coca-Cola,* cadeau de la *Root family.* Cette dynastie de verriers, finalement installée à Daytona, a packagé et embouteillé le breuvage pendant plus de 60 ans ! De la création de la bouteille en verre à son étalage derrière le comptoir, des centaines d'objets retracent l'histoire de la plus célèbre boisson du monde. On y suit l'évolution du design de la fameuse

Contour Bottle, imaginée par la *Root Glass Company* dans l'Indiana, en 1915. 100 ans plus tard, vous avez sous les yeux l'une des plus importantes collections au monde de produits dérivés, distributeurs vintage, publicités... une vraie conquête de l'Ouest, et du reste de la planète ! Et, à côté, une collection de nounours, ce *Teddy Bear* qui constitue l'un des symboles de l'Amérique.

Bref, un musée aussi beau que varié, où parents et enfants devraient trouver leur compte.

PELUCHE PRÉSIDENTIELLE

Lors d'une partie de chasse en 1902, le président Theodore Roosevelt refuse de tuer un ourson. Le lendemain, un illustrateur du Washington Post *croque le président tenant chaleureusement l'animal par l'épaule. Puis un collectionneur de jouets obtient de lui l'autorisation de commercialiser un petit ours en peluche portant son surnom : Teddy. Le* Teddy Bear *était né !*

Cici & Hyatt Brown Museum *(plan A3)* **:** *352 S Nova Rd, à* ***Daytona Beach.*** ☎ *386-255-0285.* • *moas.org* • *Tlj 10h (11h dim)-17h. Entrée : 11 $; 5 $ 6-17 ans ; avec le MOAS : 19 $ (10 $ 6-17 ans). Parking gratuit.* Cette antenne du MOAS, abritée dans un beau bâtiment contemporain habillé de claustras de bois, offre une collection de peintures entièrement consacrées à la Floride, par le sujet des œuvres ou par l'origine des peintres. Et c'est une réussite, tant par la qualité des œuvres que par la diversité des angles illustrant le thème. Des marines, mais aussi des fonds sous-marins ; des scènes de genre, mais aussi des scènes de tempêtes – les fameux ouragans ; des hommes célèbres comme Martin J. Heade, des femmes célèbres comme Laura Woodward, des autodidactes comme Winslow Homer ; du réalisme américain, mais aussi du style naïf ; de l'huile, de l'aquarelle ou du dessin de presse ; Hemingway partant à la pêche ou des personnages fantastiques... Le tout intelligemment accroché et d'une exigence sans faille. Un temps de beauté à s'offrir.

Halifax Historical museum *(plan A2)* **:** *252 S Beach St, à* ***Daytona Beach.*** ☎ *386-255-6976.* • *halifaxhistorical.org* • *Mar-sam 10h-16h. Entrée : 10 $; gratuit moins de 12 ans.* Un lieu qui respire encore toute une époque, celle de l'Amérique conquérante du début du XXᵉ s. Et pour cause : le musée est installé dans les murs d'une ancienne banque, avec boiseries et fresques triomphantes. À l'intérieur, vitrines, gravures, costumes et documents constituent un parcours chronologique qui raconte l'histoire de toutes les communautés bordant l'Halifax River. Peuple Timucuan, implantation des huguenots et des Espagnols, colonisation britannique, contrebande à l'époque de la Prohibition, droits des femmes (Daytona a élu une femme maire 2 ans après qu'elles eurent gagné le droit de vote, en 1920) et des Noirs (voir en introduction « Avant Rosa Parks, Jackie Robinson »), culture du surf, bien des aspects de l'univers floridien sont évoqués et illustrés.

« THE REAL MCCOY »

Une expression (qui signifie « le vrai de vrai ») déjà entendue d'une oreille et lue de l'œil sur une bouteille de rhum... Mais quel rapport ? Bill McCoy (1877-1948), navigateur né dans l'État de New York, fréquente la Floride quand est déclarée la Prohibition (1920). Puisque le commerce d'alcool est interdit jusqu'à 3 miles des côtes américaines, il installe son commerce de rhum... en mer, au-delà de cette limite ! Un rhum pur, ni coupé ni frelaté (contrairement à bien des alcools de contrebande), qu'il allait chercher aux Bahamas, d'une authenticité désormais proverbiale. Et voilà comment le véhicule de l'ivresse devient un gage de vérité !

À faire

North Beach Street *(plan A1-2)* **:** longue rue bordée de jolies maisons traditionnelles, dispersées dans un environnement très vert, en bord de rivière (Halifax River). Balade particulièrement sympa à vélo. Idéalement, on part du Tomoka State Park tout au nord, on traverse tout Ormond Beach, et on finit par l'ancien centre-ville de Daytona, datant de l'époque Art déco et aujourd'hui réhabilité. Une toute petite heure à vélo ; n'hésitez pas à faire une boucle à partir de Daytona si le fait de rejoindre Tomoka Park autrement est problématique.

La plage de Daytona Beach **:** la plage est belle – et ce n'est qu'une portion des plus de 30 km de côte sablonneuse ! –, le sable assez blanc, l'Atlantique n'y est pas frigorifique... et, comme à Cocoa Beach, une barrière végétale la sépare clairement de la route. ***Attention :*** à Daytona, en tant que simple baigneur, posez votre serviette dans une ***zone*** **« traffic-free »** (signalée par des panneaux). En effet, l'accès en voiture est autorisé du lever au coucher du soleil et c'est un sport local que de rouler sur la plage... *Rampes d'accès avec points de péage sur Atlantic Ave. Tarif : 20 $/véhicule. Vitesse limitée à 10 miles/h (soit 15 km/h).*

DANS LES ENVIRONS DE DAYTONA BEACH

Ponce Inlet (au sud)

Ponce Inlet Lighthouse & Museum *(hors plan par B3)* **:** *4931 S Peninsula Dr. ☎ 386-761-1821. • ponceinlet.org • À la pointe sud d'Atlantic Ave. Tlj 10h-18h (21h l'été) ; fermeture des caisses 1h avt. Entrée : 7 $; 2 $ moins de 11 ans. Parking gratuit.*
Avec sa silhouette rouge élancée de 175 pieds (53 m), le phare de Ponce Inlet demeure le plus haut de toute la Floride. Construit entre 1884 et 1887 selon les plans de l'architecte Francis Hopkinson (qui a aussi dessiné le piédestal de la statue de la Liberté), il est toujours en activité, dans cette zone où les eaux sont redoutées par les marins. Aujourd'hui, c'est le point culminant de tout un ensemble soigneusement aménagé à l'extrémité de la presqu'île, calme et vert, avec parc, jeux pour enfants, accès à la plage (voir plus loin)... Séduisant. Un autre monde que celui de Daytona Beach.
Tout un parcours de visite a été aménagé au pied du phare, classé Monument historique national, et dans plusieurs maisonnettes de la même époque émergeant de la verdure. Au début, bon petit film avec images d'archives qui campe le contexte. Puis différentes expositions présentent différents aspects de l'histoire du phare, la vie des gardiens et leur famille, mais aussi les naufrages, les Indiens Séminoles qui vivaient ici avant l'arrivée des Européens, la restauration, à l'aide de gravures, photos anciennes, meubles et vêtements d'époque... Également une belle et intéressante expo sur les lentilles de Fresnel, et un sentier de promenade en pleine nature.
Surtout, après avoir gravi les 203 marches jusqu'à la plateforme, vous embrassez du regard le quartier résidentiel de Ponce Inlet, verdoyant et bordé des plages les mieux préservées de la région, l'ensemble formé par la rivière, la mer, l'océan... Les bons jours, on voit même Cap Canaveral ! Superbe.
Pour parachever la balade, allez boire un verre ou manger un morceau au ***Hidden Treasure Rum Bar & Grill*** (voir « Où manger ? »).

Marine Science Center *(hors plan par B3)* **:** *100 Lighthouse Dr. • marinesciencecenter.com • À la pointe sud d'Atlantic Ave, presque à l'ombre du phare. Tlj sauf lun 10h (12h dim)-16h. Entrée : 8 $; 5 $ 3-12 ans. Parking gratuit.*

Pour le public, accueilli par d'énormes spécimens reproduits ou empaillés, un lieu sans autre objectif ni prétention que pédagogique, mais l'objectif est atteint. Et il s'articule avec l'autre activité du site : ***sauvetage animalier*** et conservation des espèces en danger. Une salle d'exposition colorée, où panneaux explicatifs, aquariums et ossements se répondent harmonieusement. Par la vitre, on observe le vétérinaire au travail sur une bestiole mal en point, et on peut même caresser des raies dans leur bassin ! Avec des enfants, idéal pour dépasser le stade du « nos amis les bêtes ». Un peu plus loin, volière pour oiseaux convalescents. Et au bout de la rue, point d'observation des cétacés. Le moment écolo à Daytona Beach.

Allez donc prendre un bain sur la ***charmante plage de Ponce Inlet.*** Ici, pas de motels ni de buildings (on est éloigné de la zone hôtelière), mais des petites maisons individuelles dissimulées par les dunes.
- ***Astuce :*** pour accéder gratuitement à la plage, garez-vous du côté du Marine Science Center, avant le guichet de péage (petite cabane en bois blanc).
- ***Attention :*** une partie de la plage est aussi ouverte aux voitures, repérez la zone « *traffic-free* » avant de vous étaler.

TORTUES : CÉDEZ LE PASSAGE !

Les tortues de mer reviennent sur leurs plages de naissance pour pondre, et la côte floridienne est un véritable berceau à testudines. Elles viennent pondre entre mai et juillet, creusent un trou, y déposent plusieurs œufs, rebouchent le trou et s'en vont. En juillet-août, les œufs éclosent et les bébés se précipitent sur leurs petites nageoires vers le large... Sans compter les tortues de terre qui peuplent les côtes. Les signaux routiers l'indiquent : priorité aux amphibiens ! Et attention de ne pas les écraser en vous baladant sur les plages jusqu'à octobre...

Ormond Beach *(au nord)*

Tomoka State Park *(hors plan par A1)* **:** *2099 N Beach St. ☎ 386-676-4050. • floridastateparks.org/tomoka • À 15 mn en voiture, au nord de Daytona Beach. Tlj de 8h au coucher du soleil. Entrée : 5 $/véhicule.* Pour les amoureux de la nature, offrez-vous une sortie au vert dans ce parc de plus de 800 ha. En canoë, en kayak *(loc sur place)* ou à pied, on arpente le parc à la rencontre de la faune locale. Crocos, lamantins, cervidés, plus de 160 espèces d'oiseaux... N'oubliez pas les jumelles ! Le parc protège plusieurs espèces menacées, telles que le lamantin antillais. Mieux vaut arriver tôt le matin, quand les animaux sortent à la fraîche pour éviter la chaleur de la journée.

C'est aussi ici que les mordus de ***camping*** pourront dormir au vert dans le plus bel environnement du coin (voir « Où dormir ? Campings »).

CAPE CANAVERAL ET KENNEDY SPACE CENTER

Le centre mythique de la conquête spatiale depuis les années 1960, installé sur d'anciennes terres agricoles. Tout est inscrit ici, sous forme de documents, photos, rapports, films d'archives, matériels... Les navettes sont là aussi. Bien plus qu'un simple musée, il s'agit d'un vaste complexe où la NASA *(National Aeronautics and Space Administration)* poursuit inlassablement ses recherches. Depuis les années 1980, une vingtaine d'engins décollent d'ici chaque année. La visite phare de la côte !

Toutefois, il ne s'agit pas dans l'ensemble d'un parc d'attractions comme à Orlando. Certes, certaines attractions sont dignes du celles du monde de Mickey, mais dans l'ensemble, les sensations sont réservées à l'élite des astronautes. Prévenez vos enfants ! Sachez aussi que le site est classé parc naturel *(Merritt Island National Wildlife Refuge),* avec plus de 500 espèces recensées, dont des *bald eagles,* l'aigle emblématique des États-Unis, sans parler des centaines d'alligators qui pataugent dans les marigots du coin. Comptez une journée pour tout visiter.

UN PEU D'HISTOIRE COSMIQUE

« *Before the end of this decade, a man will walk on the Moon and will return safely.* » (Avant la fin de cette décennie, un homme marchera sur la Lune et reviendra sain et sauf.) Ainsi parlait John F. Kennedy en 1961. Le ***21 juillet 1969,*** ce fol espoir se réalise. ***Neil Armstrong*** est le 1er homme à fouler le sol lunaire. Mais l'épopée spatiale a commencé bien avant, avec le lancement en 1957 de ***Spoutnik 1,*** tout 1er satellite artificiel des Soviétiques. 4 années plus tard, en 1961, Gagarine est le 1er humain à naviguer dans l'espace. Les Américains suivent de près (Alan Shepard, seulement 2 semaines plus tard !), mais ce sont de nouveau les Soviétiques qui parviennent à poser les 1ers une sonde sur la Lune en 1966.

Les Américains mettent alors le paquet pour prendre l'avantage : en juillet 1969, Armstrong et Aldrin, à bord d'***Apollo 11,*** débarquent sur la Lune et plantent la bannière étoilée ! En 1975 a lieu un rendez-vous orbital américano-soviétique *(Apollo-Soyouz).* L'année d'après, les Américains posent une sonde sur Mars. En 1981, on entre dans l'***ère des navettes spatiales*** et des sondes. En 1986, *Voyager 2* survole Uranus. La même année, ***Challenger explose en vol*** avec 7 passagers à bord, sous les yeux horrifiés du peuple américain. Le programme est arrêté. Sur le plan purement commercial, des satellites continuent à être lancés, bien que l'Europe ait largement profité du retard américain. La fin de la décennie 1980 est marquée par un accroissement des envois de satellites de toutes sortes ainsi que des sondes. Mais l'exploration par l'homme de nouvelles planètes semble être remise à plus tard. Le 1er février 2003, 17 ans après *Challenger,* c'est ***Columbia*** qui se désintègre en vol, peu avant l'atterrissage, avec tout son équipage. Il faut attendre août 2005 pour qu'un nouveau vol habité soit lancé, mais la ***navette Discovery*** subit à nouveau, au décollage, le même incident de perte de mousse isolante que *Columbia* en 2003, heureusement sans conséquence cette fois. Un an plus tôt, le président George W. Bush lançait le projet *Constellation,* qui prévoyait l'envoi d'astronautes sur la Lune à l'horizon 2020, pour des missions de longue durée, mais ce dernier a été annulé par Barack Obama en 2010.

CURIEUX HASARD

Le site de Cape Canaveral, où se font tous les lancements, n'est guère loin de celui qu'avait choisi Jules Verne, un siècle auparavant, pour le lancement de son énorme boulet de canon vers la Lune dans son livre De la Terre à la Lune. *L'incroyable écrivain visionnaire situait les lancements aux alentours de Tampa !*

Les lancements – trop chers – de la navette spatiale ont également pris fin en 2011, avec une ***dernière mission Atlantis.*** La NASA prend de nouvelles orientations : consolider la Station spatiale internationale et mettre au point des technologies qui permettront d'explorer plus avant l'espace supralunaire, en envoyant notamment des sondes à la surface du Soleil et en organisant des voyages habités sur des astéroïdes puis vers la planète Mars, où l'homme pourrait poser le pied d'ici à 2035. Quant à la mission *Mars 2020,* justement, a été couronnée de succès : le robot mobile *Perseverance,* envoyé depuis Cape Canaveral pour prélever des échantillons du sol martien, s'est posé sur Mars le 18 février 2021. Par ailleurs, la NASA participe à l'élaboration du ***télescope spatial James Webb,*** qui publie ses 1res images en 2022 : c'est un succès mondial. Aujourd'hui, elle coopère avec des privés qui se lancent dans la conquête de l'espace, comme Richard Branson, Jeff Bezos (*Blue Origin* développe un programme de tourisme spatial) ou Elon Musk (*SpaceX* assure le transport de fret vers la Station spatiale internationale). Et elle prépare son grand retour vers la Lune (mission *Artemis II*). Bref, la NASA a encore de beaux et passionnants jours devant elle !

Comment y aller ?

Le Kennedy Space Center est situé sur ***Merritt Island,*** une île entre Titusville (à l'ouest) et Cape Canaveral (à l'est).

En bus

Malheureusement pour les routards à pied, aucun bus public ! On peut néanmoins faire le choix d'une excursion en bus à partir d'Orlando, avec notamment la compagnie ***Grayline*** (voir précédemment « Arriver – Quitter » à Orlando). À partir de 152 $ (133 $ 3-11 ans), en incluant l'entrée au *Kennedy Space Center Tour.*

Infos pratiques

– ***Coordonnées :*** ***Kennedy Space Center Visitor Complex,*** *Space Commerce Way, Merritt Island.* ☎ *855-433-4210.* • *kennedyspacecenter.com* •

– ***Horaires :*** Visitor Complex *tlj 9h-17h. Fermé lors de certains décollages (se renseigner).* On conseille d'***arriver dès l'ouverture*** pour avoir le temps de tout faire, mais aussi d'éviter les cars de touristes et les groupes scolaires qui débarquent vers 11h. Prévoir une couche supplémentaire, clim intense dans certaines salles.

– ***Tarifs :*** *75 $ (65 $ 3-11 ans), comprenant le* ***KSC Bus Tour*** *(visite guidée du site en bus). Plan-dépliant en français et feuillet avec horaires de ttes les attractions du site à disposition à l'entrée, gratuitement. Parking : 10 $.*

– ***Applications pour smartphones :*** il y en a 2, gratuites, disponibles sur Apple Store et Google Play. *Kennedy Space Center Guide* aide à planifier sa visite et à consulter les événements du jour. *KSC Smart Guide* enrichit la visite avec des informations supplémentaires, des photos, des vidéos, une carte interactive du site... Instructif.

– ***« Chat with an Astronaut » :*** *2 fois/j.* Un astronaute (un vrai !) parle de son métier et interagit avec le public. Ne soyez pas dans la lune, préparez vos questions ! Bien sûr, mieux vaut bien maîtriser l'anglais. *Compter 50 $ (35 $ enfant) incluant un petit déjeuner ou un en-cas suivant l'heure, une boisson alcoolisée pour les adultes, un souvenir et un portrait signé de l'astronaute.*

Restaurants : pour le symbole, on peut avoir envie de croquer son sandwich – même sans intérêt gustatif – sous la véritable fusée Saturn V, qui arracha pour la 1re fois des humains du champ d'orbite terrestre ! Possible à l'***Apollo/Saturn V Center.*** Le ***Visitor Complex,*** lui, compte plusieurs snacks, mais celui qui offre le plus de choix est l'***Orbit Cafe.***

À voir

KENNEDY SPACE CENTER

Le ***Visitor Complex,*** point de départ de la visite du KSC, compte plusieurs halls d'exposition, attractions et boutiques de souvenirs. C'est aussi de là que part le ***KSC Bus Tour,*** que l'on conseille de réaliser dès votre arrivée.

LE NORD-EST

La visite guidée du site en bus

Le ***KSC Bus Tour*** *(compris dans le ticket d'entrée ; départ du* Visitor Complex *ttes les 15 mn à partir de 9h30, dernier départ 14h30, avec arrêt à l'Apollo/ Saturn V Center ; compter env 2h)* permet de découvrir les installations de la NASA sur le site de Cape Canaveral. Une visite formidable pour tutoyer la légende de la conquête spatiale, agrémentée des commentaires en français de l'audioguide, des écrans vidéo du bus ou des propos tonitruants en anglais du chauffeur (on vous conseille l'audioguide, car, si l'on n'est pas *fluent* en anglais, la visite perd de son intérêt). Pendant 45 mn, le bus sillonne la campagne marécageuse de Cape Canaveral (aigles, crocodiles, tortues, ouvrez l'œil...) en passant devant les aménagements du KSC : l'emblématique et immense bâtiment blanc flanqué du drapeau américain (le plus grand des États-Unis) et du logo de la NASA – le ***Vehicule Assembly Building*** *(VAB)* –, dédié au montage des fusées ; le centre de contrôle des lancements ; le pas de tir de *SpaceX* ; et puis ces énormes engins à chenilles qui assurent l'acheminement des véhicules spatiaux jusqu'aux différents pas de tir.

« HOUSTON, WE HAVE A PROBLEM ! »

En Amérique, on lance les navettes depuis la Floride et on contrôle les missions spatiales depuis... Houston, au Texas. Nécessité plutôt électorale. Quand John F. Kennedy mourut assassiné en 1963, son successeur à la Maison-Blanche, Lyndon Johnson, un Texan, chercha tout simplement à faire profiter son État des retombées financières des programmes spatiaux. Ne pouvant déplacer la base de lancement – il faut être proche de l'équateur –, il transféra chez lui le centre de contrôle et l'argent qui va avec, compliquant un peu plus la tâche des ingénieurs de la NASA.

– ***Apollo/Saturn V Center :*** une étape spectaculaire, nourrie par les explications en français de l'audioguide. D'abord, un 1er film retrace la course entre Soviétiques et Américains pour la conquête de l'espace ; l'avantage des Soviétiques face aux atermoiements américains, jusqu'à l'intervention historique de J. F. Kennedy : objectif Lune ! Puis les 1ers échecs (*Apollo 1* en 1967, où 3 astronautes trouvent la mort : Grissom, White et Chaffee).

De là, on passe dans le centre de contrôle de 1968, oui le vrai, pour assister avec beaucoup de réalisme au départ de la mission ***Apollo 8,*** la 1re à contourner la Lune ! Compte à rebours de 3 mn, images télé de l'époque, la tension est palpable dans la ***launch control room.*** Puis, à côté, dans un immense hangar, découverte impressionnante de la fameuse fusée ***Saturn V,*** qui emporta les capsules *Apollo* vers la Lune. Découpée en sections pour mieux voir les articulations des différents étages, cette fusée demeure le plus grand engin volant jamais conçu : 111 m de long... Au plafond, les écussons des différentes missions *Apollo,* et au sol, le van qui transporte les astronautes jusqu'à leur fusée. On a particulièrement aimé les unes de journaux du monde entier datées du 22 juillet 1969 (au lendemain du 1er pas sur la Lune), mises en valeur sur des

UN ANCIEN NAZI BOOSTE LA NASA

L'ingénieur allemand Wernher von Braun, qui développa durant la Seconde Guerre mondiale les missiles V2, fut récupéré en 1945 par l'armée américaine pour la mise au point de missiles balistiques... Dès la création de la NASA en 1958, il y occupa des fonctions dirigeantes, participa aux programmes des vols habités Mercury *et* Gemini, *avant de prendre en charge la conception de la fusée géante* Saturn V, *essentielle à la réussite des missions lunaires américaines.*

présentoirs, qui entourent le module lunaire. La ***Apollo Treasures Gallery*** présente de vrais équipements (la combinaison de Shepard notamment), objets et accessoires utilisés par les astronautes des missions *Apollo* ou rapportés de la Lune par leurs soins. Et même un bout de caillou lunaire, un vrai !
Enfin, le ***Lunar Theater*** présente l'entrée dans la légende d'*Apollo 11*. On assiste à l'alunissage émouvant du LEM le 21 juillet 1969 et aux 1ers pas d'Armstrong sur la Lune : « Un petit pas pour l'homme, un grand pas pour l'humanité » ! Pour les plus jeunes, ateliers interactifs et pédagogiques.

Les attractions du *Visitor Complex*

Un conseil : organisez bien votre journée en amont, en fonction des attractions que vous souhaitez faire en priorité.

Rocket Garden : 5 visites guidées/j. Durée : env 20 mn. Le plus beau des comités d'accueil que cette forêt de métal en plein air s'élançant vers la stratosphère... Une bonne dizaine de fusées construites pour être lancées, mais qui n'ont finalement jamais été mises à feu (pas des copies !). Visite guidée courte, passionnante et passionnée (enfin un humain et pas un écran) qui vous permet d'en apprendre un peu plus sur ces merveilles, ainsi que les ingénieurs et les scientifiques qui mettent au point. Superbe entrée en matière.

Heroes and Legends : prévoir 1-2h de visite. Situé à l'entrée du site, cet espace propose une immersion dans l'histoire de la conquête spatiale à travers ses figures héroïques. Le voyage commence par une expérience multisensorielle en 4D saisissante, qui nous embarque à bord d'un vaisseau pour un extraordinaire voyage dans l'espace. Puis belle expo dédiée aux astronautes et aux missions spatiales, avec anecdotes et objets personnels à la clé ; on y voit notamment la salle de contrôle de la 1re mission de la NASA, *Mercury*, en 1962 ! Curieux, passionné, altruiste, on y découvre les qualités qui définissent les voyageurs de l'espace, à la belle devise *Ad Astra per aspera* (« Par des sentiers ardus jusqu'aux étoiles »). Enfin, on arrive dans le *Hall of Fame*, où tous les héros américains sont présentés en photos et vidéos par une mise en scène un brin futuriste : kiosques interactifs pour papoter avec les astronautes, et même faire quelques selfies ! Éléments de l'aventure « Objectif Lune ».

Gateway : prévoir 1-2h de visite. Après l'histoire, l'avenir. Énorme bloc noir pile dans la perspective de l'entrée. Ce gigantesque espace accueille des modèles de navettes et de capsules actuellement utilisées ou en projet, ne cachant rien de ses partenariats avec des opérateurs privés. Destination : « l'espace lointain », en clair Mars et consœurs. Propulseurs, habitacle, équipement, tout y est. Sur la mezzanine, petite mais intéressante exposition sur les satellites de toutes sortes et leurs usages, et surtout accès à 4 animations à sensations : *Cosmic Wonders, Daring Explorers, Red Planet, Uncharted Worlds*. On apprécie particulièrement les 2 dernières, l'une projetant dans un voyage vers Mars, l'autre à la découverte des galaxies encore non cartographiées, non explorées – les *terrae incognitae* de l'avenir. Ludiques et pédagogiques.

Space Shuttle Atlantis : prévoir 2-3h de visite. Devant ce grand hall où est exposée la navette *Atlantis*, on admire d'abord ses 2 propulseurs et son énorme réservoir de carburant ; équipements annexes aidant au décollage, puis largués successivement une fois dans l'espace. À l'intérieur du hall, un film présente la genèse de la création des navettes dans les années 1960, puis la résolution des défis techniques avant le 1er tir de *Columbia* le 12 avril 1981 ; le tout agrémenté de belles images d'ambiance et de panoramas extraordinaires de notre belle planète... On s'émerveille ensuite devant la mythique navette, qui a réalisé son dernier vol en 2011 après 3 décennies de bons et loyaux services rendus à la NASA et à la Station spatiale internationale. *Atlantis* est ainsi exposée à plus de 10 m de hauteur – comme si elle était en apesanteur dans l'espace –, les 2 portes de sa soute grandes ouvertes. Là, des écrans et autres simulateurs interactifs expliquent le travail des hommes et femmes en mission dans l'espace. Une fois redescendu au rez-de-chaussée du hall, en admirant sous toutes ses coutures les lignes fluides de la navette *Atlantis* – dont la peinture demeure brûlée par son dernier retour dans l'atmosphère –, d'autres simulateurs montrent l'entraînement des cosmonautes. À ce niveau, le ***Shuttle Launch Experience*** *(durée : env 30 mn ; consigne gratuite obligatoire)* propose de vivre le lancement d'une navette sanglé dans le cockpit ! En intro, on vous explique le processus de tir, l'allumage et la séparation des propulseurs annexes et du réservoir de carburant une fois en l'air. Ça remue un peu, mais au final l'ambiance est plutôt gentillette par rapport aux grands huit flippants des parcs d'Orlando (idéal en famille).

Imax Theater : de très beaux films y sont projetés sur écran géant. ***Asteroid Hunters*** nous emmène à la découverte des astéroïdes : leurs origines, leurs mystères et les différentes techniques pour les détecter. ***The Last Man on the Moon,*** lui, célèbre la dernière exploration lunaire en *live,* qui eut lieu en 1972.

Journey To Mars : Explorers Wanted : *ttes les 30 mn 10h30-17h30. Durée : 30 mn.* Devant un grand écran diffusant de belles images de l'espace, un animateur parle du futur de la recherche spatiale. Explorer la planète rouge vous fascine ? Et si l'on pouvait faire un 1er pas sur Mars dès 2035 ? Après tout, des sondes spatiales l'ont déjà fait ! Justement, la salle abrite les maquettes grandeur nature des robots *Sojourner, Spirit, Curiosity* et *Opportunity,* qui ont usé leurs roues sur ces sols arides. Également une expo interactive amusante pour les enfants : on peut, par exemple, essayer de faire alunir un module spatial ou se faire photographier dans une combinaison d'astronaute et envoyer la photo par mail.

Planet Play : en gros, l'aire de jeux pour jouer au cosmonaute *(2-12 ans).* Des tas d'attractions interactives et de beaux décors recréant l'univers de l'espace et sa vie mouvementée. Pendant ce temps, les parents peuvent décrocher et se rafraîchir au bar.

UN JOB POUR S'ENVOYER EN L'AIR

« Cosmonaute », « astronaute », « spationaute » ou « taïkonaute » sont des mots qui évoquent le même métier. Le terme change en fonction de l'origine de la fusée. À savoir et dans l'ordre : russe, américain, européen ou chinois.

Universe Theater : le cadre de différentes activités et rencontres, à objectif clairement scientifique et technologique. L'exploration spatiale à portée des enfants avec la reconstitution d'un lancement de fusée (*All systems are Go !* – *25 mn*). Mais aussi de la chimie (les 3 états de la matière dans *It's a matter of fact* – *45 mn*), des perspectives sur le travail de la NASA (*Mission Status Briefings* – *20 mn*) et, cerise sur la portion lyophilisée, la rencontre avec un astronaute, un vrai. Le tout suivant la programmation du jour.

DANS LES ENVIRONS DU KENNEDY SPACE CENTER

Merritt Island National Wildlife Refuge : *SR 402, à* ***Titusville.*** *☎ 321-861-0669. • fws.gov/refuge/Merritt_Island • Mar-sam 8h-16h, mais parc accessible du lever au coucher du soleil. Fermé (en principe) 4 j. avt le décollage d'une fusée. Entrée : 10 $ (achat en ligne possible). Loc de jumelles sur place.*

En 1963, la NASA eut la bonne idée de confier une partie de ses immenses terrains – 567 km² – à une association de protection de la nature. La réserve abrite

aujourd'hui plus de 500 espèces d'animaux, dont une vingtaine en voie de disparition, sans oublier quelque 1 000 espèces de plantes. D'une beauté sauvage (plus encore que les Everglades), les différents bras de mer, les marais ou encore les vastes pinèdes et les forêts de mangroves fournissent un habitat riche et varié pour ces animaux menacés.
Le meilleur moyen pour les approcher consiste à suivre le ***Black Point Wildlife Drive,*** une piste d'environ 5 km qui s'enfonce profondément au cœur des marais. Roulant au pas, la voiture s'immisce en douceur dans l'univers des oiseaux migrateurs, alligators, ratons laveurs, papillons... En chemin, une tour d'observation offre un excellent point de vue sur les marais. Pensez aux jumelles... et au spray antimoustiques aux saisons chaudes ! D'autres itinéraires peuvent aussi se parcourir à pied ou en kayak (infos au *Visitor Center,* proposant aussi une petite expo pour se familiariser avec les oiseaux, mammifères, insectes et reptiles de la région).
Et pour les amateurs de bronzette tranquille, le site est bordé par la fameuse ***playa Linda,*** l'une des plus belles et des plus grandes plages sauvages de Floride (baignade non surveillée).

Valiant Air Command Warbird Museum : *6600 Tico Rd, à* ***Titusville.*** *☎ 321-268-1941. • warbirdairmuseum.com • Au sein du Space Coast Regional Airport, à 5 mn du Kennedy Space Center. Tlj 9h-17h. Entrée : 22 $; 10 $ 13-18 ans ; 5 $ 5-12 ans.* Un musée de l'aviation militaire ? Pas très sexy, formulé ainsi ! En fait : une ***superbe collection d'engins volants,*** de toutes tailles et natures (hélicos inclus), spectaculairement entretenus et dont certains volent encore (ou à nouveau). Première et Seconde Guerres mondiales, guerre de Corée ou guerre du Vietnam : dans le hangar principal en particulier, des forteresses aux avions de chasse, tous dessinent une véritable fresque de l'histoire américaine. On déambule entre les ailes, sous les carlingues et près des hélices. On peut même grimper dans un cockpit ! On croise le B-52, surnommé « BUFF » (*Big Ugly Fat Fellow,* tout un programme...), utilisé pour les campagnes d'Irak ou d'Afghanistan. Ou un C123 K, qui déversait du défoliant pendant la guerre du Vietnam. Le A7A Corsair, siglé « *US Navy* », décolle d'un porte-avions. Certains arborent des dents de requin, d'autres des personnages de cartoon... Un des plus impressionnants reste ce splendide C-47, flanqué d'une belle pin-up et baptisé *Tico Belle,* qui a participé au débarquement du 6 juin 1944. Et à l'horizon, la piste où sont testés les engins en cours de restauration... Demandez aux adorables bénévoles (des vétérans en général) de vous y accompagner. Ils racontent avec plaisir le passé de tous ces oiseaux d'acier. Une visite pour grands et petits, particulièrement passionnante ! Simulateur pour entraînement *home made* pour les plus mordus *(à partir de 20 $ les 20 mn).*

SÉJOURNER AUTOUR DE CAPE CANAVERAL

2 villes-étapes qui ont pour principal intérêt leur proximité avec le Kennedy Space Center : ***Cocoa Beach*** et ***Titusville.***

COCOA BEACH

Située à 30 mn en voiture au sud-est du Kennedy Space Center, ***Cocoa Beach*** est une charmante station balnéaire populaire. Sa route principale (l'A1A) – parallèle à la mer – est bordée de motels, restos et boutiques de surf en tout genre. Belle plage pas surpeuplée, très prisée des *waveriders.* Car c'est ici qu'est né Kelly Slater, 11 fois champion du monde de surf ; alors pensez bien que les surfeurs du monde entier accourent pour voir la vague qui a enfanté un *rider* aussi glorieux !

En face, reliée à Cocoa Beach par des ponts, la petite ville de ***Cocoa*** mérite une halte pour son petit quartier historique (Cocoa Village). Quelques bâtiments fin XIXe s restaurés y font bonne figure, de même que la mignonne Brevard Avenue, bordée de quelques bars et restos. Belles plages, sans voitures ! Enfin, un peu au nord de Cocoa Beach se trouve ***Port Canaveral,*** l'un des plus importants ports du monde en nombre de croisiéristes sur le départ, après celui de Miami... Un ensemble attrayant.

Adresses utiles

Space Coast Office of Tourism - Visitor Information Center : *267 W Cocoa Beach Causeway. ☎ 321-433-4470. • visitspacecoast.com •* Un point d'information qui peut vous éclairer sur les possibilités d'activités locales. Carte du coin, infos sur les loisirs *outdoor* (kayak, paddle-surf, surf, kitesurf...) et les locations de vélos, brochure avec coupons de réduction.

Transports urbains : avec *Space Coast Area Transit. • 321transit.com •*

Office de tourisme - Cocoa Beach Regional Chamber of Commerce : *400 Fortenberry Rd. ☎ 321-459-2200. • visitcocoabeach.com •* Nombreuses informations en ligne, générales (brochures à imprimer) ou spécifiques (départs de fusées, informations pour surfeurs, croisières) et une application gratuite *Visit Cocoa Beach* (Google Play et App Store).

Ron Jon Surf Shop : *4151 N Atlantic Ave. Tlj 9h-23h.* Pseudo-temple grec avec sculptures de vagues en guise de piédestal... Impossible de rater les bâtiments de ces immenses boutiques appartenant à un surfeur mythique des années 1960 : planches, vêtements, accessoires, souvenirs... Pour le touriste de passage, location de planches. Un lieu incroyable !

Où dormir ?

Camping

Jetty Park at Port Canaveral : *9035 Campground Circle, à **Cape Canaveral.** ☎ 321-783-7111. • portcanaveral.com/jpc • Juste au nord de Cocoa Beach. Compter 39 $ en hiver (de mi-nov à mi-avr) pour 2 avec tente et voiture, 29 $ en été ; cabin 140 $.* À 2 pas d'un joli bout de plage préservé derrière un petit cordon dunaire, un camping pratique mais sans grand charme. Peu de verdure, absence de délimitation entre les emplacements. Également quelques bungalows (2-4 personnes) avec cuisine et salle de bains. Épicerie, jeux pour enfants.

Prix moyens

Sea Aire Oceanfront Inn : *181 N Atlantic Ave (A1A). ☎ 321-783-5494. • seaairemotelcocoa.com • Doubles 119-179 $ (parking inclus).* Une affaire de famille depuis 1950, qui a hébergé des célébrités (les 1ers astronautes américains entre autres), mais reste d'une modestie de violette. Plantés sur une pelouse devant la plage, 2 bâtiments bleutés abritant un petit motel à l'ancienne mais fort bien tenu. Une quinzaine de chambres confortables et soignées, toutes avec cuisine. Tarifs variant selon la situation : route, jardin ou mer. Terrasse couverte avec tables, bancs, BBQ et, cerise sur le motel, un accès privé à la plage ! Accueil chaleureux et plein de bons conseils. Et pour le petit déj, une fabuleuse adresse à 2 pas (voir « Où manger ? »). Notre adresse préférée à Cocoa Beach.

Chic

The Inn at Cocoa Beach : *4300 Ocean Beach Blvd. ☎ 800-343-5307. • theinnatcocoabeach.com • Au bord de l'océan, dans la rue parallèle à Atlantic Ave (A1A). Doubles 155-225 $, parking et petit déj inclus.* Installé dans un bâtiment rose de caractère, ce bel hôtel offre de splendides chambres

– tournées vers le jardin ou la mer –, aménagées avec élégance : beau mobilier en bois clair, joli carrelage au sol, déco soignée et élégante... Piscine chauffée dans le jardin, accès direct à la plage. Salon cosy à la réception. Accueil personnalisé, et *wine & cheese* servi en soirée, transat et parasol fournis. Une adresse de charme avec une vraie personnalité et un très bon rapport qualité-prix en définitive.

Où manger ?

Spécial petit déjeuner

Simply Delicious Cafe & Bakery : *125 N Orlando Ave. Tlj sauf lun-mar 8h-15h (14h dim). Plats 8-15 $.* Une maison jaune dans un quartier calme et vert... On est séduit par le cadre frais et coloré de l'endroit, autant que par les délicieux petits déj, copieux et pas chers du tout. À l'heure du lunch, également des soupes, salades, sandwichs, etc. Une adresse formidable mais souvent bondée, succès oblige !

De bon marché à prix moyens

Publix : *5645 N Atlantic Ave. Tlj 7h-22h (21h dim). Plat max 10 $; couverts en plastique fournis.* Grand supermarché très complet où l'on trouve de quoi se constituer un repas ou un pique-nique : salades, sandwichs, plats à emporter, sushis, pâtisseries, salade de fruits... *Autre adresse au 2067 N Atlantic Ave (mêmes horaires).*

Papa Vito's : *6200 N Atlantic Ave. Tlj sauf lun 10h-22h (minuit ven-sam). Plats 10-24 $.* Installé dans un ancien motel des années 1940, c'est pour beaucoup le meilleur italien de Cocoa Beach. Pizzas généreuses et goûteuses, vendues à la part (les fauchés apprécieront). Bon choix de salades également. Ne désespérez pas de la file d'attente, ça vaut le coup. On peut aussi prendre à emporter et dévorer sur la plage.

De prix moyens à chic

Seafood Atlantic : *520 Glen Cheek Dr, à* ***Cape Canaveral.*** *☎ 321-784-1963. Tlj sauf lun-mar 11h-19h. Assiettes 10-25 $.* Un endroit idéal pour déjeuner. Il s'agit avant tout d'un mini-marché aux poissons, qui se fournit auprès de pêcheurs artisanaux locaux – on peut donc y faire ses courses et cuisiner de son côté. Qui veut consommer sur place s'installe sur une terrasse avec vue (plutôt indus que romantique) sur l'eau. Rien de compliqué, salades, sandwichs, tacos, mais tous garnis de produits savoureux, d'une fraîcheur imparable. Avec de la chance, vue sur une fusée parée au décollage.

Grills Seafood Deck and Tiki Bar : *500 Glen Cheek Dr, à* ***Cape Canaveral.*** *☎ 321-868-2226. Tlj sauf lun 7h-22h (23h ven-sam). Assiettes 10-25 $.* Comme son nom l'indique : bar en bois avec terrasses et paillottes où l'on mange des produits de la mer. C'est frais, c'est bien fait, l'accueil est aimable, les prix ne sortent pas des clous. Voisin du précédent, donc même vue sur le port et la base de lancement. Fait aussi des petits déj. On aime.

Fishlips Waterfront Bar & Grill : *610 Glen Cheek Dr, à* ***Port Canaveral.*** *☎ 321-784-4533. Lun-ven 11h-21h, sam 11h-22h, dim 10h-16h (variations possibles). Plats 13-22 $.* Resto planté sur un quai de Port Canaveral, très prisé des locaux. Ici, le poisson se décline à toutes les sauces : cru, cuit ou seulement doré, on le déguste dans des boîtes rondes en bambou. Également des soupes, salades, sandwichs et autres viandes pour les irréductibles. À l'étage, une grande salle très animée en soirée, avec bar central, planches de surf et méchants requins aux murs, écrans TV pour les soirs de match et terrasse sur le port.

Luna Food&Wine : *8 Minutemen Cswy. ☎ 321-783-6858. Tlj sauf mer 17h-20h (21h ven-sam), plus 12h-14h sam-dim. Plats 26-34 $.* À 2 pas de la plage, on repère de loin ce petit local minimaliste grâce à son énorme tortue et autres requins peints sur la devanture ! Il abrite un resto au cadre chic (nappes blanches) vanté par les gens du coin. À la carte, essentiellement du poisson et des fruits de mer bien frais, cuisinés à la sauce exotique. Une belle adresse, cosy à souhait, pour un dîner en amoureux.

Où boire un verre ? Où sortir ?

Rikki Tiki Tavern – Cocoa Beach Pier : *401 Meade Ave. Tlj 11h-21h (22h ven-sam).* Délicieux endroit que cette jetée de bois sur pilotis. On aime ses panneaux, élégants et intéressants, racontant l'histoire de Cocoa Beach, l'impact du spatial sur la ville. On adore sa vue sur la plage ponctuée de parasols de couleur, très graphique. Et, dans la cabane pittoresque posée au bout de la jetée, on sacrifie à la tradition locale : descendre une petite mousse ou un cocktail maison, au soleil couchant, en regardant les derniers surfeurs se faire mousser sur le *swell*. Idéal aussi contre le soleil de plomb à midi. Restaurants également.

Coconuts on the Beach : *2 Minutemen Cswy. Tlj 11h-22h (fin des commandes en cuisine).* C'est gai, c'est coloré, c'est bondé. On vient surtout pour la belle terrasse donnant sur la plage, avec bar circulaire, où jeunes et moins jeunes se retrouvent en fin de journée pour commenter les vagues du jour. Concerts presque tous les soirs (programmation en ligne sur • *coconutsonthebeach.com* •).

Carib Brewery : *200 Imperial Blvd, à **Cape Canaveral.** Lun-mer 13h-21h, jeu-sam 13h-22h, dim 13h-19h.* Pour les amateurs de bière, un bar inclus dans une brasserie, avec vue sur les installations. À la découverte des cervoises floridiennes. Grignotage possible.

Sans oublier ***Fishlips Waterfront Bar & Grill*** (voir précédemment dans « Où manger ? »).

À faire

Trois belles plages agrémentent encore un séjour à Cocoa Beach : du nord au sud, ***Lori Wilson Park, Robert P. Murkshe Memorial Park, 2nd Light*** Beach (pas d'indication pour celle-ci, c'est celle du 2e feu en venant du sud », mais Google Maps la connaît sous ce nom). Ici, pas de voiture sur les beaux rubans de sable ! On y accède par des passerelles de bois, qui traversent un écran de verdure (essentiellement du raisinier bord de mer) isolant la plage de la route. Vraiment séduisant.

TITUSVILLE

À environ 20 km à l'est du Kennedy Space Center, une petite bourgade sans grand charme. Pour un hébergement de passage exclusivement.

Où dormir ?

Le prix des hébergements augmente lors des lancements de fusées *(launches)*.

Camping

Manatee Hammock Campground : *7275 S US 1. ☎ 321-264-5083. • brevardfl.gov • À une dizaine de km au sud de Titusville. Env 40-45 $ pour 2 avec tente et voiture.* Beau camping pour planter ses sardines sous une forêt de pins, de palmiers et de bouleaux. Pas mal de camping-cars, mais les espaces tentes profitent de la meilleure place, en bord de rivière. Juste en face, romantique ponton sur l'eau pour observer la faune. Piscine, jeux pour enfants, sanitaires nickel. On observe parfois des lamantins dans la rivière... On a trouvé notre petit coin de paradis !

Chic

Casa Coquina B & B : *4010 Coquina Ave. ☎ 321-268-4653. • casacoquina.com • En retrait de l'US 1. Doubles à partir de 160-245 $, petit déj compris.* Cette charmante maison de 1927, à l'étonnante façade en trompe-l'œil, abrite une dizaine de confortables suites à thème, dans un univers délirant qui rappelle un peu celui de Tim Burton : de la « Black Pearl » (notre préférée !) au style oriental, avec petit salon donnant sur l'Indian River et baignoire jacuzzi, à la « Ruby », de style Belle Époque, dans les tons rouges, avec salle de bains à l'ancienne, en passant par la « Topaz », dans les tons violets, avec estampes et mobilier chinois... Petit salon-bibliothèque et agréable jardin japonisant. Une belle adresse.

Holiday Inn : *4715 Helen Hauser Blvd. ☎ 321-383-0200. • ihg.com • Doubles 100-190 $.* Dans la zone où sont concentrés les hôtels de chaîne de Titusville, celui-là, bien à l'écart de la route, reste le meilleur rapport qualité-prix (à condition de s'y prendre tôt !). Les chambres, à la déco on ne peut plus classique, sont assez grandes et bien équipées. Rien d'exceptionnel si ce n'est une situation pratique à 20 mn en voiture du Kennedy Space Center.

Où manger ? Où boire un verre ?

Spécial petit déjeuner

Sunrise Bread Co. : *315 S Hopkins Ave. ☎ 321-268-10009. Dans le vieux centre de Titusville, juste en face de l'église. Lun-sam 6h (7h sam)-15h30, dim 7h-14h30. Moins de 10 $.* On s'est régalés dans cette boulangerie-salon de thé (muffins, scones, cookies, *oatmeals*...). À dévorer avec un café dans une salle toute simple mais claire et agréable. Bien aussi pour une pause sandwich le midi. Une excellente adresse.

De prix moyens à chic

El Leoncito : *4280 S Washington Ave (US 1). ☎ 321-267-1159. À la sortie sud de la ville. Tlj 11h-21h30 (22h ven-sam, 21h dim). Plats 8-15 $.* Chaleureux resto multicolore, avec une 2de salle plus lumineuse au fond, mitonnant un choix varié d'honnêtes plats mexicains et cubains. Bon, d'accord, ça manque un peu de finesse, mais c'est pas cher et copieux ! Une adresse très courue, entre amis ou en famille, où bières mexicaines, mojitos et margaritas coulent à flots. Mariachis certains soirs.

Dixie Crossroads : *1475 Garden St. Dans le centre, une rue perpendiculaire à l'US 1. Tlj 11h-21h (22h ven-sam). Plats 9-25 $.* Jolie maison style caraïbe, abritant une usine à manger de la crevette, véritable institution locale ! Pas de la grande cuisine, mais des spécialités de poisson et fruits de mer bien frais qui remportent tous les suffrages. Bien sûr, quand vous visez les langoustes, attendez-vous à voir les prix grimper... Cadre simple avec mobilier en bois clair et déco marine.

ST AUGUSTINE

15 000 hab.

• Plan *p. 260-261*

Fondée en 1565 par les Espagnols, St Augustine se dit la plus vieille ville des États-Unis, et le clame haut et fort ! Mais c'est oublier que Pensacola l'a précédée de 6 ans... Peu importe qui gagne cette guéguerre, cela n'enlève rien

au charme de cette petite ville, aux airs de village face à l'échelle démesurée des États-Unis. Ici, pas de gratte-ciel, mais d'adorables maisons colorées avec de romantiques balcons en fer forgé. Chaque morceau de bois ou de *coquina* (brique naturelle en concrétions de coquillages) de plus de 100 ans fait l'objet d'une restauration attentive. La légende dit même que certains lieux sont hantés...
St Augustine s'apparente donc à une gentille ville de province, presque européenne, avec son centre « historique » réhabilité et piéton. Idéal pour se balader à pied d'un centre d'intérêt à un autre. Séduisante, cette station balnéaire réputée vit tranquillement du passage des touristes qui se dirigent vers le sud, en quête d'un soleil toujours plus chaud. Un coup de cœur.
Pour la découvrir sous son plus beau jour (ou plutôt sous sa plus belle nuit !), allez-y entre mi-novembre et fin janvier lors des *Nights of Lights,* la ville se pare alors de millions de lumières dorées.

UN PEU D'HISTOIRE

Après la ***1re expédition de Ponce de León*** (prononcer « Poncé dé Léone ») au début du XVIe s dans le secteur, c'est son compatriote ***Pedro Menendez de Aviles*** qui prit vraiment possession des lieux avec 700 colons, le ***28 août 1565,*** le jour de la ***Saint-Augustin.*** Puis, sans attendre, il massacra les huguenots (les Français protestants) installés dans la baie voisine à Fort Caroline. Ces derniers venaient de subir la perte de leur flotte suite à une tempête. C'était le 3 septembre 1565, et il ne resta aucun survivant. Voilà l'origine du nom de Matanzas River (*matanza* signifiant « massacre » en espagnol) !
La ville devint le ***camp de base de l'expansionnisme espagnol*** sur le continent nord-américain. Mais c'était compter sans la détermination des huguenots. En 1567, ***Dominique de Gourgues,*** venant de France pour venger la mort de ses amis, s'associa avec des Indiens, reprit Fort Caroline, puis les forts espagnols. À son tour, il tua leurs occupants, en les faisant pendre. Justice était rendue ! Mais la présence des Français en resta là. Leur flotte retourna en Europe.
21 ans plus tard vinrent les Anglais qui, sous le commandement du célèbre marin corsaire ***sir Francis Drake,*** pillèrent et incendièrent la petite cité. Pour cette raison, la régente d'Espagne décida de faire bâtir le ***Castillo de San Marcos,*** dont la construction dura 23 ans. De nouvelles destructions, au cours du siècle suivant, rythmèrent l'histoire de la ville, qui passa plusieurs fois des mains des Espagnols à celles des Anglais. Finalement, en 1821, les Espagnols furent acculés à vendre ce territoire à la jeune Amérique, dont les troupes du général Jackson avaient déjà grignoté une partie du territoire, lors des représailles contre les Indiens séminoles.
Mais le véritable mécène de la ville fut l'***homme d'affaires Flagler*** (1830-1913), associé, entre autres, de Rockefeller. Il y construisit dès 1885 le ***1er hôtel de Floride :*** le *Ponce de León,* ensuite transformé en université. C'est en 1888 que Flagler bâtit l'hôtel *Alcazar,* aujourd'hui devenu le Lightner Museum (lire plus loin « À voir »).

LE NORD-EST

Arriver – Quitter

En bus

St Augustine Greyhound Bus Stop *(plan C1)* **:** *Cordova St, derrière l'office de tourisme, sur le côté du parking. Achat des tickets : • greyhound.com* • Liaisons quotidiennes avec Miami, Tampa, Orlando, Daytona Beach...

En avion et en train

L'***aéroport*** et la ***gare ferroviaire Amtrak*** les plus proches se situent à Jacksonville, env 70 km au nord de St Augustine.

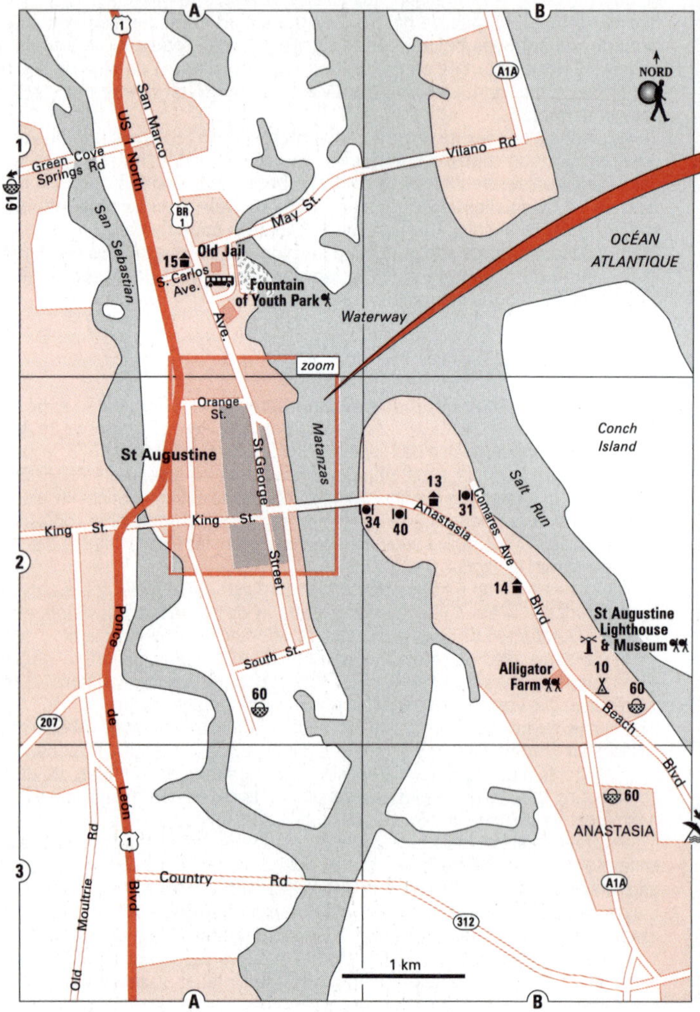

Adresses utiles

- Office de tourisme – Visitor Center (C-D1)
- 2 Solano Cycle (location de scooters ; C1)
- 3 Saint Augustine Bike Rentals-Fun Rentals (C2)

Où dormir ?

- 10 Anastasia State Park (B2)
- 11 Pirate Haus Inn (D2)
- 13 Budget Inn (B2)
- 14 Holiday Inn (B2)
- 15 The Cozy Inn (A1)
- 16 Villa Victor (C1)
- 17 The Bayfront Inn (D3)
- 18 St. Francis Inn B & B (D3)
- 19 Carriage Way B & B (C-D1-2)
- 20 Victorian House B & B (D2-3)
- 21 Bayfront Marin House B & B (D3)

Où manger ?

- 30 Mary's Harbor View Café (D2)
- 31 The Conch House Restaurant (B2)
- 32 Pizza Time (D2)
- 33 Schmagel's Bagels (C-D2)

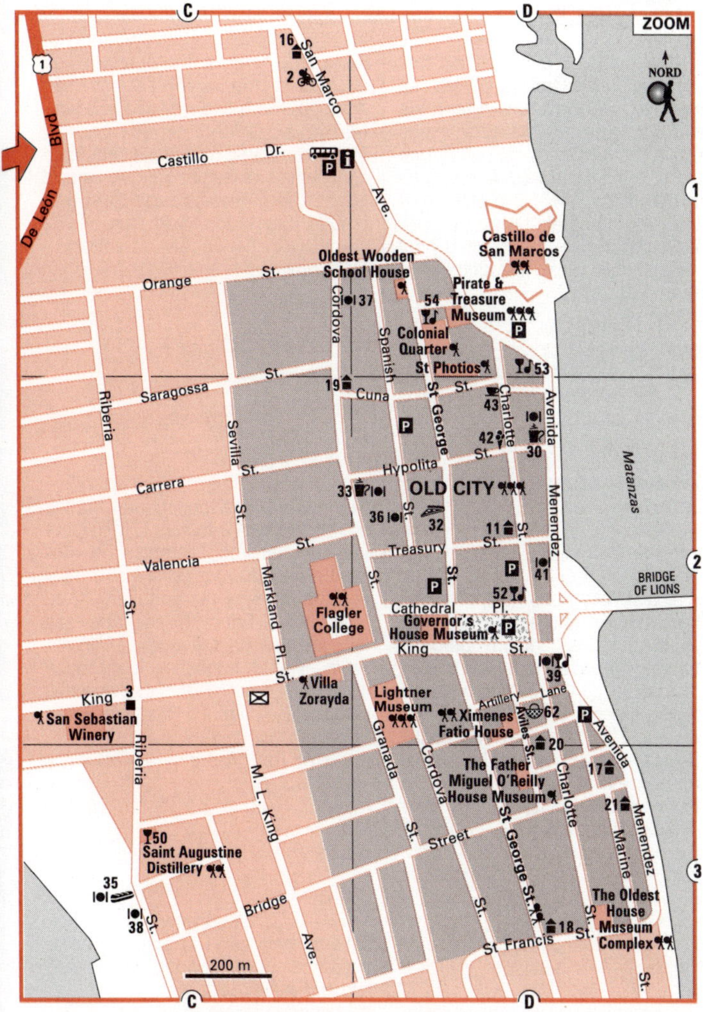

ST AUGUSTINE

34 Gas Full Service Restaurant (A-B2)
35 Crave Food Truck (C3)
36 The Floridian (D2)
37 Mojo BBQ Old City (C-D1)
38 St. Augustine Fish Camp (C3)
39 A1A Ale Works (D2)
40 O'Steen's Restaurant (B2)
41 Harry's Seafood Bar & Grille (D2)

Où déguster une bonne glace ? Où boire un bon café ?

42 The Hyppo (D2)
43 Crucial Coffee Cafe (D2)

Où boire un verre ? Où sortir ?

39 A1A Ale Works (D2)
50 Ice Plant Bar (C3)
52 Trade Winds Tropical Lounge (D2)
53 No Name Bar (D1)
54 Colonial Oak Music Park (D1)

Achats

60 Farmers Markets (A2 ; B2 ; B3)
61 St Augustine Premium Outlets (hors plan par A1)
62 Bouvier Maps&Prints (D2)

Orientation

Le centre historique se concentre tout au long de ***Saint George Street.*** La plage, elle, se trouve sur ***Anastasia Island,*** à quelques kilomètres à l'est du vieux centre, de l'autre côté du *Bridge of Lions.* Sur ***San Marco Avenue,*** au nord du centre-ville, les motels sont meilleur marché mais un peu excentrés. Compter alors 20-25 mn à pied pour rejoindre le centre historique. Rien d'insurmontable.

Partout de l'eau : sur le continent, en deçà de la côte, la ville est traversée dans l'axe nord-sud par la ***San Sebastian River.*** Celle-ci se jette dans la ***Matanzas River,*** qui baigne cette côte continentale et les sépare d'Anastasia Island. L'île d'Anastasia est elle-même fendue d'un lagon, ***Salt Run.*** Enfin, au-delà de l'île, l'océan Atlantique... Élémentaire, mon cher Watson !

Adresses et infos utiles

Infos touristiques et services

Office de tourisme – Visitor Center *(plan C-D1)* **:** *10 S Castillo Dr. ☎ 904-825-1000. • citystaug.com • Dans une grande bâtisse à l'angle de San Marco Ave. Tlj 8h30-17h30.* Dans un espace vaste et agréable, nombreuses informations, et une expo historique attrayante et intéressante. S'y procurer la brochure *Attractions & Sightseeing Tour Services,* contenant des coupons de réduction pour les restos et attractions de la ville, et la carte touristique de la ville. Bons conseils. Une bonne entrée en matière.

Farmers Markets : ***Old City Farmers Market*** *(plan B3, **60**), St Augustine Amphitheater, 1340 A1A ; sam 8h30-12h30. Également le* ***Wednesday Pier Farmers Market*** *(plan B2, **60**), St John's County Pier, 350 A1A Beach Blvd ; mer 8h-12h. Enfin, le* ***Lincolnville Farmers Market*** *(plan A2, **60**), Eddie Vickers Park, 399 S Riberia St ; pas de calendrier fixe (se renseigner au Visitor Center).* Des marchés fermiers où l'on retrouve une poignée de petits producteurs : fromages, légumes, etc. Idéal pour se composer un pique-nique à engloutir sur la plage !

Transports en ville

Old Town Trolley Tours : *• trolleytours.com/st-augustine • Départ tlj sauf Noël, ttes les 15-20 mn, 9h-16h30, devant* The Old Jail *(plan A1 ; 167 San Marco Ave ; parking gratuit). Tarif : env 36 $; 17 $ 6-12 ans ; gratuit jusqu'à 5 ans. Achat des tickets en ligne, sur place ou à l'office de tourisme.* Ces petits trains touristiques orange et vert tortillent à travers la ville pour rejoindre environ 25 centres d'intérêt. En plus du tour de la vieille ville, le billet donne accès gratuitement au St Augustine History Museum ainsi qu'à une navette reliant la plage, l'Alligator Farm et le St Augustine Lighthouse & Museum, durant 3 jours. Les navettes vers la plage partent à l'angle de Aviles Street et King Street *(plan D2 ; 1 bus/h).*

Red Train Tours : *170 San Marco Ave. • ripleys.com/staugustine • Départ tlj, ttes les 20-30 mn, 10h-17h (dernier départ à 16h) en face de* The Old Jail *(plan A1 ; parking gratuit). Tarif : env 36 $; 17 $ 4-11 ans. Achat des tickets en ligne, sur place ou à l'office de tourisme.* En service depuis 1953, cet autre petit train touristique, avec sa vraie locomotive, relie une vingtaine de points d'intérêt de la ville.

Location de vélos : ***Saint Augustine Bike Rentals-Fun Rentals*** *(plan C2, **3**), 125 King St. ☎ 904-547-2074. • funrentalssaintaugustine.com •* Des vélos, des voitures de golf... et la ville se prête particulièrement bien au tourisme à vélo, profitez-en cheveux au vent ! Propose également des tours guidés... à vélo, mais aussi à Segway.

Location de scooters : ***Solano Cycle*** *(plan C1, **2**), 100 San Marco Ave. • solanocycle.com • Tlj 10h-18h.* Dans une ancienne station-service, location de scooters *(à partir de 37 $ pour 2h),* voitures miniatures, poussettes d'enfants...

Parkings : le plus pratique se situe derrière l'office de tourisme *Visitor Center* *(plan C1 ; forfait unique 15 $/j.).* Sinon, dans le centre historique, on trouve des places de parking avec parcmètres *(places payantes en principe tlj sauf dim 8h-17h, mais les horaires peuvent varier d'un emplacement à l'autre ; 1,50 $/h ; durée limitée à 3-4h),* vite saturées. Toujours dans le vieux centre, d'autres parkings : *au pied du Castillo San Marco (plan D1) ; sur Charlotte St (plan D2) ; plaza de la Constitución (face au Government House Museum ; plan D2) ; ainsi que sur l'Avenida Menendez (plan D2).* Et en poussant un peu au sud, au nord et vers l'ouest, on peut aussi se garer gratuitement dans les ruelles et rejoindre le vieux St Augustine à pied (environ 15 mn).

Où dormir ?

Les prix varient selon la semaine et le week-end, et aussi ***en fonction des courses de Daytona*** (St Augustine n'est pas loin). À côté des classiques motels, la ville compte aussi de nombreux *B & B* de charme (chers !) installés dans de charmantes demeures.

CAMPING

Anastasia State Park *(plan B2,* ***10****) :* *300 Anastasia Park Rd (A1A S). Infos : ☎ 800-326-3521. • floridastateparks.org/anastasia • Résa à l'avance conseillée sur • reservamerica.com • Emplacement 36 $ avec eau, électricité et voiture ; dégressif les nuits suivantes (31 $).* Dans un charmant coin de nature sauvage, calme, ombragé, un beau camping aux emplacements vastes et bien délimités, avec tables de pique-nique ; le tout géré par des *rangers.* Nickel ! En chemin, promenade aux *Spanish Carries.* Au bout de la route, longue et belle plage (attention, courants parfois dangereux !). On peut marcher, pêcher, surfer, et aussi louer sur place canoës-kayaks, planches à voile, catamarans, vélos, etc., chez *Anastasia Watersports.* Une adresse idéale pour passer de bonnes vacances au vert !

MOTELS

Bon marché

Pirate Haus Inn *(plan D2,* ***11****) :* *32 Treasury St (angle Charlotte St). ☎ 904-808-1999. • piratehaus.com • Check-in 12h-22h. Résa indispensable. Chambres privées (2-8 pers) 110-200 $, petit déj (pancakes à volonté) compris. 6 places de parking à 15 $/j. (1er arrivé, 1er servi !).* Bienvenue dans l'antre du *captain* Conrad, le sympathique proprio francophone ! Située au 1er étage d'un édifice de 1915, cette ancienne AJ propose plusieurs chambres-dortoirs décorées du sol au plafond, sur des thèmes différents (jungle, pirates, aquarium...). Elles comptent toutes 1 ou 2 lits doubles et 1, 2 ou 3 lits superposés, frigo et salle de bains. Impec ! Petit salon décoré d'un planisphère où chaque routard a planté une aiguille sur son pays d'origine (St Augustine, centre du monde !). Cuisine commune, lave-linge et charmante terrasse pour musarder. Accueil chaleureux, plein de bons conseils.

De prix moyens à chic

Budget Inn *(plan B2,* ***13****) :* *12 Anastasia Blvd. ☎ 904-824-2879. • anastasiainn.com • Doubles 60-120 $.* Planté au bord d'une route, un motel tout simple mais tout frais, bien tenu, aux chambres bien insonorisées, dotées du confort standard américain. *Less is more* : pas de moquette au sol ! Une adresse accueillante et bon marché ; le parfait plan routard.

Holiday Inn *(plan B2,* ***14****) :* *601 Anastasia Blvd. ☎ 904-825-4535. • staugustineinnhotel.com • Doubles 170-270 $, petit déj compris. Parking gratuit.* Dans un bâtiment moderne situé en bord de route mais bien insonorisé, c'est un petit hôtel de chaîne d'une cinquantaine de chambres, contemporaines, confortables et impeccables. Piscine et jacuzzi de poche. Ça sent le propre et le désir de bien faire.

Villa Victor (plan C1, **16**) : *42 San Marco Ave. ☎ 904-829-2292. • choicehotels.com • Doubles 170-460 $. Parking 10 $.* À 5 mn à pied du centre-ville, un établissement moderne sur 3 étages disposant de chambres spacieuses et lumineuses. Lit confortable et calme absolu la nuit. Piscine extérieure avec transats. Éviter le week-end (prix surévalués).

Chic

The Bayfront Inn (plan D3, **17**) : *138 Avenida Menendez. ☎ 904-824-1681. • bayfrontinn.com • Doubles 170-350 $, petit déj compris. Parking gratuit.* Face à la rivière Matanzas, cet hôtel nous a plu pour son emplacement. À 5 mn à pied du centre historique, il donne sur l'eau et se situe juste à l'entrée du Bridge of Lions, que l'on emprunte en voiture pour se rendre à la plage. L'hôtel abrite une quarantaine de chambres, modernes, claires et impeccables. Préférer celles à l'étage pour la vue sur l'eau. Petite piscine.

B & B

Le site internet *• staugustineinns.com •* recense ***la plupart des B & B de la ville*** : bien pratique pour faire son choix et réserver. Ils sont tous plus ravissants les uns que les autres, situés dans des quartiers résidentiels et calmes, mais chers – de chic à très chic – et largement surévalués ! Le petit déjeuner, souvent fait maison, est toujours compris. Attention, les enfants ne sont pas toujours admis dans ces maisons centenaires. Voici nos adresses préférées.

The Cozy Inn (plan A1, **15**) : *202 San Marco Ave. ☎ 904-824-2449. • thecozyinn.com • Résa très conseillée. Doubles 140-160 $.* Réparties de part et d'autre de la route, dans plusieurs jolies maisons proprettes de style traditionnel, une vingtaine de belles chambres tout confort, insonorisées et aménagées avec goût. Les plus chères sont vraiment spacieuses et équipées de cuisine et salon. Petite piscine. Une très belle adresse à l'excellent rapport qualité-prix, à 20 mn à pied du centre historique (la seule qui maintienne les mêmes prix toute l'année, au lieu de s'enflammer pendant les week-ends ou en haute saison !).

St. Francis Inn B & B (plan D3, **18**) : *279 Saint George St (angle Saint Francis St). ☎ 904-824-6068. • stfrancisinn.com • Résa conseillée. Doubles 235-400 $, petit déj compris ; cottages et bungalows 4-6 pers également. Parking gratuit.* Au sud du centre historique – loin de la cohue touristique –, cette auberge de charme, construite en 1791, accueille les voyageurs depuis plus d'un siècle. À dispo, une quinzaine de chambres coquettes, toutes différentes, installées dans 2 villas, l'une en bois, l'autre en pierre, ornées de balcons. Salon commun cosy, un brin pension de famille. Jardin fleuri reposant, avec ses tables en fer forgé, sa fontaine qui glougloute et sa piscinette à l'écart. Également un cottage avec 2 chambres, 2 salles de bains, cuisine, salon et salle à manger ; et un bungalow avec une chambre et cuisine. Et puis une maison en bord de plage, avec cuisine, 2 chambres et terrasse. Prêt de vélos. Accueil délicieux et service impeccable – on se pliera en 4 pour embellir votre séjour. Et s'il n'y a plus de place ici, renseignez-vous sur le *Bed & Breakfast* en ville du même propriétaire, **Casa de Sueños** (*• casadesuenos.com •*).

Carriage Way B & B (plan C-D1-2, **19**) : *70 Cuna St. ☎ 904-829-2467. • carriageway.com • Doubles 190-400 $. Plus de 21 ans seulement. Parking gratuit.* Charmante maison victorienne bleu et blanc édifiée en 1883, avec véranda et balcons fleuris pour buller en se balançant sur un rocking-chair ou une balancelle. Au choix, une quinzaine de chambres colorées, proprettes et douillettes, pleines de dentelles et agrémentées pour certaines de salles de bains *old style*. Ça donne envie de cocooner... Également un cottage voisin chic pour 6 personnes. Prêt de vélos.

Victorian House B & B (plan D2-3, **20**) : 11 Cadiz St. ☎ 904-824-5214. • victorianhousebnb.com • Doubles 160-390 $. Parking gratuit. Nichée au cœur du vieux St Augustine depuis 1895, c'est une belle demeure victorienne beige et bleu en bois. Une dizaine de chambres confortables et soignées, dispatchées jusque dans la maison voisine. Des lits à baldaquin aux dessus-de-lit en quilt, en passant par les broderies, les meubles et bibelots anciens, sans oublier les bouquets de fleurs, l'atmosphère y est en tout point charmante ! Si c'est complet, s'orienter vers la ***Casa de Solana*** : mêmes propriétaires, même style (• casadesolana.com •).

Bayfront Marin House B & B (plan D3, **21**) : 142 Avenida Menendez. ☎ 904-824-4301. • bayfrontmarinhouse.com • Doubles 300-400 $. Parking gratuit. Posée face à la mer, cette élégante maison victorienne fleurie cache une quinzaine de chambres spacieuses et confortables. La plupart offrent une vue sur l'eau et le phare au loin, et comptent un jacuzzi. Déco à l'esprit baroque ou romantique, avec une foule d'objets anciens. Et si votre chambre n'a pas de balcon, rendez-vous sur la terrasse commune pourvue de quelques transats et gros coussins, ou dans le jardin pour se prélasser dans un hamac. Une adresse de charme.

Où manger ?

Spécial petit déjeuner

Mary's Harbor View Café (plan D2, **30**) : 16A Avenida Menendez. ☎ 904-825-0193. Tlj 7h-16h. Plats 6-17 $. Une institution locale. Dans cette minuscule salle souvent pleine à craquer, on vient se caler d'un petit déj typiquement américain : œufs sur le plat, brouillés ou en omelette, toasts, et pourquoi pas quelques fruits frais... Les gros appétits se régaleront des *Mary's specialities* : bacon, patates, toasts, fromage, de quoi rassasier les plus féroces appétits ! Également quelques sandwichs et salades pour le déjeuner.

Schmagel's Bagels (plan C-D2, **33**) : 70 Hypolita St (angle Cordova St). Tlj sauf mar-mer 8h-13h (ou jusqu'à épuisement du stock). Bagels garnis 5-13 $. Installez-vous confortablement sur la grande terrasse extérieure, cosy et bien arborée, pour déguster les meilleurs bagels de la ville. Et du choix, il y en a ici : pains au sésame, à la cannelle, aux raisins, à l'ail, aux fruits rouges... à déguster avec de la bonne *cream cheese* maison. À la carte également : sandwichs, hot-dogs et salades. Notre nouvel ami du petit déjeuner.

Bon marché

Pizza Time (plan D2, **32**) : 124 Saint George St. ☎ 904-819-0133. Tlj 10h30-22h30 (23h ven-dim). Plats 6-12 $. N'accepte que l'argent liquide. Quel succès ! On se presse ici pour des parts de larges pizzas à emporter, toutes plus appétissantes les unes que les autres. 2e meilleure pizza des États-Unis, rien que ça ! La maison se vante de son titre. On peut également consommer sur place, dans une salle sans prétention, type tables en formica. Également des salades et des *rolls* à l'ail, gras à souhait (3-6 $), on s'en lèche encore les doigts.

Crave Food Truck (plan C3, **35**) : 134 Riberia St. ☎ 904-293-6373. Tlj sauf dim 11h-15h30. Salades et wraps env 9-12 $. Planté au bord de l'eau, à l'écart du centre-ville, ce camion attire les promeneurs en quête de fraîcheur et de plats *healthy* (plutôt rare dans le coin) ! Salades, wraps, *bowls* et smoothies énergisants sont concoctés avec des produits frais, que vous choisissez vous-même. Installez-vous à la terrasse fleurie surplombant l'adorable port et savourez cette pause *green* loin de la cohue touristique.

|●| Sans oublier nos adresses « Spécial petit déjeuner », où l'on peut aussi casser la croûte au déj : ***Mary's Harbor View Café*** *(plan D2, **30**)* et ***Schmagel's Bagels*** *(plan C-D2, **33**).*

Prix moyens

|●| ***Harry's Seafood Bar & Grille*** *(plan D2, **41**) : 46 Avenida Menendez. ☎ 904-824-7765. Tlj 11h-22h. Plats 15-19 $ (+ 5 $ par item le soir).* On entre ici pour la vaste et charmante terrasse, fraîche et ombreuse avec sa verdure, ses arbres et ses parasols, isolée des bruits de la rue par son enceinte. On y reste pour sa cuisine cajun sans prétention mais généreuse et bien tournée, ses salades-repas, ses prix tout à fait raisonnables à midi pour la qualité. Accueil et service professionnels. Un bon plan.

|●| ***The Conch House Restaurant*** *(plan B2, **31**) : 57 Comares Ave. ☎ 904-829-8646. Tlj 11h-20h (21h ven-sam). Salades et sandwichs à partir de 13 $, fruits de mer à partir de 18 $.* Un ponton, des paillottes, des pélicans... Plus besoin d'aller jusqu'aux Keys : les sensations vous sont fournies sur un plateau (de fruits de mer). Justement, les fruits de mer et poissons, parlons-en : d'une fraîcheur irréprochable, mis en valeur par une cuisine tout en légèreté. Pour les amateurs de grand large, dans l'assiette et dans les yeux (vue sur le port de plaisance). Idéal à l'heure du déjeuner.

|●| ***O'Steen's Restaurant*** *(plan B2, **40**) : 205 Anastasia Blvd. ☎ 904-829-6974. Mar-sam 11h-20h30. Fermé dim-lun. Plats 10-25 $ (pour le plateau de fruits de mer). CB refusées.* Véritable institution en ville ouverte dans les années 1960, c'est un resto-cantoche typiquement américain avec ses habitués plutôt âgés, sa salle impersonnelle pas désagréable, et son aimable service. On vient ici depuis des lustres pour les fameux *today's specials* à prix plancher, qui ravissent les amateurs de *seafood.* Cuisine traditionnelle de bonne qualité, qui privilégie la friture. Beaucoup de monde à midi et le week-end. Ici, on fait la queue à l'extérieur (pas de réservations), et on vous appelle au micro. Une bonne adresse très « tranche de vie » ! Pas d'alcool.

|●| ☂ ***The Floridian*** *(plan D2, **36**) : 72 Spanish St. ☎ 904-829-0655. Tlj sauf mar 11h-21h (22h ven-sam). Résa conseillée le w-e. Plats 10-25 $.* On aime beaucoup ce resto, d'abord pour sa grande salle colorée et tamisée, parsemée d'objets hétéroclites et flanquée d'une terrasse ensoleillée (chauffée le soir). Ensuite, côté fourneaux, pour sa cuisine du Sud inventive et pleine de saveurs : sandwichs, salades, mais aussi des plats plus élaborés, le tout cuisiné avec des produits locaux et de saison. Un rêve de cantine. Fait aussi salon de thé et, croyez-nous, les gâteaux maison méritent le coup de cuillère ! Accueil sympa.

|●| ***Gas Full Service Restaurant*** *(plan A-B2, **34**) : 9C Anastasia Blvd. ☎ 904-217-0326. Tlj sauf dim-lun 11h-21h. Plats 12-16 $.* Déco industrielle joyeuse et colorée, façon garage des *fifties,* pour ce resto où tout est mijoté maison. On s'y régale de salades, soupes, sans oublier les délicieux burgers et desserts, mitonnés avec soin. Spécialités de bières. Accueil souriant. Une adresse plébiscitée par les gens du quartier, pour ne pas se ruiner et sortir avec la banane.

|●| ☂ ***Mojo BBQ Old City*** *(plan C-D1, **37**) : 5 Cordova St. ☎ 904-342-5264. Dim-mar 11h-21h, mer-jeu 11h-22h, ven-sam 11h-23h. Plats 10-22 $. THE spot* pour les carnivores ! Ce vaste restaurant abrite de grandes tablées où se retrouvent les familles et joyeuses bandes de copains. La grande terrasse, qui donne sur une rue calme, est également appréciée. Dans l'assiette, de bonnes viandes fumées, des *ribs,* des sandwichs et des burgers gargantuesques : porc, bœuf ou poulet sont servis avec de solides accompagnements. Cuisine simple et copieuse pour cette adresse qui ne désemplit pas.

De prix moyens à chic

|●| ☂ ***St. Augustine Fish Camp*** *(plan C3, **38**) : 142 Ribeira St. ☎ 904-827-7000. Lun 16h-21h, mar-jeu et dim 11h-21h, ven-sam 11h-22h. Entrées 8-15 $, plats 16-25 $. Le Vieil Homme*

et la Mer, Hemingway l'a écrit pas si loin de cette côte. Et ici, la fraîcheur et la qualité de la poiscaille donnent l'impression que le combat est encore en cours... Cadre conçu comme un marché au poisson chic, avec comptoir devant les bancs de glace, mange-debout et surtout terrasse donnant sur l'eau. Dans l'assiette, cuissons et harmonies parfaites. Pour vous faire (un gros) plaisir. Service attentif et efficace. Astuce : tant que le soleil brille, on profite de la terrasse sans noyer son portefeuille en visant sur la carte les entrées !

A1A Ale Works *(plan D2, **39**) : 1 King St. ☎ 904-829-2977. Tlj 11h-22h (23h ven-sam). Plats 18-30 $.* Au rez-de-chaussée, un bar où les fêtards s'abreuvent de bières maison, les soirs de concert. Au 1er étage, un resto en brique et bois blond à l'atmosphère plus sereine. Choisissez une table sur le magnifique balcon en fer forgé, pour la vue sur la place. Au menu, de la *world food* pour que tous et chacun s'y retrouvent (italienne, latina, floridienne...).

Où déguster une bonne glace ? Où boire un bon café ?

The Hyppo *(plan D2, **42**) : 48 Charlotte St (angle Hypolita St). Tlj 11h-22h (23h ven-sam).* Des glaces artisanales – en forme d'esquimaux – aux parfums aussi originaux que succulents. La star de la maison : la glace *Elvis,* au beurre de cacahuète, miel et banane. Pfiou ! *Autre adresse au 70 George St (mêmes horaires).*

Crucial Coffee Cafe *(plan D2, **43**) : 26 Charlotte St. Tlj 9h-19h.* Bye-bye, le café-jus de chaussette ! Dans cette originale bicoque en bois, transformée en *coffee shop* de poche, le p'tit noir retrouve sa vigueur et son goût (thés également). On peut même faire trempette avec les *shortbreads* maison. Petite terrasse végétalisée pour déguster.

Où boire un verre ? Où sortir ?

Colonial Oak Music Park *(plan D1, **54**) : 21 St George St. • thecolonialoakmusicpark.com • Jeu-sam 18h-22h, dim 12h-19h, et en fonction des événements prévus.* Effectivement, un gigantesque chêne ombrage une vaste cour avec tables en bois, scène et lampions dans les branches. Programmation variée (musique, mais aussi matchs d'improvisation). Sur place, bar (proposant entre autres les produits de la distillerie locale ; voir plus loin la rubrique « À voir ») et restaurant appétissant, dans l'exacte moyenne des prix locaux. Un endroit magique.

Ice Plant Bar *(plan C3, **50**) : 110 Riberia St. Lun-jeu 11h30-minuit, ven 11h30-2h, sam 10h-2h, dim 10h-minuit.* Direct du producteur au consommateur : ici, on fabrique ses alcools au rez-de-chaussée (voir plus loin dans la rubrique « À voir ») et on les mixe au 1er étage ! Et ça se sent : aucune concession sur la qualité des matières premières, des artistes au shaker, des résultats fabuleux (et chargés, prévoir un Sam). Décor réellement indus', puisqu'on est dans une fabrique encore active. Pour éviter le bruit – le lieu est couru –, chopez une place sur la petite terrasse avec vue dégagée, incluant un bâtiment historique, une ancienne cigarerie. On adore. On peut aussi y manger.

Trade Winds Tropical Lounge *(plan D2, **52**) : 124 Charlotte St (angle Cathedral Pl). Tlj 11h-2h.* Bar populaire – le plus vieux de St Augustine – au style mêlant pub américain et paillote caribéenne. Clientèle pas toute jeune, mais chouette repaire quand les *bikers* débarquent en ville. Concerts live plusieurs fois par jour, essentiellement du rock.

No Name Bar *(plan D1, **53**) : 16 S Castillo Dr. Tlj 12h (15h lun)-1h30.* Grande terrasse face à la mer, très bien pour une pause bière. Ici, on aime le rock qui tache et qui sent la sueur.

Concerts quasi tous les soirs sur une scène improvisée au milieu de la foule. C'est bordélique et rock'n'roll, comme on aime !

Sans oublier les ***concerts*** et les bonnes bibines maison du resto-bar ***A1A Ale Works*** (*plan D2*, ***39*** ; voir précédemment « Où manger ? »).

Achats

Bouvier Maps & Prints (*plan D2*, ***62***) **:** *11 Aviles St. ☎ 904-825-0920. Presque en face de la Ximenes-Fatio House. Tlj sauf mar 10h-17h.* Pour « l'enfant amoureux de cartes et d'estampes » qui réside dans le cœur de tout routard... Une caverne d'Ali Baba – même s'il s'agit d'une boutique claire et ordonnée – pour amateurs de cartes et gravures anciennes. Propriétaire chaleureux, qui réanime avec plaisir son français. Ce n'est plus du shopping qui vous attend, mais de la chasse au trésor !

St Augustine Premium Outlets (*hors plan par A1*, ***61***) **:** *2700 State Rd 16. • premiumoutlets.com • Lun-jeu 10h-20h, ven-sam 10h-21h, dim 12h-18h.* Pour faire de bonnes affaires, rendez-vous dans ce vaste centre commercial de près de 90 boutiques regroupant les grands noms du prêt-à-porter... à prix discount !

À voir

Dans le vieux St Augustine

N'hésitez pas à fureter au-delà des rues passantes du centre historique. On flâne alors entre les maisons traditionnelles noyées sous les arbres, qui dégagent un charme certain. Ainsi, on aime particulièrement la partie sud de la vieille ville : Bridge Street, South Marine Street...

The Old City **:** la vieille ville – qui s'explore à pied – est délimitée au nord par Orange Street, au sud par Saint Francis Street, à l'ouest par Sevilla Street, et à l'est par l'Avenida Menendez. La rue la plus célèbre, et la plus animée, étant Saint George Street. La plupart des maisons sont construites dans ce qu'on appelle en Floride le « Conch Style », présent aussi à Pensacola et à Key West, c'est-à-dire pratiquement tout en bois, sauf pour les immeubles à étages, qui possèdent de magnifiques balcons en fer forgé. Demeures ancestrales, échoppes à l'ancienne et vieilles enseignes restituent assez bien l'ambiance du passé. Et, rassurez-vous, les restos, bars et boutiques touristiques n'ont pas été oubliés... On peut aussi quitter Saint George Street et se perdre dans les ruelles plus calmes, à la rencontre des gens qui habitent toute l'année dans ce vieux quartier sympathique.

Saint George Street (*plan D1-2-3*) **:** artère principale piétonne du vieux quartier, où se presse la foule des touristes. En enfilant cette rue depuis le nord, en face du Castillo de San Marcos à partir de la ***City Gate*** (angle Orange Street), on découvre de vieilles demeures restaurées et revitalisées par différentes approches muséographiques.

– Au nº 14, ***The Oldest Wooden School House*** (*plan D1*) **:** *☎ 904-824-0192. • oldestwoodenschoolhouse.com • Tlj 9h-18h (20h ven-sam). Entrée : 7 $; 6 $ 6-12 ans ; gratuit moins de 5 ans.* La plus vieille école en bois des

AU NOM DES FEMMES

À l'époque de la colonisation espagnole, les hommes étaient souvent soldats ou marins du roi. Beaucoup d'entre eux mouraient jeunes. Alors, pour éviter que leurs maisons ne reviennent à la couronne d'Espagne après leur décès, ils les enregistraient au nom de leur femme. Un 1er pas vers l'égalité des sexes...

LE NORD-EST

États-Unis, construite voici plus de 200 ans et jamais rebâtie. Petite, jolie et bien modeste : c'est ici que les enfants des colons fraîchement débarqués de Minorque – pas toujours de bon gré – recevaient des rudiments d'instruction. Mise en scène toute simple mais émouvante, avec maître d'école et élève au coin, où résonne le récit des derniers survivants qui ont frotté leurs fonds de culotte sur ces bancs... À la sortie de la pauvre salle de classe, plaisant jardin où s'élèvent les statues de grandes figures politiques latino-américaines ayant démarré leur carrière comme enseignant. Les petits seront ravis : ils décrochent leur diplôme à la sortie de la visite ! Pour les à peine plus grands, un bon retour à certaines des multiples origines des États-Unis (pour un prix de visite bien plus modique que tant d'autres).

– Au n° 33, le ***Colonial Quarter*** *(plan D1)* **:** *☎ 904-599-2113. • colonialquarter.com • Tlj 10h-17h (billetterie au 14 S Castillo Dr). Entrée : 15 $; 9 $ 5-15 ans ; gratuit moins de 5 ans. Visite guidée (durée 1h) en anglais par un personnage en costume d'époque à 10h30, 12h, 13h30 et 15h.* Un musée en plein air composé de maisons en bois joliment restaurées. La visite guidée – on conseille vraiment de la prendre – rend le Colonial Quarter plus vivant et donne en même temps une bonne idée du mode de vie des habitants de l'époque. Autour du jardin, quelques demeures du XVIIIe s livrent leurs secrets sur les vieux métiers : forgeron, menuisier, fileuse, cordonnier, imprimeur, armurier, charpentier naval... On pénètre aussi dans la *De Mesa House,* maison du XIXe s parsemée de quelques meubles anciens. Pour finir, grimpez à la tour d'observation pour traquer les navires au large.

– Au n° 41, ***St Photios Shrine – Greek Orthodox National Shrine*** *(plan D1)* **:** *☎ 904-829-8205. • stphotios.org • Tlj 9h-17h. GRATUIT (dons bienvenus).* Au bout d'une agréable allée de verdure, un charmant et intéressant ensemble qui retrace l'épopée de la « nouvelle Smyrne », c'est-à-dire le sort d'une colonie grecque implantée à la fin du XVIIIe s à St Augustine. La domination ottomane sur le Péloponnèse attisait l'espoir d'un monde meilleur... Mais ces Méditerranéens, supposés plus adaptés aux conditions climatiques de Floride, venus travailler la terre au profit de grands propriétaires britanniques, se retrouvèrent en situation de semi-esclavage. Le début d'une longue histoire de révolte, de mélange à la communauté minorquine et finalement de reconnaissance culturelle. Aujourd'hui, cette histoire s'incarne dans une jolie chapelle aux murs peints dans le style traditionnel des icônes (parfois utilisée pour des messes), dans une petite collection d'objets religieux et dans un film émouvant à base d'archives. Un lieu agréable et éclairant.

Autre rue qu'on adore, moins fréquentée, plus calme et plus belle encore : ***Aviles Street*** *(plan D2-3)*. Les vestiges découverts la feraient remonter au début du XVIIe s, la propulsant à la dignité de plus ancienne rue des États-Unis ! Surtout, c'est ici que se concentre l'activité artisanale et artistique de St Augustine, avec galeries, artisans d'art, boutique de cartes et gravures (voir « Achats ») et quelques sites historiques.

– ***Ximenes-Fatio House*** *(plan D2)* **:** *20 Aviles St. ☎ 904-829-3575. • ximenesfatiohouse.org • Lun-sam 10h-17h (16h30 mar). Visite guidée à 11h, 13h et 15h. Entrée : 12 $; réduc ; 6 $ 7-12 ans. Audioguide.* On aime d'abord cet endroit pour l'atmosphère « *peace and quiet* » qui se dégage du grand jardin, de la maison ancienne à balcons de bois... On apprécie aussi la reconstitution historique touchante de cette maison familiale et épicerie construite dès la fin du XVIIIe s par un Minorquin, transformée en pension de famille au XIXe s, et tenue par des générations de femmes. Parfait pour errer tranquillement à son gré de pièce en pièce (amateurs de technologies de pointe, passez votre chemin), de situation en situation, autant de fragments d'histoire des États-Unis.

– ***The Father Miguel O'Reilly House Museum*** *(plan D3)* **:** *32 Aviles St. ☎ 904-826-0750. • fatheroreilly.house • Mer-sam 10h-15h. GRATUIT. Audioguide en français.* Édifiée en 1691, c'est une maison aux murs de bois et de *coquina,* restaurée par les sœurs de Saint-Joseph – originaires du Puy-en-Velay, en France –, qui l'occupèrent entre 1866 et 1920. À côté des meubles et objets anciens, une foule de bondieuseries ! Profitez-en pour flâner dans la superbe et authentique Aviles Street.

Castillo de San Marcos (plan D1) : *1 S Castillo Dr. ☎ 904-829-6506. • nps.gov/casa • Tlj sauf j. fériés 9h-17h. Tirs au canon avec soldats costumés sam-dim à 10h30, 11h30, 13h30, 14h30 et 15h30 (si la météo le permet). Entrée : 15 $; gratuit jusqu'à 15 ans. Visite libre.*
Elle a du charme, cette austère structure fortifiée entourée de palmiers, surveillant un horizon marin désormais bien paisible, ne protégeant guère qu'une certaine vacuité entre ses murailles... Il y règne une atmosphère de *Désert des Tartares.* Venir tôt le matin, avant que les voitures garées devant ne gâtent ce précieux moment.
Au XVIIe s, les riches galions faisant route vers l'Espagne excitaient la convoitise des pirates, qui attendaient en embuscade chaque nouveau convoi, puis attaquaient la ville, estourbissant quelques colons au passage et faisant brûler les fortifications pour le symbole. Las de reconstruire des forts en bois peu efficaces, les ingénieurs érigèrent cette vraie forteresse en dur en 1676. Il s'agit donc du ***plus ancien fort militaire encore debout des États-Unis !*** Noter sa structure en étoile rappelant ses origines hispaniques et rendant pratiquement impossible sa prise. Énormes remparts en *coquina,* une roche formée de coquillages compressés provenant de l'île d'Anastasia. La forteresse et la ville furent cédées aux Anglais lors du traité de Paris en 1763, en échange de La Havane. Elle devint alors Fort Saint Mark, jusqu'à ce qu'un nouvel accord en 1783 la rende à l'Espagne. En 1821, désormais sous administration américaine, elle fut rebaptisée Fort Marion, avant d'être transformée en prison en 1835 pour enfermer 300 Indiens séminoles « rebelles », dont leur chef Osceola, et servit de camp « d'éducation » pour les convertir à la... « *White way of life* » ! En 1900, le fort fut désarmé, puis déclaré Monument national en 1924. En 1942, les Américains lui rendirent son nom d'origine : Castillo de San Marcos.
Si la plupart des salles sont presque vides, quelques-unes présentent l'histoire du fort et le quotidien de ses soldats à travers des panneaux explicatifs, décors... Belle vue sur les environs depuis les remparts.
– ***Petite astuce*** pour ceux qui ne font pas la visite : on peut assister aux tirs au canon depuis le contrebas droit du fort, sans rien perdre du spectacle.

– Les fans d'architecture militaire ne rateront pas la visite du ***Fort Matanzas,*** sur une petite île à 24 km au sud de la ville *(8635 A1A S ; ☎ 904-471-0116 ; • nps.gov/foma • ; mer-dim 9h-17h30 ; ferry à 9h30, 10h30, 11h30, 13h30, 14h30 et 15h30 ; pas de pré-résa possible ; GRATUIT).*

Pirate & Treasure Museum (plan D1) : *12 S Castillo Dr. ☎ 904-819-1444. • thepiratemuseum.com • Tlj sauf certains j. fériés 10h-19h. Entrée : 19 $; 12 $ 5-12 ans ; ticket « combo » avec des animations : 30 $ (17 $ 5-12 ans) ; réduc sur le site ; gratuit jusqu'à 4 ans.* À l'abordage, moussaillon ! À grand renfort de technologie, ce musée propose une incursion dans le monde des pirates, qui fascine tant ces chers petits. De la taverne sombre et mal famée à la cabine du capitaine en passant par le pont du bateau bardé de cordages, la plage où l'on enterre le trésor, les cellules des prisonniers, sans oublier quelques exécutions et outils de

UN « COU » DE GÉNIE !

Andrew Ranson était un célèbre et redoutable pirate du XVIIe s. Condamné à mort à St Augustine, il devait être exécuté en 1684 par strangulation avec ce qu'on appelait le « supplice du garrot ». Mais durant son exécution, la corde placée autour de son cou cassa et Ranson survécut. Le maire de la ville décida alors de lui laisser la vie sauve et le nomma même citoyen d'honneur de St Augustine !

torture au passage, on se passionne pour les histoires de piraterie en déambulant à travers des décors réalistes. Amusant, tournez les pages des grimoires numériques pour découvrir les portraits de Barbe-Noire et ses amis balafrés. Parmi eux, 2 célèbres femmes pirates – on n'en parle jamais ! Le musée abrite aussi de vrais petits trésors, comme un coffre de pirates authentique, la toute 1re affiche « Wanted » du monde datant de 1696, des pistolets d'époque, des pièces de trésors, des ouvrages et manuscrits du XVIIIe s, et surtout l'un des 2 seuls pavillons noirs à tête de mort au monde ! On a bien aimé aussi le petit coin cinéma avec tous les grands films inspirés de la piraterie : *Les Goonies, Hook,* ou encore la célèbre saga *Pirates des Caraïbes.* Touristique à fond, mais bien fichu ! Une découverte qu'on peut compléter avec une démonstration de forge, la mise à feu d'un mousquet et d'autres animations. Après, les vies de Jean Bart et Surcouf entreront dans les têtes blondes comme dans du beurre...

Lightner Museum *(plan D2)* **:** *75 King St. • lightnermuseum.org • Face au Flagler College. Tlj sauf Noël et Thanksgiving 9h-17h (fermeture des caisses à 16h). Entrée : 17 $; 10 $ 12-17 ans ; réduc ; gratuit moins de 12 ans.*
Lorsqu'on se promène dans le coin des musées – la Villa Zorayda, le Flagler College et le Lightner Museum étant rassemblés dans un mouchoir de poche au bout de Cordova Street, la parallèle à St. George Street –, on a forcément le regard attiré par les jardins adossés à un édifice orné de briques rouges, lointaine réminiscence de l'Alcazar de Séville. C'est effectivement la source d'inspiration d'Henri Flagler lorsqu'il fait construire en 1888 son 2e hôtel floridien. Mais la Grande Dépression de 1929 mène l'établissement à sa fermeture définitive en 1930... En 1947, l'éditeur de Chicago Otto C. Lightner rachète le bâtiment pour y transférer toutes ses collections et y ouvrir son musée, dès 1948, musée qu'il lègue à la municipalité de St Augustine à sa mort.
Aujourd'hui, on accède au musée en traversant un vaste *lobby* au sol de mosaïque, véritable salle des pas perdus, qui met en valeur quelques statues et un superbe coffre en noyer de style Renaissance (parfait pour une pause à l'ombre : accès gratuit, avant billetterie). Une visite qu'on vous conseille chaudement, pour son bâtiment organisé autour d'une superbe ancienne piscine, ses installations hydriques qui racontent les mutations d'une époque, et ses collections certes hétéroclites mais recelant quelques joyaux.
– Le ***rez-de-chaussée*** se partage entre une salle de musique, où les beaux instruments et autres boîtes à musique sont restaurés pour pouvoir être joués, et un cabinet de curiosités : minéralogie, paléontologie, coquillages et, en guest-star des *naturalia,* le lion de Winston Churchill empaillé ! Mais c'est au 2e niveau qu'on entre dans le vif du sujet...
– Le ***2e niveau*** s'ouvre sur les « bains russes » et les « bains turcs », en clair sauna et hammam,

PREMIER EN TOUT !

*À son ouverture en 1888, l'*Alcazar Hotel *est à la pointe de la modernité : il présente les 1res douches ; sa piscine est alors la plus grande des États-Unis ; l'électricité et la plomberie y sont installées... avant même la Maison-Blanche. Bref, l'incarnation d'une* success story *américaine.*

LUTTE FÉMINISTE

En 1900, quand les femmes commencent à souhaiter participer aux JO, le CIO leur claque la porte au nez. Mais comme « la valeur n'attend pas le nombre des années », un mouvement sportif féminin se structure pendant l'entre-deux-guerres. C'est en 1921 qu'ont lieu pour la 1re fois les « jeux mondiaux féminins », qui n'ont pas le droit de porter le nom d'« olympiques » ! L'intégration des femmes aux JO se consolidera progressivement au cours des années 1930. Il était temps...

avec douches (les premières des États-Unis à l'ouverture) et autres installations d'hydrothérapie. La bonne société venait alors y soigner toutes sortes d'affections, y compris l'« hystérie féminine »... Toute une époque. Dans leur jus, d'une belle esthétique Art nouveau. On mesure alors la révolution qu'a représenté l'accès généralisé à l'eau, pour la santé, le sport (maillot des 1res nageuses de compétition américaines). Car le clou du spectacle reste la magnifique ***piscine centrale,*** de dimensions olympiques, alimentée alors par un puits artésien, qui a accueilli en 1924 les épreuves de sélection pour les championnats nationaux américains et au-delà !
Les galeries qui l'entourent, sorte de coursives géantes, accueillent des collections de porcelaine, cristallerie et verrerie, dont de belles pièces – vases français (Daum, Gallé), carafes anglaises, pichets de Bohême, pots vénitiens, vitraux de Tiffany... – comme de plus inattendues – grille-pain et chopes de bière !
– Le ***dernier étage,*** salle de bal à l'époque, renferme une collection de ***jolis meubles :*** pièces en bois finement ciselé de Birmanie ou incrusté de nacre, rocking-chair anglais, bureau autrichien de style Biedermeier. Mention spéciale à l'énorme secrétaire offert par Bonaparte à son jeune frère Louis, doté de 200 tiroirs (dont bon nombre de secrets) et qui prend l'apparence d'une plus banale commode en se refermant. Focus également sur quelques autres collections de Lightner – dont de très belles peintures américaines du XIXe s, des vitraux de Tiffany. C'est aussi de là qu'on a une vue plongeante sur l'ancienne piscine, devenue un café.
– Pour finir, les ***jardins intérieurs,*** où repose, selon ses vœux, le corps de l'infatigable collectionneur, sous des palmiers.

Flagler College *(plan C-D2)* ***:*** *juste en face du musée.* Ce fut autrefois le *Ponce de León Hotel,* construit en béton rehaussé de briques rouges par Flagler en 1888. Sa déco intérieure mêle différents styles européens : éléments médiévaux, méditerranéens, victoriens et même maures. La dominante est Renaissance. Après l'inauguration en 1888, le succès fut de courte durée, la dépression était là ; et, de plus, Palm Beach devenait un sérieux concurrent. L'hôtel devint un centre d'entraînement des garde-côtes. Puis il fut converti en université en 1967 et compte aujourd'hui plus de 2 000 étudiants. Une fois passé le vaste patio verdoyant avec fontaine et sa promenade aux airs de cloître, le hall dévoile son sol en mosaïque, son dôme ciselé de motifs dorés, ses vitraux et ses boiseries nobles. Quels veinards, ces étudiants ! Pour en voir plus, il faut suivre une visite guidée en anglais de 45 mn-1h *(tlj à 10h et 14h, départ dans le main lobby ; infos au ☎ 904-819-6400 ; • legacy.flagler.edu • ; tarif : 17 $, réduc, gratuit moins de 10 ans ; achat des tickets en ligne ou au gift shop du 74 King St).*

Villa Zorayda *(plan C2)* ***:*** *83 King St. ☎ 904-829-9887. • villazorayda.com • Lun-sam 10h-17h (dernière entrée à 16h30), dim 11h-16h. Fermé certains j. fériés (voir sur leur site). Entrée : 14 $; réduc ; gratuit moins de 6 ans. Audioguide en français.* Construite en 1883, cette maison (à l'origine le caprice d'un riche homme d'affaires) est une réplique à l'échelle 1/10 d'une partie du palais de ***l'Alhambra de Grenade.*** Une copie scrupuleuse, avec nom et fonction de chaque salle, rehaussée de gravures, boiseries orientalisantes... Mais, à la différence de l'Alhambra actuelle, elle abrite une invraisemblable collection d'objets de toutes origines, de l'Égypte ancienne à l'Art nouveau en passant par des meubles birmans, des poteries chinoises ou perses... Amusant : vaisselle et menus datant de l'époque où le lieu abritait un club. Le plus chic des capharnaüms.

Governor's House cultural center and Museum *(plan D2)* ***:*** *48 King St. Tlj 10h-17h. GRATUIT.* À cet endroit se dressait au XVIe s la 1re maison du gouverneur. Elle était en bois et fut brûlée par les Anglais en 1702, puis reconstruite en dur – comme nous la découvrons – par les Espagnols. Elle abrite aujourd'hui des expos temporaires.

The Oldest House Museum Complex *(Gonzales Alvarez House ; plan D3)* ***:*** *14 Saint Francis St. ☎ 904-824-2872. • saintaugustinehistoricalsociety.org • Tlj 10h-17h (fermeture des caisses à 16h30). Visite guidée (durée : 20 mn)*

obligatoire en anglais ttes les 30 mn. Entrée : 13 $; réduc enfants. Dépliant en français.
La maison date de la reconstruction de la ville entre 1702 et 1727, après le terrible incendie provoqué par les Anglais. Bâtie par un colon espagnol sur les lieux d'une habitation sommaire en bois et palmes, dont l'origine remonterait à 1650, elle passera de mains espagnoles en mains anglaises et réciproquement jusqu'en 1918, où elle devient la propriété de la Société d'histoire de St Augustine. Les différentes occupations, narrées par un historien-guide-conteur hors pair, animent les pièces meublées dans le style de leur époque et suivant la condition de leurs habitants. Un résumé vivant et éclairant de l'histoire de St Augustine.
Dans le jardin, ombragé par des chênes multiséculaires, plusieurs bâtiments anciens. Superbe ***salle des cartes*** qui expose l'évolution de la cartographie de la Floride depuis le XVIe s, avec animaux plus ou moins mythiques attendrissants et batailles navales pour les plus anciennes. Joyeux ***musée du surf,*** ses planches, mais aussi sa philosophie. Parfait pour glisser moins bête !

CUISINE ET DÉPENDANCES

Au XVIIIe s, la cuisine était située dans un petit bâtiment séparé du reste de la maison. Une façon d'éviter la propagation d'un possible incendie. La cuisine pouvait aussi plus facilement être partagée avec des voisins moins bien pourvus, ce qui en faisait un lieu de sociabilité.

St Augustine Distillery *(plan C3)* **:** *112 Riberia St. ☎ 904-825-4962. • staugustinedistillery.com • Tlj 10h-18h (visites 10h30-17h30). GRATUIT (dégustations incluses !). Boutique.* Amoureux des spiritueux, voici votre paradis local ! Dans ce bâtiment où l'on conserva d'abord de la glace, on produit du whisky depuis le XIXe s, et on sélectionne soigneusement les autres alcools proposés (superbe gin, entre autres). Une exposition bien faite présente les différentes étapes de fabrication, entre tonneaux et cuves de fermentation, dans les vapeurs des esprits. Narines battantes, papilles frémissantes, on alterne entre explications et dégustations de cocktails à base de produits maison. De qualité, tant dans le cadre et la pédagogie que dans les produits.
Pour compléter l'expérience, voir, à l'étage au-dessus, l'***Ice Plant Bar*** (voir la rubrique « Où boire un verre ? Où sortir ? »).

San Sebastian Winery *(plan C2)* **:** *157 King St. ☎ 904-826-1594. • sansebastianwinery.com • Tlj 10h (11h dim)-18h. GRATUIT (visite guidée en anglais et dégustation).* À l'instar de la Californie, la Floride revendique le titre de « 1er vignoble des États-Unis », et St Augustine demeure le berceau et le centre viticole le plus important de l'État. Ici, après le visionnage d'un petit film sur les *process* de fabrication des différents nectars, on vous remet un gobelet pour entreprendre un circuit de dégustation dans le *cellar.* Si vous loupez la visite, il y a un comptoir à dégustation (gratuit) dans la boutique.

Fountain of Youth Park *(plan A1)* **:** *11 Magnolia Ave. ☎ 904-829-3168. • fountainofyouthflorida.com • Tlj 9h-18h (fermeture des caisses à 17h). Entrée : 20 $; 10 $ 6-12 ans ; gratuit jusqu'à 5 ans. Compter 1h de visite.* Dans un quartier agréable, calme, un vaste espace bordé d'une superbe allée de chênes habités par des « filles de l'air » (ces lianes qui donnent une touche fantastique aux arbres floridiens). Installé sur le site archéologique d'un ancien village d'Indiens Timucua, puis d'un camp espagnol du XVIIe s, ce parc nous plonge plusieurs siècles en arrière. On y trouve des panneaux explicatifs et autres reconstitutions de huttes racontant la vie des Indiens ; quelques vestiges archéologiques à l'appui. Également des reconstitutions évoquant la présence espagnole : bateau, église, tour de guet, tirs au canon, etc. Long ponton reliant une plateforme d'observation plantée au beau milieu de l'eau et des herbes folles, pour observer les nombreux oiseaux (en plus des splendides paons du parc). Aires de pique-nique.

À l'extérieur du centre-ville

Alligator Farm (plan B2) : *999 Anastasia Blvd (A1A S). ☎ 904-824-3337. • alligatorfarm.com • À env 3 km au sud-est de la vieille ville. Tlj 9h-17h (18h en été). Entrée : 35 $; 20 $ 3-11 ans ; réduc. Crocodile crossing : 38 $ pour 45 mn de parcours simple (Sepik River Course) ou 68 $ pour 1h30 d'aventures plus sportives (Nile River Course ; interdit aux enfants de moins de 1,45 m et de 8 ans, carte d'identité et chaussures fermées requises).* Créée en 1893, Alligator Farm demeure l'un des plus vieux parcs zoologiques du pays. Dans un cadre presque naturel, on rencontre le gratin du monde saurien : des centaines de crocos, issus des 24 espèces que compte la famille des crocodiliens et provenant de tous les continents. Aujourd'hui, la Floride compte plus d'un million d'alligators, alors qu'en 1967 l'espèce était en voie de disparition. On voit ici de sacrés bestiaux de Floride, mais aussi de Chine, ainsi que de surprenants alligators albinos originaires de Louisiane. Mais la star, c'est Maximo, un croco de près de 5 m, originaire de Sydney. Gomek, son illustre prédécesseur mort en 1997, exhibe son impressionnante carcasse naturalisée dans une hutte construite en son honneur. Lisez bien le programme pour ne pas louper le repas de ces mastodontes. On observe aussi les nombreux oiseaux du coin en liberté, et puis toucans, perroquets, tortues géantes des Galápagos, lémuriens de Madagascar, serpents et singes complètent le tableau. Les plus intrépides pourront même jouer à Tarzan *(Crocodile crossing)* en crapahutant d'arbre en arbre, au-dessus des enclos et des crocodiles ; un genre de parcours style accrobranche ! On vous rassure, pas de risque de se faire croquer, même si les crocos vous regardent passer la gueule grande ouverte !

St Augustine Lighthouse & Museum *(phare de St Augustine ; plan B2)* : *81 Lighthouse Ave. ☎ 904-829-0754. • staugustinelighthouse.org • Tlj 9h-18h30 (18h dernière entrée). Fermé les jours de grand vent. Entrée : 15 $; moins de 12 ans et plus de 60 ans 13 $.*
Pour jouir d'une jolie vue sur St Augustine et ses environs, lancez-vous à l'assaut des 219 marches de cet élégant phare au motif de sucre d'orge noir et blanc. Vous serez bientôt à une cinquantaine de mètres au-dessus du niveau de la mer. Construit entre 1871 et 1874, à proximité de l'endroit où s'élevait la 1re tour de guet édifiée par les Espagnols au XVIIIe s, le phare de St Augustine est toujours en service. Avant ou après la grimpette, jetez un œil à l'atelier et sa réserve de carburant qui contenait de l'huile de baleine, puis du kérosène, avant l'électrification de la lanterne. En face, on visite aussi l'élégante maison à 2 escaliers des gardiens, datant de 1876 et abritant des objets anciens évoquant leur quotidien, ainsi que les vestiges archéologiques provenant de navires coulés au large. Et on se lance sur les sentiers de balade nature qui entourent les lieux, on pique-nique sur les tables à disposition, on laisse ses enfants se défouler sur leurs espaces de jeux... Une visite intéressante, une chouette vue, une pause verdure ; on aime.
Possibilité de visiter le phare de nuit grâce au ***Dark of the Moon Ghost Tour,*** un jeu de piste historique à la recherche des fantômes du passé *(résa obligatoire ; tour d'env 1h45 ; compter 30 $/pers),* et quantité d'autres animations : contes fantastiques locaux (***Ghost Tales*** – *20 $*), lampions de Noël (***Lighthouse Illuminations*** – *22 $*), apéritif de luxe au coucher du soleil ou à la pleine lune (***Sunset-moonrise Tour*** – *40 $*)... Faire son marché en ligne.

À faire

Tour des sites hantés : tremblez, simples mortels ! Fantômes et esprits hanteraient la ville depuis des siècles, c'est du moins ce qui se murmure un peu partout... Du cimetière où sont enterrés les malheureuses victimes de la fièvre jaune, aux « arbres à barbe » avec leurs ombres inquiétantes, en passant par les spectres des soldats du fort, le phare, l'ancienne prison ou l'ancien hôpital dont les sous-sols étaient truffés de cadavres, il y a de quoi frissonner ! Plusieurs agences proposent des tours de la ville (à pied, en bus ou en petit train) à la découverte de ces lieux. Légendes ou histoires vraies ? On en apprend, quoi qu'il en soit, beaucoup sur l'histoire de la ville et de ses habitants, plutôt morts que vivants ! *Tours tlj à 20h ou 21h. Résa souvent demandée. Durée : 1h15-1h30. Compter env 25 $/pers pour un tour à pied et env 30 $/pers pour une visite en petit train.*

– ***Ancient City Tours :*** *☎ 904-827-0807. • ancientcitytours.net •* Propose différentes visites guidées de St Augustine, dont un tour à pied d'environ 1h30 : ***Ghost Tours of St Augustine*** *(• ghosttoursofstaugustine.net •).*

– ***Ghosts & Gravestones :*** *☎ 866-955-6101. • ghostsandgravestones.com •* Tour motorisé d'environ 1h20.

– ***Dark of the Moon Ghost Tour, Ghost Tales :*** *au St Augustine Lighthouse & Museum (voir la rubrique « À voir » plus haut).*

La plage : *accès par Anastasia Blvd. Parkings gratuits à proximité. Loc de vélos (1h 12 $, 2h 16 $). Toilettes, boutique.* Sur la côte est d'Anastasia Island, longue plage de sable blanc, magnifique et en grande partie sauvage. Les comportements s'y harmonisent : pas de moteurs, de bruits autres que quelques cris d'oiseaux.

– ***Saint John's County Pier :*** *350 A1A Beach Blvd. ☎ 904-209-0326. Accès : 2 $.* En arrivant à St Augustine Beach, déambulez sur l'immense et élégant ponton, bien aménagé (bancs). On peut y pêcher *(6 $),* ou simplement y déchiffrer les messages gravés dans le bois, y contempler la mer surtout.

Croisières : *4 départs/j. avec* ***Scenic Cruise.*** *☎ 800-542-8316. • scenic-cruise.com • Tarifs : 22,50 $; 10,75 $ 4-12 ans.* Suivre les méandres de la Matanzas River permet de changer de point de vue sur St Augustine. Un bon complément. Pour les enfants au cœur de pirate, chasse au trésor et combats sabre au clair sur le fringant ***Black Raven*** *(• blackravenadventures.com •).* À l'abordage !

LA CÔTE OUEST DE NAPLES À TAMPA

Baignée par le golfe du Mexique, la côte ouest de la Floride déroule certaines des plus belles plages de l'État. Sable fin et clair, presque blanc par endroits, nombreuses îles, dauphins barbotant juste au large dans le soleil couchant, le tableau serait idyllique si l'urbanisation n'avait pas gagné à ce point. En un demi-siècle, la région est devenue le quartier général des *snowbirds,* ces Américains qui hivernent au chaud, à l'instar des oiseaux migrateurs. Les belles villas ont poussé un peu partout dans la végétation tropicale, suivies par des centaines d'immeubles dépassant par endroits les 10 étages et qui dégradent le paysage. Résultat : le matin les embouteillages règnent et, le week-end, pour gagner les plages, on avance pare-chocs contre pare-chocs !

La région, assez huppée, est ponctuée de quelques intéressantes haltes culturelles (mais chères), notamment à Fort Myers (étonnant musée Edison), Sarasota (incroyable musée Ringling) ou St Petersburg (remarquable musée Dalí). Seule Tampa détonne. Grosse ville industrielle en pleine mue, elle intriguera plutôt les trekkeurs urbains. L'US 41 ou *Tamiami Trail,* route reliant Tampa à Miami (son nom est une contraction de ces 2 villes), fait office de colonne vertébrale de la région.

CRISE DE FOI

À 60 km au nord-est de Naples, Thomas Monaghan, fondateur de Domino's Pizza, *a créé Ave Maria, une ville nouvelle universitaire dédiée au culte de la Vierge. Les messes y sont dites en latin et les préservatifs interdits. Les ventes d'appartements sont en crise. En effet, dans son infinie bonté, Dieu a offert trop de moustiques. Pas de miracle !*

NAPLES

22 000 hab.

• Plan *p. 279*

Prononcez « Neïpeuls ». C'est la beauté de sa baie de sable blanc qui serait à l'origine du nom de la ville, créée en 1887 par un éditeur milliardaire d'origine allemande, Walter Haldeman. Station balnéaire pour résidents aisés, avec sa 5th Avenue hyper léchée aux nombreuses boutiques de luxe, sa cinquantaine de greens de golf (bonjour la planète !) et son *Ritz Carlton* planté sur la plage, Naples est un peu le Palm Beach de la côte ouest, en un peu moins snob... enfin, à peine. La ville se place au 2e rang national en termes d'habitants millionnaires ! Le long des rues d'*Old Naples* (qui n'a rien de bien

vieux) se poussent du coude les somptueuses villas à l'américaine, bordées de grands palmiers et banians. Luxe et ostentation au programme donc, même si, avec son atmosphère tranquille, verdoyante et fleurie, Naples peut constituer une petite halte pour buller un peu à la plage. D'autant que les Everglades ne sont pas loin et qu'en été, à l'inverse des températures, les prix fondent.

Arriver – Quitter

Greyhound : *3825 Tollgate Blvd.* • *greyhound.com* • *À la station Shell, à env 12 km à l'est du centre...* Seulement un arrêt, pas de guichet. 1 bus/j., le soir, vers Miami (arrivée vers minuit...), 1 autre en début d'ap-m vers Fort Myers, Sarasota et Tampa.

Adresses et info utiles

Bus locaux : *compagnie* ***CAT.*** • *ridecat.com* • *Ticket 2 $, pass 1 j. 3 $; réduc. Prévoir l'appoint.* Service dans toute la région de Naples, Jardin botanique et Marco Island inclus.

Location de vélos : ***The Bike Route*** *(plan A2,* ***2****), 655 N Tamiami Trail (US 41).* ☎ *239-262-8373.* • *bikeroutenaples.com* • *Tlj sauf dim 10h-18h. Compter 18 $ pour 3h, 35 $ pour 24h.*

Stationnement : les parkings sont gratuits, sauf en bord de mer (paiement par carte bancaire uniquement ; *tlj du lever du jour à 23h*). Autant se garer gratos en ville et faire les 300 derniers mètres jusqu'à la plage à pied...

Où dormir ?

Comme souvent sur la côte ouest, pas d'adresses bon marché à Naples. En pleine saison, les hébergements sont carrément inabordables. Si vous venez en plein été (basse saison), ça reste accessible (surtout si vous logez à 4 dans la même chambre).

De prix moyens à chic

Nos adresses les moins chères se trouvent au bord de la route 41... *Sorry !*

Naples Garden Inn *(plan A2,* ***11****) : 2630 Tamiami Trail N.* ☎ *239-261-3870.* • *naplesgardeninn.com* • *Doubles 80-260 $, petit déj léger continental inclus.* On a beau être au bord du Tamiami Trail, l'atmosphère est presque balnéaire dans ce motel tranquille jaune limonade, tournant le dos à la route pour mieux profiter de sa sympathique piscine avec *tiki bar.* Les chambres, claires et lumineuses, s'organisent pour la plupart en U tout autour. Les moins chères regardent le parking. Sinon, confort standard – sans micro-ondes, cela dit.

Red Roof Inn *(plan A3,* ***12****) : 1925 Davis Blvd.* ☎ *239-774-3117.* • *bestwestern.com* • *Doubles 125-250 $.* Bon, le toit n'est pas rouge, mais bleu ! Passé ce détail, voici le genre de motel dont les prix fluctuent rapidement, autant à la baisse qu'à la hausse, mais qui propose assez fréquemment de bons *deals*. Confort standard, chambres de bonne taille, literie de qualité. Autre avantage, on n'est pas très loin du centre (mais à proximité de 2 grandes artères). Micro-ondes et frigo.

Best Western Naples Inn *(plan A2,* ***13****) : 2329 9th St N.* ☎ *239-261-1148.* • *redroofinn.com* • *Doubles 125-500 $ (gloups !) ; sans petit déj.* Grand établissement doté de 2 piscines, fidèle aux standards de la célèbre chaîne, à savoir un bon confort général (literie épaisse, micro-ondes, frigo...). Chambres assez spacieuses et au calme, mais rien qui dépasse. En saison, les prix s'envolent.

De chic à plus chic

The Capri Inn *(plan zoom,* ***14****) : 955 7th Ave S.* ☎ *239-435-9600.*

• opalcollection.com/capriinn/ • Doubles 220-310 $ l'été, 350-500 $ de mi-déc à mars ; resort fee (35 $) en sus ; pas de petit déj. On vous conseille de venir hors saison pour profiter à meilleur compte de l'atmosphère feutrée de cette grande maison un peu pompeuse, installée dans un quartier résidentiel à 2 pas du centre-ville. Les chambres, pour la plupart spacieuses, sont dans le même esprit, confortables et lumineuses, dans des tons blancs et turquoise. Vue sur le parking pour les standards, sur la rue ombragée pour les *deluxe*. Petite piscine entourée de verdure et prêt de vélos.

Cove Inn *(plan zoom,* ***15****) : 900 Broad Ave S. ☎ 239-262-7161. • coveinnnaples.com • Doubles 150...-700 $; petit déj et resort fee (20 $) en sus.* Ce grand complexe hôtelier sur 2 niveaux est idéalement situé au bord de la marina. Les chambres, lumineuses et spacieuses (minimum 35 m²), profitent, pour les plus chères, d'une belle vue sur les quais et les pélicans depuis leur balcon. Jolie piscine en forme de haricot et son bar au toit de palmes, presque posés sur le quai. Ça sent les vacances, mais attention, en haute saison, les tarifs décollent grave ! Le *Coffee Shoppe* de l'hôtel, ambiance 50's, est parfait pour le petit déj et étonnamment abordable.

Où manger ?

Attention, on dîne tôt par ici. À 21h-21h30, les restos ferment et tout le monde est déjà au lit ! En revanche, les bonnes adresses ne manquent pas.

Spécial petit déjeuner

The Café *(plan zoom,* ***21****) : 821 5th Ave S (angle 8th St). ☎ 239-430-6555. Tlj 8h-15h. Compter 11-22 $.* Une adresse décontractée et à prix sage sur la 5th Avenue ? Ça existe, la preuve. On tolère aisément le service un peu approximatif pour profiter des petits déj servis toute la journée, avec pas mal de choix santé (*oatmeal, granola,* fruits frais...). Le midi, wraps, sandwichs « gourmet », quiches, burgers, *lunch bowls* et belles salades prennent le relais. Bien aussi : les tacos au *mahi-mahi*. Et pour la touche Naples, il y a l'omelette à la langouste dès le réveil !

First Watch *(plan A2,* ***23****) : 225 Banyan Blvd. ☎ 239-434-0005. Tlj 7h-14h30. Compter 10-15 $.* À 2 pas de la mer, ce resto de chaîne remporte un franc succès pour son grand choix de petits déj frais et copieux, alignant tous les classiques, plus quelques options *healthy*. Grande salle climatisée avec cuisine semi-ouverte, ou petite terrasse à l'arrière donnant sur une énième marina (mais le muret cache la vue !).

De bon marché à prix moyens

Taquería San Julian *(plan B3,* ***20****) : 3375 Bayshore Dr. ☎ 239-775-6480. Tlj 10h-22h. Tacos et quesadillas 3-4 $ pièce (3 font un repas).* Cette *cantina*, aux tables en formica coincées dans un carré de murs citron, mérite le détour pour ses tacos très bon marché. *Al pastor* (porc), *longaniza* (saucisse), *lengua* (langue de bœuf), poulet... tous les classiques mexicains sont là et 100 % authentiques. D'ailleurs, dans la cuisine semi-ouverte, ça cause uniquement en espagnol. Clientèle mêlée de Latinos locaux, de visiteurs attirés par la réputation du lieu et de touristes ayant de bonnes lectures.

Napoli on the Bay *(plan A2,* ***22****) : 720 Tamiami Trail N. ☎ 239-649-7337. Tlj 10h30-20h30. Parts de pizza env 3,50-5 $; pizza entière 15-28 $ selon taille (jusqu'à 3-4 pers).* Une microchaîne locale de pizzerias, depuis 1982 dans la même famille aux origines napolitaines, ayant fait escale en Amérique du Sud (vous suivez ?). Quant aux pizzas, elles sont bien fournies, pas chères et préparées à la commande.

Brooks Gourmet Burgers *(plan zoom,* ***26****) : 330 9th St S. ☎ 239-262-1127. Tlj sauf dim 11h-21h. Plats 9-17 $.* La 5th Avenue est à 2 blocs et les

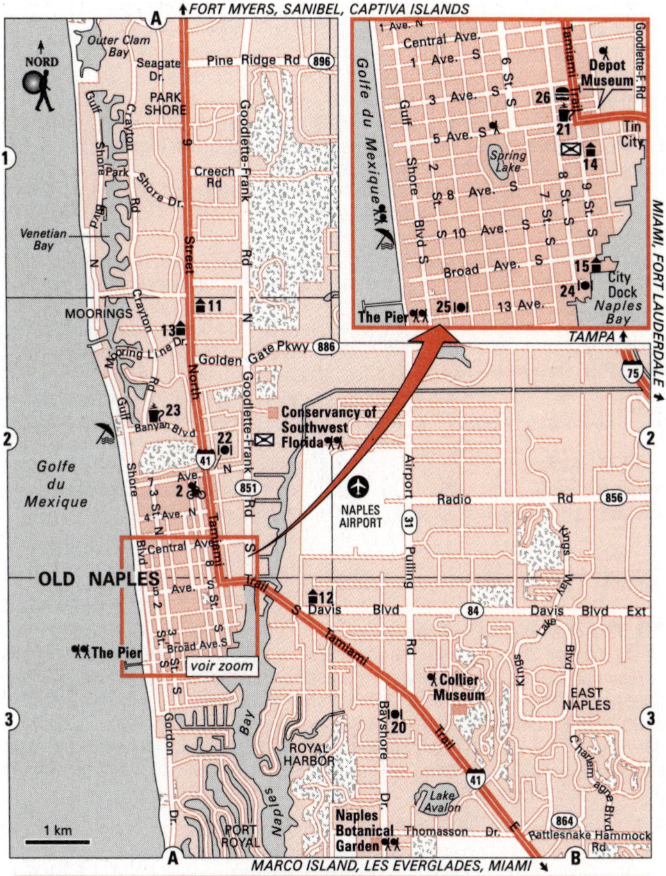

NAPLES

Adresse utile

2 The Bike Route (location de vélos ; A2)

Où dormir ?

11 Naples Garden Inn (A2)
12 Red Roof Inn (A3)
13 Best Western Naples Inn (A2)
14 The Capri Inn (zoom)
15 Cove Inn (zoom)

Où manger ?

20 Taquería San Julian (B3)
21 The Café (zoom)
22 Napoli on the Bay (A2)
23 First Watch (A2)
24 The Dock (zoom)
25 Old Naples Pub (zoom)
26 Brooks Gourmet Burgers (zoom)

burgers sont de compétition : *Brooks* a même été classé 2e *best burger joint* du pays ! Franchement, c'est un peu surestimé. Ils sont très corrects, mais tout de même ! La vingtaine d'options (dont une végétarienne), servies avec des frites doublement frites, décline bœuf, bison, agneau et alligator. Quelques beaux sandwichs également. Pour faire glisser le tout : une trentaine de bières (en partie locales mais chères). Côté décor : banquettes en skaï rouge tendance *diner* rétro et Baron Rouge (c'est un avion !) qui vole bas.

De prix moyens à chic

🍽 ☂ ***Old Naples Pub*** *(plan zoom,* ***25****) :* *255 13th Ave S. ☎ 239-649-8200. Tlj 11h-21h. Plats 13-24 $; menu soupe, ½ sandwich et salade 16 $.* Compte tenu de sa situation très centrale, l'*Old Naples Pub* offre une halte étonnamment conviviale et abordable pour qui sait se contenter d'une bonne cuisine de pub (burgers, *fish and chips*...). On s'installe au choix dans le bar aux bois lustrés façon vieux yacht, ou sur la terrasse tranquille. Musique live de temps en temps.

🍽 ☂ ***The Dock*** *(plan zoom,* ***24****) :* *845 12th Ave S. ☎ 239-263-9940. Tlj 11h-21h. Plats 16-36 $.* Joliment planté au bord d'une marina, ce resto tout en bois offre un cadre privilégié pour le déjeuner. Si, comme souvent, le niveau sonore du lieu ne se prête guère à la rêverie, la terrasse cachée sur le côté, au milieu de la végétation, est plus calme. Côté cuisine, les budgets modiques choisiront salades, sandwichs et *fish & chips.* Les plats plus travaillés, poissons et *seafood* surtout, affirment des influences plutôt caribéennes, mais les prix grimpent vite.

À voir. À faire

★★ ***The Pier*** *(plan A3 et zoom) :* *tt au bout de 12th Ave S.* Cette jetée en bois s'avançant de 250 m en mer fut construite en 1888 et systématiquement rebâtie après chaque ouragan (et donc parfois fermée pour un certain temps). Navires de commerce et ferries y faisaient jadis relâche. De son extrémité, on embrasse d'un coup d'œil tout le littoral, étonnamment verdoyant. On peut parfois y observer des dauphins. Vieux du coin et pêcheurs s'y retrouvent dans une ambiance bon enfant, attirant les pélicans gloutons... Le spot est superbe, aussi, à l'heure où le soleil se couche (beaucoup de monde).

★★ ***La plage :*** 14 km de sable aussi fin que clair, pour une baignade dans les eaux tièdes du golfe. En retrait, les rues alignent d'opulentes villas noyées sous la végétation tropicale, dont le seul critère architectural semble d'être plus imposante encore que celle du voisin.

★ ***5th Avenue South*** *(plan zoom) :* étalage de dollars sur cette artère empilant les boutiques de luxe et les restos nappés de blanc (souvent italiens ou français, c'est plus chic), devant lesquels défilent Maserati, Ferrari et autres Lamborghini à vitesse escargot (c'est bien la peine de payer aussi cher sa bagnole pour faire un concours de lenteur, franchement !). Atmosphère plus nouveau riche que raffinée, qui peut valoir son coup d'œil sociologique. Bling-bling ? Naaannn !... Animation musicale le 2e jeudi du mois de novembre à avril sur 5th Avenue, et le 3e jeudi sur 3rd Street. Pour parfaire ce tableau tape-à-l'œil, détour possible par les galeries d'art de ***Broad Avenue South*** *(plan zoom),* entre 2nd et 4th Street South.

★ ***Naples Depot Museum*** *(plan zoom) :* *1051 5th Ave S. • colliermuseums.com • Tlj sauf dim-lun 9h-16h. GRATUIT.* L'ancienne gare de 1926 a été convertie en un modeste mais sympathique musée, qui passe rapidement en revue l'histoire des lieux (jolies photos anciennes) et expose divers véhicules d'époque : vénérable taxi-carriole, Ford T de 1922, belle Cadillac chromée, *swamp buggy...* Ajoutons, sur le parking, d'anciens wagons (on peut monter dedans).

Collier Museum (plan B3) : *3331 E Tamiami Trail. Mar-sam 9h-16h. GRATUIT.* Caché au sein du *Government Center,* ce petit musée éclectique qui propose quelques éléments historiques sur les tribus calusas et séminoles de la région, l'épopée des 1ers pionniers et la construction du *Tamiami Trail.* Quelques infos sur les ouragans, la sylviculture... Dans le jardin : une maison des années 1920 (peu de mobilier), un char d'assaut Sherman de la Seconde Guerre mondiale, la reconstitution d'un habitat séminole, une loco et un autre *swamp buggy* aux pneus de bombardier ! Pas incontournable, mais gratuit, on apprécie.

Naples Botanical Garden (plan B3) : *4820 Bayshore Dr. • naplesgarden.org • À 3,5 miles au sud de la ville par l'US 41 puis à droite sur Bayshore Dr. Tlj 9h-17h (dernière entrée à 16h). Ferme à 14h juin-sept. Entrée : 25 $ (bien chère tout de même !) ; 10 $ 4-17 ans. Visite guidée incluse 10h-15h, à l'heure pile (durée env 45 mn).* Ce vaste parc, étendu sur près de 70 ha, réunit des zones naturelles sauvages typiques de la Floride, des zones tropicales et subtropicales en général, autour d'un vaste lac (avec tour d'observation) et des jardins thématiques (brésilien, caribéen, asiatique, succulentes, orchidées...), joliment aménagés. Plus de 6 000 espèces de plantes y sont répertoriées. De douces promenades en perspective donc, entrecoupées de recoins sereins, de bancs et de bassins.

Conservancy of Southwest Florida (plan A2) : *1495 Smith Preserve Way (par Goodlette Frank Rd). • conservancy.org • Mar-sam 9h30-16h. Entrée : 18 $, balade en bateau comprise, ttes les heures 10h-15h (dernier départ) ; 10 $ 3-12 ans.* S'il ne vaut pas une escapade dans un vrai parc naturel, cette zone protégée permet d'en apprendre plus sur les animaux de la région et leur habitat. L'activité la plus intéressante du site est la balade en petit bateau électrique (10 places) sur la Gordon River, à réserver dès votre arrivée. Le tour de 40 mn est mené par des guides incollables sur les 3 couleurs de mangrove et les nombreux oiseaux que vous croiserez. Avant ou après, passage par le *Discovery Center* consacré aux différents écosystèmes de la région, avec quelques bébêtes dans des vivariums et un bassin où gratter le dos des mollusques. Également des infos sur certaines espèces invasives, dont le python et le *cane toad* (une espèce de crapaud).

DANS LES ENVIRONS DE NAPLES

Corkscrew Swamp Sanctuary : *375 Sanctuary Rd, à 17 miles au nord-est de la sortie 111 (par l'autoroute I-75) ; fléché. ☎ 239-348-9151. • corkscrew.audubon.org • Tlj 8h-15h (dernier accès à 13h). Entrée : 17 $; réduc.* Le détour séduira les amoureux de nature. Un long *boardwalk* en bois (3,6 km) s'aventure ici entre prairie humide (inondée en été) et forêt de cyprès chauves, dont certains grands spécimens dépassent les 500 ans – des oiseaux rares, la plupart ayant été abattus par les bûcherons ou les ouragans. Les ornithologues viennent avant tout entre décembre et avril observer les tantales (cigognes d'Amérique), qui, par moments, se regroupent ici en nombre. On en compta jadis jusqu'à 100 000 ! On voit aussi des pics et pas mal d'anhingas, hérons et aigrettes (notamment au niveau des Lettuce Lakes, proches de l'entrée), mais, vu le tarif, mieux vaut s'assurer à l'accueil que les tantales sont là ! Exposition au centre des visiteurs et balades guidées.

PERDRE DES PLUMES

À la fin du XIXe s, les élégantes s'entichent de chapeaux en plumes d'aigrettes et de hérons. Les modistes paient alors cette précieuse matière première 2 fois le prix de l'or ! Dans les marais, c'est l'hécatombe. Jusqu'à ce que, en 1896, une Bostonienne de la bonne société se dresse contre cette pratique. Sa mission : sauver les échassiers. C'est ainsi qu'est née la célèbre Audubon Society, *la 1re organisation de protection de la nature des États-Unis.*

LA RÉGION DE FORT MYERS

755 000 hab.

• Carte p. 283

Lieu de résidence du célèbre inventeur Thomas Edison et de son ami Henry Ford, la région du comté de Lee est surtout fréquentée pour ses îles paradisiaques (plus d'une centaine, dont Sanibel et Captiva, largement secouées par l'ouragan Ian en septembre 2022), ses 80 km de plages de sable blanc et ses quelques parcs naturels. Située entre Naples et Sarasota, elle est baignée par la rivière Caloosahatchee (on ne le redira pas 2 fois !) et vit essentiellement du tourisme et de la pêche au gros. Gardez en tête que les distances d'une zone à l'autre sont importantes. Et les tarifs de l'hébergement, élevés, proportionnellement inverses à la distance de la plage...

FORT MYERS *(82 250 hab.)*

Ville principale du comté, Fort Myers est une ville très étendue. Le petit Downtown rétro en bord de baie, aux bâtiments bas couleurs Chamallow, a conservé un côté assez provincial, plutôt animé et pour tout dire bien agréable. Il se concentre autour de Main Street, où les restos et bars se serrent les uns contre les autres. Jetez donc un coup d'œil à l'Edison Theater, au 1533 Hendry Street (angle Main Street) : du 100 % Art déco. Au-delà, le long de l'interminable McGregor Boulevard, qui file vers les plages, se succèdent les villas cossues, dont celle d'Edison, bordées sur plus de 20 km par une enfilade de majestueux palmiers royaux. C'est d'ailleurs le Géo Trouvetou américain qui aurait planté les 200 premiers de ces arbres importés de Cuba.

Arriver – Quitter

Rosa Parks Transportation Center – Gare routière Greyhound : *2250 Widman Way. ☎ 239-533-8726. • greyhound.com • Près du Downtown. Pas de bureau d'accueil. Horaires affichés sur de grands panneaux ou sur Internet.* Liaisons pour Tampa, pour les villes du nord de la Floride et pour Miami (mat et soir). C'est aussi le terminal des bus locaux *Lee Tran.* Pas de liaison pour Sanibel et changement obligatoire pour Fort Myers Beach.

✈ **_Southwest Florida International Airport :_** *11000 Terminal Access Rd. • flylcpa.com • À 16 miles au sud-est du Downtown.* Vols vers de nombreuses grandes villes américaines. Agences de location de voitures.

Info utile

Lee Tran : *• leegov.com/leetran •* Un trolley gratuit circule dans le centre, sur 1st Street, jusqu'aux abords du musée Edison. Pour aller plus loin, ça se complique.

Où dormir à Fort Myers et dans les environs ?

Pour dormir bon marché, vous trouverez des motels sur l'US 41 (Cleveland Avenue), au sud du Downtown.

Prix moyens

Americas Best Value Inn : *11501 S Cleveland Ave. ☎ 239-936-3993.*

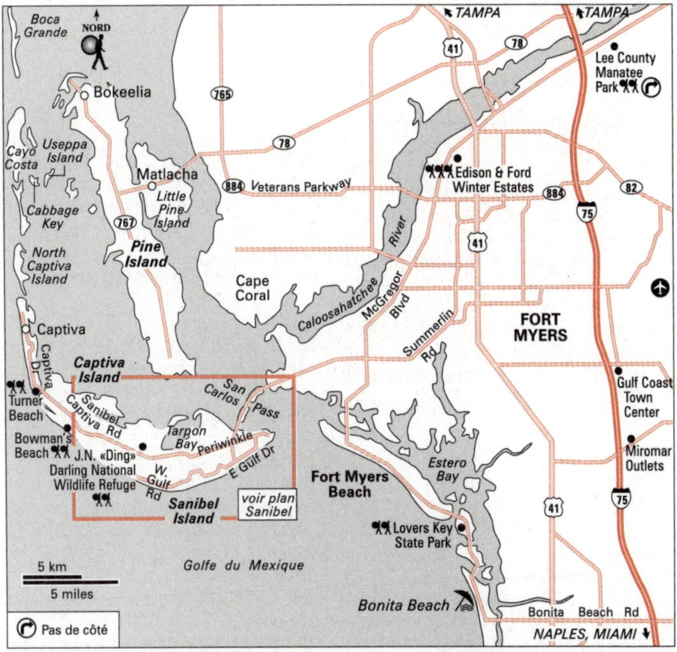

LA RÉGION DE FORT MYERS

• *redlion.com* • *Doubles 100-250 $, petit déj inclus.* Parmi les moins chers des hôtels de chaîne, celui-ci offre un rapport qualité-prix notable. Situation pas terrible, certes, mais chambres spacieuses et bon confort général.

Budget Inn : *3715 S Cleveland Ave (sur la US 41 S).* ☎ *239-936-2181.* • *budgetinnftmyers@gmail.com* • *Doubles 110-190 $ (15 $/pers en plus) ; pas de petit déj.* Autre solution qui ne videra pas votre compte en banque, ce minuscule motel en L, bleu ciel et blanc. Tout simple, aux chambres impeccablement rénovées, modernes et de plain-pied, façon cabines de plage. Équipement sans défaut et prix encore raisonnables, même en haute saison.

De chic à plus chic

The Hibiscus House : *2135 McGregor Blvd.* ☎ *239-332-2651.* • *thehibiscushousebnb.com* • *Doubles 195-285 $; pas de petit déj servi. Gratuit pour les enfants jusqu'à 17 ans. En pleine saison, résa de min 7 nuits.* Cette charmante maison en bois de 1923, à mi-chemin du musée Edison et du Downtown, propose 5 chambres spacieuses et impeccables, au style *British* très soigné, avec belles salles de bains et jolis tons pastel. « The Palm » et « The Periwinkle » ont gardé leurs parquets d'origine, les autres sont nappées de moquette. Parking privé sur l'arrière. Pas de jardin. Un lieu agréable, mais on voit rarement les proprios.

Holiday Inn : *2431 Cleveland Ave.* ☎ *239-332-3232.* • *ihg.com/holidaysinn* • *Doubles 100-390 $.* À proximité du petit Downtown, voici un hôtel de chaîne de bon confort, aux chambres cossues et agréables, spacieuses et bien équipées. Micro-ondes, machine à café, coffre et literie épaisse. Une option à retenir, en fonction du prix du jour, évidemment.

Où manger ?

Bon marché

Downtown House of Pizza : *1520 Hendry St. ☎ 239-337-3467. Tlj 10h-22h (2h ven-dim). Pizzas 12-22 $, part 4 $.* Les habitués apprécient les pizzas *large* qui nourrissent déjà facilement 2 personnes à prix serrés. En option : des salades et quelques bières locales. À descendre sur place, dans la salle lambda ou derrière les hauts comptoirs – en beuglant un peu pour se faire entendre ! – ou, mieux, sur la terrasse avec quelques tables à l'arrière.

Prix moyens

McGregor Cafe : *4305 McGregor Blvd (en allant vers Fort Myers Beach et Sanibel). ☎ 239-936-1771. Tlj sauf mar 8h-15h. Petit déj et plats 10-18 $.* Une super adresse pour un copieux petit déj ou pour le lunch. La cuisine y est excellente, tout particulièrement les salades, les tartes salées et la *Key lime pie*. Très agréable terrasse ombragée à l'avant. On vous proposera même un *screwdriver* dès l'aube !

Ford's Garage : *2207 1st St. Tlj 11h-22h (23h ven-sam). ☎ 239-332-3673. Burgers et plats 15-21 $.* Exploitant le souvenir d'une des 3 grandes figures locales, ce *sport bar* à burgers joue à fond la carte auto, avec serveurs en chemise de pompiste rétro et carcasse de bagnole fichée au-dessus du bar. Un cadre rigolo, pour se taper un bon burger bien charnu parmi la douzaine de recettes au choix – à moins de préférer confectionner le sien –, mais aussi *ribs* et *chicken sandwich*. Également de copieuses salades (thaïe notamment) et des bières artisanales à la pompe (mais pas d'essence !). Tables sur le trottoir.

Capone's Coal Fired Pizza : *2225 1st St. ☎ 239-337-2625. Tlj 11h-22h (23h ven-sam). Pâtes et pizzas 15-25 $.* Surfant sur le mythe du célèbre Al (des photos du mafieux sur les murs vous scrutent, tenez-vous bien !), on déguste ici de délicieuses pizzas et de copieux plats de pâtes. L'ensemble est fort bien réalisé et servi dans un décor chaleureux, entre de hauts murs de briques. Les *cajun chicken shrimps* et les *rigatoni alla vodka* sont parfaites. En sortant, jetez donc un œil sous la vitre épaisse du sol : une sorte de tripot est reconstitué à la cave.

Farmer's Market Restaurant : *2736 Edison Ave (à l'est du Downtown). ☎ 239-334-1687. Tlj sauf dim 7h-19h. Plats 8-15 $.* Fondée en 1952, la maison se planque entre une entreprise de transport et un grand parking. Rien de sexy, mais les habitués affluent néanmoins pour la cuisine américaine familiale qui fait des clins d'œil aux États sudistes (*stuffed bell pepper, smoked bbq ribs*, etc.), copieuse et sans chichis (le week-end, réservez !). Sympathique et ultra-populaire.

Où boire un verre ?

86 Room : *22 Patio de Leon. Tlj 17h-2h.* Sur l'adorable place au cœur du Downtown. Dans cette salle haute de plafond cernée par des murs de brique, on se sert autour du vieux bar en U pour enfiler un bon cocktail. Atmosphère plus new-yorkaise que floridienne, et on aime ça. D'autres bars cool comme tout occupent le Patio de Leon, surtout fréquentés en fin de semaine.

Cigar Bar : *1502 Handry St. Tlj 12h-2h.* Bar sombre comme la cape d'un cigare, décoré comme un fumoir, baigné d'une lumière tamisée. Le soir, les amateurs de havanes s'y réunissent, installés dans de gros fauteuils de cuir, pour faire quelques volutes. Dans la salle d'à côté, plus classique, musique live le soir en fin de semaine. Un vrai pas de côté dans le puritanisme ambiant.

À voir. À faire

Le Downtown, s'il est plutôt sympa, est très vite parcouru. Ses rues s'animent pour l'***Art Walk*** le 1er vendredi du mois (on passe de galerie en galerie) et pour le ***Music Walk*** le 3e vendredi (18h-22h), avec de petits groupes disséminés sur les trottoirs.

Edison & Ford Winter Estates *(carte La région de Fort Myers)* **:** *2350 McGregor Blvd. ☎ 239-232-6408. • edisonfordwinterestates.org • Tlj 9h-17h30 (fermeture des guichets à 16h30), sauf Thanksgiving et Noël. Entrée* ***(avec audioguide en français)*** *: 25 $; 20 $ 13-19 ans ; 15 $ 6-12 ans ; visite guidée en anglais : 30 $ (réduc) ; gratuit jusqu'à 5 ans. Achat des tickets à la boutique. Prévoir 1h30-2h de visite. Plusieurs visites guidées thématiques payantes (chères).*

Au bord de la rivière Caloosahatchee (pour bien prononcer, enlevez votre chewing-gum, *please !*), l'***Edison Winter Estates*** fut construit en 1886 comme résidence hivernale du célèbre inventeur (1847-1931). Celui-ci acheta la propriété surtout pour les bambous qu'il utilisait comme fil incandescent pour ses ampoules ! Les maisons et le labo sont restés dans l'état où ils étaient lorsque la veuve d'Edison fit don de la propriété à la Ville de Fort Myers en 1947. La visite se fait en 2 temps : côté terre, l'accueil, le musée et le labo ; de l'autre, au bord de la rivière, les jardins, avec les maisons d'Edison et celle de son voisin et ami Henry Ford (qui, jeune, travaillait pour lui ; c'est ainsi qu'ils firent connaissance).

CONCOURS LÉPINE

Entre 1869 et 1933, Edison déposa plus de 1 100 brevets ! 300 concernaient le domaine électrique, 150 le télégraphe, 100 les batteries, 35 les téléphones... C'est lui qui découvrit l'émission d'électrons par un filament conducteur chauffé à haute température dans le vide, une technologie à l'origine des néons. Il mit au point le téléphone Duplex (1864) et le phonographe (1877). Rien que ça !

– ***Le musée :*** on démarre par de superbes Ford T, notamment une datée de 1914 et une Ford Five de 1937 (apparition de la carlingue). Puis une salle dédiée à ses inventions, remplie d'incroyables gramophones d'époque. Celui de 1904 est l'un des 1ers appareils à avoir reproduit de la musique enregistrée. On mesure alors le chemin parcouru à l'heure des applis qui diffusent de la musique à l'infini dans un appareil minuscule. Ça donne le tournis ! Voir encore le *multiphone,* véritable ancêtre du juke-box de 1906, diffusant jusqu'à 24 morceaux.

Nombreux projecteurs, piles, 1res ampoules... Le musée présente un nombre incroyable d'objets sur lesquels Edison intervint. Conçu pour les recherches du trio Edison, Ford et Firestone sur le caoutchouc (lire l'encadré), le labo s'apparente, lui, à une véritable caverne d'Ali Baba des sciences, avec sa machinerie, ses tubes à essai... restés en l'état, comme si le temps s'était arrêté. Excellents films documentaires. Dans un coin, sa chaise roulante. Juste devant le musée, admirez l'incroyable et plantureux banian, parmi les plus grands d'Amérique.

PLANTE MIRACLE

Devant importer de l'étranger le caoutchouc nécessaire à leurs pneumatiques, Edison, Firestone et Ford dépensèrent une fortune pour dénicher une plante qui supporte mieux le climat américain que l'hévéa. Sans succès. Ce sont les Russes qui découvrirent la plante si recherchée : le pissenlit (eh oui !). Pendant la Seconde Guerre mondiale, l'armée soviétique utilisa beaucoup cette fleur banale pour fabriquer ses pneus.

– ***La maison principale d'Edison*** *(Seminole Lodge)* **:** située de l'autre côté de la route avec celle des invités, au centre d'un vaste jardin. On observe ces demeures depuis l'extérieur seulement *(sauf avec la visite guidée spéciale* *jeu-ven à 11h).* Les meubles sont d'époque, tout comme, pendant du plafond, les 1ers lustres électriques, conçus par Edison. Noter le salon avec piano, la cuisine, mais aussi la salle à manger avec sa série de clochettes permettant d'appeler les domestiques. Dans la maison des invités furent reçus nombre d'hôtes de marque (c'est le cas de le dire) : Firestone, Colgate, Kellogg... Un vrai rayon de supermarché !

– Juste à côté, ***The Mangoes,*** la maison de Ford, achetée en 1916 pour passer des vacances entre copains, est une modeste villégiature hivernale, simple et chaleureuse à la fois quand on la compare à l'immense fortune de son propriétaire (15 millions de Ford T vendues tout de même). Si le mobilier est d'époque, il s'agit d'une reconstitution. À noter que les Ford louaient leur maison aux touristes quand ils n'étaient pas là... Y a pas de p'tits profits ! Sous un abri, devant, une Ford T de 1917, parmi d'autres.

Lee County Manatee Park *(carte La région de Fort Myers)* **:** *10901 State Rd 80 (Palm Beach Blvd). • leegov.com • À 6,5 miles au nord-est du Downtown par la SR 80. Bus nº 100 depuis le Downtown. Tlj de 8h au coucher du soleil. GRATUIT. Parking payant.* De novembre à mars, par temps froid, on a de bonnes chances de pouvoir observer les lamantins qui viennent se réfugier dans les eaux à 20 °C sortant de la centrale électrique voisine... Ils sont en général plus nombreux le matin. Sentier de promenade d'environ 30 mn, qui longe en partie la rivière. Vidéo de présentation et explications gratuites par des volontaires en saison.

– ***Location de kayaks :*** *Welcome Center (☎ 239-913-9993 ; env 26 $/pers pour 2h).* Idéal pour se balader sur la rivière.

FORT MYERS BEACH

À la fois station balnéaire populaire et 1er port crevettier du golfe du Mexique, Fort Myers Beach occupe une longue île-barrière s'étirant parallèlement au littoral. On y accède par des ponts à chaque extrémité, depuis Fort Myers ou Lover's Key. La plage, au sable blanc si fin qu'on croirait de la farine, est très belle, et les prix sont un poil moins élevés qu'à Sanibel (on a dit « un poil » !). Tout se passe à l'ouest de l'île, autour de Times Square, de sa longue jetée en bois et d'Estero Boulevard, qui file vers l'est. Revers de la médaille, la zone est ultra-touristique et agitée, rassemblant un cocktail improbable de familles en goguette, *bikers* à bandana et post-ados en mode *spring break.* Le week-end et durant les vacances, bonjour les bouchons à l'aller, puis au retour de la plage. Quant au parking, c'est une denrée rare... et chère ! Voici pour le panorama général, mais...

Ian 2022, l'ouragan imprévisible

En septembre 2022, l'ouragan Ian a frappé de plein fouet la ***région de Fort Myers Beach, Sanibel Island et Captiva Island.*** Prévu pour passer plus au nord, l'ouragan se déroute brutalement et les habitants n'ont pas le temps de prendre leurs dispositions. Cet ouragan de catégorie 5 balaie tout sur son passage, faisant près de 150 morts, avant de poursuivre sa route vers la Caroline du Sud. Un grand nombre de maisons sont littéralement rasées, d'autres juste « décoiffées » ou curieusement déplacées sur leur socle. Quant à la nature, le vent et la montée des eaux a laissé des cicatrices profondes dans le paysage. Si les maisons retrouvent rapidement des couleurs, la végétation aura à l'évidence besoin de plus de temps. En 2023, Fort Myers, Sanibel Island et Captiva Island, ravagées, pansaient encore largement leurs plaies. Essentiellement balnéaire, l'équilibre de la région s'avère pour l'instant particulièrement précaire.
L'année 2024 sera celle de la réouverture des hôtels et restos ayant subi d'importants dégâts, mais à l'heure où nous écrivons ces lignes, presque aucun établissement n'était encore en état d'accueillir des clients.

Où manger ? Où boire un verre ?

De prix moyens à chic

Bonita Bill's : *702 Fisherman's Wharf. ☎ 239-463-6119. En venant de Fort Myers, juste avt le pont qui mène à Fort Myers Beach, prendre à droite et contourner les bases du pont. Tlj 6h-21h. Plats 13-25 $.* Un bel endroit pour un verre en fin d'après-midi, quand le soleil joue à cache-cache avec le grand pont qui relie le continent et Fort Myers Beach. Chouette ponton de bois et salle ouverte sur les docks. Pour mettre un peu de solide dans le liquide, commandez donc de bonnes crevettes grillées ou un autre plat de *finger food* (à manger avec les doigts).

Dixie Fish Company : *714 Fisherman's Wharf. ☎ 239-233-8837. En venant de Fort Myers, juste avt le pont qui mène à Fort Myers Beach, prendre à droite et contourner les bases du pont. Tlj 11h-22h. Plats 13-29 $.* Une autre maison de bois avec vue sur les docks. Sandwichs au poisson, *catch of the day* ou *shrimp burger.* Des choses de la mer donc, très fraîches, notamment les crevettes, puisque les crevettiers sont garés à 50 m de là. Du circuit très très court !

À voir. À faire

Lovers Key State Park : *8700 Estero Blvd. • floridastateparks.org •* ***Fermé*** *suite à l'ouragan Ian en 2022. Se renseigner sur place.* Cette île est sillonnée par 8 km de sentiers, à parcourir à pied ou à vélo, qui s'immiscent entre les différents bras de la lagune. On peut aussi s'y aventurer en kayak ou en canoë, ou même à paddle. L'occasion d'observer pélicans, hérons et autres ibis. Mais le must, ce sont les kilomètres de plage sauvage : baignade, pêche, ramassage de beaux coquillages, balade romantique au coucher du soleil (quoi de plus normal avec un tel nom ?)...

Au sud du *Lovers Key State Park,* la jolie plage de sable fin de **Bonita Beach** est moins fréquentée.

SANIBEL ET CAPTIVA ISLANDS

AVERTISSEMENT : les îles de Sanibel et Captiva ayant subi de terribles dégâts suite à l'ouragan Ian qui a frappé la région en septembre 2022, la grande majorité des établissements hôteliers et restaurants était encore fermée en 2023. Réouverture courant 2024... probablement.

Accessibles en voiture depuis Fort Myers par un long pont appuyé sur 2 îlots *(6 $),* les îles de Sanibel et Captiva se situent dans le prolongement l'une de l'autre, et l'on passe de la 1re à la 2de sans presque s'en rendre compte. En partie protégée par un parc naturel riche en mangrove, louée pour ses belles plages pleines de coquillages et sa nature tropicale luxuriante, Sanibel aurait tout d'un petit paradis... si les embouteillages ne l'accablaient pas systématiquement chaque week-end (venez en semaine !). Autres bémols : les parkings payants aux abords des plages, qui poussent à prendre le vélo pour profiter du bon réseau de pistes cyclables, et l'absence totale d'hébergements abordables (quand ils auront rouvert). En haute saison, les chambres affichent des tarifs indécents. Mais, au moins, évite-t-on ici les vilains immeubles... Attention, pas de lampadaires pour ne pas désorienter les tortues qui viennent pondre sur les plages la nuit, de mai à octobre !

– ***Orientation :*** plate, longue de 12 miles sur 2-3 miles de large, Sanibel est de loin la plus grande ; les adresses s'y répartissent surtout sur la moitié est. Longue mais très étroite, Captiva fait plus directement face au golfe du Mexique et s'érode bien plus vite... pas le moment d'y acheter une villa ! On s'y sent nettement plus à l'étroit et la difficulté à se garer n'arrange rien si l'on n'y réside pas.

Adresse et infos utiles

Chamber of Commerce Visitor Center : *1159 Causeway Rd, sur* ***Sanibel Island.*** *☎ 239-472-1080. • sanibel-captiva.org • Sur la droite, juste après avoir franchi le pont en venant du continent. En théorie, tlj 9h-17h.* Plein d'infos sur les îles, plan, propositions d'excursions et adresses de loueurs de vélos.

Location de vélos, rollers et scooters : plusieurs loueurs de vélos sur l'île. Un bon moyen de l'explorer tranquillement, sans avoir à payer le parking à chaque arrêt ! Demander la liste au *Visitor Center.*

Parking des plages : ils sont tous soit très chers, soit réservés aux résidents (ceux marqués A•).

Où dormir ?

Déjà dit, mais on se répète pour ceux qui auraient manqué le début ! La grande majorité des hôtels n'avait pas encore rouvert à l'été 2023. Ouragan ou pas, les prix atteignent ici des sommets délirants l'hiver et, mis à part l'accès direct à la plage, la qualité des prestations est rarement en rapport avec le tarif exigé.

À Sanibel

Camping

Periwinkle Trailer Park : *1119 Periwinkle Way. ☎ 239-472-1433. • sanibelcamping.com • Arriver obligatoirement avt 19h30.* ***Résa impérative en hte saison.*** *Compter 62-67 $/j. pour 2 en tente. CB refusées.* Le seul camping de l'île, cher et à 800 m de la plage, accueille surtout des mobile homes privés, mais il y a aussi une poignée d'emplacements pour tentes et *trailers,* plus ou moins ombragés, calés contre un petit étang. Sanitaires peu nombreux et un peu datés mais corrects, avec un espace dédié au nettoyage du poisson ! Attention, accueil brut de décoffrage (et sans *aucune* flexibilité).

Où manger ?

À Captiva

The Mucky Duck : *11546 Andy Rosse Lane. ☎ 239-472-3434. Tlj 11h30-15h, 17h-21h. Pas de résa. Plats env 14-30 $ le midi, 25-44 $ le soir.* Posé juste en retrait de la (très belle) plage, ce pub-resto au look *british,* toujours bondé, occupe une ancienne auberge en bois qui a dû déménager à cause de l'avancée de la mer... La carte, ultra-classique, voit se côtoyer plats de pub (façon *fish & chips*), viandes grillées, *seafood* et plats en sauce. On vous conseille de privilégier les plus simples et de venir plutôt au déjeuner. Au dîner, les plats sont bien plus chers et, de toute manière, on ne voit plus la mer. Parking vite saturé le midi !

À voir. À faire

À Sanibel

Les plages : c'est avant tout pour elles que l'on vient, même si le parking y est systématiquement hors de prix ! Si le sable est un peu moins blanc ici, elles restent assez sauvages, à l'image de ***Bowman's Beach,*** située à 5,4 miles

(8,6 km) à l'ouest du carrefour central, en direction de Captiva (puis à gauche). Réserve naturelle, étendue sur des kilomètres, elle est soulignée par un large rideau de raisiniers, petits palmiers et bois de fer. On y trouve d'excellentes infrastructures : toilettes impeccables, tables et grilles à BBQ dans la verdure près du parking, en retrait de la plage, douches... mais aussi ibis curieux...
Le ***ramassage de coquillages*** (*shelling* en anglais) est ici une véritable religion. À marée basse, les habitués débarquent avec leur seau et avancent pliés en 2 le long du rivage... Cette posture voûtée a même son nom : le *Sanibel stoop* ! Les plus fervents sortent de nuit, avec leur lampe frontale, pour être les 1ers servis ! Si l'on trouve des coquillages partout, c'est encore mieux à ***Turner Beach,*** au niveau de Blind Pass, le chenal qui sépare Sanibel de Captiva. Et très bien aussi à ***Lighthouse Beach,*** à l'extrémité est de Sanibel, même si la concurrence y est plus rude. Dans tous les cas, vérifiez que les coquilles sont bien vides !

J. N. « Ding » Darling National Wildlife Refuge : *accès sur Sanibel Captiva Rd. • fws.gov/refuge/jn_ding_darling • Circuit en voiture : tlj sauf ven 7h-17h. Entrée : 10 $/voiture ; gratuit moins de 15 ans. Circuit piéton ou à vélo* (Indigo Trail) *: tlj du lever au coucher du soleil ; 1 $ (gratuit ven). À l'entrée du site,* Visitor and Education Center *: tlj sauf dim et j. fériés 9h-16h ; GRATUIT.*
Recouvert de mangrove et d'étangs, le tiers nord de Sanibel, côté continent, a été classé sanctuaire de la vie sauvage. Cette partie de l'île, comme le reste, a été fortement secouée par l'ouragan de 2022. Arbres déracinés, palmiers décapités, bout de mangrove en vrac... Mais la nature s'avère résiliente et reprend peu à peu ses droits. Ici vivent quelque 245 espèces d'oiseaux (pélicans, ibis, hérons, spatules roses, vautours...), particulièrement nombreux en hiver, mais aussi des ratons laveurs, des loutres, de discrets *bobcats* (lynx roux), des alligators et autres reptiles (tortues). C'est tôt le matin ou avant le coucher du soleil, quand la marée est basse, que vous aurez le plus de chance de pouvoir les observer (ne rêvez pas trop pour les lynx, qui sont nocturnes).
Le ***Visitor and Education Center*** abrite une petite exposition sur le parc et les animaux à voir. On saute ensuite dans sa voiture pour avaler la ***Wildlife Drive*** à toute petite vitesse, un circuit de 4 miles (6 km) à sens unique, qui traverse la réserve de part en part (fermée le vendredi). Aurez-vous de la chance ?
Autre option : l'***Indigo Trail,*** un parcours de 6 km aller-retour à faire à pied ou à vélo. Il commence à gauche, juste au début du circuit bitumé (bien indiqué). Si vous ouvrez l'œil, vous verrez peut-être des alligators et certainement beaucoup d'oiseaux. Mieux vaut l'emprunter à vélo ; à pied, ce large chemin coupant tout droit dans la mangrove peut paraître monotone à la longue... Au bout, plutôt que de revenir sur ses pas, on peut repiquer sur la *Wildlife Drive.* Il y a aussi 2 autres courtes balades (500 m), le ***Calusa Shell Mound Trail,*** consacré aux Indiens calusas, et le ***Wulfert Keys Trail,*** qui mène jusqu'au Pine Island Sound. N'oubliez pas chapeau, eau et crème solaire !

Bailey-Matthews National Shell Museum : *3075 Sanibel Captiva Rd. • shellmuseum.org • Sur la route du J. N. « Ding » Darling National Wildlife Refuge. Horaires restreints (voir leur site pour plus d'infos). Entrée : 24 $; 9-15 $ enfants ; réduc.* On y découvre un grand nombre de coquillages du monde entier et leur utilisation dans l'art tribal, la médecine, la cuisine... Un ***aquarium*** a été inauguré en mars 2020, avec notamment 2 *touch tanks,* des nautiles, des poulpes, des bénitiers géants et de rares junonia vivants, ces belles volutes crème tachetées de brun que les *beachcombers* recherchent avec avidité sur les plages de Sanibel après les tempêtes. Le musée a même créé une appli pour reconnaître les coquillages !

Sanibel Historical Museum and Village : *950 Dunlop Rd (fléché depuis Periwinkle Way). • sanibelmuseum.org • Horaires restreints (consulter le site pour plus d'infos). Tarif : 10 $; gratuit jusqu'à 18 ans. Visite guidée sur demande. Demander le feuillet en français à l'accueil.* Une dizaine de mignonnes et authentiques bâtisses en bois de 1896 à 1927 ont été regroupées ici : bureau de poste, école, *general* *store,* salon de thé, modeste cottage de pêcheur... meublés comme à l'époque. Le *Caretaker's Cottage* évoque les conditions de vie de la petite communauté afro-américaine de l'île durant la ségrégation. Vidéo de 18 mn au *Visitor Center.* Également une Ford T.

À Captiva

Excursions en bateau : plusieurs excursions sont proposées pour explorer la baie et les îles environnantes, certaines accessibles uniquement par bateau. On vous emmène voir les dauphins, d'autres vous embarquent pour une *cruise* (mini-croisière) au coucher du soleil. En 2023, de nombreuses activités touristiques étaient encore à l'arrêt. Se renseigner au *Visitor Center* à l'entrée de Sanibel Island (voir « Adresse et infos utiles »).

INVASION DE TARPONS

Prédateur vorace, le tarpon est un poisson des mers chaudes qui peut, adulte, atteindre 180 kg et 2,50 m. Entre avril et juin a lieu, au large de Pine Island, une des plus grandes migrations de tarpons au monde. De quoi attirer les amateurs de pêche sportive en si grand nombre qu'il est alors possible de traverser la passe en marchant sur les bateaux, dit-on !

SARASOTA

55 000 hab.

• Plan d'ensemble *p. 291* • Zoom *p. 293*

Côté terre, la ville, au Downtown propret et agréable, revendique son penchant culturel, avec comme figures de proue l'*Asolo Theater,* bâti en 1798 près de Venise et envoyé en Amérique en pièces détachées (!), et le formidable *Ringling Museum,* héritage de l'âge d'or du cirque, lorsque John Ringling et sa troupe prenaient leurs quartiers d'hiver ici, dans les années 1920. Côté mer, une panoplie d'îles-barrières accessibles par des ponts aériens (Longboat, Lido et Siesta Keys) baigne dans une atmosphère toute propre, entre jolies plages et boutiques chics, façon Nice ou Cannes au bord du golfe du Mexique. Cette double identité séduit une population aisée et plutôt âgée, mais aussi quelques Européens ! Capitale autoproclamée de la « Cultural Coast », Sarasota accueille par ailleurs un festival du film international.

Arriver – Quitter

Greyhound *(plan d'ensemble) :* *5951 Porter Way.* • *greyhound.com* • *À 6,5 miles à l'est du centre, près de l'I-75. Le bus nº 1 mène ensuite à Downtown.* 2 bus/j. (l'ap-m) vers Tampa et Orlando, 2 vers Miami (mat et soir).

Orientation

Sarasota est une ville tout en longueur, qui s'étire ***de part et d'autre de l'US 41 (Tamiami Trail).*** Quand on vient du nord, on croise d'abord les chaînes de motels, puis l'aéroport et le fameux musée Ringling. Quelques

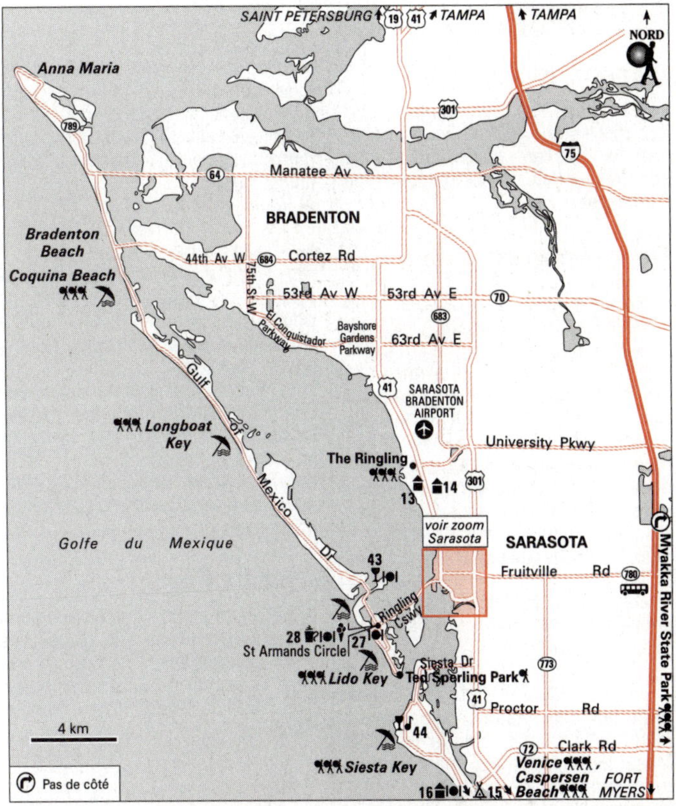

SARASOTA – Plan d'ensemble

kilomètres plus loin, on atteint Downtown, où l'on peut bifurquer vers la ***baie de Sarasota et ses îles :*** d'abord la chic ***Lido Key*** (célèbre Lido Beach) puis, vers le nord, la très longiligne et résidentielle ***Longboat Key*** (plage interminable, mais copieusement bétonnée). Au-delà, on trouve la belle ***Coquina Beach,*** sauvage, puis la station balnéaire de ***Bradenton Beach.***
Au sud de Sarasota, par l'US 41, on accède à ***Siesta Key,*** notre coin préféré, surtout dotée de villas, de quelques restos et de bars. Bonne ambiance et aucun immeuble moche. Ouf !

– ***Parking :*** le stationnement est payant sur Main Street, mais gratuit partout ailleurs (il est limité à 2h en centre-ville et à la plage, mais sans limite dans les zones plus périphériques). Plusieurs parkings couverts gratuits longue durée à Downtown, notamment sur State Street *(zoom B2)* et sur 2nd Street, à côté du *Whole Foods Market (zoom A-B1,* ***1****).*

Adresse utile

Chamber of Sarasota *(zoom B1) :* *1945 Fruitville Rd.* ☎ *941-706-1253.* • *visitsarasota.com* • *Lun-ven 10h-16h.*

Où dormir ?

Au nord de Sarasota

Le ***Tamiami Trail*** regroupe la plupart des motels abordables, mais le secteur est passant et les prestations sont très inégales. Voici tout de même 2 adresses.

De prix moyens à chic

Super 8 *(plan d'ensemble,* ***13****) :* *4309 N Tamiami Trail (US 41). ☎ 941-549-8840. • wyndhamhotels.com/super-8 • À 2,5 miles au nord de Downtown. Doubles 80-250 $, petit déj léger inclus.* En bord de *highway* mais à proximité du Ringling Museum, ce motel banal, jaune et turquoise, propose des chambres certes standard, mais impeccables et modernes, avec parquet flottant et grandes photos vintage. Machines à laver et piscine à côté du parking.

Days Inn by Wyndham *(plan d'ensemble,* ***14****) :* *5000 N Tamiami Trail (US 41). ☎ 941-351-7734. • daysinn.com • Doubles 150-190 $, petit déj léger inclus.* Motel de la célèbre chaîne dont les prix restent globalement raisonnables, non loin du Ringling Museum. Préférer les chambres du fond, plus éloignées de la route 41. Impeccables et bien équipées (micro-ondes, frigo), mais déco vraiment tristounette.

Au centre de Sarasota

Rien de vraiment abordable en centre-ville.

De chic à très chic

Art Ovation Hotel *(zoom A1,* ***11****) :* *1255 N Palm Ave. ☎ 941-316-0808. • artovationhotel.com • Doubles 185-500 $.* Aux marges de Downtown, ce gros hôtel affilié à la chaîne *Marriott* se donne des airs diablement *trendy* avec sa réception lumineuse et éthérée doublée d'une galerie contemporaine, ses artistes en résidence et son *rooftop* avec piscine et bar (voir aussi « Où boire un verre ?... »). Les chambres sont spacieuses, ultra-confortables, avec canapé-lit en plus, moquette design, salle de bains en marbre noir. Les prix s'envolent l'hiver, alors profitez des réductions de basse saison ! Grand *fitness center.*

Voco Hotel *(zoom A1,* ***12****) :* *1223 Boulevard of the Arts. ☎ 941-487-3800. • ihg.com • Doubles 145-450 $, sans petit déj.* Planté sur l'avenue côtière (principal bémol), ce gros boutique-hôtel abrite 95 chambres et suites lumineuses, aux couleurs printanières. Spacieuses et modernes, elles sont d'un confort irréprochable, avec une grande salle de douche, parquet, lits douillets et frigo. Le *H2O Bistro,* qui se fournit en produits locaux, propose snacks et sandwichs 24h/24. À l'extérieur, une grande piscine bien agréable. Accueil très pro.

À Siesta Key

Cette petite station balnéaire colorée et animée borde une belle plage. C'est notre coin préféré. Pas mal de bars dans le secteur, pour une ambiance plus jeune qu'ailleurs. Prix élevés, en revanche.

Camping

Turtle Beach Campground *(hors plan d'ensemble,* ***15****) :* *8862 Midnight Pass Rd. ☎ 941-861-2267. • scgov.net/turtlebeachcampground • Emplacements 64-74 $ (3 nuits min certains w-e fériés).* C'est le seul du coin et on a de la chance, il est bien (mais cher) : une longue bande de terre avec des emplacements de part et d'autre de l'allée centrale, séparés par de petites haies, avec... la plage juste au bout et quelques tables de pique-nique nichées entre les arbres. La quarantaine d'emplacements est très demandée par les *snowbirds,* réservez bien à l'avance en saison ! Laverie.

De chic à plus chic

The Capri at Siesta *(hors plan d'ensemble,* ***16****) :* *6782 SaraSea*

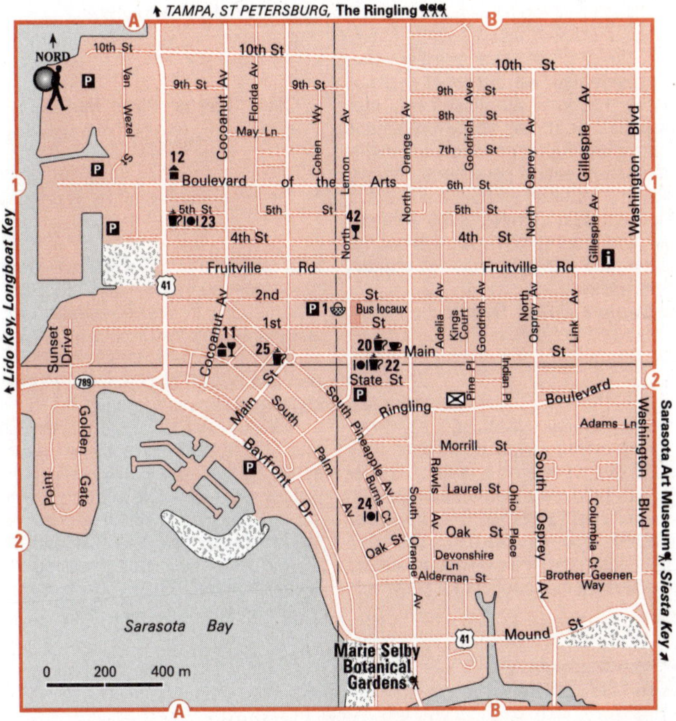

SARASOTA – Zoom

Adresses utiles

- Chamber of Sarasota (B1)
- 1 Whole Foods Market (A-B1)

Où dormir ?

- **11** Art Ovation Hotel (A1)
- **12** Voco Hotel (A1)
- **13** Super 8 (plan d'ensemble)
- **14** Days Inn by Wyndham (plan d'ensemble)
- **15** Turtle Beach Campground (hors plan d'ensemble)
- **16** The Capri at Siesta et Captiva Beach Resort (hors plan d'ensemble)

Où manger ?

- **16** Turtle Beach Grill (hors plan d'ensemble)
- **20** C'est la Vie ! (B1)
- **22** Boca (B1-2)
- **23** Toasted Mango Cafe (A1)
- **24** Owen's Fish Camp (B2)
- **25** First Watch (A1-2)
- **27** Lido Island Beach (plan d'ensemble)
- **28** Madison Avenue Cafe and Deli, Tommy Bahama (plan d'ensemble)
- **43** Old Salty Dog (plan d'ensemble)

Où boire un verre ? Où écouter de la musique ?

- **11** Perspectives (A1)
- **42** Mandeville Beer Garden (B1)
- **43** Old Salty Dog (plan d'ensemble)
- **44** Siesta Key Oyster Bar (plan d'ensemble)

Circle. ☎ *941-684-3244.* • *capriinternational.com* • *Doubles 220-400 $; pas de petit déj.* Le quartier, plutôt résidentiel, est calme, et la plage est à 100 m. L'établissement, aux faux airs de motel, abrite seulement 5 grandes chambres avec kitchenette et 8 suites pour 4 personnes, de bon confort. Mobilier en bois foncé et/ou en rotin, sols carrelés. Elles donnent sur une cour-jardin avec barbecue, fauteuils d'extérieur, tables et chaises avec parasol.

Captiva Beach Resort *(hors plan d'ensemble,* ***16****) : 5672 SaraSea Circle.* ☎ *941-349-4131.* • *captivabeachresort.com* • *Doubles 230-400 $; pas de petit déj.* Gentil petit motel familial, dont les chambres (micro-ondes, frigo et kitchenette) sont disposées en L autour d'une fausse pelouse plantée de vrais palmiers, avec tables, BBQ et transats. D'autres sont situées de l'autre côté de la petite rue, mais on préfère celles proches de la réception. La plage est à 2 pas.

Au sud de Sarasota

Campings

Oscar Sherer State Park : *1843 S Tamiami Tr (Hwy 41), à* ***Osprey.*** ☎ *941-483-5956 (infos) ou 1-800-326-3521 (résas).* • *floridastateparks.org* • *À 11,5 miles (18 km) au sud de Sarasota. Tlj de 8h au coucher du soleil. Entrée : 5 $/voiture. Emplacements 15-26 $.* Un petit miracle que ce joli pan de nature préservée au milieu de l'extension urbaine ! On y trouve un vaste camping aux emplacements dissimulés dans la végétation tropicale, offrant pour la plupart une bonne intimité. De nombreux sentiers parcourent le parc, de 15 mn à 2h30. Ils sont faciles et balisés. En prime : une possible sortie en kayak sur la South Creek, la plage du Lake Osprey, des aigles chauves qui nidifient sur place (assez faciles à voir) et une solide population de geais buissonniers.

Voir aussi le beau camping du ***Myakka River State Park*** décrit « Dans les environs de Sarasota ».

Où manger ?

Downtown

Dans le petit centre-ville, l'animation se résume au secteur de Main Street, bordée de nombreux restos et bars. L'atmosphère est sympa et la voiture se révèle pour une fois inutile. Pour se bricoler un pique-nique, on trouve un supermarché bio ***Whole Foods Market*** (beau *salad bar*) à l'angle de Lemon Avenue et 2nd Street *(zoom A-B1,* ***1*** *; lun-sam 8h-21h, dim 9h-21h).* Il y a des tables à l'arrière, dans la ruelle, pour s'installer. Le samedi matin (7h-13h), profitez du grand ***Farmers Market*** qui se tient tout le long de Lemon Avenue (et autour de Main Street).

Spécial petit déjeuner et lunch

Toasted Mango Cafe *(zoom A1,* ***23****) : 430 N Tamiami Tr (et 5th St). Tlj 7h30-14h30. Petits déj et plats 12-18 $.* On aime bien son ambiance *diner,* le service dynamique, la petite salle toute jaune et la mangue qui s'invite aux côtés des gaufres et jusque dans les wraps et sandwichs du lunch ! Il y a même du beurre à la mangue... Nombreux habitués et bonne humeur, la recette est contagieuse. En prime : quelques tables à l'extérieur.

C'est la Vie ! *(zoom B1,* ***20****) : 1553 Main St.* ☎ *941-906-9575. Tlj 7h30-18h (21h30 jeu-dim) ; brunch dim. Petits déj (servis jusqu'à 12h) et lunch 8-18 $.* Cette boulangerie-salon de thé française, tenue par Géraldine et Christophe depuis 1997, séduira les nostalgiques des croissants, baguettes, crêpes, tartines et omelettes. Également des quiches, un beau choix de salades, croque-monsieur ou madame et autres jambon-beurre ou pâté-cornichons. Et même des crêpes. Quelques tables sur le trottoir pour lézarder en terrasse, sous les parasols.

On trouve aussi un ***First Watch*** *(1395 Main St ; zoom A1-2,* ***25****),* une bonne chaîne pour le petit déj.

De prix moyens à chic

Boca *(zoom B1-2, **22**) : 19 S Lemon Ave. ☎ 941-256-3565. Tlj 11h (9h30 sam-dim)-21h (23h ven-sam). Lunch et brunch 12-23 $, dîner 20-40 $.* Un de ces bistrots d'aujourd'hui, allure d'entrepôt, cuisine ouverte et bar vibrionnant. Au menu, des produits majoritairement locaux, de quoi servir de base à une cuisine simple et fraîche, préférant aux sauces sophistiquées le vrai goût des produits. Bruyant, autant le savoir.

Owen's Fish Camp *(zoom B2, **24**) : 516 Burns Court. Tlj 16h-21h30 (22h30 ven-sam). Pas de résa. Plats 15-25 $, sandwichs et salades 10-16 $.* Nichée sous un imposant banian, voilà une adresse gentiment déglingue, une maison ancienne tout en bois aux murs décorés de vieux flotteurs et de bouées de sauvetage, histoire de nous rappeler que le poisson et les fruits de mer sont bien frais ! Bonne ambiance et clientèle d'habitués, aussi bien dans la chaleureuse salle ou dans la grande cour à l'arrière, bien ombragée et aménagée avec du mobilier chiné ici et là, éclairée de guirlandes le soir. Au fond, une sorte de comptoir à la cow-boy, où l'on commande quelques *appetizers*. Venir tôt, car c'est vite plein.

À Lido Key

La plupart des restos se regroupent autour de Saint Armands Circle et des rues immédiatement adjacentes. Exception, posé sur la plage, le **Lido Island Grill** *(plan d'ensemble, **27** ; 400 B. Franklin Dr ; lun-ven 9h-17h, w-e 9h-19h)* débite *fish & chips*, burgers, tacos de *mahi-mahi* (le vendredi) et autres *lobster rolls* pour la note chicos. Idéal pour manger sans se ruiner en gardant (presque) les pieds dans le sable.

Spécial petit déjeuner

Madison Avenue Cafe and Deli *(plan d'ensemble, **28**) : 28 N Boulevard of Presidents. Tlj 7h30-18h30 (19h30 sam). Plats 12-14 $.* Notre préféré à Lido Key pour le petit déj. On commande au comptoir son omelette, ses pancakes, son bagel ou son *granola* aux fruits frais, qui sont ensuite apportés à table. Les habitués y défilent dès l'ouverture et les places sont prisées ; avec un peu de chance, vous trouverez une table en terrasse sur la rue. Le midi : wraps, paninis, sandwichs et salades à bon prix.

Prix moyens

Old Salty Dog *(plan d'ensemble, **43**) : 1601 Ken Thompson Pkwy. ☎ 941-388-4311. Tlj 7h30-21h env. Sandwichs, fish & chips et burgers 13-28 $.* Ce bar-resto avance sa terrasse en bois au-dessus de l'eau. On peut aussi y grignoter un morceau sans chichis, loin du bling-bling du centre. Quelques crevettes frites, un bon *fish & chips* dans un panier, et hop, ça fait l'affaire pour pas trop cher, avec une bonne bière locale et une tranche d'authenticité !

Chic

Tommy Bahama *(plan d'ensemble, **28**) : 300 John Ringling Blvd. ☎ 941-388-2888. À 50 m de Saint Armand's Circle, côté plage. Tlj 11h-21h. Plats 16-35 $ le midi, 23-49 $ le soir (!).* Atmosphère chic-décontractée raccord avec l'esprit du quartier, dans cette belle bâtisse blanche à l'architecture coloniale. Le midi, on apprécie les salades à base de produits frais et les *bowls*. Le soir, les poissons sont à l'honneur – comme le *snapper* (vivaneau) aux noix de macadamia –, mais gare à l'addition, elle grimpe vite... Musique *live* en fin d'après-midi.

À Siesta Key

Turtle Beach Grill *(hors plan d'ensemble, **16**) : 8865 Midnight Pass Rd. ☎ 941-349-2280. Tlj 11h-21h. Plats 12-25 $.* Le lieu n'a rien d'exceptionnel (avec une terrasse mal aménagée et une salle façon saloon, boisée et plus agréable), mais il a l'avantage d'être face au camping, ce qui est bien pratique. On y sert une classique cuisine de pub : *soup and salad,* wraps, *fish & chips*. Le *taco bowl* et le *seafood wrap* sont bien faits. S'en tenir aux choses simples.

Où boire un verre ? Où écouter de la musique ?

Downtown

Mandeville Beer Garden *(zoom B1,* ***42****)* **:** *428 N Lemon Ave. Mar-dim 11h-23h (1h ven-sam, 22h dim).* Une grande baraque en tôle, façon hangar, appréciée de la jeunesse locale. Devant, au bord de l'avenue, de grosses tables de pique-nique. À la pompe, une trentaine de bières artisanales. On peut aussi y grignoter un morceau (burgers et compagnie).

Perspectives (zoom A1, **11**) **:** *au Art Ovation Hotel, en rooftop (voir « Où dormir ? »). Tlj 11h-23h (1h ven-sam). Fermé lorsqu'il y a trop de vent.* En fin de journée, c'est un peu *the place to be.* On s'agglutine alors autour de la piscine, pour siroter son cocktail ou une bière (moins cher) en regardant le soleil se coucher derrière les voiles des parasols et les buildings de Downtown. Choix de vins au verre.

À Lido Key

Old Salty Dog *(plan d'ensemble,* ***43****)* **:** *1601 Ken Thompson Pkwy. ☎ 941-388-4311. Tlj 7h30-21h env.* Si on y mange un morceau sans façon, on peut aussi se contenter d'y boire un verre à l'heure de l'apéro si la terrasse en bois au-dessus de l'eau vous fait de l'œil.

À Siesta Key

C'est à Siesta Key, dans les bars-restos qui se concentrent le long d'Ocean Boulevard, entre Sandy Hook Road et Beach Road, que se retrouvent les jeunes de Sarasota. Si vous voulez une soirée qui bouge, venez donc prendre la température par ici. Dommage, aucune adresse n'a vue sur la mer.

Siesta Key Oyster Bar *(SKOB ; plan d'ensemble,* ***44****)* **:** *5238 Ocean Blvd. Tlj 11h-22h (minuit le w-e). Happy hours sur la douzaine d'huîtres (12 $) tlj 15h-18h.* Un petit bar à huîtres et fruits de mer à grignoter avec les doigts, très sympa pour boire un coup en terrasse. En salle, des milliers de billets de 1 $ ont été punaisés aux murs par les clients. On les collecte régulièrement pour alimenter une association à but caritatif. Souvent de la musique *live.*

Ocean Boulevard concentre dans un mouchoir de poche une demi-douzaine d'autres bars avec terrasse, presque en face les uns des autres.

À voir. À faire

The Ringling *(plan d'ensemble)* **:** *5401 Bay Shore Rd (au nord de la ville, en fait sur l'US 41 au niveau de University Pkwy). ☎ 941-359-5700. • ringling.org • Tlj sauf Thanksgiving, Noël et 1er janv 10h-17h (20h jeu sauf Cà d'Zan) ; dernière sortie des jardins à 17h30. Entrée : 25 $ (15 $ jeu 17h-20h) ; 5 $ étudiants et 6-17 ans ; gratuit moins de 5 ans ; inclut l'accès au Museum of Art et au Circus Museum. Supplément 10 $ pour Cà d'Zan (lire plus loin). Museum of Art (et lui seul) gratuit lun. Nombreuses visites guidées à thème, incluses ou payantes. Parking gratuit.*

Une visite incontournable ! Le site, étendu sur 27 ha, comprend ***4 bâtiments muséographiques*** dispersés dans un superbe parc avec plan d'eau, le long de la Sarasota Bay : la nostalgie du ***Circus Museum*** et du ***Tibbals Learning Center,*** les chefs-d'œuvre du ***Museum of Art,*** et l'opulence de la ***villa Cà d'Zan.*** Puis une halte bien méritée à l'ombre des majestueux banians ou dans le jardin de roses de Mable Ringling. De quoi occuper un bon après-midi. Et si vous voulez rendre hommage aux maîtres des lieux, ils reposent tous 2 dans le Secret Garden.

En cas de fringale, agréable ***Banyan Grill Room*** au milieu du parc (snacks de bonne tenue). Sinon, on peut aussi pique-niquer dans les 2 aires prévues à cet effet.

– ***Tibbals Learning Center :*** ce bâtiment abrite en vedette une incroyable et ***gigantesque maquette du Howard Bros. Circus,*** qui représente un cirque américain de l'âge d'or des années 1919-1938. Howard Tibbals y a consacré 50 ans de sa vie ! Un incroyable travail d'orfèvre pour lequel il est difficile de trouver des adjectifs tant il s'agit de l'œuvre insensée d'une vie entière, d'une qualité et d'une précision remarquables. À l'époque, le cirque était une véritable ville dans la ville, avec une cantine prévue pour nourrir 1 300 personnes, des loges, des tentes pour les animaux, les 800 artistes et l'orchestre. La ménagerie comptait elle aussi plus de 800 animaux, dont des ours blancs, des zèbres, des hippopotames, des girafes et *Goliath,* un éléphant de mer de plus de 3 t ! Une sorte de zoo itinérant. Pour transporter tout ce beau monde, le train du cirque, interminable, compta jusqu'à 100 wagons – dont celui, privé, de John Ringling. Il parcourait quelque 5 000 miles par an et s'arrêtait dans 150 villes, le plus souvent pour des représentations uniques.

EN PISTE !

Né en 1866, John Ringling lança avec ses frères une petite troupe de cirque qui débuta avec une simple roulotte et finit par racheter le célèbre cirque Barnum ! *Sacré roi du cirque dans les années 1920, il profita de ses voyages pour acquérir des dizaines de chefs-d'œuvre d'art européen. Ayant installé ses quartiers d'hiver à Sarasota, il s'y fit construire avec sa femme une demeure majestueuse, inspirée des palais vénitiens, ainsi qu'un musée destiné à abriter leur collection privée.*

La ***tente principale,*** gigantesque, pouvait accueillir 13 000 à 15 000 spectateurs suivant plusieurs shows en même temps, répartis sur 3 rings et 4 scènes. Ici, plus de 3 000 personnages ont été modelés, sculptés et peints. Prendre son temps pour observer toutes les petites scènes annexes au chapiteau principal : l'arrivée des trains, le déchargement des animaux et marchandises ; plus loin, une artiste qui chute de son vélo, la cantine bourdonnante des employés, les artistes qui s'entraînent, les cages des fauves, la zone toilettes... Rien n'a été oublié et tout est savamment mis en son et en lumière. En admirant ce ***magic circus,*** notre regard de môme remonte à la surface avec jubilation.

Également au rez-de-chaussée, l'expo ***« This Way to the Big Show »*** présente quelques costumes, avec chars délirants et présentation de certaines des attractions.

La visite continue au 1er étage, avec une ***expo retraçant l'histoire du cirque aux États-Unis,*** à l'aide notamment de figurines, affiches et objets d'époque. On y bénéficie aussi d'une vue plongeante sur la maquette. La 1re représentation américaine de cirque a eu lieu à Philadelphie en 1793, en présence de George Washington et de sa famille. Le *Barnum's Grand Travelling Circus* a, lui, été lancé en 1871, parcourant le pays avec son ***« greatest show on Earth »***... et Buffalo Bill dans les bagages. Vous noterez l'éternelle modestie américaine !

Grâce au développement du train ***à la fin du XIXe s, les cirques devinrent itinérants***, faisant des tournées triomphales de plusieurs années. Après la Seconde Guerre mondiale, l'accroissement des coûts de production et la concurrence du cinéma et de la télévision sonnèrent le glas de cet âge d'or, dont le film de Cecil B. DeMille *Sous le plus grand chapiteau du monde* (1952) est un beau témoignage... tout comme le dessin animé *Dumbo.* John Ringling meurt en 1936, et le dernier voyage de la compagnie eut lieu en 1956. Elle fut rachetée par un passionné, et le rideau tomba définitivement en 2017.

– ***Circus Museum :*** dans l'entrée, observer les 2 monocycles, dont l'un possède une selle décalée de son axe (mais comment peut-on tenir là-dessus ?).

Dans la grande salle, belle collection de roulottes de cirque ripolinées de frais, et le camion de l'homme-canon. Voir le ***wagon privé*** des Ringling (cossu...), mais aussi de grandes peintures vantant la galerie des « monstres », comme on les appelait à l'époque : homme à 3 jambes, femme à barbe, famille albinos... Voir aussi les délicates petites gravures.

MONSTRES SACRÉS

Le cirque Barnum *était célèbre pour ses freaks (monstres) qu'on exposait sans aucune pudeur. Les corps difformes étaient étalés dans un voyeurisme obscène : femmes-troncs, frères siamois ou nains manchots...*

– ***Museum of Art :*** *visites guidées régulières, incluses, en théorie ttes les heures, en anglais.*

Véritable ***palais,*** le musée est une construction de style Renaissance italienne, ordonnée autour d'un magnifique jardin intérieur encadré d'une colonnade rose tendre fleurie de bougainvillées et décoré de statues à l'antique – dont une réplique en bronze du *David* de Michel-Ange. Ce palais fut édifié par John Ringling lui-même, pour abriter l'***incroyable collection d'art*** qu'il rassembla dans les années 1920 en voyageant en Europe, alors qu'il était à la recherche de nouveaux artistes circassiens. Le succès de son cirque et ses placements judicieux (dans le pétrole notamment) l'enrichirent au point d'en faire l'un des hommes les plus en vue du pays. Le musée ouvrit dès 1931.

Les ***galeries de l'aile nord*** sont les plus intéressantes, avec notamment 5 grandes toiles de Rubens (salle n° 2), de nombreuses œuvres de la Renaissance italienne, comme cette *Vierge à l'Enfant* de Ghirlandaio (salle n° 5) et un grand portrait en pied par Véronèse (salle n° 6).

Dans ***l'aile sud*** sont exposées des œuvres d'Arcimboldo (natures mortes), de l'art flamand du XVIIe s, des toiles rococo (les Français Nattier et Greuze). Ajoutons un peu de peinture anglaise, néoclassique et des scènes antiques italiennes. Cette aile abrite aussi une section d'***art asiatique*** assez éclectique (ajoutée récemment) : porcelaines chinoises d'hier et d'aujourd'hui, beaux bronzes zhou, sculpture religieuse hindoue, petits bas-reliefs gandhara, chevaux vernissés tang, etc. Et, bien sûr, des expos temporaires (aile nord).

– ***La résidence Ringling (Cà d'Zan) :*** *supplément de 10 $ pour la visite libre du rdc (à payer à l'entrée du musée). Dernière entrée à 16h45. Tour guidé de la maison entière à 10h30, 12h, 13h30 et 15h. Compter 60 $ pour cette visite (gloups !). Les passionnés prendront la visite libre, les autres l'admireront de l'extérieur.*

Cà d'Zan, c'est « la maison de Jean » en vénitien. Superbement restaurée, la ***résidence d'hiver des Ringling*** offre le faste qui la caractérisait à la fin des années 1920. Le bling-bling de l'époque est bien là ! Difficile de rester insensible devant cette fantaisie dressée face à la baie de Sarasota, regroupant 56 pièces sur 3 350 m². Construite à la manière d'un palais vénitien, elle intègre toutefois quelques éléments de gothique flamboyant, de la Renaissance italienne et française, de baroque, d'influences mauresques et même des éléments plus modernes. La façade côté jardin mêle tous ces styles sans complexe, affichant une réussite inattendue. Faire un tour sur la terrasse derrière la maison, pour la vue sur le lac, et admirer l'autre façade.

Pour ceux qui visiteront l'intérieur (uniquement le rez-de-chaussée, on le rappelle), le mélange des genres est moins heureux. Entre les tapisseries anciennes, les fauteuils papaux, la salle à manger au plafond à caissons Renaissance, c'est un mélange de marbres, bois précieux et meubles de prix. Mais, curieusement, l'ensemble ne prend pas. 11 bons joueurs n'ont jamais fait une bonne équipe de foot ! Cette métaphore sportive s'applique à la déco. Ça part dans tous les sens ! Pour info, le lustre en cristal du salon cathédrale provient du 1er *Waldorf Astoria,* célèbre hôtel new-yorkais qui fut détruit pour laisser place à l'Empire State Building. Rigolo : le *Tap Room,* un bar privé aux allures de vrai petit pub chaleureux. Les cuisines sont amusantes avec leurs énormes fours et la rangée de sonnettes pour appeler le personnel.

Marie Selby Botanical Gardens (zoom B2) : *900 S Palm Ave. • selby.org • Tlj sauf 25 déc 10h-17h (dernière entrée à 16h15). Jardin + musée : 26 $; 11 $ 5-17 ans.*
Ce charmant jardin botanique, occupant une péninsule s'avançant en mer, concentre sur 7 ha des centaines d'espèces de plantes tropicales présentées par sections : belle forêt humide avec un joli bassin à koïs (carpes japonaises), *Children's Rainforest Garden* aux gigantesques banians (et ponts de singe), palmiers, bonsaïs, succulentes (dont de beaux *Pachypodium*), etc. Une de ses particularités est d'être spécialisé en plantes épiphytes, c'est-à-dire qui poussent sur d'autres plantes, en particulier les orchidées et les broméliacées.
La serre et le musée accueillent des expositions temporaires mariant art et botanique, et la mignonne maison des Selby, construite dans les années 1920, abrite l'agréable **Selby House Café** *(tlj 10h-17h).*

Sarasota Art Museum (hors zoom par B2) : *1001 S Tamiami Trail (Hwy 41). • sarasotaartmuseum.org • Tlj 10h (11h dim)-17h. Entrée : 15 $; gratuit jusqu'à 17 ans ; montant libre le 2e dim du mois.* Ce musée d'art contemporain occupe un superbe ancien lycée néogothique, entièrement réinventé. On y découvre un petit jardin de sculptures et, dans les vastes galeries épurées, des expositions temporaires (rien de permanent) mettant en lumière des artistes de trempe internationale.

Les plages : Sarasota est réputée pour ses kilomètres de sable vraiment fin et très blanc. La plage de **Lido Key,** la plus proche du centre, est belle mais urbanisée ; mieux vaut pousser jusqu'à la pointe sud de l'île, au *Ted Sperling Park,* où l'on peut faire du kayak dans la mangrove *(loc 40-55 €)* et observer des lamantins. Au nord, **Longboat Key** déroule 17 km de sable étincelant (accès publics discrets entre les villas vers les nos 2800 à 3500, puis 4052, 4795 et 6399). Mieux encore : **Coquina Beach,** au-delà (en direction de Bradenton Beach), est longue, large et sauvage, bordée de dunes et de pins, avec un vaste parking gratuit, des douches, des tables de pique-nique et... des écureuils ! Dommage que des brise-lames la divisent en tronçons.
Au sud de Sarasota, la plage de **Siesta Key** a belle allure, mais le secteur est pas mal développé. Passé **Venice** (même tableau) et son célèbre *pier* (jetée), on retrouve des coins moins fréquentés. **Caspersen Beach,** notamment, vierge de constructions, est célèbre pour les dents de requins préhistoriques que l'on peut y trouver.

DANS LES ENVIRONS DE SARASOTA

Myakka River State Park : *13208 State Rd 72. • floridastateparks.org • À 18 miles (29 km) au sud-est de Sarasota par l'US 41, puis la 72 (Clark Rd) ; de l'autoroute I-75, prendre la sortie 205 (c'est à 8 miles à l'est). Tlj de 8h au coucher du soleil. Entrée : 6 $/véhicule.*
Mité de marécages, de tourbières et d'un vaste lac où s'ébattent des nuées d'oiseaux (hérons, rapaces, etc.), le parc, étendu sur 150 km², est traversé par la belle rivière Myakka et largement recouvert par une superbe forêt de palmiers et chênes enchevêtrés, drapés de longs voiles de mousse espagnole. Une belle escapade en pleine nature, rythmée par une balade sur le petit *nature trail* et son *canopy walkway* – une passerelle suspendue rigolote, menant à une tour d'observation de 23 m de haut qui domine la canopée. On peut aussi observer les oiseaux depuis le *boardwalk* du *Birdwalk,* sur le lac, y faire un tour en bateau à fond plat (balades régulières, payantes), ou, mieux, louer un kayak... solaire (!) à côté de l'embarcadère et de son café, au *Myakka Outpost.*
Tout cela est fort sympathique, mais il y a encore mieux. Bien mieux. Un secret. Le **Deep Hole.** Un sentier facile, mais à découvert (chaud !), traversant la prairie sèche, mène en 3,5 km (aller) à ce petit bassin profond, presque rond, creusé contre un plus grand plan d'eau, où se regroupent souvent des dizaines

d'alligators l'hiver. On en a vu jusqu'à plus de 100, une fois, figés dans une immobilité lourde de menaces, à quelques mètres seulement (n'approchez pas trop, il n'y a ici aucune barrière de sécurité, on est en pleine nature) ! L'accès est aussi possible en kayak par le Lower Myakka Lake, mais on n'a alors pas le droit de débarquer et on ne voit pas aussi bien les *gators*. L'accès pédestre est, lui, limité à 30 personnes ou petits groupes familiaux par jour *(permis gratuit au poste d'accueil, venir tôt)*.

Le parc abrite ***3 campings*** pas chers, enfouis sous les arbres et bien équipés (eau, électricité, table et barbecue pour chacun) et il y a même quelques *log cabins*, des bungalows en rondins rustiques. Top ! *Résa sur • reserveamerica.com • ou au ☎ 1-800-326-3521.*

TAMPA

390 000 hab.

• Plan Bay Area – Tampa et St Petersburg *p. 302-303* • Plan *p. 304-305*

3e ville de Floride après Miami et Jacksonville, Tampa forme, avec St Petersburg et les communes voisines, une vaste conurbation de 3,1 millions d'habitants, de part et d'autre de la baie de Tampa – que traversent 3 grands ponts. Cité industrielle grandie autour des usines de cigares d'Ybor City, Tampa connaît une certaine renaissance à la faveur de la mode hipster, friande d'atmosphères urbaines postindustrielles. Les vieux immeubles de brique d'Ybor City se sont mués en repaires de noceurs, sans y perdre tout à fait leur âme, et des adresses branchées essaiment dans Downtown, souligné par une nouvelle promenade piétonne donnant sur l'eau. Cela dit, Tampa n'est pas Brooklyn, et, si sa mue s'amorce, elle est encore timide. La ville est aussi connue pour son Busch Gardens Africa, immense parc d'attractions doublé d'un parc zoologique où les animaux sont en semi-liberté.

UN PEU D'HISTOIRE

« Découverte » en 1528 par Pánfilo de Narváez, suivi de Hernando de Soto 10 ans plus tard, la région reste aux mains des Tocobaga et des Pohoy jusqu'à ce qu'ils succombent (rapidement) aux nouvelles maladies importées d'Europe. Lorsque les Américains rachètent la Floride en 1821, la zone est occupée par des Séminoles, repoussés par les colons depuis le Nord. Un fort et 2 guerres autochtones plus tard, Tampa (« petit bois pour faire du feu » en séminole) renaît officiellement en 1855. Frappée par des bombardements unionistes pendant la guerre de Sécession, la bourgade se relève enfin dans les années 1880 grâce à l'arrivée du chemin de fer bâti par Henry B. Plant – grand concurrent de Henry Flager. Le légendaire *Tampa Bay Hotel* sort alors de terre, avec golf et champ de courses, initiant un timide tourisme haut de gamme.
En 1886, l'industriel cubain Vincente Martinez Ybor installe une 1re usine de cigares à Tampa. Entre le début du XXe s et les années 1920, 200 autres ouvrent, employant près de 20 000 ouvriers, pour une production qui atteint les 110 millions de cigares. Tampa se voit alors gratifiée du surnom de « capitale mondiale du cigare » ! Petit coup de pouce supplémentaire, grâce aux contacts privilégiés de Plant avec le gouvernement fédéral, la ville devient la base arrière du ravitaillement des troupes américaines combattant à Cuba durant la guerre hispano-américaine (1898)...

Arriver – Quitter

✈ ***Tampa International Airport*** *(plan Bay Area)* **:** *4160 George J. Bean Pkwy.* • *tampaairport.com* • *Par l'I-275, sortie 39.* Vols pour toutes les grandes villes des États-Unis et pour Key West. Loueurs de voitures. Bus n° 30 pour le centre-ville (ttes les 30 mn), à prendre au *Rental Car Center* ; rien de pratique pour le centre de St Petersburg.

Greyhound *(plan B2)* **:** *610 E Polk St (Downtown).* • *greyhound.com* • Quelques bus/j. pour les principales villes de Floride, 1 pour Atlanta et New York.

Orientation

Lorsqu'on arrive en voiture, Tampa et St Petersburg donnent le tournis avec leurs autoroutes qui partent dans tous les sens... Ceux qui viennent d'Orlando arriveront par l'I-4, qui se glisse jusqu'à Ybor City, pratique ! Depuis le sud par l'I-75, on repique sur l'I-4 West. Et pour filer vers St Pete, on suit la 275.

Étalé au nord de la baie de Hillsborough, sur la rive est de la rivière du même nom, ***Downtown*** est traversé du nord au sud par l'US 41, sous le nom de Florida Avenue. En la remontant vers le nord, on rejoint ***Tampa Heights*** (notre adresse d'AJ) et ***Seminole Heights,*** un quartier résidentiel renaissant, entre friperies vintage et bars-restos un peu *trendy.* Encore plus au nord, voilà le parc d'attractions ***Busch Gardens.*** Juste au sud-est de Downtown s'étend le quartier du port ***(Channel District),*** avec l'aquarium. En poursuivant vers le nord-est, on rejoint ***Ybor City*** (à 1,4 km au nord-est de Downtown par Nuccio Pkwy).

Adresses utiles

ℹ ***Unlock Tampa Bay Visitors Center*** *(plan B3)* **:** *201 N Franklin St, suite 102 (rdc).* ☎ *813-223-1111.* • *visittampabay.com* • *Lun-sam 10h-18h, dim 11h-17h.* Plus une boutique qu'un office de tourisme...

ℹ Autre ***Visitors Center*** à ***Ybor City*** *(plan C-D1)* : *1600 E 8th Ave.* ☎ *813-241-8838.* • *ybor.org* • *Tlj 10h (12h dim)-16h.* Demandez-y la *Walking map & guide.*

Où dormir ?

De bon marché à prix moyens

Gram's Place Hostel *(hors plan par A1,* ***10****)* **:** *3109 N Ola Ave, à l'angle avec W Plymouth St.* ☎ *813-221-0596 (Bruce).* • *grams-inn-tampa.com* • *À 2 miles (env 3 km) au nord de Downtown, à 2 blocs à l'ouest de l'US 41 (Florida Ave) par W Plymouth St. De l'aéroport, bus n° 30, puis changer pour le n° 1. Lit en dortoir mixte 40 $; doubles sans ou avec sdb 75-95 $; petit déj simple inclus. Même prix tte l'année !* Les derniers hippies ne renieraient pas cette AJ foutraque, relax et conviviale, dédiée à la mémoire du chanteur folk Gram Parsons. Encombrée d'objets hétéroclites et d'instruments de musique déglingués, cette bicoque de guingois et fort sympathique, perdue dans un quartier résidentiel tranquille, abrite 4 dortoirs et 6 chambres privées aux murs ornés de quelques souvenirs musicaux. On préfère la « Blues Room », rendant hommage à Robert Johnson, et la « Jazz Room », dans son recoin plus tranquille. En prime : courettes et vigie sur le toit pour prendre l'air, 2 cuisines à disposition dont une en extérieur, lave-linge (payant) et vélos en location. Chouette ambiance générale où l'on

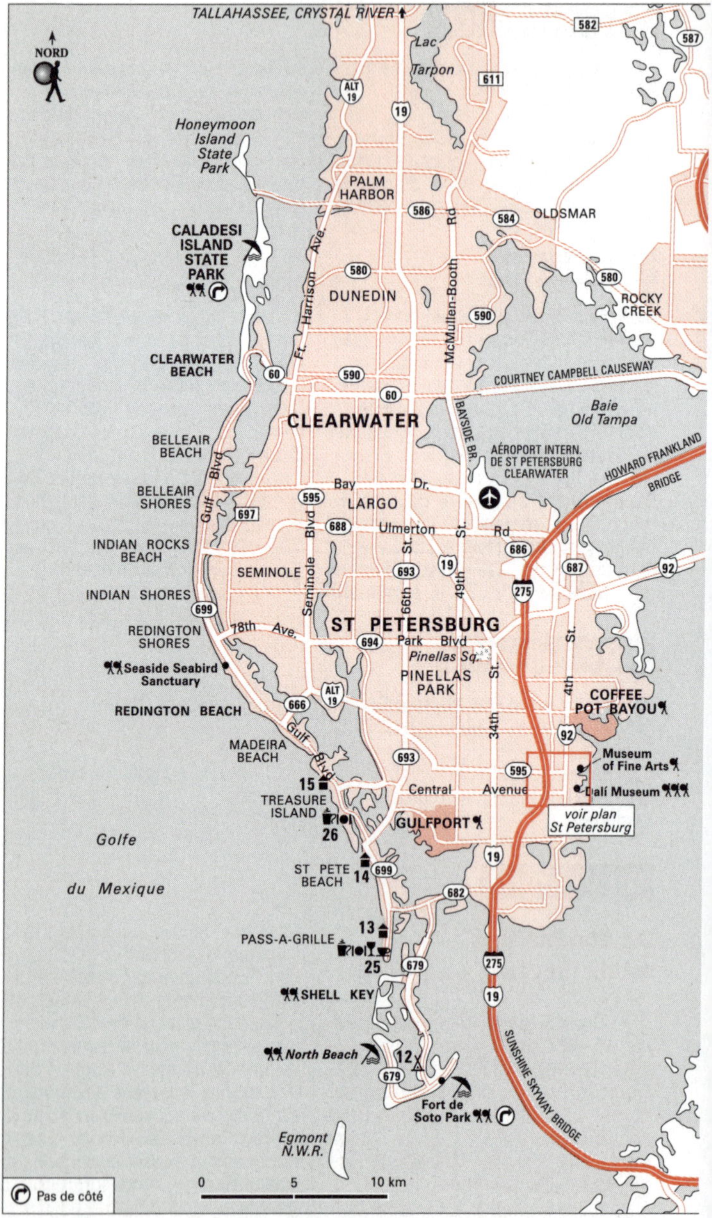

TALLAHASSEE, CRYSTAL RIVER
NORD
Lac Tarpon
Honeymoon Island State Park
PALM HARBOR
OLDSMAR
CALADESI ISLAND STATE PARK
DUNEDIN
ROCKY CREEK
Ft. Harrison Ave.
McMullen-Booth Rd
CLEARWATER BEACH
COURTNEY CAMPBELL CAUSEWAY
Baie Old Tampa
CLEARWATER
BAYSIDE BR.
AÉROPORT INTERN. DE ST PETERSBURG CLEARWATER
HOWARD FRANKLAND BRIDGE
BELLEAIR BEACH
BELLEAIR SHORES
Gulf Blvd
Bay Dr.
LARGO
Ulmerton Rd
INDIAN ROCKS BEACH
SEMINOLE
Seminole Blvd
66th St.
49th St.
INDIAN SHORES
REDINGTON SHORES
78th Ave.
ST PETERSBURG
Park Blvd
Pinellas Sq.
PINELLAS PARK
34th St.
4th St.
Seaside Seabird Sanctuary
REDINGTON BEACH
COFFEE POT BAYOU
MADEIRA BEACH
Museum of Fine Arts
Dalí Museum
TREASURE ISLAND
Central Avenue
voir plan St Petersburg
GULFPORT
Golfe du Mexique
ST PETE BEACH
PASS-A-GRILLE
SHELL KEY
SUNSHINE SKYWAY BRIDGE
North Beach
Fort de Soto Park
Egmont N.W.R.
0 5 10 km
Pas de côté

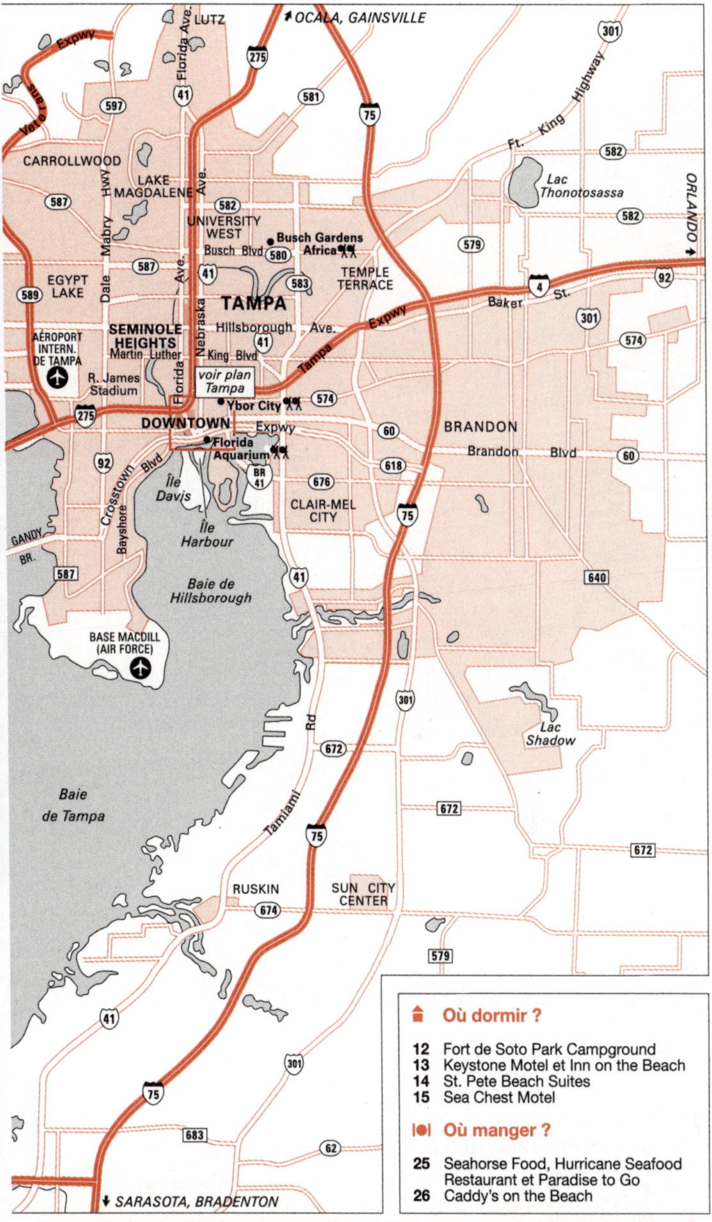

Où dormir ?

- **12** Fort de Soto Park Campground
- **13** Keystone Motel et Inn on the Beach
- **14** St. Pete Beach Suites
- **15** Sea Chest Motel

Où manger ?

- **25** Seahorse Food, Hurricane Seafood Restaurant et Paradise to Go
- **26** Caddy's on the Beach

BAY AREA – TAMPA et ST PETERSBURG

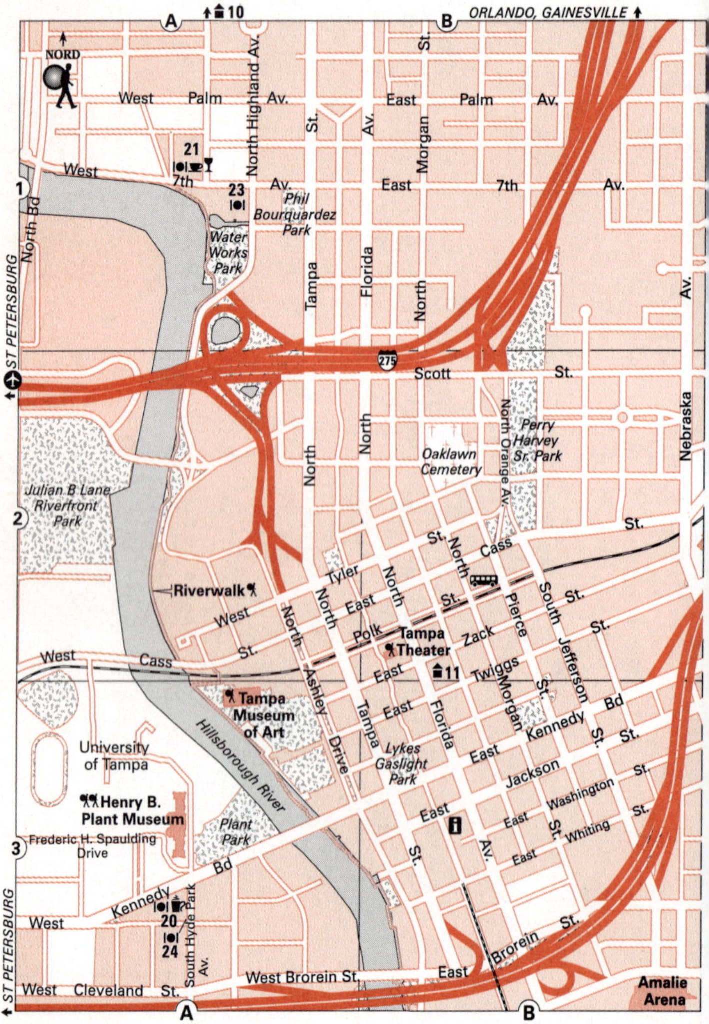

Adresses utiles

- Unlock Tampa Bay Visitors Center (B3)
- Ybor City Visitors Center (C-D1)

Où dormir ?

- **10** Gram's Place Hostel (hors plan par A1)
- **11** Le Méridien (B2)

Où manger ?

- **20** Oxford Exchange (A3)
- **21** Armature Works et Steelbach (A1)
- **22** Tampa Bay Brewing Company (D1)

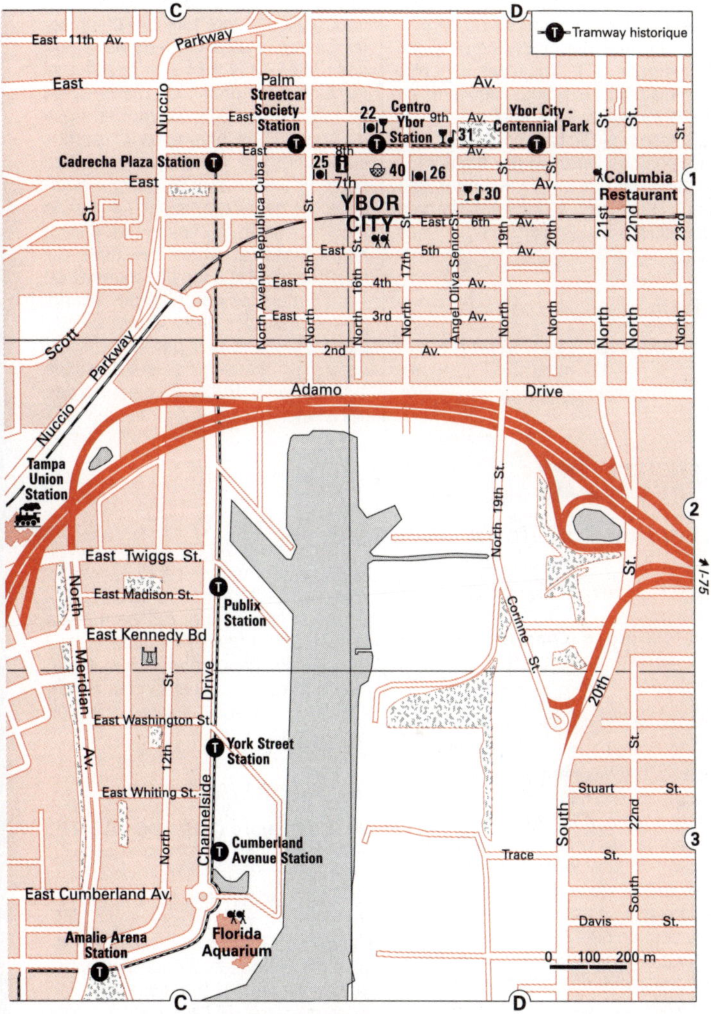

TAMPA

23 U-lë-lé (A1)
24 Asian Kitchen (A3)
25 New York New York Pizza (C1)
26 Bernini (D1)
22 Tampa Bay Brewing Company (D1)
30 Gaspar's Grotto (D1)
31 James Joyce (D1)

Où boire un verre ? Où sortir ?

21 Armature Works (A1)

Achats

40 La France (D1)

aime se retrouver le soir dans la courette commune. Possibilité de se préparer un petit déj avec des produits fournis pour l'AJ. Quelques concerts par mois et jam-sessions régulières en fin d'après-midi. Une adresse désormais assez unique en Floride.

De nombreux ***motels*** de chaîne s'alignent au nord de la ville le long d'East Busch Boulevard, à proximité du parc d'attractions *Busch Gardens (plan Bay Area).*

De plus chic à très chic

Le Méridien *(plan B2,* ***11****) : 601 N Florida Ave (Downtown). ☎ 813-221-9555. • marriott.com • Doubles 250-400 $, sans petit déj. Parking payant.* Appuyé sur ses 4 colonnes, le portique néoclassique tente toujours d'écraser les passants sous le poids de la justice ! Mais il n'y a plus ni accusés ni témoins pour gravir les marches de ce tribunal de 1905 converti en hôtel de luxe. Si les chambres et parties communes ont bénéficié d'un lifting contemporain sobre et design, quelques éléments rappellent l'ancienne fonction des lieux, comme l'ascenseur rétro en laiton et le banc des juges, qui ne reçoit plus les coups de marteau du verdict mais les courriels des clients pianotant sur les ordis. Quant à l'élégante salle des pas perdus, elle est désormais occupée par une brasserie à la française, *Bizou.* Piscine (bordée par un mur) encadrée de transats.

Où manger ?

Autour de Downtown

Spécial petit déjeuner

Oxford Exchange *(plan A3,* ***20****) : 420 W Kennedy Blvd (près de Downtown, sur la rive ouest du fleuve). ☎ 813-253-0222. Tlj 7h30 (9h sam-dim)-17h30. Petits déj 10-20 $, salades et sandwichs 21-25 $.* Ce superbe bistrot mêlant styles rétro et contemporain occupe les anciennes écuries de l'ex-*Tampa Bay Hotel* voisin (devenu université). Immenses volumes, élégant *coffee bar* au comptoir de marbre et canapés Chesterfield, vaste patio couvert d'une verrière avec fontaine... Le cadre en jette, pour un petit déj réputé comme le meilleur en ville. Au menu, des classiques revisités sur fond de produits frais. Au lunch, beau choix de sandwichs et salades dans le même esprit, à prix toutefois exagérés ! Une belle adresse, malgré le niveau sonore, qui fait aussi boutique de déco et librairie. La note est d'ailleurs apportée dans un livre, façon marque-page... Bon, on peut aussi se contenter d'y boire un thé.

Bon marché

Asian Kitchen *(plan A3,* ***24****) : 117 S Hyde Park Blvd (à 2 pas du Henry B. Plant Museum). ☎ 813-981-8332. Tlj sauf dim 11h-21h. Plats 13-14 $.* Histoire de changer de la *junkfood,* voici un petit fast-food asiatique à 2 pas de l'université, qui permet de se restaurer à bon prix : ramens, *pad thaï, lo mein,* soupe *phó*... Le tout bien réalisé et copieux. À emporter. Sinon, 2 tables en terrasse et étroit comptoir dans une salle banale.

De prix moyens à chic

Armature Works *(plan A1,* ***21****) : 1910 N Ola Ave. À l'extrémité nord du Riverwalk, passé le Waterworks Park. Tlj 7h (8h sam, 9h dim)-22h (minuit ven-sam, 21h dim). Plats env 12-20 $.* L'ancien bâtiment industriel a été réinvesti par un *food court* dernière génération, élégant et lumineux, où l'on picore d'un stand à l'autre, avant d'élire domicile sur une grande table en bois ou dans l'un des canapés Chesterfield à disposition. Barbecue, pizzas, sushis, salades, *empanadas,* cubain... il y a de tout. Une reconversion particulièrement réussie. Dans le même ensemble, le resto **Steelbach** *(11h-22h – à partir de 9h30 le w-e ; plats env 20-30 $ le midi, bien plus cher le soir).* Grande cuisine ouverte pour des viandes grillées et plats du Sud revisités façon *fusion food.*

U-lë-lé *(plan A1, **23**) : 1810 N Highland Ave. ☎ 813-999-4952. À l'extrémité nord du Riverwalk, à l'orée du Waterworks Park. Tlj 11h-22h (23h ven-sam). Plats 15-26 $ le midi, 25-45 $ le soir. Parking gratuit.* Installé dans l'ancienne station de pompage de la ville, donnant sur des (fausses) pelouses forcément impeccables et la Hillsborough River, voilà le resto *trendy* du *Riverwalk,* la promenade piétonne du fleuve (lire « À voir. À faire »). Ambiance bourdonnante, tendance bruyante sous la toiture de bois et sa tuyauterie apparente, plus tranquille sur la séduisante terrasse (mais les places sont chères !). Dans la cuisine ouverte grillent et rissolent des produits frais du coin, avec une prédilection pour les steaks et les poissons et fruits de mer du golfe. Pour arroser le tout, joli choix de vins américains et une dizaine de bières brassées maison.

À Ybor City

Bon marché

New York New York Pizza *(plan C1, **25**) : 1512 E 7th Ave. ☎ 813-248-1845. Tlj 11h-22h (take away jusqu'à 3h jeu-sam). Parts de pizzas 4-5 $.* Pas vraiment glamour, ce lieu, certes (sorte de *diner* un peu décadent), mais les parts de pizza, fraîches et copieuses, emballent l'affaire quand on n'a que quelques dollars et qu'il faut reprendre des forces. Autre avantage : ils servent jusque très tard.

De prix moyens à plus chic

Tampa Bay Brewing Company *(plan D1, **22**) : 1600 E 8th Ave. Tlj 11h-22h (minuit ven-sam, 22h dim). Pas de résa. Plats 12-24 $.* Au cœur d'Ybor City, cet immense resto-pub décontract', mais un peu chic quand même, aligne une grosse vingtaine de bières pression, dont les petits bijoux brassés sur place. Une nouvelle est proposée chaque jeudi à 16h ! Pour accompagner la mousse, plein de burgers copieux et goûteux, mais aussi des steaks, salades, pizzas et plats vaguement cubains.

Bernini *(plan D1, **26**) : 1702 E 7th Ave (angle de la N 17th St). ☎ 813-248-9555. Tlj 11h30-21h (22h mar-jeu, 23h ven-sam). Pizzas 15-24 $, plats 34-41 $. Plats, pasta et risotto à moitié prix tlj 16h-19h (mais pas les pizzas).* La 1re banque de la ville, vaste salle haute de plafond (pour impressionner les clients ?), est aujourd'hui un resto avec nappes blanches, mais pas guindé pour autant. La *pasta,* le risotto ou les *pizze* constituent le fond de carte. Ici, 2 solutions : soit on prend une pizza à toute heure, soit on s'arrange pour se caler à une table entre 16h et 19h, afin de profiter des plats à moitié prix. Et là ça devient intéressant.

Où boire un verre ? Où sortir ?

À Ybor City

L'animation nocturne se concentre ici, dans une ambiance plus déglingue que branchouille, le barreau de chaise vissé entre les dents. Grosse concentration de pubs crachant leur rock jusque sur le trottoir, souvent en live le week-end, en particulier sur 7th Avenue, entre 16th et 18th Streets. Pour éponger la bière, la spécialité locale est le *Cuban sandwich,* avec double ration de porc (jambon et salami), pickles et *swiss cheese.*

– ***Parkings :*** la plupart des parkings de ce quartier proposent des *flat rates* (prix fixes) à 10 $, à régler via une application... Ce que l'on trouve bien cher. ***Pour se garer gratuitement,*** ne pas hésiter à aller juste au sud de la voie ferrée (parallèle à la 7th Avenue), dans les petites rues perpendiculaires. Là, miracle, plus de parcmètres, et on est à 5 mn de l'épicentre d'Ybor !

Tampa Bay Brewing Company *(plan D1, **22**) :* voir « Où manger ? ».

Gaspar's Grotto *(plan D1, **30**) : 1805 E 7th Ave. ☎ 813-248-5900. Tlj 7h-1h (voire 2h).* Débordant de bibelots à thème pirate, ce grand bar-resto rend un hommage kitschouille à José

LA CÔTE OUEST DE NAPLES À TAMPA

Gaspar, alias Gasparilla, boucanier espagnol plus ou moins fictif. La cuisine d'inspiration cubaine ne cassant pas des briques, on y vient surtout pour boire un verre dans l'une des 2 cours, avec DJ et concerts quotidiens.

James Joyce *(plan D1, **31**)* **:** *1724 E 8th Ave. ☎ 813-274-1896. Tlj 11h-3h. Live music ven-sam soir.* Bar irlandais aux boiseries sombres, qui cachent les visages déconfits (ou confits) des habitués vissés au comptoir. Nombreuses bières à la pompe.

Les bars **Bad Monkey** *(1717 E 7th Ave)* et **White Lie** *(1708 E 7th Ave)* sont également de bonnes options pour un 1er ou dernier verre (et même pour un verre au milieu !).

Histoire du quartier oblige, l'***East 7th Avenue*** abrite ***plusieurs bars à cigares,*** où officie un *torcedor* (celui qui roule les cigares) dans la journée. Dans ces lieux, aussi incroyable que cela puisse paraître, les amateurs de *puros* viennent faire des volutes entre potes et en toute légalité. Ils disposent tous d'une vraie civette où sont proposés notamment les modules maison. Une vraie curiosité qui relie étrangement, encore aujourd'hui, Ybor City à La Havane. Parmi les adresses intéressantes, notons le *King Corona Cigars (1523 E 7th Ave),* le *Nicahabana Cigars (1605 E 7th Ave),* où le *torcedor* est là depuis plus de 25 ans, et le *Longash Cigars (1728 E 7th Ave).*

Downtown

Au nord de Downtown, à Tampa Heights, le *food court* tendance d'**Armature Works** *(plan A1, **21** ; voir « Où manger ? »)* est aussi apprécié pour boire un coup après le boulot, en mangeant local. Cocktails raffinés chez *Bar at Armature Works* et vins au verre chez *Cru Cellars* (spécialiste du steak-frites à la française !).

Achats

La France *(plan D1, **40**)* **:** *1612 E 7th Ave. ☎ 813-248-1381. Tlj 12h-19h.* Rien de vraiment français ici, cette super boutique vintage croule sous les objets farfelus, les beaux vêtements rétro et les déguisements pour Gasparilla (le carnaval local). Juste à côté, ***Revolve Clothing Exchange*** *(tlj 12h-18h)* fait plutôt dans les fringues de 2de main.

À voir. À faire

Pour ceux qui voudraient faire le plein d'attractions, il existe un ***City Pass*** qui couvre l'entrée au parc ***Busch Gardens Africa,*** au ***Florida Aquarium,*** au ***Clearwater Marine Aquarium*** et au ***zoo*** de Tampa (non décrit dans ce guide ; • zootampa.org •), auxquels s'ajoutent, au choix, le ***Museum of Science and Industry*** (bof !) de Tampa ou une ***excursion en bateau*** au coucher du soleil ou pour aller voir les dauphins. Le *pass* coûte 129 $. Il est valable 9 jours à compter de son activation (mais qui séjourne 9 jours dans les parages ?). Achat sur • citypass.com/tampa •

Dans et autour de Downtown (plan A-B2-3)

Riverwalk *(plan A-B1-2-3)* **:** cette promenade piétonne, prisée des joggeurs, court sur 4 km le long de la Hillsborough River, entre le *Cotanchobee Fort Brooke Park (hors plan)* au sud et le *Waterworks Park (plan A1)* au nord. Elle est semée de bronzes de personnalités locales et donne accès au ***Tampa Museum of Art*** *(plan A3 ; 120 W Gasparille Plaza ; ☎ 813-274-8130),* qui abrite des expos temporaires d'art contemporain et une section permanente d'antiquités méditerranéennes *(• tampamuseum.org • ; tlj 10h-17h – 20h jeu ; entrée : 25 $, réduc, gratuit moins de 7 ans).* À ce prix-là, nous, on passe notre chemin !

Tampa Theater (plan B2) : *Franklin St, angle Polk et Zach. • tampatheatre.org •* Jetez un coup d'œil à ce cinéma d'art et d'essai bâti en brique dans les années 1920, avec devanture des Années folles et enseigne à ampoules clignotantes. Pour voir le plafond du hall en stuc peint et la salle rococo-kitsch, assez dingue, reproduisant un pseudo-village méditerranéen, avec balcons et gargouilles, faites-vous une toile !

Henry B. Plant Museum (plan A3) : *401 W Kennedy Blvd. Juste à l'ouest de Downtown, de l'autre côté de la Hillsborough River. • plantmuseum.com • Tlj sauf lun et certains j. fériés 10h (12h dim)-17h. Entrée : 12 $; réduc. Brochure en français.*
On est là dans une aile de l'université, installée dans l'ancien *Tampa Bay Hotel,* un ***palace de légende*** à la véranda néomauresque et aux bulbes néobyzantins, bâti en 1888 par l'homme qui a amené le chemin de fer à Tampa et lui a permis de sortir la tête de l'eau (et des orangers !) : Henry B. Plant.
Le musée plonge le visiteur dans l'atmosphère de cette époque. Tout le long du couloir principal du rez-de-chaussée, de petites pièces présentent des collections éclectiques : la plus belle étant sans doute la *reading room,* reconstituée, où ces messieurs allaient lire le journal. Autre pièce notable, la belle chambre d'angle. Les autres pièces accueillent tableaux, miroirs et cadres dorés, consoles et armoires XVIIIe, bronzes et céramiques orientales, tapisseries, paravents, etc. Venu à Paris en 1889 pour inaugurer le pavillon américain de l'Exposition universelle, Plant en profita pour renvoyer 2 wagons entiers de mobilier en Floride !
Chouchou de la bonne société du Nord-Est, le *Tampa Bay Hotel* connut une période glorieuse... avant de sombrer à la mort de son créateur, dès 1899. Il fut revendu à la ville de Tampa en 1905, puis à l'université qui occupe encore aujourd'hui la majorité des 500 chambres que comptait l'hôtel.

The Florida Aquarium (plan C3) : *701 Channelside Dr (près du port). • flaquarium.org • Tlj sauf Thanksgiving et Noël 9h30-17h. Entrée : env 30-45 $ selon le jour et la météo (incroyable, les tarifs changent tlj !) ; 25-40 $ 3-11 ans ; ou billet combiné avec une visite de la baie en bateau à la recherche des dauphins. Parking : 10 $ en plus, tarif unique ! On conseille de se garer au parking situé juste en face de l'entrée (au niveau du petit rond-point), bien moins cher et payable à l'heure.*
Une visite sympa si vous êtes avec des enfants. Reste le prix, que l'on trouve prohibitif. S'il est bien fait, cet aquarium appartient tout de même à l'ancienne génération (on est loin de celui de Monterey !).
On commence par d'immenses serres abritant le ***Wetlands Trail*** et la section ***Bays & Beaches,*** où mangrove et petites plages reconstituées hébergent alligators, loutres, poissons et oiseaux voletant en semi-liberté – et même des pythons invasifs. La visite se poursuit avec ***Stingray Beach,*** où l'on peut caresser des raies, et la ***No Bone zone,*** où étoiles de mer et anémones connaissent le même sort. On continue par la ***Coral Reefs Gallery,*** pour découvrir les poissons multicolores des récifs (poissons-clowns, poissons-lions...), puis les pieuvres et coraux multicolores, pour poursuivre par les murènes, tortues et requins, présentés dans un énorme et impressionnant aquarium. La foule en moins, on se croirait presque sous l'eau. Voir encore les surprenants dragons de mer et leurs cousins hippocampes. Ne pas manquer la section des médusantes méduses.
Des présentations se tiennent à horaires réguliers, dont le ***Secret Sea Life Superhero,*** qui met en scène des plongeurs dans les bassins.

Ybor City *(plan C-D1)*

À 1,4 km au nord-est de Downtown, cet ***ancien quartier industriel réhabilité,*** délimité par Columbus Drive, 5th Avenue, 22nd Street et Nebraska Avenue, aligne sur quelques blocs un bel ensemble de bâtisses de brique basses aux balcons en fer forgé et lampadaires Art déco. On peut le rejoindre depuis Downtown par un ***tramway historique,*** qui circule sur la 8th Avenue et passe par l'aquarium *(● tecolinestreetcar.org ● ; passage ttes les 15 mn env, tte la journée et jusqu'au soir ; GRATUIT).* Un vrai décor de cinoche, cette Ybor City !

Né en 1886 autour des usines de cigares implantées par l'Espagnol Vicente Martinez-Ybor, parti chercher fortune à Cuba dès l'âge de 14 ans (!), le secteur attira en quelques années plus de 20 000 ouvriers espagnols et cubains. Aujourd'hui, les vieilles bâtisses ont presque toutes été reconverties en bars-restos et en boutiques. La ***7th Avenue*** est au cœur de l'animation (entre 15th et 21st Street), avec de nombreux bars qui attirent la foule les soirs de fin de semaine. Au nº 2117, le ***Columbia,*** restaurant espagnol ouvert en 1905 (il a essaimé depuis), demeure une institution, avec sa façade couverte d'azulejos, son grand bar d'époque et sa quinzaine de salles à manger avec lustres et mosaïques – dont une, centrale, à colonnades !

CHICKEN RUN

*Lorsque Ybor City était encore un quartier ouvrier, les travailleurs y élevaient des poulets pour améliorer l'ordinaire. Les usines sont parties, mais les volatiles sont restés. On en compte environ 200, vaquant en toute liberté en pleine ville, en particulier autour du Centennial Park. Devenus les mascottes du quartier, ils sont désormais protégés par une ordonnance de la ville de Tampa, et par l'*Ybor Chicken Society, *qui se charge de nettoyer leurs fientes ●* yborchickens.org *● !*

Dans le secteur de Busch Gardens *(plan Bay Area)*

Busch Gardens Africa : *10165 N McKinley Dr. ● buschgardens.com ● Prendre l'I-75 (sortie 265) ou l'I-275 (sortir à Fowler Ave). Horaires variables : consulter le site. Entrée : env 135 $ (achat en ligne ; plus cher à l'entrée). PRIX EXORBITANTS ! Plusieurs options de billets combinés (promos). Coupons de réduc dans certains hôtels. Navette gratuite Orlando-Tampa jusqu'au parc (résa : ☎ 1-800-221-1339). S'il pleut, on peut revenir sans payer un autre jour ! Parking : env 30-45 $ selon saison.*

2e parc d'attractions de Floride après Disney World (le week-end, ça ne désemplit pas), Busch Gardens Africa se définit comme un compromis entre un parc à thème classique et un parc animalier. Il aligne quelques montagnes russes capables d'arracher des cris de frayeur aux plus endurcis, propose toutes sortes de shows ou spectacles de danse bien ficelés... le tout au cœur d'une mini-réserve africaine aux jolis décors. Bref, de quoi passer une bonne journée. À ce prix-là, encore heureux !

– ***Le parc safari :*** Busch Gardens Africa, c'est d'abord un parc que l'on visite à pied, en petit train, en 4x4 version safari *(supplément de 40 $)* ou à bord d'une télécabine qui le survole. On y côtoie les animaux de très près. Les décorateurs ont réinventé la fameuse plaine du Serengeti, en Tanzanie, où l'on peut voir évoluer en semi-liberté zèbres, gnous, autruches, rhinocéros, girafes et toutes sortes d'antilopes. Dans la zone ***Jungala,*** on peut aussi approcher des orangs-outangs et des tigres blancs, et, près de l'entrée, des gorilles et chimpanzés, dans une fausse forêt équatoriale. Également des lions, des guépards, des hyènes, des éléphants, des hippos, des myriades d'oiseaux multicolores... Au total, plus de 3 000 animaux, dont des bébés. Mais ce n'est pas tout !

– ***Les attractions foraines :*** disséminées dans différents secteurs à thème, toutes sortes d'attractions vous attendent. Des manèges classiques et des jeux de fête foraine pour les plus petits ; des shows musicaux (repérer les horaires) ; les ***Congo River Rapids*** descendus à bord de rafts ronds (douche assurée) ; la balade sur l'eau en « rondin » du ***Stanley Falls Flume*** jusqu'à la chute finale, rafraîchissante ; et surtout des grands huit en veux-tu en voilà. Les attractions les moins méchantes sont accessibles aux enfants mesurant minimum 1,07 m : ***Scorpion*** et ***Cobra's Curse*** – sur ce dernier, le wagonnet se retourne et chute vers l'arrière... ; ***Cheetah Hunt,*** le bien nommé, joue d'emblée la vitesse (1,22 m minimum), comme le ***Sand Serpent,*** qui enchaîne les épingles à cheveux. Puis viennent les manèges pour fondus, avec cris garantis (minimum 1,37 m) : le sadique ***SheiKra,*** où l'on chute de plus de 60 m après avoir été suspendu quelques instants au-dessus du vide ; ***Kumba,*** incroyablement rapide et tortueux, qui enchaîne 3 longues secondes d'apesanteur avec un looping à 360°, une boucle verticale de 60 m et 3 vrilles ; ***Montu*** et sa série de loopings, abordés accroché par le dos, jambes pendant dans le vide ; le très haut ***Tigris,*** qui vous propulse d'avant en arrière ; et encore ***Falcon's Fury,*** qui remporte la palme de l'angoisse, une tour de 100 m au sommet de laquelle on est hissé les pieds dans le vide, avant d'être lâché brusquement, la tête en bas... L'***Iron Gwazi,*** l'*hybrid coaster* le plus haut, le plus rapide et le plus pentu du monde, ouvrira prochainement. Vitesse de pointe : 122 km/h. On vous aura prévenu...

ST PETERSBURG

265 000 hab.

• Plan Bay Area – Tampa et St Petersburg *p. 302-303* • Plan *p. 312-313*

Ville sœur de Tampa, St Petersburg présente pourtant un visage bien différent. Située au sud-est de la presqu'île qui ferme la baie, elle affiche un côté plus intello au Downtown, avec son superbe musée Dalí, et de larges avenues aérées un peu ennuyeuses, menant à de tranquilles quartiers-villages de caractère. Plein ouest, St Pete Beach révèle une facette plus *easy going* (cool). Le littoral est souligné ici, sur près de 30 km, par une large et belle plage de sable blanc et farineux, s'étendant au nord jusqu'à Clearwater. Une succession de ponts relient les différentes îles littorales, découpées en autant de quartiers plantés d'immeubles, où l'on croise beaucoup de retraités. Pass-a-Grille, tout au sud, offre un visage plus doux avec ses maisons en bois les pieds dans l'eau, et, au-delà, le parc du Fort de Soto, sur son îlot, offre une rare parenthèse de nature préservée. À St Pete Beach, ne ratez pas l'emblématique hôtel *Don Cesar,* superbe gâteau d'anniversaire rose inauguré en 1928. Il arrive qu'on voie des dauphins batifoler juste devant ! Attention, le parking est payant partout (même dans certains motels...).

MONTE-EN-L'AIR

En 1914 naissait l'aviation commerciale. Le 1er vol partit de Tampa et relia St Petersburg en 23 mn (27 km quand même !). L'hydravion atteignit l'altitude folle de 15 m de hauteur. Le tarif était encore plus vertigineux : 400 $ l'aller simple, soit l'équivalent de... 10 500 $ d'aujourd'hui !

Orientation

Ceux qui arrivent du sud par la 275 paieront 1,25 $ (1 $ avec le *SunPass*) pour enjamber le ***Sunshine Skyway Bridge,*** un admirable pont à haubans traversant la baie de haut. À peine descendu, il faut sortir et prendre la 682 pour rejoindre St Pete Beach. Pour Tampa, on restera sur la 275 et, pour aller vers le nord, en direction de Crystal River, on suivra la route 19.

■ **Adresse utile**

i St Petersburg Area Chamber of Commerce (D2)

Où dormir ?

10 Avalon et Hollander Hotel (C2)

11 Baystreet Inn (D1)

Où manger ?

10 The Tap Room (C2)

20 Central Coffee Shoppe (C2)

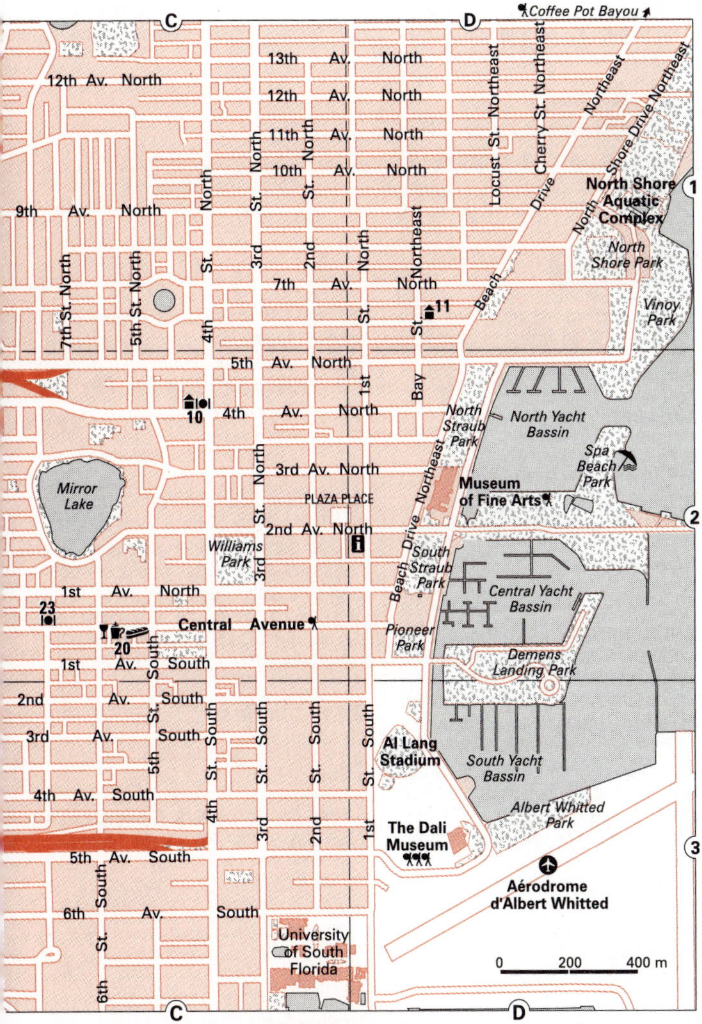

ST PETERSBURG

21 Bodega (B2)
22 Hawkers Asian Street Fare (B2)
23 The Glass Noodle (C2)

Où boire un verre ? Où sortir ?

20 Cycle Brewing (C2)
40 Green Bench Brewing Co (B2)
41 3 Daughters Brewing (A3)
42 No Vacancy (B2)

Downtown est classiquement quadrillé, avec les *streets* sur un axe nord-sud et les *avenues* sur un axe est-ouest. La colonne vertébrale est ***Central Avenue,*** qui traverse la ville d'est en ouest.

Adresse utile

St Petersburg Area Chamber of Commerce *(plan D2)* **:** *100 N 2nd Ave (à l'angle de 1st St N), Downtown.* • *stpete.com* • *Lun-ven 8h-17h. Fermé w-e et j. fériés.* Plan de la ville.

Où dormir ?

Après Downtown, les adresses sont présentées au fil du littoral, du sud vers le nord.

Downtown

De prix moyens à chic

Avalon *(plan C2,* ***10****)* **:** *443 4th Ave N. ☎ 727-317-5508.* • *avalonstpetersburg.com* • *Doubles 160-400 $; pas de petit déj, seulement du café et des cookies. Parking gratuit.* À portée de marche des musées, ce sympathique boutique-hôtel au style vintage décline les nuances de blanc, de gris et de noir, en multipliant les clins d'œil à l'Art déco. Un mélange de styles vraiment réussi. La déco des chambres, tout confort, est du même acabit, avec notamment ces grosses malles en aluminium d'après-guerre. Bonne atmosphère générale. Les clients de l'*Avalon* peuvent profiter de la piscine du *Hollander Hotel* voisin (même proprio). Bon accueil, très pro, avec *wine & champagne* offerts toutes les fins d'après-midi.

Hollander Hotel *(plan C2,* ***10****)* **:** *421 4th Ave N. ☎ 727-873-7900.* • *hollanderhotel.com* • *Doubles 160-400 $; pas de petit déj. Parking gratuit. Voir aussi le resto The Tap Room dans « Où manger ? ».* Occupant un édifice à la belle façade en brique de 1933, cet hôtel, jumeau de l'*Avalon* voisin, abrite des chambres pour la plupart spacieuses, avec de beaux parquets à l'ancienne dans les standards (nos préférées). Toutes avec micro-ondes, *coffee-maker,* frigo, cuisine pour certaines. Belles photos en noir et blanc un peu partout. Décidemment, le lieu a du caractère, à l'image du salon avec (fausse) cheminée de la réception. Notons enfin la belle piscine bien aménagée (rare !). Pour dîner, *The Tap Room* est parfait.

Baystreet Inn *(plan D1,* ***11****)* **:** *635 Bay St NE (à l'angle de la 6th Ave NE). ☎ 727-565-8120.* • *baystreetinn.com* • *Doubles 130-300 $, petit déj compris. Parking gratuit dans la rue.* Bien belle maison ancienne agrémentée de son joli cottage voisin, dans un quartier résidentiel au calme. Les 2 bâtisses abritent des chambres cossues et assez spacieuses (7 en tout). Lit *queen* ou *king size* et équipement très complet. Dans la courette entre les 2 demeures, BBQ et quelques tables.

Dans les îles

Camping

Fort de Soto Park Campground *(plan Bay Area,* ***12****)* **:** *à env 14 miles (22,5 km) au sud de Downtown, par les routes 275, 682, puis 679 (Pinellas Bayway S). ☎ 727-582-2100.* • *pinellascounty.org/park/camping.htm* • *Ponts payants pour accéder à l'île, 1 $ + 0,75 $ + 5 $ pour le parking (valable 24h). Accueil tlj 9h-18h (21h ven). Emplacements 40-48 $ (vue mer ou non) jusqu'à 6 pers. 90 % des emplacements sont réservables ; les 10 % restants sont disponibles en dernière minute à partir du ven à 7h par Internet ou 9h sur place.* Rare parenthèse naturelle sur le littoral, le parc du Fort de Soto occupe une petite île aux nombreuses et belles plages. Le camping, situé un peu avant, se situe sur son propre îlot (Christopher Key) que l'on atteint par un pont. On y trouve près de 250 emplacements, disséminés entre palmiers et sabals.

LA CÔTE OUEST DE NAPLES À TAMPA

Les plus recherchés donnent sur le golfe. Les tentes privilégieront les emplacements (spacieux) n°s 1 à 10 et les pairs au-delà, jusqu'au n° 85. Bien équipé : eau, électricité, tables et barbecue pour tous, sanitaires vastes et très bien tenus. Location de vélos, paddles et kayaks (dans une cabane à 50 m de la réception du camping).

À St Pete Beach et Pass-a-Grille

De prix moyens à très chic

Keystone Motel *(plan Bay Area,* ***13****)* **:** *801 Gulf Way. ☎ 727-360-1313. • keystonemotel.com • Doubles env 145-185 $ (180-245 $ pour 4).* Seulement séparé de la plage par une rue, ce motel tout jaune offre une trentaine de chambres au confort suffisant (pas de micro-ondes ni frigo), mais aux tarifs contenus, même en haute saison. Résultat : les habitués y viennent et y reviennent depuis des années ! Accueil familial et petit bout de piscine.

St. Pete Beach Suites *(plan Bay Area,* ***14****)* **:** *6801 Sunset Way (à l'angle de la 68th Ave). ☎ 727-360-7233. • stpetebeachsuites.com • Doubles env 265-330 $. Parking gratuit.* En retrait de l'animation et à 100 m de la plage, ce motel nouvelle génération réunit, dans 4 bâtiments bleu ciel, des chambres pimpantes, impeccables, carrelées ou avec parquet flottant. Déco contemporaine et colorée, comme sortie d'un célèbre catalogue suédois... La plupart avec kitchenette. 2 piscines très agréables. Choisir de préférence les chambres dans les édifices autour de la 2e piscine.

Inn on the Beach *(plan Bay Area,* ***13****)* **:** *1401 Gulf Way, Pass-a-Grille. ☎ 727-360-8844. • innonbeach.com • Doubles 265-310 $, petit déj continental inclus le w-e seulement. Parking gratuit.* Il n'y a que la rue (calme) à traverser pour rejoindre la (belle) plage. Les 15 chambres et les 3 cottages de ce petit hôtel familial pimpant sont clairs, cosy, joliment décorés sur des notes de bois, de bleu et de blanc, avec parquets flottants et touches marines. Certains ont un balcon et/ou une kitchenette. Pas de piscine, juste une courette commune. Dommage que les prix soient tout de même bien élevés. Vélos en prêt.

Sur Treasure Island

De part et d'autre de Gulf Boulevard (la route côtière) s'alignent motel sur motel, les moins chers côté route, les autres côté plage. En saison, résa impérative.

Prix moyens

Sea Chest Motel *(plan Bay Area,* ***15****)* **:** *11780 Gulf Blvd. ☎ 727-360-5501. • theseachest.com • Doubles, studios et apparts env 95-185 $; pas de petit déj.* On aime bien ce motel, bien tenu et plutôt coquet, avec une belle pelouse et une piscine pas glauque du tout (pour une fois), qui remplacent le traditionnel parking central. La vue depuis les chambres est d'autant plus agréable. Côté confort : frigo, micro-ondes et cafetière. Pour les studios et apparts : cuisine équipée. Au bout du motel, la plage ! Bref, un rapport qualité-prix plus qu'honorable, avec des tarifs qui ne s'envolent pas en saison. Évitez juste les chambres les plus proches du boulevard. À disposition : barbecue et table de ping-pong.

Où manger ?

Downtown

Spécial petit déjeuner

Central Coffee Shoppe *(plan C2,* ***20****)* **:** *530 Central Ave. Lun-ven 6h30-13h, sam-dim 7h30-14h. Petit déj et lunch 10-16 $.* Adresse populaire et idéale pour avaler son petit déj à quelques blocs du musée Dalí, ce troquet tout en longueur au décor plutôt banal. Long comptoir et petites tables voient se succéder une foultitude de variétés de petits déj très bon marché, complétés le midi de burgers et sandwichs pas chers non plus.

De bon marché à prix moyens

Bodega (plan B2, **21**) : *1180 Central Ave. Tlj 11h-21h (23h jeu-sam). ☎ 727-623-0942. Compter 11-13,50 $.* Des tables en plastique moche posées dans la rue, une salle banale à mourir et un comptoir extérieur pour commander... Un cadre vraiment pas glamour donc, mais les habitués viennent en nombre pour les gros sandwichs cubains, servis dans des corbeilles en plastique, ou pour celui au *lechon* (cochon de lait). La version plat inclut riz et haricots noirs.

Hawkers Asian Street Fare (plan B2, **22**) : *1235 Central Ave. ☎ 727-521-7253. Tlj 11h-22h (minuit ven-sam). Petits plats 10-15 $.* Une petite chaîne en plein essor en Floride. Le principe ? Proposer, dans un cadre de vaste hangar *trendy,* le meilleur des recettes de la cuisine de rue asiatique – coréen, japonais, malais, chinois, vietnamien, singapourien... C'est bon, souvent très bon, plus ou moins épicé (signalé comme tel), et le lieu, vibrant entre la salle cathédrale et les cuisines où résonne le chant des woks, ne manque pas d'énergie (et de bruit). Grand bar circulaire au fond. Attention, ici, ça se passe à la baguette !

The Tap Room (plan C2, **10**) : *421 4th Ave N. ☎ 727-873-7900. Tlj 7h-22h30. Plats 13-25 $.* Niché dans le *lobby* de l'excellent *Hollander Hotel* (voir « Où dormir ? »), la déco soignée et chaleureuse attire les habitués pour une cuisine classique et bien réalisée. Burgers appétissants et plats de pâtes particulièrement bien servis *(marinara, bucatini...).* Ambiance conviviale et bon choix de bières qu'on vous sert à grands coups de pompe et à prix serrés.

The Glass Noodle (plan C2, **23**) : *681 Central Ave S (angle de la 7th St S). ☎ 727-289-3720. Tlj 11h-22h (23h ven-sam). Plats 17-20 $.* Des nouilles sous toutes les formes. Généreuses soupes, plats copieux et goûteux, préparés à la minute et sous vos yeux, dans la grande cuisine ouverte. Déco colorée et personnel souriant. Ça change un peu des burgers !

Sur Treasure Island, St Pete Beach et Pass-a-grille

Spécial petit déj

Seahorse Food (plan Bay Area, **25**) : *800 Pass-a-Grille Way, à* ***Pass-a-Grille*** *(au sud de St Pete Beach). ☎ 727-360-1734. Tlj sauf mar 8h-14h30. Petit déj et plats 10-16 $.* Plus ancien du quartier (1938), ce resto populaire dispose d'une chouette terrasse ombragée et d'un intérieur chaleureux tout en bois. Pour le petit déj comme pour le déjeuner, prix très raisonnables, pour des classiques du genre : pancakes, omelettes, *French toasts,* puis burgers, sandwichs et *seafood platters.*

Et aussi ***Caddy's on the Beach,*** ci-après.

De prix moyens à chic

Caddy's on the Beach (plan Bay Area, **26**) : *9000 W Gulf Blvd, à* ***Treasure Island.*** *☎ 727-360-4993. Tlj 8h-23h. Plats 15-25 $.* Il y en a 5 dans le coin, mais on préfère celui-ci, une grande cabane posée sur la plage, animée par des baffles au son souvent vitaminé. La cuisine est à l'image de l'endroit, simplissime, mais la vue sur mer compense. À l'étage, terrasse couverte d'où l'on domine la plage. Au menu : sandwichs, *fish & chips,* tacos aux fruits de mer, burgers... On ne vient pas pour y faire un repas gastronomique, mais pour y passer un moment en famille ou entre amis, autour des tables et parasols pieds dans le sable. Le week-end, l'endroit est envahi ! Animation musicale tous les jours.

Hurricane Seafood Restaurant (plan Bay Area, **25**) : *809 Gulf Way (à l'angle de 9th Ave). ☎ 727-360-9558. Tlj 11h30-21h30. Plats 14-26 $.* Elle semble bien ancienne, cette vaste demeure de bois avec tourelles d'angle et grande terrasse à l'étage. Elle fut pourtant édifiée en 1977, selon les canons architecturaux de la fin du XIXᵉ s. Avant le coucher du soleil, rendez-vous sur la terrasse pour un verre (vous ne serez pas seul). Moment divin et convivial ! On peut aussi y manger un morceau. Dans l'assiette (ou plutôt le panier), une *beach food* améliorée de bon aloi, plutôt correctement exécutée.

Paradise to Go *(plan Bay Area,* ***25****) : 116 8th Ave. ☎ 727-390-1020. Tlj sauf lun 9h-19h. Plats env 7-14 $.* Tenu par Églantine et Luca, voici un petit bout de France. Bien sûr, il y a les *bowls* et les bagels, mais on y trouvera des viennoiseries et de bonnes galettes. Tout proche, à l'angle de la rue, le ***Paradise Sweets*** (mêmes proprios) propose de bonnes glaces préparées par des Amish de Sarasota.

Où boire un verre ? Où sortir ?

Depuis quelques années, St Pete connaît un véritable engouement pour les ***brasseries artisanales.***

Downtown

Cycle Brewing *(plan C2,* ***20****) : 534 Central Ave. Tlj 15h (12h ven-dim)-22h (minuit ven-sam, 21h dim).* Une brasserie artisanale brute de forme calée dans un hangar à la déco industrielle. Que de la bière à la pompe (certaines exotiques) et pas mal de monde venu en siffler, entre brochettes de potes.

Green Bench Brewing Co *(plan B2,* ***40****) : 1133 Baum Ave N. Tlj jusqu'à 21h ou 22h.* Au cœur du quartier de The Edge, à l'ouest de Downtown, c'est ce qui se fait de mieux. On y brasse un grand éventail de bières, qui ne cessent de changer. Ambiance conviviale, au bar comme au *Beer Garden.*

3 Daughters Brewing *(plan A3,* ***41****) : 222 22nd St S. Tlj 11h30-22h (minuit ven-sam). Musique live régulièrement.* On aime beaucoup l'ambiance de ce grand hangar où se retrouvent aussi bien bandes de copains que familles avec enfants en bas âge. Ici le bar pour les grands (40 pressions au choix !), où l'on peut commander un morceau, là un recoin avec des flippers à l'ancienne, et la brasserie où l'on campe sur des tables, avec les cuves en toile de fond (et même un baby-foot). On danse, aussi, parfois.

No Vacancy *(plan B2,* ***42****) : 937 Central Ave. Tlj jusqu'à 22h (2h certains soirs). Musique live ou DJ.* L'étroit bar est prolongé par une courette couverte de faux gazon et ouverte sur la rue. Bonnes vibrations quand le chanteur met l'ambiance et que les bandes de copains-copines se réunissent pour faire la fête.

À voir. À faire

On vous rappelle l'existence du ***City Pass*** *(● citypass.com/tampa ●),* qui, à St Petersburg, couvre l'entrée du ***Clearwater Marine Aquarium.***

Côté Downtown

Les 2 grands musées de St Pete se trouvent dans l'agréable Downtown aux avenues verdoyantes, venant mourir sur une marina bordée de larges pelouses et d'une promenade piétonne. On peut aller de l'un à l'autre à pied, ou prendre le trolley *(● loopertrolley.com ● ; 0,50 $ le trajet au centre ; plusieurs lignes, dont une reliant le centre à la plage, 2,25 $).*

The Dalí Museum *(plan D3) : 1 Dalí Blvd (Bayshore et 5th Ave SE). ● thedali.org ● Tlj sauf Thanksgiving et Noël 10h-18h (20h jeu). Entrée : 25-29 $ selon saison (12,50-14,50 $ jeu après 17h), audioguide en français et visite guidée en anglais (ttes les 1h env) inclus ; réduc. Parking dédié (vite plein) : 10 $, mais on peut se* *garer au parking public sur la jetée en face (payant à l'heure, bien moins cher donc). Déposer ses sacs dans les casiers (gratuits) à l'extérieur.*

Une visite incontournable de cette partie de la côte, sans hésiter. C'est en 1942 que Mr and Mrs Morse, riches industriels de Cleveland, découvrent avec fascination le travail de Dalí ; il a 38 ans (1904-1989). Le couple n'aura alors de cesse de réunir les œuvres de l'artiste, jusqu'à constituer ***la plus importante collection privée au monde,*** exposée dans ce musée. Le bâtiment à l'architecture contemporaine et surréaliste, où les courbes en verre étreignent les façades de béton brut, est déjà une œuvre en soi ! Cet espace présente Dalí le peintre, mais surtout le créateur de génie qu'il était. Les œuvres couvrent la majeure partie de sa vie, de 1914 à 1980, et retracent l'évolution de sa peinture, et c'est là la grande qualité de ce musée, outre le choix judicieux de l'accrochage.

– La ***collection permanente*** est située au 1er étage dans la *Tom and Mary James Wing.* À noter : les toiles présentées tournent régulièrement tellement le fonds est riche. Organisée de manière chronologique, la visite débute logiquement par les tableaux de jeunesse, les ***early works*** (1914-1926) illustrant gentiment le petit port de Cadaqués en Espagne. Vient ensuite le ***surréalisme*** dans les années 1930, où Dalí laisse libre cours à son introspection. Il s'intéresse à la psychanalyse et s'exprime librement, avec l'apparition de personnages merveilleusement élégants et filiformes, où la profondeur des tableaux est l'un des fils conducteurs. Une cinquantaine de toiles illustre cette période foisonnante.

On s'arrêtera bien sûr devant les ***grands formats*** exposés en quasi-permanence, notamment *La Découverte de l'Amérique par Christophe Colomb, Le Toréador hallucinogène* et *Galacidalacidesoxiribonucleicacid* (pas facile à placer dans la conversation !). Ne ratez pas non plus *Gala contemplant la mer Méditerranée,* sous-titré *Hommage à Rothko.* Ce tableau fut peint en 1976, quelques années après le suicide de l'artiste américain. Vu en plissant les yeux (ou au travers d'un téléphone, si, si !), il laisse apparaître le portrait d'Abraham Lincoln ! Assez inouï... Notons encore *The Ecumenical Council* ou la série des toiles d'après 1948, dédiées au *Nucléaire mystique.* Au total, le musée regroupe près de ***2 100 œuvres de Dalí,*** mais on n'en voit évidemment qu'une petite sélection (une centaine environ).

UN *ANGÉLUS* MORBIDE

Dalí était fasciné par L'Angélus *– le tableau de Millet –, une toile qui hanta son enfance et qu'il reproduisit une centaine de fois. Il lui consacra même un livre tout entier, écrit en 1938 et édité en 1963. Mais le plus impressionnant, c'est que le maître eut l'incroyable intuition que, à la place du panier, Millet avait d'abord peint un cercueil d'enfant. Quand les rayons X commencèrent à être utilisés par les experts en art, on se rendit compte que Dalí, dans son délire paranoïaque, avait vu juste !*

– ***La réalité virtuelle :*** le musée a également choisi de vous faire pénétrer dans l'esprit tortueux du maître grâce à la réalité virtuelle ! Durant 3 mn, on a l'occasion d'entrer DANS un tableau, grâce à un casque. Bluffant.

– Enfin, une section est réservée aux grandes ***expos temporaires,*** soit sur les contemporains de Dalí, soit sur certaines thématiques de son travail, soit encore sur ses illustres prédécesseurs qui l'ont inspiré.

I●I Possibilité de goûter quelques petits plats espagnols au ***Café Gala*** *(ferme 1h avt le musée).*

Museum of Fine Arts *(MFA ; plan D2)* **:** *255 Beach Dr NE. • mfastpete.org • Tlj sauf lun et certains j. fériés : mar-mer et ven-sam 10h-17h, jeu 12h-20h, dim 12h-17h. Entrée : 22 $; réduc ; 12 $ jeu après 17h.* Grand musée planté au bord de la baie, doublé d'une aile moderne pour les expos temporaires. En tout, une vingtaine de galeries éclectiques et 2 patios avec sculptures. Il s'agit de collections privées léguées au musée, conservées en l'état. Pêle-mêle, arts précolombiens, africains et d'Asie, sections d'antiquités et de photographie, art moderne et contemporain, américain et européen (XIVe-XIXe s), arts décoratifs et verrerie... À picorer donc, ou même à zapper, car l'entrée est bien chère.

Les façades* street art *de Central Avenue *(plan B-D2)* **:** sur près d'une vingtaine de blocs en partant du centre, les grapheurs ont multiplié les fresques oniriques, réalistes, rétro, psychédéliques... sur l'avenue et les rues latérales. En chemin, arrêt possible dans la foule de *coffee shops,* bistrots et *taquerías* tendance hipster jalonnant le parcours.

Le quartier chic de Coffee Pot Bayou *(hors plan par D1)* **:** *du centre-ville, remonter Northshore Dr vers le nord pour rattraper Coffee Pot Blvd.* De belles maisons à colonnades se dressent face à la baie ou dans les ruelles pavées perpendiculaires.

Gulfport *(plan Bay Area)* **:** *au sud-ouest. De Central Ave, descendre 55th St S jusqu'à ce qu'elle devienne Beach Blvd S.* Ici règne une atmosphère de village paisible et vaguement New Age, avec petits cafés relax et décatis, maisons colorées noyées sous les arbres et fleurs en bord de baie.

Côté plages

S'étirant de Pass-a-Grille, au sud, à Clearwater Beach, au nord, le littoral déroule environ ***30 km de fort belles plages*** de sable blanc, très larges mais toutes urbanisées. On aime bien le secteur de ***Pass-a-Grille,*** qui a l'avantage d'avoir conservé une atmosphère presque villageoise, essentiellement composé de maisons individuelles (pas d'immeubles). En allant vers le nord, les édifices rivalisent de hauteur, mais la plage est toujours superbe.

Pour information, où que vous alliez, le parking est payant. La partie la plus naturelle se situe vers le ***Fort de Soto Park*** *(plan Bay Area ; tlj de 6h30 au coucher du soleil ; accès par un pont 0,75 $, puis entrée au parc 5 $).* Occupant une petite île accessible en voiture, au sud de St Pete Beach. L'accès est fléché depuis Pinellas Bayway. Tout au bout, on découvre un vieux fort sans grand intérêt et 2 plages sauvages qui valent vraiment le détour – ***North Beach,*** très fréquentée le week-end, révèle d'immenses tapis de sable (douches, tables de pique-nique). Le camping (situé à environ 1 km avant l'entrée du parc, sur la droite) est le plus sympa de la région (voir « Où dormir ? »). Et l'on peut même s'embarquer pour une île déserte, Shell Key, juste en face (camping sauvage possible).

Seaside Seabird Sanctuary *(plan Bay Area)* **:** *18328 Gulf Blvd,* ***Indian Shores*** *(entre Treasure Island et Clearwater Beach). • seasideseabirdsanctuary.org • Tlj 8h-16h. GRATUIT (don bienvenu).* Ce petit centre de soins pour oiseaux prend en charge un nombre fluctuant d'invalides : pélicans, cormorans, mouettes, mais aussi chouettes, aigles, vautours, hérons, grues... Certains sont relâchés, d'autres, trop handicapés, ne quitteront jamais plus leur cage. Et certains ne veulent plus partir et font la navette entre la plage et le sanctuaire !

Le ***Caladesi Island State Park*** *(plan Bay Area)* occupe une île au nord de Clearwater Beach, accessible seulement en bateau au départ de Honeymoon Island, elle-même accessible par un pont *(• floridastateparks.org • caladesiferry.org • ; ferry régulier ; 18 $ A/R, 9 $ 6-12 ans, auxquels s'ajoutent 8 $/véhicule pour l'entrée du Honeymoon Island State Park).* Sur place, sentier de 5 km, plages *unlimited* et marina avec snack-bar et location de kayaks. ***Attention :*** on ne peut pas rester plus de 4h sur l'île.

LA NATURE COAST

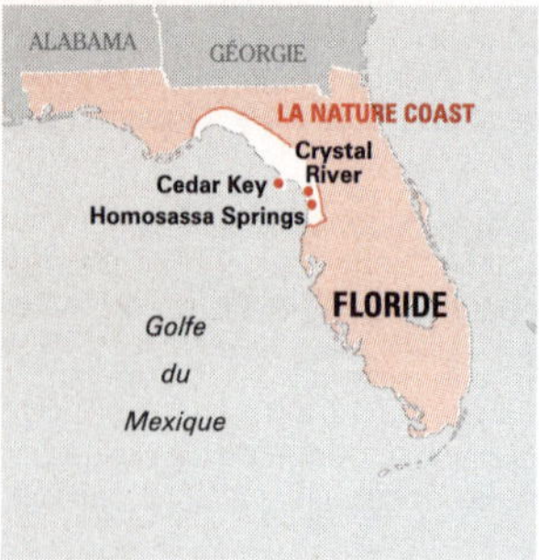

Voilà un nom aux airs d'évidence. Souvent négligée, la côte nord-ouest de la Floride, menant vers la « queue de poêle » du Panhandle, voit les banlieues résidentielles et les golfs s'effacer peu à peu pour céder la place à une Floride plus authentique et naturelle. En un mot, une région que l'on apprécie bien. Pas de parcs d'attractions dans le secteur, pas de stations balnéaires hyper friquées, mais des côtes sauvages et souvent marécageuses, que la route peine à pénétrer, et quelques petits ports. On vient ici avant tout pour observer les lamantins, qui fréquentent assidûment les nombreuses sources de la région en hiver, et pour s'oublier un peu sur des airs de vieilles nostalgies sudistes.

LAMANTIN, UN ESTOMAC SUR PALMES

Drôle de semi-remorque. Avec 3 m de long et 400 à 550 kg au compteur (le record dépasse 1,7 t !), le lamantin a besoin de beaucoup manger pour faire fonctionner la machine : 10 à 15 % de son propre poids chaque jour. Dans les parcs aquatiques, chaque animal ingurgite entre 70 et 100 laitues quotidiennes... Pas facile à assimiler toute cette verdure : le lamantin se trimbale 45 m de boyaux et met une semaine à digérer. Ce qui, en d'autres termes, revient à dire qu'il a toujours plus de 300 kg de nourriture dans l'estomac ! Il est doté de 2 petites nageoires, mais c'est avec sa large queue plate et horizontale qu'il se meut. À très petite vitesse. C'est un animal particulièrement paisible, qui passe son temps à brouter dans 2 ou 3 m de profondeur, puis à remonter doucement à la surface pour respirer, avant de se recoller sur le fond. Pas vraiment un excité.
En hiver, les lamantins quittent les eaux plus froides du golfe du Mexique pour se réchauffer dans certaines des nombreuses sources d'eau tiède (autour de 20-22 °C) qui jalonnent le littoral. Le meilleur moment pour les voir, c'est quand il gèle la nuit et que le mercure, en journée, ne dépasse pas 10 °C. Ces températures étaient jadis courantes entre décembre et février, mais, avec le réchauffement climatique, elles se raréfient. Du coup, les lamantins remontent moins fréquemment et moins nombreux dans les sources. Mais quand ça arrive, la vision de tous ces animaux agglomérés est assez exceptionnelle !
La docilité de ces animaux fait que dans certains lieux et certaines conditions, il est possible de se baigner avec eux, délicatement, et ainsi de les observer de près, dans leur milieu, tout en respectant leur tranquillité.

HOMOSASSA SPRINGS

14 500 hab.

À 70 miles (113 km) au nord de Tampa, cette grosse bourgade éclatée, traversée de part en part par la route 19, a grandi sur le flanc d'une rivière abreuvée par l'une des plus importantes sources de la région. Si l'on s'écarte de la route principale de quelques miles pour se diriger vers

l'ouest, au niveau de l'embouchure de la rivière, on atteint un agréable petit port à l'ambiance particulièrement sympathique.
Côté nature, la probabilité de pouvoir y observer des lamantins est élevée : quelque 200 animaux vivent ici, entre la source et le golfe. Et si jamais ceux qui s'ébattent dans la nature ne sont pas au rendez-vous, un parc-zoo d'État permet d'en voir quelques-uns à demeure (et beaucoup, beaucoup d'oiseaux aussi).

Où dormir ? Où manger ? Où boire un verre dans le secteur ?

Prix moyens

Chassahowitzka Hotel : *8551 W Miss Maggie Dr. ☎ 1-877-807-7783. • chazhotel.com • Depuis la route 19, faire 1,5 mile vers l'ouest par la 480. Doubles avec sanitaires 150-175 $, et 200 $ pour 2 à l'étage (+ 65 $/pers supplémentaire), petit déj continental inclus.* On apprécie bien ce « Chaz », installé dans une belle bâtisse en bois clair de 1910 joliment restaurée, plantée dans une zone résidentielle cernée par une belle forêt. L'hôtel est ombragé par de superbes chênes dégoulinant de mousses espagnoles. À l'intérieur, 9 chambres (dont 2 au rez-de-chaussée), simples mais très bien tenues, baignant dans une atmosphère gentiment rétro. Les 2 chambres du rez-de-chaussée sont avec sanitaires privés. Celles à l'étage se louent ensemble en 2 lots : soit 3 chambres, soit 4 chambres, chaque entité disposant d'une seule grande salle de bains commune. Intéressant surtout quand on est à 4 ou 6 personnes.

Motel Mac Rae's : *5300 S Cherokee Way. ☎ 352-628-2602 (8h-18h). • macraersofhomosassa.com • Au bout de Yulee Dr, à 3 miles à l'ouest de l'US 19. Doubles 110-120 $. Musique live jeu-dim (en fin d'ap-m généralement et à partir de 14h dim).* Ici, c'est la Floride à l'ancienne. Les habitués et les motards (grimpés sur de drôles d'engins) se retrouvent en masse en fin de journée. La vingtaine de chambres se niche dans un édifice en L et en faux rondins, s'ouvrant sur une grande pelouse. Elles offrent un bon confort général, avec ou sans kitchenette, mais toutes avec micro-ondes et frigo. Pas de piscine mais prix doux et proprios bien sympathiques. Juste en face, jetez un œil au *Shed,* leur resto (voir plus loin).

Chossahowitzka River Lodge : *8501 W Miss Maggie Dr. ☎ 352-382-2081. Cabin 2-4 pers env 90 $. Très souvent complet en saison.* Un site un peu improbable, en bord de rivière, où les proprios ont planté une poignée de *cabins* toutes simples, pour faire profiter les habitués qui viennent et reviennent, de ce coin peinard. Un ponton, quelques tables, une poignée de kayaks à louer, et basta. Délicieusement populaire. Juste à côté, *The Lodge Bar and Grill,* un vieux rade sombre et un peu ripou, pour descendre une binouze avec les copains de comptoir. Billard.

The Shed : *5300 S Cherokee Way. ☎ 352-628-2602. Tlj 11h-20h (un peu plus tard le w-e).* Juste devant les docks, sur le *deck* donnant sur l'eau, une terrasse qu'on adore pour descendre quelques bières en picorant crevettes, poisson frit, burger ou sandwich en musique *(live).* On commande au bar, puis on va chercher sa pitance au *food truck* quand le *beeper* s'allume. Le week-end, c'est la cohue, avec le va-et-vient des mises à l'eau de bateaux ! En fin d'après-midi le week-end, quand un groupe anime le port, ça guinche comme au bal du 15 août à Maubeuge.

Wild Sassa Seafood : *dans la ruelle sur la gauche, juste avt d'arriver à S Cherokee Way. Pas de tél. Mer-dim 11h-16h et selon météo et saison. Ça ferme parfois avt (notamment sam-dim, dès qu'il n'y a plus rien). Plats 12-18 $.* Les sympathiques Bridgette et Michele débitent tacos au thon frais ou au *mahi-mahi,* « *boat* » au *redsnapper,* crevettes fraîches au poids et chaudrée de crabe en hiver. Simplement délicieux ! Faites juste gaffe à Freddy, le héron bleu, un fidèle des lieux, toujours prêt à vous chiper une crevette !

The Museum Cafe : *10466 W Yulee Dr. ☎ 352-628-1081. Tlj sauf dim-lun 10h-15h. Plats 9-13 $.* Attenant à un petit musée de l'imprimerie ouvert par un passionné, ce gentil café propose des choses simples *(stuffed potato, black beans and yellow rice)*, dans une déco de grand-mère. En vedette : le sandwich cubain, proposé en *combo* à moins de 13 $.

Également ***The Biscuit Barn North*** : voir « Où dormir ? Où manger ? » à Crystal River.

The Freezer : *5590 S Boulevard. ☎ 352-628-2452. Tlj 11h30-21h (22h ven-sam). Plats 10-25 $.* Au-delà de la grande salle banale façon hall de gare, on découvre une généreuse terrasse pleine d'habitués, qui s'ouvre sur un quai de plaisance tranquille. Installé aux tables de bois façon pique-nique et après avoir commandé ce qu'offre le grand tableau noir, on profite d'écrevisses (de Louisiane), d'un mulet local, de bonnes crevettes cuites à l'étouffée, mais aussi d'un pavé de saumon fumé ou de moules. Bref, uniquement des choses de la mer, d'ici ou d'ailleurs, servies comme toujours dans des paniers de plastique.

À voir. À faire

Ellie Schiller Homosassa Springs Wildlife State Park : *4150 Suncoast Blvd (US 19). • floridastateparks.org • Tlj 9h-17h30 (dernière entrée à 16h45, Wildlife Walk ferme à 17h). Privilégier la West Entrance, sur W Fishbowl Dr, accessible par W Halls River Rd, plutôt que l'East Entrance, sur l'US 19. Cela évite de traverser tt le parc à pied ou par le tram (gratuit). Entrée : 13 $; 5 $ 6-12 ans.*

UNE SIRÈNE BIEN EMPOTÉE

Appartenant à l'ordre des siréniens, les lamantins doivent, semble-t-il, cette distinction au fait que les marins de jadis confondaient leurs chants aigus avec ceux des mythiques sirènes... Pourtant, lorsqu'il naît (sous l'eau), le bébé lamantin ne sait pas nager ! Sa mère doit le remonter à la surface toutes les 2-3 mn pour qu'il apprenne à respirer et à plonger.

Enfoui dans la végétation, ce petit zoo placé sous la tutelle des *State Parks* englobe une résurgence d'où sourdent, toutes les heures, 7 à 11 millions de litres d'eau à 22 °C. L'hiver, lorsque le golfe du Mexique refroidit trop, il n'est pas rare que les lamantins remontent jusque-là pour se réchauffer (ils détestent lorsque leur bain descend sous 18 °C...). Un système de vannes leur permet d'accéder librement à la source, tout en empêchant leurs 4 congénères résidents de sortir. On peut alors espérer les observer sous l'eau grâce à un observatoire immergé, même s'il est plus fréquent d'y voir de grands bancs de poissons (carangues, brochets de mer et vivaneaux gris), eux aussi adeptes du jacuzzi...

Les *rangers* organisent des présentations sur la biologie des lamantins. En suivant un parcours aménagé, on peut aussi observer plein d'animaux, dont de nombreux oiseaux. Tortues, loups, renards, oiseaux de proie, chouettes, flamants orange (il n'y avait plus de rose !), héron bleu, pélicans gris et blanc. Lynx et biches vous feront peut-être les yeux doux. Certains animaux, blessés et soignés, sont en cage, mais des centaines d'autres, attirés par leurs semblables, fréquentent aussi les lieux en toute liberté – dont de nombreux tantales (cigognes d'Amérique) perchés dans les arbres et une foule d'ibis. En prime : un hippopotame répondant au doux nom de Mister Lu, vedette de cinéma des *sixties* à la retraite ! La star se porte bien, merci pour elle.

Sorties manatees : s'il est strictement interdit de se mettre à l'eau au Homosassa Springs Wildlife Park, plusieurs opérateurs proposent des promenades en bateau, avec ou sans séance *snorkelling* (compter env 90 $), pour voir les lamantins de près sur les chenaux du secteur. On vous propose plutôt une option à Crystal River (voir ci-après).

CRYSTAL RIVER

3 200 hab.

Tout juste 8 miles (13 km) au nord de Homosassa Springs, Crystal River a grandi autour de quelque 70 sources, fréquentées par les lamantins en hiver. Ils sont même encore plus nombreux et plus faciles à voir ici. À pied, en bateau, en kayak, masque sur le nez, tout est bon pour s'approcher d'eux – sans les déranger.
En aval, la large Crystal River s'écoule vers le golfe à travers des mangroves protégées par un vaste parc naturel. Côté terres, c'est moins charmant : sur des kilomètres court la *Highway 19,* encombrée par les concessionnaires auto...

Adresse utile

i *Visitors & Convention Bureau :* 915 N Suncoast Blvd. ☎ 352-794-5506. • discovercrystalriverfl.com • Lun-ven 8h-17h (sauf j. fériés).

Où dormir ? Où manger ?

On trouve plein de motels de chaîne le long de l'US 19, avec une préférence pour le *Hampton Inn* ou le *Holiday Inn Express.* Les moins chers ne sont pas terribles...

⌂ |●| *Plantation on Crystal River :* 9301 W Fort Island Trail. ☎ 352-795-4211. • plantationoncrystalriver.com • Doubles 145-300 $; resort fee env 39 $/j. Cet immense hôtel (près de 200 chambres) posé au milieu de son propre parc, sur un chenal donnant tout au fond de Kings Bay, abrite des chambres standardisées de très bon confort (excellents lits) et globalement spacieuses. Beaucoup d'espaces verts autour et grandes pelouses à l'arrière, donnant sur un bras de la rivière. Ajoutons à cela la généreuse piscine cernée de transats, et voici un ensemble plein de charme, classe et cool à la fois. Nombreux services : salle de sport, excursions, *snorkelling* avec les lamantins, etc. Le resto-bar autour de la piscine permet de s'en tirer à bon compte, tandis que le resto chic de l'hôtel est lui vraiment trop cher pour une nourriture sans éclat.

☕ |●| *Amy's on the Avenue :* 539 N Citrus Ave. ☎ 352-563-2697. Mar-sam 9h-15h. Petits déj et sandwichs 9-13 $. À l'écart de la route 19, au cœur du petit *downtown* qui s'étire le long de Citrus Avenue, voici une bonne halte pour profiter de bons croissants, gâteaux maison (super *key lime cake*), *waffles* et autres sandwichs. Ce *coffee shop*-resto-boutique offre les atours d'un lieu à l'européenne, qui change des adresses tradis américaines. Les plats sont aussi bien plus raffinés, et ça fait du bien. Agréable courette au calme à l'arrière. Bref, une bonne adresse pour un petit déj ou un lunch léger comme on les apprécie.

|●| *The Biscuit Barn North :* 1960 NW US 19. ☎ 352-794-3385. Juste après la NW 19th St, à gauche en allant vers le nord. Tlj sauf lun 6h (7h dim)-14h. Petits déj 8-12 $, lunch un peu plus cher. Ce café d'habitués, en bord de route, ronronne dès avant l'aube sous l'œil sévère du boss, qui veille du comptoir. Tous les classiques du petit déj sont là, avec une prédilection pour les *biscuits* – délicieux nature, antidiététiques au possible lorsqu'ils sont nappés de sauce ! Au-dessus de vos têtes : des objets de brocante. En devanture : un très affirmatif *In God We Trust.*

À voir. À faire

Three Sisters Springs National Wildlife Refuge : *entrée au 601 Three Sisters Springs Trail, juste au sud de Kings Bay Dr. • threesistersspringsvisitor.org • Quelques places de stationnement, à vos risques et périls, sur le parking de la* Bank of America *située à 2 pas... Sinon, se garer sur le parking (gratuit) au 123 NW Hwy 19 (1,4 km au nord, au* Three Sisters Springs Center*), d'où un trolley (inclus) vous conduit jusqu'au site, ttes les 30 mn. Tlj 8h30-16h30 (dernier départ à 15h30). Entrée : adulte 20 $ d'avr à mi-nov, 12,50 $ le reste de l'année, quand il y a beaucoup moins de lamantins ; 6-15 ans 7,50 $ tte l'année. Réduc de 5 $/pers pour ceux qui ont l'*America the Beautiful Pass. C'est LE spot par excellence pour les lamantins. Par les matinées les plus froides d'hiver, on peut en voir jusqu'à 70 ou 80 collés les uns aux autres ! Normal, l'eau est encore plus chaude ici : 23,3 °C. On les voit très bien depuis la promenade en bois qui entoure les sources. S'il est impossible de se mettre à l'eau, on peut accéder au site en kayak ou à la nage (voir « Location de kayaks »).

Hunter Springs Park : *NE 1st Ave. Accès libre et GRATUIT. Petit parking 5 $/j. (prix unique).* L'entrée des Three Sisters Springs vous semble trop chère ? Ici, dans ce coin de rivière très aménagé et urbanisé, vous pourrez vous mettre à l'eau sans payer. Pas vraiment un « *park* » au sens où on l'entend d'habitude, mais un espace qui s'apparente plus à une mini-plage publique (presque une piscine municipale !), où les familles du coin viennent se baigner avec leurs mômes. En hiver, on a de bonnes chances de voir des lamantins se balader à quelques brasses. Et vous, de vous baigner au plus près des bestiaux (avoir un masque et un tuba). On rappelle qu'il est interdit de les suivre et de sortir de la zone de baignade autorisée. Sinon, un ponton de bois (sur la droite) permet de les observer s'ils s'approchent.

Location de kayaks : on trouve plusieurs loueurs dans le secteur du Hunter Springs Park. On vous conseille notamment ***Paddles Outdoor Rentals,*** au 469 NE 1st Street *(☎ 352-586-5259 ; • paddlesoutdoorrentals.com • ; office ouv tlj 7h30-17h l'hiver, 8h30-18h l'été ; kayaks 1-3 places 35-55 $ pour 2h, 55-75 $ pour la journée ; loue aussi des paddles).* Après avoir rempli les papiers d'inscription, rendez-vous à la rampe d'accès du King's Bay Park, où votre kayak vous attend. On vous remet un plan des chenaux de Crystal River pour rejoindre les abords des Three Sisters Springs par la voie des eaux (avec possibilité de voir d'autres lamantins en chemin). Un super plan pour ceux qui sont prêts à quelques – modestes – efforts physiques (aucune difficulté sur le parcours) : les lamantins vont et viennent, frôlant les nageurs sans autre forme de procès ! Attention, il est interdit de les toucher, mais on a le droit dans certains endroits de se mettre à l'eau avec eux. Et s'ils sont trop nombreux, l'accès peut être fermé aux nageurs. Une location de 2h suffit largement pour faire l'aller-retour jusqu'aux Three Sisters Springs et profiter du lieu en toute tranquillité.

Snorkelling Tours : pléthore de compagnies proposent des tours avec plongée-tuba. Toutes sont plus ou moins au même prix *(env 80 $).* Compte tenu des conseils ci-dessus, faire appel à leurs services ne nous semble pas impératif. C'est bien cher pour la prestation proposée, et on préfère largement louer un kayak et être indépendant. D'autant qu'on ne voit pas plus d'animaux avec un tour organisé que tout seul.

CEDAR KEY

700 hab.

À environ 1h (55 miles) au nord-ouest de Crystal River, Cedar Key baigne dans une réjouissante atmosphère de Floride éternelle. Pour y accéder, la route 24 se lance sur les eaux, entre lagunes et golfe du Mexique ; 2 ponts et quelques digues plus tard, la bourgade est là, avec ses grands arbres, ses maisons rose bonbon, amande, menthe à l'eau, jaune et vert pastel. Certaines, dans leur jus, laissent imaginer un passé florissant : Cedar Key fut un port important au XIXe s. Qu'y fait-on ? Pas grand-chose. On profite. On lézarde. On pêche (en compagnie des hérons). On se balade dans les rues en voiturette de golf. On s'offre une balade en kayak ou en bateau sur les eaux du Cedar Keys National Wildlife Refuge, sur fond d'archipel aux innombrables îlots de mangroves.

Adresse utile

Cedar Key Welcome Center : *450 2nd St. ☎ 352-543-5600. • cedarkey.org • Tlj 10h-16h (14h dim).* Bonne carte de la région et explications sur la manière d'appréhender les parcs alentour.

Où dormir ?

De prix moyens à chic

Firefly Cottages : *12685 SR 24. ☎ 352-477-5070. • fireflycedarkey.com • Doubles 100-200 $; café bio offert. Min 2 nuits.* Ian et Darrin ont quitté la pluvieuse Seattle pour réinvestir cet ancien *fishing camp* des années 1950, posé entre la mer et la route, juste avant d'arriver à Cedar Key. Ils l'ont transformé en un charmant petit hôtel de 7 bungalows en bois, tous avec sanitaires et cuisine conjuguant jaune et turquoise (les moins chers tout petits). Les plus grands et plus beaux sont juste devant l'eau et tous disposent d'une terrasse. La végétation s'invite partout et l'accueil est assez extraordinaire. Prêt de vélos et location de kayaks.

Pirates Cove Cottages : *12633 SR 24. ☎ 352-543-5141. • piratescovecottages.com • Bureau ouv 8h-18h seulement. Doubles 100-150 $.* À 2 pas des précédents, voilà une dizaine de cottages mignons comme tout, jaune pâle, bleu et vert amande, tout proches les uns des autres, pouvant accueillir 2 à 5 personnes. Tous ont une kitchenette ou une cuisine, et certains ont une véranda avec moustiquaires et vue sur l'eau (les mieux : nos 4 à 7). Équipement moderne, avec ventilo et clim. Location de vélos et voiturettes de golf, barbecue.

Cedar Key Bed & Breakfast : *810 3rd St. ☎ 352-543-9000. • cedarkeybedandbreakfast.com • Doubles 140-225 $, petit déj inclus.* Waouh ! Difficile de ne pas tomber sous le charme de cette maison en bois de 1880, turquoise aux volets et vérandas roses, précédée d'un flamant de 2 m de haut et d'un splendide duo de grands chênes aux branches ramifiées, vieux de 400 ans. La petite dizaine de chambres, de tailles variables, joue à fond la carte rétro, avec mobilier à l'ancienne et objets de brocante, l'ensemble créant une atmosphère pleine de charme. Toutes ont leur propre salle de bains, certaines avec baignoire à pattes d'autrefois. La bien nommée « Tree House » (eu égard à la vue) possède sa propre cuisine. Prolongeant la véranda, un carré de jardin soigné, à l'ombre du majestueux chêne. En fin d'après-midi, on est bien ! Vélos en prêt.

Où manger ? Où boire un verre ?

1842 Daily Grind & Mercantile : *598 2nd St (angle D St). ☎ 352-543-5004. Tlj 8h-14h (16h sam), sauf lun-mer en basse saison. Plats env 4-13 $.* On l'essaie et on l'adopte. Ce tout petit *coffee shop,* tout mignon, au boss hyper accueillant, propose chaque jour un menu différent. Ce matin, ce sera peut-être pancakes aux myrtilles, quiche ou *oatmeal* aux fruits. Et ce midi, un beau sandwich (amélioré) ou un ragoût de bœuf béton. Côté déco : proverbes rigolos et belle maquette de voilier.

Steamers : *420 Dock St. ☎ 352-543-5142. Tlj 11h-21h. Happy hours lun-ven 15h-18h. Plats 9-16 $ le midi, 10-35 $ le soir ; casserole* (clam pot) *de 50 palourdes à la marinière 23 $ que l'on peut partager (ou 25 pour 15 $).* Sa position, sur le quai s'avançant en mer, est un plus, assurément. On s'installe autour du comptoir en U, ou, s'il y en a un de libre, à l'un des 3 espaces-comptoirs sur l'étroite terrasse avec vue mer. Le midi comme le soir, on s'y presse autour d'une bière artisanale et d'une super assiette de *clams* (palourdes) à prix canon. Quelle affaire ! Les pâtes aux fruits de mer sont pas mal aussi, de même que le *portobello blue crab,* sans oublier l'excellente et épaisse *clam showder.* Le reste est très américain et parfaitement évitable (steaks, poulet, sandwichs et salades).

Tiki Bar : *au Low-Key Hideaway, 12050 SR 24. ☎ 352-543-0700. Lun-jeu 14h-22h, ven-sam 12h-22h, dim 10h-22h. Pour manger un morceau, on commande juste devant au le Lenny Truck Taste Tour ; tlj sauf lun-mar 12h-15h, 17h-19h. Sandwichs et burgers 13-20 $. Musique live ven-sam 18h30-21h30 et dim 16h-19h.* Les camping-caristes aiment bien ce petit camping-motel posé sur le bord de la route, 2 km avant d'arriver au village. Dans l'après-midi ou à l'heure du soleil déclinant, tout le monde converge vers cet adorable bar-paillote bâti en bouteilles (si !), planté dans l'axe du *sunset* – tout comme le ponton en bois qui tente une avancée au-dessus de la lagune. De la musique *live* vient régulièrement animer ce lieu pas comme les autres, et un *food truck* propose de mettre un peu de solide dans le liquide. Le dimanche, *Irish breakfast...* liquide et bloody mary dès le réveil !

Big Deck : *sur Dock St. Tlj jusqu'à 21h (23h le w-e).* La terrasse s'ouvre sur la lagune, le lieu est populaire le soir pour un verre, mais on s'arrêtera là, car la cuisine n'est vraiment pas leur fort.

À voir. À faire

Allez aussi faire un tour à la plage (pas géante) !

Cedar Key Historical Society Museum : *609 2nd St et D St. • cedarkeyhistory.org • Jeu-ven 13h-16h, sam 11h-17h, dim 13h-16h. Entrée : 3 $; réduc.* Ce modeste musée local rassemble des petites collections éclectiques sur l'économie, la société et la culture locale. Il évoque l'histoire du coin par le biais des autochtones, puis le temps des pionniers, la fabrication des crayons à papier (grande affaire dans le secteur), mais aussi de la pêche et de l'aquaculture. Curieux crâne de tortue et quelques maquettes de bateaux.

Cedar Key National Wildlife Refuge : *• fws.gov/cedarkeys •* Cette réserve se compose d'une douzaine d'îles que l'on explore soit par le biais d'une excursion en bateau (voir plus loin), soit en louant un kayak si vous vous sentez. Elle est particulièrement propice à l'observation des échassiers et oiseaux migrateurs. À 30 mn de pagaie, *Atsena Otie Key* (24 ha) abrita la 1re colonie de la région ; ce fut même, un court laps de temps, le seul port entre La Nouvelle-Orléans et Cuba ! On y trouve encore un vieux cimetière et les ruines d'une usine de crayons *Faber...* Magnifiquement sauvage, soulignée de plages côté golfe, *Seahorse Key* est, elle, inaccessible de mars à juin : quelque 20 000 oiseaux y nidifient alors.

– Pour faire une excursion en bateau, contactez ***Tidewater Tours*** *(sur les docks ; ☎ 352-543-9523)* ou ***Island Tours*** *(juste à côté du précédent ; ☎ 352-231-4435).* On peut louer un kayak chez ***Cedar Key Adventures*** *(☎ 727-410-2112 ; • cedarkeyadventures.com • ; compter 40-60 $ pour 4h en kayak simple ou double, et 10 $ de plus pour la journée entière).*

SUR LA ROUTE DU NORD

Manatee Springs State Park : *11650 NW 115th St, à **Chiefland.** • floridastateparks.org • À 33 miles (53 km) au nord-est de Cedar Key et 53 miles (85 km) au nord de Crystal River. Accès par la route 320 depuis la 98 (à la sortie nord de Chiefland). Tlj de 8h au coucher du soleil. Entrée : 6 $.* La source, parmi les plus importantes de Floride (190 000 à 570 000 m³ par jour !), sourd à 22 °C et attire les lamantins par les froides journées d'hiver. On peut aussi y louer kayaks, canoës et paddles auprès d'***Anderson's Outdoor Adventures*** *(☎ 352-507-0059 ; • aoafun.com • ; à réserver à l'avance).* On peut choisir de se faire déposer en amont de la Suwannee pour se laisser glisser au fil du courant *(plusieurs « navettes »/j.).* Le parc compte 14 km de sentiers.

LE PANHANDLE

• Carte p. 330-331

Là où se termine la Nature Coast commence le Panhandle : la « queue de poêle » de la Floride, une bande de terre de 320 km de long (pour 80 à 160 km de large), bordée d'un côté par le golfe du Mexique et, de l'autre, par les États de Géorgie et d'Alabama. La voie royale vers La Nouvelle-Orléans.
Globalement peu fréquentée par les touristes internationaux, la région est en revanche très appréciée des habitants du Midwest pour ses interminables plages de sable fin d'une blancheur extraordinaire ! Des stations balnéaires bardées d'immeubles y ont surgi par endroits (comme Panama City), mais, face aux côtes, de très longues îles-barrières, protégées par plusieurs *State parks* et par le *Gulf Islands National Seashore,* dessinent de fantastiques parenthèses de nature. Ajoutons quelques bourgades bien attachantes, comme l'historique Apalachicola, presque inchangée depuis le début du XIXe s (on adore) et, au bout de la route, la séduisante Pensacola.

FUSEAU HORAIRE

Attention, à l'ouest d'Apalachicola, on passe au *Central Standard Time* (7h de décalage avec la France), comme en Louisiane. Il faut alors ***retarder sa montre*** de 1h par rapport au reste de la Floride.

HAUTE ET BASSE SAISONS

Plus septentrional que le reste de la Floride, le Panhandle a vite fait de grelotter en hiver, lorsque les fronts froids débarquent du nord ; ici, c'est la saison la plus creuse (et économique !). Certains jours, les plages baignent dans le brouillard et la mer prend parfois des tonalités plus brunes que bleues. Mieux vaut venir ***au printemps ou à l'automne,*** périodes où les précipitations sont les plus faibles.
De juin à août, il fait chaud (souvent plus de 30 °C) et le taux d'humidité est élevé ; moins qu'au sud de la Floride, mais, ici aussi, il pleut alors pas mal – ce qui n'empêche pas ***juillet*** d'être ***le mois le plus fréquenté*** (avec des prix qui flambent). L'***automne*** est aussi assez *busy* et a l'inconvénient d'être la période la plus sujette aux ouragans. En octobre 2018, la région a d'ailleurs été touchée de plein fouet par Michael, de catégorie 5 ; des traces de ses destructions sont encore visibles entre Panama City et le cap San Blas.

APALACHICOLA

2 330 hab.

Alanguie le long de l'estuaire de l'Apalachicola River, où mouillent bateaux de plaisance et chalutiers décatis, noyée sous les pins et les chênes centenaires drapés de mousses espagnoles, Apalach' (pour les intimes) fait figure d'étape naturelle pour qui explore par la route la bien nommée *Forgotten Coast* (« Côte oubliée »), largement épargnée par l'urbanisation. Maisons de bois ou de brique, dont certaines remontent à la 1re moitié du XIXe s, exhalent l'atmosphère surannée du *Old South,* tandis que, juste au sud, l'île St George déploie des dizaines de kilomètres de plages sauvages. Au nord, c'est l'*Apalachicola National Forest,* la plus grande forêt de Floride, qui prend le relais.

DU COTON À L'HUÎTRE

Si Apalachicola revendique 900 bâtisses historiques, c'est qu'elle n'a pas toujours été cette bourgade paisible et presque oubliée. Fondée en 1831, elle fut un temps le 3e port du golfe du Mexique, offrant un débouché au coton cultivé dans les plantations. Après la guerre de Sécession et la fin de l'esclavage, elle se reconvertit dans l'exploitation du bois d'œuvre, puis la récolte des huîtres sauvages. Une activité dont la ville se targue aujourd'hui d'être la « capitale », même si le secteur connaît une grave crise – il n'y a pas si longtemps, 90 % des huîtres consommées en Floride venaient de sa baie. Les pêcheurs sont pour la plupart installés dans la petite ville populaire d'Eastpoint, située sur l'autre rive de l'estuaire.

Adresse utile

Apalachicola Bay Chamber of Commerce : *17 Ave E. ☎ 850-653-9419. • apalachicolabay.org • Lun-ven 9h-17h (sauf 1er mer du mois 11h45-13h15), sam 10h-15h.* Demandez le plan positionnant les bâtisses historiques les plus remarquables de la ville et la date du *Historic Apalachicola Home & Garden Tour,* au cours duquel il est possible d'en visiter certaines (*• apalachicolahometour.org •*).

Où dormir ?

Voir aussi, plus bas, le camping du St George Island State Park.

Apalachicola Bay Inn : *240 Hwy 98 W. ☎ 850-653-9435. • apalachicolabayinn.com • À la sortie ouest de la ville (1 km du centre). Doubles 115-500 $ selon période ; café à disposition.* Environné par la forêt, un motel ultra-classique, aux chambres un tantinet datées mais bien tenues. Équipement standard (frigo, micro-ondes, cafetière). Petite piscine au bord de la route.

Coombs House Inn : *80 6th St. ☎ 480-676-5382. • coombsinnandsuites.com • Doubles à partir de 130 $, suites jusqu'à 260 $, petit déj inclus.* C'est le *B & B* classique, installé dans une très jolie demeure de 1905, avec son décor aux parquets lustrés, mobilier d'antan et lourds rideaux. Avec 23 chambres et suites, dont certaines situées dans un bâtiment séparé à proximité, on est toutefois plus proche de l'hôtel que de l'accueil personnalisé (avec accent sudiste), avec un léger laisser-aller dans la tenue générale et le service – rien de grave. Autres regrets : le petit déj jetable... et la chambre à 2 petits lits du 2e étage, vraiment pas au niveau du reste.

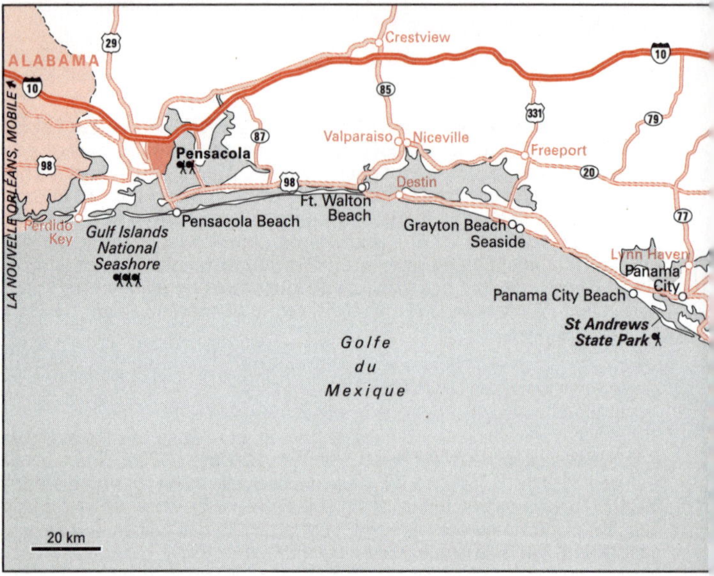

Où manger ? Où boire un verre ?

Hole in the Wall Seafood : *23 Ave D. Tlj sauf dim-lun 11h30-18h (21h en hte saison). Sandwichs env 7-12 $, plats 9-15 $.* Ambiance café de quartier, ici, entre comptoir en bois à l'ancienne et murs couverts de bibelots et de casquettes. Un lieu bien typique pour gober une douzaine d'huîtres sans se ruiner, ou avaler poisson, crevettes, palourdes ou *crabcakes,* servis au choix frits, grillés ou en robe d'épices. Copieux !

The Station Raw Bar : *53 Market St (US 98). Tlj sauf dim-lun 11h-21h. Plats 12-18 $.* L'ancienne station-service s'est muée en un bar à huîtres vivant, entre murs de brique et pubs rétro. Beaucoup de poisson et fruits de mer frits au menu, plus des classiques de bar et un *oyster po' boy* (sandwich).

Up the Creek Raw Bar : *313 Water St. Légèrement à l'écart du centre, le long de l'estuaire. Tlj sauf dim-lun 12h-20h. Plats 13-26 $.* On commande au comptoir sa demi-douzaine d'huîtres crues ou gratinées, ses *crabcakes* ou son poisson. Il est servi dans une barquette en carton et on le dévore accoudé à la galerie de cette grosse bicoque de bois tournée vers l'estuaire et ses bateaux au mouillage. Les produits sont frais, mais on ne s'en rend pas toujours compte après leur passage par la friteuse... demandez-les grillés plutôt (c'est possible) !

Oyster City Brewing Company : *17 Ave D. Tlj 12h-19h.* On commande au milieu des fûts en métal sa mousse brassée maison, à siroter sur le trottoir, avec les habitués. C'est vivant, bon enfant. Et si vous essayiez la *Dirty Blonde Fermentus Interruptus* ?

Paddy's Raw Bar : *240 E 3rd St, au village de* ***St George.*** *Depuis Apalachicola, prendre le J. Gorrie Memorial Bridge pour Eastpoint, puis le Franklin Blvd. Tlj 11h-minuit.* Ce bar sympa, avec ses tables de pique-nique en bois et ses tabourets colorés, est planté face à la baie. On apprécie l'ambiance très relax, le *gumbo,* le *poke* au thon cru mariné et la musique *live* en saison.

LE PANHANDLE

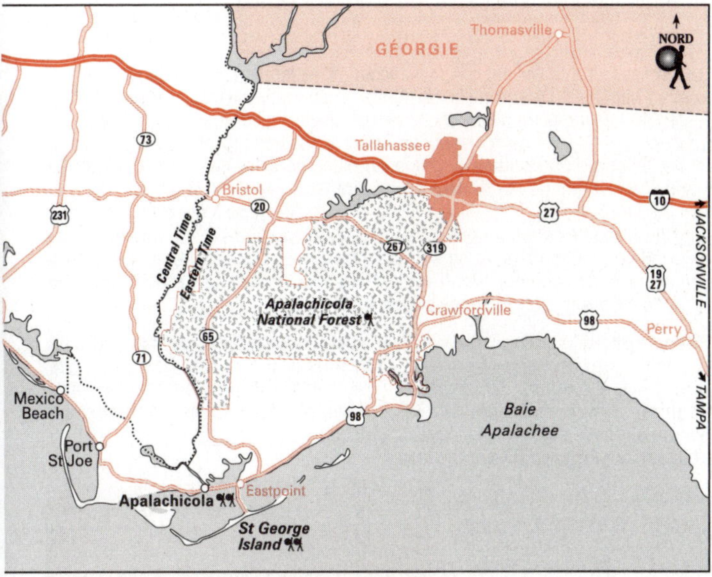

LE PANHANDLE

À voir. À faire à Apalachicola et dans la région

Raney House Museum : 46 Ave F, à Apalachicola. • downtownapalachicola.com • Tlj 13h (10h ven-sam)-16h. GRATUIT (donation bienvenue). Voilà l'occasion de jeter un coup d'œil à l'une de ces belles demeures du passé. Celle-ci, toute blanche, au présomptueux fronton *Greek revival,* a été bâtie en 1838 et remodelée en 1860. Mobilier et documents y retracent l'histoire locale (avec l'aide d'un guide).

St George Island : à 11 miles (18 km) au sud-est d'Apalachicola, via la bourgade d'Eastpoint, de l'autre côté de l'estuaire. Reliée au continent par un pont impressionnant, fermant par le sud la vaste baie d'Apalachicola, l'île-barrière St George, aussi longue qu'étroite, déploie plus de 30 km de sable très blanc chahutés par le ressac. Ses 2 extrémités sont classées réserves naturelles avec, au centre, une brochette de grosses maisons de bois juchées sur pilotis. À la pointe orientale, le **Dr Julian G. Bruce State Park** (• floridastateparks.org • ; ouv de 8h au coucher du soleil ; entrée : 6 $/véhicule) englobe 14,4 km de plage vierge bosselée de dunes. En mai-juin, des tortues viennent y pondre. Et vous, vous pourrez y trouver des *sand dollars,* ces coquilles d'oursins plats évoquant de grosses pièces de monnaie. Attention, les 8 derniers kilomètres ne sont accessibles qu'à pied ou à vélo.

Apalachicola National Forest : • fs.usda.gov/florida • Plus vaste forêt de Floride, elle étend ses 230 000 ha de pinèdes mitées de lacs et marais entre Tallahassee et la côte. Elle abrite de nombreuses espèces sauvages, notamment des aigles chauves et des ours bruns, mais la probabilité de les voir est faible. Des ***sentiers*** y ont été aménagés, de même que des ***campings*** équipés, comme à Wright Lake (10 $).

ENTRE APALACHICOLA ET PENSACOLA

Le secteur situé à l'ouest d'Apalachicola a beaucoup souffert du passage de l'ouragan Michael à l'automne 2018. Après 1h de route, on atteint ***Panama City,*** qui semble hésiter entre ville industrielle et vilaine station balnéaire pour *springbreakers*. Un étalage de tours-hôtels, d'attractions *cheap* et de restos bas de gamme, le long d'une presqu'île d'une vingtaine de miles dont seule l'extrémité échappe au bétonnage : le ***St Andrews State Park*** *(• floridastateparks.org • ; tlj de 8h au coucher du soleil ; entrée : 8 $/véhicule).* Sa plage a été désignée par le magazine *Conde Nast* comme la plus belle des États-Unis ! C'est vrai qu'elle est jolie, avec son sable blanc et sa section protégée par une digue, idéale pour la baignade avec des enfants. Sinon, le petit Gator Lake abrite une *rookery* (colonie) de grands hérons gris et quelques alligators.

Campings : *résa sur • reserve.floridastateparks.org • Emplacement 28 $.* On en trouve 2 dans le parc, bordant l'estuaire. Celui de *Pine Grove,* ombragé par de grands pins, est le plus agréable. Le *Lagoon Campground* voisin est envahi par les camping-cars, et sans trop d'ombre. Eau, électricité, table et barbecue à chaque emplacement, blocs sanitaires nombreux, aire de jeux, location de canoës.

Seaside : *à 20 miles (32 km) à l'ouest de Panama City, par la 98, puis la route côtière 30A.* Cette petite cité balnéaire chic a été conçue en 1981 comme une « ville parfaite ». En retrait de la plage, encadrées de clôtures d'un blanc immaculé, les coquettes maisons de bois aux tons pastel s'alignent le long d'allées et de ruelles méticuleusement entretenues. D'un certain point de vue, c'est plutôt réussi. Les lieux ont d'ailleurs servi de décor au film *The Truman Show,* avec Jim Carrey. Un drôle d'endroit, comme seule l'Amérique sait en inventer, aussi agréable qu'un peu flippant. Pas d'hôtel, juste des villas à louer.
Passé Panama City, l'US 98 (4-voies) se traîne péniblement jusqu'à Pensacola, au prix d'un trafic dense...

TÉLÉ OU RÉALITÉ ?

En 1998, Jim Carrey incarnait Truman Burbank, un homme découvrant que sa vie n'était qu'une émission de télé, sa famille et ses amis des acteurs, sa ville un décor. Un film critique de la téléréalité, qui n'en était alors qu'à ses balbutiements. Depuis, certains psychiatres utilisent le terme de « syndrome Truman » pour décrire une forme de délire paranoïaque, dont les victimes croient vivre dans une émission de télé. Plusieurs dizaines de cas ont été documentés. Drôle d'époque...

PENSACOLA

52 700 hab.

• Plan d'ensemble *p. 335* • Downtown (zoom) *p. 337*

Revendiquant, à l'instar de St Augustine, le titre de « plus vieille ville des États-Unis », Pensacola est la dernière étape importante avant La Nouvelle-Orléans (à 200 miles). Paisible et bien moins tape-à-l'œil que la plupart des villes côtières de Floride, son atmosphère annonce déjà celle du delta du Mississippi. L'agréable Downtown historique, très vert, élégant sans être muséifié, dévoile de bien belles maisons en bois – certaines victoriennes,

d'autres plutôt coloniales – et de petits immeubles en brique dotés de ravissants balcons en fer forgé, façon New Orleans. On s'y promène avec plaisir, avant d'aller découvrir les plages de sable blanc de Pensacola Beach, sur la longue île-barrière de Santa Rosa. Si les immeubles y ont poussé comme des champignons, le reste de l'île préserve, lui, de somptueux paysages sauvages dans le cadre du *Gulf Islands National Seashore,* un remarquable ensemble d'îles protégées semées le long des côtes de Floride, d'Alabama et du Mississippi. À ne pas manquer, le fantastique *National Museum of Naval Aviation* (150 avions exposés).

UN PEU D'HISTOIRE

Explorée par les conquistadors Pánfilo de Narváez (1528) et Hernando de Soto (1539), la région est la cible de la 1re tentative de colonisation des États-Unis menée par Don Tristán de Luna, qui débarque en 1559 à la tête de 1 500 hommes et 11 navires. L'ampleur de l'aventure ne l'empêche pas de tourner court : 1 mois après la fondation de Pensacola, la ville est rasée par un ouragan dévastateur et 6 bateaux envoyés par le fond... Les derniers survivants repartent en 1561. C'est pour cette raison que St Augustine, fondée 6 ans plus tard mais jamais abandonnée, a, elle, obtenu le titre de plus vieille ville des États-Unis !
Pensacola ne retrouve une présence espagnole qu'en 1698, histoire de signifier aux Français la limite de leur Louisiane... La ville n'en change pas moins de mains à plusieurs reprises : elle est française de 1719 à 1722, puis britannique de 1763 à 1783. En 1821, enfin, elle intègre la Floride américaine. Une vraie saga, qui a valu à Pensacola le surnom de « ville aux 5 drapeaux » (Espagne, France, Royaume-Uni, États confédérés pendant la guerre de Sécession et, enfin, États-Unis).

Arriver – Quitter

En avion

✈ ***Pensacola International Airport*** *(plan d'ensemble B1)* **:** *2430 Airport Blvd.* • *flypensacola.com* • *À 5,5 miles (9 km) au nord-est de Downtown.* Liaisons avec Orlando, Tampa, Miami, Atlanta, Houston, Dallas, Chicago, Washington DC... Loueurs de voitures. Pour rejoindre le centre : ***bus nº 31*** à partir de l'arrêt 12th Ave & Summit Blvd. Services de ***minibus*** *(airport shuttles)* et ***taxis.***

En bus

Pensacola Greyhound Station *(plan d'ensemble A1)* **:** *505 W Burgess Rd.* • *greyhound.com* • *À 6 miles (9,6 km) au nord de Downtown, près de l'I-10.* 2 bus/j. directs pour Tallahassee et Mobile, Houston, 3-4 pour Orlando et bien plus pour Miami. Horaires pas très pratiques. Pour Tampa, il faut changer à Tallahassee. Pour se rendre dans le Downtown, ***bus nº 51*** (1/h), à prendre sur la Palafox Street, puis changement à Rosa L. Parks Transit Complex pour le ***nº 52*** (1h20).

Adresse utile

ℹ ***Visitor Information Center*** *(zoom B1)* **:** *1401 E Gregory St,* ***Downtown Pensacola.*** • *visitpensacola.com* • *Juste avt le pont menant à Pensacola Beach. Lun-ven 9h-17h, w-e 9h-16h.* Plan de la ville et des côtes alentour, programme des entraînements de l'escadrille des *Blue Angels* (l'équivalent de la Patrouille de France), agenda culturel avec, notamment, le programme des concerts gratuits, etc. Autre bureau à ***Pensacola Beach,*** à l'intersection de Fort Pickens Road et Via De Luna *(plan d'ensemble B2 ; lun-ven 9h-17h, w-e 10h-15h).*

Où dormir ?

Les prix sont nettement ***plus élevés le week-end.*** Peu d'hôtels dans Downtown, plus de choix à Pensacola Beach, mais le secteur est plus cher et moins charmant. Pour faire des économies, motels de chaîne au nord de la ville (près de l'I-10), dans des quartiers commerciaux pas folichons.

Downtown Pensacola

Prix moyens

Solé Inn and Suites *(zoom A1, **10**) : 200 N Palafox St. ☎ 850-470-9298. ● soleinnandsuites.com ● Doubles 160-200 $, suites jusqu'à 270 $, petit déj inclus. Parking gratuit.* Ce motel des temps modernes, aménagé dans un esprit contemporain, regroupe une quarantaine de chambres de bon confort, aux tons fauves et bruns, dans l'air du temps – même si quelques meubles plus anciens ont été réutilisés. Cabine de douche plutôt que la sempiternelle baignoire. Petite terrasse commune. Une bonne option, à 10 mn à pied d'Old Pensacola.

Days Inn by Wyndham *(zoom A1, **11**) : 710 N Palafox St. ☎ 850-483-1107. ● wyndhamhotels.com ● Doubles env 100-200 $, petit déj inclus.* Accolé à une grande route, ce motel rénové il y a quelques années est tout ce qu'il y a de plus impersonnel, mais les chambres sont très correctes, fonctionnelles, avec frigo et micro-ondes, et affichent des tarifs assez bas en basse saison (l'été, c'est moins vrai). Piscine. D'ici, le centre historique est à près de 2 km.

À Pensacola Beach

Camping

Fort Pickens Campground *(plan d'ensemble A2, **12**) : 1400 Fort Pickens Rd. ☎ 850-934-2622. ● nps.gov ● À 3 km à l'ouest de Pensacola Beach. Registration office ouv 9h-16h30. Emplacement 40 $; droit d'entrée à la zone protégée en sus (valable 7 j.) : 25 $/véhicule (passagers inclus) ; 15 $/piéton ou vélo.* Dans une oasis arborée, exception sur cette longue langue de sable nu aux plages d'une blancheur éclatante, ce camping dispose d'emplacements (inégalement) ombragés par des chênes, certains équipés d'eau et d'électricité, tous d'un BBQ et d'une table de pique-nique. Les tentes privilégieront la boucle D, un peu plus tranquille. Sanitaires corrects. Supérette en haute saison.

Au nord de la ville

De prix moyens à chic

At Home Inn & Suites *(plan d'ensemble A1, **13**) : 6550 Pensacola Blvd. ☎ 850-542-4450. ● athomeinns.com ● Doubles à partir de 80 $, petit déj léger inclus.* Certes, on est vraiment excentré (6 miles du centre) et parmi les concessionnaires auto, mais ce vaste motel organisé autour d'une grande piscine offre un excellent rapport qualité-prix – en particulier en basse saison. Le *lobby* lumineux annonce des chambres impeccables, sobres et élégantes dans leurs tonalités gris et bois, équipées de tout le confort nécessaire. En descendant Pensacola Boulevard puis Palafox tout droit, on déboule plein centre. Laverie.

Où manger ?

Downtown Pensacola

Spécial petit déjeuner

The Coffee Cup *(zoom A1, **20**) : 520 E Cervantes St. Tlj sauf dim 6h-14h (13h sam). Moins de 10 $.* Comme l'atteste la vieille photo accrochée au-dessus de la caisse, ce petit resto populaire n'a pas changé depuis son ouverture en 1945. Et c'est ce qui fait son charme ! À table ou au comptoir, les habitués sirotent leur café un œil sur le journal, l'autre sur le ballet des serveuses. Dans l'assiette, copieuse et pas chère, *hot cakes,*

LE PANHANDLE

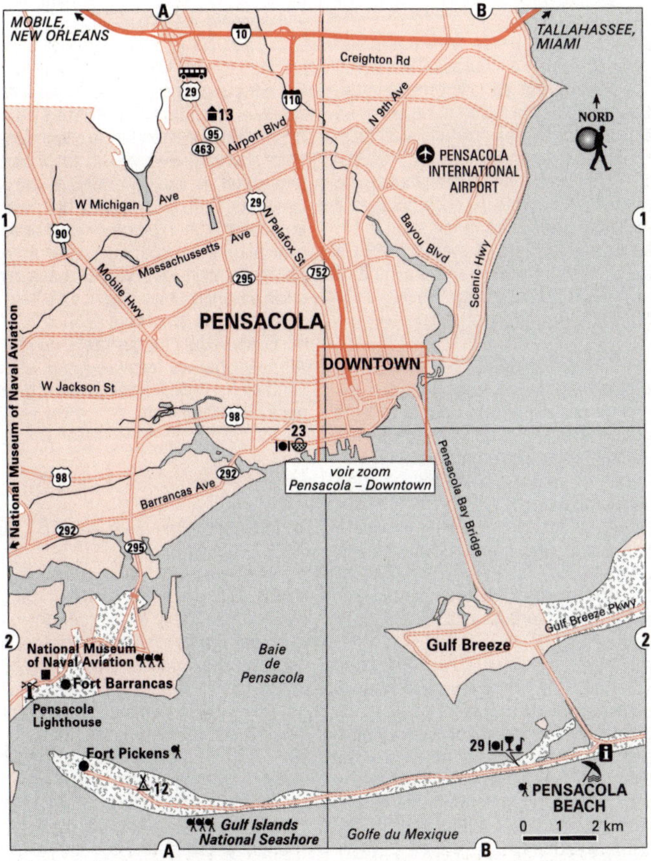

PENSACOLA – Plan d'ensemble

Adresse utile

- Visitor Information Center (B2)

Où dormir ?

- **12** Fort Pickens Campground (A2)
- **13** At Home Inn & Suites (A1)

Où manger ?

- **23** Joe Patti's Seafood (A2)
- **29** Peg Leg Pete's Oyster Bar (B2)

Où boire un verre ? Où sortir ?

- **29** Peg Leg Pete's Oyster Bar (B2)

œufs, bacon et toasts, à combiner selon ses envies. Également des sandwichs et une formule lunch différente chaque jour. Excellent rapport quantité-prix.

De bon marché à prix moyens

Carmen's Lunch Bar (zoom A2, **24**) **:** *407 S Palafox St. Tlj sauf dim-lun*

10h-16h. Tapas et soupes 6-16 $, sandwichs 15-20 $. Propose des plats sans gluten. Difficile de se faire une place entre les tables en terrasse sur la rue et les tabourets au comptoir central, mais cela vaut la peine d'essayer ! La carte est courte, les produits sont frais, le menu est gourmand et original, sur des notes de fusion tous azimuts. Une salade aux myrtilles et framboises ? Un *roast-beef* longue cuisson ? Un curry de légumes à la marocaine ? Ça change, assurément. Service sympa.

|●| ***Hub Stacey's*** *(zoom A2, **21**) : 312 E Government St (angle Alcaniz St). Tlj 11h-22h (minuit ven-sam). Plats 7-14 $.* Installé dans une maison en bois, ce resto-pub fréquenté par les gens du cru est réputé pour la taille et la qualité de ses sandwichs (proposés en demi-taille). Également des burgers, soupes et salades pour une poignée de dollars, à dévorer de préférence sur l'agréable terrasse. On peut aussi juste venir siffler une bière. Concerts live du mercredi (19h) au vendredi (20h) et karaoké le samedi. Service sympa.

|●| ***Hot Spot Barbecue*** *(zoom B1, **25**) : 901 E La Rua St. Mar-jeu 11h-20h, ven-sam 10h30-21h. Plats 12-22 $.* Prêt pour le plein de calories ? Ici, c'est grosse bouffe assurée : *ribs,* porc, poulet, bœuf ou saucisses, doucement cuits au bois de chêne ou de *hickory* (une sorte de noyer), sur les grands barbecues extérieurs rouillés fumant comme de vieilles locos ! Moins cher : les sandwichs au porc, à la sauce tomate relevée. Et dites bonjour aux cochons en bikini.

|●| ***End of the Line Café*** *(zoom A1, **22**) : 610 E Wright St. Tlj sauf lun 10h-22h (15h dim pour le brunch). Plats 10-16 $.* Perdu entre la voie ferrée et un quartier résidentiel, ce petit café alternatif à la déco arty est assidûment fréquenté par la jeunesse adepte de bio et de cuisine végane. Pas de *Coca* ici, on boit des sodas éthiques aux fruits, et les excellents sandwichs, tacos, salades et wraps sont tous préparés avec soin à la commande. Bien aussi pour boire un café du monde ou pour faire une pause 4-heures, même si les prix des gâteaux sont un peu (trop) élevés. Jardinet gravillonné sur l'arrière avec quelques tables style pique-nique. Accueil gentil.

|●| ***Joe Patti's Seafood*** *(plan d'ensemble A2, **23**) : 524 S B St (tt au bout). ☎ 850-432-3315. Tlj 8h-18h. Le bar à sushis est temporairement fermé.* Ce hangar du port de pêche abrite un *fishmarket,* où poissons et fruits de mer pêchés du jour attendent le client dans la glace. On y trouve aussi un *sushi bar* (se renseigner sur la réouverture) et une épicerie fine. Bref, tout ce qu'il faut pour se composer un bon pique-nique à dévorer à la plage. À l'extérieur, amarrés aux pontons, quelques chalutiers usés par le sel et envahis par les pélicans goûtent au repos avant la prochaine pêche.

|●| Également ***The Coffee Cup*** *(zoom A1, **20**)* pour sa formule lunch et ses sandwichs (voir « Spécial petit déjeuner » plus haut).

De prix moyens à chic

|●| ***McGuire's Irish Pub*** *(zoom B1, **26**) : 600 E Gregory St. ☎ 850-433-6789. Tlj 11h (10h dim)-2h. Plats 10-30 $ (voire un peu plus).* « *A Pensacola tradition, feasting, imbibery & debauchery* », dit le slogan, sans réussir à chasser les nombreuses familles fidèles du lieu. Reconnaissable au bus à impériale vert qui trône sur le parking, ce vaste pub s'ouvre sur un dédale de salles boisées, où l'on a épinglé des milliers de dollars dédicacés des murs au plafond. Au menu, atmosphère chaleureuse, viandes savoureuses et plats *Irish* copieux et de bonne tenue. La bière brassée sur place met tout le monde d'accord ! Concerts certains soir à 21h.

|●| ***Five Sisters Blues Café*** *(hors zoom par A1, **30**) : 421 W Belmont St. ☎ 850-912-4856. • fivesistersbluescafe.com • Lun-sam 11h-21h (22h ven-sam) ; sunday jazz brunch 10h-16h. Plats 12-20 $.* Ce resto de brique, égaré dans un quartier résidentiel où a jadis émergé le blues, est spécialisé en *soul food,* cette cuisine de grand'ma du delta du Mississippi aussi généreuse qu'antidiététique. Tous les classiques sont là : beignets de tomates vertes, poisson-chat, *po' boys, yam* (igname) confite bien sucrée, et bien sûr l'incontournable poulet frit, servi même en salade pour se laisser croire que le cholestérol s'en tirera

LE PANHANDLE

PENSACOLA – Downtown (zoom)

Adresse utile	**26** McGuire's Irish Pub (B1)
Visitor Information Center (B1)	**27** The Fish House et Altas Oyster House (A2)
Où dormir ?	**30** Five Sisters Blues Café (hors plan par A1)
10 Solé Inn and Suites (A1)	**Où boire un verre ? Où sortir ?**
11 Days Inn by Wyndham (A1)	**21** Hub Stacey's (A2)
Où manger ?	**26** McGuire's Irish Pub (B1)
20 The Coffee Cup (A1)	**30** Five Sisters Blues Café (hors plan par A1)
21 Hub Stacey's (A2)	**40** Seville Quarter (A2)
22 End of the Line Café (A1)	**42** Old Hickory Whiskey Bar (A2)
24 Carmen's Lunch Bar (A2)	
25 Hot Spot Barbecue (B1)	

sans dommage. Les puristes, eux, l'accompagneront de gaufres... Tant qu'à venir se nourrir l'âme, privilégier les soirs de concert jazz et blues (jeudi vers 18h30, vendredi-samedi vers 19h30), ou le jazz brunch du dimanche.

The Fish House *(zoom A2,* ***27****)* **:** *600 S Barracks St. ☎ 850-470-0003. Tlj 11h-22h (minuit ven-sam). Plats 14-23 $ le midi (poisson 25-40 $), 11-40 $ le soir.* Cette immense baraque de bois patinée déploie ses terrasses face à une anse, attirant jeunes (au bar posté en vigie) et moins jeunes (au resto), tous se retrouvant à l'***Atlas Oyster House*** *(ouv tlj)*, qui propose aussi des spécialités de la mer – en particulier les huîtres – à prix plus attractifs (et un brunch musical le dimanche). Au resto, honneur au poisson frais et aux sushis, sans oublier les viandards et quelques plats traditionnels du Sud pour épicer le tout.

À Pensacola Beach

Prix moyens

|●| ⛱ ***Peg Leg Pete's Oyster Bar*** *(plan d'ensemble B2,* ***29****) : 1010 Fort Pickens Rd. ☎ 850-932-4139. Tlj 11h-22h min (22h30 ven-sam). Plats 11-27 $.* Ici, la spécialité, c'est l'huître. Mais ne rêvez pas... les fraîches sont servies avec du ketchup ! Mieux vaut se rabattre sur un poisson grillé, des crevettes à décortiquer soi-même ou une spécialité cajun. Également des soupes, salades et sandwichs pour les fauchés, servis dans une ambiance bourdonnante et populaire. La déco, elle, hésite entre pirates et loups de mer, avec filets aux plafonds, vieux casiers et squelette à l'entrée... Un classique, très classique. Plusieurs terrasses sur la marina.

Où boire un verre ? Où sortir ?

On ne s'y attend pas forcément, mais Pensacola est une ville très festive !

Downtown Pensacola

🍸 ♩ ⛱ **Seville Quarter** *(zoom A2,* ***40****) : 130 E Government St. ● sevillequarter.com ● Tlj 11h (14h dim)-3h ; animation dès 18-19h.* Réunissant plusieurs bâtiments du XIXe s en brique, bois et fer forgé, ce grand complexe festif draine une clientèle aux âges mélangés. Au choix selon l'humeur, 7 bars aux ambiances différentes : cosy, classique, avec billards, concerts, nightclub... On aime bien le *Rosie O'Grady's*, à l'ambiance saloon, avec ses duels de piano du mercredi au samedi soir (mais c'est parfois bien calme). Les locaux, eux, filent au bar *End of the Alley*, précédant la terrasse dans la courette, au bout de l'allée centrale.

🍸 ♩ ***Old Hickory Whiskey Bar*** *(zoom A2,* ***42****) : 123 S Palafox St. Tlj 14h-minuit (2h ven-sam).* Un bar qui joue le *speakeasy* rétro avec ses airs sombres et ses canapés capitonnés. *Old Hickory*, c'est d'abord un bourbon de caractère, mais c'est aussi le surnom d'Andrew Jackson, 7e président des États-Unis et lui-même homme de caractère.

🍸 ♩ ***McGuire's Irish Pub*** *(zoom B1,* ***26****) : voir précédemment « Où manger ? ».* Un pub chaleureux, bien connu pour ses bières brassées sur place et ses soirées folks quotidiennes.

🍸 ♩ Voir aussi plus haut, dans « Où manger ? », le ***Five Sisters Blues Café*** *(hors zoom par A1,* ***30****)*, pour rogner des os de poulet sur un rythme jazz ou blues, et le ***Hub Stacey's*** *(zoom A2,* ***21****)*, pour une mousse avec les habitués.

À Pensacola Beach

🍸 ♩ ⛱ ***Peg Leg Pete's Oyster Bar*** *(plan d'ensemble B2,* ***29****) : voir précédemment « Où manger ? ».* Pour son agréable terrasse sur la marina et sa petite plage artificielle avec jeux pour les enfants. Concerts en été et certains week-ends.

À voir

Downtown

👥 ***Historic Pensacola Village*** *(zoom A2)* : le petit quartier historique de Pensacola est délimité au nord par Government Street, au sud par Main Street (jadis léchée par la mer), à l'ouest par l'élégante plaza Ferdinand VII, plantée de grands magnolias, et à l'est par la très jolie place arborée de Seville Square, où gambadent les écureuils. Ici, pas d'orgie de boutiques touristiques comme à St Augustine, mais de belles demeures en bois et brique, aux toits souvent en bardeaux, certaines agrémentées de balcons, d'autres de vérandas, et la plupart encadrées de jolies clôtures en bois blanc. Un tableau vraiment charmant, notamment sur Zaragoza et Church Streets, semées de lampadaires à l'ancienne, style bec de gaz. La 2de est même soulignée d'orangers amers ! La plupart des demeures historiques classées se regroupent dans le coin, autour de la ***Tivoli High House,*** bâtie à l'emplacement de la 1re résidence du gouverneur espagnol, où s'est établi le ***Visitor Center*** : *205 E Zaragoza St. • historicpensacola.org • Mar-sam 10h-16h. Visite guidée des maisons historiques en costume d'époque (durée : 1h30, sur résa en été) à 11h et 13h30. Entrée (valable 7 j.) : 12 $; réduc. Le billet donne aussi accès au TT. Wentworth Jr Museum.*

– ***Museum of Industry :*** il présente les industries traditionnelles de Pensacola – la pêche, bien sûr, mais aussi l'exploitation forestière avec d'impressionnantes machines à vapeur, les activités portuaires et ferroviaires (une vieille loco et ses wagons sont garés devant l'entrée), et surtout la fabrication de briques (qui ont notamment servi à la construction de Fort Pickens), avec un four reconstitué.

– ***Museum of Commerce :*** juste en face, dans un vieux hangar de brique, ont été regroupés d'anciens magasins de la ville, reconstituant une sorte d'ancienne rue marchande, avec barbier, cordonnier, quincaillier, station-service, calèches, wagon de tram aux banquettes en rotin... Voir aussi ce curieux vélo-tandem sur lequel on pédalait côte à côte !

– Juste à côté de la Tivoli High House, le petit ***Manuel Barrios Cottage*** (1888) a été remeublé comme dans les années 1920, avec cuisine d'époque. Il y a même l'un des tout 1ers frigos, une sorte de coffre-fort chapeauté par un petit moteur ! En face, le ***Julee Cottage,*** une modeste bicoque en planches et bardeaux (1805), évoque la vie quotidienne et l'habitat des Afro-Américains après l'abolition de l'esclavage ; elle appartenait à une femme de couleur libre, émancipée par son boss à sa mort. Juste derrière se dresse la ***Lavalle House,*** construite la même année dans un style franco-créole et, à côté, la grande ***Lear-Rocheblave House,*** vaste maison cossue de 1890, dont on ne peut découvrir les fauteuils et sofas taillés pour les entrevues policées entre gens du monde qu'en compagnie d'un guide. Idem pour la ***Dorr House*** au style néogrec (1871), dont l'intérieur très victorien témoigne de la vie raffinée de la bourgeoisie américaine au XIXe s, avec papiers peints aux murs et tableaux... en cheveux (il fallait bien s'occuper le soir !). La cheminée brûlait du charbon alors que la propriétaire possédait des scieries, cherchez l'erreur ! À 10 pas, l'***Old Christ Church*** (1832) est la plus vieille église protestante de Floride. Elle n'est elle aussi accessible que durant la visite guidée, mais l'intérieur n'est pas particulièrement intéressant.

LE PANHANDLE

★ ***TT. Wentworth Jr Florida State Museum*** *(Museum of History ; zoom A2)* **:** *330 S Jefferson St (angle Zaragoza St). • historicpensacola.org • Tlj sauf lun 10h (12h dim)-16h. Entrée : 12 $ (compris dans le ticket du Tivoli High House).* Installé dans l'ancienne mairie de style Renaissance espagnole, cet intéressant musée propose un récapitulatif rapide de l'histoire de Pensacola : de la présence indienne jusqu'à nos jours, en passant par sa fondation par les Espagnols en 1559, les dominations française, anglaise puis finalement américaine, la guerre civile, etc. Le tout à grand renfort de panneaux explicatifs et de vitrines présentant vestiges archéologiques et vieux objets. Au 1er étage, ne manquez pas le *Trader Jon's,* un pub recréé, jadis très populaire auprès des pilotes de l'US Navy de la grande base navale. Expos temporaires historiques ou culturelles aux 2 étages supérieurs.

Sur la base navale

★★★ ***National Museum of Naval Aviation*** *(plan d'ensemble A2)* **:** *1750 Radford Blvd. ☎ 850-452-4153. • navalaviationmuseum.org • Dans la base de la Navy, à env 12 miles (20 km) au sud-ouest du centre-ville. Accès uniquement* *par la West Gate, 1878 S Blue Angel Pkwy ; faire 5 miles sur la Hwy 98/295, prendre à droite Gulf Beach Hwy (292) sur 4 miles, puis Blue Angel Pkwy (173) à gauche. Tlj 9h15-15h30. GRATUIT. Films Imax et simulateurs payants. Calendrier des entraînements des Blue Angels (mars-nov) sur le site internet.*

Ce musée, bâti dans l'enceinte de la base de l'US Navy de Pensacola, retrace l'histoire grandeur nature de l'aviation navale américaine, avec ***près de 150 avions exposés*** parmi une collection d'environ 300 appareils. Si vous maîtrisez bien l'anglais, on vous conseille vraiment de suivre une visite guidée ; la collection de zincs prend alors un tout autre relief.

LUCKY GEORGE

Au musée de la Navy, le portrait de George Bush Sr fait de l'œil à la maquette du porte-avions qui porte son nom. Avant de devenir président des États-Unis et géniteur d'un autre, George fut le plus jeune pilote de l'histoire de la Navy. À 19 ans, en pleine Seconde Guerre mondiale, il s'écrasa dans le Pacifique mais eut la chance d'être repêché par un navire américain, alors que les autres membres de son escadrille furent capturés par les Japonais et décapités. Son crash lui sauva la vie...

– L'***aile sud*** offre un voyage en accéléré dans l'histoire des machines volantes de la Première Guerre mondiale. Un *Fokker* allemand, un hydravion *Curtiss MF-Boat* et un *Nieuport 28* sont mis en scène autour d'un camp militaire reconstitué. Puis l'hydravion *NC4,* 1er coucou à avoir traversé l'Atlantique avec escales, en 1919 ; un appareil mythique !

– L'***aile ouest*** est consacrée aux zincs de la Seconde Guerre mondiale et de la guerre de Corée, exposés au sol ou suspendus autour d'une reproduction de la tour de contrôle du porte-avions *USS Cabot.* On y croise le mythique *Corsair* à une longueur d'aile d'un *Zéro* japonais, mais aussi un *Curtiss P40,* reconnaissable à sa gueule de tigre, un *Messerschmitt 262,* 1er chasseur à réaction, ou encore un *PB2Y Coronado,* impressionnant bateau volant... Certains avions ont été restaurés après avoir été remontés des profondeurs du lac Michigan, comme l'explique l'exposition « *Sunken Treasures* ». Les pilotes s'entraînaient en effet à décoller et à atterrir sur un porte-avions factice, stationné sur le lac ; ce sont donc les avions pilotés par les moins habiles qui ont été repêchés...

– L'***atrium,*** juste à côté, nous propulse dans la légende des *Blue Angels* – l'équivalent de la Patrouille de France – avec 4 avions suspendus en formation diamant. Notez le peu de distance qui sépare les jets : le capitaine des *Blue Angels* a lui-même fait resserrer les avions pour plus de réalisme ; ils volent parfois à moins de 60 cm les uns des autres !

– ***Imax Theater :*** plusieurs films programmés, dont un, magnifique, sur l'escadrille des *Blue Angels (The Magic of Flight).*

– ***Sur la mezzanine,*** on déambule dans le porte-avions *USS Enterprise* (rien à voir avec *Star Trek*), découvrant les conditions de vie spartiates des pilotes embarqués durant la Seconde Guerre mondiale. Construit par des volontaires à travers tous les États-Unis, le navire fut ensuite assemblé morceau par morceau à Pensacola. Suivent un avant-poste sur une île du Pacifique durant la Seconde Guerre mondiale, puis un foyer américain de 1943. Enfin, quelques salles dédiées à la conquête de l'espace, avec capsule et combinaisons spatiales. Les 1ers astronautes étaient des pilotes chevronnés de la Navy. Également plusieurs simulateurs de vol (payants), accessibles aux enfants, petits et grands...

– Le ***Hangar Bay One,*** à l'écart du bâtiment principal, expose plusieurs machines volantes plus récentes, dont certaines ayant servi au Vietnam et dans le golfe Persique : le *SP-5B Marlin,* dernier hydravion de l'US Navy ; un *Skyraider,* dernier avion à hélice ; un hélico *Bell,* associé à toutes les images de la guerre du Vietnam ; des jets modernes comme ce *Tomcat* ; l'hélico présidentiel... et même un module lunaire.

On peut manger un morceau au bistrot du musée (aile sud), le ***Cubi Bar Café*** *(tlj sauf lun 11h-14h).* Sa déco reproduit celle du club des officiers de l'ex-base américaine de Cubi Point, aux Philippines.

– Après la visite, ceux qui veulent réellement prendre de la hauteur grimperont les 177 marches du ***Pensacola Lighthouse,*** situé en face du musée *(☎ 850-393-1561 ; • pensacolalighthouse.org • ; tlj sauf certains j. fériés 9h-16h – dernier accès à 15h40 ; entrée : 9,50 $, réduc).* Remarquable panorama sur le littoral depuis ce phare érigé en 1859. Expos historiques dans l'ex-maison du gardien. Du phare, on peut accéder à la plage, sauvage et bordée de pins, et apercevoir au loin Fort Pickens.
– Les immenses terrains de la *Naval Air Station* intègrent aussi le site de ***Fort Barrancas,*** qui fait face à Fort Pickens, de l'autre côté de la baie *(• nps.gov/guis • ; sam-dim 9h-16h30 ; entrée : 15 $).* Le 1er ouvrage défensif fut édifié par les Espagnols en 1698, sur des escarpements *(barrancas)* dominant la baie de Pensacola. Largement modifié au fil du temps, il n'a adopté sa forme définitive qu'en 1844. Il n'a connu que quelques escarmouches durant la guerre de Sécession, quand les troupes confédérées s'y installèrent, défiant les unionistes du Fort Pickens, juste en face. La visite permet de se balader dans le dédale de boyaux et de casemates parfaitement restaurés, avant d'aller profiter de la belle vue sur la côte depuis les remparts.

Pensacola Beach *(plan d'ensemble B2)* **:** des kilomètres de sable blanc squattés par une enfilade de buildings. Nombreuses activités nautiques possibles (mais pas inoubliables). De Downtown, l'accès en voiture se fait par un pont payant *(1 $).* En bus, prendre le n° 61 au centre-ville *(50 mn).*

Gulf Islands National Seashore *(plan d'ensemble A2)* **:** *• nps.gov/guis • Ticket (valable 7 j.) : 25 $/véhicule (chauffeur et passagers inclus) ou 15 $ par piéton ou cycliste.*
Très dispersée, cette vaste réserve protège un chapelet d'îles-barrières flottant au large des côtes de la Floride occidentale et du Mississippi voisin, plus quelques milieux spécifiques qui leur sont associés. On s'y rend avant tout pour ses immenses et interminables langues de sable blanc (éclatant !), sauvages, soulignées par endroits de petites dunes sculptées par l'érosion marine. Leur blancheur est due à la proportion élevée de quartz des roches granitiques de Géorgie, patiemment érodées par les cours d'eau se déversant dans le golfe du Mexique et transporté ici par les courants. Les îles sont constamment redessinées par les ouragans et, désormais, la montée des eaux consécutive au réchauffement climatique.
Certains secteurs sont accessibles par la route, à commencer par la pointe ouest de l'***île de Santa Rosa*** *(tlj 5h-20h – 18h nov-fév),* atteinte via Pensacola Beach. Là s'amarre le puissant ***Fort Pickens*** *(de 8h au coucher du soleil),* le plus important des 4 forts qui protégeaient la baie de Pensacola. Il a fallu 21,5 millions de briques et la sueur de nombreux esclaves noirs pour le construire de 1829 à 1834. Unique bastion de l'Union dans la région durant la guerre de Sécession, il fut transformé en prison en 1887 et accueillit les « rebelles » apaches, dont le célèbre Geronimo... On peut visiter le ***Discovery Center*** voisin pour en apprendre plus sur la géologie, la faune et la flore du parc, et profiter des sentiers et du proche camping (voir « Où dormir ? »).
Plus à l'ouest, la belle ***Perdido Key*** est aussi desservie par la route (182). Mais le secteur ouest, regroupant 6 îles bien au large de Biloxi (Mississippi), n'est, lui, accessible qu'en bateau. De mi-mars à octobre, de Biloxi et Gulfport, des ferries *(• msshipisland.com •)* permettent de gagner ***West Ship Island,*** au fort de brique en demi-lune planté dans le sable. Sous le soleil, exactement (snack-bar, douches).

HOMMES, CULTURE, ENVIRONNEMENT

BOISSONS

Les boissons non alcoolisées

– ***L'eau glacée :*** dans les restos, la coutume est de servir d'emblée un verre d'eau glacée (du robinet) à tout client. Si vous préférez sans glaçons, dites *no ice please* ou, avec peu de glaçons, *with little ice.* Une fois vide, votre verre sera immédiatement re-rempli (avec le sourire !). Les Américains consomment très peu d'eau minérale.

– ***Le café :*** le ***café américain*** de base (*regular* ou *American coffee*), très allongé (pour rester poli), est souvent servi à volonté *(free refills)* au petit déjeuner. Les Américains en sirotent à longueur de journée, y compris dans leurs mugs Thermos. Si vous voulez un café noir, précisez bien *black coffee.* Cela dit, on trouve désormais du vrai bon café en Floride grâce à l'émergence de *coffee roasters* artisanaux (torréfacteurs) qui proposent des sélections de grains pointues, souvent bio. À vous de choisir entre ***drip coffee*** ou ***pour over*** (café fraîchement moulu passé au goutte à goutte dans un filtre posé sur la tasse), ***americano*** (expresso allongé d'eau chaude), ***cortado*** (expresso très serré avec micromousse de lait), ***cappuccino*** (expresso et mousse de lait légère dessus), ***latte*** (mousse de lait plus épaisse), ***macchiato*** (expresso « taché » d'une pointe de mousse de lait, l'équivalent de notre noisette), ***mocha*** (*latte* avec une tombée de sirop de chocolat) et ***cold brew*** (café froid infusé à température ambiante avant d'être filtré) ou ***iced coffee*** (café refroidi avec des glaçons).

L'INVENTION DU CAFÉ SOLUBLE

C'est à un chimiste anglo-belge émigré aux États-Unis, un certain George Washington (!), que l'on doit le 1er café soluble. Il fit fortune grâce aux commandes de l'armée américaine pendant la Première Guerre mondiale, mais, lors du conflit suivant, les militaires préférèrent Nescafé *(suisse)...*

– ***Le thé :*** il est plus souvent servi glacé ***(iced tea)*** que chaud ***(hot tea).*** Loin des thés glacés aromatisés et sucrés vendus en France, l'*iced tea* est un thé normal glacé, que l'on commande *sweetened* (très sucré) ou *unsweetened* (pas sucré du tout). Amateurs, emportez avec vous quelques sachets de bon thé si vous avez du mal à vous en passer, car, dans de nombreux endroits, c'est *Lipton* de base ***(black tea)*** ou ***herbal teas*** (infusions). Comme pour le café, on sert des thés de meilleure qualité dans les *coffee houses* nouvelle génération, mais il s'agit surtout de thés parfumés.

– ***Cocas et sodas :*** les Américains consomment des sodas *(soft drinks)* à longueur de journée, *Coca-Cola* (dites *Coke*) en tête. Dans certains restos de chaîne, fast-foods, *coffee shops* et autres petits restos, ceux-ci sont servis à volonté. On se sert soi-même « à la pompe » *(soda fountain)* ou on demande un *free refill.*

– ***Les smoothies :*** ce sont des cocktails de fruits et/ou de légumes mixés et mélangés à du yaourt, du lait, du lait végétal (soja, amande, noisette, riz, avoine ou coco) et/ou de la glace, voire des céréales. On y ajoute parfois des compléments énergétiques. Les ***bars à jus*** fraîchement pressés ont plus que jamais le vent en poupe. Surfant sur la déferlante bio, ils proposent des jus *detox* et *healthy.*

– ***Les milk-shakes :*** boissons frappées à base de lait mixé avec de grandes louchées de glace à la vanille, à la fraise...

– ***Les floats ou ice cream sodas :*** encore une expérience culturelle à ne pas manquer ! Il s'agit d'un verre de soda (en général du *Coke*) ou de *root beer* (ce breuvage insolite au goût de médicament qui n'a rien à voir avec de la bière) dans lequel on dépose une boule de glace à la vanille.

COCARICO !

C'est un Corse, Angelo Mariani, qui serait à l'origine du Coca-Cola*. Commercialisé dès 1863, son vin à base de feuilles de coca connut un succès phénoménal jusqu'à son interdiction en 1910. Il faut dire que, même s'il fut adoubé par le pape Léon XIII,* ce Red Bull *de l'époque contenait tout de même 6 mg de cocaïne... Futé, un pharmacien américain, Pemberton, s'inspira de la recette en y ajoutant de la noix de kola du Ghana, puis supprima l'alcool pour cause de Prohibition dans la ville d'Atlanta. Ainsi naquit dès 1885 le* Coca-Cola*, qui ne contient, à notre connaissance, plus de cocaïne.*

Les alcools

Le rapport des Américains à l'alcool n'est pas aussi simple que chez nous. La société, conservatrice et puritaine, autorise la vente des armes à feu mais réglemente de manière stricte tout ce qui touche aux plaisirs « tabous » (sexe et alcool). L'héritage de la Prohibition et, bien sûr, les lobbies religieux n'y sont pas pour rien. ***N'oubliez pas vos papiers (ID, prononcer « aïdii »), car de nombreux bistrots, bars et boîtes de nuit les exigent à l'entrée, et ce quel que soit votre âge !*** Idem pour acheter une bouteille de vin ou une bière au supermarché.

– ***Âge minimum :*** on ne vous servira pas d'alcool si vous n'avez pas 21 ans ou si vous ne pouvez pas prouver que vous les avez. Même accompagné de ses parents, un jeune de 20 ans devra se contenter d'une boisson non alcoolisée.

– ***Vente et consommation surveillées :*** dans la plupart des États, dont la Floride, il est strictement interdit de boire de l'alcool dans la rue. Alors certains descendent leur canette de bière dans un sachet en papier, (presque !) ni vu ni connu... Les bières et le vin s'achètent dans les supermarchés et épiceries, mais les autres boissons alcoolisées ne se trouvent que dans les ***liquor stores,*** aux horaires réglementés. De même, les horaires de fermeture des bars et boîtes sont aussi fixés par l'État (à 2h, tout le monde remballe), avec possibilité d'amendement local (3h à Tampa, 4h à Key West, 24h/24 à Miami dans l'Entertainment District).

– ***Les bières :*** à l'image du reste des États-Unis, on trouve en Floride beaucoup de ***microbrasseries*** *(microbreweries)* produisant des bières artisanales *(craft beer)* plus ou moins réussies. Un peu de vocabulaire s'impose. Une pression se dit *draft beer.* Les *ale* sont des bières de haute fermentation, à plus haute teneur en alcool : de la moins maltée à la plus maltée, vous trouverez la *pale ale,* dont l'***IPA*** *(Indian Pale Ale),* d'origine anglaise, amère et très houblonnée, l'***amber ale,*** ou encore la ***brown ale.*** Les ***lager,*** blondes, brunes ou ambrées, sont des bières de fermentation basse de bonne conservation, les moins alcoolisées et les plus courantes ; dans cette famille, les ***pilsner*** sont des *lager* blondes. Les ***wheat*** sont des bières

INDIEN VAUT MIEUX QUE DEUX

L'Indian Pale Ale, *ou IPA pour les intimes, est certainement l'une des bières les plus en vogue du moment. Bière de fermentation haute, elle ne doit pas son nom aux natifs nord-américains, mais à la compagnie anglaise des Indes, qui en abreuvait dès le XVIII*e *s les colons britanniques alors en poste aux Indes.*

légères et troubles (l'équivalent des blanches), composées en grande partie de malt de blé ou de froment. On trouve aussi des ***porter,*** des bières légèrement caramélisées qui se boivent tièdes et qui ont donné naissance aux ***stout*** (bières noires), filtrées ou pas.

– ***Les vins :*** inutile de vous présenter les vins californiens, que vous retrouverez facilement partout. Plus étonnamment, la Floride possède une bonne trentaine de domaines viticoles, dont, il faut bien l'avouer, la réputation n'est pas excellente... On trouve d'ailleurs rarement leurs bouteilles dans les bars et restos. Le Sunshine State revendique pourtant le titre du « plus ancien vignoble des États-Unis » : les 1ers ceps auraient été plantés par des Français, installés entre 1562 et 1565 non loin de Jacksonville. Aujourd'hui, de très nombreux bars et restaurants proposent du vin au verre, à des tarifs oscillant entre... 8 et 15 $! ***Certains restos, n'ayant pas la licence d'alcool,*** appliquent le principe du *Bring Your Own Bottle* **(BYOB) :** vous avez alors le droit d'apporter votre propre bouteille de vin ou de bière. Une pratique qui a le mérite d'alléger considérablement l'addition, même si un petit droit de bouchon est généralement exigé *(corking fee).*

– ***Les cocktails :*** ce sont les Américains qui ont relancé la mode des cocktails traditionnels, voire historiques, préparés dans les règles de l'art par des ***« mixologists ».*** Les ***cocktails latinos*** à base de rhum ou de tequila sont très à la mode en Floride : margarita, mojito, daiquiri, etc. À l'heure du brunch, on retrouve l'incontournable ***bloody mary*** (vodka et jus de tomate épicé) et le ***mimosa*** (champagne, jus d'orange et Cointreau ou Triple sec). Au-delà de ces grands classiques, les bars les plus branchés ***mixent leurs propres recettes,*** soit inspirées de cocktails anciens, soit carrément inventées, avec des alcools maison, les herbes aromatiques les plus inattendues, du piment, etc.

– ***Le bourbon*** (prononcer « beur'beun ») ***:*** impossible de passer sous silence ce whisky américain *(whiskey),* dont le Kentucky fournit une bonne moitié de la production (et le Tennessee le reste). Cette région s'appelait autrefois le Bourbon County, histoire de remercier Louis XVI et la maison de Bourbon pour leur soutien pendant la guerre d'Indépendance. C'est donc depuis 1790 (en pleine Révolution française !) que le célèbre whisky américain porte le nom de bourbon. Le *rye whiskey* est quant à lui composé de 51 % de seigle.

LE BOURBON EST-IL UN WHISKY ?

Oui, bien qu'on utilise un mélange de céréales (et pas seulement de l'orge), dont au moins 51 % de maïs (histoire d'écouler l'énorme production américaine !). À la différence des Écossais ou des Irlandais, les Américains le font vieillir dans des fûts de chêne neufs noircis à la fumée. Le goût du bois est donc plus prononcé que dans le whisky, avec une note de caramel.

– ***Happy hours :*** beaucoup de bars attirent les foules après le travail, en semaine, généralement de 16h à 19h, en leur proposant moitié prix sur certains alcools, notamment les bières, mais parfois aussi certains cocktails simples.

CUISINE

La cuisine américaine a longtemps été avant tout destinée à se nourrir... Mais dire que les Américains mangent mal et trop est un peu simpliste. Certes, la quantité est systématiquement trop importante, avec trop souvent des menus « extra large » pour seulement quelques *cents* de plus... Comme partout, ce sont les catégories sociales les plus défavorisées qui sont les plus touchées par l'obésité, car la ***malbouffe*** coûte moins cher.

Cela étant dit, ***on peut très bien manger*** en Floride, à condition de choisir le bon endroit et d'y mettre le prix. Si le passage par la friteuse reste encore la norme, même dans certaines adresses haut de gamme, une mode du ***healthy eating (« manger sain »)*** s'est développée dans les couches les plus favorisées de la population et les aliments ***bio (organic)*** ont le vent en poupe – certes, moins en Floride que dans le nord-est du pays ou en Californie, mais quand même... Le ***phénomène « locavore »,*** qui privilégie la consommation d'ingrédients locaux (mais pas forcément bio), s'intègre de plus en plus dans les mœurs.

Au bout du compte, vous aurez vraiment l'embarras du choix. On trouve de tout et pour tous les budgets, du ***sandwich cubain*** vendu au coin de la rue aux ***tables gastronomiques de New American Cuisine*** mettant en scène les produits locaux en passant par les ***cabanes à seafood*** et les ***food trucks*** (camions) vendant de la ***street food*** (cuisine de rue, parfois gourmet).

À TOUTES LES SAUCES

Le fameux ketchup n'aurait pas été inventé aux États-Unis mais... en Asie ! Il s'agirait à l'origine d'une sauce de saumure de poisson, appelée ké-tsiap. Entre le XVIIe et le XVIIIe s, les Anglais en rapportèrent en Europe, où sa composition fut adoucie de champignons, puis de tomates (et de sucre !).

Restaurant mode d'emploi

Attention au service* (gratuity) *: il faut ajouter au moins 15-18 % (les Américains donnent facilement 20-25 %), sauf si le service est déjà compté (c'est souvent le cas à Miami et dans les Keys).

Les plats sont généralement plus copieux que chez nous sauf dans les restos chics ou branchés, où les portions ont tendance à diminuer. Aucun problème pour commander seulement une entrée ou parfois un ***plat pour 2, à partager* (to share).** Mais sachez que certains restos appliquent un supplément *(split charge).*

La plupart des restos sont ouverts midi et soir (de 11-12h à 15-16h, puis 17h-21h ou 22h), parfois même sans interruption entre les 2 services. Beaucoup servent le brunch le week-end et parfois aussi le petit déj en semaine.

Certains restaurants (assez rares cependant) ***n'ont pas la licence d'alcool,*** apportez donc votre « boutanche » (*BYOB* ; voir précédemment la rubrique « Boissons »), ça ne sera pas mal vu !

La plupart des restos proposent de la ***vente à emporter* (to go).**

Pensez à réserver, par téléphone ou directement sur les sites internet, surtout le soir (et particulièrement dans les grandes villes), car les restaurants sont souvent pleins et l'attente de mise. Pratique, le ***site de réservation en ligne OpenTable*** (ne fonctionne pas avec tous les restos, cela dit) : • *opentable.com* •

Le breakfast

Ce n'est pas *Supertramp,* le groupe de rock phare des 70's, qui nous contredira : le *breakfast in America* est l'un des plus copieux que l'on connaisse. Pour les Américains, c'est un vrai repas, particulièrement le week-end (on parle alors de brunch). Abondant et varié, plus salé que sucré, le petit déj se prend souvent au resto. Certains établissements sont spécialisés et ne proposent que ça.

Et puis il y a les cafétérias, les *coffee shops* et les *diners* (prononcer « daï'neur »), ces établissements populaires un peu rétro avec leurs tables en formica et banquettes en skaï calées dans des box.

La carte, souvent longue comme le bras, offre une place de choix aux œufs ***(eggs)*** cuisinés sous toutes les formes : brouillés *(scrambled)*, pochés *(poached)*, en omelette *(omelette)*, en *frittata* (omelette épaisse façon tortilla espagnole) ou au plat *(fried)*... Sur le plat, ils peuvent être ordinaires *(sunny side up)* ou retournés et cuits des 2 côtés comme une crêpe *(over easy)*, c'est-à-dire pas trop cuits. Les œufs sont généralement accompagnés de **bacon** ou de **saucisses,** de jambon grillé *(ham)*, de ***pommes de terre*** sautées ou de *hashbrowns* (galettes façon rösti suisses). En prime, vous aurez droit à des ***toasts*** beurrés. On vous demandera probablement si vous préférez du pain de mie blanc *(white)*, complet *(brown)*, entre les 2 *(wheat)* ou seigle *(rye)*. Autre incontournable : les ***eggs Benedict,*** pochés, posés sur un petit pain rond toasté (un *English muffin*) et nappés de sauce hollandaise, avec le plus souvent du jambon grillé, du bacon ou du saumon fumé, mais on en trouve de nombreuses déclinaisons.

LENDEMAIN DE FÊTE

Classique incontesté du brunch américain, les œufs Benedict *auraient été inventés en 1892 à New York. Pour se remettre d'une sérieuse gueule de bois, un certain Lemuel Benedict se serait rendu à l'hôtel* Waldorf *en demandant un petit déjeuner à base d'œufs, de toasts et de bacon, avec un shot de sauce hollandaise. Inspiré, le maître d'hôtel aurait immédiatement ajouté la recette à la carte. Pour autant, rien n'assure qu'elle soigne vraiment la gueule de bois...*

Au rayon des spécialités du breakfast figurent toujours aussi les ***pancakes,*** ces crêpes épaisses et moelleuses le plus souvent arrosées de sirop d'érable et accompagnées au choix de fruits frais ou de bacon grillé. Certains restos déclinent les pancakes en version sucrée (banane, crème fouettée, noix de pécan...) ou salée (feta, courgettes...). Le pain perdu, appelé ici ***French toast,*** est aussi populaire.

Dans un registre plus « continental », il faut absolument goûter aux ***bagels.*** Inventés en Pologne au XVIIe s, ces petits pains en forme d'anneau, à la mie compacte, ont suivi les émigrés juifs jusqu'à New York pour devenir incontournables. Servis traditionnellement grillés *(toasted)* puis tartinés de *cream cheese* (souvent du *Philadelphia*), de beurre de cacahuète *(peanut butter)* ou de beurre et de confiture, ils existent en différentes versions : nature *(plain)*, avec des raisins secs et de la cannelle *(cinnamon-raisin)*, des graines de sésame ou de pavot, de l'oignon, multigrains, etc. Les *everything,* comme leur nom l'indique, ont un peu de tout dedans !

CORN-FLAKES *VERSUS* BROMURE

John H. Kellogg était directeur d'un sanatorium. Très religieux, il prônait une alimentation végétarienne, prétendument efficace contre... les pulsions sexuelles. Sa découverte eut lieu par hasard, en 1894, en faisant griller des flocons de maïs trop bouillis.

Rien à voir avec les ***doughnuts (ou donuts),*** ces beignets ronds, troués aussi au milieu, dont les Américains raffolent – à commencer par Homer Simpson ! On trouve partout des succursales de la chaîne *Dunkin Donuts,* et d'autres comme *Krispy Kreme.* N'oublions pas les ***muffins,*** aux myrtilles, au chocolat, à la banane, etc., moelleux et délicieux, qu'on trouve surtout dans les *coffee shops* et les pâtisseries. Et le ***granola,*** mélange croustillant de céréales caramélisées, servies avec du yaourt, des fruits, etc. Dernière chose, dans les formules petits déj ou dans les brunchs, la boisson chaude est rarement incluse, le jus de fruits non plus (même en Floride). Mais si vous demandez un café *regular,* il sera en principe servi à volonté.

Le brunch

Une ***tradition du week-end incontournable*** chez les Américains. Le dimanche, et parfois aussi le samedi, de 10-11h à 15-16h en général, de nombreux restos et même des bars servent le brunch, c'est-à-dire des plats à mi-chemin entre le breakfast et le lunch, à accompagner d'une boisson chaude, d'une ***coupe de champagne*** (ou de *prosecco*) ou d'un ***cocktail*** genre bloody mary ou mimosa. Depuis quelques années, les brunchs « gourmets » ont le vent en poupe dans les lieux à la mode : produits de qualité et recettes élaborées, souvent inspirées des classiques américains mais revisitées avec légèreté et créativité. Revers de la médaille, les files d'attente peuvent être longues. Quand c'est possible, pensez à réserver (parfois plusieurs jours à l'avance).

Le lunch et le *dinner*

- ***Horaires :*** dans la plupart des restos (pas les fast-foods), le lunch est servi de 11h à 14h-14h30. Puis les portes se ferment pour rouvrir vers 17h. Hormis dans les grandes villes, on dîne tôt ; rien de plus normal que de se rendre au resto à partir de 17h30-18h. D'ailleurs, passé 21h-21h30 en semaine, la majorité des restaurants ne sert plus. Seules les chaînes font exception.
- ***La carte n'est presque jamais la même le midi et le soir.*** Au déjeuner, elle est souvent réduite et moins chère, avec des salades, sandwichs, soupes et burgers. Le soir, les plats sont plus élaborés et les prix plus élevés (parfois du simple au double). Il arrive souvent que le même plat soit plus cher le soir que le midi ! Cela dit, certains restos proposent des tarifs ***early bird*** (spécial couche-tôt), c'est-à-dire des plats à prix réduit ou un menu avantageux au début de leur service du soir, en général de 16h30-17h30 à 18h-18h30.
- Les ***today's specials*** (ou juste *specials*) désignent les suggestions du jour, servies en fait plutôt le soir, que les serveurs vous encouragent à choisir. Attention, contrairement à nos « plats du jour », les *specials* sont souvent plus chers que le reste de la carte, et le prix n'est pas toujours clairement indiqué.

TOO MUCH

L'obésité touche un tiers des Américains. Les chaînes de fast-foods ont inventé les hamburgers XXL, les omelettes à 4 œufs et les cornets de frites king size. *Il fallait trouver une idée pour faire consommer encore plus. La chaîne* Taco Bell *a alors trouvé l'astuce : la promotion d'un 4e repas, en plus du breakfast, du lunch et du dîner... Leur slogan : «* live más *» (en espagnol). Tout le monde aura compris : « manger plus » ! Ben voyons.*

Lexique américain spécial resto

For here or to go ? : sur place ou à emporter ?

Appetizers : entrées.

Entrees (à prononcer presque à la française) ***:*** plats de résistance.

Are you done ? : avez-vous terminé ? ***No, I'm still working on it :*** non, je n'ai pas fini (de manger).

The check, please : l'addition, s'il vous plaît.

– ***Les salad bars :*** dans la plupart des ***supermarchés,*** on trouve une section proposant tout un choix de crudités, de salades composées, de plats cuisinés, parfois des sushis, mais aussi des desserts, des salades de fruits frais, etc., à consommer sur place ou à emporter. Il suffit de remplir une barquette et de passer à la caisse : on paie au poids (environ 8-10 $ la livre – *pound* –, soit 454 g). Vous en trouverez notamment dans les supermarchés ***Publix,*** très répandus en Floride, et, parmi les meilleurs, dans les magasins de la chaîne bio ***Whole Foods Market,*** présente dans les villes. Certains restos ont aussi leur *salad bar* : en général, l'achat d'un plat principal y donne droit à un aller-retour *(one trip)* ; il s'agit alors de bien remplir son assiette !

– ***Les food courts et food halls :*** très populaires aux États-Unis, particulièrement dans les centres commerciaux, les *food courts* sont des espaces regroupant des stands de cuisines différentes (avec généralement un espace où s'asseoir) : asiatique, mexicain, italien, mais aussi BBQ, bars à jus de fruits et smoothies, etc. Pratique, rapide, économique, pas toujours très fin, sauf dans la version *food halls* (plus actuelle !), qui renouvelle le concept avec une sélection d'enseignes plus gourmet.

– Certains restos proposent encore des formules buffet appelées ***all-you-can-eat*** (« tout ce que vous pouvez manger »). Pour une poignée de dollars, vous pouvez vous en mettre plein la lampe. L'abondance est garantie, la qualité beaucoup moins. Bon, on déconseille, on n'est pas des vaches, tout de même !

– Lire aussi la rubrique ***« Curieux, non ? »*** plus loin.

La cuisine *US* en général

– ***Le hamburger (ou burger) :*** une institution aux États-Unis, et pour cause, c'est le plat national ! Évidemment, tout dépend de la qualité du *patty* (steak haché) et des ingrédients qu'on met dessus (et dessous). Les chaînes de fast-foods les plus populaires (*McDo* et consorts) utilisent des viandes très bas de gamme. Allez plutôt dans les vrais bons restos (spécialisés ou non), qui servent d'excellentes viandes bien fraîches, *juicy,* tendres et goûteuses, prises dans du bon pain à burger légèrement brioché *(bun)* et accompagnées d'une kyrielle d'ingrédients et de sauces qui font toute la différence. Les frites ***(fries*** ou ***French fries)*** doivent parfois être commandées à part.

LE HAMBURGER N'EST PAS AMÉRICAIN !

Fin d'un mythe, le hamburger est né en Allemagne... à Hambourg, comme son nom l'indique. À la fin du XIXe s, de nombreux immigrés allemands de la région affluèrent au pays de l'Oncle Sam. Le hamburger désignait alors le bifteck haché qu'on leur servait à bord des transatlantiques. C'est donc grâce aux immigrants qu'il a fait son apparition au Nouveau Monde, avant d'être récupéré en 1940 par les frères McDonald, qui le placèrent entre 2 tranches de pain et le proposèrent en self-service !

– ***La viande de bœuf :*** de tout 1er ordre, mais chère. La tendreté de la viande américaine provient aussi de sa découpe (perpendiculaire aux fibres du muscle), différente de celle des bouchers français. D'où la difficulté de traduire les noms des différents morceaux que l'on retrouve sur les cartes des restos américains : le ***filet mignon*** (pavé dans le filet et non un filet mignon de porc), le ***sirloin*** (faux-filet), le ***tenderloin*** (filet), le ***ribeye*** (entrecôte), le ***New York Strip steak*** (partie haute du rumsteck), le ***flank steak*** ou ***skirt steak*** (bavette, onglet) et le célèbre ***T-bone,*** c'est-à-dire la double entrecôte avec l'os en T. Le très tendre ***prime rib*** (côte de bœuf) a aussi ses adeptes (à ne pas confondre avec les populaires *spare ribs,* qui désignent du travers de porc sauce BBQ). Pour la ***cuisson de la viande :*** *rare* = saignant ; *medium rare* = à point tendance saignant ; *medium* = à point ; *well done* = bien cuit.

– ***Le barbecue :*** cette tradition du sud des États-Unis fait un carton partout dans le pays. Le vrai BBQ se mange avec les doigts, servi avec du *corn bread* (pain de maïs), du *coleslaw* (salade de chou à la mayonnaise), voire des *mac & cheese* (macaronis au fromage) et des *collard greens* (sorte de chou vert coupé menu et cuisiné à l'étouffée avec des épices)... Le secret de cette viande juteuse et fondante, c'est la cuisson, longue et à tout petit feu *(slow-cooked),* idéalement au bois.

– Le ***poulet frit*** est également l'une des bases du menu américain, plus encore au sud du pays. Quant aux *Buffalo wings,* ce ne sont pas des ailes de buffle, mais des ailes de poulet frit nappées de sauce épicée, spécialité de la ville de Buffalo !

– ***Les salades :*** les Américains sont les champions des salades composées, fraîches, appétissantes et copieuses. Parmi les classiques : ***Caesar salad*** (laitue romaine, parmesan râpé et croûtons, accompagnée, en version *deluxe,* de poulet ou de grosses crevettes) et ***Cobb salad*** (salade verte, tomate, bacon grillé, poulet, avocat, œuf dur et roquefort), servies avec tout un cortège de ***sauces (dressings).*** On trouve aussi des déclinaisons variées, souvent sucrées-salées, notamment avec du ***chou kale*** (chou frisé), le légume emblématique de la cuisine bobo-bio.

– ***Les pâtisseries :*** parmi les desserts traditionnels figurent le ***cheese-cake*** (gâteau au fromage blanc, le plus souvent décliné au citron, au chocolat ou agrémenté d'un coulis de fruits rouges, etc.), le ***carrot cake*** (aux carottes et aux noix, sucré et épicé, nappé d'un glaçage crémeux), les ***layer cakes*** (gâteaux « à étages » garnis de crème au chocolat, à la noix de coco...), la ***pecan pie*** (aux noix de pécan, très répandue en Floride) et tout le bataillon des ***pies*** (excellentes tartes) aux fruits de saison, à la mode de grand-mère... En Floride et plus encore dans les Keys, la ***Key lime pie*** est incontournable : cette tarte au citron vert *(lime),* à base de lait concentré sucré, parfois meringuée, peut être renversante quand elle est réussie, mais gare aux calories... Et n'oublions pas les toujours très populaires ***cupcakes*** (petits gâteaux ronds genre génoise, nappés d'un glaçage au beurre sucré et souvent coloré) ni les ***whoopie pies*** (sorte de minisandwich de gâteau en forme de soucoupe volante, avec une garniture crémeuse au milieu).

– ***Les glaces (et dérivés) :*** les Américains ont l'habitude de les agrémenter de toutes sortes de garnitures ***(toppings),*** solides ou liquides : *M&M's,* noix, céréales, cacahuètes, caramel, *hot fudge* (chocolat fondu)... Outre la glace classique, il existe aussi le ***frozen yogurt*** (yaourt glacé), un peu plus léger en matières grasses, à la texture onctueuse.

Les spécialités de Floride

Aux côtés des classiques américains, la mer et les marais offrent des produits plus ou moins inhabituels, dont le plus étonnant est sans doute l'***alligator*** (d'élevage), au goût entre le poulet et le porc, mais en plus ferme. Parmi la kyrielle de ***poissons,*** les meilleurs sont le ***red snapper*** (vivaneau), le ***grouper*** (mérou), le ***pompano*** (carangue) et le ***mahi-mahi*** (daurade coryphène). Le ***lionfish*** (sorte de rascasse), une espèce invasive (mangez-en !), est préparé par certains restaurateurs, tout comme l'excellent ***hogfish*** (labre capitaine). Les *wahoo* (thazard), *marlin* et *swordfish* (espadon) se trouvent plus rarement depuis qu'ils sont systématiquement relâchés par les pêcheurs au gros. Dans tous les cas, vous aurez du mal à voir les poissons entiers dans l'assiette : les Américains sont friands de beignets, de friture, de panure... et le poisson n'y échappe pas. C'est aussi vrai pour l'alligator, le poulet, les coquillages, le fromage... Heureusement, le poisson est aussi servi grillé, voire en filet mariné et poêlé, et ça c'est délicieux, surtout en salade. Il est aussi fréquemment proposé *blackened* – nappé d'épices cajuns.

À goûter également, les ***conch*** (à prononcer « conk »), spécialité des Keys, sont préparées en soupe *(chowder)* ou hachées menu et frites façon acras *(fritters)*. Les ***pinces de crabe,*** elles, sont servies avec du beurre fondu ou une sauce à la moutarde (la saison du *stone crab* s'étend d'octobre à mai). Sa chair est le plus souvent accommodée en ***crabcakes,*** des sortes de croquettes grillées ou frites. On trouve aussi des ***huîtres*** *(oysters)* aux coquilles épaisses, plus souvent cuites que crues.

STONE CRAB, ON EN PINCE !

Les pêcheurs de stone crabs, spécialité locale, adoptent une technique bien particulière. Ils « empruntent » une pince (l'une des deux) à la bestiole (en la brisant à l'articulation), et celle-ci repousse comme la queue d'un lézard. Même si on ne l'entend pas crier, la bête doit malgré tout le sentir passer... Certains appellent ça de l'économie durable. Pas sûr que les crabes soient du même avis !

À la variété des produits de Floride s'ajoute la diversité des influences ethniques. Mention spéciale pour la ***cuisine cubaine,*** généralement bon marché, avec ses grillades de porc accompagnées de bananes plantains frites, de riz et de haricots noirs. Un des meilleurs plats, à ne pas louper : la *ropa vieja,* du bœuf effiloché aux oignons et poivrons. Autre incontournable bon marché : le ***sandwich cubain,*** *super popular* à Miami, servi souvent chaud et garni de jambon, rôti de porc (parfois aussi salami), fromage fondu et pickles. Le ***mofongo*** portoricain ou dominicain est une purée de bananes plantains agrémentée de couenne de porc frite, de porc effiloché ou de fruits de mer.

La *street food*

Un succès phénoménal, exporté chez nous d'ailleurs. Nés à Los Angeles à la suite de la crise économique, les ***carts,*** ces petits stands ambulants de cuisine de rue pas toujours reluisants qui peuplent les quartiers d'affaires, ont fini par débarquer en Floride. La *street food* s'est sophistiquée et des cohortes de ***food trucks*** (camions) rutilants et colorés proposent désormais leurs spécialités à tous les coins de rue. Chaque *truck* a la sienne, mais la majorité propose de la ***cuisine latino :*** burgers d'inspiration cubaine, sandwichs colombiens, tacos et *burritos* mexicains, mais aussi *spring rolls* thaïs, glaces, cupcakes, jus de fruits frais... Attention, *street food* ne rime pas forcément avec *junk food* ; certains *food trucks* se font même une spécialité d'une cuisine de qualité, fraîche, avec produits locaux et tout le tremblement.

Les restaurants et fast-foods de chaîne

Aux États-Unis, les chaînes ont toujours la cote auprès des locaux. Quand on est sur la route, il faut reconnaître que ça dépanne bien ! Voici une sélection de nos enseignes préférées.

Amis végétariens, les buffets à volonté de ***Souplantation & Sweet Tomatoes*** sont pour vous ! Pour un prix dérisoire (12 $ maxi le soir, encore moins le midi et grosse réduc enfants), vous ferez le plein de crudités, soupes, pâtes, pizzas et desserts. Pour un bon gros burger traditionnel avec des frites fraîches, direction ***Five Guys,*** dont Barack Obama est un inconditionnel (le cadre est nul, en revanche) ; les enseignes sont souvent implantées en centre-ville. Pour le petit déj (version saine), on aime beaucoup ***Corner Bakery :*** bons pains, porridge aux fruits *(oatmeal),* etc. Également ***Another Broken Egg Cafe,*** avec un large choix de pancakes, *bowls,* omelettes, et même des plats sans gluten. Enfin, pour les jus bio, il y a ***Joe & The Juice,*** une enseigne branchée qui propose des jus à tout ce qu'on veut, du bon café et des sandwichs basses calories.

CURIEUX, NON ?

- ***How are you today ?*** C'est la question qui vous accueille partout dans ce pays, dans les boutiques comme dans les restos et autres. Même dans une grande ville comme Miami, ***on se dit facilement bonjour*** dans la rue, bien qu'on ne se connaisse pas, et on engage couramment la conversation avec des inconnus, au resto avec les voisins de table, et dans les ascenseurs aussi !
- ***Do you need help ? Are you lost ?*** 2 petites phrases que vous entendrez dès que vous ouvrirez un plan ou votre guide préféré dans la rue. Avec une spontanéité touchante, les Américains se mettent en 4 pour venir en aide aux touristes.

STUPIDA LEX, SED LEX

La juridiction floridienne réserve quelques lois pour le moins... surprenantes ! Ainsi, s'il vous prenait l'envie d'attacher votre éléphant à un horodateur, sachez qu'il vous faudra payer sa place de parking. Toujours dans le domaine animal, il est interdit d'avoir des relations sexuelles avec un porc-épic. Sacrés puritains ! Quant à vous, mesdames célibataires, divorcées ou veuves, interdit de sauter en parachute le dimanche. Parité oblige, ces messieurs peuvent porter une robe, mais seulement avec bretelles. Et la liste est encore longue...

- ***Au resto : tout est différent ici,*** ou presque. L'attente, presque toujours de mise. La nécessité d'être placé, sauf si un écriteau « *Please seat yourself* » trône à l'entrée. Le bruit ambiant, entre les gens qui parlent fort (même si c'est vide !) et le fond musical souvent (très) présent. Les serveurs qui vous apportent l'addition avant que vous ayez commandé un café ou un dessert. Le pourboire qui n'est pas compris mais obligatoire. Et n'imaginez pas un ***service à l'européenne,*** du genre nappe, serviette, petite cuillère pour le café, etc. Ici, c'est efficacité et rendement. Cela dit, l'accueil réservé aux clients est généralement aimable et souriant. Bien souvent, si le client a l'impression d'être chouchouté, il laissera un meilleur pourboire !
- Toujours étonnant aussi de voir du monde ***manger à toute heure*** dans les restos. Difficile parfois de deviner si les gens en sont encore au déjeuner ou déjà au dîner... D'ailleurs, les restos commencent à proposer la carte du soir vers 16h30-17h et dans certains endroits, le petit déj est servi toute la journée !
- Les ***sandwichs*** servis au resto n'ont rien à voir avec nos casse-croûte avalés sur le pouce. Ce sont de vrais repas chauds (comme les burgers), servis avec frites, chips ou salade.
- Au petit déj, ***les omelettes sont souvent à... 3 ou 4 œufs.*** Les cardiologues sont ravis.
- Dans les ***bars*** et les ***boîtes,*** les ***papiers d'identité (ID)*** sont demandés à l'entrée, même si vous avez 40 piges !
- La ***clim*** est toujours poussée à fond la caisse dans tous les lieux publics (transports compris) et dans les chambres d'hôtel, même quand il n'y a personne dedans... Ayez toujours un foulard ou un petit pull sur vous pour ne pas choper un coup de froid.

LA MORT À TOUT PRIX

Aux États-Unis, un business morbide demeure : le commerce de cadavres en pièces détachées ! Des « body brokers » *proposent à des familles endeuillées défavorisées de leur acheter une partie du corps du défunt, profitant ainsi de leur précarité financière. Pour ces gens, c'est la seule façon de payer des funérailles à un proche. Les cadavres sont ensuite revendus à des chercheurs ou étudiants en médecine. Une faille juridique rend le procédé totalement légal aux États-Unis.*

- ***Le courant électrique est en 110,*** étonnant au pays de l'hypertechnologie.
- ***Embrasser*** fougueusement son amoureux ou son amoureuse dans la rue ne se fait pas. Le *PDA (Public Display of Affection)* est même très mal vu ! Dans le même ordre d'idées, les Américains se font ***rarement la bise.*** Quand on se connaît peu,

on se dit juste « *Hi !* » Et quand on est proches, c'est le « ***hug*** » (l'accolade) qui prévaut. Il s'agit de s'enlacer en se tapant dans le dos.
– Pas mal de ***médicaments,*** vendus sur ordonnance chez nous, sont ***en vente libre*** aux États-Unis.
– Aux États-Unis, le ***décompte des étages*** est différent : le *1st floor* correspond au rez-de-chaussée, le *2nd floor* au 1er étage pour nous, etc. Et les ***immeubles*** ne disposent que très rarement d'un ***13e étage.*** Ce chiffre porte malheur depuis que Judas fut le 13e convive lors de la Cène du Christ.
– Dans les ***Visitor Centers,*** ce sont souvent des ***retraités*** qui renseignent les touristes. Certaines personnes âgées font des petits boulots pour améliorer leur retraite, mais la plupart sont des volontaires (non payés) qui pensent œuvrer pour le bien de la communauté (même si ça supprime un job payé...).
– ***Ni CDI ni CDD*** et pas de contrat de travail... Aux États-Unis, le patron est roi ! Cet état de fait remonte au XIXe s, et à la jurisprudence du *at will* inscrite dans la loi consécutivement à l'abolition de l'esclavage. À l'époque, puisque les esclaves étaient libérés, il fallait aussi libérer leurs patrons !
– Le concept de ***liberté individuelle*** reste une valeur sacro-sainte du mode de vie américain : nombreux sont ceux qui s'opposent par principe aux obligations de sécurité routière : port du casque à moto, ceinture dans les voitures... Ils pensent que c'est le domaine de la responsabilité de chaque individu d'assumer les risques s'il veut les prendre. Ils sont donc rarement sanctionnés.
– Les ***professions libérales*** ont la possibilité de faire ***leur propre publicité.*** Ainsi les autoroutes sont bordées d'immenses panneaux avec la photo d'avocats, de juristes, de médecins et de dentistes, avec les coordonnées pour les contacter.

LA MAIN SUR LE CŒUR

Naguère, les Américains avaient coutume de saluer leur drapeau en tendant le bras droit, en souvenir des légions romaines. Malheureusement, ce geste ressemblait trop au salut nazi. En 1942, le président Roosevelt décida de le remplacer par la main sur le cœur.

DROITS HUMAINS

En juin 2022, la Cour suprême, devenue majoritairement conservatrice suite à 2 nominations opérées par Donald Trump avant la fin de son mandat, annule l'arrêt dit « *Roe versus Wade* », qui rendait le ***droit à l'avortement*** constitutionnel depuis 1973. Un bond en arrière de 40 ans... au moins ! Et ce en dépit d'une opinion américaine à 57 % en faveur de l'avortement (sondage publié par le centre de recherche Pew le 6 juillet 2022). Certains États entendent le rendre illégal, alors que dans d'autres (Kansas, Californie, Vermont...) des référendums tenus en 2022 et 2023 montrent que la population veut protéger cette ***liberté laissée aux femmes de disposer de leur corps.*** De son côté, Joe Biden signait durant l'été 2022 des décrets renforçant l'accès à l'avortement médicamenteux et l'aide aux femmes voulant bénéficier d'une IVG dans un autre État que celui où elles résident.
Les défenseurs des Droits humains redoutent que cette décision de la Cour suprême en entraîne d'autres, tout aussi rétrogrades. Car les juges se sont basés sur le principe que l'avortement n'était pas « un droit profondément enraciné dans l'histoire ou la tradition lors de la signature de l'avenant à la constitution de 1868 ». Quid alors de la contraception, des droits LGBTQI+, voire des Droits civiques obtenus au cours des XXe et XXIe s ?
Si, selon Kenneth Roth, directeur de *Human Rights Watch,* « Donald Trump a été un désastre pour les Droits de l'homme », force est de constater que la pente est

dure à remonter pour Joe Biden. Pourtant, les débuts de son mandat annonçaient la ***fin de mesures xénophobes,*** anti-sociales et opposées aux Droits humains. À commencer par l'annulation du « *muslim ban* », l'interdiction d'entrée sur le territoire américain pour les ressortissants de 7 pays musulmans. La citoyenneté était accordée aux « *Dreamers* », ces quelque 700 000 migrants arrivés enfants illégalement sur le sol américain, et ouverte pour d'autres sous conditions. Biden a signé le 22 janvier 2021 des décrets accordant l'extension des ***droits à l'aide sociale*** aux plus pauvres, résidu de l'*Obamacare,* une loi emblématique de l'ère Obama et détricotée par son successeur.

Concernant la ***peine de mort,*** les lignes pourraient tout aussi bien bouger, Biden étant le 1er président à s'être prononcé contre la peine capitale. Ces dernières années, plusieurs États ont étudié, sans toutefois les adopter, des propositions de loi abolitionnistes. Moins réjouissant, pendant ce temps, l'Alabama a tenté de rétablir les chambres à gaz, et la Caroline du Sud les pelotons d'exécution : 2 sinistres procédés de mise à mort considérés comme cruels par les normes internationales.

Par ailleurs, le combat des Afro-Américains contre Jim Crow (surnom donné au racisme systémique) est toujours d'actualité. L'arrestation et la mort de ***George Floyd*** en mai 2020, et leur retentissement mondial, avaient redynamisé ce combat et le mouvement citoyen antiraciste ***Black Lives Matter.*** De son côté, Biden avait demandé en début de mandat aux agences fédérales d'évaluer la question des inégalités raciales dans leurs politiques respectives. Pourtant, selon un rapport de 2022 du Comité pour l'élimination de la discrimination raciale de l'ONU, la fréquence des crimes motivés par la haine reste trop élevée aux USA.

Sur le plan des ***ventes d'armes,*** malgré de récurrentes fusillades de masse, la toute-puissante *National Riffle Association (NRA)* est assurée du soutien d'une majorité d'élus, tant les Américains sont attachés à ce qu'ils considèrent comme l'une de leurs libertés fondamentales. Plus de la moitié des États dispose de lois autorisant les particuliers à l'autodéfense et au recours « à la force meurtrière ». S'il n'existe aucune disposition protégeant la population face à la violence armée, une loi transpartisane de juin 2022 limite désormais l'accès aux armes aux jeunes personnes (18-21 ans) ayant des antécédents judiciaires et psychologiques. C'est certainement bien peu !

JAMAIS 2 SANS 3 !

La Three Strikes Law *édicte que toute personne condamnée 2 fois, même pour des délits mineurs, risque 25 ans d'emprisonnement au « 3e coup ». Cette loi, promulguée entre autres par la majorité des États de l'Ouest, remplit les prisons avec des petits chapardeurs. Une loi similaire (la relégation) existait en France jusqu'en 1970.*

Sur le plan international, alors que Trump avait quitté avec fracas le Conseil des droits de l'homme, les USA renouent avec le multilatéralisme et les instances internationales. Ce qui a d'ailleurs permis l'enquête du *Comité pour l'élimination de la discrimination raciale* de l'ONU.

Reste de nombreux points sur lesquels Biden n'a pas rompu avec la tendance de fond entamée par ses prédécesseurs, comme les pratiques d'écoutes de l'agence de renseignements NSA, qui avaient été théoriquement restreintes après l'affaire Snowden, mais qui sont toujours d'actualité. Mais aussi la politique de ***refoulement des candidats à l'asile*** à la frontière mexicaine. À ce chapitre, *Amnesty International* dénonçait en mai 2023 l'obligation pour ces personnes d'utiliser l'application mobile *CBP One* comme seul moyen d'accès aux autorités frontalières. Cette mesure n'étant pas adaptée à la réalité des demandeurs d'asile, très souvent dépourvus de moyens de communication (téléphone, ordinateur...), l'ONG considère qu'elle entrave le droit d'asile.

Et puis, toujours et encore, cette grosse ombre dans l'histoire du pays, la base navale américaine de ***Guantánamo,*** à Cuba, où se trouve une vingtaine de personnes détenues arbitrairement et pour une durée indéterminée en ***violation complète du droit international.***

N'oublions pas qu'en France aussi les organisations de défense des Droits humains continuent de se battre contre les discriminations, le racisme et en faveur de l'intégration des plus démunis.
Pour plus d'informations, consulter les sites de :

- ***Amnesty International France :*** • *amnesty.fr* •
- ***Fédération internationale pour les Droits humains :*** • *fidh.org* •

ÉCONOMIE

« **Croyez-vous au rêve américain ?**
- Non, mais je crois qu'on peut en tirer profit. »
Andy Warhol

D'OÙ VIENT LE DOLLAR ?

Le dollar vient... de Bohême. Au XVIe s, le thaler, *né dans la vallée* (thal) *de Saint-Joachim, devient la monnaie de référence des échanges commerciaux en Europe centrale. Il se répand en Espagne grâce aux Habsbourg, puis gagne les colonies d'Amérique du Sud. Là-bas, on prononce* tolar, *puis* dólar. *L'importance de cette devise est telle qu'on l'utilise jusqu'aux États-Unis. Sur les pièces espagnoles, un bandeau en forme de S s'enroule alors autour de 2 piliers verticaux symbolisant les colonnes d'Hercule... C'est là que le sigle $ trouve son origine.*

La Floride, si elle était considérée comme un pays à part entière, se placerait au 17e rang mondial par la puissance de son économie, avec un PIB d'environ 1 300 milliards de dollars. Comme l'économie américaine dans son ensemble, elle s'appuie sur la dalle de granit du ***libéralisme absolu,*** qui tient en quelques principes simples : laisser faire les « lois » du marché (plutôt l'absence de lois), ne pas contrarier la liberté des financiers, travailler sans relâche, être à la pointe de l'innovation technologique, payer le moins possible d'impôts... Avec un minimum d'intervention des autorités publiques... sauf quand ça va mal. Et, avec la ***crise des subprimes en 2007,*** menaçant le système financier de s'écrouler comme un château de cartes, c'est allé plus que mal. L'État fédéral a dû dépenser 626 milliards de dollars pour renflouer les banques et les entreprises en difficulté, alors que des dizaines de milliers d'Américains voyaient leurs maisons saisies. Mais, au final, le budget national n'a rien perdu : les remboursements effectués, l'État américain a même fait un joli petit bénéfice grâce aux intérêts des prêts consentis !
Gouvernement républicain ou démocrate, peu importe : la courbe de croissance du PIB américain et du PIB par habitant est quasi constante, avec encore une hausse moyenne de 2,2 % sur la dernière décennie. Cette homogénéité apparente cache toutefois une réalité plus sombre : à chaque crise, c'est l'emploi qui, plus que tout, sert de variable d'ajustement – une vérité universelle renforcée dans les systèmes très libéraux. Ainsi, en 2010, le chômage a atteint 9,63 %, pour redescendre à 3,68 % en 2019 et rebondir à 14,7 % en avril 2020 à cause de la crise du coronavirus (le pire chiffre depuis la Grande Dépression)... Il s'est depuis résorbé, pour atteindre 3,4 % en janvier 2023.
Les États-Unis, plus encore que l'Europe, ont pris la mauvaise habitude de dépenser bien plus qu'ils ne gagnent. Ce recours maladif à l'***endettement*** a augmenté

de manière disproportionnée depuis le début des années 2000, sous les mandats de George W. Bush, Barack Obama et Donald Trump. Ce dernier, en 2016, avait promis d'éliminer la dette du pays en 8 ans. Au lieu de cela, elle a encore augmenté de 33,6 % en 4 ans... Et malgré le super-plan de relance promis par Joe Biden, le plafond de la dette publique (fixé à 123 % du PIB, soit 31 400 milliards de dollars) est quasiment atteint en mai 2023 et l'avenir très incertain avec un risque de défaut de paiement, une première pour le pays !

Parmi ses priorités, le nouveau président s'est attaqué à un problème de longue date : le manque d'évolution du salaire minimal, qui stagnait à 7,25 $ de l'heure depuis... 2009. Promesse de campagne : atteindre 15 $ de l'heure d'ici à 2025 dans tout le pays (certains États ont déjà un salaire minimal à 12-14 $/h).

En attendant, près de 40 % des Américains en âge de travailler ne cherchent même plus d'emploi et sont sortis des statistiques du chômage... Le nombre de personnes vivant ***sous le seuil de pauvreté*** est estimé à 11,7 % de la population, soit 38,6 millions de personnes ! Parallèlement, les dirigeants des grands groupes cotés en Bourse ont vu leur rémunération bondir. En moyenne, ils gagnent aujourd'hui 216 fois le revenu moyen américain, contre « seulement » 183 fois en 2008 (et 15 fois en 1965)... Les inégalités restent donc abyssales.

La Floride, sous le soleil exactement...

L'histoire de la Floride est très récente, son développement économique n'a vraiment commencé qu'avec l'arrivée du chemin de fer construit par le ***milliardaire Henry Flagler,*** à la toute fin du XIXe s. Son idée : inciter les riches du Nord-Est à venir hiverner dans ce pays de cocagne. Au fil du temps, ***le tourisme est devenu le moteur de l'économie.*** Mais c'est l'installation aux portes d'Orlando de Disney (sur 120 km^2 !), en 1975, qui a vraiment changé la donne. Les parcs de Mickey, qui attirent désormais chaque année plus de 50 millions de visiteurs, sont aujourd'hui le 1er employeur de Floride. Parallèlement, Miami est devenue le 1er port-escale au monde pour les bateaux de croisière, avec 6,8 millions de croisiéristes en 2019. Fort Lauderdale et Port Canaveral, plus au nord, en accueillent beaucoup d'autres...

L'ensoleillement idéal de la Floride, associé à une bonne humidité, s'avère aussi une aubaine pour l'***agriculture.*** L'État est un important producteur de canne à sucre, de lait, de fruits et de légumes. Il se place au 2e rang mondial pour les oranges (dont il tire principalement du jus), derrière le Brésil. Pourtant, l'agro-industrie ne contribue que marginalement au PIB floridien.

CRÉSUS DANS LES ÎLES

Au XIXe s, Key West, malgré sa situation géographique très particulière, devint la ville la plus riche des États-Unis grâce à une activité originale et lucrative : le pillage d'épaves ! Une loi américaine permettait alors aux gens qui trouvaient une épave de conserver la moitié des biens récupérés.

LE JUS D'ORANGE N'A PAS LA PÊCHE...

Depuis quelques années, la Floride connaît une baisse majeure de la production d'oranges. En cause, le psylle africain, un petit insecte qui transmet aux arbres la maladie « du dragon jaune ». Dévastatrice, celle-ci a divisé par 4 les rendements et fait exploser les prix, avec des répercussions dans le monde entier. Une situation inédite, aggravée par le changement climatique et le passage de l'ouragan Ian en 2022, dont les parcelles ravagées se relèvent doucement. Sans traitement efficace, le dragon jaune n'a pas fini de nous en faire voir de toutes les couleurs...

Berceau de l'aviation

Beaucoup ignorent que c'est entre St Petersburg et Tampa que fut inauguré le 1er vol commercial de l'histoire, en 1914. Depuis, le Sunshine State vise le ciel ! Le ***secteur aéronautique*** emploie 106 000 personnes, notamment dans le comté de Miami-Dade avec les compagnies *American Airlines* et l'avionneur *Embraer,* dans le *Florida High Tech Corridor* (au nord d'Orlando) et autour des bases de lancement de la NASA à Cape Canaveral. Qui plus est, ***l'aéroport de Miami est devenu une véritable plaque tournante pour les voyageurs internationaux*** (3e rang national derrière JFK à New York et Los Angeles). À la pointe de la technologie, la Floride possède la plus grande université privée entièrement tournée vers les métiers de l'aéronautique, qui assure notamment la formation des pilotes.

Miami, pépinière de start-up

Du fait de son secteur technologique en plein essor, du niveau de son enseignement supérieur (l'un des meilleurs des États-Unis) et de sa qualité de vie, Miami séduit aujourd'hui les jeunes chercheurs et créateurs d'entreprises dans le domaine du numérique. Selon certaines études, Miami serait même devenue la ***1re ville des États-Unis pour le coworking.*** Du coup, incubateurs et promoteurs de start-up ont éclos un peu partout en ville, de Brickell à Coral Gables, ce qui permet aujourd'hui à Miami de rivaliser avec New York, San Francisco et Los Angeles. Gros bonus : l'impôt sur les sociétés n'est ici que de 5,5 % !

Passerelle vers l'Amérique latine

Terre d'accueil, la Floride doit une partie de son essor économique à l'***immigration.*** Elle accueille chaque jour près de 400 nouveaux immigrants (surtout latinos) et compte désormais 22 % de résidents nés à l'étranger (environ 55 % à Miami). La ville, pourtant dénuée de grosses entreprises, se place au 12e rang des villes américaines par son PIB. Le secteur bancaire y est très florissant, notamment grâce à l'arrivée massive de capitaux en provenance d'Amérique latine, l'absence d'impôt sur le revenu et d'impôt sur la succession encourageant le mouvement... L'immigration en Floride concerne désormais autant d'investisseurs étrangers que de migrants désargentés.

Miami : immobilier chéri

Les investisseurs latinos ne sont pas étrangers à l'essor considérable du marché immobilier de la région de Miami ces dernières années. Optimiste, quand on sait que les prévisionnistes les moins alarmistes s'accordent à dire que, vers 2160, il ne restera en Floride que 3 % de terres émergées ! On est désormais bien loin de la crise des *subprimes,* comme en témoigne le ***Miami Worldcenter, le 2e plus gros projet de développement immobilier des États-Unis,*** en cours de construction en plein centre-ville (près de 1 900 apparts, 1 700 chambres d'hôtel, un centre de conférences, 28 000 m² de commerces...).
Mentionnons aussi le ***Magic City Innovation District,*** un projet cornaqué (entre autres associés) par Guy Laliberté, créateur du Cirque du Soleil, qui envisage une gentrification de 7 ha au cœur du quartier déshérité de Little Haïti... avec autorisation d'y dresser des tours de 25 étages (au-dessus des maisons en bois) ! Les opposants, souvent locataires de leur maison, qui craignent de se voir chasser encore plus loin, parlent, eux, de *Tragic City...*
Miami vise grand et toujours plus haut, comme en témoignent les quelque 200 programmes immobiliers neufs en cours de planification ou de réalisation. Le plus fou : *Miapolis,* une tour de 975 m (coût : 22 milliards de dollars), voudrait dépasser le Burj Khalifa de Dubaï. Peu probable qu'elle voie le jour ! Un poil plus raisonnable (3,2 milliards quand même), l'aménagement du front de la baie de Biscayne par *Resorts World Miami* inclurait pas moins de 6 gratte-ciel

aux formes organiques inspirées des massifs coralliens conçus par l'architecte Bernardo Fort-Brescia et un méga-casino. Lui aussi reste en plan pour l'instant... Le *SkyRise Miami,* une tour de 301,8 m flanquée de restos, de bars et de boîtes de nuit, présentée comme la plus grande attraction de Floride du Sud dans le futur, vient d'être inauguré sur South Bayshore Drive. Le *Brickell City Center* regroupe déjà 6 immeubles résidentiels et de bureaux ainsi que 2 hôtels et une foule de boutiques de grand luxe. Et l'on ne vous parle même pas du projet de super-port pour l'horizon 2035, qui ambitionne de faire de Miami l'une des principales plaques tournantes logistiques mondiales... Rappelons quand même que ***Miami est la 4e métropole américaine où les inégalités sont les plus élevées...***

ENVIRONNEMENT

La Floride est un État plat, constitué de ***grands espaces sauvages ponctués de plus de 30 000 lacs*** – le plus grand étant l'*Okeechobee Lake* (1 900 km²), le 7e du pays, situé en plein centre de la péninsule. Ce vaste plan d'eau collecte les pluies et les redistribue vers les terres basses du sud de l'État, où s'étendent les ***immenses marais et terres humides des Everglades.*** Ces derniers sont protégés depuis 1947 par le plus vaste des parcs nationaux floridiens et le 3e des États-Unis en superficie, après ceux de *Death Valley* et *Yellowstone* (6 100 km², soit l'équivalent d'un département français). Au-delà, 175 parcs d'État font aussi résonner l'appel de la nature !

Si l'écologie n'est guère au cœur des préoccupations nord-américaines actuelles, l'État de Floride ferait bien de s'en inquiéter, tant ses plaines littorales et ses îles coralliennes sont directement menacées par le réchauffement climatique. Quand bien même on bâtirait des digues, Miami, ville basse construite sur un sol calcaire, ne pourrait être protégée de la montée des eaux annoncée d'ici à la fin du siècle... En attendant, le climat continue de se détraquer et les ***ouragans*** gagnent en puissance et en récurrence : d'abord Irma en septembre 2017 (le plus puissant cyclone jamais enregistré dans l'Atlantique nord, heureusement un peu affaibli lors de son arrivée vers Miami), responsable de la destruction de 75 % des maisons en bois des Keys ; puis Michael en octobre 2018, qui a frappé de plein fouet la base du Panhandle. Dans ce contexte, l'annonce par Donald Trump en 2017 du retrait des États-Unis des accords de Paris de 2015 (suite à la COP21) était proprement hallucinante ! Le jour même de son investiture, le 20 janvier 2021, ***Joe Biden a annoncé le retour du pays dans les accords de Paris...*** Pourtant, aucune décision concrète n'a vu le jour depuis. En septembre 2022, c'est l'ouragan Ian qui a dévasté Fort Myers Beach et plus encore Sanibel et Captiva Islands, faisant près de 150 victimes et des milliers de maisons détruites, sans compter la nature qui a été sévèrement secouée. S'il y a toujours eu des ouragans à l'automne, ce qui change désormais, c'est leur fréquence et leur puissance.

Everglades menacés

Classé réserve de la biosphère et Patrimoine mondial par l'Unesco, cet écosystème unique au monde couvrait, avant l'urbanisation du XXe s, une superficie totale de 11 000 km². Si, au sud du Tamiami Trail (route 41), il a largement conservé sa virginité, il n'a cessé d'être rogné aux entournures pour favoriser le développement de l'agriculture, au prix d'un assèchement des terres. À l'est, l'extension continue de Miami menace, et la pression démographique s'intensifie. La consommation d'eau, due en majeure partie à l'agriculture, est 3 fois plus élevée ici qu'en Europe – où elle n'est déjà pas faible ! Une réglementation plus stricte d'utilisation de l'eau par les particuliers a certes permis à la Floride du Sud de réduire sa consommation de 20 % (soit 8 milliards de litres d'eau par an !). Un temps classé sur la liste du Patrimoine de l'humanité en danger, les Everglades en ont été retirés suite à cet effort... puis remis en 2010. En effet, les rejets de phosphates utilisés dans la culture de la canne à sucre et le déficit en eau perdurent, perturbant les équilibres écologiques et limitant la croissance des plantes et, par voie de conséquence, des poissons et des oiseaux qui s'en nourrissent. Le taux de nidification des espèces peuplant les Everglades a été divisé par 10 par rapport aux années 1940. Et les alligators ont perdu en moyenne 20 % de leur poids ! Bref, toute la chaîne alimentaire est déséquilibrée et le plan de restauration peine à atteindre ses objectifs. Il sert d'ailleurs bien trop souvent à détourner des cours d'eau vers des terres agricoles qui en manquent...

L'emprise du monde moderne

La croissance démographique constante de la Floride ne fait qu'accentuer les problèmes de cohabitation entre l'homme et la nature. Le ***Florida Reef,*** qui forme la 3e plus longue barrière corallienne du monde (570 km), reste ainsi très menacé malgré son classement en *National Maritime Sanctuary* en 1990. Principales sources d'inquiétude, la ***pollution,*** le réchauffement et l'acidification des eaux. L'impact des millions de plongeurs, adeptes de *snorkelling* et pêcheurs qui fréquentent les récifs chaque année est important. Mais les rejets des activités terrestres sont encore plus dévastateurs, en particulier ceux de l'agriculture, dont les composants chimiques favorisent le développement des algues et l'appauvrissement des eaux en oxygène. Même constat pour les fosses septiques, dont les effluents s'infiltrent dans la table corallienne poreuse... Le constat est sévère : 90 % des coraux ont déjà disparu. Les coraux durs, très exigeants en termes de propreté de l'océan, sont les 1ers à s'évaporer, un temps remplacés par des coraux mous et des éponges, plus tolérants à la turbidité des eaux.

La diversité marine est directement impactée, d'autant que les eaux floridiennes souffrent des marées vertes d'algues sargasses et des assauts du *lionfish,* une sorte de rascasse vorace originaire de la zone indo-pacifique. Une jolie mais sale bête qui dévore tout ce qui compose l'écosystème des récifs de la zone caraïbe.

Les plus grosses espèces ne sont pas indemnes. ***Lamantins*** *(manatees)* et ***dauphins*** sont souvent blessés par les hélices des nombreux bateaux de plaisance. Tout comme les ***tortues marines,*** qui se retrouvent trop souvent au *Turtle Hospital* de Marathon (Keys), carapace brisée – même si la vitesse est très réglementée dans les chenaux afin d'enrayer ce carnage. Beaucoup de ces animaux souffrent aussi de l'ingestion de déchets plastique, confondus avec des méduses (une de leurs proies favorites) et de tumeurs favorisées par la pollution.

Notes positives

Dans ce monde qui semble aller à vau-l'eau, un animal tire son épingle du jeu : l'***alligator.*** Autrefois menacé de disparition en raison d'une chasse intensive, il a reconquis tous les marais de Floride, jusqu'aux lacs urbains, et parfois même... aux égouts et canalisations. Aujourd'hui présent dans les 67 comtés de Floride, il atteint une population d'environ 1,3 million d'individus. Cette réussite, bien sûr, ne fait pas que des heureux... Certains commencent même à parler de surpopulation. Pour gérer les inévitables conflits de territoire avec les habitants, la *Florida Fish*

L'ALLIGATOR VA DEVENIR SYMPATHIQUE

Les biologistes ont découvert que le sang d'alligator contient des globules blancs extraordinaires, capables de synthétiser une protéine qui combat virus et bactéries (dont le méchant staphylocoque doré, résistant aux antibios classiques), sans même avoir jamais été en contact avec eux. Ce puissant système immunitaire permet aux sauriens de cicatriser rapidement après de violents combats. Une vraie révolution en perspective, notamment pour les grands brûlés.

and Wildlife Conservation Commission accrédite des équipes de trappeurs pour supprimer les bestioles de plus de 4 pieds (1,22 m) maraudant hors des zones protégées.
Autre *success story* : le ***lamantin.*** Sur le point de disparaître il y a un demi-siècle, il a vu sa population rebondir grâce à la création de sanctuaires et au contrôle de la vitesse des bateaux dans les zones qu'il fréquente. On le rencontre désormais aisément le long de la Nature Coast (mais pas seulement).
Mentionnons aussi le beau come-back de la ***panthère de Floride.*** Au début des années 1990, il ne restait plus qu'une vingtaine de ces animaux, sous-espèce locale du puma. On en compterait aujourd'hui entre 120 et 130. Un sauvetage rendu possible au prix de croisements avec des pumas venus d'autres régions. Mais chaque année, 20 à 30 animaux meurent de collision avec des véhicules. Et la population baisse de nouveau...

GÉOGRAPHIE

La Floride forme une longue péninsule située à l'extrême sud-est des États-Unis, bordée à l'est par l'océan Atlantique et à l'ouest par le golfe du Mexique. Ses côtes, étirées sur plus de 1 900 km, ne comptent pas moins de 1 067 km de plages !
Autrefois, le territoire se réduisait pour l'essentiel à de ***vastes marécages*** envahis de moustiques. Le développement de l'agriculture et le peuplement rapide de la région entamés dans la 2de moitié du XIXe s ont engendré de sacrées transformations. Les travaux d'assainissement des zones humides, le creusement de voies navigables et la construction de digues pour lutter contre l'ensablement ont fait pousser des villes comme des champignons dès la fin de la grande récession de 1929. ***Miami*** en est la principale. Située à la pointe sud-est, au bord de l'océan, elle bénéficie d'une situation idéale sur la baie de Biscayne, qui en a fait une plaque tournante du trafic vers les Caraïbes et l'Amérique latine. À ses portes, le ***parc national des Everglades*** rappelle à la Floride son passé de terres envahies par les eaux. Ici, la faune et la flore règnent encore en maîtresses sur plus de 6 000 km^2.
En direction du sud s'étire le long ***archipel des Keys,*** formé de quelque 1 700 îles et îlots, en grande partie inhabités. Il est souligné, au sud, par la barrière corallienne du Florida Reef, la 3e plus grande au monde, ancrée à quelques kilomètres au large – mais désormais très menacée (voir précédemment « Environnement »). Une route mythique, l'*Overseas Highway,* s'élance ici en mer en direction de Key West, au gré de 42 ponts. C'est le point le plus au sud des États-Unis, à tout juste 150 km de Cuba !
La ***côte orientale*** de la Floride est soulignée par d'immenses plages de sable, le long desquelles ont poussé des stations balnéaires très populaires auprès des retraités. Elles s'enchaînent au point de ne plus former qu'une immense conurbation entre Miami et West Palm Beach. Tout du long court l'Intracoastal Waterway, une voie navigable par de gros bateaux, qui suit la côte, à l'abri de longues îles littorales. C'est ici que se trouvent le *Kennedy Space Center,* à Cape Canaveral, Daytona Beach et, un peu plus au nord encore, St Augustine, qui se targue d'être la plus vieille ville des États-Unis.
À 360 km au nord de Miami, ***Orlando,*** importante ville universitaire, est la capitale des parcs d'attractions (Walt Disney World Resort, Universal Orlando Resort, SeaWorld Orlando...). À ses portes, la grande forêt d'Ocala, protégée par un parc de 1 572 km^2, regroupe pins, cyprès, prairies humides et lacs.
Sur la ***côte ouest*** de la Floride, les inséparables ***St Petersburg*** et ***Tampa,*** situées de part et d'autre de la baie de Tampa, sont les 2 villes les plus importantes. La conurbation s'étend au sud jusqu'à Sarasota, avant de retrouver des paysages un peu plus naturels. De très nombreuses îles longent ici aussi

le littoral, certaines très développées, d'autres plus naturelles et quelques-unes même encore vierges ! Les plages sont superbes, tapissées le plus souvent d'un sable très blanc.
Au nord-ouest de l'État se jette la ***Suwannee River,*** principal fleuve de Floride (426 km), né dans les marécages de l'Okeechobee, à la frontière de la Géorgie. Peu après débute le ***Panhandle,*** la « queue de la poêle » floridienne, qui s'étire sur 320 km de long jusqu'aux portes du Mississippi. Peu visitée par les touristes étrangers, la région possède pourtant de splendides îles et plages de sable blanc dans le Gulf Islands National Seashore, facilement accessible depuis Pensacola.

HISTOIRE

Quelques dates

– ***Vers 5000 av. J.-C. :*** 1res traces de peuplement en Floride le long de la St Johns River.
– ***1513 :*** Ponce de León découvre la Floride pour les Espagnols.
– ***1565 :*** Pedro Menéndez de Avilés fonde San Augustín (St Augustine).
– ***1763 :*** traité de Paris, la Grande-Bretagne acquiert la Floride et rend Cuba aux Espagnols.
– ***1783 :*** 2d traité de Paris, la Grande-Bretagne reconnaît l'indépendance américaine, gagne les Bahamas et Gibraltar, et rend la Floride à l'Espagne.
– ***1785-1821 :*** accrochages frontaliers fréquents entre Espagnols et Américains.
– ***1819 :*** pour rembourser une dette de 5 millions de dollars envers les États-Unis, l'Espagne leur cède tous ses territoires à l'est du Mississippi, dont la Floride.
– ***1824 :*** le village indien de Talasi est choisi comme site de la capitale du nouvel État sous le nom de Tallahassee.
– ***1832 :*** traité de Payne's Creek ; 15 chefs séminoles cèdent leurs terres aux États-Unis et acceptent de partir vers l'ouest.
– ***1836 :*** mise en marche du 1er chemin de fer en Floride.
– ***1852 :*** la Floridienne Harriet Beecher Stowe publie *La Case de l'oncle Tom.*
– ***1861-1865 :*** guerre de Sécession.
– ***1865 :*** Abraham Lincoln proclame l'abolition de l'esclavage.
– ***1886 :*** Flagler entame la construction du *Florida East Coast Railroad.*
– ***1918 :*** début de la Prohibition en Floride.
– ***1926 :*** ouragan sur les Everglades et Miami *(The Big Blow).*
– ***1929 :*** krach de Wall Street le 24 octobre.
– ***1931 :*** Hemingway acquiert une maison à Key West.
– ***1939 :*** Al Capone se retire dans sa propriété de Palm Island à Miami.
– ***1941-1945 :*** Seconde Guerre mondiale ; les États-Unis se rangent du côté des Alliés contre les forces de l'Axe.
– ***1945 :*** la disparition d'un avion donne naissance à la légende du triangle des Bermudes.
– ***1958 :*** la sonde *Explorer 1* est lancée par la NASA, qui vient de s'établir à Cape Canaveral pour développer son programme de lancement de fusées.
– ***1959 :*** prise du pouvoir par Fidel Castro à Cuba, et exode de 300 000 Cubains pour la Floride. 1re édition des *200 Miles* de Daytona.
– ***1962 :*** crise des missiles de Cuba.
– ***1963 :*** assassinat de John F. Kennedy à Dallas le 22 novembre.
– ***1964 :*** début de la guerre du Vietnam. Martin Luther King est arrêté et emprisonné à St Augustine.
– ***1968 :*** assassinat de Martin Luther King le 4 avril.
– ***1971 :*** ouverture du parc Disneyland à Orlando.

– ***1973 :*** le comté de Miami-Dade (anciennement comté de Dade) devient officiellement bilingue (anglais et espagnol).
– ***1976 :*** la Floride est le 1er État à rétablir la peine de mort (après sa suspension provisoire en 1972).
– ***1977 :*** reconnaissance de l'éligibilité locale des homosexuels par les États-Unis.
– ***1980 :*** l'opération *Mariel* ordonnée par Fidel Castro oblige 125 000 Cubains à émigrer en Floride.
– ***1982 :*** protestant contre les autorités américaines, Key West se proclame « République Conch » pendant 1 semaine.
– ***1992 :*** l'ouragan Andrew ravage le sud de la Floride.
– ***1994 :*** nouvel afflux de Cubains en Floride.
– ***1997 :*** assassinat à Miami du styliste italien Gianni Versace.
– ***1998 :*** Jeb Bush est élu gouverneur de Floride pour le Parti républicain. Il est respectivement le fils et le frère des 2 anciens présidents George H. W. Bush et George W. Bush.
– ***2000 :*** les condamnés à mort de Floride ont désormais le choix entre l'injection létale et la chaise électrique. Lors de l'élection présidentielle, Al Gore est battu de très peu par George Bush Jr, les résultats du scrutin de Floride sont un temps suspectés d'irrégularités.
– ***2003 :*** explosion de la navette *Columbia* à son entrée dans l'atmosphère.
– ***2004 :*** George W. Bush est réélu président en novembre, face à John Kerry. 6 ouragans font plus de 40 milliards de dollars de dégâts en Floride.
– ***2005 :*** fin août, le cyclone Katrina, l'un des plus dévastateurs de l'histoire américaine, frappe le sud de la Floride mais sans conséquence dans cet État.
– ***2008 :*** une crise économique et financière sans précédent frappe les États-Unis. Le démocrate Barack Obama succède à George W. Bush et devient le 1er président noir à entrer à la Maison-Blanche.
– ***2010 :*** Barack Obama réussit à faire passer auprès du Congrès sa réforme du système de santé. En avril, une plateforme pétrolière de la *British Petroleum (BP)* sombre au large de la Louisiane et provoque l'une des plus grandes marées noires que les États-Unis aient jamais connues.
– ***2012 :*** en novembre, réélection d'Obama à l'issue de la campagne présidentielle la plus coûteuse de l'histoire.
– ***2013 :*** George Zimmerman est acquitté dans l'affaire du meurtre du jeune Noir Trayvon Martin, tué en Floride en février 2012. Le verdict du jury relance le débat sur la discrimination raciale aux États-Unis. Le 1er octobre, entrée en vigueur du 1er volet de l'*Obamacare* (assurance santé).
– ***2015 :*** au printemps, rétablissement des relations diplomatiques entre les États-Unis et Cuba après un demi-siècle d'embargo. En juin, la Cour suprême autorise le mariage homosexuel sur tout le territoire américain. Le 17 juin, à Charleston, en Caroline du Sud, 9 Afro-Américains sont abattus dans une église par un suprématiste blanc.
– ***2016 :*** le 12 juin, tuerie revendiquée par Daech dans une boîte gay d'Orlando (49 morts). Le 8 novembre, Donald Trump remporte l'élection présidentielle face à la démocrate Hillary Clinton.
– ***2017 :*** en septembre, l'ouragan Irma dévaste la côte sud de la Floride.
– ***2018 :*** en février, fusillade dans un lycée au nord de Fort Lauderdale (17 victimes, élèves et professeurs), qui relance le débat sur le contrôle des armes.
– ***2019 :*** le 18 juin, à Orlando, Donald Trump lance officiellement sa campagne pour un 2d mandat en Floride.
– ***2020 :*** à la mi-mars, l'état d'urgence national est déclaré pour lutter contre la pandémie de Covid-19. De nombreuses manifestations marquées par le mouvement *#BlackLivesMatter* ont lieu à la suite de la mort de George Floyd, le 25 mai, à Minneapolis. La crise du coronavirus pousse à l'adoption d'un plan de relance de 2 200 milliards de dollars, financé par la dette. À la suite de l'élection présidentielle en novembre 2020, le démocrate Joe Biden est déclaré vainqueur

après un décompte des scrutins controversé ; sa vice-présidente, Kamala Harris, est afro-américaine et d'origine indienne.

– ***2021 :*** le 6 janvier, des milliers de partisans pro-Trump refusant sa défaite envahissent le Capitole à Washington DC après l'un de ses discours complotistes, déclenchant une procédure pour destitution. Lors de son investiture le 20 janvier, Joe Biden devient officiellement président des États-Unis. Il réengage immédiatement les États-Unis dans les accords de Paris pour le climat et travaille à un 2d super-plan de relance de 1 900 milliards de dollars – visant à réduire les inégalités sociales, moderniser les infrastructures vieillissantes du pays et accélérer la transition énergétique.

– ***2022 :*** le 28 septembre, après avoir dévasté Cuba, l'ouragan Ian frappe les côtes de Floride. Le bilan s'élève à près de 150 morts et 60 milliards de dollars de dégâts. C'est le 22e ouragan le plus meurtrier de l'histoire du pays (d'une force entre 4 et 5, le maximum), qui laisse de profondes cicatrices sur le paysage.

– ***2023 :*** mi-avril, le parlement de Floride adopte une loi interdisant les avortements au-delà de 6 semaines de grossesse. Cette loi s'inscrit dans la mouvance anti-avortement qui traverse tout le pays et divise fortement la population. De son côté, la communauté LGBTQI+, dont la situation s'est déjà dégradée avec la loi « *Don't Say Gay* » promulguée par le gouverneur Ron DeSantis, craint également un retour en arrière sur les droits acquis.

De la Floride précolombienne aux 1ers contacts

En Floride, les 1res traces retrouvées de peuplement semi-permanent datent de 5000 av. J.-C. environ, le long de la St Johns River. Le passage de tribus nomades à une société plus sédentarisée date du Ier millénaire av. J.-C.

À l'arrivée de l'homme blanc, la Floride est habitée par près de 350 000 personnes réparties dans plus d'une centaine de tribus, dont les Apalachee (au nombre de 50 000 et organisés politiquement) et les Timucua (dont les dialectes étaient parlés par près de 150 000 individus), au nord, et les Myami, les Calusa ou les Tequesta, au sud.

Dans le prolongement de la découverte des Amériques par Christophe Colomb et Amerigo Vespucci en 1492, ***l'Espagnol Ponce de León « découvre » la Floride le 2 avril 1513.*** La découverte ayant lieu le jour des Rameaux, *La Pascua Florida* en espagnol (« Pâques des fleurs »), le navigateur donne au nouveau territoire le nom de « Florida ». L'exploration aura lieu un peu plus tard, avec l'expédition organisée en 1528 par Pánfilo de Narváez, puis, en 1539, avec celle de l'explorateur et conquistador espagnol Hernando de Soto. 20 ans plus tard, en 1559, Tristan de Luna y Arellano fonde la 1re colonie espagnole floridienne à Pensacola (nord-ouest de la Floride), mais l'aventure ne dure finalement que 2 ans.

LA ROUTE DES DINDES

N'étant pas très fort en géographie, Christophe Colomb était persuadé d'avoir découvert l'Inde quand il débarqua en Amérique. D'où le nom de ces poules locales qu'il rapporta. Les Anglais, qui ne font jamais comme les autres, appellent ces bestiaux... turkey *! Ils avaient vu des volatiles similaires en Turquie.*

L'arrivée des Français

En 1562, le Français Jean Ribaut est envoyé outre-Atlantique pour fonder un établissement huguenot tricolore en Amérique. Dans une baie du nord de la Floride, il fonde Charlesfort (du nom du roi de France Charles IX) et y installe une garnison avant de retourner en France. Durant son absence, la garnison se mutine et laisse le fort à l'abandon. Au printemps 1564, une armée espagnole finit par le détruire.

L'année suivante, un autre Français, Laudonnière, est chargé de construire un nouveau bastion, Fort Caroline (toujours Charles IX, du latin *Carolus*), près de l'actuelle Jacksonville. Mais l'incursion de protestants français sur le sol de Floride ne plaît définitivement pas aux « très catholiques » Espagnols, qui s'emparent du fort et en massacrent les occupants.
En 1568, le Gascon Dominique de Gourgues détruit quelques forts espagnols (dont Fort Caroline, rebaptisé San Mateo par les Espagnols), mais c'est le dernier épisode de la présence française en Floride, si l'on exclut une brève occupation de Pensacola de 1719 à 1722.

Les Anglais s'en mêlent

Après l'évincement des Français, les Espagnols, dont l'établissement principal est San Augustín (futur St Augustine), doivent faire face à l'appétit des Anglais. En 1585, le conflit religieux en Europe s'aggrave et entraîne l'Angleterre dans une guerre opposant protestants et catholiques. Dès 1586, le conflit s'exporte aux Amériques. L'explorateur et corsaire anglais Francis Drake pille San Augustín.
Dans la foulée, ***l'Angleterre entame sa colonisation du Nouveau Monde.*** En 1607, 144 personnes débarquent sous le commandement de John Smith. Grâce à sa liaison avec la princesse indienne Pocahontas, le commandant comprend l'intérêt de la culture du « blé indien », ou maïs, pour l'installation durable des Anglais en Amérique. Dès lors, la colonie peut s'étendre rapidement.
Tout au long du XVIIe s, les nouveaux établissements anglais en Virginie puis en Caroline ne feront que repousser les frontières des possessions espagnoles vers le sud. ***En 1763, la Floride, presque dépeuplée, est finalement cédée aux Anglais par le 1er traité de Paris,*** à l'issue de la guerre dite « de Sept Ans » et en échange de Cuba.
L'installation des Anglais en Floride est difficile. Elle est marquée par la ***migration d'une importante partie d'Indiens creek, qui formeront la nation séminole,*** et, en 1768, par une tentative hasardeuse de peuplement dans l'actuelle ville de New Smyrna.
Durant la guerre d'Indépendance, la Floride, très peu peuplée, reste en retrait des événements. Mais elle n'échappe pas aux convoitises des Espagnols et des Français, établis sur le Mississippi, et alliés aux Américains. ***Au 2^d traité de Paris, en 1783, les Espagnols récupèrent finalement le territoire au détriment des Anglais et des Américains.***

La 2de domination espagnole

Durant leur 2de période de domination, les Espagnols sont peu présents en Floride. Ils l'ouvrent à l'immigration et en font une terre d'accueil pour les esclaves en fuite et pour les Indiens. Cette politique est très vite dénoncée par les États-Unis, fraîchement constitués, qui y voient une menace pour leur équilibre. À partir de 1810, ils vont donc procéder à une politique d'annexions progressives des territoires floridiens, qui débute avec l'incorporation à l'actuelle Louisiane des régions de l'Ouest en rébellion.
En 1817, les Indiens séminoles de Floride se rebellent et organisent des raids sur la Géorgie. La réponse américaine est immédiate : les troupes du général Andrew Jackson s'engagent, en plein territoire espagnol, dans une guerre punitive qui leur permet également d'occuper la quasi-totalité du territoire. ***En 1821, ayant perdu pratiquement toute autorité, les Espagnols finissent par céder la Floride aux Américains pour 5 millions de dollars.***
Andrew Jackson devient le 1er gouverneur du territoire de Floride avant d'être élu, 8 ans plus tard, à la présidence des États-Unis (fonction qu'il occupa jusqu'en 1837).

L'intégration aux États-Unis et l'expulsion des Indiens

L'annexion de la Floride aux États-Unis, son passage du statut de territoire à celui d'État, se fait en plusieurs étapes. Tout d'abord l'attribution d'une ***capitale administrative à Tallahassee,*** idéalement placée à mi-chemin entre St Augustine à l'est et Pensacola à l'ouest. Dans un 2d temps, le gouvernement américain cherche à pallier le problème que lui posent les Indiens séminoles, qui continuent d'accepter au sein des leurs des groupes d'esclaves en fuite. En 1832, par le traité de Payne's Landing, certains chefs séminoles acceptent d'exiler leurs tribus plus à l'ouest en échange de terres. Ceux qui font le choix de rester sont rapidement contraints à la résistance armée contre des colons qui ne veulent plus entendre parler d'eux. Cette nouvelle ***guerre séminole*** dure 7 ans, de 1835 à 1842, et se conclut par l'exil forcé de 3 000 Séminoles vers l'ouest.

Le 3 mars 1845, une fois le capitole de Tallahassee achevé, la Floride, dont la population est formée pour moitié d'esclaves noirs exploités dans les plantations, devient officiellement le ***27e État des États-Unis d'Amérique.***

La guerre de Sécession

L'aspect immoral de l'esclavage d'un homme n'est pas la vraie raison du déclenchement de la guerre de Sécession, qui opposa les États unionistes et abolitionnistes du Nord aux États séparatistes et esclavagistes du Sud, dits « confédérés ». Il s'agit d'abord pour le Nord de défendre une Union indivisible, fracturée suite à l'élection d'Abraham Lincoln. ***Abraham Lincoln n'a que peu de sympathie pour la « cause noire »,*** la libération des esclaves ne s'inscrivant alors que dans le cadre du combat contre le Sud. Il déclare à ce sujet : « Mon objectif essentiel dans ce conflit est de sauver l'Union... Si je pouvais sauver l'Union sans libérer aucun esclave, je le ferais... »

Le conflit dure de 1861 à 1865, et c'est un véritable massacre (environ 630 000 morts et 400 000 blessés). 2 profonds changements dans la société américaine sont issus de cette guerre civile : le 1er est l'***abolition de l'esclavage le 18 décembre 1865,*** et le 2d sera la ***volonté de l'Union de représenter et de garantir une nouvelle forme de démocratie. Lincoln,*** le président américain dont l'élection a tout déclenché, en sort grandi et devient un héros national... avant d'être assassiné.

LA FIN D'UN MYTHE

En souvenir du roman anti-esclavagiste de Harriet B. Stowe, les Américains furent fiers de découvrir l'authentique case de l'oncle Tom. Les travaux de rénovation du site dépassèrent allègrement les 3 millions de dollars. Puis on se rendit compte qu'il ne s'agissait que d'une modeste cuisine où le héros ne vécut jamais.

État esclavagiste par excellence, la Floride est l'un des 4 membres fondateurs des États confédérés d'Amérique. Les États du Nord établirent un véritable embargo sur les principaux ports de cet important fournisseur de ressources pour l'armée confédérée. Mais, à part quelques exceptions, l'État resta néanmoins épargné par les combats. Une fois la guerre terminée, la Floride sera finalement admise à réintégrer les États-Unis en juillet 1868, et les esclaves des plantations obtiennent leur liberté, ce qui fait s'écrouler les bases de l'économie floridienne.

Mais si les Noirs américains acquirent leur liberté au sortir de la guerre, ils durent encore se battre un siècle de plus contre la ***ségrégation,*** jusqu'à conquérir, dans les années 1960, des droits civiques équivalents à ceux des Blancs. Encore aujourd'hui, l'exclusion raciale passée (et parfois présente) a pour conséquence ***le paupérisme et l'exclusion d'une majorité des Noirs américains.***

La reconstruction

Au sortir de la guerre civile, la Floride, ruinée, reconstruit son économie en misant avec succès sur le ***développement du tourisme.*** S'appuyant sur des capitaux du Nord, les ***magnats des chemins de fer Henry Plant et Henry Flagler*** entreprennent ***la restauration et l'amélioration des réseaux ferroviaires et hôteliers*** dès la fin des années 1870. De son côté, l'industriel Hamilton Disson fait l'acquisition des Everglades en 1881. Il y fait creuser des canaux et y implante un système hôtelier qu'il fait relier par *steamboats* (bateaux à vapeur). ***La Floride se transforme en havre de paix pour touristes fortunés.*** Sa tranquillité est à peine troublée par la ***Première Guerre mondiale,*** à laquelle les États-Unis prennent part en 1917.

CRISE DE L'ARME

Selon la journaliste Corine Lesnes du Monde, *les civils détiennent des armes depuis la guerre de Sécession. Quand la paix revint, les gouvernements ne récupérèrent pas les winchesters comme en France en 1944. Ce furent les Indiens qui en firent les frais. La culture des armes est très forte dans les zones pauvres, où la sécurité est moins évidente.*

Les années de boom et la guerre

Au lendemain de la guerre de 1914-1918, la suprématie européenne est en déclin et les États-Unis, moyennement meurtris et très enrichis, deviennent une puissance importante sur l'échiquier mondial. Ce sont les ***« années Boom »,*** caractérisées par une ***très forte croissance économique,*** notamment dans le domaine de l'immobilier. L'automobile permet à de nombreux Américains de partir en vacances. Les investisseurs floridiens s'en frottent les mains, car ***de nouvelles villes sont créées*** à dessein, ***telles Miami et Palm Beach.*** Néanmoins, l'inflation galopante dans le secteur de l'immobilier entraîne une 1re crise en 1925, suivie du passage d'un violent ouragan en 1926. Les prix chutent, les faillites pleuvent... si bien que la ***Grande Dépression,*** déclenchée par le krach boursier de Wall Street en 1929, atteint moins la Floride, dont la crise est déjà bien avancée ! Celle-ci passée, les investisseurs reviennent et entreprennent la ***construction des 1ers parcs à thème,*** dont Cypress Gardens près de Winter Haven (1936) et Marineland près de St Augustine (1938).

La ***Seconde Guerre mondiale*** (décembre 1941-août 1945 pour les Américains) mobilise la nation entière et transforme cet État côtier en important lieu stratégique. ***La Floride accueille ainsi de nombreuses bases militaires, navales ou aériennes*** (par exemple : Jacksonville, Mayport, Cecil Field, Homestead...), et assure sa prospérité économique en servant également de base d'entraînement pour de nombreuses unités.

Tourisme, missiles, cigares et jus d'orange

Après la guerre, les bases militaires ferment peu à peu et ***la Floride redevient une destination touristique de 1er plan.*** La région exploite habilement ***son principal atout : le soleil*** ! L'équation « centaines de kilomètres de plages de sable fin + ***ouverture à Orlando des parcs d'attractions*** » ***(Walt Disney World Resort en 1971 et Universal au début des années 1980)*** achève de dynamiser le tourisme en ouvrant la région à un public plus large. Les retraités s'y plaisent et sont nombreux à s'y installer. Miami est même surnommée « la salle d'attente de Dieu »...

Le climat subtropical du Sunshine State est aussi propice à la ***culture des agrumes*** (oranges, pamplemousses, citrons, etc.) ***et à celle du tabac,*** qui en font, grâce au développement de l'industrie agroalimentaire, le 2e producteur mondial.

La Floride fait aussi partie de la ***Sun Belt,*** la région dynamique du sud des États-Unis qui attire ingénieurs et hommes d'affaires du monde entier. Les industries de haute technologie (aérospatiale, aéronautique, etc.) s'y développent, notamment avec la ***construction du Kennedy Space Center à Cape Canaveral.*** Surnommée ***Space Coast*** (la « côte spatiale »), la zone voit le lancement du ***1er homme sur la Lune en 1969.*** La guerre froide entre les États-Unis et l'URSS va aussi modifier le visage de la Floride avec l'***arrivée massive d'immigrés cubains*** suite au renversement du dictateur Batista par Fidel Castro en 1956 (300 000 rien que la 1re année, puis par vagues successives jusqu'à aujourd'hui...). Cette importante immigration cubaine achève de dynamiser la région. Partis de peu, ils forment aujourd'hui une communauté influente et toujours grandissante en Floride (environ 1,2 million d'individus) et s'organisent pour aider leurs familles restées à Cuba.

Yes, we can ?

En 2007, sans doute lassée des Bush et visiblement emportée par l'élan national en faveur du futur 1er président noir, ***la Floride vote Obama*** et lui renouvelle sa confiance 4 ans plus tard. Ce qui ne l'empêche pas, dès 2010, de se choisir pour gouverneur le républicain Rick Scott, fieffé opposé à la réforme du système de santé prônée par Obama, lequel ordonnera au cours de son mandat l'exécution de 22 prisonniers en attente dans les couloirs de la mort (rappelons que la Floride avait été le 1er État à rétablir la peine de mort dès 1976). En 2012, un jeune Afro-Américain, ***Trayvon Martin,*** est abattu par George Zimmerman. La raison ? Zimmerman avait trouvé l'adolescent suspect. Plaidant la légitime défense, il n'est même pas arrêté. Face aux manifestations qui prennent de l'ampleur, il sera finalement inculpé, puis acquitté. L'affaire fait grand bruit et donne naissance au mouvement ***#BlackLivesMatter*** (« les vies noires comptent »), dénonçant l'impunité des meurtres d'Afro-Américains.

POURQUOI LA FLORIDE EST UN ÉTAT CLÉ

Avec ses 29 grands électeurs sur un total de 538, la Floride pèse lourd dans la balance électorale. Le plus gros des swing States (États bascule) est d'autant plus courtisé que l'afflux permanent de nouveaux habitants est susceptible de changer la donne d'une élection à une autre.

Mais les années Obama sont aussi celles de l'ouverture. En 2015, ***les relations diplomatiques avec Cuba sont rétablies*** après 54 ans de gel. Acte historique s'il en est, le président américain se rend en personne sur l'île serrer la pogne à Raul. Quelques mois plus tard, Fidel passe l'arme à gauche. Une page se tourne.

L'épisode Trump

On attendait pour la 1re fois une femme, ***Hillary Clinton,*** mais c'est le ***milliardaire-affairiste Donald Trump*** qui, sans avoir jamais exercé de mandat politique, endosse le costume de 45e président des États-Unis. Lui-même surpris de sa victoire, il s'embarque dans une aventure politique peu banale à coups de tweets, vilipendant tous ceux qui osent s'opposer à lui. Sa méconnaissance des dossiers est évidente, sa légèreté en matière de relations internationales inquiétante, ses volte-face et ses fanfaronnades pathétiques, son manque d'empathie pour les victimes des ouragans et des fusillades à répétition troublant... Durant la 1re année de son mandat, Trump passe davantage de temps sur les greens que son prédécesseur en 4 ans.

La présidence Trump n'est pas un long fleuve tranquille. ***Son administration est chaotique*** et ses conseillers valsent à tour de bras... Ses opinions sont toutefois bien ancrées et, après un temps d'adaptation, il s'attaque à ses mantras : ***stopper l'immigration, abroger l'Obamacare*** (le système de santé instauré par Obama, jugé trop coûteux), ***réduire les réglementations environnementales et financières*** – et, plus globalement, tout ce qui entrave le business.

RETOUR À L'ENVOYEUR

Bâtie en 1927 sur 8 ha en bord de mer, la résidence de Mar-a-Lago, à Palm Beach, avait été léguée en 1973 au gouvernement américain pour en faire une retraite présidentielle. L'État la revendit pourtant à Donald Trump en 1985, qui la transforma en club privé (200 000 $ l'adhésion aujourd'hui !) et y fit aménager un golf. Pendant son mandat présidentiel, il y passait ses week-ends (aux frais du contribuable...). Il y réside désormais avec sa famille depuis son départ de la Maison-Blanche.

Trump conduit pourtant, a contrario, une ***politique de relocalisation des entreprises américaines*** et érige au fil des mois des barrières douanières pour protéger les emplois nationaux. Sur le plan international, Trump n'en fait tout autant qu'à sa tête. ***Il retire les États-Unis des accords de Paris*** destinés à limiter le réchauffement climatique, ***puis de l'accord de Vienne sur le nucléaire iranien*** (pourtant respecté par l'Iran), et renégocie au forceps les accords de libre-échange avec le Mexique et le Canada (ALENA). Il s'embarque parallèlement dans des rapprochements hasardeux avec certains régimes forts, dont la Corée du Nord. Ses relations troubles avec la Russie de Vladimir Poutine font couler beaucoup d'encre.

Économiquement, tout va bien. La réforme fiscale passée fin 2017 a déversé 1 500 milliards de dollars aux particuliers et aux entreprises, contribuant à un fort surcroît de croissance. Le chômage est parallèlement au plus bas. Mais ces excellents chiffres cachent un (très) gros écueil : les baisses d'impôts ne reposent sur aucune réduction de dépenses ! Elles sont donc intégralement financées par de la dette.

En novembre 2018, ***les élections de mi-mandat marquent un tournant.*** Les républicains se retrouvent minoritaires à la chambre des représentants et les démocrates lâchent les chiens. Affaire russe, entrave à l'exercice de la justice, paiements dissimulés à des femmes pour cacher de supposées relations extra-conjugales avant son élection, allégations d'agressions sexuelles, etc., les raisons de faire tomber Trump sont nombreuses... quoique largement contreproductives sur le plan électoral.

Quelques mois plus tard éclate l'« affaire Biden » : Donald Trump a demandé au président ukrainien de lancer une enquête sur le fils de Joe Biden, candidat démocrate qui le remplacera en 2021. L'affaire fait grand bruit et ***une procédure de destitution est lancée envers Donald Trump.*** Le Sénat, à majorité républicaine, vote l'acquittement.

Délicate transition

Les États-Unis entrent dans l'épidémie de ***Covid-19*** la tête la première. Opposé à des restrictions qui pourraient entraver le business et la liberté individuelle, Donald Trump fanfaronne le plus souvent sans masque, incitant les Américains à faire de même... Résultat : il tombe malade (s'en remet) et le corona explose au pays de l'Oncle Sam – qui reste aujourd'hui le pays le plus endeuillé de la planète, avec un triste total de 1,1 million de morts.

Le contraste avec Joe Biden et ses équipes, qui se présentent masqués et respectant les distances de sécurité, est flagrant. La ***campagne électorale présidentielle*** qui débute est marquée, le 25 mai 2020, par la mort à Minneapolis de ***George Floyd,*** un homme noir victime d'une énième bavure policière à caractère racial. Les images filmées de son arrestation, sur lesquelles on l'entend dire « *I can't breathe* », font le tour de la planète. De grandes manifestations ont lieu partout dans le pays, réaffirmant le mouvement politique ***#BlackLivesMatter,*** qui dénonce le racisme systémique envers les Noirs. Des statues confédérées, d'évangélistes du temps de la colonisation, d'anciens présidents américains, mais aussi de Christophe Colomb sont vandalisées ou déboulonnées. Grande première, le policier responsable, Derek Chauvin, sera condamné pour meurtre en avril 2021.

C'est dans ce climat politique tendu que se déroule l'***élection présidentielle américaine,*** le 3 novembre 2020. La participation citoyenne est spectaculaire : le vote devient un référendum pro ou anti-Trump. Si la Floride reste fidèle au président en exercice, ***Joe Biden est finalement annoncé vainqueur*** le 7 novembre par les grands médias américains, après un dépouillement long et controversé – en raison du recours massif au vote par correspondance dû à l'épidémie de Covid-19. Donald Trump nie sa défaite en bloc, se déclare victime d'une escroquerie électorale sans aucune preuve et appelle ses électeurs à s'y opposer. Ainsi, des centaines de partisans pro-Trump envahissent le Capitole le 6 janvier 2021 dans le dessein de paralyser la certification des voix par le collège électoral. Une ***2e procédure de destitution*** est lancée contre Trump pour « incitation à l'insurrection » suite à l'événement... du jamais-vu dans l'histoire du pays ! Il sera acquitté bien que 7 sénateurs républicains se joignent aux démocrates pour le déclarer coupable.

Le 20 janvier 2021, ***Joe Biden est investi 46e président des États-Unis et Kamala Harris 1re femme vice-présidente.*** Dirigeant américain le plus âgé de l'histoire à prendre la tête du pays, Biden revient immédiatement, par décrets et ordonnances, sur tout un éventail de politiques trumpiennes : gestion prioritaire de la crise sanitaire, transition écologique, lutte contre le racisme, fin de la construction du mur à la frontière mexicaine, politique internationale... rien n'est laissé au hasard. En quelques semaines déjà, Joe Biden s'affirme comme un président offensif, parvenant à faire adopter un plan de relance économique de 1 900 milliards de dollars. Malgré tout, il est forcé de remettre à plus tard la réévaluation du salaire minimal à 15 $ de l'heure (contre 7,25 $/h actuellement) et de retirer du programme le projet de 2 années universitaires gratuites.

En ***septembre 2021,*** un « pacte de sécurité » signé entre les États-Unis et l'Australie provoque une ***crise diplomatique*** rare avec la France, qui voit s'envoler un contrat à 30 milliards d'euros pour une commande de sous-marins. La crise s'aggrave, Emmanuel Macron rappelle son ambassadeur à Washington, mais les tensions s'apaisent à la fin du mois.

Après l'invasion de l'Ukraine par la Russie en février 2022, Joe Biden affirme son ***soutien au président Zelensky*** en le recevant à la Maison-Blanche et débloque une ***aide de plus de 60 milliards de dollars à l'Ukraine.*** Parallèlement, les tensions s'accentuent entre Washington et Pékin, et, début 2023, les États-Unis sont pris dans une tourmente financière qui fait planer le risque d'un défaut de paiement de la dette. Mi-juin, Joe Biden parvient à éviter in extremis le cataclysme en faisant relever le plafond de la dette.

MÉDIAS

La presse écrite

À l'échelle nationale, les ***quotidiens*** les plus importants sont *The New York Times* (journal progressiste de qualité, plus d'un million d'exemplaires vendus chaque jour, près d'un million et demi le dimanche), *The Washington Post* et *Los Angeles Times* (inspiration politique plutôt libérale). Également *The Wall Street Journal* (sérieux et conservateur) et *USA Today* (très grand public et de qualité médiocre).

Et encore plein de journaux locaux concentrés sur les faits divers et les manifestations culturelles, le plus lu en Floride étant *The Miami Herald.* Il y a aussi les tabloïds (appelés ainsi à cause de leur format), *Daily News* et compagnie, souvent gratuits et sans contenu de fond : on se contente des nouvelles locales, et le reste de l'actualité n'est traité que sous forme de dépêches.

La télévision

Il existe 6 réseaux nationaux : *ABC, CBS, NBC, FOX, WB* et *PBS* (la chaîne publique financée par l'État et les particuliers, sans pub, proposant les meilleures émissions mais pas pour autant les plus regardées). Chaque État possède pléthore de chaînes locales ou régionales. À ces réseaux hertziens vient s'ajouter le câble. Citons les chaînes d'information en continu comme *CNN* (plutôt démocrate) et *FOX* (clairement républicaine, axée sur les *trash news* – scandales), sans oublier les thématiques, dont *HBO,* qui diffuse films et séries (l'équivalent de Canal +). Le plus insupportable étant l'omniprésence de la pub : 18 mn 30 s en moyenne par heure de diffusion !

VOTRE TV EN FRANÇAIS : TV5MONDE
la 1re chaîne culturelle francophone mondiale

Avec ses 8 chaînes généralistes, ses 2 chaînes thématiques et sa plateforme numérique TV5MONDEplus, TV5MONDE est disponible dans 211 États et offre le meilleur de la production francophone, sous-titré en 13 langues : information internationale, cinéma et séries, sport, documentaires et magazines découvertes, programmes jeunesse...
• *voyage.tv5monde.com* • ; restez connecté avec ses applications et le site • *tv5monde.com* •

Radio

Nombreuses radios locales, essentiellement musicales. On les retrouve sur la bande FM. En écoutant la radio, on retrouve la « couleur » de l'État dans lequel on est. Latino et rock en Floride, country dans le Sud... Les stations de radio portent des noms en 4 lettres, commençant soit par W (à l'est du Mississippi), soit par K (à l'ouest).
Le réseau public américain, le NPR *(National Public Radio),* propose des programmes d'une qualité supérieure.

Liberté de la presse

Aux États-Unis, la liberté de la presse, inscrite dans le marbre du ***1er amendement à la Constitution de 1787,*** a dû faire face ces dernières années à des obstacles majeurs. Le mandat de Donald Trump a confirmé ce déclin en matière de ***droit de la presse,*** l'ancien président américain étant connu pour blâmer régulièrement les journaux, les présentant comme « les ennemis du peuple américain ». Il qualifie systématiquement de « fausses informations » les articles et reportages critiques à son égard. Après avoir connu une brusque hausse en 2020, surtout pendant les manifestations « Black Lives Matter », les violations de la liberté de la presse ont considérablement diminué

aux États-Unis, mais d'importants obstacles structurels persistent, ainsi que la violence. 2 journalistes américains ont été tués en 2022 dans le cadre de leur activité professionnelle.
Par ailleurs, la loi ***Espionage Act*** prévoit des poursuites contre les lanceurs d'alertes s'ils révèlent des informations d'intérêt public, et la presse ne bénéficie toujours pas d'une « loi bouclier » *(shield law)* lui permettant de protéger ses sources.

Ce texte a été réalisé en collaboration avec ***Reporters sans frontières (RSF).*** Pour plus d'informations sur les atteintes aux libertés de la presse, n'hésitez pas à consulter leur site : ● *rsf.org* ●

PERSONNAGES

– ***Ray Charles*** *(1930-2004)* **:** chanteur, pianiste, saxophoniste, dont les lunettes noires masquaient une cécité contractée à l'âge de 6 ans, Ray Charles fut élevé dans la région de St Augustine. Inspiré à ses débuts par le blues californien, il crée, dans les années 1950, un style musical alliant jazz, blues et gospel : la *soul music.* Sa disparition laisse un immense vide dans le monde de la musique afro-américaine. Pour comprendre son parcours exceptionnel, voir ou revoir le film *Ray* avec l'excellent Jamie Foxx.
– ***Patricia Cornwell*** *(née en 1956)* **:** native de Miami, descendante de Harriet Beecher Stowe (l'auteure de *La Case de l'oncle Tom*), elle est, après le divorce de ses parents, élevée dans une famille d'accueil très stricte et religieuse du Tennessee. Enfance et adolescence difficiles justifient sans doute son intérêt précoce pour l'écriture. D'abord journaliste pour *The Charlotte Observer,* spécialisée dans les faits divers criminels, elle publie son 1er roman en 1990. Depuis cette date, elle a vendu plus de 100 millions de livres ! La clé de son succès : le personnage féminin récurrent de Kay Scarpetta, médecin légiste née, elle aussi, à Miami.
– ***Ron DeSantis*** *(né en 1978)* **:** après des études à Yale et Harvard, il débute son parcours professionnel comme coach sportif et professeur d'histoire, puis embrasse une carrière militaire comme juriste, avant de se lancer en politique. Républicain nationaliste et catholique conservateur, il devient gouverneur de Floride en 2018, soutenu par d'importants milliardaires. Favorable à la peine de mort et au port d'armes, anti-avortement et à l'initiative de la loi « *Don't Say Gay* », il est réélu en 2022. Il mène notamment une bataille contre Disney, assurant faire la guerre aux progressistes. Perçu par beaucoup comme un 2d Trump, en plus radical... mais avec moins de charisme, il annonce en mai 2023 sa candidature à l'élection présidentielle de 2024.
– ***Walt Disney*** *(Walter Elias Disney ; 1901-1966)* **:** curieusement, Disney n'était pas un dessinateur exceptionnel. Très vite, il s'arrêta même de dessiner. C'était surtout un homme d'idées, à qui on doit, entre autres, le concept des parcs d'attractions. Son 1er trait de génie fut de donner aux visages de ses héros des expressions reflétant leurs émotions. Disney inventa aussi les études de marché : il invitait son équipe au cinéma et faisait

MICKEY CRÉÉ PAR DÉPIT

Walt Disney commença par créer le lapin Oswald en 1927. Les studios Universal, producteurs et propriétaires des droits, lui refusèrent une augmentation. Viré, il imagina alors une petite souris, qui ressemble d'ailleurs à Oswald (mais sans les oreilles tombantes du lapin). Ne trouvant pas de diffuseur, Disney prit le risque de se produire lui-même. Ce fut le début de sa fortune.

projeter son dernier dessin animé devant le public. On notait ensuite les réactions dans la salle pour modifier le scénario. Au fait, saviez-vous que Mickey, créé en 1928, tint le 2d rôle jusqu'aux années 1940 ? La vedette, c'était Pluto.

– ***Faye Dunaway*** *(née en 1941)* **:** née à Bascom, elle fait sa 1re apparition au cinéma à l'âge de 21 ans avant d'obtenir le 1er rôle aux côtés de Warren Beatty dans *Bonnie and Clyde.* Elle enchaîne avec *L'Affaire Thomas Crown* et *Portrait d'une enfant déchue,* puis tourne avec des réalisateurs aussi prestigieux qu'Elia Kazan et le Français René Clément. Suivent *Chinatown,* de Polanski, *Les Trois Jours du Condor,* de Sydney Pollack, *Les Yeux de Laura Mars,* d'Irvin Kershner... En 1976, elle reçoit l'oscar de la meilleure actrice pour son rôle dans *Network,* de Sidney Lumet. Dans les années 1990, elle joue avec Johnny Depp dans *Arizona Dream,* d'Emir Kusturica, et avec Joaquin Phoenix et Mark Wahlberg dans *The Yards,* du New-Yorkais James Gray. Elle poursuit une carrière riche dans les années 2010 au cinéma et à la télévision avant de se faire plus rare au fil des années.

– ***Thomas Edison*** *(1847-1931)* **:** un petit génie de l'invention que son professeur d'école trouvait « stupide » à cause de toutes ses questions ! En tout, il déposa plus de 1 100 brevets, dont 75 pour la seule année 1882 ! Le phonographe (1877) et la lampe à incandescence (1878) sont ses 2 inventions phares. Il passa de nombreux étés à Fort Myers et se construisit plus tard un cottage pour l'hiver, juste à côté de son ami Henri Ford, avec lequel il travailla en contribuant à la technologie automobile. À sa mort, le gouvernement lui rendit hommage en plongeant tout le pays dans l'obscurité pendant 1 mn.

AIDEZ VOTRE PROCHAIN

Incompris à l'école, Thomas Edison fut déscolarisé et instruit par sa mère. Passionné par les sciences, il dévorait tous les livres spécialisés qui lui passaient entre les mains et commença à travailler dès 12 ans comme vendeur de journaux dans un train. À 15 ans, il sauva le bébé d'un chef de gare qui allait se faire écraser. Pour le remercier, celui-ci lui apprit le métier de télégraphiste. Peu à peu, il améliora la machine (d'abord pour ne pas avoir à se réveiller la nuit !) et déposa son tout 1er brevet. Plus d'un millier d'autres suivirent. Il mourut milliardaire.

– ***Henry Flagler*** *(1830-1913)* **:** cet homme d'affaires averti, grand pote de Rockefeller, avec qui il fonda la Standard Oil Company, tomba sous le charme de St Augustine, où il était venu passer l'hiver, mais le niveau hôtelier et les transports ne lui convenaient pas (le *Routard* n'existait pas encore...). C'est ainsi qu'il construisit, l'année d'après, le *Ponce de León Hotel,* avec 540 chambres, ainsi qu'une ligne de chemin de fer, la Florida East Coast Railway. De quoi faire de Flagler l'initiateur du tourisme en Floride.

– ***Andy García*** *(né en 1956)* **:** suite au débarquement de la baie des Cochons en 1961, l'acteur quitte La Havane pour Miami. Après de petits rôles TV, il accède à la reconnaissance en 1987 avec *Les Incorruptibles* (Brian de Palma) dans le rôle d'un inspecteur du FBI recruté pour combattre Al Capone. Essai confirmé en 1990 dans *Le Parrain 3,* de Francis Ford Coppola, pour lequel il prend la succession de Don Corleone. Ça y est, Andy García fait partie de la mafia du cinéma ! Suivent des films mineurs, puis la trilogie des *Ocean's Eleven* (2001-2007)... Fier de ses origines, il réalise 2 hommages à la culture cubaine : *Cachao* (1993), un documentaire consacré à l'inventeur du mambo, et *Adieu Cuba* (2007), une saga familiale sur fond de révolution castriste.

– ***Ernest Hemingway*** *(1899-1961)* **:** l'un des romanciers et des nouvellistes les plus connus de la 1re moitié du XXe s. *Le soleil se lève aussi* (1926) le fait connaître, *Le Vieil Homme et la Mer* (1952) lui vaut le prix Pulitzer. En 1954, il reçoit le prix Nobel de littérature. Hemingway puise son inspiration dans ses voyages et sa vie d'aventures ; il est blessé en Italie en 1918 *(L'Adieu aux armes),* couvre la guerre d'Espagne (*Pour qui sonne le glas,* qu'il écrit dans sa maison de Key West), assiste à des corridas à Pamplona, voit la libération de Paris, s'écrase en avion en Afrique... et se suicide, comme son père.

– ***Zora Neale Hurston** (1891-1960)* **:** cette écrivaine afro-américaine s'est fait connaître grâce à sa nouvelle engagée *Their Eyes Were Watching God,* dans laquelle elle manifeste son attachement au mouvement de *La Renaissance de Harlem.* Ses romans sont empreints de l'atmosphère de la ville d'Eatonville, en Floride, où elle a passé toute son enfance.

– ***Eva Mendes** (née en 1974)* **:** née à Miami de parents cubains, elle s'installe rapidement à Los Angeles et tente sa chance au cinéma. Après des débuts classiques (clips et séries TV) vient la superproduction *2 Fast 2 Furious* (2003). Sa carrière est lancée, tout comme son statut de sex-symbol ! Son jeu est charnel, mais pas seulement, et, surtout, ses choix de rôles sont osés et variés. Les cinéphiles la retiendront pour *La nuit nous appartient* (2007 ; James Gray), *The Spirit* (2008 ; Frank Miller), *Bad Lieutenant* (2009 ; Werner Herzog) et *Holy Motors* (2012), dans un rôle imaginé par l'esprit torturé et génial du Français Leos Carax, un personnage entre mannequin voilé et Vierge à l'Enfant... Son compagnon Ryan Gosling l'a choisie pour tourner dans son 1er long-métrage, *Lost River* (2014).

– ***Jim Morrison** (1943-1971)* **:** « homme de mots », comme il se définissait, Jim Morrison, originaire de Melbourne (en Floride), chef de file du groupe The Doors, qu'il forme avec Ray Manzarek, est un « monument » de la scène rock des années 1960. En concert, ce jeune éphèbe électrise les foules, se délivre et se livre sous l'emprise de diverses substances. Le groupe incarne alors toute une culture. Jim Morrison a été retrouvé mort à Paris dans des conditions encore mystérieuses, qui ont contribué à forger sa légende. Sa tombe au cimetière du Père-Lachaise est visitée par les touristes du monde entier.

– ***Pitbull** (Armando Christian Pérez ; né en 1981)* **:** né à Miami, Pitbull est un des rappeurs les mieux payés du monde. Son 1er album, *M.I.A.M.I. (Money Is A Major Issue),* sorti en 2004, est inspiré par ses origines cubaines, comme le suivant, *El Mariel,* une référence aux bateaux transportant les réfugiés cubains dans les années 1980. En 2010, il connaît un succès planétaire avec le tube *Give me Everything* et, 4 ans plus tard, c'est lui qui est choisi par la FIFA pour interpréter l'hymne officiel de la Coupe du monde de foot à Rio. Mordu de foot et très investi dans le club de Miami, l'artiste-entrepreneur s'est vu remettre les clés de la ville par le maire lors de sa fête d'anniversaire en 2015. Il est propriétaire de plusieurs restaurants en Floride.

– ***Sidney Poitier** (1927-2022)* **:** ce grand acteur et cinéaste est né (un peu par hasard) à Miami, dans le quartier de Coconut Grove. Après une enfance aux Bahamas, passionné par le 7e art, il émigre à New York et intègre l'American Negro Theater. Il jouera dans une cinquantaine de films, dont *Devine qui vient dîner ?* et *Dans la chaleur de la nuit* (1967), qui dénoncent tous 2 le racisme imprégnant les États-Unis. Il fut par ailleurs le 1er Afro-Américain à remporter l'oscar du meilleur acteur, en 1963, pour *Le Lys des champs,* de Homer Smith.

– ***John Ringling** (1866-1936)* **:** sans être un enfant de Floride (il est né dans l'Iowa), c'est à Sarasota que le roi du cirque a édifié son palais et son musée des Beaux-Arts (à visiter sans hésiter !). Avec ses 7 frères et sa sœur, il crée la célèbre compagnie *Ringling Bros* et rachète la *Barnum and Bailey Circus,* dont il fit *The Greatest Show on Earth* (le plus grand spectacle du monde) ! En plusieurs décennies de spectacles, John devient l'un des hommes les plus riches des États-Unis. Fortune faite, cet enfant de la balle place ses billes dans d'autres cirques : la bourse, l'immobilier, le pétrole... Amateur d'art, il se confectionne une fabuleuse collection de toiles de maîtres européens (Titien, Rubens, Vélasquez...). Le *Ringling Circus* a tiré définitivement sa révérence en 2017, après près de 150 ans de tournées.

– ***Mickey Rourke*** *(né en 1952)* **:** une enfance à Miami marquée par un beau-père violent pousse le jeune Mickey à se réfugier dans la boxe. Après des études de cinéma à New York, il finit par percer en 1983 grâce à son rôle de motard dans *Rusty James,* de Coppola. Alors icône du cinéma américain, il travaille avec des réalisateurs aussi brillants que polémiques : *L'Année du Dragon,* de Michael Cimino, *9 semaines ½,* d'Adrian Lyne, *Barfly,* de Barbet Schroeder... Mais alcoolisme, violence et mauvais choix lui valent une longue traversée du désert. Ruiné, il devient boxeur professionnel, en témoigne son visage transformé par les coups et les chirurgies successives. Retour sur les écrans très remarqué en 2008, avec le rôle sur mesure d'un catcheur sur le déclin dans *The Wrestler,* de Darren Aronofsky, pour lequel il obtient le Golden Globe du meilleur acteur.

Les Français célèbres en Floride

– Né en 1785, ***Jean-Jacques Audubon*** s'installe dans le pays et se fait naturaliser sous les prénoms de John James. Il se prétend élève de David, ce qui est peu probable. Il deviendra quand même le plus grand peintre naturaliste du XIXe s, quand bien même il était bien reconnu en France. De 1827 à 1838, il édite en 4 volumes 435 planches intitulées *Birds of America.* Cet ouvrage sera réimprimé en France en 1986 par Mazenod sous le titre *Grand livre des oiseaux.* On peut visiter à Key West une jolie maison qui abrite quelques-unes de ses œuvres, puisqu'il séjourna dans l'île en 1835.

– ***De 1815 à 1830, de nombreux bonapartistes hostiles au retour des Bourbons*** partent pour les États-Unis, et surtout pour le Sud, la Virginie, la Louisiane et la Floride. Ils forment un peu partout de petites colonies mi-militaires, mi-agricoles. Le plus illustre d'entre eux, ***Joseph Bonaparte,*** le frère aîné de Napoléon, a vécu 23 ans dans l'opulence aux États-Unis, près de Philadelphie (il avait volé les bijoux de la famille royale d'Espagne !). Il descendra peu dans le Sud, malgré ses partisans mexicains qui voulaient en faire leur roi... ***Achille Murat,*** fils du roi de Naples et de Caroline (la sœur de Napoléon), s'installe lui comme colon à Belleview, épouse une petite-fille de George Washington, et devient juge à St Augustine puis à Tallahassee, où il sera enterré. En 1860, ***Napoléon III,*** qui avait fait un court séjour aux États-Unis en 1837, quand il n'était encore que prétendant, apporte son aide aux États confédérés du Sud, dont la Floride, pendant la guerre de Sécession. Il tente même d'établir un empire profrançais au Mexique.

POPULATION

La Floride est le ***3e État le plus peuplé des États-Unis*** après la Californie et le Texas, juste devant New York. Parmi ses 22,5 millions d'habitants, la grande majorité se concentre dans les villes, et plus particulièrement les villes côtières du Sud-Est, où l'agglomération de Miami compte plus de 6 millions d'habitants, ce qui en fait la 7e zone urbaine des États-Unis. Suivent les métropoles de Tampa-St Petersburg (3,2 millions), d'Orlando-Kissimmee (2,6 millions) et de Jacksonville (1,5 million). L'expansion continue de la population se retrouve dans l'origine des habitants : les 2/3 sont originaires d'un autre État et plus de 1 Floridien sur 5 est né hors des États-Unis (54 % à Miami !). La Floride est aussi l'État où les plus de 65 ans sont les plus nombreux : ils représentent en effet 20,9 % de la population (et jusqu'à 57,6 % dans le comté de Sumter !).

Les Hispaniques forment la principale minorité, avec plus de 25 % de la population globale de l'État, jusqu'à près de 70 % à Miami. Une majorité d'entre eux est d'origine cubaine, dont nombre de *balseros*, des immigrants ayant fui le régime castriste sur des radeaux ou des bateaux de fortune. On trouve aussi un nombre important de Centre-Américains (Mexicains, Honduriens, Nicaraguayens), Portoricains et Sud-Américains. Les Noirs (16 %) se trouvent plutôt dans le nord de l'État et les zones rurales, ainsi que dans la région de Miami, où la communauté haïtienne atteint environ 400 000 personnes. Les descendants des peuples amérindiens ont, eux, presque disparu. Tout juste compte-t-on 2 500 Séminoles et Miccosukees, installés pour la plupart aux abords du Tamiami Trail (route 41), sur 6 réserves où l'on trouve... autant de casinos ! Bref, l'État tout entier est une grande terre d'accueil, un véritable melting-pot. « Plus un kaléidoscope qu'une communauté ! », disait l'ex-gouverneur Buddy MacKay.

LES SÉMINOLES, UN PEUPLE INVAINCU

Originaire de Floride, la nation séminole est composée d'autochtones, mais aussi d'Afro-Américains de Géorgie (les Séminoles noirs). Tandis que 3 000 Séminoles étaient déportés, 500 d'entre eux combattirent l'armée fédérale autour des Everglades, causant la mort de 1 500 soldats américains. Aucun traité de paix ne leur ayant été proposé, ils ne se sont jamais rendus au gouvernement. Aujourd'hui, ils disposent de la souveraineté sur leurs terres, et leur économie est fondée sur le tabac, le tourisme et le jeu.

Miami, la ville la plus inégale d'Amérique

Miami a beau brasser du béton à tour de bras et favoriser le développement des start-up, elle n'en demeure pas moins, avec Atlanta, la ville des États-Unis où les inégalités sont les plus grandes. Fer de lance du développement touristique, immobilier et bancaire aux yeux des étrangers, Miami peine à fournir des emplois pérennes et une vie décente à une partie de ses habitants. La raison ? Mis à part *American Airlines* et le croisiériste *Carnival Cruise,* elle ne possède pas de grandes entreprises. Résultat, en 2022, le revenu médian des ménages était inférieur de près de 34 % à la moyenne nationale (54 132 $/an), tandis que, dans l'hôtellerie et le bâtiment, c'est carrément la misère... Si *Magic City* a sorti de son chapeau une petite dizaine de milliardaires (immobilier surtout), elle caracole en tête du classement des ménages les plus endettés et connaît d'énormes inégalités, ne serait-ce qu'au niveau de l'espérance de vie : 86 ans pour ses habitants les plus aisés et 71 ans pour les plus défavorisés, alors que seulement 3,5 km séparent les résidences des uns et des autres.

RELIGIONS ET CROYANCES

Pour comprendre l'importance de la religion aux États-Unis, il faut la replacer dans son contexte historique.

Tout a commencé avec l'***implantation des 1ers colons,*** pour qui l'Amérique du Nord représentait un nouveau monde – au sens littéral du terme – et dans lequel ils allaient enfin pouvoir pratiquer leur religion sans être persécutés. En effet, les conséquences de la réforme protestante au début du XVIe s s'étaient traduites par une mise au ban, voire une persécution, des non-conformistes, et c'est en partie pour fuir la vindicte des autorités que les candidats à l'émigration optèrent pour le grand voyage. L'Amérique leur offrait un espoir de survie et la possibilité de réaliser leurs objectifs religieux. C'est donc dans cet état d'esprit que débarquèrent les 1ers colons du *Mayflower* en 1620.

L'Amérique du Nord devint donc un ***refuge pour nombre de communautés persécutées dans l'Ancien Monde.*** Le Massachusetts accueillit des puritains et des calvinistes. La Virginie, identifiée à l'origine avec la nouvelle Église d'Angleterre, reçut par la suite baptistes et calvinistes. Le Maryland devint terre des ***catholiques.*** L'État de New York et la Pennsylvanie accueillirent William Penn et ses quakers, ainsi que des luthériens et divers protestants allemands (les amish d'aujourd'hui). Le pays grandit, et, sous l'influence de nouveaux flux d'émigrants, le paysage religieux se modifia.

Au ***XIXe s,*** l'arrivée massive d'Irlandais augmenta considérablement le poids de la communauté catholique ; tendance qui s'accentua avec l'arrivée d'Espagnols, d'Italiens, de Grecs et de Polonais. En provenance d'Europe de l'Est, une partie de la diaspora juive débarqua à son tour. Ce n'est qu'au milieu des années 1960 que la communauté musulmane s'étoffa, grâce notamment à l'afflux de « cerveaux » en provenance du Pakistan, d'Inde, du Bangladesh, du Liban ou de Syrie.

Parallèlement aux obédiences conventionnelles se développèrent de ***nombreuses sectes et Églises dissidentes*** permettant à chaque Américain d'embrasser le corpus dogmatique le plus proche de ses aspirations. Dans son analyse de la société américaine, Tocqueville précise que cette pluralité de l'offre religieuse a sans doute permis à l'Amérique de ne jamais tomber dans l'opposition entre le spirituel et le politique. Ainsi la notion de secte ne revêt pas le même sens qu'en Europe.

Si l'Amérique ne s'est pas dotée dès le départ d'une religion d'État, c'est en partie en raison du grand nombre de ces sectes protestantes qui gouvernaient les idées de l'époque, et dont aucune n'était prédominante. La devise nationale des États-Unis, *E pluribus Unum* (« de plusieurs, un »), en est l'expression même.

Séparation de l'Église et de l'État

C'est en Virginie, où l'Église anglicane était la religion établie, que s'est jouée la bataille décisive de la séparation de l'Église et de l'État. Cette victoire occupe une place fondamentale dans l'histoire des États-Unis. À la ratification du ***1er amendement de la Constitution américaine en 1791,*** soit 15 ans après la Déclaration d'indépendance, les privilèges de toutes les Églises anglicanes (à l'exception du Maryland) avaient été abolis. En protégeant le libre exercice de la religion tout en interdisant l'établissement d'une religion officielle, le 1er amendement de la Constitution américaine fait des États-Unis le pays le plus religieux de la planète. Et quand bien même aujourd'hui les jeunes adultes, les fameux *millenials,* reconnaissent être bien moins religieux que leurs parents ou grands-parents, 9 Américains sur 10 confient croire en Dieu en avouant que la religion occupe une place importante dans leur quotidien. Ce sentiment d'être investi d'une mission divine, en partie dû au puritanisme enraciné dans le calvinisme, n'a jamais cessé d'émailler les discours politiques des présidents américains. Pas étonnant que Bush, protestant méthodiste, ait appelé à une croisade contre « l'axe du Mal » au lendemain du *September Eleven.* Quant à Donald Trump, il a été le 1er président des États-Unis à s'entourer d'autant de conseillers religieux, s'inscrivant ainsi dans la droite ligne de Ronald Reagan, qui aurait mené pendant son mandat et selon ses termes, « une politique guidée par Dieu ».

Incontournable religion

Aujourd'hui, ***la religion tient toujours un rôle essentiel dans la vie sociale et politique du pays.*** Depuis l'école où les élèves prêtent serment au drapeau « sous les auspices de Dieu » au serment du président sur la Bible, la religion s'immisce dans tous les aspects de la vie civile, comme les grands sujets de société tels l'avortement ou l'homosexualité (même si, en juin 2015, la Cour suprême a autorisé le mariage homosexuel sur tout le territoire). La radio, la télévision et surtout Internet sont devenus les composants majeurs de l'outil religieux. L'explosion de la visibilité permet aux sectes, même mineures, de s'épanouir.

La population est en prise directe et permanente avec le contenu religieux. À titre d'exemple, chaque semaine, le nombre d'Américains célébrant un office religieux est supérieur à celui assistant à une rencontre sportive. Une grande majorité d'Américains est affiliée à une paroisse, et le choix de résidence est le plus souvent assujetti à l'emplacement d'un lieu de culte. Le moindre bled compte toute une tripotée d'églises (souvent alignées côte à côte), se concurrençant les unes et les autres à coups de slogans publicitaires (jusqu'au basique mais efficace *« our god is the best »* !), et pour cause, toutes vivent des dons de leurs fidèles.

UNE TRADITION BIEN ANCRÉE

L'usage de la Bible pour prêter serment n'est pas spécifié dans la Constitution américaine. Si les présidents américains le font depuis plus de 2 siècles, c'est uniquement par mimétisme. George Washington, 1er président de l'histoire des États-Unis, a imposé ce geste et aurait même embrassé sa Bible une fois l'acte accompli. 2 présidents ont dérogé à cette tradition : Quincy Adams et Theodore Roosevelt, qui prêta serment un peu à l'arrache suite à l'assassinat de McKinley, son prédécesseur. Et Trump ? Pas moins de 2 Bibles pour lui, tout comme Obama !

Le ***phénomène des « megachurches »*** est un exemple probant de l'instrumentalisation de la religion au service des idéaux libéraux. Dans son étude de la société américaine au début du XXe s, Max Weber, l'un des fondateurs de la sociologie moderne, soulignait déjà le rapport étroit entre l'éthique protestante et le capitalisme. Ces ***établissements conceptuels du « tout religieux »*** dépassent largement le cadre du simple lieu de culte. On y trouve des garderies, des bibliothèques, des salles de spectacle et même des terrains de sport. Tout a été pensé pour le confort intellectuel du croyant, ce qui incite les familles à venir y passer leur temps libre.

Les religions en quelques chiffres

Les États-Unis forment donc un ***véritable patchwork de religions.*** Sur les 77,2 % d'Américains qui se déclarent croyants, on compte environ 46,6 % de protestants, 20,8 % de catholiques, 1,9 % de juifs, 1,6 % de mormons, 0,9 % de musulmans et 0,7 % d'hindous et de bouddhistes. Chaque année, de nombreux Hispaniques, d'obédience catholique, embrassent une ***Église évangélique comme le pentecôtisme.*** Ces Églises ont connu une croissance importante depuis les années 1970. Notons qu'aujourd'hui 88 % du Congrès américain est chrétien.

SITE INSCRIT AU PATRIMOINE MONDIAL DE L'UNESCO

UNESCO
Organisation des Nations Unies pour l'éducation, la science et la culture
En coopération avec le Centre du patrimoine mondial

Pour figurer sur la liste du Patrimoine mondial, les sites doivent avoir une valeur universelle exceptionnelle et satisfaire à au moins un des 10 critères de sélection. La protection, la gestion, l'authenticité et l'intégrité des biens sont également des considérations importantes.

Le patrimoine est l'héritage du passé dont nous profitons aujourd'hui et que nous transmettons aux générations à venir. Nos patrimoines culturel et naturel sont

2 sources irremplaçables de vie et d'inspiration. Ces sites appartiennent à tous les peuples du monde, sans tenir compte du territoire sur lequel ils sont situés. Pour plus d'informations : • *whc.unesco.org* •

Un seul site inscrit en Floride : le ***parc national des Everglades*** (1979), qui figure également sur la ***liste du Patrimoine mondial en péril,*** en raison de la dégradation continue de son écosystème.

SPORTS ET LOISIRS

En Floride, comme partout aux États-Unis, on ne plaisante pas avec le sport ! ***Base-ball, hockey sur glace, football américain*** et ***basket-ball,*** chaque sport américain emblématique est ici bien représenté : les *Florida Marlins* à la batte, les *Florida Panthers* à la crosse, les *Miami Dolphins* sous leur casque grillagé, et les *Miami Heat* et *Orlando Magic* au panier. Le ***soccer*** gagne aussi du terrain, les équipes de football de Miami attirant de grands noms internationaux : l'Anglais David Beckham est devenu l'un des propriétaires de l'Inter Miami et l'Italien Paolo Maldini a investi dans la création du Miami FC.

Ne pas oublier non plus le ***golf,*** orgueil de la Floride, qui crie haut et fort avoir le plus grand nombre de terrains au kilomètre carré, avec des émissions de télé en boucle sur les compétitions qui s'y déroulent quotidiennement. Ni le ***tennis*** – les meilleurs tennismen mondiaux se réunissant en mars à Key Biscayne à l'occasion des Masters de Miami –, ni le ***jai alai,*** une variante de la pelote basque typiquement floridienne qui serait, selon les fans, le sport le plus rapide au monde... Enfin, le ***catch*** est très populaire en Floride. Le camp d'entraînement de la célèbre franchise WWE se trouve d'ailleurs à Orlando, et la région compte de nombreuses écoles réputées. Pour autant, à peine 50 % des Américains pratiquent régulièrement une activité sportive, contre 70 % en France.

DU PAIN ET DES JEUX

En 2020, en pleine crise de coronavirus, les combats de catch de la WWE obtiennent le statut de « services essentiels » en Floride, sur décision du gouverneur Ron DeSantis. Un statut réservé jusque-là aux hôpitaux, aux pompiers, aux pharmaciens et aux supermarchés ! Les matchs reprennent donc... mais sans public. Une décision critiquée par plusieurs maires de Floride et jugée d'autant plus suspecte que le PDG de la WWE et sa femme, Vince et Linda McMahon, étaient des proches de Donald Trump.

LE KIKUYU, GAZON BÉNI

Ne soyez pas étonné de voir des gazons verdoyants un peu partout en Floride : le gazon kikuyu qui les compose, originaire d'Afrique du Sud, résiste à la sécheresse, se répand facilement et ne se tond quasiment pas. Un moyen idéal pour les Floridiens de garder un tapis vert devant chez eux, tout en s'adaptant au climat. On en parle aux clubs de golf ?

les ROUTARDS sur la FRANCE 2024-2025

(dates de parution sur • **routard.com** •)

Découpage de la FRANCE par le ROUTARD

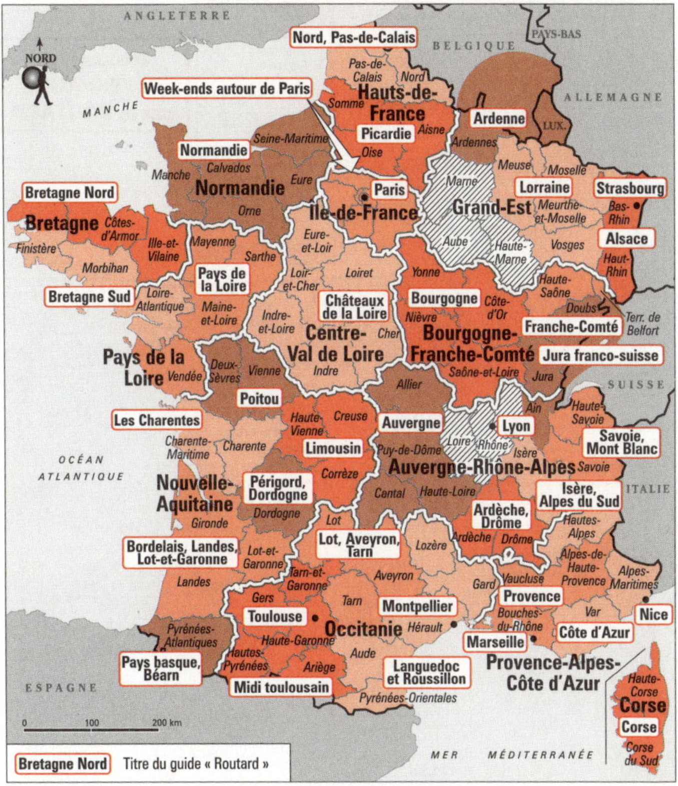

Autres guides sur la France

- Nos meilleurs campings en France
- Nos meilleures chambres d'hôtes en France

Autres guides sur Paris

- Paris
- Paris balades
- Restos et bistrots de Paris
- Le Routard des amoureux à Paris
- Week-ends autour de Paris

Le Routard à vélo

- EuroVelo6
- La Bourgogne du Sud à vélo
- La Flow Vélo
- La Loire à Vélo
- La Vélo Francette
- La Vélodyssée (Roscoff-Hendaye)
- Le Canal des 2 mers à vélo
- Paris Île-de-France à vélo
- ViaRhôna
- Les plus belles escapades à vélo en France

les ROUTARDS sur l'ÉTRANGER 2024-2025

(dates de parution sur • *routard.com* •)

Découpage de l'ESPAGNE par le ROUTARD

Découpage de l'ITALIE par le ROUTARD

Autres pays européens

- Allemagne
- Angleterre, Pays de Galles
- Autriche
- Belgique
- Bulgarie
- Crète
- Croatie
- Danemark, Suède
- Écosse
- Finlande
- Grèce continentale
- Hongrie
- Îles grecques et Athènes
- Irlande
- Islande
- Madère
- Malte
- Norvège
- Pays baltes : Tallinn, Riga, Vilnius
- Pologne
- Portugal
- République tchèque, Slovaquie
- Roumanie
- Suisse

Villes européennes

- Amsterdam
- Berlin
- Bruxelles
- Budapest
- Copenhague
- Dublin
- Lisbonne
- Londres
- Moscou
- Naples
- Porto
- Prague
- Saint-Pétersbourg
- Stockholm
- Vienne

les ROUTARDS sur l'ÉTRANGER 2024-2025

(dates de parution sur • *routard.com* •)

Découpage des ÉTATS-UNIS par le ROUTARD

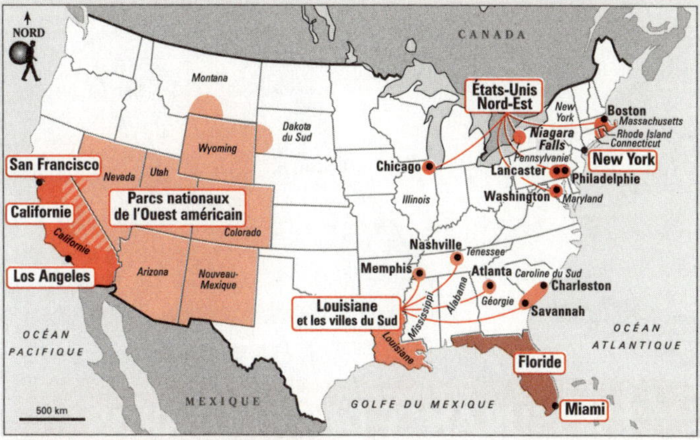

Autres pays d'Amérique

- Argentine
- Brésil
- Canada Ouest
- Chili et île de Pâques
- Colombie
- Costa Rica
- Équateur et les îles Galápagos
- Guatemala, Belize
- Mexique
- Montréal
- Pérou, Bolivie
- Québec et Ontario

Asie et Océanie

- Australie côtes est et nord + Red Centre
- Bali, Lombok
- Bangkok
- Birmanie (Myanmar)
- Cambodge, Laos
- Chine
- Hong Kong, Macao, Canton
- Inde du Nord
- Inde du Sud
- Israël et Palestine
- Istanbul
- Jordanie
- Malaisie, Singapour
- Népal
- Shanghai
- Sri Lanka (Ceylan)
- Thaïlande
- Tokyo, Kyoto et environs
- Turquie
- Vietnam

Afrique

- Afrique du Sud
- Égypte
- Kenya, Tanzanie et Zanzibar
- Maroc
- Marrakech
- Sénégal
- Tunisie

Îles Caraïbes et océan Indien

- Cuba
- Guadeloupe, Saint-Martin, Saint-Barth
- Île Maurice, Rodrigues
- Madagascar
- Martinique
- République dominicaine (Saint-Domingue)
- Réunion

Guides de conversation

- Allemand
- Anglais
- Arabe du Maghreb
- Arabe du Proche-Orient
- Chinois
- Croate
- Espagnol
- Grec
- Italien
- Japonais
- Portugais
- Russe
- G'palémo (conversation par l'image)

Livres-photos/Livres-cadeaux

- 50 voyages à faire dans sa vie **(nouveauté)**
- 52 escapades nature en France
- 52 villes coups de cœur en Europe (city trips)
- 52 week-ends coups de cœur en France
- 120 coins secrets en Europe
- 1 200 coups de cœur en France
- 1 200 coups de cœur dans le monde
- Cahier de vacances du Routard
- Expériences et micro-aventures en France **(nouveauté)**
- La France de Stéphane Bern
- La France à vélo **(nouveauté)**
- Nos plus belles balades et randos en France
- Road Trips Monde
- Road Trips en France
- Sacré : les 100 plus beaux sites de la planète
- Voyages
- Voyages : États-Unis
- Voyages : France
- Voyages : Italie

INDEX GÉNÉRAL

LISTE DES CARTES ET PLANS

INDEX GÉNÉRAL

Remarque importante aux hôteliers et restaurateurs

Les enquêteurs du *Routard* travaillent dans le plus strict anonymat. Aucune réduction, aucun avantage quelconque, aucune rétribution n'est jamais demandé en contrepartie. Face aux aigrefins, la loi autorise les hôteliers et restaurateurs à porter plainte.

Avis aux lecteurs

Le Routard, ce n'est pas comme le bon vin, il vieillit mal. On ne veut pas pousser à la consommation, mais évitez de partir avec une édition ancienne. Les modifications sont souvent importantes.

Les réductions accordées à nos lecteurs ne sont jamais demandées par nos rédacteurs afin de préserver leur indépendance. Les hôteliers et restaurateurs sont sollicités par une société de mailing, totalement indépendante de la rédaction, qui reste donc libre de ses choix. De même pour les autocollants et plaques émaillées.

Les **Routards** *parlent aux* **Routards**

Faites-nous part de vos expériences, de vos découvertes, de vos tuyaux et de vos coups de cœur. Aidez-nous à remettre l'ouvrage à jour. Indiquez-nous les renseignements périmés. Faites profiter les autres de vos adresses nouvelles, combines géniales... On adresse un exemplaire gratuit de la prochaine édition à ceux qui nous envoient les meilleurs courriers, pour la qualité et la pertinence des informations.
Quelques conseils cependant:

– Envoyez-nous votre courrier le plus tôt possible afin que l'on puisse insérer vos tuyaux sur la prochaine édition.

– N'oubliez pas de préciser l'ouvrage que vous désirez recevoir, ainsi que votre adresse postale.

– Vérifiez que vos remarques concernent l'édition en cours et notez les pages du guide concernées par vos observations.

– Quand vous indiquez des hôtels ou des restaurants, pensez à signaler leur adresse précise et, pour les grandes villes, les moyens de transport pour y aller.

Si vous le pouvez, joignez la carte de visite de l'hôtel ou du resto décrit.
En tout état de cause, merci pour vos nombreux mails.

122, rue du Moulin-des-Prés, 75013 Paris

● *guide@routard.com* ● *routard.com* ●

Édité par Hachette Livre (58, rue Jean-Bleuzen, CS 70007, 92178 Vanves Cedex, France)
Photocomposé par Luminess SAS (561, rue Saint-Léonard – CS 40003 – 53101 Mayenne Cedex, France)
Imprimé par Dupliprint (Quai n° 2, 733, rue Saint-Léonard, BP 3, 53101 Mayenne Cedex, France)
Achevé d'imprimer : décembre 2023
Collection n° 13 - Édition n° 01
79/8193/3
I.S.B.N. 978-2-01-725002-9
Dépôt légal : décembre 2023

PAPIER CERTIFIÉ